Van Hulle/Maul/Drinhausen
Handbuch zur
Europäischen Gesellschaft (SE)

Handbuch zur
Europäischen Gesellschaft (SE)

von

Dr. Florian Drinhausen
Rechtsanwalt

Karel Van Hulle
Professor, Abteilungsleiter Europäische Kommission

Dr. Silja Maul
Rechtsanwältin

Verlag C.H. Beck München 2007

Verlag C. H. Beck im Internet
beck.de

ISBN 978 3 406 55279 3

© 2007 Verlag C. H. Beck oHG
Wilhelmstraße 9, 80801 München

Druck: fgb · freiburger graphische betriebe
Bebelstraße 11, 79108 Freiburg

Satz: ottomedien, Weiterstadt

Gedruckt auf säurefreiem, alterungsbeständigem Papier
(hergestellt aus chlorfrei gebleichtem Zellstoff)

Vorwort

Mit der Societas Europaea (SE) ist seit 2004 eine neue europäische Rechtsform neben die bereits existierenden nationalen Kapitalgesellschaftsformen getreten. Derzeit existieren 65 SE in Europa; eine Entwicklung mit steigender Tendenz.

Das Handbuch zur Europäischen Gesellschaft soll insbesondere Praktiker ansprechen und enthält eine kompakte und integrierte Darstellung aller wesentlichen gesellschaftsrechtlichen, bilanzrechtlichen und steuerrechtlichen Fragestellungen, die bei einer SE von der Gründung bis zur Liquidation auftreten können. Besonderes Augenmerk wurde auf grenzüberschreitende Sachverhalte gelegt, die bei der Gründung und Sitzverlegung einer SE von Bedeutung sind. Zudem wird auf die für die Praxis besonders wichtigen Einsatzmöglichkeiten der SE und ihre Besonderheiten im Vergleich zu anderen Rechtsformen eingegangen.

Um den Leser schnell ins Bild zu setzen, ist in jedem Kapitel ein Abschnitt vorangestellt, der die wesentlichen Abweichungen des SE-Rechts vom Aktienrecht darstellt. Dies erschien uns sinnvoll, da auf die SE in großen Teilen die Regelungen des Aktienrechts Anwendung finden und eine solche Übersicht eine schnelle Einordnung der SE-spezifischen Probleme in die allgemeinen Regelungen des Aktienrechts erlaubt.

Das Handbuch zur Europäischen Gesellschaft gibt den Stand der Gesetzgebung, der Literatur und Rechtsprechung vom 18. Februar 2007 wieder. Die im Dezember 2006 in Kraft getretenen neuen Regelungen zum Steuerrecht (SEStEG), die von entscheidender Bedeutung für die Gründung und Sitzverlegung einer SE sind, konnten bereits in das Handbuch aufgenommen werden.

Wir danken dem Verlag sowie Herrn RA Stb/WP Dr. Welf Müller, die entscheidend dazu beigetragen haben, dass dieses Werk das Licht der Welt erblickt hat.

Die Benutzer bitten wir herzlich um Kritik und Anregung.

Im Februar 2007

Professor Karel Van Hulle   Dr. Silja Maul   Dr. Florian Drinhausen

Dr. Jens Blumenberg   Dr. Rolf Diemer

Dr. Alper Köklü   Georg Lanfermann

Professor Dr. Christoph Teichmann   Professor Dr. Martin Wenz

Bearbeiter

Dr. Jens Blumenberg
Steuerberater in Frankfurt

Dr. Rolf Diemer
Abteilungsleiter Europäische Kommission

Dr. Florian Drinhausen
Rechtsanwalt in Frankfurt

Karel Van Hulle
Professor, Abteilungsleiter Europäische Kommission

Dr. Alper Köklü
Dipl.-Oec., Wissenschaftlicher Mitarbeiter an der Universität Kassel

Georg Lanfermann
Wirtschaftsprüfer, Steuerberater in Berlin

Dr. Silja Maul
Rechtsanwältin in Stuttgart

Dr. Christoph Teichmann
Professor an der Universität Würzburg

Dr. Martin Wenz
Professor an der Hochschule Liechtenstein in Vaduz

Im Einzelnen haben bearbeitet

1. Abschnitt. Einsatzmöglichkeiten . . . . Prof Dr. Martin Wenz

2. Abschnitt. Wesensmerkmale . . . . Dr. Silja Maul

3. Abschnitt. Rechtsquellen . . . . Dr. Florian Drinhausen
   Prof. Dr. Christoph Teichmann

4. Abschnitt. Die Gründung der Societas Europaea
   - § 1 Einleitung . . . . Prof. Dr. Christoph Teichmann
   - § 2 Verschmelzung . . . . Prof. Dr. Christoph Teichmann
   - § 3 Holding-SE . . . . Dr. Florian Drinhausen
   - § 4 Tochter-SE . . . . Dr. Silja Maul
   - § 5 Umwandlung . . . . Dr. Florian Drinhausen
   - § 6 Tochter-SE einer SE . . . . Dr. Silja Maul

5. Abschnitt. Innere Organisation
   - § 1 Einleitung . . . . Dr. Florian Drinhausen
   - § 2 Dualistisches System . . . . Dr. Florian Drinhausen
   - § 3 Monistisches System . . . . Dr. Florian Drinhausen
   - § 4 Hauptversammlung . . . . Dr. Silja Maul

6. Abschnitt. Arbeitnehmerbeteiligung . . . . Dr. Alper Köklü

7. Abschnitt. Grenzüberschreitende Sitzverlegung der SE . . . . Prof. Dr. Christoph Teichmann

8. Abschnitt. Konzernrecht . . . . Dr. Silja Maul

9. Abschnitt. Besteuerung
   - § 1 EU-Vorgaben . . . . Dr. Rolf Diemer
   - § 2 SEStEG . . . . Dr. Jens Blumenberg

10. Abschnitt. Rechnungslegung . . . . Georg Lanfermann

11. Abschnitt. Auflösung, Abwicklung und Insolvenz . . . . Dr. Silja Maul

Inhaltsübersicht

	Seite
1. Abschnitt. Einsatzmöglichkeiten	1
2. Abschnitt. Wesensmerkmale	33
3. Abschnitt. Rechtsquellen	43
4. Abschnitt. Die Gründung der Societas Europaea	49
5. Abschnitt. Innere Organisation	121
6. Abschnitt. Arbeitnehmerbeteiligung	171
7. Abschnitt. Grenzüberschreitende Sitzverlegung der SE	249
8. Abschnitt. Konzernrecht	267
9. Abschnitt. Besteuerung	283
10. Abschnitt. Rechnungslegung	319
11. Abschnitt. Auflösung, Abwicklung und Insolvenz	331

Inhaltsverzeichnis

	Seite
Abkürzungsverzeichnis	XIX

1. Abschnitt. Einsatzmöglichkeiten

I. Einführung	1
II. Grenzüberschreitende Flexibilität und Mobilitiät	2
III. Einsatzmöglichkeiten der SE im Überblick	10
IV. Merger SE	11
V. Acquisition SE	17
VI. Joint Venture SE	20
VII. Reorganisation SE	21
VIII. Europaean Group SE	25
IX. Reengineering SE	27
X. Cross Border SE	29
XI. Die SE als europäische Rechtsforminnovation	30

2. Abschnitt. Wesensmerkmale

A. Rechtsnatur	33
B. Kapital und Mitgliedschaft	33
C. Firma	34
D. Sitz	34
E. Satzung	34
I. Satzungsinhalt und -autonomie	35
II. Rechtsfolgen von Satzungsmängeln	38
F. Handelsregister	40
I. Anmeldung	40
II. Prüfung und Entscheidung des Registergerichts	40
III. Eintragung	41
IV. Bekanntmachungen der Eintragung	41

3. Abschnitt. Rechtsquellen

A. Verordnung und Richtlinie	43
B. Normenhierarchie	44
I. Anwendbares Recht bei der Gründung	44
II. Anwendbares Recht auf die bestehende SE	44
C. Auslegung der Rechtsquellen	46

4. Abschnitt. Die Gründung der Societas Europaea

§ 1 Einleitung	49
I. Gründungsformen	49
II. Allgemeine Gründungsfragen	50
§ 2 Verschmelzung	52
Vorbemerkung	53
I. Einführung	53

Inhaltsverzeichnis

	Seite
II. Voraussetzungen und Ablauf der Verschmelzung	59
III. Einzelfragen	73

§ 3 Holding-SE 80
    I. Einführung 81
    II. Regelungstechnik 81
    III. Gründungsphasen 81
    IV. Voraussetzungen und Ablauf der Gründung 82
    V. Einzelfragen der Holding-Gründung 91

§ 4 Tochter-SE 97
    I. Besonderheiten gegenüber der Tochtergründung nationalen Rechts .. 98
    II. Gesetzliche Regelungstechnik 98
    III. Gründungsphasen 99
    IV. Ablauf der Tochtergründung 99
    V. Gründungsverfahren 100

§ 5 Umwandlung 104
    I. Einführung 105
    II. Regelungstechnik 105
    III. Gründungsphasen 106
    IV. Voraussetzungen und Ablauf der Gründung 107
    V. Einzelfragen 115

§ 6 Tochter-SE einer SE 118
    I. Besonderheiten gegenüber der Verschmelzung nationalen Rechts ... 118
    II. Gesetzliche Regelungstechnik 118
    III. Ablauf der Tochtergründung 119

5. Abschnitt. Innere Organisation

§ 1 Einleitung 121

§ 2 Dualistisches System 122
    A. Die Grundstruktur einer dualistischen SE nach deutschem Recht ... 123
    B. Das Leitungsorgan 123
        I. Bestellung der Mitglieder des Leitungsorgans 123
        II. Abberufung der Mitglieder des Leitungsorgans 126
        III. Innere Organisation des Leitungsorgans 126
        IV. Vertretung der SE durch das Leitungsorgan 126
    C. Das Aufsichtsorgan 127
        I. Bestellung der Mitglieder des Aufsichtsorgans 127
        II. Abberufung der Mitglieder des Aufsichtsorgans 128
        III. Innere Organisation des Aufsichtsorgans 128
        IV. Vertretung der SE durch das Aufsichtsorgan 129
        V. Informationsfluss 129
    D. Einzelfragen der Unternehmensführung 130
        I. Zustimmungsbedürftige Geschäfte 130
        II. Die Beschlussfassung der Organe 130
        III. Die Haftung der Mitglieder der Organe 132

§ 3 Monistisches System 132
    A. Die Grundstruktur einer monistischen SE nach deutschem Recht .. 133
    B. Der Verwaltungsrat 134
        I. Aufgabenbereich des Verwaltungsrats 134

Inhaltsverzeichnis

	Seite
II. Bestellung der Mitglieder des Verwaltungsrats	135
III. Abberufung der Mitglieder des Verwaltungsrats	136
IV. Innere Ordnung des Verwaltungsrats	136
V. Vertretungsbefugnis des Verwaltungsrats	137
C. Die geschäftsführenden Direktoren	137
I. Aufgabenbereich der geschäftsführenden Direktoren	137
II. Das Verhältnis der geschäftsführenden Direktoren zu anderen Organen der SE	138
III. Bestellung der geschäftsführenden Direktoren	141
IV. Abberufung der geschäftsführenden Direktoren	142
V. Anstellungsvertrag	142
VI. Innere Ordnung der geschäftsführenden Direktoren	142
VII. Vertretungsbefugnis der geschäftsführenden Direktoren	143
D. Einzelfragen zur Unternehmensführung	143
I. Informationsfluss innerhalb der Gesellschaft	143
II. Zustimmungsbedürftige Geschäfte	144
III. Beschlussfassung des Verwaltungsrats	144
IV. Beschlussfassung durch die geschäftsführenden Direktoren	145
E. Haftung der Organe	145
I. Haftung des Verwaltungsrats	145
II. Haftung der geschäftsführenden Direktoren	146
III. Strafrechtliche Haftung	147
§ 4 Hauptversammlung	148
A. Besonderheiten gegenüber der Hauptversammlung nationalen Rechts	149
B. Zuständigkeit	150
I. Zuständigkeit nach der SE-Verordnung	150
II. Zuständigkeit aufgrund der SE-Ergänzungsrichtlinie	152
III. Zuständigkeit nach den Vorschriften des Sitzstaates – deutsches Aktienrecht	152
IV. Zuständigkeit aufgrund der Satzung der SE	157
V. Ungeschriebene Hauptversammlungszuständigkeiten	157
VI. Ordentliche und außerordentliche Hauptversammlung	158
C. Organisation der Hauptversammlung	159
I. Zeitpunkt des Zusammentretens	159
II. Ort	159
III. Tag und Uhrzeit	159
IV. Sprache	160
V. Gründe für die Einberufung	160
VI. Einberufungsberechtigte	161
VII. Art und Weise der Einberufung	163
D. Ablauf und Leitung der Hauptversammlung	164
E. Beschlussfassung	164
I. Einfacher Beschluss	165
II. Satzungsändernde Mehrheit	166
III. Stimmrechte	167
IV. Wertung der Stimmen	168
V. Sonderbeschlüsse	168
F. Anfechtungs- und Nichtigkeitsklage	169

Inhaltsverzeichnis

Seite

6. Abschnitt. Arbeitnehmerbeteiligung

A. Einleitung 173
B. Verhandelte Arbeitnehmerbeteiligung 174
    I. Ziel und Gegenstand der Verhandlungen 174
    II. Verhandlungsverfahren 177
C. Sonderfälle 194
    I. Nichtaufnahme oder Abbruch der Verhandlungen 194
    II. Wiederaufnahme von Verhandlungen 195
    III. Neuverhandlungen aufgrund struktureller Änderungen der SE 196
    IV. Verhandlungsverfahren bei Gründung einer SE durch eine SE 204
D. Wahl der auf Deutschland entfallenden Mitglieder des BVG 204
    I. Ausgangssituation 204
    II. Verfahren 205
    III. Unterrichtung über die Mitglieder des BVG 215
E. Inhalt der Vereinbarung 215
    I. Mindestinhalt 215
    II. Einschränkung der Vereinbarungsautonomie im Gründungsfall der Umwandlung 218
    III. Verzicht auf Unternehmensmitbestimmung 218
    IV. Form der Vereinbarung 219
    V. Rechtsnatur der Vereinbarung 220
F. Arbeitnehmerbeteiligung in der SE kraft Gesetzes (gesetzliche Auffangregelung) 220
    I. Unterrichtung und Anhörung der Arbeitnehmer durch SE-Betriebsrat kraft Gesetzes 221
    II. Mitbestimmung kraft Gesetzes – Auffangregelung zur Unternehmensmitbestimmung 230
    III. Tendenzunternehmen 244
    IV. Missbrauch der SE 246

7. Abschnitt. Grenzüberschreitende Sitzverlegung der SE

Vorbemerkung 249
I. Einführung 249
II. Verfahren der Sitzverlegung 254
III. Schutz widersprechender Minderheitsaktionäre 262
IV. Gläubigerschutz 262
V. Fortbestand öffentlich-rechtlicher Genehmigungen 265

8. Abschnitt. Konzernrecht

A. Besonderheiten gegenüber dem Konzernrecht nationalen Rechts 267
B. Anwendung der konzernrechtlichen Regelungen auf die SE 268
C. Allgemeine Vorschriften 269
D. Vertragskonzern 269
    I. Abschluss von Unternehmensverträgen 270
    II. Beherrschungsverträge 271
    III. Gewinnabführungsverträge 276
E. Faktische Unternehmensverbindungen 276
    I. Die SE als herrschendes Unternehmen 276
    II. Die SE als abhängige Gesellschaft 277

Inhaltsverzeichnis

	Seite
F. Existenzvernichtender Eingriff – qualifiziert faktischer Konzern	278
G. Eingliederung	279
I. Hauptgesellschaft	279
II. Eingegliederte Gesellschaft	279
H. Grenzüberschreitende Sachverhalte	280
I. Beherrschungs- und Gewinnabführungsverträge	280
II. Faktische Unternehmensverbindungen	281
III. Eingliederung	281

9. Abschnitt. Besteuerung

§ 1 EU-Vorgaben	283
I. Besteuerung der Gründungsvorgänge der SE nach EU-Recht	283
II. Besteuerung der grenzüberschreitenden Sitzverlegung der SE	290
III. Die laufende Besteuerung der SE	292
§ 2 SEStEG	297
I. Einleitung	298
II. Laufende Besteuerung der SE	298
III. Grundlagen der aperiodischen Besteuerung	299
IV. Besteuerung der Gründungsvorgänge	303
V. Sitzverlegung	315

10. Abschnitt. Rechnungslegung

I. Besonderheiten gegenüber der Rechnungslegung, Abschlussprüfung und Offenlegung einer deutschen Aktiengesellschaft	319
II. Gesetzliche Regelungstechnik	320
III. Finanzberichterstattungsprozess einer deutschen SE	320
IV. Offenlegungspflichten der deutschen Zweigniederlassung einer ausländischen SE	323
V. Rechnungslegungsaspekte bei der Verschmelzung zu einer deutschen SE	323
VI. Rechnungslegungsaspekte bei der Gründung einer deutschen Holding-SE	327
VII. Rechnungslegungsaspekte bei der Gründung einer deutschen Tochter-SE	327
VIII. Rechnungslegungsaspekte beim Formwechsel	328
IX. Rechnungslegungsaspekte bei der Sitzverlegung einer SE	329

11. Abschnitt. Auflösung, Abwicklung und Insolvenz

I. Abweichungen vom nationalen Recht	331
II. Verweisungstechnik	331
III. Auflösungsgründe	332
IV. Abwicklung	333
V. Insolvenz	335
VI. Auflösungsbesteuerung	336

Sachverzeichnis	337

Abkürzungsverzeichnis

aA	anderer Ansicht
aaO	am angegebenen Ort
ABl. EG	Amtsblatt der Europäischen Gemeinschaft
ArbGG	Arbeitsgerichtsgesetz
Abs.	Absatz
Abschn.	Abschnitt
abw.	abweichend
aE	am Ende
aF	alte Fassung
AG	Aktiengesellschaft; auch Zeitschrift „Die Aktiengesellschaft", mit Ortsbezeichnung Amtsgericht
AktG	Aktiengesetz
aM	anderer Meinung
amtl.	amtlich
AnfG	Anfechtungsgesetz
Anh.	Anhang
Anm.	Anmerkung
AO	Abgabenordnung
AP	Arbeitsrechtliche Praxis (Entscheidungssammlung)
AR	Der Aufsichtsrat
ArbG	Arbeitsgericht
ArbGG	Arbeitsgerichtsgesetz
arg.	argumentum
Art.	Artikel
Aufl.	Auflage
AuR	Arbeit und Recht (Zeitschrift)
Az.	Aktenzeichen
BAFin	Bundesanstalt für Finanzdienstleistungen
BAG	Bundesarbeitsgericht
BAGE	Entscheidungen des Bundesarbeitsgerichts
BAK	Bundesaufsichtsamt für Kreditwesen
BAnz	Bundesanzeiger
v. Bar	v. Bar, Internationales Privatrecht, Bd. 1: 2. Aufl. 2003; Bd. 2: 1991
BArbBl.	Bundesarbeitsblatt
Baumbach/Hueck/*Bearbeiter*	Baumbach/Hueck, fortgeführt von Fastrich/Noack/Servatius/Schulze-Osterloh/Zöllner, GmbH-Gesetz, 18. Aufl. 2006
Baums/Cahn/*Bearbeiter*	Baums/Cahn, Die Europäische Aktiengesellschaft, 2004
Bayer	Bayer, Der grenzüberschreitende Beherrschungsvertrag, 1988
BayObLG	Bayerisches Oberstes Landesgericht
BB	Betriebs-Berater (Zeitschrift)
Bd.	Band
BDA	Bundesvereinigung Deutscher Arbeitgeberverbände
BdB	Bundesverband deutscher Banken
BdF	Bundesminister der Finanzen
BDI	Bundesverband der Deutschen Industrie

Abkürzungsverzeichnis

BdJ	Bundesminister der Justiz
Beck AG-HB/*Bearbeiter*	Beck'sches Handbuch der AG, 2004
Begr.	Begründung
BegrRegE	Begründung Regierungsentwurf
Bem.	Bemerkung
Ber.	Bericht
Betr., betr.	Betreff, betrifft, betreffend
BetrVG	Betriebsverfassungsgesetz
BetrVG-Komm/*Bearbeiter*	Däubler/Kittner/Klebe, Betriebsverfassungsgesetz, 2006
BezG	Bezirksgericht
BFH	Bundesfinanzhof
BFHE	Sammlung der Entscheidungen des Bundesfinanzhofs, hrsg. von Mitgliedern des Bundesfinanzhofs
BFinBl.	Amtsblatt des Bundesfinanzministeriums
BGB	Bürgerliches Gesetzbuch
BGBl.	Bundesgesetzblatt
BGH	Bundesgerichtshof
BGHZ	Amtliche Sammlung von Entscheidungen des Bundesgerichtshofs in Zivilsachen
Bleicher	Bleicher, Normatives Management,
BMF	Bundesminister(ium) der Finanzen
BMJ	Bundesminister(ium) der Justiz
BMWi	Bundminister(ium) für Wirtschaft
BNotO	Bundesnotarordnung
BörsG	Börsengesetz
BR	Bundesrat
Brandt	Brandt, Die Hauptversammlung der Europäischen Aktiengesellschaft (SE) – Eine Untersuchung der methodischen Grundlagen und der Unterschied zu den nationalen Aktiengesellschaften, insbesondere zur deutschen Aktiengesellschaft, 2004
BR-Drucks.	Bundesrats-Drucksache
vom Brocke	vom Brocke, Die Europäische Genossenschaft – Eine Europäische Gesellschaftsform?, 1996
bspw.	beispielsweise
Bsp.	Beispiel(e)
BStBl.	Bundessteuerblatt
BT-Drucks.	Bundestags-Drucksache
Buchheim	Buchheim, Europäische Aktiengesellschaft und grenzüberschreitende Konzernverschmelzung, 2001
Buchst.	Buchstabe
Butzke	Butzke, Die Hauptversammlung der Aktiengesellschaft, 2001
BVerfG	Bundesverfassungsgericht
BVerfGE	Amtliche Sammlung von Entscheidungen des Bundesverfassungsgerichts
BVerwG	Bundesverwaltungsgericht
BVerwGE	Amtliche Sammlung von Entscheidungen des Bundesverwaltungsgerichts
BVG	Besonderes Verhandlungsgremium
bzgl.	bezüglich
bzw.	beziehungsweise

Abkürzungsverzeichnis

CMLR	Common Market Law Review (Zeitschrift)
CommerceGermany	CommerceGermany (Zeitschrift)
DAI	Deutsches Aktieninstitut
DAV	Deutscher Anwaltverein
DB	Der Betrieb (Zeitschrift)
DBA	Doppelbesteuerungsabkommen
Der Konzern	Der Konzern (Zeitschrift)
ders.	derselbe
dh.	das heißt
DIHK	Deutscher Industrie- und Handelskammertag
Diss.	Dissertation
DJT	Deutscher Juristentag
DNotZ	Deutsche Notarzeitung (Zeitschrift)
Dötsch/Patt/Pung/Jost/*Bearbeiter*	Dötsch/Patt/Pung/Jost, Umwandlungssteuerrecht, 5. Aufl. 2003
DrittelbG	Drittelbeteiligungsgesetz
DStBl.	Deutsches Steuerblatt
DStR	Deutsches Steuerrecht (Zeitschrift)
DStZ	Deutsche Steuerzeitung
EBLR	European Business Law Review (Zeitschrift)
EBR	Europäischer Betriebsrat
EBRG	Europäisches Betriebsräte-Gesetz
EBR-RL	Richtlinie über die Einsetzung eines Europäischen Betriebsrats
Ecolex	österreichische Fachzeitschrift für Wirtschaftsrecht
EG	Europäische Gemeinschaft
EG AktG	Einführungsgesetz zum Aktiengesetz
EGBGB	Einführungsgesetz zum Bürgerlichen Gesetzbuch
EGHGB	Einführungsgesetz zum Handelsgesetzbuch
einschl.	einschließlich
Emmerich/Habersack	Emmerich/Habersack, Aktien- und GmbH-Konzernrecht, 4. Aufl. 2005
Emmerich/Habersack KonzernR	Emmerich/Habersack, Konzernrecht, 8. Aufl. 2005
EStG	Einkommensteuergesetz
ET	European Taxation (Zeitschrift)
etc.	et cetera
EU	Europäische Union
EuGH	Europäischer Gerichtshof
EuGVVO	Verordnung (EG) Nr. 44/2001 des Rates über die gerichtliche Zuständigkeit und Vollstreckung von Entscheidungen in Zivil- und Handelssachen
EuInsVO	Verordnung (EG) Nr. 1346/2000 über Insolvenzverfahren
EuZW	Europäische Zeitschrift für Wirtschaftsrecht
EV	Einigungsvertrag
e.V.	eingetragener Verein
evtl.	eventuell
EWG	Europäische Wirtschaftsgemeinschaft
EWiR	Entscheidungen zum Wirtschaftsrecht (Entscheidungssammlung)

Abkürzungsverzeichnis

EWIV	Europäische Wirtschaftliche Interessenvereinigung
EWR	Europäischer Wirtschaftsraum
EWS	Europäisches Wirtschafts- und Steuerrecht (Zeitschrift)
f., ff.	folgend, folgende
FA, FÄ	Finanzamt, Finanzämter
FAZ	Frankfurter Allgemeine Zeitung (Tageszeitung)
Feitsch	Feitsch, Anlassbezogene Unternehmens- und Anteilsbewertungen, 2004
FG	Finanzgericht(e)
FGG	Gesetz über die Angelegenheiten der freiwilligen Gerichtsbarkeit
FinMin/FM	Finanzminister(ium)
Fn.	Fußnote
FR	Finanz-Rundschau (Zeitschrift)
FRL	Richtlinie 90/434/EWG vom 23.7.1990 (Steuerliche Fusionsrichtlinie)
FS	Festschrift
FS Raiser	Festschrift für Thomas Raiser zum 70. Geburtstag, 2005
FS Ulmer	Festschrift für Peter Ulmer zum 70. Geburtstag, hrsg. von M. Habersack ua., 2003
FS W. Müller	Gesellschaftsrecht, Rechnungslegung, Steuerrecht, Festschrift für Welf Müller zum 65. Geburtstag, hrsg. von Peter Hommelhoff u. a., 2001
FT	Financial Times (Tageszeitung)
FTD	Financial Times Deutschland (Tageszeitung)
FuE	Forschung und Entwicklung
FusionsRL	s. FRL
Gbl.	Gesetzesblatt
GbR	Gesellschaft bürgerlichen Rechts
GDV	Gesamtverband der deutschen Versicherungswirtschaft e.V.
gem.	gemäß
Geßler/Hefermehl/Eckardt/Kropff	Geßler/Hefermehl/Eckardt/Kropff, Aktiengesetz, 1. Aufl. 1973 ff. (2. Aufl.: Münchener Kommentar zum Aktiengesetz)
GewStG	Gewerbesteuergesetz
ggf.	gegebenenfalls
ggü.	gegenüber
GmbH	Gesellschaft mit beschränkter Haftung
GmbHG	Gesetz betreffend die Gesellschaften mit beschränkter Haftung
GmbHR	GmbH-Rundschau (Zeitschrift)
grds.	grundsätzlich
von der Groeben/von Boeckh/Thiesing/*Bearbeiter*	von der Groeben/von BoeckhThiesing, Kommentar zum EWG-Vertrag, Bd. 1, 3. Aufl. 1983
GroßkommAktG/*Bearbeiter*	Hopt/Wiedemann (Hrsg.), Großkommentar zum Aktiengesetz, 4. Aufl. 1992 ff.
GrS	Großer Senat

Abkürzungsverzeichnis

Grundmann	Grundmann, Europäisches Gesellschaftsrecht: eine systematische Darstellung unter Einbeziehung des europäischen Kapitalmarktrechts, 2004
GS	Gedächtnisschrift; Gesammelte Schriften
Gude	Gude, Strukturänderungen und Unternehmensbewertung zum Börsenkurs, 2004
Gutsche	Gutsche, Die Eignung der Europäischen Aktiengesellschaft für kleine und mittlere Unternehmen in Deutschland, 1994
GVG	Gerichtsverfassungsgesetz
GWB	Gesetz gegen Wettbewerbsbeschränkungen
GWG	Geringwertige Wirtschaftsgüter
Habersack	Habersack, Europäisches Gesellschaftsrecht, 3. Aufl. 2006
HGB	Handelsgesetzbuch
hL	herrschende Lehre
hM	herrschende Meinung
HR	Handelsregister
hrsg., Hrsg.	herausgegeben, Herausgeber
Hs.	Halbsatz
Hüffer, AktG	Hüffer, Aktiengesetz, 7. Aufl. 2006
HV	Hauptversammlung
IAS	International Accounting Standard(s)
idF	in der Fassung
idR	in der Regel
idS	in diesem Sinne
iE	im Ergebnis
IFRS	International Financial Reporting Standards
insbes.	insbesondere
InsO	Insolvenzordnung
Intertax	International Tax Review (Zeitschrift)
IPR	Internationales Privatrecht (Zeitschrift)
IPRax	Praxis des internationalen Privat- und Verfahrensrechts (Zeitschrift)
iRd	im Rahmen des
iSd. (e.)	im Sinne des (eines, einer)
IStR	Internationales Steuerrecht (Zeitschrift)
iSv.	im Sinne von
iVm.	in Verbindung mit
IWB	Internationale Wirtschafts-Briefe (Zeitschrift)
iwS	im weiteren Sinne
Jaeger	Jaeger, Die europäische Aktiengesellschaft – europäischen oder nationalen Rechts, 1994
Jannott/Frodermann/*Bearbeiter*	Jannott/Frodermann, Handbuch der Europäischen Aktiengesellschaft – Societas Europaea, 2005
JZ	Juristenzeitung
Kallmeyer/*Bearbeiter*	Kallmeyer, Umwandlungsgesetz, 3. Aufl. 2006
Kalss/Hügel/*Bearbeiter*	Kalss/Hügel, Europäische Aktiengesellschaft, SE-Kommentar, 2004

Abkürzungsverzeichnis

Keidel/Krafka/Willer	Keidel/Krafka/Willer, Registerrecht, 6. Aufl. 2003
KG	Kammergericht; Kommanditgesellschaft
KGaA	Kommanditgesellschaft auf Aktien
Klöcker/Frowein	Klöcker/Frowein, Spruchverfahrensgesetz, 2004
Kölner KommAktG/	
Bearbeiter	Zöllner (Hrsg.), Kölner Kommentar zum Aktiengesetz, 3. Aufl. 2004 ff.
Kölner KommWpÜG/	
Bearbeiter	Hirte, Kölner Kommentar zum Wertpapiererwerbs- und Übernahmegesetz, 2002
Koke	Koke, Die Finanzverfassung der Europäischen Aktiengesellschaft (SE) mit Sitz in Deutschland, 2005
Kropff	Kropff, Textausgabe mit Begründung des Regierungsentwurfs, Bericht des Rechtsausschusses des Deutschen Bundestages, 1965
KSchG	Kündigungsschutzgesetz
KStG	Körperschaftsteuergesetz
KWG	Kreditwesengesetz
Leupold	Die Europäische Aktiengesellschaft unter besonderer Berücksichtigung des deutschen Rechts: Chancen und Probleme auf dem Weg zu einer supranationalen Gesellschaftsform, 1993
lfd.	laufende
Lfg.	Lieferung
LG	Landgericht
Lind	Lind, Die Europäische Aktiengesellschaft. Eine Analyse der Rechtsanwendungsvorschriften, 2004
lit.	litera
lt.	laut
Ltd.	Private Limited Company
Lutter/*Bearbeiter*, UmwG	Lutter, Kommentar zum Umwandlungsgesetz, 3. Aufl. 2004
Lutter/Hommelhoff/	
Bearbeiter	Lutter/Hommelhoff, Die Europäische Gesellschaft, 2005
Macharzina/Oesterle/	
Bearbeiter	Macharzina/Oesterle (Hrsg.), Handbuch Internationales Management, 2002
Mahi	El Mahi, Die Europäische Aktiengesellschaft, 2004
m. Anm.	mit Anmerkung
Manz/Mayer/Schröder/	
Bearbeiter	Manz/Mayer/Schröder (Hrsg.), Europäische Aktiengesellschaft, 2005
Maul	Die faktisch abhängige SE (Societas Europaea) im Schnittpunkt zwischen deutschem und europäischem Recht, 1998
maW	mit anderen Worten
mE	meines Erachtens
MinBl.	Ministerialblatt
Mio.	Million/en
MitbestErgG	Mitbestimmungsergänzungsgesetz
MitbestG	Mitbestimmungsgesetz
MontanMitbestG	Montanmitbestimmungsgesetz

Abkürzungsverzeichnis

MontanMitbestErgG	Montanmitbestimmungsergänzungsgesetz
MünchHdbGesR-IV/ *Bearbeiter*	Münchener Handbuch des Gesellschaftsrechts, Band 4: Aktiengesellschaft (Hrsg. Hoffmann-Becking), 2. Aufl. 1999
MünchKommAktG/ *Bearbeiter*	Münchner Kommentar zum Aktiengesetz (9 Bände), ab 2000
mwN	mit weiteren Nachweisen
Nagel	Nagel, Paritätische Mitbestimmung und Grundgesetz, 1988
Nagel/Freis/Kleinsorge	Nagel/Freis/Kleinsorge, Die Beteiligung der Arbeitnehmer in der Europäischen Gesellschaft – SE, 2005
Neye	Neye, Die europäische Aktiengesellschaft, Einführung und Materialsammlung zum Gesetz zur Einführung der Europäischen Gesellschaft (SEEG), 2005
nF	neue Fassung
Nippa/Petzold/Kürsten/Witt	Nippa/Petzold/Kürsten/Witt, Corporate Governance, 2002
NJW	Neue Juristische Wochenschrift (Zeitschrift)
Nr.	Nummer, Nummern
nrkr.	nicht rechtskräftig
NV	naamloze venootschap (belgische/niederländische Aktiengesellschaft)
NVwZ	Neue Zeitschrift für Verwaltungsrecht
NZA	Neu Zeitschrift für Arbeitsrecht
NZG	Neue Zeitschrift für Gesellschaftsrecht
oÄ	oder Ähnliches
og.	oben genannt(e)
OHG	Offene Handelsgesellschaft
Ohr/Mussler/Streit	Ohr/Mussler/Streit, Europäische Integration, 1996
OLG	Oberlandesgericht
OLGE	Die Rechtssprechung des Oberlandesgerichts in Zivilsachen
Oplustil/Teichmann	Oplustil/Teichmann, The European Company – all over Europe, 2004
OWiG	Gesetz über Ordnungswidrigkeiten
plc	public limited company (englische bzw. irische Aktiengesellschaft)
PublG	Publizitätsgesetz
RA	Rechtsanwalt
Raiser/Veil	Raiser/Veil, Das Recht der Kapitalgesellschaften, 4. Aufl. 2006
RAussch.	Rechtsausschuss
rd.	rund
RdA	Recht der Arbeit (Zeitschrift)
Rdvfg.	Rundverfügung
RefE	Referentenentwurf
RefE-SEEG	Referentenentwurf zum Gesetz zur Einführung einer Europäischen Gesellschaft
RegE	Regierungsentwurf
Reinkensmeier	Reinkensmeier, Die Organisation der Geschäftsführung und ihrer Überwachung in der Europäischen Aktiengesellschaft, 1992

Abkürzungsverzeichnis

resp.	respektive
RG	Reichsgericht
RGBl.	Reichsgesetzblatt
RGZ	Amtliche Sammlung von Entscheidungen des Reichsgerichts in Zivilsachen
RiL	Richtlinie
RIW	Recht der internationalen Wirtschaft (Zeitschrift)
rkr.	rechtskräftig
Rn.	Randnummer
Roitsch	Roitsch, Auflösung, Liquidation und Insolvenz der Europäischen Aktiengesellschaft (SE) mit Sitz in Deutschland, Diss. Würzburg 2006 (im Erscheinen)
Rs.	Rechtssache
Rspr.	Rechtsprechung
Rz.	Randziffer
S.	Seite; Satz
s.	siehe
s. a.	siehe auch
SA	Société anonyme (belgische/französische/luxemburgische Aktiengesellschaft); Sociedade Anónima (portugiesische Aktiengesellschaft); Sociedad anónima (spanische Aktiengesellschaft)
SCE	Europäische Genossenschaft
SCE-VO	Verordnung über das Statut der Europäischen Genossenschaft
Scheifele	Scheifele, Die Gründung der Europäischen Aktiengesellschaft (SE), 2004
Schindler	Schindler, Die Europäische Aktiengesellschaft, 2002
Schmidt/*Bearbeiter*	L. Schmidt, Kommentar zum Einkommensteuergesetz, 25. Aufl. 2006
K. Schmidt	K. Schmidt, Gesellschaftsrecht, 4. Aufl. 2002
Scholz/*Bearbeiter*	Scholz, Kommentar zum GmbH-Gesetz, 9. Aufl. 2000
Schwarz	Schwarz, Europäisches Gesellschaftsrecht – Ein Handbuch für Wissenschaft und Praxis, 2000
Schwarz	Schwarz, SE-VO. Verordnung (EG) Nr. 2157/2001 des Rates über das Statut der Europäischen Gesellschaft (SE), 2006 (zitiert mit Art. oder SE-VO)
SE	Societas Europaea (Europäische Aktiengesellschaft)
SEAG	Ausführungsgesetz zum Statut der Europäischen Gesellschaft
SEAG-DiskE	Diskussionsentwurf für ein deutsches Ausführungsgesetz zur SE
SEAG-RefE	Referentenentwurf für ein deutsches Ausführungsgesetz zur SE
SEAG-RegE	Regierungsentwurf für ein deutsches Ausführungsgesetz zur SE
SEBG	Gesetz über die Beteiligung der Arbeitnehmer in einer Europäischen Gesellschaft (SE-Beteiligungsgesetz)
Sec.	Section
SEEG	Gesetz zur Einführung einer Europäischen Gesellschaft
SEEG-RefE	Referentenentwurf über das Gesetz zur Einführung der Europäischen Gesellschaft

Abkürzungsverzeichnis

SE-ErgRiL	Richtlinie 2001/86/EG des Rates vom 8. Oktober 2001 zur Ergänzung des Statuts der Europäischen Gesellschaft hinsichtlich der Beteiligung der Arbeitnehmer
SE-ErgRiL-V	Geänderter Vorschlag für eine Richtlinie des Rates vom 8. Oktober 2001 zur Ergänzung des SE-Statuts der Europäischen Gesellschaft hinsichtlich der Stellung der Arbeitnehmer
Semler/Stengel/*Bearbeiter*	Semler/Stengel, Umwandlungsgesetz, 2003
Semler/Volhard/*Bearbeiter* HV Hdb.	Semler/Volhard, Arbeitshandbuch für die Hauptversammlung, 2. Aufl. 2003
SE-RatsE	Ratsentwurf über das Statut für Europäische Aktiengesellschaften
SE-RL	Richtlinie zur Ergänzung des Statuts der Europäischen Gesellschaft hinsichtlich der Beteiligung der Arbeitnehmer
SEs	Europäische Aktiengesellschaften
SEStEG	Gesetz über steuerliche Begleitmaßnahmen zur Einführung der Europäischen Gesellschaft und zur Änderung weiterer steuerlicher Vorschriften (SE-Steuereinführungsgesetz)
SE-VO	Verordnung über das Statut der Europäischen Gesellschaft
SE-VOV	Vorschlag einer Verordnung (EWG) des Rates über das Statut für Europäische Aktiengesellschaften
SE-VO-Vorschlag	Vorschlag für eine Verordnung über das Statut der Europäischen Gesellschaft
so.	siehe oben
sog.	so genannt
Sp.	Spalte
s.r.o.	společnost s ručením omezeným (tschechische Gesellschaft mit beschränkter Haftung)
st.	ständig(e)
str.	strittig
StuW	Steuer und Wirtschaft (Zeitschrift)
s.u.	siehe unten
SZ	Süddeutsche Zeitung (Tageszeitung)
SZW	Schweizerische Zeitschrift für Wirtschaftsrecht
Teichmann	Teichmann, Binnenmarktkonformes Gesellschaftsrecht, 2006
teilw.	teilweise
Theisen	Theisen, Der Konzern, 2. Aufl. 2000
Theisen/Wenz/*Bearbeiter*	Theisen/Wenz, Die Europäische Aktiengesellschaft, 2. Aufl. 2005
TVG	Tarifvertragsgesetz
Tz.	Teilzahl
uÄ	und Ähnliches
u.a.	und andere; unter anderem
uE	unseres Erachtens
üM	überwiegende Meinung
UmwG	Umwandlungsgesetz
UmwStG	Umwandlungssteuergesetz
Unterabs.	Unterabsatz
UStG	Umsatzsteuergesetz

Abkürzungsverzeichnis

usw.	und so weiter
uU	unter Umständen
uvm.	und viele(s) mehr
UWG	Gesetz gegen den unlauteren Wettbewerb
v.	vom (von)
v.a.	vor allem
VAG	Versicherungsaufsichtsgesetz
VereinsG	Vereinsgesetz
Vfg.	Verfügung
vgl.	vergleiche
VO	Verordnung
Vorb.	Vorbemerkung
WamS	Welt am Sonntag (Zeitung)
WBl.	Wirtschaftsrechtliche Blätter
Wenz	Wenz, Die Societas Europaea (SE), 1993
Widmann/Mayer/*Bearbeiter*	Widmann/Mayer, Umwandlungsrecht (Loseblatt-Kommentar)
WOMitbestG	Wahlordnung zum Mitbestimmungsgesetz
WPg	Die Wirtschaftsprüfung (Zeitschrift)
Zang	Zang, Sitz und Verlegung des Sitzes einer Europäischen Aktiengesellschaft mit Sitz in Deutschland, 2005
zB	zum Beispiel
ZESAR	Zeitschrift für europäisches Sozial- und Arbeitsrecht
ZGR	Zeitschrift für Unternehmens- und Gesellschaftsrecht
ZHR	Zeitschrift für das gesamte Handels- und Wirtschaftsrecht
Ziff.	Ziffer(n)
ZIP	Zeitschrift für Wirtschaftsrecht und Insolvenzpraxis
zit.	zitiert
zT	zum Teil
zZ	zur Zeit
zzgl.	zuzüglich

1. Abschnitt. Einsatzmöglichkeiten

Übersicht

		Rn.
I.	Einführung	1–3
II.	Grenzüberschreitende Flexibilität und Mobilität	4–22
	1. Vollendung des Europäischen Binnenmarktes	5–11
	2. Zielsystem der SE	12–14
	3. Europäische Dimension sowie nationale Integration und Umsetzung	15–22
III.	Einsatzmöglichkeiten der SE im Überblick	23
IV.	Merger SE	24–39
	1. Ausgangssituation	24, 25
	2. Durchführung	26–28
	3. Beurteilung	29–34
	4. Verschmelzung im Konzern	35–39
V.	Acquisition SE	40–48
	1. Ausgangssituation	40
	2. Durchführung	41–43
	3. Beurteilung	44–48
VI.	Joint Venture SE	49–52
VII.	Reorganisation SE	53–62
	1. Ausgangssituation	53
	2. Vorgehensweise	54–57
	3. Beurteilung	58–62
VIII.	European Group SE	63–67
IX.	Reengineering SE	68–72
X.	Cross Border SE	73–76
XI.	Die SE als europäische Rechtsforminnovation	77, 78

I. Einführung

Der Erfolg der Europäischen Aktiengesellschaft, die den Unternehmen und Konzernen ab dem 8. Oktober 2004 in den nunmehr 30 Mitgliedstaaten der EU sowie des EWR gleichsam zur Verfügung steht, hängt insbesondere von den rechtlichen und betriebswirtschaftlichen Vorteilen sowie den Möglichkeiten des Einsatzes dieser neuen supranational-europäischen Rechtsform in der Unternehmenspraxis ab.[1] Denn nur wenn sich durch die konkreten Einsatz- und Anwendungsmöglichkeiten einer SE deren – ggf. vorhandene – rechts- und organisationsformspezifische Vorteile insbesondere in der Ausgestaltung der statutarischen Organisationsstruktur von grenzüberschreitend tätigen Unternehmen und Konzernen im Europäischen Binnenmarkt gegenüber den bislang erforderlichen, teilweise sehr komplexen und ineffizienten Ersatzkonstruktionen einzelwirtschaftlich realisieren lassen, hat die SE eine Chance, sich – anders als die konstruktionsbedingt erfolglose EWIV – gegenüber der Vielzahl nationaler und vertrauter Rechtsformen zu behaupten und ggf. auch durchzusetzen.[2]

1

---

[1] Dazu vgl. bereits *Wenz*, Die Societas Europaea (SE), S. 179 f.
[2] Dazu siehe auch die bisherigen Studien zu den möglichen betriebswirtschaftlichen Vorteilen des Einsatzes einer SE von *Buchheim*, S. 179 ff.; Lutter/Hommelhoff/Maul/*Wenz*, S. 261 ff.; Petri/*Wenz*, Aufsichtsrat 2004, S. 4; *Wenz*, S. 170 ff.; *Wenz*, Aktiengesellschaft, 2003, S. 185 f.; Theisen/Wenz/*Wenz*, S. 655 ff.; European Trade Union Institute/Hans-Boeckler Foundation/*Wenz*, S. 27 ff. Vgl. ferner auch *Götz*, ZIP 2003, 1067; *Kallmeyer*, AG 2003, 197 ff.; *Kloster*, EuZW 2003, 293 ff.; Maul/*Wenz*, FAZ vom 6.10.2004, 23; Schröder/Maul/*Wenz*, S. 193 ff.; *Nagel*, DB 2004, 1299 ff.; Börsen-Zeitung vom 17.1.2004, 5.

Erforderlich ist ferner, dass diese rechtsformspezifischen Vorteile nicht aufgrund unzureichender oder fehlender steuerrechtlicher Vorschriften verhindert oder mit prohibitiven Auflagen verbunden werden.[3]

2 Die nachfolgenden Ausführungen befassen sich zunächst mit der grenzüberschreitenden Flexibilität und Mobilität der SE im Europäischen Binnenmarkt. Denn als supranational-europäische Rechtsform stellt die SE einen zentralen Bestandteil des Programms zur Vollendung des Europäischen Binnenmarktes dar. Dabei wird neben dem Zielsystem, das der SE zugrunde liegt, insbesondere auch ihre europäische Dimension und ihre nationale Integration und Umsetzung thematisiert. Daran anschließend wird ein Überblick über die verschiedenen Einsatzmöglichkeiten der SE gegeben. Anhand von konkreten Fallkonstellationen aus der Unternehmenspraxis sollen die Unterschiede, die sich durch den Einsatz einer SE anstelle von Rechtsformen nationalen Rechts ergeben können, für diejenigen Unternehmen und Konzerne aufgezeigt und analysiert werden, die gemeinschaftsweit agieren und sich dementsprechend auch gemeinschaftsweit strukturieren, reorganisieren oder zusammenschließen sowie ihren Sitz grenzüberschreitend in andere Mitgliedstaaten der EU oder des EWR verlegen wollen. In diesem Zusammenhang ist auch das Bedürfnis der Unternehmen zu berücksichtigen, die Leistungsfähigkeit ihres jeweiligen Systems der Unternehmensleitung und -überwachung (Corporate Governance) durch dessen Anpassung an unternehmens- oder konzernindividuelle Besonderheiten sowie an die Anforderungen des Kapitalmarktes aufrechtzuerhalten oder zu steigern; zu beachten ist ferner die Notwendigkeit, aber auch die erstmalige Möglichkeit, das System der Beteiligung der Arbeitnehmer unabhängig von traditionellen, gesetzlich festgeschriebenen Mitbestimmungsstandards unternehmens- oder konzernindividuell neu und europaweit einheitlich ausgestalten zu können.

3 Von besonderer Bedeutung sind in diesem Zusammenhang insbesondere die gesellschaftsrechtlich bedingten Ausgestaltungsmöglichkeiten der statutarischen Organisationsstruktur, des Systems der Corporate Governance sowie der Beteiligung der Arbeitnehmer, aber auch steuerrechtliche Fragestellungen sowie Aspekte der internationalen Steuerplanung von grenzüberschreitend tätigen Unternehmen und Konzernen durch die Rechtsform der SE. Die SE wird dabei zumindest in ihren Kernbereichen und grenzüberschreitenden Aspekten durch die SE-VO und nur ergänzend durch das jeweilige nationale (Aktien-)Recht, insbesondere aber auch durch das nationale SEAG des betreffenden SE-Sitzstaates geregelt; zu beachten sind zudem ferner die Bestimmungen der nationalen SEBG betreffend die Mitbestimmung der Arbeitnehmer, welche die Bestimmungen der SE-ErgRiL in das jeweilige nationale Recht der Mitgliedstaaten der EU und des EWR transformiert haben. Hinsichtlich der steuerrechtlichen Fragestellungen ist auf das nationale und das internationale Steuerrecht der konkret betroffenen Mitgliedstaaten sowie auf die Bestimmungen des europäischen und internationalen Steuerrechts abzustellen.

II. Grenzüberschreitende Flexibilität und Mobilität

4 Im Anschluss an den historischen, allerdings völlig unerwarteten Durchbruch im Europäischen Rat von Nizza Ende 2000, dem „Wunder von Nizza"[4], steht den Unternehmen und Konzernen in der Europäischen Union (EU) sowie auch im Europäischen Wirtschaftsraum (EWR) seit dem 8. Oktober 2004 das „Flaggschiff des europäischen Gesellschaftsrechts"[5], die neue supranational-europäische Rechtsform der Europäischen

---

[3] Dazu vgl. auch 9. Abschnitt Besteuerung § 2 Rn. 1.
[4] *Hirte,* NZG 2002, 1 f.
[5] *Hopt,* ZIP 1998, 99.

II. Grenzüberschreitende Flexibilität und Mobilität 5, 6

Aktiengesellschaft (Societas Europaea, SE) zur Verfügung, die ihnen zukünftig die grenzüberschreitende Mobilität und Flexibilität gemeinschaftsweit ermöglicht. Zu diesem Zeitpunkt trat die Verordnung über das Statut der SE (SE-VO)[6] in Kraft. Gleichzeitig waren sowohl zahlreiche Verpflichtungen und Ermächtigungen der SE-VO von den nunmehr 30 Mitgliedstaaten der EU und des EWR in nationales Recht umzusetzen sowie insbesondere auch die Richtlinie betreffend die Beteiligung der Arbeitnehmer (SE-ErgRiL)[7] in nationales Recht zu transformieren. Nach Jahrzehnten der kontroversen Diskussion, nicht zuletzt über die Frage der Mitbestimmung der Arbeitnehmer, hat der europäische Gesetzgeber nunmehr die gesellschaftsrechtlichen Voraussetzungen zur Vollendung des Europäischen Binnenmarktes auch im Bereich der Rechtsformen geschaffen.[8] Unternehmen und Konzerne werden sich in Zukunft über Hoheits- und Ländergrenzen hinweg nach prinzipiell einheitlichen europäischen Regeln auf Gemeinschaftsebene neu strukturieren, reorganisieren und zusammenschließen sowie ihren Sitz identitätswahrend über die Grenze in andere Mitgliedstaaten verlegen können.[9] Europa erhält damit die erste gemeinsame Organisationsform für global aufgestellte Unternehmen und Konzerne.

1. Vollendung des Europäischen Binnenmarktes

Die Schaffung der Rechtsform einer Europäischen Aktiengesellschaft steht in unmittelbarem Zusammenhang mit den Zielsetzungen des EG-Vertrages, namentlich der Verwirklichung des Gemeinsamen Marktes sowie der Vollendung des Europäischen Binnenmarktes (s. Art. 2–4 EG-Vertrag); für die Konkretisierung der übergeordneten Zielsetzung der SE müssen allerdings auch die Unterschiede zwischen den beiden Konzeptionen zur wirtschaftlichen Integration in der EU beachtet werden.

Der Europäische Binnenmarkt[10] wird insbesondere durch die Grundfreiheiten des EG-Vertrages (s. Art. 17–69, 294 EG-Vertrag) und – dem entsprechend – auch des EWR-Abkommens (s. Art. 8–52 EWR-Abkommen), die auch als binnenmarktspezifische Freiheitsgrade verstanden werden können, legal definiert und gewährleistet. Er kann entsprechend der damit in Zusammenhang stehenden Europäischen Marktrechtsordnung durch einen intensiven grenzüberschreitenden Wettbewerb sowohl zwischen einzelnen Unternehmen als auch zwischen Standorten, mithin der verschiedenen nationalen Rechtsordnungen und -systeme gekennzeichnet werden (Integration durch Wettbewerb). Dagegen ist der Gemeinsame Markt darüber hinaus auch durch die Verschmelzung der nationalen Märkte zu einem einheitlichen Markt ohne jegliche v. a. staatsinduzierte Wettbewerbsverzerrungen gekennzeichnet und setzt insoweit auch die gemeinschaftliche Koordination der einzelstaatlichen Wirtschafts- und Steuerpolitik der Mitgliedstaaten voraus (Integration durch Wettbewerb und Intervention).[11]

---

[6] S. Verordnung (EG) Nr. 2157/2001 des Rates vom 8.10.2001 über das Statut der Europäischen Gesellschaft (SE), ABl.EG Nr. L 294 vom 10.11.2001, S. 1ff.

[7] S. Richtlinie 2001/86/EG des Rates zur Ergänzung des Statuts der Europäischen Gesellschaft hinsichtlich der Beteiligung der Arbeitnehmer vom 8.10.2001, ABl.EG Nr. L 294 vom 10.11.2001, S. 22ff.

[8] Vgl. *Wenz*, S. 35ff.

[9] Dazu vgl. *Wenz*, AG 2003, 185ff.; sowie auch Lutter/Hommelhoff/*Maul*/*Wenz*, S. 261f.; Petri/*Wenz*, AR 2004, 3f.; Sauter/*Wenz*, CommerceGermany 2002, 10.

[10] S. Art. 14 Abs. 2 EG-Vertrag: „Der Binnenmarkt umfasst einen Raum ohne Binnengrenzen, in dem der freie Verkehr von Waren, Personen, Dienstleistungen und Kapital ... gewährleistet ist."

[11] Grundlegend dazu vgl. insbesondere *Eyles*, Das Niederlassungsrecht der Kapitalgesellschaften in der Europäischen Gemeinschaft, S. 15ff.; Ohr/Mussler/Streit, S. 266 ff.; *Zacker*, RIW 1989, 489f.

7 Während die SE-VO-Vorschläge 1970 und 1975 noch davon ausgingen, dass die Schaffung der SE einen Bestandteil zur Verwirklichung des Gemeinsamen Marktes darstellt,[12] sind die SE-VO-Vorschläge 1989 und 1991 als rechtspolitische Maßnahme zur Vollendung des Europäischen Binnenmarktes zu verstehen.[13] Die SE war zunächst also dafür gedacht, den einheitlichen Gemeinsamen Markt durch eine ebenfalls einheitliche europäische Rechtsform auf der Grundlage eines vollständig eigenständigen europäischen Aktiengesetzes zu verwirklichen.[14] Dieses Vorhaben scheiterte aber daran, dass sich die Mitgliedstaaten nicht von ihren nationalen Aktienrechtstraditionen lösen und auf ein davon weitgehend unabhängiges Statut mit national bislang unbekannten Bestimmungen und Konzeptionen einigen konnten.

8 Durch die Wiederbelebungsversuche des SE-Projekts in Zusammenhang mit dem Inkrafttreten des Europäischen Binnenmarktes änderte sich dementsprechend auch die Zielsetzung des EG-Vertrages, die der Schaffung einer SE zugrunde liegt. Fortan war sie (nur noch) als supranational-europäische Rechtsform zur Vollendung des Europäischen Binnenmarktes, die dementsprechend über sämtliche binnenmarktspezifischen Freiheitsgrade verfügen soll, konzipiert,[15] u. a. um dadurch auch die Unternehmens- an die Europäische Marktrechtsordnung anzupassen.

9 Der entscheidende Unterschied besteht folglich darin, dass die SE-VO per se kein einheitliches Regelungsstatut mehr darstellt, sondern sowohl der Bezugnahme auf die Vorschriften des jeweiligen (harmonisierten) nationalen Rechts, insbesondere des Sitzstaats der SE, als auch der verstärkten Verankerung von Wettbewerbselementen zB durch die Gewährung von rechtsformspezifischen Unternehmenswahlrechten offen gegenübersteht.[16] Dieser Ansatz nimmt somit Bezug auf die bislang erreichten Fortschritte in der Harmonisierung nationalen Rechts, akzeptiert die gegenseitige Anerkennung der bestehenden gesellschaftsrechtlichen Standards in den Mitgliedstaaten und stellt auf mehr Eigenverantwortlichkeit und Regelungsautonomie,[17] mithin auf mehr Vielheit statt Einheit ab.[18] Nur dort, wo eine einheitliche supranational-europäische Regelung zwingend erforderlich ist, um die Kernbereiche der SE zu bestimmen und v. a. deren grenzüberschreitende Einsatz- und Anwendungsmöglichkeiten gemeinschaftsweit zu gewährleisten, bleiben weitgehend einheitliche Regelungen der SE-VO vorbehalten[19] (Ausfluss des Subsidiaritätsprinzips).[20]

10 Dieser Paradigmenwechsel in der übergeordneten Zielsetzung der SE stellt eine der Grundvoraussetzungen der spezifischen Charakteristika der SE entsprechend der nunmehr verabschiedeten Fassung der SE-VO dar.[21] Er hat zur Folge, dass die SE insbesondere über sämtliche binnenmarktspezifischen Freiheitsgrade verfügt und dadurch die bestehenden Hindernisse für grenzüberschreitende Aktivitäten von Unternehmen im

---

[12] S. *Kommission der Europäischen Wirtschaftsgemeinschaft*, Denkschrift über die Schaffung einer europäischen Handelsgesellschaft, SEK(66) 1250 vom 22. 4. 1966, S. 1, 6.
[13] S. Erwägungsgrund Nr. 1 SE-VO-Vorschlag 1991. Dazu vgl. *Wenz*, ET 2004, 6.
[14] Vgl. *Lutter*, BB 2002, 1; Lutter/Hommelhoff/*Lutter/Hommelhoff*, S. 1 f.; *Wenz*, S. 27, 35 f.
[15] S. Erwägungsgründe Nr. 1–5 SE-VO-Vorschlag 1991; Erwägungsgründe Nr. 1–4, 6 SE-VO.
[16] Dazu s. Erwägungsgründe Nr. 9, 14 SE-VO.
[17] Dazu vgl. auch *Wehlau*, CMLR 1992, 477, 505; *Grundmann*, ZGR 2001, 801 f.; *Hommelhoff*, Der Wettbewerb der Rechtsordnungen im Europäischen Unternehmensrecht, Vortrag vom 20. 10. 2001, S. 4 (http://www.uni-heidelberg.de/presse/news//2110rektor.html); *Hauschka*, AG 1990, 96 ff.
[18] Vgl. *Grundmann*, ZIP 2004, 2402 ff.
[19] *Lutter* und *Hommelhoff* gehen daher davon aus, dass höchstens 40% des auf eine SE anwendbaren Rechts europäisch sind. Vgl. Lutter/Hommelhoff, S. 2.
[20] S. Art. 5 EG-Vertrag; Erwägungsgrund Nr. 29 SE-VO.
[21] Dazu vgl. auch *Wehlau*, CMLR 1992, 477 f., 505 f.; *Wenz*, ET 2004, 6. Zumindest auf das Ergebnis Bezug nehmend vgl. Lutter/Hommelhoff, S. 1 f.

II. Grenzüberschreitende Flexibilität und Mobilität 11–13 1

Europäischen Binnenmarkt überwunden werden können, welche die Effizienz und Wettbewerbsfähigkeit wirtschaftlichen Handelns in Europa seit Jahrzehnten hinsichtlich der Ausgestaltung der statutarischen Organisationsstruktur von Unternehmen beeinträchtigen;[22] diesem konzeptionellen Verständnis der SE entsprechend ist es dagegen irrelevant, ob es mit der Einführung der SE in „Wahrheit" 30 oder – aufgrund verschiedener Corporate Governance-Systeme – 60 verschiedene SE-Formen geben wird. Dadurch und durch die Verankerung von Wettbewerbselementen in der SE-VO eröffnet die SE ferner auch einen Wettbewerb der nationalen Gesellschaftsrechtssysteme sowie der Rechtsformen.[23]

Durch die SE kann somit die Europäische Unternehmensrechtsordnung an die 11 Europäische Marktrechtsordnung angepasst und insoweit auch die Zielsetzung des EG-Vertrages, die Vollendung des Europäischen Binnenmarktes im Bereich der Rechtsformen, sowohl anwendungs- bzw. faktorbezogen als auch institutionell bzw. wettbewerbsbezogen erreicht werden. Über die positiv zu beantwortende Frage, inwieweit die Einheitlichkeit der SE-VO zudem wünschenswert ist, und welche Anwendungsprobleme sich bei einer nicht einheitlich geregelten SE ergeben können, ist dadurch aber noch nichts gesagt.

2. Zielsystem der SE

Ausgehend von den Zielen des EG-Vertrages liegt der Schaffung der Europäischen 12 Aktiengesellschaft das Ziel der Vollendung des Europäischen Binnenmarktes auch im Bereich der Rechtsformen[24] zur Realisierung von Effizienzsteigerungen aufgrund verminderter Transaktions- und Organisations(form)kosten zugrunde. Unternehmen und Konzerne, die im Europäischen Binnenmarkt gemeinschaftsweit agieren, sollen sich eines angemessenen rechtlich-institutionellen Rahmens bedienen können, um wirklich europäische Unternehmen herausbilden und die nationalen Hoheits- und Ländergrenzen überwinden, aber auch um mit amerikanischen und japanischen Unternehmen und Konzernen auf globaler Ebene konkurrieren und entsprechende Größenvorteile (economies of scale, scope and speed) erzielen zu können.[25] Damit verbunden ist folgendes komplexes Zielsystem der SE (vgl. auch die nachstehende Abbildung).[26]

Die übergeordnete Zielsetzung der SE besteht in der Schaffung einer supranatio- 13 nal-europäischen Rechtsform der Europäischen Aktiengesellschaft, die über sämtliche binnenmarktspezifischen Freiheitsgrade verfügt und dadurch zur Anpassung der Unternehmens- an die Europäische Marktrechtsordnung führt.[27] Den Unternehmen im Binnenmarkt soll eine Rechtsform zur Verfügung gestellt werden, die zum Abbau psychologischer Schranken und Hemmnisse beiträgt und über die gleiche Freizügigkeit und Niederlassungsfreiheit sowie dieselben Möglichkeiten der Zusammenführung von Produktionsfaktoren verfügt wie Rechtsformen nationalen Rechts im jeweiligen

---

[22] Speziell dazu vgl. auch *Wymeersch*, Company Law in Europe and European Company Law, Working Paper Series WP 2001-06, Universiteit Gent 2001, S. 21, 44 (http://system04.ru-g.ac.be/fli/WP/WPindex.html).

[23] Dazu vgl. auch *Lutter/Hommelhoff*, S. 2. Allgemein zu den Voraussetzungen eines Wettbewerbs der Systeme, insbesondere der nationalen Rechtsordnungen, vgl. *Dreher*, JZ 1999, 108 f.

[24] S. Art. 14 Abs. 2 EG-Vertrag, Erwägungsgründe Nr. 1, 4, 8 SE-VO. Dazu vgl. auch *Blanquet*, ZGR 2002, 29 f., 33, 62; *Lutter/Hommelhoff/Maul/Wenz*, S. 261; *Wenz*, S. 35 f.; ders., AG 2003, 186 f.; ders., ET 2004, 4 ff.; *Wymeersch*, (Fn. 22) S. 27; sowie auch den *Ciampi*-Bericht: *Competitiveness Advisory Group*, Enhancing European Competitiveness – First Report, 1995, S. 9.

[25] Grundlegend dazu vgl. *Wenz*, AG 2003, 186; sowie auch *Blanquet*, ZGR 2002, 24, 28, 30; *Wehlau*, CMLR 1992, 473, 476; *Wenz*, S. 39 f.

[26] Überarbeitete Version aus *Wenz*, S. 44. Auf die Urversion abstellend vgl. beispielsweise *Bleicher*, Normatives Management, S. 329 ff.; *Buchheim*, S. 116 ff.

[27] S. auch Erwägungsgründe Nr. 4, 6 SE-VO. Dazu vgl. auch *Wenz*, AG 2003, 186 f.; ders., ET 2004, 6.

```
┌─────────────────────────────────────────────────────────────────────┐
│                         ┌─────────────────────────────────┐         │
│                         │ Vollendung des Europäischen      │         │
│  Ziele des EG-Vertrages │ Binnenmarktes auch im Bereich    │         │
│                         │ der Rechtsformen zur Realisierung│         │
│                         │ von Effizienzsteigerungen        │         │
│                         └─────────────────────────────────┘         │
│                                      │                              │
│                                      ▼                              │
│                         ┌─────────────────────────────────┐         │
│                         │ Schaffung der supranational-     │         │
│  übergeordnete          │ europäischen Rechtsform der      │         │
│  Zielsetzung            │ Societas Europaea mit binnen-    │         │
│                         │ marktspezifischen Freiheitsgraden│         │
│                         │ zur Anpassung der Unternehmens-  │         │
│                         │ an die Europäische Markt-        │         │
│                         │ rechtsordnung                    │         │
│                         └─────────────────────────────────┘         │
│                                      │                              │
│                                      ▼                              │
│                              ┌──────────────────┐                   │
│  abgeleitete Ziele           │ Abbau psychologischer │              │
│                              │ Schranken und Hemmnisse│             │
│                              └──────────────────┘                   │
│  ┌──────────────┐        ┌──────────────────┐   ┌──────────────┐   │
│  │ Zusammenführung│       │ Freizügigkeit und │   │ Leistungsfähiges│
│  │ von Produktions-│      │ Niederlassungs-   │   │ System der    │ │
│  │ faktoren      │        │ freiheit         │   │ Unternehmens- │ │
│  └──────────────┘        └──────────────────┘   │ leitung       │ │
│                                                  └──────────────┘   │
│                              ┌──────────────────┐                   │
│                              │ Steigerung der    │                  │
│                              │ Wettbewerbsfähigkeit│                │
│                              └──────────────────┘                   │
│                              ┌──────────────────┐                   │
│                              │ Attrahierung von  │                  │
│                              │ Direktinvestitionen│                 │
│                              │ aus Drittstaaten  │                  │
│                              └──────────────────┘                   │
│                                                                     │
│  konkrete Ziele                                                     │
│                                                                     │
│  • Anerkennung der Rechtspersönlichkeit    • Monistisches vs.       │
│                                              dualistisches System   │
│  • Grenzüberschreitende Sitzverlegung      • Beteiligung der        │
│                                              Arbeitnehmer           │
│  • Grenzüberschreitende Verschmelzung      • Europäische Corporate  │
│                                              Identity               │
│  • Grenzüberschreitende Holding-Gründung   • Europäische Corporate  │
│                                              Culture                │
│  • Umwandlung                              • Europäischer Corporate │
│                                              Goodwill               │
│  • Grenzüberschreitende Gründung           • Rechtlich einheitliche │
│    gemeinsamer Tochtergesellschaften         Ausgestaltung der      │
│                                              statutarischen         │
│                                              Organisationsstruktur  │
└─────────────────────────────────────────────────────────────────────┘
```

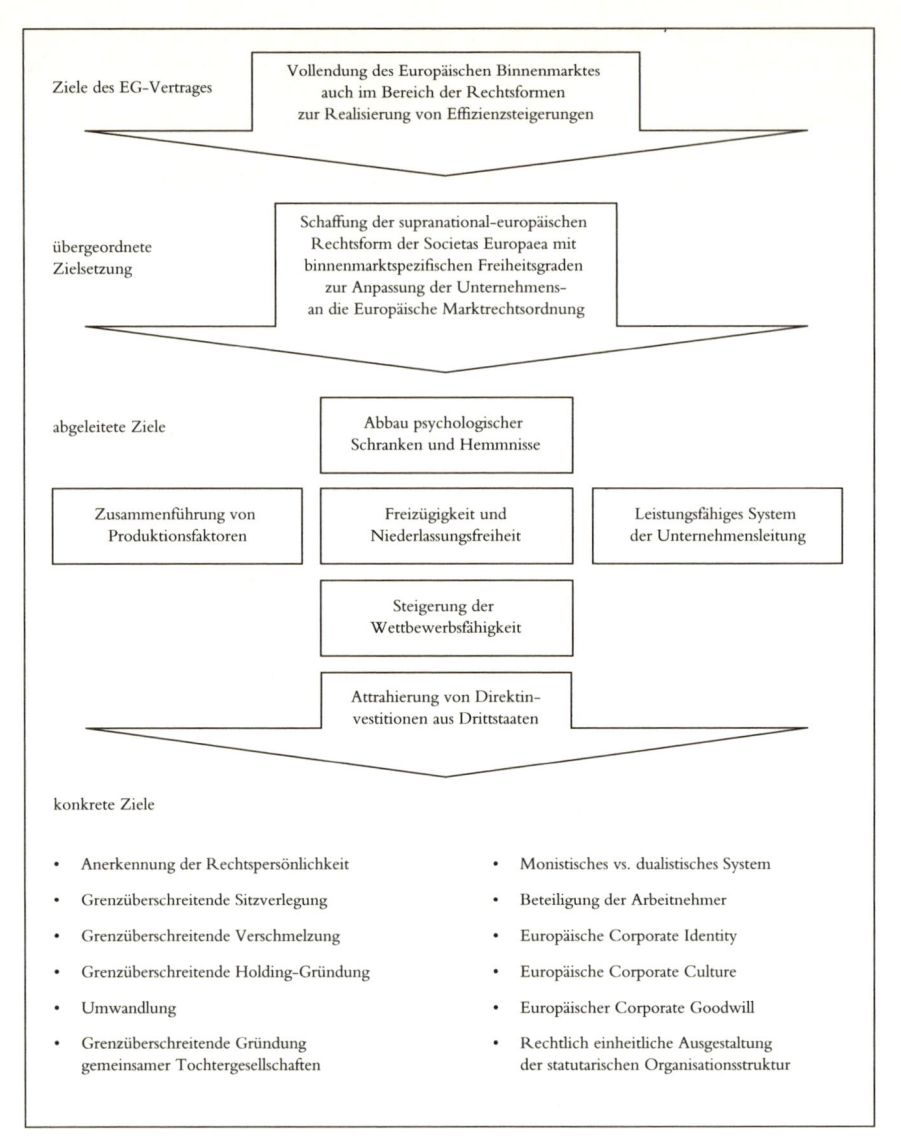

Zielsystem der Societas Europaea (SE)

nationalen Markt;[28] die Rechtsform einer SE soll darüber hinaus auch über ein leistungsfähiges System der Unternehmensleitung verfügen[29] und die Möglichkeit zur Attrahierung von Direktinvestitionen aus Drittstaaten besitzen[30] (abgeleitete Zielsetzung). Um diese abgeleiteten Ziele zu erreichen, hat die SE eine Vielzahl von konkreten Zielsetzungen zu erfüllen:

---

[28] S. Erwägungsgründe Nr. 1–8 SE-VO. Dazu vgl. auch *Wenz*, AG 2003, 187; *Wymeersch*, (Fn. 22), S. 17, 39.
[29] S. Erwägungsgrund Nr. 14 SE-VO. Dazu vgl. auch *Wenz*, AG 2003, 187.
[30] Dazu vgl. *Wehlau*, CMLR 1992, 507 f. mwN; *Wenz*, ET 2004, 6 sowie auch *Blanquet*, ZGR 2002, 64.

II. Grenzüberschreitende Flexibilität und Mobilität

- Uneingeschränkte Anerkennung der Rechtspersönlichkeit der SE in allen 30 Mitgliedstaaten der EU und des EWR,[31]
- Identitätswahrende grenzüberschreitende Sitzverlegung der SE,[32]
- Grenzüberschreitende Verschmelzung von Aktiengesellschaften nationalen Rechts zu einer SE,[33]
- Grenzüberschreitende Errichtung einer Holding SE durch Aktiengesellschaften und Gesellschaften mit beschränkter Haftung nationalen Rechts,[34]
- Umwandlung von Aktiengesellschaften nationalen Rechts in eine SE,[35]
- Grenzüberschreitende Gründung gemeinsamer Tochtergesellschaften in der Rechtsform einer SE durch Gesellschaften des bürgerlichen und des Handelsrechts sowie juristische Personen des öffentlichen oder privaten Rechts,[36]
- Gründung von Tochtergesellschaften in der Rechtsform einer SE durch bestehende SE,
- Rechtlich einheitliche Ausgestaltung der statutarischen Organisationsstruktur von gemeinschaftsweit tätigen Unternehmen mit unselbständigen Niederlassungen in anderen Mitgliedstaaten,[37]
- Auswahlfreiheit zwischen dualistischem und monistischem System der Unternehmensleitung, die u. a. auch den Bedürfnissen und Anforderungen des Kapitalmarktes entspricht,[38]
- Beteiligung der Arbeitnehmer an Entscheidungen, die den Geschäftsverlauf der SE betreffen,[39]
- Entwicklung einer Europäischen Corporate Identity, einer Europäischen Corporate Culture und eines Europäischen Corporate Goodwill der SE.[40]

Ausgehend von den konkreten Zielen, die mit der Schaffung der Europäischen Aktiengesellschaft verbunden und von dieser auch grundsätzlich erfüllt werden können, kann der SE in der verabschiedeten Fassung konstatiert werden, dass sie insoweit auch die abgeleiteten Ziele, die mit ihrer Einführung verbunden sind, erfüllen kann. Ungeachtet ihrer rechtlichen Komplexität aufgrund des Zusammenwirkens von einheitlichem Recht der SE-VO, nationalen SEAG und differenziertem, zumindest teilweise harmonisiertem Recht der einzelnen Mitgliedstaaten, kann die SE, die über sämtliche binnenmarktspezifischen Freiheitsgrade verfügt, den Europäischen Binnenmarkt im Bereich der Rechtsformen vollenden und insoweit auch die Europäische Unternehmens- an die Europäische Marktrechtsordnung anpassen: Erfüllung der übergeordneten Zielsetzung und derjenigen des EG-Vertrages.

3. Europäische Dimension sowie nationale Integration und Umsetzung

Die Societas Europaea stellt in der am 8. Oktober 2001 verabschiedeten Fassung die erste supranational-europäische Organisationsform wirtschaftlichen Handelns im Europäischen Binnenmarkt dar, die den Unternehmen alternativ zu den Rechtsformen

---

[31] S. auch Erwägungsgründe Nr. 1–6 SE-VO. Dazu vgl. auch *Wenz*, S. 36.
[32] S. Erwägungsgründe Nr. 5, 24 SE-VO. Dazu vgl. auch *Wehlau*, CMLR 1992, 506.
[33] S. Erwägungsgrund Nr. 10 SE-VO. Dazu vgl. auch *Blanquet*, ZGR 2002, 25.
[34] S. Erwägungsgrund Nr. 10 SE-VO. Dazu vgl. auch *Buchheim*, S. 121.
[35] S. Erwägungsgrund Nr. 11 SE-VO. Dazu vgl. auch *Teichmann*, ZGR 2002, 439 ff.
[36] S. Erwägungsgrund Nr. 10 SE-VO. Dazu vgl. auch *Wenz*, S. 39 ff.
[37] S. Erwägungsgrund Nr. 4 SE-VO. Vgl. auch *Petri/Wenz*, AR 2004, 3 f.; *Lutter/Hommelhoff/Maul/Wenz*, S. 261, 264.
[38] S. Erwägungsgrund Nr. 14 SE-VO. Vgl. *Hommelhoff*, AG 2001, 282 ff.; *Lutter/Hommelhoff/Maul/Wenz*, S. 264.
[39] S. Erwägungsgründe Nr. 19, 21 SE-VO. Dazu vgl. auch *Hommelhoff/Teichmann*, SZW 2002, 6 f.
[40] S. auch Erwägungsgrund Nr. 3 SE-VO. Dazu vgl. auch *Buchheim*, S. 242 ff.; *Wehlau*, CMLR 1992, 507.

nationalen Rechts zur Verfügung steht. Sie ist eine Gesellschaft europäischen Rechts mit eigener Rechtspersönlichkeit (s. Art. 1 SE-VO), die in das jeweilige Register ihres Sitzstaates, an dem sich auch ihre Hauptverwaltung befinden muss, einzutragen ist (s. Art. 7, 12 SE-VO), deren Kapital in Aktien zerlegt ist und deren Grundkapital mindestens 120 000 Euro zu betragen hat.[41] Eine SE kann nur nach bestimmten Gründungsformen von Unternehmen mit einer bestimmten Rechtsform sowie unter Berücksichtigung räumlich und zeitlich genau festgelegter Aspekte der Mehrstaatlichkeit errichtet werden (numerus clausus) (s. Art. 2-3 SE-VO); s. dazu auch 4. Abschnitt § 1 Rn. 1; sie verfügt entweder über ein monistisches oder dualistisches System der Unternehmensleitung und -überwachung (Corporate Governance) (s. Art. 38 SE-VO) und kann erst eingetragen werden, wenn insbesondere eine unternehmensindividuelle Vereinbarung über die Beteiligung der Arbeitnehmer entsprechend den Vorgaben der SE-ErgRiL getroffen wurde (s. Art. 12 SE-VO). Ihrer Firmenbezeichnung ist der Zusatz „SE" voran- oder nachzustellen (s. Art. 11 Abs. 1 SE-VO).

16   In ihren Grundzügen ist die SE in einer EG-Verordnung (SE-VO) geregelt, die aus 70 Artikeln besteht, in allen Mitgliedstaaten unmittelbar anwendbar und am 8. Oktober 2004 in Kraft getreten ist. Aufgrund der verschiedenen Verweisungen und Ermächtigungen in der SE-VO, die insbesondere auf die Bestimmungen des nationalen Aktienrechts des Sitzstaats der SE verweisen, sowie der Notwendigkeit, die SE in die gegebene Rechtsordnung der Mitgliedstaaten zu integrieren, war darüber hinaus die Verabschiedung von nationalen Ausführungsgesetzen in den einzelnen Mitgliedstaaten bis zum 8. Oktober 2004 erforderlich (s. auch Art. 68 Abs. 1 SE-VO). Ferner musste die EG-Richtlinie (SE-ErgRiL), welche die Regelungen zur Mitbestimmung der Arbeitnehmer beinhaltet, bis zu diesem Tag in nationales Recht transformiert sein.[42]

17   Aktuell (Stand April 2007) haben alle Mitgliedstaaten der EU und des EWR mit Ausnahme von Bulgarien und Rumänien die Bestimmungen der SE-VO in nationales Recht integriert und diejenigen der SE-ErgRiL in nationales Recht transformiert. Ferner wurden europaweit bislang ca. 65 SE gegründet, die sich auf die einzelnen Länder wie folgt verteilen, vgl. nachstehende Abbildung.

18   Besonders hervorzuheben ist, dass es den Unternehmen durch die Einführung der Rechtsform einer SE nunmehr erstmals auf der Grundlage eines europarechtlich abgesicherten Verfahrens möglich sein wird, sich grenzüberschreitend bei europaweit freier Sitzwahl zu verschmelzen sowie ihren Sitz über die Grenze von einem Mitgliedstaat der EU oder des EWR in einen anderen identitätswahrend zu verlegen. Dadurch können sich die Unternehmen im gesamten Europäischen Binnenmarkt nunmehr auch grenzüberschreitend neu strukturieren, reorganisieren und zusammenschließen. An die Stelle der ersatzweise bislang erforderlichen, teilweise äußerst komplexen rechtlichen Strukturen können Organisationsstrukturen treten, die wesentlich einfacher sind und den geänderten Rahmenbedingungen im Europäischen Binnenmarkt Rechnung tragen sowie mit geringeren Transaktions- und Organisations(form)kosten einhergehen.[43]

19   Auch bestehende Unternehmen und Konzerne können zukünftig in einer klar strukturierten, auch rechtlich einheitlichen Organisationsstruktur durch eine einzige SE mit rechtlich unselbständigen Niederlassungen in den anderen Mitgliedstaaten europaweit

---

[41] S. Art. 1, 4 SE-VO. Insofern wird sie auch als Rechtsform für Großunternehmen angesehen. Dazu vgl. *Hommelhoff/Teichmann*, SZW 2002, 3; *Teichmann*, ZGR 2002, 388 f. Dazu auch 2. Abschnitt Wesensmerkmale B.

[42] Zum Gang des Gesetzgebungsverfahrens speziell in *Deutschland* vgl. *Neye*, S. 1 ff.

[43] S. *Europäische Kommission*, Aktionsplan für den Finanzbinnenmarkt, COM (1999) 232 vom 11. 5. 1999, S. 8. Vgl. ferner auch *Teichmann*, ZGR 2002, 385; *Monti*, WM 1997, 607 f.; *Wehlau*, CMLR 1992, 502, 507.

II. Grenzüberschreitende Flexibilität und Mobilität 20 1

Integration und Umsetzung der SE-VO und der SE-RL und Anzahl gegründeter SE

agieren. Dadurch können nicht nur Entscheidungswege verkürzt, sondern insbesondere auch die Organisations- und Verwaltungskosten für zahlreiche Tochtergesellschaften und deren jeweilige Organisation, Verwaltung, Führung, Überwachung, Rechnungslegung, Prüfung, Publizität und Hauptversammlung etc. eingespart oder zumindest erheblich reduziert werden.[44] Diese Möglichkeit ist insbesondere für gemeinschaftsweit über Länder- und Hoheitsgrenzen hinweg zentral organisierte Unternehmen, beispielsweise auch aus Drittstaaten, von Interesse, da sie insoweit auch ihre statutarische Organisationsstruktur an die gewählte strategische Ausrichtung europaweit anpassen können.

Als geradezu revolutionär kann zudem die Einführung von Wettbewerbselementen 20 in die SE-VO[45] angesehen werden, die über die Rechtsform der SE auch in die Mit-

---

[44] Dazu vgl. *Wenz,* AG 2003, 187 sowie auch *Blanquet,* ZGR 2002, 64; *Bungert/Beier,* EWS 2002, 9; *Lutter/Hommelhoff/Maul/Wenz,* S. 264; und ferner *Wymeersch,* (Fn. 22), S. 17.
[45] Dazu vgl. auch *Hommelhoff,* Der Wettbewerb der Rechtsordnungen im Europäischen Unternehmensrecht, Vortrag vom 20.10.2001, S. 2f.; und ferner zu dem durch die SE induzierten Wettbewerb der Rechtsordnungen *Teichmann,* ZGR 2002, 400ff.

gliedstaaten diffundieren werden. Zu nennen sind über die Möglichkeiten der grenzüberschreitenden Restrukturierung und Sitzverlegung hinaus v. a. die Auswahlfreiheit zwischen einem dualistischen und einem monistischen System der Unternehmensleitung und -überwachung, aber auch die zumindest im Grundsatz eigenverantwortlich verhandelbare sowie europaweit einheitlich ausgestaltbare Beteiligung der Arbeitnehmer an den Entscheidungsprozessen in der SE.

21 Darüber hinaus verfügt die SE über einen rechtsformspezifischen Europäischen Corporate Goodwill und kann zur Herausbildung einer unternehmensindividuellen Europäischen Corporate Identity und Culture beitragen.[46] Bei einem Zusammenschluss bislang eigenständiger Unternehmen und Konzerne können dadurch im Innenverhältnis vielfältige psychologische Schranken und Hemmnisse sowie Nationalitätseffekte vermieden oder zumindest erheblich reduziert, gemeinsame Ziele und Wertvorstellungen auf europäischer Ebene neu bestimmt und soziale Integrationseffekte ohne „Gewinner" und „Verlierer" erzielt werden. Im Außenverhältnis kann die neu entstandene Unternehmensverbindung nicht nur an den Kapital-, Absatz-, Arbeits- und Beschaffungsmärkten, sondern allgemein in der gesamten öffentlichen Wahrnehmung einheitlich und integriert als europäisches Unternehmen mit einem nationenübergreifenden europäischen Unternehmensimage auftreten.[47]

22 Aus Sicht der internationalen Steuerplanung kann die Rechtsform einer SE dazu beitragen, die statutarische Organisationsstruktur europäischer Unternehmen und Konzerne derart auszugestalten, um im grenzüberschreitenden Verhältnis beispielsweise Quellensteuern auf Dividenden, Zinsen und Lizenzen, 5%ige Pauschalbesteuerungen auf repatriierte in- und ausländische (konzerninterne) Dividenden sowie Beschränkungen der konzerninternen Gesellschafter-Fremdfinanzierung zu vermeiden sowie – in Abhängigkeit des Sitzstaates der SE – ggf. auch Gewinne mit Verlusten grenzüberschreitend zu verrechnen und die Anwendung außensteuergesetzlicher Bestimmungen (CFC-Regime) zu verhindern.[48] Speziell durch die Wahl des Sitzstaates der SE kann zudem ggf. ein größeres Netz an Doppelbesteuerungsabkommen angewendet, die Steuerbelastung auf zukünftig erwirtschaftete Gewinne reduziert, die steuerliche Befreiung von Veräußerungsgewinnen auf Beteiligungen unabhängig von ideologisch motivierten Gesetzesänderungen sichergestellt, Gewinne mit Verlusten ggf. grenzüberschreitend verrechnet sowie auch die Anwendung außensteuergesetzlicher Bestimmungen vermieden werden.[49]

III. Einsatzmöglichkeiten der SE im Überblick

23 Die wesentlichen rechtlichen und betriebswirtschaftlichen Vorteile sowie insbesondere auch die verschiedenen Einsatzmöglichkeiten der Rechtsform einer Europäischen Aktiengesellschaft für Unternehmen und Konzerne werden anhand von verschiedenen Fallkonstellationen herausgearbeitet und analysiert. Im Einzelnen können insoweit insbesondere folgende Gruppen an Fallkonstellationen unterschieden werden, auf die in der Mehrzahl in den nachfolgenden Ausführungen eingegangen wird und für die jeweils verschiedene Praxisbeispiele angeführt werden:[50]

---

[46] Dazu vgl. *Buchheim*, S. 242 ff.; *Kallmeyer*, AG 2003, 200.
[47] Dazu vgl. auch *Petri/Wenz*, AR 2004, 3 f.; *Wenz*, AG 2003, 190.
[48] Dazu vgl. *Wenz*, ET 2004, 10.
[49] Dazu vgl. *Wenz*, ET 2004, 10.
[50] Dazu vgl. auch bereits *Wenz*, S. 170 ff.; sowie Lutter/Hommelhoff/Maul/*Wenz*, S. 261 ff.; *Petri/Wenz*, AR 2004, 4; *Wenz*, AG 2003, 185 ff.; *ders.*, ET 2004, 27 ff.

IV. Merger SE **24 1**

(1) Grenzüberschreitender Zusammenschluss von Unternehmen:
- **Merger SE**: Der grenzüberschreitende Zusammenschluss von zwei oder mehreren unabhängigen (gleichberechtigten) oder auch konzerninternen Unternehmen im Wege der Verschmelzung zu einer SE (merger of equals);
- **Acquisition SE**: Die grenzüberschreitende Akquisition eines ausländischen Zielunternehmens durch Einsatz einer SE;
- **European Holding SE**: Der grenzüberschreitende Zusammenschluss von Unternehmen durch Errichtung einer gemeinsamen übergeordneten Holdinggesellschaft in der Rechtsform einer SE;
- **Integrated European Group SE**: Der grenzüberschreitende Zusammenschluss operativ tätiger Unternehmen zu einem integrierten europäischen Konzern mit einer einheitlichen europäischen Dachgesellschaft in der Rechtsform einer SE;
- **Joint Venture SE**: Die Errichtung einer gemeinsamen Joint-Venture-Tochtergesellschaft in der Rechtsform einer SE durch zwei oder mehrere europäische Partnerunternehmen.

(2) Reorganisation und Reengineering von Unternehmen:
- **Reorganisation SE**: Die Reorganisation der europäischen Organisationsstruktur eines in den Mitgliedstaaten der EU und/oder des EWR operierenden Unternehmens aus einem Drittstaat, durch:
  - **European Holding SE**: Zwischenschaltung einer europäischen Holdinggesellschaft in der Rechtsform einer SE;
  - **European Single Entity SE**: Verschmelzung einzelner Gesellschaften zu einem einheitlichen europäischen Unternehmen in der Rechtsform einer SE mit rechtlich unselbständigen Niederlassungen in verschiedenen EU- und/oder EWR-Mitgliedstaaten;
- **European Group SE**: Die Umwandlung und Errichtung von Mutter- und Tochtergesellschaften eines europaweit agierendes Konzerns in der Rechtsform der SE;
- **Reengineering SE**: Die Europäisierung der Unternehmensrechtsform durch Umwandlung einer Aktiengesellschaft nationalen Rechts in eine SE verbunden mit einem Wechsel des Systems der Corporate Governance, um den Bedürfnissen des Kapitalmarktes besser Rechnung tragen zu können.

(3) Grenzüberschreitende Sitzverlegung von Unternehmen:
- **Cross Border SE**: Die identitätswahrende Sitzverlegung eines Unternehmens in der Rechtsform einer SE über die Grenze von einem Mitgliedstaat der EU oder des EWR in einen anderen.

IV. Merger SE

1. Ausgangssituation

Ein grenzüberschreitender Zusammenschluss von mehreren unabhängigen (oder **24** auch konzerninternen), insbesondere gleichberechtigten Unternehmen und Konzernen erfolgt bislang auch im Europäischen Binnenmarkt v. a. durch die Gründung einer gemeinsamen Obergesellschaft nationalen Rechts, auf die nach einem Anteilstausch der Gesellschafter nur diejenigen Unternehmen, die in demselben Mitgliedstaat ansässig sind, verschmolzen werden können.[51] Für die anderen Unternehmen bleibt es dagegen bei dem Anteilstausch, weshalb sie zu Tochterunternehmen der gemeinsamen Obergesellschaft werden. Alternativ besteht die Möglichkeit, dass eines der bestehenden Unternehmen die Rolle der gemeinsamen Obergesellschaft übernimmt, während die

---

[51] Dazu vgl. auch den Zusammenschluss der Daimler-Benz AG und der Chrysler Corporation. S. *DaimlerChrysler AG*, Bericht des Aufsichtsrats 1999, S. 1 ff. (www.daimlerchrysler.com/investor /annual98/aufsicht3_g.htm). Vgl. auch *Thoma/Leuering*, NJW 2002, 1452 f.

anderen Unternehmen durch Anteilstausch der Gesellschafter zu dessen Tochterunternehmen werden[52] (financial merger).[53]

25 Unabhängig davon, dass die Grundfreiheiten des EG-Vertrages und des EWR-Abkommens, die den Europäischen Binnenmarkt legal definieren und den freien Verkehr von Waren, Personen, Dienstleistungen und Kapital gewährleisten, galt dies in dieser Form bislang auch für den Europäischen Binnenmarkt. Abweichend davon besteht durch den Einsatz der Rechtsform einer SE nunmehr die Möglichkeit, dass sich mehrere Unternehmen, jeweils in der Rechtsform einer Aktiengesellschaft nationalen Rechts, die in verschiedenen Mitgliedstaaten ansässig sind, auf Gemeinschaftsebene bei freier Sitzwahl in den 30 EU-/EWR-Mitgliedstaaten durch die Gründung einer Europäischen Aktiengesellschaft im Wege der grenzüberschreitenden Verschmelzung vollständig sowohl rechtlich als auch wirtschaftlich zusammenschließen (full merger) (s. Art. 2 Abs. 1 SE-VO), um dadurch bestimmte rechts- und organisationsformspezifische Vorteile aufgrund einer veränderten statutarischen Organisationsstruktur realisieren zu können.

2. Durchführung

26 Ausgehend von einer deutschen und einer französischen Konzernunternehmung,[54] deren Muttergesellschaften jeweils in verschiedenen Mitgliedstaaten der EU (Deutschland und Frankreich) ansässig sind und die zumindest teilweise über Tochtergesellschaften verfügen, die ebenfalls in verschiedenen Mitgliedstaaten ansässig sind, beschließen die beiden Aktionärskreise individuell und im Anschluss an eine entsprechende Übereinkunft der Unternehmensleitung beider Mutterunternehmen,[55] dass diese sich grenzüberschreitend als gleichberechtigte Partner zu einer einheitlichen europäischen Konzernunternehmung[56] zusammenschließen wollen (merger of equals). Die statutarische Organisationsstruktur der beiden Konzernunternehmungen stellt sich zunächst jeweils wie folgt dar:

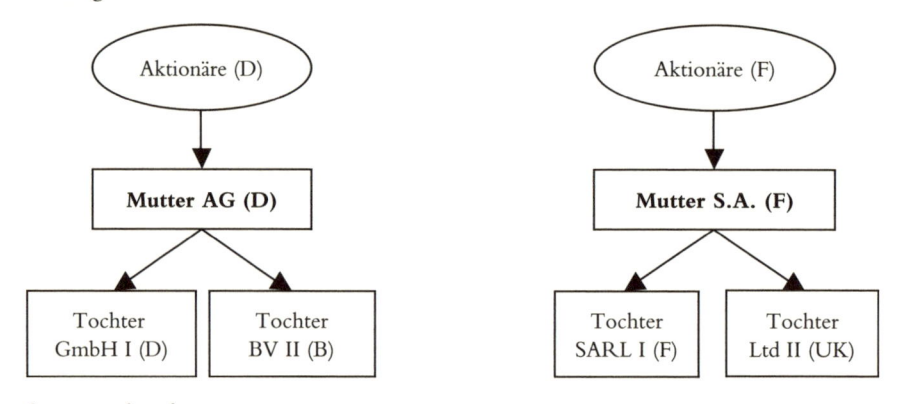

```
     Aktionäre (D)                    Aktionäre (F)
          |                                |
          v                                v
     Mutter AG (D)                    Mutter S.A. (F)
        /    \                          /      \
       v      v                        v        v
   Tochter  Tochter                Tochter   Tochter
   GmbH I   BV II                  SARL I    Ltd II
    (D)     (B)                     (F)      (UK)
```

Ausgangssituation

---

[52] Dazu vgl. auch den Zusammenschluss der Hoechst AG und der Rhône-Poulenc S.A. zur Aventis S.A. S. *Hoechst AG*, Bericht des Vorstands über den Zusammenschluss von Hoechst und Rhône-Poulenc 1999, S. 62 ff.; vgl. *Hoffmann*, NZG 1999, 1077 f.; *Theisen*, Der Konzern, S. 83 ff. Vgl. ferner den Zusammenschluss von Arbed, Usinor und Aceralia zur Arcelor S.A.
[53] Dazu vgl. auch *Horn*, FS Lutter, 2000, S. 1114; *Wymeersch* (Fn. 22), S. 26.
[54] Zum Begriff vgl. *Theisen*, Der Konzern, S. 15 ff., 27 f.
[55] S. *Hoechst AG* (Fn. 52), S. 119 ff.: Vertrag über den Zusammenschluss (einschließlich Anlagen).
[56] Zum Begriff vgl. *Wenz*, S. 179; und ferner *Salzberger*, Die steuerliche Gewinnermittlung einer Konzernunternehmung in der Europäischen Union, S. 9.

IV. Merger SE

Ohne die Möglichkeit, die Rechtsform einer SE einsetzen zu können, wird die Muttergesellschaft beispielsweise der französischen Konzernunternehmung als gemeinsame neue Muttergesellschaft der europäischen Konzernunternehmung bestimmt. Der grenzüberschreitende Zusammenschluss erfolgt somit dadurch, dass die Aktionäre der bisherigen deutschen Muttergesellschaft ihre Anteile in neu zu schaffende Anteile der französischen Mutter S.A. umtauschen. Dadurch kann die Mutter S.A. die deutsche Muttergesellschaft, die zukünftig als eine Art funktionslose Landesholding fungiert (Holding AG), beherrschen. Die Aktionäre der deutschen Muttergesellschaft werden wahlweise nahezu vollständig zu Aktionären der französischen Mutter S.A.[57] Zum Zusammenschluss ohne die Rechtsform einer SE vgl. die statutarische Organisationsstruktur der europäischen Konzernunternehmung in der nachstehenden Abbildung: 27

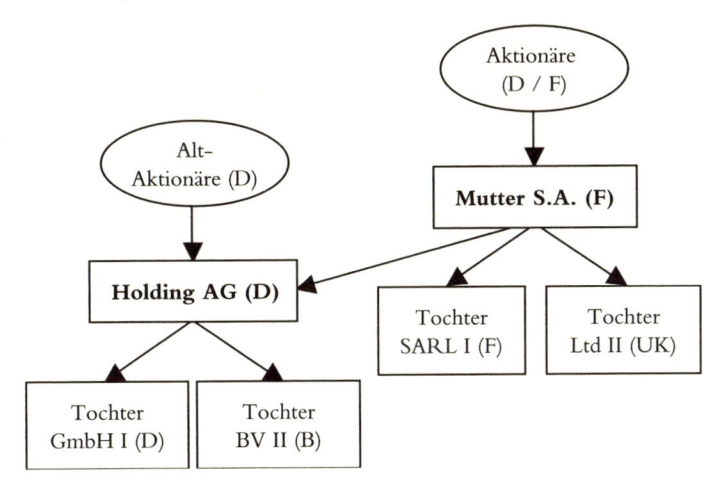

Zusammenschluss ohne SE

Abweichend davon ergibt sich durch den Einsatz der Rechtsform einer SE, deren Satzungssitz als auch deren Hauptverwaltung sich in Frankreich befinden (Merger SE) und die im Wege der grenzüberschreitenden Verschmelzung[58] durch die beiden nationalen Mutterunternehmen in der Rechtsform einer Aktiengesellschaft deutschen und französischen Rechts gegründet wird (Mutter AG und Mutter S.A.), eine deutlich veränderte statutarische Organisationsstruktur. Diese spiegelt die Gleichberechtigung der beiden rechtlich und wirtschaftlich bislang voneinander unabhängigen Konzerne sowohl in organisatorischer als auch in struktureller Hinsicht wider und vermeidet dadurch insbesondere eine asymmetrische statutarische Organisationsstruktur der europäischen Konzernunternehmung[59] sowie auch die Existenz voneinander abweichender Aktionärsgruppen mit ggf. divergierenden Interessen. Die statutarische Organisationsstruktur des Zusammenschlusses der beiden Konzerne zu einer einheitlichen europäischen Konzernunternehmung unter Beteiligung einer Merger-SE stellt sich dementsprechend wie folgt dar: 28

---

[57] S. *Hoechst AG* (Fn. 53), S. 62 ff.
[58] S. Art. 2 Abs. 1 SE-VO. Dazu vgl. auch *Kloster*, EuZW 2003, 294 f.
[59] Allgemein dazu vgl. auch *Horn*, FS Lutter, 2000, S. 1120.

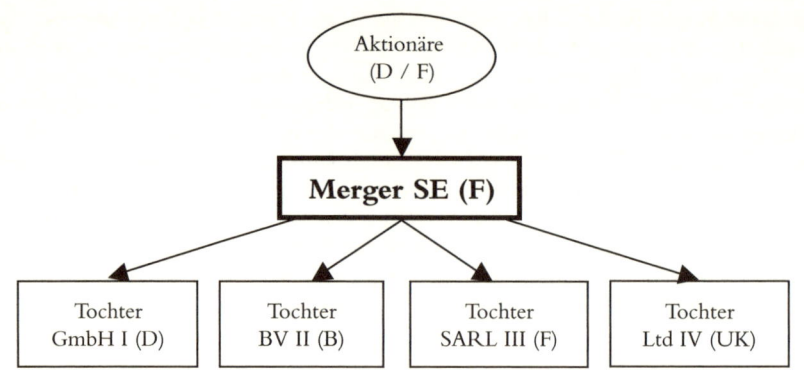

```
          Aktionäre
           (D / F)
              │
              ▼
        ┌───────────────┐
        │ Merger SE (F) │
        └───────────────┘
         ╱     │    │    ╲
        ▼      ▼    ▼     ▼
     Tochter Tochter Tochter Tochter
     GmbH I  BV II   SARL III Ltd IV
      (D)    (B)     (F)      (UK)
```

Merger SE

3. Beurteilung

29 Im Vergleich zu der bislang praktizierten Vorgehensweise der Bildung einer gemeinsamen Obergesellschaft sowie zumindest einer weiteren Zwischen- bzw. Landesholding, jeweils in einer Rechtsform nationalen Rechts, können durch den Einsatz der supranational-europäischen Rechtsform einer SE insbesondere die nachfolgend skizzierten rechts- und organisationsformspezifischen Vorteile erzielt werden.

30 Die statutarische Organisationsstruktur der gesamten, sowohl wirtschaftlich als auch rechtlich zusammengeschlossenen europäischen Konzernunternehmung kann vollständig vereinheitlicht werden, da die Muttergesellschaften der beiden Konzerne, die sich zusammenschließen wollen, nunmehr in symmetrischer Weise behandelt und gleichberechtigt zu einer SE verschmolzen werden (Ebene der Gesellschaften).[60] Zudem kann die Existenz voneinander abweichender Aktionärsgruppen mit ggf. divergierenden Interessen vermieden werden. Die beiden bisherigen Aktionärskreise können – unter Beachtung eventueller Minderheitsschutzrechte[61] – vollständig zusammengeführt werden, da die Muttergesellschaften der beiden Konzerne infolge der grenzüberschreitenden Verschmelzung zu einer SE nicht fortbestehen, vielmehr sämtliche Aktionäre der Mutter AG und der Mutter S.A. zu solchen der Merger SE werden (Ebene der Gesellschafter).[62]

31 Infolgedessen stellt sich die statutarische Organisationsstruktur der gesamten europäischen Konzernunternehmung wesentlich einfacher dar, trägt der neuen strategischen Ausrichtung der gleichberechtigt zusammengeschlossenen Konzerne umfassend und integrierend Rechnung und vermeidet unnötige Organisations- und Verwaltungskosten betreffend die Organisation, Verwaltung, Führung, Überwachung, Controlling, Berichterstattung, Rechnungslegung, Prüfung, Publizität und Hauptversammlung der anderenfalls verbleibenden, regelmäßig funktionslosen Holding AG.[63] Ferner können Restrukturierungsaktivitäten, wie die konzerninterne Umgliederung von Beteiligungen, wie beispielsweise diejenige an der Tochter GmbH I oder an der Tochter BV II, ohne Rücksichtnahme auf die durch das deutsche Konzernrecht[64] geschützten Interessen

---

[60] Allgemein dazu vgl. *Horn*, FS Lutter, 2000, S. 1120 f.; *Wenz*, S. 179 f.
[61] S. Art. 24 Abs. 2, 25 Abs. 3 SE-VO, §§ 6-7 SEAG. Dazu vgl. *Kalss*, ZGR 2003, 593 ff.; *Teichmann*, ZGR 2003, 379 ff.; *Lutter/Hommelhoff/Vetter*, S. 118 ff.
[62] Dazu vgl. auch *Wenz*, AG 2003, 189.
[63] Dazu vgl. *Blanquet*, ZGR 2002, 64; *Bungert/Beier*, EWS 2002, 9; *Schwarz*, ZIP 2001, 1859 f.; und ferner *Wymeersch* (Fn. 22), S. 17.
[64] S. §§ 311–318 AktG. Zum Konzernrecht der SE vgl. *Brandi*, NZG 2003, 889 ff.; *Ebert*, BB 2003, 1854 ff.; *Habersack*, ZGR 2003, 724 ff.; *Maul*, ZGR 2003, 743 ff.; *Lutter/Hommelhoff/Maul*, S. 249 ff.

IV. Merger SE

der andernfalls ggf. noch vorhandenen Alt-Aktionäre (Minderheitsgesellschafter) der Holding AG vorgenommen werden, da die deutsche Mutter AG durch den Einsatz der Merger SE nicht weiter besteht. Dagegen können im Fall ohne SE an der deutschen Holding AG auch weiterhin schutzbedürftige Minderheitsgesellschafter beteiligt sein.[65] Die Rechtsform einer SE kann somit in besonderer Weise dazu beitragen, zuvor voneinander unabhängige Konzerne zu einer einheitlichen europäischen Konzernunternehmung sowohl in wirtschaftlicher als auch in rechtlicher Hinsicht zu verbinden und zu deren Integration einen nicht unerheblichen Beitrag leisten.[66]

Das System der Unternehmensleitung und -überwachung kann auf Ebene der Obergesellschaft der zusammengeschlossenen Konzernunternehmung durch den Einsatz der Merger SE unabhängig von ihrem Sitzstaat entweder nach dem monistischen oder dem dualistischen System, ggf. mit reduzierter Anzahl von Mitgliedern, ausgestaltet werden.[67] Folglich kann die SE im Vergleich zu einer Rechtsform nationalen Rechts sowohl den Bedingungen am jeweils relevanten oder dominanten Kapitalmarkt als auch den konzerninternen, im Zeitablauf ggf. variierenden Bedürfnissen flexibel und daher besser Rechnung tragen,[68] da sie nicht auf ein Modell gesetzlich fixiert ist.[69] Die Mitbestimmung in der Merger SE kann durch eine Vereinbarung zwischen den Vertretern der Arbeitnehmer (besonderes Verhandlungsgremium) und den Leitungs- oder Verwaltungsorganen der beteiligten SE-Gründungsgesellschaften grundsätzlich frei ausgehandelt werden (s. §§ 4–21 SEBG; Art. 3–6 SE-ErgRiL). Alternativ findet die in nationales Recht transformierte Auffanglösung und damit ggf. das paritätische deutsche Mitbestimmungsmodell entsprechend dem Vorher-Nachher-Prinzip zur Wahrung bestehender Mitbestimmungsstandards Anwendung, das teilweise nicht als besonders attraktiv angesehen wird; Voraussetzung hierfür ist allerdings, dass – im Verhältnis zur Gesamtzahl – mindestens 25% der Arbeitnehmer hiervon bislang erfasst wurden oder das besondere Verhandlungsgremium einen entsprechenden Beschluss fasst (s. §§ 34–35 SEBG; Art. 7, Anhang SE-ErgRiL). In jedem Fall aber werden alle Arbeitnehmer europaweit einbezogen und insoweit auch gleichermaßen vertreten, wodurch der Einfluss deutscher Arbeitnehmervertreter erheblich relativiert werden kann.[70]

Darüber hinaus besitzt die europäische Konzernunternehmung durch den Einsatz der Merger SE eine Obergesellschaft, die über eine Europäische Corporate Identity verfügt, zur Entstehung einer Europäischen Corporate Culture beiträgt und einen rechtsformspezifischen Europäischen Goodwill besitzt.[71] Dadurch können im Innenverhältnis vielfältige psychologische Schranken und Hemmnisse sowie Nationalitätseffekte beim Zusammenschluss der beiden bislang eigenständigen Konzerne vermieden oder reduziert, gemeinsame Ziele und Wertvorstellungen auf europäischer Ebene neu bestimmt und soziale Integrationseffekte ohne „Gewinner" und „Verlierer" erzielt werden. Im Außenverhältnis kann die neu entstandene Konzernunternehmung nicht nur an den Kapital-, Absatz-, Arbeits- und Beschaffungsmärkten, sondern allgemein in der gesamten öffentlichen Wahrnehmung einheitlich und integriert als europäisches

---

[65] Dazu vgl. *Hoffmann*, NZG 1999, 1081 f.
[66] Dadurch können Mängel in der statutarischen Organisationsstruktur vermieden werden, die zB bei dem grenzüberschreitenden Zusammenschluss zwischen der niederländischen Hoogovens NV und der deutschen Hoesch AG bestanden haben und für das Scheitern dieses grenzüberschreitenden Zusammenschlusses mit verantwortlich gemacht werden. Dazu vgl. *Wenz*, S. 185 f.
[67] S. Art. 38 Buchst. b SE-VO. Dazu vgl. auch *Kallmeyer*, AG 2003, 200; *Lutter/Hommelhoff/Teichmann*, S. 195 ff.
[68] Dazu vgl. *Bungert/Beier*, EWS 2002, 9.
[69] Zu den international unterschiedlichen Ansätzen zur Lösung der Corporate Governance Probleme vgl. *Macharzina/Oesterle/Theisen*, S. 1056 ff.; *Nippa/Petzold/Kürsten/Witt*, S. 59 ff.
[70] Dazu ausführlich vgl. *Herfs-Röttgen*, NZA 2001, 424 ff.; *Wenz*, AR 2004, 9; *Lutter/Hommelhoff/Oetker*, S. 309 f.; *Simensen/Wiesmann*, FT vom 12. 4. 2007, 15.
[71] Dazu vgl. *Buchheim*, S. 242 ff.; *Kallmeyer*, AG 2003, 200.

Unternehmen mit einem nationenübergreifenden europäischen Unternehmensimage auftreten.[72]

34 Aus steuerlicher Sicht kann auf Ebene der sich grenzüberschreitend verschmelzenden Gesellschaften der beiden Konzerne eine Aufdeckung und sofortige steuerliche Erfassung der stillen Reserven vermieden werden; dies gilt sowohl bei einer Hereinverschmelzung einer ausländischen Aktiengesellschaft auf eine inländische SE als auch bei der Herausverschmelzung einer inländischen Aktiengesellschaft auf eine ausländische SE.[73] Voraussetzung hierfür ist nach den in das deutsche Steuerrecht transformierten Bestimmungen der steuerlichen Fusionsrichtlinie (FRL)[74] allerdings, dass die betreffenden Wirtschaftsgüter von der übernehmenden SE mit den steuerlichen Buchwerten der untergehenden Aktiengesellschaft angesetzt werden sowie auch weiterhin einer in- oder ausländischen Betriebsstätte zuzurechnen sind und dadurch in dem betreffenden Mitgliedstaat steuerverhaftet bleiben.[75] Auf Ebene der Gesellschafter der an einer grenzüberschreitenden Verschmelzung beteiligten Aktiengesellschaften kann die Aufdeckung und sofortige steuerliche Erfassung der stillen Reserven, die in den jeweiligen Anteilen enthalten sind, die gegen die Anteile an der SE eingetauscht werden, ebenfalls vollständig vermieden werden, sofern die bisherigen Buchwerte fortgeführt werden.[76]

4. Verschmelzung im Konzern

35 Über die Möglichkeit des grenzüberschreitenden Zusammenschlusses von mehreren, insbesondere gleichberechtigten Unternehmen und Konzernen hinaus eröffnet die Rechtsform der SE den europaweit agierenden, bereits bestehenden Konzernen zudem die Möglichkeit, zukünftig in einer erheblich klarer strukturierten sowie europaweit stärker integrierten Organisationsstruktur mit nur einer oder wenigen rechtlich selbständigen SE sowie v. a. rechtlich unselbständigen Niederlassungen gemeinschaftsweit zu agieren. Derartige Überlegungen werden derzeit in zahlreichen börsennotierten Konzernen europaweit angestellt, um die bestehenden teilweise äußerst komplexen rechtlichen Strukturen, die aufgrund zahlreicher Zukäufe regelmäßig historisch entstanden sind, zu vereinfachen und die von den zahlreichen ausländischen Tochtergesellschaften ausgeführten Aktivitäten einer strafferen Führung zuzuführen.

36 Jüngst hat insbesondere die deutsche Allianz AG[77] sowie die sich insoweit noch im Planungsstadium befindliche skandinavische Nordea Bank Gruppe[78] die konzerninterne Gründung einer SE im Wege der grenzüberschreitenden Verschmelzung der verschiedenen zentralen ausländischen Tochtergesellschaften auf die deutsche bzw. die schwedische Muttergesellschaft vorgenommen bzw. geplant (up-stream merger). Ziel ist es, sich als vollständig sowohl wirtschaftlich als auch rechtlich integrierte Unternehmensgruppe aufzustellen, die Komplexität der rechtlichen Struktur erheblich zu ver-

---

[72] Dazu vgl. auch *Wenz*, AG 2003, 190.
[73] Dazu vgl. *Conci*, ET 2004, 15 ff.; *Kenter/Brendt*, IWB 2004, 622 ff.
[74] S. Richtlinie 90/434/EWG des Rates vom 23.7.1990, ABl. EG Nr. L 225 vom 20.8.1990, S. 1–5. Zur Möglichkeit, die Fusionsrichtlinie unmittelbar, dh. ohne Transformation in das nationale Steuerrecht der Mitgliedstaaten anwenden zu können, vgl. *Schulz/Eicker*, Intertax 2001, 337 f.; *Schulz/Petersen*, DStR 2002, 1514.
[75] S. §§ 11–13 UmwStG; Art. 4 Abs. 1–2 FRL. Dazu vgl. *Herzig/Griemla*, StuW 2002, 62 ff.; *Förster/Lange*, DB 2002, 289 ff.
[76] S. § 13 UmwStG; Art. 8 Abs. 1–2 FRL. Dazu vgl. *Herzig/Griemla*, StuW 2002, 70 f.; *Förster/Lange*, DB 2002, 290 f.
[77] Dazu vgl. *Kuhr/Reim*, SZ vom 8.9.2005, 19; *Maier/Fromme/Carlo*, FTD vom 12.9.2005, 18; *Flämig*, Börsen-Zeitung vom 13.9.2005, 3; *Fromme*, FTD vom 14.9.2005, 18.
[78] Dazu vgl. *Nordea*, Nordea reduces complexity in its legal structure by forming one European company, Presseerklärung vom 19.6.2004 (cws.huginonline.com/N/1151/PR/200306/9084965.html); *Nordea*, Pioneering the move towards a European Company, Presseerklärung vom 23.6.2004 (cws.huginonline.com/ N/1151/PR/200406/9501175.html).

einfachen und zu reduzieren sowie die Effizienz des operativen Geschäfts und damit auch des Kapitals nicht zuletzt durch die Anwendung einheitlicher Regelungen im Europäischen Binnenmarkt zu steigern.

Darüber hinaus kann eine konzerninterne grenzüberschreitende Verschmelzung von Tochtergesellschaften zu einer SE auch auf horizontaler Ebene zwischen verschiedenen Schwester- und Enkelgesellschaften erfolgen (side-stream merger). 37

Durch eine konzerninterne grenzüberschreitende Verschmelzung von Mutter-, Tochter- und/oder Schwester- und Enkelgesellschaften können, wie auch bei einer Verschmelzung gleichrangiger Unternehmen und Konzerne, unnötige Organisations- und Verwaltungskosten betreffend die Organisation, Verwaltung, Führung, Überwachung, Controlling, Berichterstattung, Rechnungslegung, Prüfung, Publizität und Hauptversammlung der zahlreichen Tochterunternehmen vermieden oder reduziert sowie verschiedene unternehmerische Funktionen (Einkauf, Produktion, Vertrieb, Verwaltung, Finanzen etc.) grenzüberschreitend zusammengefasst werden. Probleme in Zusammenhang mit austrittswilligen Minderheitsaktionären bestehen zumindest dann nicht, wenn sämtliche Anteile der betreffenden Tochter- oder Enkelgesellschaften von der jeweiligen Muttergesellschaft gehalten werden. Mit dem Wegfall der rechtlich selbständigen Tochter- oder Enkelgesellschaften entsteht andererseits ein Haftungsverbund zwischen der SE und ihren Niederlassungen, sofern dieser nicht bereits rechtlich aufgrund der zu beachtenden Bestimmungen des ggf. anwendbaren nationalen Konzernrechts oder aber zumindest wirtschaftlich bestanden hat. 38

Aus Sicht der internationalen Steuerplanung können aufgrund der veränderten Organisationsstruktur der europäischen Konzernunternehmung insbesondere Quellensteuern auf Dividenden, Zinsen und Lizenzen, 5%ige Pauschalbesteuerungen in- und ausländischer konzernintern repatriierter Dividenden und Beschränkungen der konzerninternen Gesellschafter-Fremdfinanzierung vermieden sowie – in Abhängigkeit des Sitzstaates der SE – ggf. auch Gewinne mit Verlusten grenzüberschreitend verrechnet und die Anwendung außensteuergesetzliche Bestimmungen (CFC-Regime) verhindert werden.[79] 39

V. Acquisition SE

1. Ausgangssituation

Eine grenzüberschreitende Akquisition eines ausländischen Zielunternehmens oder einer Konzernunternehmung, deren Muttergesellschaft im Vergleich zum erwerbenden Unternehmen in einem anderen Mitgliedstaat der EU oder des EWR ansässig ist, erfolgt bislang regelmäßig durch den Erwerb der Anteile gegen Geldmittel oder gegen eigene Anteile des übernehmenden Unternehmens.[80] Dagegen ermöglicht es die SE-VO erstmals, dass sich im Anschluss an eine derartige Akquisition die erwerbende und die übernommene Gesellschaft zudem grenzüberschreitend zu einer Europäischen Aktiengesellschaft (SE) verschmelzen können (post acquisition integration).[81] 40

2. Durchführung

Ausgehend von einer deutschen und einer britischen Konzernunternehmung, deren Muttergesellschaften jeweils in verschiedenen Mitgliedstaaten der EU (Deutschland und Großbritannien) ansässig sind und die zumindest teilweise über Tochtergesellschaf- 41

---

[79] Dazu vgl. auch *Wenz*, ET 2004, 10.
[80] Dazu vgl. auch die Akquisition der Mannesmann AG durch die britische Vodafone plc sowie den acquisitorischen Zusammenschluss der HypoVereinsbank AG mit der österreichischen Bank Austria AG und der italienischen Unicredito.
[81] Dazu vgl. auch *Wenz*, AG 2003, 190; *ders.*, ET 2004, 29 f.

ten auch in anderen Mitgliedstaaten der EU und des EWR verfügen, beschließen die beiden Aktionärskreise nach dem Erwerb beispielsweise von 95% der Aktien der deutschen Mutter AG durch die britische Mutter plc gegen Gewährung eigener Aktien individuell und im Anschluss an eine entsprechende Übereinkunft der Unternehmensleitung beider Gesellschaften, sich grenzüberschreitend zu einer gemeinsamen Acquisition SE zu verschmelzen (up-stream merger) (s. Art. 2 Abs. 1 SE-VO), um die statutarische Organisationsstruktur der dadurch entstehenden europäischen Konzernunternehmung zu vereinfachen und die Integration der beiden Konzerne voranzutreiben. Die statutarische Organisationsstruktur der beiden Konzerne stellt sich zunächst wie folgt dar:

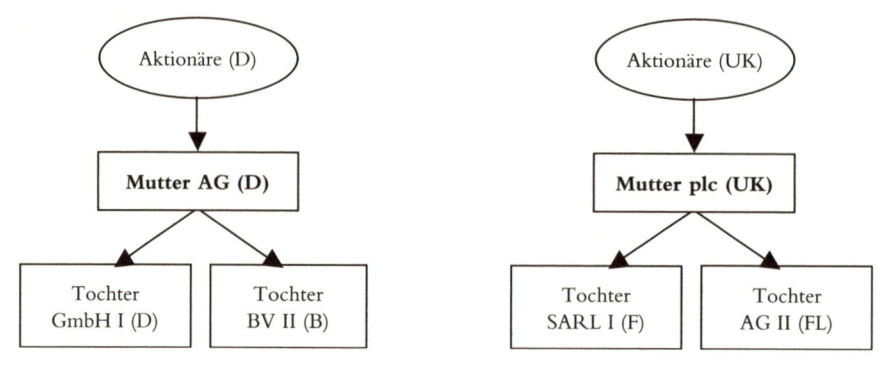

Ausgangssituation

42 Sofern dagegen von der Möglichkeit, die Rechtsform einer SE einsetzen zu können, kein Gebrauch gemacht wird, verbleibt es dabei, dass die britische Mutter plc die deutsche Mutter AG zu 95% übernimmt und dadurch die Rolle der gemeinsamen neuen Obergesellschaft einnimmt. Der grenzüberschreitende Zusammenschluss erfolgt somit dadurch, dass die Aktionäre der deutschen Mutter AG ihre Anteile in neu zu schaffende Anteile der Mutter plc eintauschen. Dadurch kann die britische Mutter plc die deutsche Mutter AG, die zukünftig als eine Art deutsche Landesholding (Holding AG) fungiert, beherrschen. Die Aktionäre der Mutter AG werden wahlweise nahezu vollständig zu Aktionären der Mutter plc. Zur statutarischen Organisationsstruktur des Zusammenschlusses ohne den Einsatz der Rechtsform einer SE vgl. die nachfolgende Abbildung:

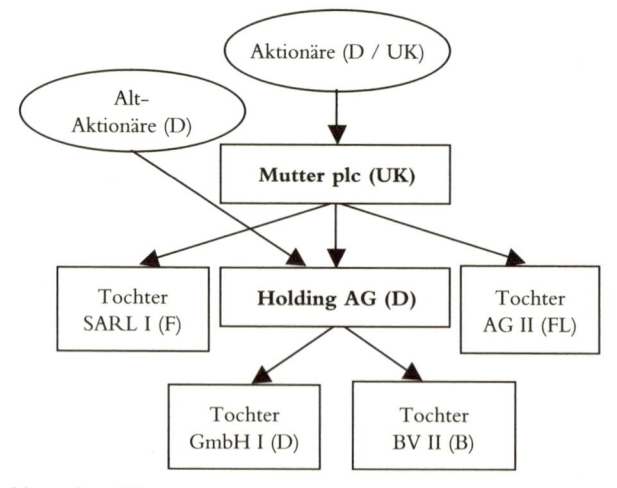

Zusammenschluss ohne SE

V. Acquisition SE

Durch die Schaffung der supranational-europäischen Rechtsform der SE kann die **43** grenzüberschreitende Akquisition einer ausländischen Konzernunternehmung nunmehr ebenfalls im Wege einer grenzüberschreitenden Verschmelzung (s. Art. 2 Abs. 1 SE-VO) fortgeführt und die statutarische Organisationsstruktur der strategischen Ausrichtung, die von der gesamten europäischen Konzernunternehmung verfolgt werden soll, angepasst werden.[82] Die statutarische Organisationsstruktur der europäischen Konzernunternehmung unter Beteiligung einer Acquisition SE mit europaweit freier Sitzwahl, beispielsweise in Großbritannien, aber auch in jedem anderen Mitgliedstaat der EU oder des EWR, stellt sich dementsprechend wie folgt dar:

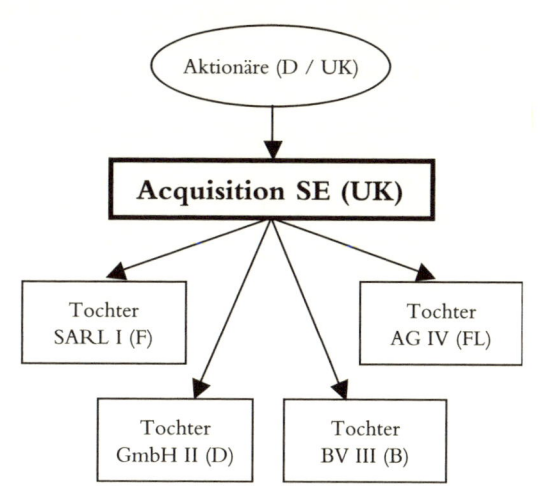

```
              Aktionäre (D / UK)
                     │
                     ▼
           ┌─────────────────────┐
           │  Acquisition SE (UK)│
           └─────────────────────┘
            │        │         │
     ┌──────┘        │         └──────┐
     ▼               ▼                ▼
  Tochter         Tochter          Tochter
  SARL I (F)      GmbH II (D)      AG IV (FL)
                     │
                  Tochter
                  BV III (B)
```

Acquisition SE

3. Beurteilung

Im Vergleich zu der bislang praktizierten Vorgehensweise des Erwerbs der Anteile **44** an der zu übernehmenden deutschen Muttergesellschaft, die als Zwischen- oder Landesholding in der neuen Konzernunternehmung weitgehend funktionslos wird, können durch den sich an eine Akquisition anschließenden Einsatz der Rechtsform einer SE insbesondere die nachfolgend im Überblick skizzierten rechts- und organisationsformspezifischen Vorteile erzielt werden; diese entsprechen im Wesentlichen denjenigen in Zusammenhang mit dem Einsatz einer Merger SE.

Die statutarische Organisationsstruktur der einheitlich zu führenden europäischen **45** Konzernunternehmung kann durch die Acquisition SE wesentlich vereinheitlicht sowie auch vereinfacht werden (Ebene der Gesellschaften).[83] Zudem können die Aktionärskreise der beiden Mutterunternehmen – unter Beachtung eventueller Minderheitenschutzrechte – vollständig zusammengeführt werden, da beide Gesellschaften durch die grenzüberschreitende Verschmelzung zu einer Acquisition SE nicht fortbestehen, im Ergebnis vielmehr sämtliche Aktionäre der Mutter AG und der Mutter plc zu solchen der Acquisition SE werden (Ebene der Gesellschafter).[84]

Dadurch stellt sich die statutarische Organisationsstruktur der europäischen Kon- **46** zernunternehmung durch den Einsatz der SE wesentlich einfacher dar, trägt der neuen strategischen Ausrichtung der Konzernunternehmung uneingeschränkt Rechnung und vermeidet unnötige Organisations- und Verwaltungskosten bei der anderenfalls ver-

---

[82] Dazu vgl. auch *Wenz,* AG 2003, 191.
[83] Dazu vgl. auch *Horn,* FS Lutter, 2000, S. 1120 f.
[84] Vgl. *Wenz,* AG 2003, 191; *ders,* Die Societas Europaea, S. 189 f.

bleibenden deutschen Holding AG.⁸⁵ Ferner können Restrukturierungsaktivitäten, wie die konzerninterne Umgliederung von Beteiligungen, wiederum ohne Rücksichtnahme auf die andernfalls zu beachtenden Interessen der Alt-Aktionäre der deutschen Holding AG, uneingeschränkt vorgenommen werden, da die deutsche Mutter AG durch den Einsatz der Acquisition SE nicht fortbesteht und insoweit auch keine für schutzbedürftig erachteten Minderheitsgesellschafter mehr existieren.⁸⁶

47 Anders als bei einer britischen Mutter plc kann das System der Corporate Governance bei Einsatz einer Acquisition SE auf Ebene der Obergesellschaft der europäischen Konzernunternehmung unabhängig vom Sitzstaat der SE frei ausgewählt und beispielsweise auch in Großbritannien nunmehr entsprechend dem dualistischen System (Vorstands-/Aufsichtsratsmodell) ausgestaltet werden, um beispielsweise den konzerninternen Bedürfnissen umfassend, aber auch flexibel Rechnung zu tragen.⁸⁷ Die Mitbestimmung in der Acquisition SE kann wiederum durch eine Vereinbarung zwischen den Leitungs- und Verwaltungsorganen der Gründungsgesellschaften der Acquisition SE sowie den Vertretern der Arbeitnehmer grundsätzlich frei ausgehandelt werden (s. §§ 4–21 SEBG; Art. 3–6 SE-ErgRiL); alternativ findet die Auffanglösung und damit ggf. das paritätische deutsche Mitbestimmungsmodell Anwendung, sofern bestimmte Schwellenwerte überschritten werden (s. §§ 34–35 SEBG; Art. 7, Anhang SE-ErgRiL).

48 Durch den Einsatz der Acquisition SE verfügt die europäische Konzernunternehmung zudem über eine Obergesellschaft, die eine Europäische Corporate Identity besitzt, zur Entstehung einer Europäischen Corporate Culture beiträgt und über einen rechtsformspezifischen Europäischen Goodwill verfügt.⁸⁸ Hierzu und zur steuerlichen Behandlung der Akquisition eines ausländischen Zielunternehmens kann in Bezug auf den Einsatz einer Acquisition SE auf die Ausführungen zur Merger SE uneingeschränkt verwiesen werden.

VI. Joint Venture SE

49 Rechtlich und wirtschaftlich selbständige Unternehmen und Konzerne, die nicht nur in Bezug auf eine bestimmte Aufgabe oder ein konkretes Projekt, sondern langfristig in bestimmten operativen Bereichen grenzüberschreitend zusammenarbeiten wollen, können ihre diesbezüglichen Aktivitäten beispielsweise in der Form eines rechtlich selbständigen Joint-Venture-Unternehmens bündeln. Dieses kann alternativ zu den bestehenden Rechtsformen nationalen Rechts in der Rechtsform einer Europäischen Aktiengesellschaft organisiert werden, da die SE in Bezug auf ihre Kernbereiche, die in der SE-VO sowie in der in nationales Recht zu transformierenden SE-ErgRiL zumindest ansatzweise europaweit einheitlich geregelt sind, grundsätzlich unabhängig von dem Recht ihres Sitzstaates sowie von demjenigen der Sitzstaaten der Gesellschafterunternehmen ist.⁸⁹

50 Als Beispiel hierfür kann auf die Brenner Basis Tunnel BBT SE mit Sitz in Innsbruck verwiesen werden, die mit der Durchführung dieses zentralen transeuropäischen Verkehrsinfrastrukturprojektes beauftragt ist. Die BBT SE wurde durch hierfür eigens gegründete italienische und österreichische Aktiengesellschaften im Wege der Verschmelzung Ende 2004 gegründet und hat zudem die bislang mit diesem Projekt beauftragte Brenner Basistunnel EWIV im Wege der Gesamtrechtsnachfolge übernommen.⁹⁰

---

⁸⁵ Dazu vgl. *Bungert/Beier*, EWS 2002, 9.
⁸⁶ Dazu vgl. *Bungert/Beier*, EWS 2002, 10.
⁸⁷ Vgl. *Sauter/Wenz*, CommerceGermany 2002, 10.
⁸⁸ Dazu vgl. auch *Buchheim*, S. 242 ff.; *Wenz*, AG 2003, 191.
⁸⁹ Zur Normenhierarchie der SE vgl. *Lutter/Hommelhoff*, S. 5 ff.
⁹⁰ Im Einzelnen dazu vgl. www.bbt-ewiv.com.

VII. Reorganisation SE

Über den europäischen Charakter der SE hinaus bietet diese die Möglichkeit, dass **51** sowohl das System der Unternehmensleitung und -überwachung als auch die grundsätzlich frei aushandelbare Mitbestimmung der Arbeitnehmer über Länder- und Hoheitsgrenzen hinweg einheitlich und insoweit auch europäisch und nicht mehr nach Mitgliedstaaten differenziert ausgestaltet werden kann. Durch den Einsatz einer SE kann somit auch ein Joint-Venture-Unternehmen, das beispielsweise in Großbritannien ansässig ist und dessen Gesellschafterunternehmen in Deutschland und in den Niederlanden ansässig sind, über ein System der Unternehmensleitung und -überwachung entsprechend dem dualistischen System (Vorstands-/Aufsichtsratsmodell) verfügen, um in beiden Partnerunternehmen bzw. -konzernen die Corporate-Governance-Strukturen möglichst einheitlich unter Einschluss auch der Joint Venture SE auszugestalten.[91] Ferner besteht dadurch die Möglichkeit, in dem Joint-Venture-Unternehmen eine von den betreffenden Partnerunternehmen möglichst unabhängige, nicht weisungsgebundene Führung zu installieren. Die damit verbundene statutarische Organisationsstruktur kann sich dementsprechend wie folgt darstellen:

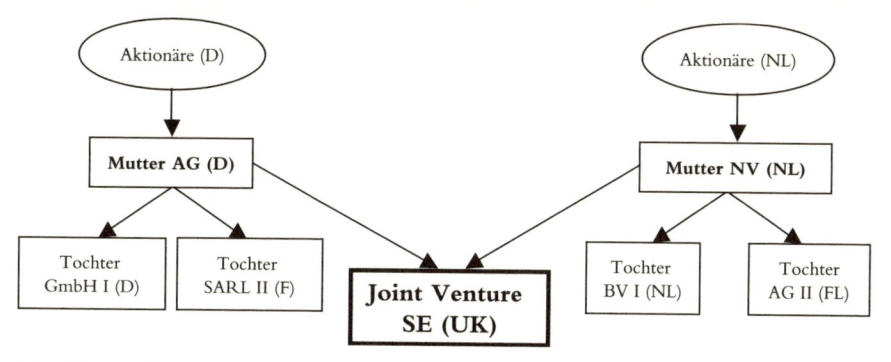

Joint Venture SE

Eingeschränkt wird diese Vorteilhaftigkeit der SE allerdings dadurch, dass für die **52** Satzungsbestimmungen, die nach der SE-VO (s. Art. 9 Abs. 1 Buchst. b SE-VO) und ggf. auch nach dem ergänzend anwendbaren nationalen Aktienrecht des Sitzstaates der SE[92] zulässig sind, das Prinzip der Satzungsstrenge gilt. In Bezug auf die steuerliche Behandlung der Errichtung eines Gemeinschaftsunternehmens in der Rechtsform einer SE durch mehrere europäische Partner kann auf die Ausführungen zur European Group SE verwiesen werden.

VII. Reorganisation SE

1. Ausgangssituation

Europäische Organisationsstrukturen von Unternehmen und Konzernen aus Dritt- **53** staaten, wie beispielsweise Japan, den USA oder China, bedienen sich bislang der Rechtsformen nationalen Rechts, die in den einzelnen Mitgliedstaaten der EU und des EWR zur Verfügung stehen; so wird für die Ausgestaltung der statutarischen Organisationsstruktur eines europäischen Vertriebsnetzes beispielsweise in jedem Mitgliedstaat eine eigenständige Vertriebstochtergesellschaft in der Rechtsform einer GmbH oder

---

[91] Dazu vgl. auch Lutter/Hommelhoff/Maul/Wenz, S. 271f.; Wenz, AG 2003, 194f.; ders., ET 2004, 32f.
[92] In Bezug auf eine SE mit Sitz in Deutschlands. Art. 9 Abs. 1 Buchst. c iii SE-VO; § 23 Abs. 5 AktG.

AG nationalen Rechts gegründet oder zumindest eine Vertriebsniederlassung errichtet. Dies kann europaweit nicht nur zu unnötig hohen Organisations- und Verwaltungskosten, sondern insbesondere auch zu gemeinschaftsweit nicht koordinierten nationalen Vertriebsaktivitäten und -strukturen, zumindest aber zu einer nicht angemessen repräsentierten Vertriebsstrategie im Europäischen Binnenmarkt führen, die durch den Einsatz der Rechtsform einer Europäischen Aktiengesellschaft stärker fokussiert sowie zielgerichteter ausgestaltet und umgesetzt werden kann (Reorganisation SE).[93]

2. Vorgehensweise

54 Die Reorganisation der europäischen Organisations- sowie insbesondere der Vertriebsstruktur einer Konzernunternehmung mit einer Muttergesellschaft aus einem Drittstaat kann durch den Einsatz der Rechtsform einer Europäischen Aktiengesellschaft entweder durch die Zwischenschaltung einer europäischen Holdinggesellschaft (European Holding SE) (s. Art. 2 Abs. 2 SE-VO) oder die Verschmelzung der bestehenden nationalen Vertriebsgesellschaften zu einer einheitlichen europäischen Vertriebsgesellschaft mit rechtlich unselbständigen Niederlassungen in den verschiedenen anderen Mitgliedstaaten erfolgen (European Single Entity SE) (s. Art. 2 Abs. 1 SE-VO).

55 Ausgehend von einer Konzernunternehmung, deren Muttergesellschaft in Japan und deren europäische Vertriebstochtergesellschaften in verschieden Mitgliedstaaten der EU und des EWR (Frankreich, Liechtenstein, Österreich) ansässig sind, stehen somit verschiedene Möglichkeiten zur Reorganisation der europäischen Vertriebsstruktur zur Verfügung.[94] Die statutarische Organisationsstruktur der Konzernunternehmung sowie insbesondere der europäischen Vertriebsstruktur stellt sich zunächst wie folgt dar:

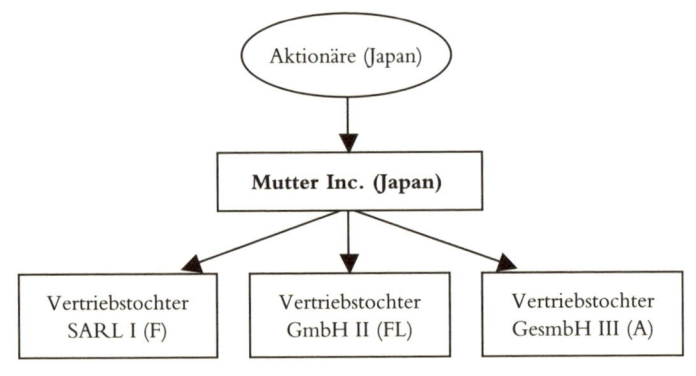

```
                    ┌──────────────────┐
                    │ Aktionäre (Japan) │
                    └────────┬─────────┘
                             ↓
                  ┌─────────────────────┐
                  │  Mutter Inc. (Japan) │
                  └──────────┬──────────┘
              ↙              ↓              ↘
    ┌───────────────┐ ┌───────────────┐ ┌───────────────┐
    │ Vertriebs-    │ │ Vertriebs-    │ │ Vertriebs-    │
    │ tochter       │ │ tochter       │ │ tochter       │
    │ SARL I (F)    │ │ GmbH II (FL)  │ │ GesmbH III (A)│
    └───────────────┘ └───────────────┘ └───────────────┘
```

Ausgangssituation

56 Die Vertriebsgesellschaften der japanischen Mutter Inc. können einerseits beispielsweise eine übergeordnete European Holding SE (siehe Art. 2 Abs. 2 SE-VO) mit Sitz beispielsweise in den Niederlanden grenzüberschreitend gründen, wodurch insbesondere die nationalen Vertriebsaktivitäten auf europäischer Ebene besser koordiniert werden können.[95] Dazu und zur statutarischen Organisationsstruktur sowohl der Konzernunternehmung als auch insbesondere der European Holding SE vgl. die nachstehende Abbildung:

---

[93] Dazu vgl. auch *Wenz*, AG 2003, 192; *ders.*, ET 2004, 33 f.
[94] Vgl. *Sauter/Wenz*, CommerceGermany 2002, 10.
[95] Dazu vgl. *Wenz*, S. 194 ff.

VII. Reorganisation SE

```
           Aktionäre (Japan)
                 │
                 ▼
          Mutter Inc. (Japan)
                 │
                 ▼
       European Holding SE (NL)
          ╱      │      ╲
         ▼       ▼       ▼
   Vertriebs- Vertriebs- Vertriebs-
   tochter    tochter    tochter
   SARL I (F) GmbH II    GesmbH III
              (FL)       (A)
```

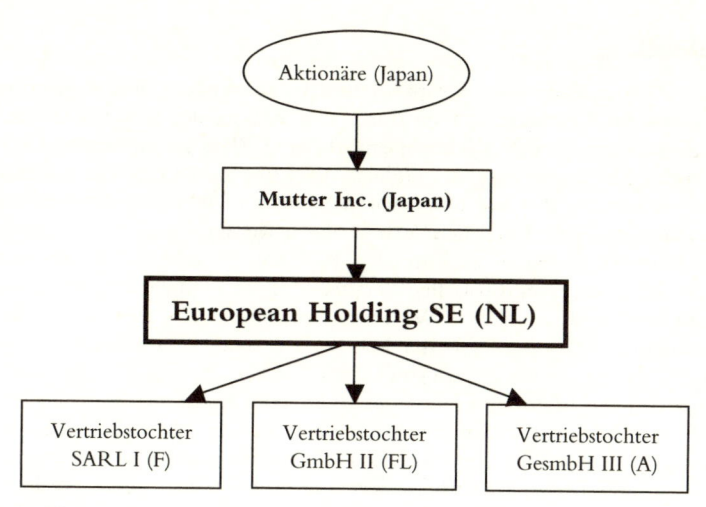

European Holding SE

Andererseits können die nationalen Vertriebsgesellschaften der japanischen Mutter Inc. auch eine einheitliche europäische Vertriebsgesellschaft (European Single Entity SE) mit Sitz beispielsweise in Belgien im Wege der grenzüberschreitenden Verschmelzung (s. Art. 2 Abs. 1 SE-VO) gründen, wodurch die nationalen Vertriebsaktivitäten auf europäischer Ebene strukturell zusammengefasst und auch europäisch repräsentiert werden können; die operativen Aktivitäten vor Ort werden in diesem Fall insbesondere durch lokale Niederlassungen vorgenommen. Dazu und zur statutarischen Organisationsstruktur sowohl der Konzernunternehmung als auch der European Single Entity SE vgl. die nachstehende Abbildung:

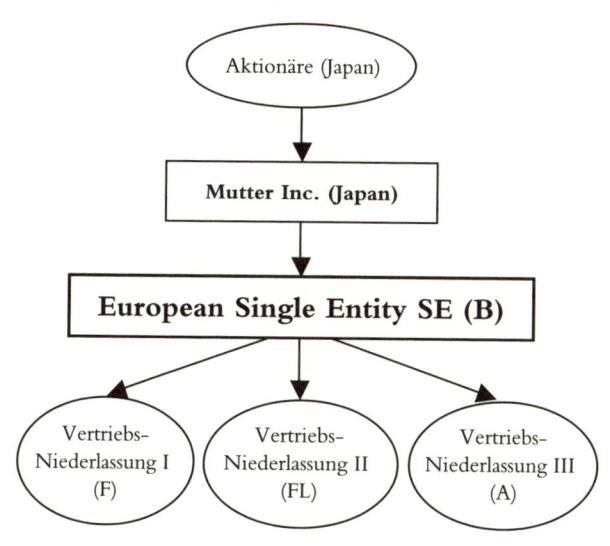

```
           Aktionäre (Japan)
                 │
                 ▼
          Mutter Inc. (Japan)
                 │
                 ▼
     European Single Entity SE (B)
          ╱      │      ╲
         ▼       ▼       ▼
    Vertriebs- Vertriebs- Vertriebs-
    Niederlassung I  Niederlassung II  Niederlassung III
    (F)        (FL)       (A)
```

European Single Entity SE

3. Beurteilung

58 Bei der Reorganisation der europäischen Vertriebsstruktur einer Konzernunternehmung aus einem Drittstaat können durch den Einsatz der Rechtsform einer Europäischen Aktiengesellschaft als European Holding SE einerseits sowie als European Single Entity SE andererseits im Vergleich zur bisherigen Organisationsstruktur insbesondere wiederum die folgenden, nachstehend im Überblick dargestellten rechts- und organisationsformspezifischen Vorteile erzielt werden.[96]

59 Durch die Errichtung einer European Holding SE oder einer European Single Entity SE können die europäischen Vertriebsaktivitäten nicht nur in den einzelnen Mitgliedstaaten der EU und des EWR, sondern insbesondere auch auf Gemeinschaftsebene strategisch und operativ besser koordiniert, strukturell unter einem gemeinsamen Dach besser zusammengefasst sowie auch Dritten gegenüber europäisch repräsentiert werden. Dem trägt der Einsatz der prestigeträchtigen europäischen Rechtsform einer SE, die über einen rechtsformspezifischen Europäischen Goodwill verfügt, im Vergleich zu ausschließlich „provinziellen" Tochtergesellschaften, die jeweils nur auf einen bestimmten Mitgliedstaat fokussiert sind, in besonderer Weise Rechnung.[97] Die SE verfügt ferner über eine Europäische Corporate Identity und trägt zur Entstehung einer Europäischen Corporate Culture bei, wodurch psychologische Schranken und Hemmnisse im Innenverhältnis überwunden und im Außenverhältnis eine höhere Akzeptanz der außereuropäischen Konzernunternehmung und ihrer Produkte und Dienstleistungen, insbesondere im Europäischen Binnenmarkt, erreicht werden können. Zudem kann die SE ihren Sitz grenzüberschreitend innerhalb der EU und des EWR verlegen, so dass sie gemeinschaftsweit nicht nur mobil ist, sondern auch die jeweils günstigsten Standortfaktoren nutzen kann.

60 Das System der Unternehmensleitung und -überwachung kann durch den Einsatz einer SE unabhängig von deren Sitzstaat frei ausgewählt und beispielsweise entsprechend dem monistischen System (Boardmodell) ausgestaltet werden, um die Corporate-Governance-Strukturen in allen Gesellschaften der japanischen Konzernunternehmung möglichst einheitlich auszugestalten. Die Mitbestimmung der Arbeitnehmer in der European Holding SE und in der European Single Entity SE kann durch eine Vereinbarung mit den Arbeitnehmervertretern grundsätzlich frei ausgehandelt werden (s. §§ 4–21 SEBG; Art. 3–6 SE-ErgRiL). Dagegen kommt die alternative Auffanglösung nur dann – entsprechend dem Vorher-Nachher-Prinzip – zur Anwendung, sofern zumindest in einer der Vertriebsgesellschaften zuvor bereits Mitbestimmungsrechte zugunsten der Arbeitnehmer bestanden haben (zB in der österreichischen Vertriebstochter GesmbH) und zudem die insoweit relevanten Schwellenwerte (mindestens 50%) im Verhältnis zur Gesamtzahl der Arbeitnehmer (s. § 34 SEBG; Art. 7 Abs. 2 Buchst. b und c, Anhang SE-ErgRiL) überschritten sind oder das besondere Verhandlungsgremium einen entsprechenden Beschluss fasst (s. § 35 SEBG; Art. 7, Anhang SE-ErgRiL).

61 Vergleichbare Überlegungen zur Errichtung einer europaweit möglichst einheitlichen Organisationsstruktur werden auch bei General Motors Europe sowie der deutschen Adam Opel AG angestrengt, um unnötige, aber kostenintensive Organisationsstrukturen abzubauen. Dadurch soll der europäische Teil des global agierenden Konzerns zukünftig erheblich klarer sowie gesamteuropäisch beispielsweise durch die Errichtung einer GM Europe SE im Wege der grenzüberschreitenden Verschmelzung durch die mehr als 100 europäischen GM-Tochtergesellschaften aufgestellt werden. Ferner soll die Beteiligung der Arbeitnehmer nicht mehr nach Mitgliedstaaten differenziert, sondern

---

[96] Dazu vgl. auch *Wenz*, AG 2003, 193.
[97] S. Art. 11 SE-VO schreibt u. a. vor, dass der Firma einer Europäischen Aktiengesellschaft der einheitliche europäische Zusatz „SE" voran- oder nachzustellen ist.

sowohl europaweit und gleichberechtigt erfolgen als auch insbesondere auf Ebene derjenigen Gesellschaft (GM Europe SE) lokalisiert werden, bei der die zentralen europäischen Entscheidungen des Konzerns getroffen werden.[98]

Aus steuerlicher Sicht stellt die Gründung einer European Holding SE eine Einbringung von Anteilen an den verschiedenen Vertriebsgesellschaften in die neu errichtete Holding SE dar. Die damit verbundene Auflösung und sofortige steuerliche Erfassung der stillen Reserven, die in den jeweiligen Anteilen enthalten sind, die von der japanischen Mutter Inc. als Gesellschafterin der SE-Gründungsgesellschaften gegen die Anteile an der SE eingetauscht werden, kann vollständig vermieden werden.[99] In Bezug auf die steuerliche Behandlung der Gründung einer European Single Entity SE kann auf die Ausführungen zur Merger SE verwiesen werden. **62**

VIII. European Group SE

Konzernunternehmungen operieren international in den verschiedenen Staaten in der Regel durch wirtschaftlich abhängige, aber rechtlich selbständige Konzernunternehmen, die sich einer Rechtsform nationalen Rechts bedienen. Dadurch bestimmt sich bei einer operationalen Organisation nach Sparten- oder Divisionen die Anzahl der notwendigen Tochtergesellschaften sowohl nach den einzelnen Sparten oder Divisionen als auch nach der Anzahl der Länder, in denen die betreffende Konzernunternehmung insgesamt tätig ist.[100] Dazu und zur statutarischen Organisationsstruktur einer derartigen Konzernunternehmung vgl. auch die nachfolgende Abbildung: **63**

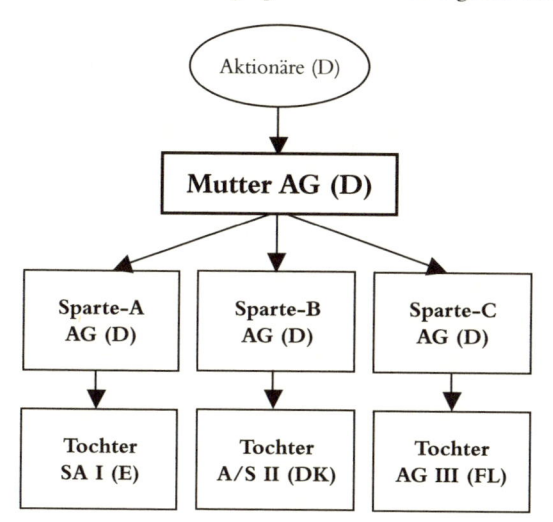

```
                    Aktionäre (D)
                         │
                         ▼
                   ┌─────────────┐
                   │ Mutter AG (D)│
                   └─────────────┘
                   │      │      │
          ┌────────┘      │      └────────┐
          ▼               ▼               ▼
      ┌────────┐     ┌────────┐     ┌────────┐
      │Sparte-A│     │Sparte-B│     │Sparte-C│
      │ AG (D) │     │ AG (D) │     │ AG (D) │
      └────────┘     └────────┘     └────────┘
          │               │               │
          ▼               ▼               ▼
      ┌────────┐     ┌────────┐     ┌────────┐
      │ Tochter│     │ Tochter│     │ Tochter│
      │SA I (E)│     │A/S II  │     │AG III  │
      │        │     │  (DK)  │     │  (FL)  │
      └────────┘     └────────┘     └────────┘
```

Ausgangssituation

Um nicht nur der operationalen Organisationsstruktur in diesem Fall umfassend Rechnung zu tragen, sondern auch um sie zu vereinheitlichen und insoweit auch zu vereinfachen, verfügen insbesondere die Konzernunternehmungen im Europäischen **64**

---

[98] Dazu vgl. *Reitz*, WamS vom 24.10.2004, 25.
[99] S. § 21 UmwStG; Art. 8 Abs. 1–2 FRL. Dazu vgl. *Conci*, ET 2004, 18 f.; *Herzig/Griemla*, StuW 2002, 71 ff.; *Förste/Lange*, DB 2002, 292 f.
[100] Die meisten rechtlich selbständigen Unternehmen stehen daher in Konzern- oder zumindest konzernähnlichen Verbindungen. Dazu vgl. *Theisen*, Der Konzern, S. 21.

Binnenmarkt[101] durch die Rechtsform einer Europäischen Aktiengesellschaft über die Möglichkeit, sowohl die Mutter- als auch die rechtlich selbständigen Tochtergesellschaften zumindest in ihren Kernbereichen, die einheitlich von der SE-VO und der in nationales Recht transformierten SE-ErgRiL geregelt werden, rechtlich einheitlich auszugestalten.[102] Dies kann insbesondere durch die Umwandlung einer deutschen Muttergesellschaft als auch von in- und ausländischen Tochtergesellschaften, die jeweils in der Rechtsform einer nationalen Aktiengesellschaft organisiert sind, in eine Mutter SE sowie in verschiedene Sparten und Tochter-SE (s. Art. 2 Abs. 4 SE-VO) und zudem durch die Gründung weiterer SE-Tochtergesellschaften durch die Mutter SE selbst erfolgen,[103] sofern die jeweiligen Voraussetzungen der Mehrstaatlichkeit erfüllt sind (s. Art. 2 Abs. 4 SE-VO) (European Group SE).[104] Die damit verbundene statutarische Organisationsstruktur stellt sich wie folgt dar:

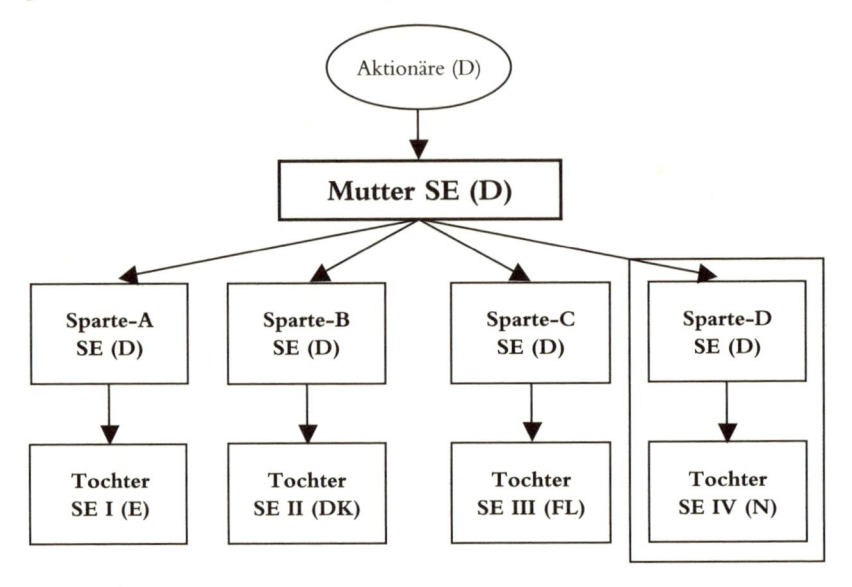

European Group SE

65 Diese Einsatzmöglichkeit der Rechtsform einer SE kann insbesondere auch in Bezug auf die Erweiterung der EU auf nunmehr 27 bzw. des EWR auf nunmehr 30 Mitgliedstaaten aus rechts- und organisationsformspezifischer Sicht von besonderer Bedeutung sein. Denn die SE bietet erstmals die Chance, dass nicht nur die rechtliche Struktur der Unternehmen, sondern insbesondere auch das jeweilige System der Unternehmensleitung und -überwachung sowie auch die grundsätzlich frei aushandelbare Mitbestimmung der Arbeitnehmer über Länder- und Hoheitsgrenzen hinweg einheitlich und insoweit auch europäisch und nicht mehr nach Mitgliedstaaten differenziert ausgestaltet wird. So könnte bei einer Entscheidung für das monistische System der Corporate Governance im Vergleich zum dualistischen System einer nationalen AG die Leitung der verschiedenen Tochtergesellschaften verkleinert und gestrafft werden. Zudem kann auch bei einer monistisch strukturierten SE mit Sitz in Deutschland der

---

[101] Einschließlich der europäischen Teilkonzerne von außereuropäischen Konzernmuttergesellschaften.
[102] Dazu vgl. auch *Kallmeyer,* AG 2003, 201 f.
[103] S. Art. 3 Abs. 2 SE-VO. Von *Hommelhoff,* AG 2001, 280, wird diese Form der Errichtung einer SE auch als „sekundäre Gründung" bezeichnet.
[104] Dazu vgl. auch *Wenz,* AG 2003, 193 f.; *ders.,* ET 2004, 34 f.

Verwaltungsrat, wenn er nicht mitbestimmt ist und sich das Grundkapital auf weniger als drei Millionen Euro beläuft, aus einer einzigen Person, die zugleich geschäftsführender Direktor in Personalunion ist, bestehen, während bei einer dualistisch strukturierten SE oder AG mindestens ein weisungsunabhängiger Vorstand und drei Aufsichtsräte zu bestellen sind. Ferner ist der geschäftsführende Direktor im monistischen Modell weisungsabhängig vom Verwaltungsrat mit der Folge, dass bei faktischen Konzernen die mit dem Konzernrecht vereinbaren Anweisungen des Mutterunternehmens auch über den Verwaltungsrat, der typischerweise mit Vertretern des herrschenden Unternehmens besetzt ist, durchgesetzt werden können. Die Weisungsgebundenheit des geschäftsführenden Direktors bedeutet allerdings nicht, dass die Tochter-SE über den Verwaltungsrat vom Konzernrecht untersagten nachteiligen Anweisungen ohne weiteres folgen darf. Vielmehr stehen dem die allgemeinen Regelungen über faktische Unternehmensverbindungen entgegen.

Eingeschränkt wird diese Vorteilhaftigkeit der SE allerdings dadurch, dass für die nach der SE-VO und ggf. auch für die nach dem ergänzend anwendbaren nationalen Aktienrecht zulässigen Satzungsbestimmungen das Prinzip der Satzungsstrenge zu beachten ist.[105] Sofern die rechtliche Ausgestaltungsfreiheit der Tochtergesellschaften dementsprechend besonders bedeutsam ist, bietet sich die Rechtsform der SE nur insoweit an, als zumindest das ergänzend anwendbare nationale Aktienrecht des Sitzstaates der SE nicht dem Prinzip der Satzungsstrenge folgt, wie dies beispielsweise in Österreich für nicht kapitalmarktorientierte Unternehmen derzeit diskutiert wird oder aber in Liechtenstein bereits de lege lata der Fall ist.[106] Alternativ kann hierfür auf die Europäische Privatgesellschaft abgestellt werden, die zukünftig möglicherweise ebenfalls zur Verfügung stehen wird.[107] Zu beachten ist ferner, dass der vor der jeweiligen Umwandlung einer nationalen in eine Europäische Aktiengesellschaft bestehende Mitbestimmungsstandard auch einvernehmlich im Verhandlungswege nicht unterschritten werden darf (s. Art. 3 Abs. 6, 4 Abs. 4 SE-ErgRiL). 66

Aus steuerlicher Sicht führt die Gründung einer Mutter SE oder einer Tochter SE im Wege der Umwandlung weder auf Ebene der Gesellschaft noch auf derjenigen der Gesellschafter infolge der jeweils fortbestehenden Identität des Rechtsträgers zu ertragsteuerlichen Folgen.[108] Die Gründung einer Tochter-SE durch eine bereits bestehende SE im Wege der Neugründung kann sowohl auf der Ebene der Gründungsgesellschaft (SE) als auch der Tochter-SE grundsätzlich steuerneutral vorgenommen werden; denn die Errichtung einer Tochtergesellschaft ist erfolgsneutral und die Einbringung von Sacheinlagen führt nur dann zur Auflösung der darin enthaltenen stillen Reserven bei der einbringenden Gesellschaft, sofern einzelne Wirtschaftsgüter anstelle von Betrieben oder Teilbetrieben eingelegt werden.[109] 67

IX. Reengineering SE

Unternehmen in der Rechtsform einer Aktiengesellschaft nationalen Rechts haben den Änderungen des unternehmerischen Umfeldes als Folge sowohl der Globalisierung als auch der Europäisierung grundlegend Rechnung zu tragen. Im Hinblick beispielsweise auf die verstärkte Fokussierung der Unternehmen und Konzerne auf den 68

---

[105] S. Art. 9 Abs. 1 Buchst. b, 9 Abs. 1 Buchst. c iii SE-VO; § 23 Abs. 5 AktG.
[106] S. Art. 279–280, 116–117 Personen- und Gesellschaftsrecht.
[107] Dazu vgl. auch *Bungert/Beier*, EWS 2002, 11; sowie *Hommelhoff/Helms* (Hrsg.), Neue Wege in die Europäische Privatgesellschaft, 2001.
[108] Dazu vgl. *Conci*, ET 2004, 20 f.; *Herzig/Griemla*, StuW 2002, 75; *Schulz/Eicker*, Intertax 2001, 339; *Schulz/Geismar*, DStR 2001, 1084; *Wenz*, S. 127 ff.
[109] S. Art. 9, 4 Abs. 1–2 FRL. Dazu vgl. *Herzig/Griemla*, StuW 2002, 73 ff.; *Schulz/Geismar*, DStR 2001, 1084.

Europäischen Binnenmarkt als ihren Heimatmarkt, anstelle einer nationalstaatlichen Marktabgrenzung, als auch in Bezug auf die freie Ausgestaltung des Systems der Unternehmensleitung und -überwachung, stellt die Europäische Aktiengesellschaft für die Mutter- oder Tochterunternehmen in der Rechtsform einer Aktiengesellschaft nationalen Rechts eine im Wege der Umwandlung (s. Art. 2 Abs. 4 SE-VO) einfach realisierbare Alternative dar: Reengineering SE.[110] Denn durch den Formwechsel einer AG in eine SE verändern sich aufgrund des – anlässlich der Umwandlung – zwingend beizubehaltenden Satzungssitzstaates (s. Art. 37 Abs. 3 SE-VO) ausschließlich diejenigen Regelungsbereiche, für welche die SE-VO nicht auf die Bestimmungen des nationalen Sitzstaatsrechts der SE verweist. Eine im Wege der Umwandlung einer Aktiengesellschaft nationalen Rechts errichtete SE unterscheidet sich von dieser folglich nahezu ausschließlich in den durch die SE-VO sowie ergänzend durch die in nationales Recht transformierten Bestimmungen der SE-ErgRiL einheitlich geregelten Kernbereichen und grenzüberschreitenden Aspekten.

69 Infolgedessen steht es den Unternehmen in der Rechtsform einer SE insbesondere frei, sich für ein dualistisches versus monistisches System der Corporate Governance zu entscheiden (s. Art. 38 Buchst. b SE-VO). Vor dem Hintergrund der Diskussion über die Grenzen der organisatorischen Freiheit bei der Ausgestaltung der deutschen Vorstands-/Aufsichtsratsverfassung deutscher Aktiengesellschaften, wie beispielsweise bei der Deutschen Bank AG, erhöht dieses Wahlrecht der SE-VO, das den Wettbewerb der Rechtsordnungen erheblich verstärken wird, die Attraktivität der Rechtsform einer SE nicht unerheblich.[111] Insbesondere kann dadurch die Anzahl der Mitglieder des Aufsichtsrates reduziert und durch die Einbeziehung auch ausländischer Arbeitnehmervertreter der Einfluss deutscher Arbeitnehmervertreter erheblich reduziert werden. Die Mitbestimmung der Arbeitnehmer einer Reengineering SE kann wiederum grundsätzlich frei im Wege der Vereinbarung zwischen dem Leitungs- oder Verwaltungsorgan der umzuwandelnden Aktiengesellschaft nationalen Rechts und den Vertretern der Arbeitnehmer ausgehandelt werden; alternativ findet die Auffanglösung Anwendung (s. Art. 7, Anhang SE-ErgRiL). Speziell für die Gründungsform der Umwandlung ist allerdings zu beachten, dass der vor dem Formwechsel bestehende Mitbestimmungsstandard auch einvernehmlich im Verhandlungswege generell nicht unterschritten werden darf (s. Art. 3 Abs. 6, 4 Abs. 4 SE-ErgRiL) (keine innerstaatliche „Flucht" aus der Mitbestimmung).

70 Darüber hinaus verfügen die Unternehmen in der prestigeträchtigen Rechtsform einer SE über eine Europäische Corporate Identity, tragen zur Entstehung einer Europäischen Corporate Culture bei und besitzen einen rechtsformspezifischen Europäischen Goodwill.[112] Ferner stehen ihnen sämtliche binnen- und wirtschaftsraumspezifischen Freiheitsgrade zur Verfügung, weshalb sie insbesondere auch ihren Sitz in einen anderen Mitgliedstaat der EU oder des EWR unter Wahrung ihrer rechtlichen Identität grenzüberschreitend verlegen (s. Art. 8 SE-VO). sowie individuell auch Tochtergesellschaften in der Rechtsform einer SE gründen können (s. Art. 3 Abs. 2 SE-VO).

71 Dementsprechende Überlegungen standen auch bei der Umwandlung der österreichischen Strabag AG[113] in eine der europaweit ersten SE Pate und lagen zudem auch der Umwandlung der finnischen Elcoteq[114] in eine SE zugrunde. Bei beiden Unter-

---

[110] Dazu vgl. auch *Wenz*, AG 2003, 195 f.; *ders.*, ET 2004, 36.
[111] Dazu vgl. auch *Hommelhoff*, AG 2001, 282 f.; *Wiesmann/Simensen*, FT vom 12. 4. 2007, 18.
[112] Dazu vgl. auch *Buchheim*, S. 242 ff.
[113] Vgl. Strabag SE (www.strabag.at/CMSCache/160008.pdf).
[114] Vgl. Elcoteq, Conversion into a European Company (www.elcoteq.com/modules/page/show.page.asp?id=1670C90F624F4A819A983245D6F9E63B&tabletarget=data1&MENU_2_activeclicked=2C42C35   CDF7D4CD0840B84481BFFAB3F&MENU_2_open=true&pid=A377FC88DD4E4F4A86CF1459A663828B&layout=2004sisa).

nehmen spielen die konkreten Möglichkeiten, sich durch die Umwandlung in eine SE eine europaweit einheitliche Identität geben und sich sowohl betriebswirtschaftlich als auch rechtlich europaweit aufstellen zu können, die tragenden Überlegungen.

Aus steuerlicher Sicht führt die Umwandlung einer nationalen Aktiengesellschaft in eine supranational-europäische SE weder auf Ebene der Gesellschaft noch auf derjenigen der Gesellschafter zu ertragsteuerlichen Konsequenzen, da die Identität des Rechtsträgers uneingeschränkt fortbesteht.[115] **72**

X. Cross Border SE

Die Rechtsform der Europäischen Aktiengesellschaft ermöglicht es den Unternehmen in der EU sowie im EWR erstmals ohne das Risiko einer Auflösung im Wegzugstaat und einer Neugründung im Zuzugstaat ihren Satzungssitz sowie ihren damit zwingend identischen Verwaltungssitz (s. Art. 7, 64 Abs. 1–2 SE-VO) grenzüberschreitend von einem Mitgliedstaat in einen anderen unter Wahrung der rechtlichen Identität zu verlegen (s. Art. 8 Abs. 1 SE-VO): Cross Border SE.[116] Während Rechtsformen nationalen Rechts jenseits ihrer nationalen Rechtsordnung, durch die sie gegründet wurden, bislang – von Ausnahmen abgesehen – keine Realität haben,[117] verfügt die SE grundsätzlich über sämtliche binnenmarktspezifischen Freiheitsgrade und kann daher beispielsweise auch von der Niederlassungsfreiheit weitgehend uneingeschränkt Gebrauch machen. Dadurch kann die SE den Mobilitätsbedürfnissen der Unternehmen im Europäischen Binnenmarkt grundlegend und effizient Rechnung tragen. **73**

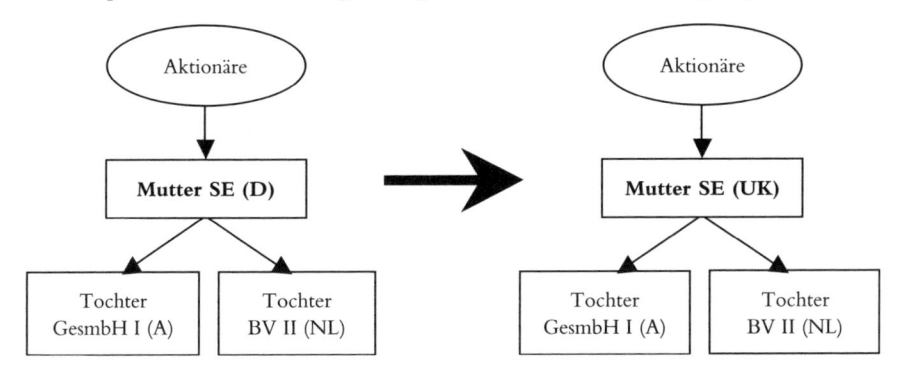

Cross Border SE

Um bei der grenzüberschreitenden Sitzverlegung einer SE deren Rechtspersönlichkeit aufrechtzuerhalten sowie insbesondere den Wechsel in dem auf die SE ergänzend anwendbaren Recht des Sitzstaates zu koordinieren und dabei auch den Schutzinteressen[118] insbesondere der widersprechenden Minderheitsaktionäre und Gläubiger hinrei- **74**

---

[115] Dazu vgl. *Conci*, ET 2004, 21 sowie auch *Herzig/Griemla*, StuW 2002, 75; *Schulz/Eicker*, Intertax 2001, 339; *Schulz/Geismar*, DStR 2001, 1084; *Wenz*, S. 127 ff.

[116] Dazu vgl. auch *Wenz*, AG 2003, 194 f.; *ders.*, ET 2004, 36 f.; sowie auch Lutter/Hommelhoff/Maul/*Wenz*, S. 272 ff.; *Petri/Wenz*, AR 2004, 4.

[117] Dazu s. EuGH, Rs. C-81/87, *Daily-Mail*, EuGH-Slg. 1988, 5505, 5510. Zur neueren Entwicklung s. aber EuGH, Rs. C-208/00, *Überseering*, IStR 2002, 809, m. Anm. *Sedemund* und Anm. *Schnitger*; dazu vgl. auch *Forsthoff*, DB 2002, 2471 ff.; *Kallmeyer*, DB 2002, 2521 f. S. ferner EuGH, Rs. C-167/01, *Inspire Art*, BB 2003, 2195; dazu vgl. auch *Bayer*, BB 2003, 2357 ff.; *Kersting/Schindler*, RdW 2003, 621 ff.; *Leible/Hoffmann*, EuZW 2003, 677 ff.; *Maul/Schmidt*, BB 2003, 2297 f.; *Triebel/Hase*, BB 2003, 2409 ff.

[118] Dazu vgl. auch *Kalss*, ZGR 2003, 593 ff.; *Teichmann*, ZGR 2003, 398 ff.

chend Rechnung zu tragen, sehen die SE-VO sowie insbesondere auch die nationalen SEAG sowohl im Wegzugstaat als auch im Zuzugstaat verschiedene (Schutz-)Maßnahmen vor. Darüber hinaus ermöglicht es die Rechtsform einer SE den Unternehmen, die ihren Sitz grenzüberschreitend verlegen wollen, ihre europäische Identität und ihre wesentlichen rechtlichen und wirtschaftlichen Charakteristika sowie insbesondere auch das von ihnen gewählte monistische oder dualistische System der Corporate Governance als auch den ggf. ausgehandelten Umfang der Mitbestimmung der Arbeitnehmer unabhängig von den nationalen Bestimmungen und Mitbestimmungsstandards des Zuzugstaates, die für Rechtsformen nationalen Rechts relevant sind, beizubehalten.[119]

75 Aus steuerlicher Sicht führt die grenzüberschreitende Sitzverlegung einer SE auf Ebene der in Deutschland oder im Ausland ansässigen Gesellschafter der SE weder bei einem Wegzug ins Ausland noch bei einem Zuzug ins Inland zu einer Realisierung und Besteuerung der in den Anteilen enthaltenen stillen Reserven in Deutschland (s. §§ 15, 17 EStG; § 12 KStG). Für die SE stellt sich die grenzüberschreitende Sitzverlegung sowohl im Fall des Zuzugs als auch des Wegzugs immer dann steuerneutral dar, wenn insbesondere bei einem Wegzug aus Deutschland die betreffenden Wirtschaftsgüter in einer deutschen Betriebsstätte steuerverhaftet bleiben.[120]

76 Aus Sicht der internationalen Steuerplanung können durch die Wahl des Sitzstaates der SE ggf. ein größeres Netz an Doppelbesteuerungsabkommen angewendet, die Steuerbelastung auf zukünftig erwirtschaftete Gewinne reduziert, die steuerliche Befreiung von Veräußerungsgewinnen auf Beteiligungen unabhängig von ideologisch motivierten Gesetzesänderungen sichergestellt, Gewinne mit Verlusten ggf. grenzüberschreitend verrechnet sowie auch die Anwendung außensteuergesetzlicher Bestimmungen (CFC-Regime) vermieden werden.[121]

XI. Die SE als europäische Rechtsforminnovation

77 Die Europäische Aktiengesellschaft stellt im Ergebnis eine supranational-europäische Rechtsform dar, die aufgrund ihrer rechtsformspezifischen Charakteristika nicht nur über sämtliche binnenmarktspezifischen Freiheitsgrade verfügt, sondern zudem auch äußerst flexibel und vielseitig in der Unternehmenspraxis eingesetzt werden kann. Sie ermöglicht es den grenzüberschreitend tätigen Unternehmen und Konzernen, ihre statutarische Organisationsstruktur in der EU und im EWR über Länder- und Hoheitsgrenzen hinweg einer vereinheitlichten sowie auch einer einfachen und daher effizienten europäischen Organisationsstruktur zuzuführen, auch um die bislang erforderlichen, teilweise sehr komplexen und ineffizienten Ersatzkonstruktionen in Zukunft vermeiden und ersetzen zu können. Damit trägt die SE den tief greifenden Änderungen des unternehmerischen Umfeldes als Folge sowohl der Globalisierung als auch der Europäisierung grundlegend Rechnung, indem sie die insoweit ggf. erforderliche strategische Neuausrichtung der Unternehmen und Konzerne anforderungsgerecht unterstützt und im Vergleich zu alternativ einsetzbaren nationalen Rechtsformen und komplexen grenzüberschreitenden Organisationsstrukturen zudem transaktions- und koordinationskostenminimal umzusetzen versucht.

78 Mit der Rechtsform einer SE lassen sich für grenzüberschreitend tätige Unternehmen und Konzerne darüber hinaus bestimmte rechts- und organisationsformspezifische Vorteile erzielen, weshalb sie nicht nur eine bedeutsame Rechtsforminnovation,

---

[119] Alternativ steht es den Unternehmen in der Rechtsform einer SE offen, ihr System der Corporate Governance im Zuge einer grenzüberschreitenden Sitzverlegung oder auch zu einem früheren oder späteren Zeitpunkt zu ändern. S. Art. 38 SE-VO.
[120] Kritisch dazu vgl. *Wenz*, S. 131 ff.
[121] Dazu vgl. *Wenz*, ET 2004, 10.

XI. Ergebnis

sondern seit dem 8. Oktober 2004 auch eine wichtige Rechtsformalternative wirtschaftlichen Handelns im Europäischen Binnenmarkt darstellt. Die SE erfüllt folglich sowohl in konzeptioneller als auch insbesondere in anwendungsbezogener Hinsicht die Voraussetzungen, um den Europäischen Binnenmarkt im Bereich der Rechtsformen zu vollenden. Ferner stellt sie einen zentralen Entwicklungsschritt hin zu einem modernen und leistungsfähigen Gesellschafts- und Unternehmensrecht in der EU und im EWR dar, nicht zuletzt, um deren strategisches Ziel erreichen zu können, Europa zu einem wettbewerbsfähigen und dynamischen Wirtschaftsraum der Welt zu machen.[122]

---

[122] Im Jahr 2005 modifizierte Schlussfolgerungen des Europäischen Rates von Lissabon vom 23./24. 3. 2000.

2. Abschnitt. Wesensmerkmale

Übersicht

	Rn.
A. Rechtsnatur	1
B. Kapital und Mitgliedschaft	2, 3
C. Firma	4
D. Sitz	5
E. Satzung	6–15
I. Satzungsinhalt und -autonomie	7–12
1. Notwendiger Satzungsinhalt	8, 9
2. Fakultative Satzungsbestimmungen	10–12
II. Rechtsfolgen von Satzungsmängeln	13–15
F. Handelsregister	16–20
I. Anmeldung	17
II. Prüfung und Entscheidung des Registergerichts	18
III. Eintragung	19
IV. Bekanntmachungen der Eintragung	20

A. Rechtsnatur

Die SE ist ihrer Rechtsform nach Aktiengesellschaft. Sie verfügt über eigene **1 Rechtspersönlichkeit** (Art. 1 Abs. 3 SE-VO),[1] ist also juristische Person. Die Rechtsfähigkeit der SE als solche beginnt mit der Eintragung in das Handelsregister (Art. 16 Abs. 1 SE-VO, s. 4. Abschnitt § 2 Rn. 67, § 3 Rn. 38, § 5 Rn. 39, 6 Rn. 8.). Zuvor besteht eine Vor-SE (Art. 16 Abs. 2 SE-VO; vgl. 4. Abschnitt § 1 Rn. 12 ff.).[2] Als juristische Person ist die SE selbst Trägerin von Rechten und Pflichten. Nur die SE selbst ist Zuordnungssubjekt, nicht auch ihre Aktionäre, soweit es um Rechtsbeziehungen zu Dritten geht (zum Durchgriff s. 8. Abschnitt Rn. 27). Die SE ist **Handelsgesellschaft** (Formkaufmann).[3] Aus § 3 Abs. 1 AktG, § 6 HGB iVm. Art. 9 Abs. 1 lit. c ii SE-VO folgt, dass die SE notwendig den Bestimmungen des Handelsrechts unterliegt. Die SE ist **börsenfähig**; für SE mit Sitz in Deutschland gilt wie für eine deutsche Aktiengesellschaft das deutsche Börsenrecht.[4]

B. Kapital und Mitgliedschaft

Die SE verfügt über ein festes **in Aktien zerlegtes Kapital**, das sich auf mindestens **2** 120 000 € belaufen muss (Art. 4 Abs. 2 SE-VO). Die Aktionäre schulden lediglich die Erbringung der von ihnen erbrachten **Einlage**; für die Verbindlichkeiten der Gesellschaft haften sie nicht. Im Hinblick auf die **Kapitalaufbringung und -erhaltung** des gezeichneten Kapitals sowie **Kapitaländerungen** kommt über Art. 5 SE-VO das Aktienrecht des Sitzstaates zur Anwendung, das seinerseits den Vorgaben der Kapitalrichtlinie zu entsprechen hat.[5] Verdeckte Sacheinlagen, verdeckte Gewinnausschüttungen, der Rückerwerb eigener Aktien oder der Bezugsrechtsausschluss richten sich bei einer SE mit Sitz in Deutschland nach deutschem Aktienrecht. Nicht anders verhält es sich

---
[1] *Schwarz*, Art. 1 Rn. 28 ff.
[2] *Schwarz*, Art. 16 Rn. 8; *Schindler*, S. 18.
[3] *Schwarz*, Art. 1 Rn. 13; MünchKommAktG/*Oechsler*, Art. 2 Rn. 4.
[4] S. insoweit weiterführend Lutter/Hommelhoff/*Merkt*, S. 185 ff.
[5] S. im Einzelnen *Schwarz*, Art. 5 Rn. 4 ff.; *Koke*, S. 21 ff.

im Hinblick auf Aktienarten und -gattungen; ihre Behandlung richtet sich ebenfalls nach nationalem Recht. Gleiches gilt für die Zulässigkeit von Mischformen zwischen Eigen- und Fremdkapital. Dem nationalen Recht unterliegen bspw. die Ausgabe von Wandel- und Optionsanleihen ebenso wie diejenige von Gewinnschuldverschreibungen oder Genussrechten.[6]

3   Im Hinblick auf die **Mitgliedschaftsrechte und -pflichten** der Aktionäre enthält die SE-VO lediglich einige wenige Regelungen. Hierzu zählen vor allem die Regelungen zur Haftungsbeschränkung auf die Einlageleistung des Aktionärs (Art. 1 Abs. 2 SE-VO) sowie vereinzelte Verwaltungsrechte, die im Zusammenhang mit der Hauptversammlung zur Anwendung gelangen (zB Einberufung der Hauptversammlung und Aufstellung der Tagesordnung gem. Art. 55 Abs. 1 SE-VO sowie Ergänzung der Tagesordnung gem. Art. 56 SE-VO; s. 5. Abschnitt § 4 Rn. 57 ff.). Im Übrigen gelten die Regelungen des deutschen Aktienrechts, so dass sich beispielsweise die Frage der Einsichts-, Auskunfts-, Stimm- und Dividendenrechte, der Treupflichten und des Gleichbehandlungsgebots nach den Regelungen und Grundsätzen des Aktienrechts richtet. Das nationale Recht ist zudem für die Fragen des Erwerbs, die Übertragbarkeit und den Verlust der Mitgliedschaft maßgeblich.

C. Firma

4   Die SE hat ihrer Firma zwingend den Zusatz „SE" voran- oder nachzustellen (Art. 11 Abs. 1 SE-VO). Da weder die SE-VO noch das Ausführungsgesetz weitergehende Regelungen enthalten, kommen im Übrigen das nationale Firmenrecht (§§ 18 ff. HGB) sowie die durch die Rechtsprechung entwickelten Grundsätze mit Ausnahme von § 4 AktG, der durch Art. 11 SE-VO ersetzt wird, ergänzend über Art. 15 Abs. 1 SE-VO sowie nach Abschluss der Gründung über Art. 9 Abs. 1 lit. c ii SE-VO zur Anwendung.[7] Die Firmenfähigkeit beginnt mit der Eintragung der SE in das Handelsregister (s. Rn. 1). Die Vor-SE ist nicht **Formkaufmann** und daher nicht schon als solche firmenfähig (zur Vor-SE s. 4. Abschnitt § 1 Rn. 12 ff.; zur Kaufmannseigenschaft s. Rn. 1). Ihr Name ist aber schon dann firmenfähig, wenn im Gründungsstadium ein Gewerbe betrieben wird, das einer kaufmännischen Betriebsorganisation bedarf. Der Zusatz „SE" darf nur von einer Gesellschaft in Form der Europäischen Aktiengesellschaft (SE) geführt werden (Art. 11 Abs. 2 SE-VO). Anderes gilt für Gesellschaften und sonstige juristische Personen, die vor Inkrafttreten der SE-VO eingetragen worden sind; ihnen wird Bestandsschutz gewährt (Art. 11 Abs. 3 SE-VO).

D. Sitz

5   Der (statutarische) Sitz der SE muss in der Gemeinschaft liegen, und zwar in dem Mitgliedstaat, in dem sich die Hauptverwaltung der SE befindet (Art. 7 S. 1 SE-VO). Zudem muss die Satzung der SE nach § 2 SEAG den Ort als Sitz bestimmen, wo die Hauptverwaltung geführt wird; statutarischer und tatsächlicher Sitz müssen also zusammenfallen (zu den Einzelheiten s. 7. Abschnitt Rn. 7 ff.).

E. Satzung

6   Der SE liegt als vertragliche Basis eine Satzung zugrunde. Die Satzung ist gem. § 23 Abs. 1 AktG iVm. Art. 15 Abs. 1 SE-VO durch notarielle Beurkundung festzu-

---

[6] Lutter/Hommelhoff/*Fleischer*, S. 170 f.; s. auch *Hirte*, NZG 2000, 83 ff.; *Koke*, S. 22.
[7] Lutter/Hommelhoff/*Bayer*, S. 36; *Hirte*, NZG 2002, 1, 4; *Grundmann*, Rn. 1026; für eine Anwendung auch von § 4 AktG *Mahi*, S. 39; Theisen/Wenz/*Neun*, S. 51 Rn. 82; *Törggler*, Ecolex 2001, 442, 444; *Schwarz*, Art. 11 Rn. 7; MünchKommAktG/*Schäfer*, Art. 11 Rn. 2.

E. Satzung   7, 8 **2**

stellen (s. 4. Abschnitt § 2 Rn. 7, § 3 Rn. 11, § 4 Rn. 12, § 5 Rn. 15, § 6 Rn. 7), wobei die Aktienübernahmeerklärung gem. § 23 Abs. 2 AktG als Bestandteil der Satzungsfeststellung anzusehen ist.[8] Spätere Änderungen der Satzung obliegen der Hauptversammlung, die mit qualifizierter Mehrheit zu beschließen hat (Art. 59 Abs. 1 SE-VO; s. 5. Abschnitt § 4 Rn. 68).

I. Satzungsinhalt und -autonomie

Der notwendige Satzungsinhalt, also diejenigen Regelungen, die in der Satzung[9] **7** getroffen werden müssen, ergeben sich zunächst aus der SE-VO (s. Rn. 8). Zudem kommen, soweit es sich um Bereiche handelt, die nicht oder nur teilweise durch die Verordnung geregelt sind, die notwendigen aktienrechtlichen Regelungen, insbesondere § 23 Abs. 2 und 3 AktG zur Anwendung (s. Rn. 12). Daneben kann die Satzung weitere Bestimmungen beinhalten, soweit die Beschränkungen der **Satzungsautonomie**, die durch die SE-VO und das zur Anwendung gelangende nationale Recht vorgegeben werden, eingehalten werden (doppelte Einschränkung der Satzungsautonomie): Soweit das Verordnungsrecht betroffen ist, dürfen nur Regelungen in die Satzung aufgenommen werden, die die SE-VO ausdrücklich zulässt (Art. 9 Abs. 1 lit. b SE-VO). Ausgeschlossen sind damit zum einen von der SE-VO abweichende Satzungsbestimmungen sowie verordnungsergänzende Satzungsbestimmungen.[10] Soweit es sich um Bereiche handelt, die nicht oder nur teilweise durch die SE-VO geregelt sind, kommt über die Verweisungsnorm auch der Grundsatz der Satzungsstrenge nach § 23 Abs. 5 AktG (Art. 9 Abs. 1 lit. c ii SE-VO) zur Anwendung. Die Satzung darf daher von den zur Anwendung gelangenden Regelungen des Aktiengesetzes nur abweichen, wenn dies ausdrücklich zugelassen ist. Ergänzende Bestimmungen des Aktienrechts dürfen nach § 23 Abs. 5 S. 2 AktG vorgenommen werden, wenn das aufgrund mangelnder Regelung in der SE-VO zur Anwendung gelangende Aktiengesetz keine abschließende Regelung beinhaltet.[11]

1. Notwendiger Satzungsinhalt

In die SE-Satzung müssen, folgend einer dreistufigen Hierarchie, an deren Spitze die **8** SE-VO gefolgt vom SEAG und dem Aktiengesetz steht, verschiedene Regelungen aufgenommen werden. Nach der SE-VO muss die Satzung zwingend die folgenden Regelungen vorsehen:
- Wahl zwischen dem dualistischen und dem monistischen Modell (Art. 38 lit. b SE-VO; s. 5. Abschnitt § 1 Rn. 1);
- Festlegung der Zahl der Mitglieder des Leitungsorgans oder Bestimmung, nach welchen Regeln diese Zahl festzulegen ist (Art. 39 Abs. 4 S. 1 SE-VO; s. 5. Abschnitt § 2 Rn. 3); bei Gesellschaften mit einem Grundkapital von mehr als 3 Millionen Euro hat das Leitungsorgan aus mindestens zwei Personen zu bestehen; wenn die Satzung nicht eine Person festlegt (§ 16 SEAG);
- Festlegung der Zahl der Mitglieder des Aufsichtsorgans oder Bestimmung, nach welchen Regeln diese Zahl festzulegen ist (Art. 40 Abs. 3 SE-VO; s. 5. Abschnitt § 2 Rn. 20); das Aufsichtsorgan hat aus mindestens drei Mitgliedern zu bestehen; bei einer höheren Zahl muss diese durch drei teilbar sein und die Höchstzahlen des SEAG

---

[8] S. *Hüffer*, AktG, § 23 Rn. 16; MünchKommAktG/*Pentz*, § 23 AktG Rn. 12; s. auch die Auffassung, wonach die Aktienübernahmeerklärung ein eigenes Rechtsgeschäft darstellen soll, Kölner KommAktG/*Kraft*, § 23 AktG Rn. 87.
[9] Zu der Unterscheidung zwischen Gründungsurkunde und Binnensatzung, s. MünchKommAktG/*Oechsler*, Art. 6 Rn. 1 f.; *Schwarz*, Art. 6 Rn. 28 ff.
[10] *Hommelhoff*, FS Ulmer, 2003, S. 267, 272.
[11] Lutter/Hommelhoff/*Seibt*, S. 69.

müssen beachtet werden (§ 17 Abs. 1 SEAG). Insoweit ist streitig, ob die Größe des Aufsichtsorgans der Verhandlungsautonomie zwischen dem besonderen Gremium und der Leitung der Gesellschaft unterliegt[12] oder in die Zuständigkeit der Hauptversammlung[13] fällt;
- Festlegung der Zahl der Mitglieder des Verwaltungsrats oder Bestimmung, nach welchen Regeln diese Zahl festzulegen ist (Art. 43 Abs. 2 Unterabs. 1 Satz 1 SE-VO; s. 5. Abschnitt § 9 Rn. 9); er hat aus drei Mitgliedern zu bestehen, wenn die Satzung nicht etwas anderes vorschreibt; bei Gesellschaften mit einem Grundkapital mit mehr als 3 Millionen Euro hat er stets aus mindestens drei Mitgliedern zu bestehen; die Höchstzahlen des SEAG müssen beachtet werden (§ 23 Abs. 1 SEAG); zur Frage der Zuständigkeit s. vorherigen Spiegelstrich;
- Amtsdauer der Organmitglieder (Art. 46 Abs. 1 SE-VO; s. 5. Abschnitt § 2 Rn. 10, 24, § 3 Rn. 11); sie darf sechs Jahre nicht überschreiten; und
- Festlegung der zustimmungspflichtigen Geschäfte (Art. 48 Abs. 1 SE-VO; s. 5. Abschnitt § 2 Rn. 34, § 3 Rn. 45).
- Sicherstellung des Gleichlaufs der Satzung mit der ausgehandelten Vereinbarung über die Beteiligung der Arbeitnehmer (Art. 12 Abs. 4 Unterabs. 1 SE-VO).

Hingegen ist eine Festlegung von Verfahren und Fristen für Aktionärsanträge auf Ergänzung der HV-Tagesordnung nach Art. 56 Satz 2 SE-VO für SE mit Sitz in Deutschland nicht erforderlich, da insoweit die nationalen Regelungen des Aktiengesetzes zur Anwendung gelangen (§ 124 AktG; s. 5. Abschnitt § 4 Rn. 58).

9 Zudem sind die folgenden zwingenden Satzungsbestimmungen zu beachten: Aufgrund des SEAG muss der Sitz der SE (Ort, wo die Verwaltung geführt wird; s. 7. Abschnitt Rn. 7 ff.) und aufgrund des über Art. 9 Abs. 1 lit. c ii SE-VO bzw. Art. 15 Abs. 1 SE-VO zur Anwendung gelangenden Aktienrechts müssen die zwingenden Regelungen des Aktiengesetzes, insbesondere die Angaben des § 23 Abs. 3 AktG zum Mindestinhalt in der Satzung enthalten sein,[14] soweit sie nicht bereits durch andere Bestimmungen – wie im Fall von § 2 SEAG – vorgeschrieben sind.

2. Fakultative Satzungsbestimmungen

10 Daneben sehen SE-VO und SEAG verschiedene fakultative Regelungen vor, die in die Satzung aufgenommen werden können. Hierzu zählen nach der SE-VO:
- Bestellung der Mitglieder des ersten Aufsichts- bzw. des ersten Verwaltungsorgans (Art. 40 Abs. 2 Satz 2, 43 Abs. 3 Satz 2 SE-VO);
- Sitzungsfrequenz des Verwaltungsorgans (Art. 44 Abs. 1 SE-VO);
- Einschränkungen für Wiederbestellungen von Organmitgliedern (Art. 46 Abs. 2 SE-VO);
- Eignungsvoraussetzungen für Organmitglieder der Anteilseigner (Art. 47 Abs. 3 SE-VO);
- Beschlussfähigkeit und Mehrheitserfordernisse bei Organbeschlüssen (Art. 50 Abs. 1 SE-VO);
- Doppelstimmrecht des Organvorsitzenden (Art. 50 Abs. 2 SE-VO);
- erleichterte Einberufung der Hauptversammlung durch eine Aktionärsminderheit (Art. 55 Abs. 1 Hs. 2 SE-VO) und
- erleichterte Ergänzung der Tagesordnung durch eine Aktionärsminderheit (Art. 56 SE-VO).

Für SE mit Sitz in Deutschland kann nicht auf die Regelungen des Art. 47 Abs. 1 SE-VO (Juristische Person als Organmitglieder) und Art. 39 Abs. 2 Satz 2 SE-VO (Be-

---
[12] *Oetker*, ZIP 2006, 1113.
[13] *Habersack*, AG 2006, 345.
[14] *Lutter/Hommelhoff/Seibt*, S. 71; *Schwarz*, Art. 6 Rn. 105.

E. Satzung

stellung der Mitglieder des Leitungsorgans durch die Hauptversammlung) zurückgegriffen werden. Sie sind vom deutschen Gesetzgeber nicht umgesetzt worden.

Nach dem SEAG sind die folgenden fakultativen Satzungsregelungen zulässig: **11**
— Reduzierung der Mitgliederzahl beim Leitungsorgan auf ein Mitglied, soweit es sich um eine Gesellschaft mit 3 Millionen Euro Grundkapital oder weniger handelt (§ 16 Abs. 1 SEAG);
— Erhöhung der Mitgliederzahl beim Aufsichtsorgan auf mehr als drei Mitglieder; die Zahl muss durch drei teilbar sein und die gesetzlichen Höchstzahlen sind zu respektieren (§ 17 Abs. 1 SEAG);
— beim Verwaltungsrat eine Festlegung der Mitglieder über und unter drei; bei Gesellschaften mit einem Grundkapital von mehr als 3 Millionen Euro muss die Anzahl mindestens drei betragen; die gesetzlichen Höchstzahlen sind zu respektieren (§ 23 Abs. 1 SEAG);
— Entsendung von Mitgliedern in den Verwaltungsrat (§ 101 Abs. 2 AktG iVm. § 28 Abs. 2 SEAG);
— andere Mehrheit als die Dreiviertel-Mehrheit und weitere Erfordernisse im Hinblick auf die Abberufung von Verwaltungsratsmitgliedern (§ 29 Abs. 1 S. 3 SEAG);
— Regelung des Wahlverfahrens mit Blick auf den Stellvertreter des Verwaltungsratsvorsitzenden (§ 34 Abs. 1 SEAG);
— Regelung von Einzelfragen der Geschäftsordnung des Verwaltungsrats (§ 34 Abs. 2 SEAG);
— schriftliche, fernmündliche oder andere vergleichbare Formen der Beschlussfassung des Verwaltungsrats und seiner Ausschüsse (§ 35 Abs. 2 SEAG);
— Teilnahme von Personen, die dem Verwaltungsrat nicht angehören, anstelle von Verwaltungsratsmitgliedern an den Sitzungen des Verwaltungsrats und seiner Ausschüsse, wenn eine Ermächtigung in Textform vorliegt (§ 36 Abs. 3 SEAG);
— Regelungen zur Bestellung von geschäftsführenden Direktoren (§ 40 Abs. 1 S. 5 SEAG);
— abweichende Regelung von gemeinschaftlicher Geschäftsführung durch geschäftsführende Direktoren (§ 40 Abs. 2 S. 2, 2. Hs. SEAG);
— Festlegung der Regelungen zur Geschäftsordnung der geschäftsführenden Direktoren durch den Verwaltungsrat (§ 40 Abs. 4 S. 1 SEAG);
— Regelung von Einzelfragen der Geschäftsordnung der geschäftsführenden Direktoren (§ 40 Abs. 4 S. 2 SEAG);
— anderweitige Regelung im Hinblick auf die Abberufung des geschäftsführenden Direktors als jederzeitige Abberufung durch Beschluss des Verwaltungsrats (§ 40 Abs. 5 SEAG);
— anderweitige Regelung im Hinblick auf Berichte der geschäftsführenden Direktoren an den Verwaltungsrat (§ 40 Abs. 6 SEAG);
— anderweitige Regelung als gemeinschaftliche Vertretung durch die geschäftsführenden Direktoren (§ 41 Abs. 2 SEAG);
— Vertretung von geschäftsführenden Direktoren einzeln oder in Gemeinschaft mit einem Prokuristen (§ 41 Abs. 3 SEAG) und
— Änderung der Satzung durch die Hauptversammlung mit einem Beschluss mit einfacher Mehrheit der abgegebenen Stimmen und der Hälfte des vertretenen Grundkapitals, soweit nicht die Ausnahmen des Satz 2 erfüllt sind (§ 51 SEAG).

Zudem können die fakultativen Regelungen des Aktiengesetzes in die SE-Satzung **12** aufgenommen werden, soweit das Aktiengesetz mangels Regelung in der SE-VO über die Verweisungsnorm zur Anwendung gelangt und sie im Einklang mit dem höherrangigen Verordnungsrecht und dem SEAG stehen.

II. Rechtsfolgen von Satzungsmängeln

13   Weder die SE-VO noch das SEAG enthalten Regelungen, die sich mit den Folgen von Satzungsmängeln befassen. Lediglich Art. 64 Abs. 1 SE-VO iVm. § 52 Abs. 1 SEAG stellt das mangelnde Zusammenfallen von Sitz und Hautverwaltung in einem Mitgliedstaat einem Satzungsmangel gleich. Im Ergebnis kommen daher über die Verweisungsnorm die Regelungen des Aktienrechts zur Anwendung. Wie bei der AG ist bei der SE zwischen dem Stadium vor und nach Eintragung in das Handelsregister zu unterscheiden. Ist die SE noch nicht eingetragen und in Vollzug gesetzt und handelt es sich um grundlegende Mängel, kommen die allgemeinen Regelungen des BGB über Willensmängel und sonstige Fehler von Rechtsgeschäften zur Anwendung; ausgenommen ist § 139 BGB.[15] Nach Invollzugsetzung findet das Sonderrecht der **fehlerhaften Gesellschaft** auf die SE Anwendung. Grundlegende Mängel können deshalb nicht mehr mit Wirkung ex tunc geltend gemacht werden, sondern können nur noch zur Auflösung der Gesellschaft führen.[16] Anderes gilt, wenn lediglich einzelne Satzungsbestandteile mangelhaft sind, da dies wegen der Unanwendbarkeit des § 139 BGB nicht die Mangelhaftigkeit der gesamten Satzung zur Folge hat. Vielmehr trifft die Aktionäre der SE dann aufgrund der gesellschafterlichen Treupflicht (s. 3. Abschnitt Rn. 10) die Pflicht, den Mangel durch Satzungsänderung zu beseitigen.[17]

14   Nach Eintragung der SE im Handelsregister ist auch für die SE von dem Grundsatz auszugehen, dass Gründungsmängel grundsätzlich nicht mehr geltend gemacht werden können.[18] Ausnahmen gelten, soweit es sich um eine Verschmelzung handelt, nach den über Art. 9 Abs. 1 lit. c ii SE-VO auf die SE anwendbaren §§ 275 Abs. 1 Satz 1 AktG und 144 und 144a FGG.[19] Hiernach kann das Fehlen von Satzungsbestimmungen über die Höhe des Grundkapitals oder den Gegenstand des Unternehmens (§ 23 Abs. 3 Nr. 3, 2 AktG) durch **Nichtigkeitsklage** geltend gemacht werden. Entsprechendes gilt, wenn die Satzungsbestimmung über den Unternehmensgegenstand nichtig ist. Das Fehlen einer Bestimmung zur Firma und dem Sitz der Gesellschaft (§ 23 Abs. 3 Nr. 1 AktG iVm. § 2 SEAG), zur Zerlegung des Grundkapitals (§ 23 Abs. 3 Nr. 4 AktG), zur Ausstellung der Aktien auf den Inhaber oder den Namen (§ 23 Abs. 3 Nr. 5 AktG) und zur Zahl der Mitglieder des Leitungsorgans (Art. 39 Abs. 4 SE-VO iVm. § 23 Abs. 3 Nr. 6 AktG) oder des Verwaltungsrats (Art. 43 Abs. 2 Unterabs. 1 S. 1 SE-VO iVm. § 22 Abs. 6 SEAG) oder eine nichtige Bestimmung nach § 23 Abs. 3 Nr. 3 AktG können gem. § 144a FGG, § 262 Abs. 1 Nr. 5 AktG zur **Auflösung** der SE führen. Weder durch die SE-VO noch durch das Ausführungsgesetz geklärt ist, ob das Fehlen anderer durch die SE-VO vorgeschriebener zwingender Regelungen zur Auflösung der Gesellschaft führen kann. Die Auflösungsregelungen des FGG beschränken sich auf die ausdrücklich genannten Fälle des Aktiengesetzes und können daher nicht direkt angewendet werden, wenn eine zwingende Satzungsregelung der SE-VO nicht eingehalten wird. Ob eine analoge Anwendung in Betracht kommt, hängt von der einzelnen Regelung ab. Bei der Auslegung ist aber zu beachten, dass der Grundsatz des **Vertrauensschutzes**, der die Eintragung der Gesellschaft sichern will, vorrangiges Ziel ist. Auch lässt sich aus der SE-VO (Art. 7 iVm. Art. 64 Abs. 2 SE-VO) entnehmen, dass der SE-Verordnungsgeber Auflösungsmaßnahmen zwar kennt, sie aber nur in engen Grenzen anwendet. Vor diesem Hintergrund sind Satzungsmängel bei den einzelnen zwingenden SE-Bestimmungen wie folgt zu bewerten: Beim Fehlen der Festlegung der Zahl

---

[15] MünchKommAktG/*Pentz*, § 23 AktG Rn. 167 ff.; *Hüffer*, AktG, § 23 Rn. 41.
[16] MünchKommAktG/*Pentz*, § 23 AktG Rn. 167.
[17] MünchKommAktG/*Pentz*, § 23 AktG Rn. 172 mwN; im Einzelnen umstritten.
[18] S. im Einzelnen MünchKommAktG/*Pentz*, § 23 AktG Rn. 174 ff.
[19] *Schwarz*, Art. 6 Rn. 119 f.

der Mitglieder des Aufsichtsorgans in der Satzung erscheint eine entsprechende Anwendung der Auflösungsregelung des § 144a FGG nicht angemessen, da in diesem Fall die gesetzliche Mindestzahl ersatzweise zur Anwendung gelangen kann.[20] Gleiches gilt im Ergebnis bei fehlender Festlegung der Amtszeit der Organmitglieder in der Satzung, da in diesem Fall die Höchstdauer von sechs Jahren ersatzweise zum Zuge kommen kann. Ebenso erscheint eine entsprechende Anwendung der Regelungen zur Auflösung der SE nicht angezeigt, wenn die Satzung keine Regelungen über Geschäfte enthält, die der Zustimmung des Aufsichtsrats bzw. eines Gesamtbeschlusses des Verwaltungsorgans bedürfen. In diesem Fall kann es dabei verbleiben, dass dem Aufsichtsorgan bzw. dem Verwaltungsrat bis zu einer Satzungsänderung keine besonderen Zustimmungs- bzw. Beschlussrechte zustehen. Es ist auch ansonsten möglich, dass diesen Organen keine solchen Rechte übertragen werden.

Im Hinblick auf die Frage, welche Folgen es nach sich zieht, wenn der Gleichlauf zwischen der Satzung und der **ausgehandelten Vereinbarung** gem. Art. 12 Abs. 4 SE-VO nicht hergestellt ist, ist zu unterscheiden. Besteht eine solche Vereinbarung, ist sie nur nicht oder nicht ordnungsgemäß in der Satzung wiedergegeben, erscheint eine entsprechende Anwendung von § 144a FGG nicht angemessen. Dies ergibt sich unmittelbar aus Art. 12 Abs. 4 Satz 2 SE-VO, wonach die Satzung zu ändern ist, soweit eine Neuvereinbarung (zB nach Durchführung von Strukturmaßnahmen) im Widerspruch zu ihr steht. Gleiches muss aber auch für den Fall gelten, dass Vereinbarung und Satzung von vorneherein nicht übereinstimmen und das Registergericht dennoch einträgt (zum Vorliegen eines Eintragungshindernisses nach § 38 AktG[21] s. Rn. 18). Denn Art. 12 Abs. 4 Satz 2 SE-VO macht deutlich, dass die SE-VO für das Auseinanderfallen von tatsächlicher und satzungsmäßiger Vereinbarung das mildere Mittel der Satzungsänderung wählt. Im betreffenden Fall käme zur Lückenfüllung das Statusverfahren nach § 97 AktG zur Anwendung. Ist eine SE trotz des nach § 38 AktG vorliegenden Hindernisses eingetragen worden, obwohl es zu keinen Verhandlungen zwischen Arbeitnehmern und Verwaltung gekommen ist, u.a. kein Verhandlungsgremium eingesetzt worden ist und damit in der Satzung die erforderliche Regelung fehlt bzw. mangelhaft ist, ist umstritten, welche Folge dies nach sich ziehen soll. Zum Teil wird eine **Amtslöschung** vorgeschlagen;[22] teilweise wird eine analoge Anwendung der Auflösungsvorschrift des § 144a FGG für notwendig erachtet.[23] Vorzugswürdig erscheint es, bei der Verschmelzung und Gründung von Holding- und Tochtergesellschaft die Auffanglösung als Mindestregelung anzuwenden. Zwar macht die SE-VO das Eingreifen der Auffangregelung davon abhängig, dass die Verhandlungen bzw. Neuverhandlungen bei strukturellen Änderungen gescheitert sind oder die Geltung der Auffangregelung vereinbart worden ist (s. 6. Abschnitt Rn. 202). Mit Blick auf die Vergleichbarkeit der Interessenlage erscheint es insoweit aber angemessen, diese für das Scheitern der vorgeschriebenen Verhandlungen geltenden Regelungen auch beim gänzlichen Fehlen von Verhandlungen entsprechend anzuwenden, die Parteien aber gleichwohl zur (nachträglichen) Durchführung der vorgeschriebenen Verhandlungen als verpflichtet anzusehen. Bei der formwechselnden Umwandlung stellen sich demgegenüber diese Probleme nicht, da es ohnehin bei dem vorherigen Mitbestimmungsmodell verbleiben muss (s. 6. Abschnitt Rn. 221).

---

[20] S. zum Aktienrecht Recht *Hüffer*, AktG, § 95 Rn. 7.
[21] S. auch *Schwarz*, Art. 12 Rn. 42 f.
[22] Lutter/Hommelhoff/*Oetker*, S. 277 ff.
[23] Lutter/Hommelhoff/*Kleindiek*, S. 105 f.

F. Handelsregister

16 Die SE ist im Sitzstaat gemäß den für Aktiengesellschaften geltenden Vorschriften im Handelsregister einzutragen (Art. 12 Abs. 1 SE-VO iVm. § 3 SEAG). Dementsprechend sind SE mit Sitz in Deutschland bei dem für die Eintragung zuständigen Gericht anzumelden, wobei sich dessen **Zuständigkeit** aus § 123 Abs. 1 und 2 FGG ergibt (§ 4 SEAG). Hiernach ist sachlich zuständig das Amtsgericht als Registergericht.[24] Örtlich zuständig ist das Registergericht, in dessen Bezirk die SE ihren Sitz hat (§ 14 AktG).[25]

I. Anmeldung

17 Zur Anmeldung berufen sind entsprechend § 36 Abs. 1 AktG iVm. Art. 15 SE-VO die Gründer und alle Mitglieder des Leitungs- und Aufsichtsorgans der neu gegründeten SE bzw. – im monistischen Modell – die Mitglieder des Verwaltungsrats und die geschäftsführenden Direktoren der neuen SE (§ 21 Abs. 1 SEAG; zu den einzelnen Gründungsformen s. 4. Abschnitt § 2 Rn. 65, § 3 Rn. 30, § 5 Rn. 40). Im Hinblick auf den **Inhalt** der Anmeldung kommen die für die Eintragung von Aktiengesellschaften geltenden Regelungen, dh. die §§ 36 ff. AktG zur Anwendung (§ 3 SEAG). Der Inhalt der Anmeldung richtet sich nach § 37 AktG und § 24 HRV.[26] Bei einer SE mit dualistischer Leitungsstruktur kommen die Regelungen ohne weitere Anpassungen zur Anwendung. Bei SE mit monistischer Leitungsstruktur sind gewisse Anpassungen erforderlich (§ 21 Abs. 2 SEAG): Im monistischen System haben die Mitglieder des Verwaltungsrats und die geschäftsführenden Direktoren zu **versichern**, dass keine Umstände vorliegen, die ihrer Bestellung entgegenstehen (§ 40 Abs. 1 Satz 4 AktG) und dass sie über ihre unbeschränkte Auskunftpflicht gegenüber dem Gericht belehrt worden sind (§ 21 Abs. 2 S. 1 SEAG gegenüber § 37 Abs. 2 Satz 1 AktG). Ferner ist in der Anmeldung die Vertretungsbefugnis der geschäftsführenden Direktoren anzugeben (§ 21 Abs. 2 Satz 2 SEAG gegenüber § 37 Abs. 3 AktG). Der Anmeldung sind die Urkunden über die Bestellung des Verwaltungsrats und der geschäftsführenden Direktoren sowie die Prüfungsberichte der Mitglieder des Verwaltungsrats beizufügen (§ 21 Abs. 2 Satz 3 SEAG gegenüber § 37 Abs. 4 Nr. 3 und 4 AktG). Schließlich haben die geschäftsführenden Direktoren ihre **Namensunterschrift** zur Aufbewahrung beim Gericht zu zeichnen (§ 21 Abs. 2 Satz 4 SEAG gegenüber § 37 Abs. 5 AktG). Die Anmeldungen sind zur Eintragung in das Handelsregister einzureichen, wobei die Unterschriftszeichnungen öffentlich beglaubigter Form bedürfen (§ 129 BGB, §§ 39, 40 BeurkG, § 12 Abs. 1 Satz 1 HGB). Der Anmeldung sind die notwendigen Schriftstücke in Urschrift, Ausfertigung oder öffentlich beglaubigter Abschrift beizufügen (§ 37 Abs. 6 AktG).

II. Prüfung und Entscheidung des Registergerichts

18 Die Frage der Prüfung durch das Registergericht richtet sich nach nationalem Recht (Art. 15 SE-VO). Das zuständige Gericht hat nach § 38 Abs. 1 Satz 1 AktG zu prüfen, ob die SE ordnungsgemäß errichtet und angemeldet worden ist. Ist dies nicht der Fall, hat das Registergericht die Eintragung abzulehnen (§ 38 Abs. 1 Satz 2 AktG).[27] Der

---

[24] Zu der Neufassung des § 125 FGG und zur Handhabung der Konzentrationsvorschrift s. *Keidel/Krafka/Willer*, Rn. 13.
[25] *Ihrig/Wagner*, NZG 2004, 1749, 1750; *Lutter/Hommelhoff/Kleindiek*, S. 97.
[26] Zu den Einzelheiten MünchKommAktG/*Pentz*, § 37 AktG Rn. 12 ff.; GroßkommAktG/*Röhricht*, § 37 AktG Rn. 8 ff.
[27] *Schwarz*, Art. 6 Rn. 114 ff.

Maßstab für die Prüfung ergibt sich zum einen aus den Angaben der SE-VO. Sie macht in Art. 27 Abs. 2 und 33 Abs. 5 die Eintragung der SE im Fall der Verschmelzung bzw. Holdinggründung von den in die Art. 25 und 26 SE-VO und Art. 32 und 33 Abs. 2 SE-VO genannten Voraussetzungen abhängig. Zudem ist Art. 12 Abs. 2 SE-VO von Bedeutung, wonach die SE erst eingetragen werden darf, wenn die Vereinbarung (s. 6. Abschnitt Rn. 140 ff.) über die **Beteiligung der Arbeitnehmer** geschlossen worden ist, ein Beschluss nach Art. 3 Abs. 6 der SE-ErgRiL vorliegt oder die Verhandlungsfrist abgelaufen ist.[28] Weiter hat das Registergericht u.a. die Ordnungsgemäßheit des Gründungs- und Prüfungsberichts nach § 38 Abs. 2 Satz 1 AktG und der Erbringung der Sacheinlagen nach § 38 Abs. 2 Satz 2 AktG zu prüfen. § 38 Abs. 2 Satz 1 AktG ist dabei bei monistisch strukturierten SE dahin gehend zu modifizieren, dass die Eintragung auch abgelehnt werden kann, wenn die Gründungsprüfer erklären, dass der Prüfungsbericht des Verwaltungsrats unrichtig, unvollständig oder nicht gesetzeskonform sei (§ 21 Abs. 3 SEAG). Schließlich erstreckt sich die Prüfungspflicht des Gerichts auf die Frage, ob die Satzung ordnungsgemäß festgestellt ist, ob mangelhafte, fehlende oder nichtige Satzungsbestimmungen die Nichtigkeit der Satzung insgesamt zur Folge haben und ob die Satzung alle obligatorischen Satzungsbestimmungen enthält (§ 38 Abs. 3 AktG), wobei die Bestimmungen der SE-VO, des SEAG und des Aktiengesetzes mit in die Prüfung einbezogen werden müssen (s. Rn. 8 ff.).

III. Eintragung

Die Eintragung der SE richtet sich nach deutschem Recht (Art. 15 SE-VO). Sie ist im **Handelsregister** in der Abteilung B einzutragen (§ 3 Abs. 3 HRV). Für den Inhalt der Eintragung gilt § 39 AktG in entsprechender Weise; bei SE mit monistischem System sind die geschäftsführenden Direktoren sowie deren Vertretungsbefugnis anzugeben (§ 41 SEAG).

IV. Bekanntmachungen der Eintragung

Die Eintragung der Gesellschaft ist bekannt zu machen. Im Hinblick auf monistisch strukturierte SE kommt ergänzend § 21 Abs. 5 SEAG zur Anwendung, wonach die Bekanntmachung der Eintragung die Zahl der Mitglieder des Verwaltungsrats und der geschäftsführenden Direktoren oder die Regeln aufzunehmen hat, nach denen diese Zahl festgesetzt wird. Außerdem sind Name, Beruf und Wohnort der Mitglieder des ersten Verwaltungsrats anzugeben. Die Angaben sind nach den Regelungen der §§ 10 Abs. 1 S. 1, 11 Abs. 1 HGB bekannt zu machen. Die SE ist zudem im **Amtsblatt der Europäischen Gemeinschaften** bekannt zu machen (Art. 14 Abs. 1 SE-VO). Anzugeben sind Firma, Nummer, Datum und Ort der Eintragung sowie Datum, Ort und Titel der Veröffentlichung im Bundesanzeiger. Zudem sind Sitz und Geschäftszweig der SE bekannt zu machen. Das Registergericht ist verpflichtet, die Angaben innerhalb eines Monats nach der Eintragung der SE im Handelsregister und Bekanntmachung an das Amt für amtliche Veröffentlichungen der Europäischen Gemeinschaften zu übermitteln.

---

[28] *Schwarz*, Art. 12 Rn. 41.

3. Abschnitt. Rechtsquellen

A. Verordnung und Richtlinie

Die primäre Rechtsgrundlage der SE ist eine Kombination aus zwei Rechtsakten, der Verordnung über das Statut der Europäischen Gesellschaft (SE-VO) und der Richtlinie zur Ergänzung des Statuts der Europäischen Gesellschaft hinsichtlich der Beteiligung der Arbeitnehmer (SE-ErgRiL).[1] Während die SE-VO als unmittelbar in jedem Mitgliedstaat anwendbares Recht grundsätzlich keiner Umsetzung des nationalen Gesetzgebers bedurfte[2], mussten die Regelungen der SE-ErgRiL zur Erlangung unmittelbarer Geltung von den Mitgliedstaaten in nationales Recht umgesetzt werden.[3]

Die SE-VO enthält Regelungen zu Kernbereichen der SE, insbesondere der Gründung, der Sitzverlegung sowie der inneren Organisation der SE. Diese Regelungen sind jedoch nicht in allen Punkten abschließend.[4] Andere Bereiche der SE, wie beispielsweise die Kapitalaufbringung und Kapitalerhaltung, das Steuerrecht sowie das Wettbewerbsrecht sind in der SE-VO gar nicht angesprochen. Für diese nur teilweise oder überhaupt nicht geregelten Bereiche enthält die SE-VO zum Teil Ermächtigungen an die nationalen Gesetzgeber oder Verweise auf das jeweilige nationale Recht des Sitzstaates der SE (vgl. dazu bspw. Art. 9, 15, 34 SE-VO). Insgesamt hat der europäische Verordnungsgeber damit ein Regelungskonzept gewählt, welches aus einem Nebeneinander von EU-Recht und nationalem Recht besteht.

Die SE-ErgRiL regelt die Beteiligung der Arbeitnehmer an der Unternehmensführung in der SE und beinhaltet daher Vorgaben zur Unterrichtung und Anhörung sowie zur Mitbestimmung. Dem Ziel der SE-ErgRiL entsprechend, eine Beteiligung der Arbeitnehmer an den Entscheidungen der Unternehmensleitung der SE zu gewährleisten, waren die Mitgliedstaaten gezwungen, die erforderlichen Umsetzungsmaßnahmen vorzunehmen.[5]

Der deutsche Gesetzgeber hat sämtliche Umsetzungsmaßnahmen im Zuge der Einführung der Europäischen Akteingesellschaft in dem Gesetz zur Einführung der Europäischen Gesellschaft (SEEG) zusammengefasst. Das SEEG besteht aus zwei Teilen, dem „Gesetz zur Ausführung der Verordnung (EG) Nr. 2157/2001 des Rates vom 8. Oktober 2001 über das Statut der Europäischen Gesellschaft (SE) – (SE-Ausführungsgesetz – SEAG)" und dem „Gesetz über die Beteiligung der Arbeitnehmer in einer Europäischen Gesellschaft (SE-Beteiligungsgesetz – SEBG)". Wesentlicher Gegenstand des SEAG sind die Regeln zum monistischen Verwaltungssystem der SE, das im deutschen Aktienrecht bisher unbekannt war. Regelungsgegenstand des SEBG ist die Umsetzung der SE-ErgRiL.

---

[1] *Lind*, S. 17 ff.; *Teichmann*, ZGR 2002, 383, 391; vgl. Verordnung (EG) Nr. 2157/2001 und Richtlinie 2001/86/EG.

[2] Einige Regelungen der SE-VO enthalten Regelungsermächtigungen bzw. Regelungsaufträge, die die Mitgliedstaaten durch entsprechende Ausführungsgesetze umgesetzt haben. In Deutschland erfolgte die Umsetzung im SE-Ausführungsgesetz, dazu unten Rn. 4.

[3] Vgl. Art. 249 Abs. 2 und 3 EG-Vertrag zu den Rechtswirkungen der verschiedenen europäischen Rechtsquellen.

[4] *Neye/Teichmann*, AG 2003, 169.

[5] *Manz/Mayer/Schröder/Fuchs*, Vorb. Rn. 49.

B. Normenhierarchie

5 Vorrangige Rechtsquelle für die SE ist die SE-VO (vgl. Art. 9 Abs. 1 lit. a SE-VO). Nur soweit diese es ausdrücklich in Form von Verweisungen oder zur Lückenfüllung anordnet, kommt ergänzend nationales Recht zur Anwendung. Innerhalb der SE-VO gilt das Spezialitätsprinzip; spezielle Regelungen haben daher Vorrang vor allgemeinen.[6]

I. Anwendbares Recht bei der Gründung

6 Zu unterscheiden ist zunächst zwischen dem in der Gründungsphase der SE und dem auf die entstandene SE anwendbaren Recht. Auf die SE in der Gründungsphase ist gemäß Art. 15 Abs. 1 SE-VO das Recht des Staates anwendbar, in dem die SE ihren Sitz begründet. Für die Gründungsgesellschaften wird weitgehend das für sie maßgebliche nationale Recht für anwendbar erklärt, vgl. Art. 18 SE-VO für die Gründung durch Verschmelzung und Art. 36 SE-VO für die Gründung einer Tochter-SE. Hinsichtlich der Holdinggründung und der Gründung durch Formwechsel fehlen vergleichbare spezielle Verweisungsvorschriften. Auch hier gilt aber zumindest für die Willensbildung in den Gründungsgesellschaften deren nationales Recht. In Ermangelung einer ausdrücklichen Verweisungsnorm kann dies der allgemeinen Systematik der SE-VO[7] oder einer Analogie zu den Art. 18 und 36 SE-VO[8] entnommen werden. Für den eigentlichen Gründungsvorgang der SE im engeren Sinne greift dann die Vorschrift des Art. 15 Abs. 1 SE-VO.[9]

II. Anwendbares Recht auf die bestehende SE

7 Die zentrale Rechtsanwendungsvorschrift für die bestehende SE stellt Art. 9 Abs. 1 SE-VO dar, in welcher das grundsätzliche Verhältnis der anwendbaren Normen für die SE festgelegt ist.[10] Danach unterliegt die SE zunächst den Bestimmungen der SE-VO und, soweit dies durch die SE-VO ausdrücklich zugelassen ist, gemäß Art. 9 Abs. 1 lit. b SE-VO den Regelungen in der Satzung der SE. Für alle nicht oder nur teilweise durch die SE-VO oder die Satzung der SE erfassten Bereiche kommen nach Art. 9 Abs. 1 lit. c i SE-VO die Rechtsvorschriften zur Anwendung, die die Mitgliedstaaten in Umsetzung entsprechender Regelungsermächtigungen speziell für die SE erlassen haben. Subsidiär dazu gelten das nationale Aktienrecht des Sitzstaates der SE, Art. 9 Abs. 1 lit. c ii SE-VO, und zuletzt die Bestimmungen der Satzung, wenn diese auch bei einer nach dem Recht des Sitzstaates der SE gegründeten Aktiengesellschaft eingreifen würden, Art. 9 Abs. 1 lit. c iii. Damit hat der europäische Verordnungsgeber in einer

---

[6] *Brandt/Scheifele*, DStR 2002 547, 553.

[7] Vgl. *Teichmann*, ZGR 2003, 367, 388 ff. für die Holdinggründung. Für die Gründung durch Umwandlung findet sich ein Anhaltspunkt hierzu in Art. 37 Abs. 7 Satz 2 SE-VO: Demnach gilt für den Beschluss der Hauptversammlung das nationale Recht, das zur Durchführung von Art. 7 der Verschmelzungsrichtlinie (Richtlinie 78/855/EWG betreffend die Verschmelzung von Aktiengesellschaften, ABl. EG Nr. L 295 vom 20. 10. 1978, S. 36 ff.) erlassen wurde. Zur Gründung durch formwechselnde Umwandlung kann auch bezüglich des anwendbaren Rechts in den Gründungsgesellschaften auf Art. 15 Abs. 1 SE-VO zurückgegriffen werden, vgl. dazu die Ausführungen in 4. Abschnitt § 5 Rn. 5.

[8] Vgl. Lutter/Hommelhoff/*Bayer*, S. 60; *Heckschen*, DNotZ 2003, 251, 264; Theisen/Wenz/*Neun*, S. 160; *Scheifele*, S. 403; *Schwarz*, Art. 37 Rn. 10.

[9] Vgl. dazu näher 4. Abschnitt § 2 Rn. 13, 17 und 19.

[10] Lutter/Hommelhoff/*Hommelhoff*, S. 5 ff.; *Lind*, S. 63 ff.; *Wagner*, NZG 2002, 985, 986.

B. Normenhierarchie

Generalverweisung die grundsätzliche subsidiäre Geltung des jeweiligen nationalen Rechtes festgeschrieben.[11] Daneben enthält die SE-VO weitere partielle Verweise auf nationales Recht (vgl. u.a. Art. 15, 18, 36 SE-VO).

Enthält die SE-VO keine Regelung zu einem bestimmten Bereich, finden gemäß Art. 9 Abs. 1 lit. b SE-VO die Satzungsbestimmungen der SE Anwendung, soweit die SE-VO die Satzungsautonomie ausdrücklich zulässt. Satzungsautonomie wird durch die Art. 38 lit. b, 39 Abs. 4 S. 1, 40 Abs. 2 S. 2 und Abs. 3 S. 1, 43 Abs. 2 S. 1 und Abs. 3 S. 2, 44 Abs. 1, 46 Abs. 1 und 2, 47 Abs. 1 S. 1 und Abs. 3, 48 Abs. 1 S. 1, 50 Abs. 1 und 2, 55 Abs. 1, 56 Abs. 3 SE-VO eingeräumt.

Nachrangig bei fehlender Regelung durch die SE-VO bzw. die Satzungsbestimmungen der SE greifen gemäß Art. 9 Abs. 1 lit. c i SE-VO die Rechtsvorschriften ein, die die nationalen Gesetzgeber auf der Grundlage von in der Verordnung enthaltenen Ermächtigungen erlassen haben. Der deutsche Gesetzgeber hat im SE-Ausführungsgesetz (SEAG) spezielle Regelungen im Sinne des Art. 9 Abs. 1 lit. c i SE-VO erlassen, die insbesondere aufgrund der Ermächtigungen der Art. 24 Abs. 2, 34 und 43 Abs. 4 SE-VO ergangen sind. Da die vom Verordnungsgeber konzipierten Ermächtigungen grundsätzlich dazu dienen, den nationalen Besonderheiten gerecht zu werden, enthalten sie regelmäßig keinen Rechtsanwendungsbefehl.[12] Daher hat der deutsche Gesetzgeber lediglich von den Ermächtigungen Gebrauch gemacht, die notwendig waren, um eine Umsetzung der SE-VO zu gewährleisten, namentlich um die Einführung der bislang dem deutschen Aktienrecht unbekannten monistischen Verwaltungsstruktur sowie die Gründung einer Holding-SE zu ermöglichen, und Minderheitsschutzrechte einzuführen.[13] Entsprechend der vorgegebenen Normenhierarchie des Art. 9 Abs. 1 SE-VO sieht § 1 SEAG vor, dass auf im Inland ansässige SE sowie auf die an der Gründung einer SE beteiligten Gesellschaften mit Sitz im Inland die Vorschriften des SEAG Anwendung finden, soweit nicht die SE-VO selbst Regelungen trifft.[14]

Falls die nationalen Ausführungsnormen ebenfalls keine den betreffenden Bereich ausfüllenden Regelungen enthalten, erfolgt ein Rückgriff auf das nationale Recht gemäß Art. 9 Abs. 1 lit. c ii SE-VO oder aufgrund einer speziellen Verweisung, wie sie sich beispielsweise in Art. 53 SE-VO für Organisation und Ablauf der Hauptversammlung einer SE findet. Eines Rückgriffs auf die Generalverweisung des Art. 9 SE-VO bedarf es nur dann, wenn sich keine solche speziellere Verweisung in der SE-VO findet, da das Spezialitätsprinzip auch im Gemeinschaftsrecht Geltung erlangt.[15] Daraus folgt, dass die Generalverweisung des Art. 9 Abs. 1 lit. c ii SE-VO nur für die Fälle einer vorhandenen Regelungslücke der SE-VO Anwendung findet.[16] Der Verweis auf das nationale Recht bezieht sich dabei nicht nur auf die jeweiligen nationalen Gesetze des Sitzstaates, sondern umfasst auch das entsprechende Richterrecht.[17]

Der Verweis auf mitgliedstaatliches Recht führt nach überwiegender Auffassung unmittelbar zur Anwendung des Sachrechts, ohne dass die nationalen Regelungen des internationalen Privatrechts zwischengeschaltet werden (Sachnormverweisung).[18] Begründet wird dies mit der Notwendigkeit der einheitlichen Rechtsanwendung. Diese würde beseitigt, wenn das anwendbare Recht von der Zwischenschaltung des jeweili-

---

[11] *Hirte*, DStR 2005, 653, 654; *Thoma/Leuering*, NJW 2002, 1449, 1450.
[12] *Wagner*, NZG 2002, 985, 986.
[13] Vgl. dazu 6. Abschnitt Rn. 1 f.
[14] *Hirte*, DStR 2005, 653, 654.
[15] *Brandt/Scheifele*, DStR 2002 547, 553; *Wagner*, NZG 2002, 985, 986.
[16] *Wagner*, NZG 2002, 985, 988.
[17] *Jaecks/Schönborn*, RIW 2003, 254, 255; *Hirte*, DStR 2005, 653, 654; *Lutter/Hommelhoff*, S. 20 f.
[18] *Brandt*, S. 44 ff.; *Lutter/Hommelhoff/Hommelhoff*, S. 5, 19, *Lächler/Oplustil*, NZG 2005, 381 ff., *Lind*, S. 61 f.; *Scheifele*, S. 31; *Wagner*, NZG 2002, 985, 987.

gen internationalen Privatrechts abhinge. Zudem leide die Praktikabilität, wenn ein weiterer Zwischenschritt nötig wäre, um das anwendbare Recht zu ermitteln.

12 Es sprechen allerdings gute Gründe dafür, in der Verweisung des Art. 9 Abs. 1 lit. c ii SE-VO entgegen der herrschenden Meinung eine Verweisung zu sehen, die das Kollisionsrecht mit einschließt.[19] Allein dies entspricht dem Grundsatz der Gleichbehandlung von SE und nationaler Aktiengesellschaft, der in der SE-VO an vielen Stellen aufscheint.[20] Auch Art. 9 Abs. 1 lit. c ii folgt diesem Gedanken, indem verwiesen wird auf die „Rechtsvorschriften der Mitgliedstaaten, die auf eine nach dem Recht des Sitzstaats der SE gegründete Aktiengesellschaft Anwendung finden würden". Da auf eine im Sitzstaat der SE gegründete Aktiengesellschaft auch das nationale Kollisionsrecht Anwendung findet, spricht nach dem Wortlaut des Art. 9 alles dafür, dies auch auf die SE anzuwenden. Die Einheitlichkeit des Statuts leidet darunter nicht. Denn der „Sitzstaat" der SE ist nach der Terminologie der SE-VO eindeutig als Staat ihres Satzungssitzes definiert.[21] Es kann also nicht etwa jedes Gericht sein eigenes Kollisionsrecht anwenden; vielmehr gilt allein das Kollisionsrecht des Staates, in dem die SE ihren satzungsmäßigen Sitz hat. Die Zwischenschaltung des Kollisionsrechts ist auch sachlich geboten, denn grenzüberschreitende Sachverhalte erfordern nun einmal eine wertende Entscheidung darüber, welches nationale Recht anwendbar sei.

13 In den allermeisten Fällen der Rechtspraxis dürften beide Theorien zum gleichen Ergebnis kommen. Dort, wo der Meinungsstreit erstmals relevant wurde – im Bereich des Konzernrechts – kommt allerdings die herrschende Meinung nicht ohne das Zugeständnis aus, in diesem konkreten Fall doch auf das Kollisionsrecht der Mitgliedstaaten zu rekurrieren.[22] Denn würde Art. 9 Abs. 1 lit. c ii SE-VO unmittelbar auf das Sachrecht verweisen, könnte eine in Deutschland ansässige SE mit einer ausländischen Gesellschaft einen Beherrschungsvertrag schließen, weil das deutsche Aktienrecht dies vorsieht. Das ausländische Recht kennt diese Konstruktion aber zumeist nicht, und es ist unbestritten, dass in einem solchen Fall das Sachrecht der ausländischen Tochtergesellschaft gilt und nicht dasjenige der Muttergesellschaft. Dies ist aber eine kollisionsrechtliche Überlegung, die eben nicht der SE-VO, sondern dem nationalen Kollisionsrecht zu entnehmen ist.

C. Auslegung der Rechtsquellen

14 Die Auslegung der SE-VO erfolgt autonom nach europäischem Recht.[23] Die Auslegungskompetenz hinsichtlich ihrer Vorschriften einschließlich der Reichweite von Verweisungen auf mitgliedstaatliche Rechte steht gemäß Art. 220 EGV dem Europäischen Gerichtshof zu. Die Auslegung mitgliedstaatlichen Rechts, das aufgrund einer Verweisungsvorschrift der SE-VO zur Anwendung kommt, erfolgt hingegen allein nach dessen Auslegungsmethoden.[24] Abzulehnen ist in diesem Zusammenhang eine „europafreundliche", SE-spezifische Auslegung nationaler Rechtsvorschriften dergestalt, dass in Bezug auf die SE bei mehreren denkbaren Auslegungsvarianten einer aktienrechtlichen Vorschrift – entgegen ihrer Anwendung im nationalen Aktienrecht –

---

[19] Zum Folgenden *Teichmann*, S. 281 ff.
[20] Vgl. nur Erwägungsgrund 5, Art. 3 Abs. 1 und Art. 10.
[21] Zum „Sitz" im Sinne der SE-VO ausführlich *Zang*, S. 5 ff., der auf S. 42 zu dem Ergebnis gelangt, Sitz der SE im Sinne der SE-VO sei der Satzungssitz. Diese Auffassung ist soweit ersichtlich im Schrifttum unstreitig. Vgl. dazu auch im 7. Abschnitt über die Sitzverlegung Rn. 4 ff., insbes. 9.
[22] So *Lächler/Oplustil*, NZG 2005, 381, 386.
[23] *Casper*, FS Ulmer, 2003, S. 51, 54; grundlegend zur Auslegung des europäischen Gemeinschaftsrechts *Bleckmann*, NJW 1982, 1177; *ders.*, NVwZ 1993, 824.
[24] *Casper*, FS Ulmer, 2003, S. 51, 69.

C. Auslegung der Rechtsquellen

diejenige gewählt wird, die der Rechtslage in anderen Mitgliedstaaten weitestgehend entspricht.[25] Dies würde nicht nur zu erheblicher Rechtsunsicherheit führen, sondern letztlich auch Art. 10 SE-VO widersprechen, nach dem die SE wie eine Aktiengesellschaft ihres Sitzstaates zu behandeln ist, soweit nicht die SE-VO etwas anderes bestimmt.

Auch bei der Auslegung von Satzungsbestimmungen sprechen die überzeugenderen Gründe für eine einheitliche Auslegung anhand der Grundsätze des jeweilgen Sitzstaatsrechts der SE, unabhängig davon, ob die jeweilige Satzungsregelung unmittelbar auf einer Zuweisung durch die Verordnung beruht oder ob die Regelungskompetenz für den entsprechenden Gegenstand durch das nationale Recht – das seinerseits durch die Verordnung zur Anwendung berufen wurde – auf den Satzungsgeber übertragen wurde. Abgesehen davon, dass eine gespaltene Auslegung wiederum zu erheblicher Rechtsunsicherheit führen würde und keine europarechtlichen Auslegungsgrundsätze in Bezug auf gesellschaftsrechtliche Satzungen existieren,[26] lässt sich dafür bereits der Wortlaut von Art. 9 Abs. 1 lit. c iii SE-VO heranziehen: dieser bestimmt, dass die SE den Regelungen ihrer Satzung „unter den gleichen Voraussetzungen wie im Falle einer nach dem Recht des Sitzstaates der SE gegründeten Aktiengesellschaft" unterliegt.

---

[25] So auch *Casper*, FS Ulmer, 2003, S. 51, 69 f.
[26] *Casper*, FS Ulmer, 2003, S. 51, 70.

4. Abschnitt. Die Gründung der Societas Europaea

§ 1 Einleitung

I. Gründungsformen

Die Gründung einer SE unterliegt in dreifacher Hinsicht formalen Einschränkungen: Erstens ist die Gründung nur nach einem von der SE-VO ausdrücklich geregelten Gründungsverfahren möglich (sog. **numerus clausus** der Gründungsformen).[1] Zweitens können an den verschiedenen Gründungsformen nur die von der SE-VO zugelassenen Rechtsträger teilnehmen, die zudem je nach Gründungsform variieren; eine Gründung unter Beteiligung natürlicher Personen ist überhaupt nicht vorgesehen. Drittens muss jede SE-Gründung ein grenzüberschreitendes Element aufweisen; auch dies ist wiederum für jede einzelne Gründungsform unterschiedlich geregelt. Diese Unterscheidungen sollen nachfolgend im Überblick dargestellt werden, bevor in den weiteren Abschnitten jedes Gründungsverfahren im Detail erläutert wird. Die Frage, welches Gründungsverfahren für ein konkretes Vorhaben am besten geeignet ist, hängt stark vom Einzelfall ab; insoweit ist auf die Ausführungen zu den Einsatzmöglichkeiten der SE (1. Abschnitt) zu verweisen.

Zum „Königsweg" der SE-Gründung wurde einst die **Verschmelzung** erklärt.[2] Sie ist nur möglich zwischen Aktiengesellschaften, von denen mindestens zwei dem Recht verschiedener Mitgliedstaaten unterliegen (Art. 2 Abs. 1 SE-VO). Zu beachten sind dabei die Schutzvorschriften zu Gunsten der Aktionäre, Gläubiger und Arbeitnehmer, die je nach Lage des Einzelfalles einen gewissen zeitlichen Vorlauf erforderlich machen.

Das Verfahren zur Gründung einer **Holding-SE** ist demjenigen der Verschmelzung weitgehend nachgebildet. Insbesondere ist – ebenso wie bei einer Verschmelzung – eine Beschlussfassung in den beteiligten Gründungsgesellschaften erforderlich. An dieser Gründungsform können sich Aktiengesellschaften und Gesellschaften mit beschränkter Haftung beteiligen. Von ihnen müssen wenigstens zwei dem Recht verschiedener Mitgliedstaaten unterliegen oder seit mindestens zwei Jahren eine dem Recht eines anderen Mitgliedstaats unterliegende Tochtergesellschaft oder eine Zweigniederlassung in einem anderen Mitgliedstaat haben (Art. 2 Abs. 2 SE-VO).

Die Gründung einer **Tochter-SE** ist hingegen für jede Gesellschaft im Sinne des Art. 48 Abs. 2 EG-Vertrag sowie juristische Personen des öffentlichen und des privaten Rechts eröffnet. Wiederum müssen zwei von ihnen dem Recht verschiedener Mitgliedstaaten unterliegen oder seit mindestens zwei Jahren eine dem Recht eines anderen Mitgliedstaats unterliegende Tochtergesellschaft oder eine Zweigniederlassung in einem anderen Mitgliedstaat haben (Art. 2 Abs. 3 SE-VO).

Möglich ist auch die **Umwandlung** einer bestehenden Gesellschaft in eine SE; dies steht allerdings nur Aktiengesellschaften offen. Um einen grenzüberschreitenden Bezug herzustellen, muss eine solche Gesellschaft seit mindestens zwei Jahren eine dem Recht eines anderen Mitgliedstaats unterliegende Tochtergesellschaft haben (Art. 2 Abs. 4 SE-VO).

Ist die SE einmal gegründet, können im Wege der so genannten „**sekundären Gründung**" weitere SEs gegründet werden. Denn eine existierende SE kann gemäß Art. 3 Abs. 2 SE-VO selbst Tochtergesellschaften in Form einer SE gründen. Ein besonderes Mehrstaatlichkeitserfordernis entfällt; auch ist – anders als bei der primären

---

[1] *Schwarz*, Art. 2 Rn. 10 mwN.; außerdem *Casper*, AG 2007, 97 ff.
[2] Vgl. *Blanquet*, ZGR 2002, 20, 40.

Gründung einer Tochter-SE – kein weiterer Gründungspartner erforderlich. Die SE als europäische Rechtsform genießt insoweit größere Gründungsfreiheit als die nationalen Rechtsformen.

Überblick zu den Gründungsformen der SE		
I. Gründungsverfahren	beteiligte Rechtsträger	Mehrstaatlichkeitserfordernis
1. Verschmelzung	Aktiengesellschaften	dem Recht zwei verschiedener Mitgliedstaaten unterliegend
2. Holding-SE	Aktiengesellschaften, GmbH	dem Recht zwei verschiedener Mitgliedstaaten unterliegend oder mit Tochtergesellschaften, die dem Recht eines anderen Mitgliedstaats unterliegen, oder mit Zweigniederlassungen in einem anderen Mitgliedstaat
3. Tochter-SE	a) Gesellschaften im Sinne des Art. 48 Abs. 2 EG-Vertrag, juristische Personen des öffentlichen und privaten Rechts	dem Recht zwei verschiedener Mitgliedstaaten unterliegend oder mit Tochtergesellschaften, die dem Recht eines anderen Mitgliedstaats unterliegen, oder mit Zweigniederlassungen in einem anderen Mitgliedstaat
	b) existierende SE	entfällt
4. Umwandlung	Aktiengesellschaften	seit mindestens zwei Jahren Tochtergesellschaft, die dem Recht eines anderen Mitgliedstaats unterliegt

II. Allgemeine Gründungsfragen

8   Allgemeine Voraussetzung jeder SE-Gründung ist, dass die an der Gründung beteiligten Rechtsträger **Sitz und Hauptverwaltung** in der Europäischen Gemeinschaft haben (Art. 2 Abs. 1-4 SE-VO); gleichgestellt sind Rechtsträger aus Staaten des EWR. Art. 2 Abs. 5 SE-VO erlaubt davon eine Ausnahme für Gesellschaften, die ihre Hauptverwaltung nicht in der Gemeinschaft haben, sofern sie nach dem Recht eines Mitgliedstaats gegründet wurden, ihren Sitz in diesem Mitgliedstaat haben und mit der Wirtschaft eines Mitgliedstaats in tatsächlicher und dauerhafter Verbindung stehen. Diese Ausnahme ist allerdings lediglich eine Regelungsoption für die Mitgliedstaaten; der deutsche Gesetzgeber hat von dieser Option im SEAG keinen Gebrauch gemacht.

9   Im Zuge der Gründung sind stets auch **Verhandlungen mit den Arbeitnehmern** gemäß den Regelungen des SEBG zu führen. Dies gilt selbst für die Gründung einer arbeitnehmerlosen Vorrats-SE (näher 6. Abschnitt). Die SE kann nach Art. 12 Abs. 2 SE-VO erst eingetragen werden, wenn eine Vereinbarung über die Beteiligung der Arbeitnehmer geschlossen worden ist, ein Beschluss über die Geltung der Auffangregelung gefasst worden oder die Verhandlungsfrist abgelaufen ist, ohne dass eine Vereinbarung zustande gekommen ist.

10   Der recht strenge numerus clausus der Gründungsformen mit ihren im Einzelnen erschwerend wirkenden Voraussetzungen legt die Frage nahe, ob eine bestimmte Gründungsform durch Wahl einer anderen Gestaltung vermieden werden kann oder ob dies

als unzulässige **Umgehung** zu qualifizieren wäre. Beispielsweise lässt sich die zweijährige Wartezeit, die für die Umwandlung nach Art. 2 Abs. 4 SE-VO erforderlich ist (Mehrstaatlichkeitserfordernis: Tochtergesellschaft im Ausland seit mindestens zwei Jahren) dadurch abkürzen, dass mit einer noch nicht seit zwei Jahren bestehenden Tochtergesellschaft – sofern sie die Rechtsform der Aktiengesellschaft besitzt – eine Verschmelzung durchgeführt wird. Auch wenn dies auf den ersten Blick als eine Umgehung zwingender Verfahrensvorschriften erscheint, besteht kein Anlass, einer solchen Gründung, wenn sie die Voraussetzungen der gewählten Verfahrensart einhält, die Wirksamkeit zu versagen.[3] Gerade die Verschmelzung mit einer ausländischen Tochtergesellschaft ist ohne Zweifel zulässig, denn sie wird in Art. 31 SE-VO ausdrücklich angesprochen. Generell lässt sich der SE-VO keine Präferenz für eine bestimmte Gründungsform entnehmen. Jeder Gründungsweg ist somit gleichwertig und muss daher, soweit seine Verfahrensschritte korrekt durchgeführt wurden, zur wirksamen Gründung einer SE führen.

Eventuelle **Missbrauchsfälle** müssten nach **nationalem Recht** gelöst werden. Dies gilt beispielsweise für den immerhin nicht ganz fern liegenden Gedanken, eine deutsche Aktiengesellschaft im Wege der SE-Gründung auf eine ausländische Gesellschaft zu verschmelzen, um den Minderheitsaktionären ihre nach deutschem Aktiengesetz starke Rechtsposition zu entziehen (vgl. zum Missbrauch in Bezug auf Arbeitnehmerrechte, 6. Abschnitt Rn. 251 ff.). Darin mag im Einzelfall eine Verletzung der auch unter Aktionären geltenden Treuepflicht liegen. Dieses Argument kann möglicherweise eine Anfechtung des Verschmelzungsbeschlusses der deutschen Aktiengesellschaft rechtfertigen; der Beschluss kommt gemäß Art. 18 SE-VO unter der Geltung des nationalen Rechts zustande und unterliegt insoweit naturgemäß auch den Anfechtungsregelungen des deutschen Aktienrechts. Der SE-VO lassen sich für die Auflösung derartiger Konflikte in der nationalem Recht unterliegenden Gründungsgesellschaft keine Anhaltspunkte entnehmen.

Sobald die Gründungsgesellschaften mit der Planung des Zusammenschlusses beginnen, kann die Notwendigkeit entstehen, bestimmte Rechtshandlungen bereits im Namen der künftigen SE vorzunehmen. Dabei ist die **Handelndenhaftung** des **Art. 16 Abs. 2 SE-VO** zu beachten. Wurden im Namen der SE vor ihrer Eintragung Rechtshandlungen vorgenommen und übernimmt die SE nach der Eintragung die sich aus diesen Rechtshandlungen ergebenden Verpflichtungen nicht, so haften die natürlichen Personen, die Gesellschaften oder anderen juristischen Personen, die diese Rechtshandlungen vorgenommen haben, vorbehaltlich anders lautender Vereinbarungen unbegrenzt und gesamtschuldnerisch.[4]

Die Handelndenhaftung ist zwingendes Recht, kann also von den an der Gründung beteiligten Personen und Gesellschaften nicht abbedungen werden. Wohl aber ist eine Regelung im Innenverhältnis denkbar, wodurch diejenigen, die vereinbarungsgemäß bereits im Gründungsstadium Handlungen für die künftige SE vornehmen, sich von den anderen Beteiligten eine Freistellung von der Haftung zusagen lassen. Im Regelfall wird eine Haftung der handelnden **natürlichen Personen** ohnehin ausscheiden, weil diese nach den Grundsätzen des unternehmensbezogenen Geschäfts als Vertreter einer der Gründungsgesellschaften handeln und die eingegangenen Verpflichtungen allein diese Gesellschaft treffen.[5]

Unklar ist, ab welchem **Zeitpunkt** die Vorschrift des Art. 16 Abs. 2 SE-VO eingreift. Ihrem Wortlaut nach gilt sie für alle Handlungen, die im Namen der künftigen SE „vor ihrer Eintragung" vorgenommen werden. Darin kommt der Gedanke zum Ausdruck, dass derjenige, der bereits im Namen einer noch nicht existierenden Rechtsperson auftritt, das Risiko dieser Ungewissheit auch tragen muss und nicht auf den

---

[3] In diesem Sinne etwa *Scheifele*, S. 138 und *Teichmann*, ZGR 2002, 383, 410 ff.
[4] Vgl. *Kersting*, DB 2001, 2079 ff.
[5] *Schäfer*, NZG 2004, 785, 790.

Vertragspartner abwälzen kann.⁶ Jede nationale Rechtsordnung kennt Mechanismen, den Vertragspartner in einer solchen Konstellation zu schützen (beispielsweise die Haftung als Vertreter ohne Vertretungsmacht oder für in Anspruch genommenes Vertrauen); allerdings hat der Schutz keineswegs überall dasselbe Niveau.⁷ Wegen der nationalen Unterschiede im allgemeinen Zivilrecht erschien es dem europäischen Gesetzgeber sinnvoll, diesen Bereich zu vereinheitlichen.⁸

15 Vielfach wird vertreten, die Handelndenhaftung greife erst nach Vornahme des Gründungsgeschäfts, wenn also – nach deutschem Verständnis – eine „Vorgesellschaft" entstanden ist.⁹ Für ein früheres Einsetzen der Handelndenhaftung könnte aber sprechen, dass das in der SE-VO geregelte Gründungsverfahren schon einige Zeit vor den Hauptversammlungen beginnt. Die Leitungs- oder Verwaltungsorgane der beteiligten Gesellschaften müssen sich jedenfalls bei Verschmelzung und Holdinggründung über das Gründungsvorhaben in seinen Grundzügen bereits vorher einigen; denn alle Hauptversammlungen müssen über einen inhaltlich gleich lautenden Gründungsplan abstimmen. So regelt Art. 20 Abs. 1 SE-VO, dass die Leitungs- oder Verwaltungsorgane der sich verschmelzenden Gesellschaften einen Verschmelzungsplan aufzustellen haben. Art. 16 Abs. 2 SE-VO lässt sich in diesem Sinne auch als eine allgemeine Norm verstehen, die ihrer systematischen Stellung nach für die gesamte „Gründung" im Sinne der Verordnung gilt.¹⁰ Eine an Wortlaut und Systematik der SE-VO orientierte Auslegung des Art. 16 Abs. 2 SE-VO könnte also durchaus zu dem Schluss gelangen, dass bereits in der von Art. 20 SE-VO angesprochenen **Planungsphase** eine Handelndenhaftung in Betracht kommt.¹¹ Die Praxis sollte diese Interpretationsmöglichkeit bedenken und, falls gewünscht, die Absicherung der handelnden Personen durch Vereinbarungen im Innenverhältnis regeln, die sowohl mit der europäischen Vorschrift als auch mit den möglicherweise einschlägigen nationalen Vorschriften abzustimmen sind.

§ 2 Verschmelzung

Übersicht

	Rn.
Vorbemerkung	1
I. Einführung	2–20
1. Besonderheiten gegenüber der innerstaatlichen Verschmelzung	2–10
2. Gesetzliche Regelungstechnik	11–14
3. Gründungsphasen	15–20
II. Voraussetzungen und Ablauf der Verschmelzung	21–67
1. Beteiligte Gesellschaften	21–28
a) Aktiengesellschaften	22, 23
b) Dem Recht verschiedener Mitgliedstaaten unterliegend	24–26
c) Sitz und Hauptverwaltung in der Gemeinschaft	27, 28

---

⁶ Zu den verschiedenen denkbaren Legitimationsgründen der Handelndenhaftung im deutschen und europäischen Recht *Kersting*, Die Vorgesellschaft im europäischen Gesellschaftsrecht, 2000, S. 230 ff.

⁷ Vgl. die Nachweise bei *Kersting*, (Fn. 6) S. 191 f.

⁸ Erstmals in Art. 7 der Ersten gesellschaftsrechtlichen Richtlinie (68/151/EWG vom 9.3.1968), sodann in Anlehnung an diese Regelung in Art. 9 Abs. 2 der EWIV-Verordnung (Verordnung EWG Nr. 2137/85 vom 25.7.1985) und schließlich in Art. 16 Abs. 2 der SE-VO.

⁹ *Kersting*, DB 2001, 2079, 2081; ebenso *Schwarz*, Art. 16 Rn. 17.

¹⁰ Art. 16 findet sich im Abschnitt 1 „Allgemeines", auf den mit den Art. 17 ff. der Abschnitt 2 „Gründung einer SE durch Verschmelzung" folgt.

¹¹ In diesem Sinne *Zöllter-Petzold*, Die Verknüpfung von europäischem und nationalem Recht bei der Gründung einer Societas Europaea (SE), 2005, S. 184 ff. Der Tendenz nach auch Kalss/Hügel, Vor § 17 SEG Art. 16 Rn. 4.

	Rn.
2. Aufstellung des Verschmelzungsplans	29–48
a) Gleich lautende Verschmelzungspläne	29, 30
b) Zuständiges Organ: Vorstand	31
c) Inhalt des Verschmelzungsplans	32–46
d) Form des Verschmelzungsplans	47
e) Zuleitung an den Betriebsrat	48
3. Verschmelzungsbericht	49–53
4. Prüfung der Verschmelzung	54
5. Offenlegung des Verschmelzungsvorhabens	55–57
6. Aufnahme der Verhandlungen mit den Arbeitnehmern	58–60
7. Hauptversammlungsbeschluss	61–64
8. Rechtmäßigkeitsprüfung	65, 66
9. Eintragung und Wirkungen der Verschmelzung	67
III. Einzelfragen	68–90
1. Unternehmensbewertung	68–74
2. Kontrolle des Umtauschverhältnisses	75–82
a) Ausschluss der Anfechtungsklage und Spruchverfahren	75–79
b) Zustimmung der ausländischen Gesellschaft(en)	80–82
3. Barabfindung widersprechender Aktionäre	83–85
4. Gläubigerschutz	86–90
a) SE mit Sitz in Deutschland	86
b) SE mit Sitz im Ausland	87–90

Vorbemerkung

Die Gründung der SE durch Verschmelzung ist nicht nur am umfangreichsten geregelt (Art. 17 bis 31 SE-VO), sie deutet sich auch in der Praxis als die vorrangig gewählte Gründungsform an. Zwar wird mit Umsetzung der Zehnten gesellschaftsrechtlichen Richtlinie auch nationalen Kapitalgesellschaften die Verschmelzung über die Grenze möglich sein. Das in der Zehnten Richtlinie geregelte Verfahren entspricht aber weitgehend demjenigen der SE-VO, so dass die hiermit gesammelten Erfahrungen auch für grenzüberschreitende Transaktionen außerhalb der SE-VO von Interesse sein werden. Auch das Verfahren der innerstaatlichen Verschmelzung weist verwandte Züge auf, beruht es doch gleichfalls auf europäischen Vorgaben (dritte gesellschaftsrechtliche Richtlinie). In Rn. 2 ff. sollen daher zunächst einmal die Gemeinsamkeiten und Abweichungen der SE-Verschmelzung im Vergleich zur bekannten innerstaatlichen Verschmelzung dargestellt werden. In Rn. 21 ff. folgt eine genauere Darlegung der Voraussetzungen und des Ablaufs einer Verschmelzung zur SE. Besonders erörterungsbedürftige Einzelfragen, wie etwa die Unternehmensbewertung sowie der Aktionärs- und Gläubigerschutz, werden in Rn. 68 ff. behandelt. 1

I. Einführung

1. Besonderheiten gegenüber der innerstaatlichen Verschmelzung

Die SE-VO kennt vier primäre Gründungsarten: Verschmelzungs-SE, Holding-SE, Tochter-SE und Umwandlung in die SE; von einer „sekundären" Gründung kann man sprechen, wenn eine bereits existierende SE gemäß Art. 3 Abs. 2 SE-VO Tochtergesellschaften in Form der SE gründet.[1] Von diesen Gründungsformen ist die Verschmelzung das am ausführlichsten geregelte Verfahren. Die SE-VO sieht damit – in- 2

---

[1] Zur Terminologie beispielsweise *Hommelhoff*, AG 2001, 279, 280 und Lutter/Hommelhoff/Bayer, S. 26 ff.

soweit dem deutschen Umwandlungsrecht vergleichbar[2] – in der Verschmelzung das **Grundmodell**, das teilweise auch den konzeptionellen Hintergrund für die anderen Gründungsformen bildet. Insbesondere die Holding-Gründung orientiert sich an diesem Vorbild.[3]

3   Neben der Regelungstechnik weist auch das **Verfahren der Verschmelzung** deutliche Parallelen zum deutschen Umwandlungsrecht auf: Erstellung eines Verschmelzungsplanes, Prüfung des Umtauschverhältnisses, Hauptversammlungsbeschluss, Eintragung. Dies alles entspricht in groben Zügen dem Verschmelzungsverfahren nach nationalem Recht. Überraschend ist das nicht, beruht doch die Regelung des Umwandlungsgesetzes weitgehend auf der europäischen Verschmelzungsrichtlinie. Ebenso wie aus dem nationalen Recht bekannt gibt es zwei Formen der Verschmelzung: Die Verschmelzung durch **Aufnahme**, bei der die aufnehmende Gesellschaft die Rechtsform der SE annimmt, und die Verschmelzung durch **Neugründung**, bei welcher die neu gegründete Gesellschaft eine SE ist (Art. 17 SE-VO). Weiterhin kennt das Recht der SE ein vereinfachtes Verfahren der **Konzernverschmelzung** (Art. 31 SE-VO).

4   Auch die von der Verschmelzung nationalen Rechts bekannten **Grundprinzipien** finden sich im Recht der SE wieder: Die Verschmelzung bedarf der Zustimmung einer qualifizierten Mehrheit der Gesellschafter; die überstimmten Gesellschafter genießen unter gewissen Voraussetzungen einen zusätzlichen Minderheitenschutz; die Verschmelzung führt zum Vermögensübergang im Wege der Gesamtrechtsnachfolge; sie wird mit Eintragung wirksam und lässt sich danach nur in eng begrenzten Ausnahmefällen wieder rückgängig machen.

5   Somit kann für die Vorbereitung und Durchführung der Verschmelzung grundsätzlich auf die Erfahrungen zurückgegriffen werden, die mit innerstaatlichen Verschmelzungen bereits gesammelt wurden. Besonderes Augenmerk verdienen indessen die Abweichungen vom innerstaatlichen Verschmelzungsverfahren, welche die SE-Verschmelzung kennzeichnen.

6   **Rechtliche Abweichungen** der SE-VO gegenüber dem nach dem UmwG bekannten Verfahren liegen vor allem in folgenden Punkten:
1. Die Verschmelzung zur SE steht nur **Aktiengesellschaften** offen (Art. 2 Abs. 1 SE-VO); eine Mischverschmelzung wie im deutschen Recht (§ 3 Abs. 4 UmwG) ist nicht möglich.
2. Die SE-VO verlangt keinen Verschmelzungsvertrag, sondern einen **Verschmelzungsplan**. Der Unterschied ist allerdings hauptsächlich terminologischer Natur; denn der Inhalt des Verschmelzungsplans entspricht in nahezu allen Einzelheiten demjenigen des Verschmelzungsvertrags nach dem deutschen Umwandlungsgesetz (ausführlich unten Rn. 29 ff.).
3. Spätestens mit der Offenlegung des Verschmelzungsplans müssen **Verhandlungen** über die Beteiligung der **Arbeitnehmer** eingeleitet werden (hierzu 6. Abschnitt); die SE kann erst eingetragen werden, wenn eine Vereinbarung über die Beteiligung der Arbeitnehmer geschlossen worden ist oder die Verhandlungsphase ohne Abschluss einer Vereinbarung endet (Art. 12 Abs. 2 SE-VO).
4. Die Verschmelzung zu einer SE kann einen **sitzverlegenden** Charakter haben, wenn die übertragende Gesellschaft deutschen Rechts dabei erlischt und die aufnehmende oder neue Gesellschaft in der Rechtsform der SE ihren Sitz im Ausland hat. Für diesen Sonderfall der sitzverlegenden Verschmelzung hält das deutsche SE-Ausführungsgesetz spezifische Regeln des Gläubiger- und Aktionärsschutzes bereit.

7   In **praktischer Hinsicht** bedingt der grenzüberschreitende Charakter der Transaktion vor allem in folgenden Fragen ein zusätzliches Element der Komplexität:

---

[2] Vgl. dazu *Raiser/Veil*, S. 731 (§ 46 Abs. 1 Nr. 4), Rn. 16.
[3] Siehe dazu *Teichmann*, ZGR 2003, 367, 387 ff.; vgl. zum Ablauf der Holding-Gründung unten 4. Abschnitt § 3.

1. Die Ermittlung des Umtauschverhältnisses der Anteile setzt eine **Unternehmensbewertung** voraus. Da an einer SE-Gründung durch Verschmelzung zwingend Gesellschaften aus verschiedenen Rechtsordnungen beteiligt sind (Art. 2 Abs. 1 SE-VO), kann es zur Kollision unterschiedlicher Bewertungsmethoden kommen. Eine methodische Abstimmung ist unerlässlich, um zu einem einheitlichen und angemessenen Umtauschverhältnis zu gelangen.
2. Die Einhaltung der **Acht-Monats-Frist** des § 17 Abs. 2 Satz 4 UmwG (Stichtag der Schlussbilanz) kann im Einzelfall Probleme bereiten. Dies insbesondere dann, wenn sich die Unternehmensbewertung oder auch die Verhandlungen mit den Arbeitnehmern über längere Zeit hinziehen.
3. Regelungen zum **Schutz von Gläubigern und Minderheitsaktionären** können in den Ausgangsstaaten unterschiedlich sein und müssen aufeinander abgestimmt werden, soweit ihre Rechtsfolgen sich auch gegen den neu entstehenden Rechtsträger richten (zB Ansprüche auf Schadensersatz, Sicherheitsleistung oder Abfindung).
4. Hingegen dürften rechtliche Unterschiede im **Willensbildungsverfahren** der beteiligten Gründungsgesellschaften (insb. Einberufung und Durchführung der Hauptversammlung) in aller Regel keine zusätzlichen rechtlichen Komplikationen hervorrufen; denn dieses Verfahren läuft in jeder Gründungsgesellschaft separat nach dem auf sie anwendbaren Recht ab (Art. 18 SE-VO) und muss vor Eintragung der SE abgeschlossen sein.
5. Die **Satzung der SE** ist an das Recht ihres künftigen Sitzstaates anzupassen, da für die SE kraft der Verweisungsnormen der SE-VO weitgehend das nationale Aktienrecht ihres künftigen Sitzstaates zu beachten ist.
6. Mit einzelnen Aktien oder Aktiengattungen verbundene **Sonderrechte** können möglicherweise in der Zielrechtsordnung, der die SE unterworfen sein wird, nicht mehr gewährt werden. Außerdem können aus dem bisher anwendbaren Recht gewohnte Rechte entfallen; hier ist insbesondere an Minderheitenrechte zu denken, die in anderen Mitgliedstaaten der Gemeinschaft unbekannt oder an andere Quoren gebunden sind.

Zu bedenken bleibt schließlich das **Steuerrecht**. Der grenzüberschreitenden Verschmelzung für in Deutschland ansässige Unternehmen fehlte lange Zeit der steuerrechtliche Rahmen, weil die hierzu schon vor vielen Jahren erlassene europäische Richtlinie nicht umgesetzt worden war.[4] Dies wurde erst durch den Erlass des SEStEG korrigiert (vgl. 9. Abschnitt).

Nach der jüngst ergangenen **SEVIC-Entscheidung** des Europäischen Gerichtshofs[5] ist eine grenzüberschreitende Verschmelzung künftig auch unter Anwendung des innerstaatlichen Verschmelzungsrechts der beteiligten Mitgliedstaaten denkbar. § 1 UmwG, der sich nur an inländische Rechtsträger richtet und von den Registergerichten vielfach als Verbot grenzüberschreitender Verschmelzungen interpretiert worden war, verstößt gegen die europäische Niederlassungsfreiheit.[6] Nach der Kernaussage der Gerichtsentscheidung verstößt allerdings nur die generelle Verweigerung einer grenzüberschreitenden Verschmelzung gegen die europäische Niederlassungsfreiheit; damit bleibt offen, unter welchen konkreten Voraussetzungen und gegebenenfalls Einschrän-

---

[4] Hierzu beispielsweise *Maul/Teichmann/Wenz*, BB 2003, 2633, 2639 ff., anlässlich der Vorlage des aktualisierten Entwurfs für eine Zehnte gesellschaftsrechtliche Richtlinie zur grenzüberschreitenden Verschmelzung.
[5] EuGH, Rs. C-411/03, vom 13. Dezember 2005, ZIP 2006, 2311 ff.
[6] Siehe dazu etwa die Anmerkungen von *Bayer/Schmidt*, ZIP 2006, 210 ff.; *Bungert*, BB 2006, 53 ff.; *Geyrhalter/Weber*, DStR 2006, 146 ff.; *Krause/Kulpa*, ZHR 2007, 38 ff.; *Schmidt/Maul*, BB 2005, 13 ff.; *Teichmann*, ZIP 2006, 355 ff.

kungen eine Verschmelzung über die Grenze durchzuführen ist.[7] Die Verschmelzung nach der SE-VO bietet damit derzeit eine weitaus größere Rechtssicherheit.

10   Eine Alternative zum Verschmelzungsverfahren der SE-VO bietet indessen die Zehnte **Richtlinie zur grenzüberschreitenden Verschmelzung**,[8] die bis Ende 2007 in nationales Recht umgesetzt werden muss. Diese erlaubt nur die Verschmelzung unter Beteiligung nationaler Rechtsformen, auch die Zielrechtsform ist dann ihrerseits eine Gesellschaft nationalen Rechts. Außerdem sieht die Richtlinie ein vergleichbar schwerfälliges Verfahren der Arbeitnehmerbeteiligung vor wie die SE-Richtlinie.[9] Dennoch wird nach Umsetzung der Zehnten Richtlinie in jedem Einzelfall zu prüfen sein, welcher Weg der grenzüberschreitenden Verschmelzung der günstigste ist.

2. Gesetzliche Regelungstechnik

11   Bei Gründung einer SE durch Verschmelzung greifen verschiedene Rechtssysteme ineinander: die SE-VO, die hierzu ergangenen Ausführungsgesetze der Mitgliedstaaten und in Teilen das allgemeine Gesellschaftsrecht der betroffenen Mitgliedstaaten.

12   Rechtsgrundlage für die Gründung einer Societas Europaea ist die **SE-VO**. Die Verordnung gilt unmittelbar in jedem Mitgliedstaat (Art. 249 Abs. 2 EG-Vertrag), ist also von deutschen Gerichten und Behörden ohne weiteres zu beachten; ein nationaler Umsetzungsakt ist – anders als bei einer Richtlinie (Art. 249 Abs. 3 EG-Vertrag) – nicht notwendig.

13   Wegen der Lückenhaftigkeit der Verordnung, die ganz bewusst darauf verzichtet, alle Rechtsfragen der SE umfassend zu regeln, kommt schon bei der Gründung auch das nationale Recht ins Spiel. Denn die SE-VO verweist vielfach auf nationales Recht, das in diesem Fall eine „Hilfsfunktion" zur Ergänzung des europäischen Rechts erfüllt.[10] Es kommt nicht kraft eigener Autorität zur Anwendung – der nationale Gesetzgeber hätte zur Regelung einer europäischen Gesellschaft gar nicht die Kompetenz – sondern kraft der Autorität des europäischen Rechtsanwendungsbefehls.[11] Für die Gründung der SE übernimmt **Art. 15 SE-VO** die Scharnierfunktion zwischen europäischem und nationalem Recht: Gemäß Art. 15 SE-VO gilt für die Gründung der SE das für Aktiengesellschaften geltende Recht des Staates, in dem die SE ihren Sitz begründet.

14   Aus einem weiteren Grund ist der Gründungsvorgang vom nationalen Recht geprägt: Die Ausgangsgesellschaften sind Gesellschaften nationalen Rechts und bleiben es bis zur Eintragung der SE; bekanntlich erlöschen die übertragenden Rechtsträger erst mit der Eintragung der Verschmelzung in das Handelsregister. So regelt es auch Art. 29 SE-VO für die Verschmelzung zur SE. Bis zu diesem Zeitpunkt existieren also Aktiengesellschaften nationalen Rechts, die weiterhin ihrer heimatlichen Rechtsordnung unterworfen bleiben. Bedeutung hat dies insbesondere für die Willensbildung im Vorfeld der eigentlichen Verschmelzung: Einberufung und Durchführung der Hauptversammlung unterliegen dem nationalen Recht, soweit nicht die europäische Verordnung speziellere Vorschriften enthält. Dies spricht **Art. 18 SE-VO** aus, wonach in den von der SE-VO nicht erfassten Bereichen oder Teilbereichen auf jede Gründungsgesell-

---

[7] Zu den weiterhin bestehenden rechtspraktischen Schwierigkeiten etwa *Geyrhalter/Weber*, DStR 2006, 146 ff.

[8] Richtlinie 2005/56/EG vom 26. Oktober 2005, ABl. L 310, S. 1 ff.; dazu *Neye*, ZIP 2005, 1893 ff. sowie *Krause/Kulpa*, ZHR 2007, 38, 52 ff.

[9] Näher *Teichmann*, Der Konzern, 2007, 89 ff.

[10] *Teichmann*, ZGR 2002, 383, 395 ff.; *Scheifele*, S. 21 ff.

[11] Diese konstitutive Wirkung des europäischen Rechtsanwendungsbefehls zeigt sich daran, dass deutsches Umwandlungsrecht in diesem Fall auf eine grenzüberschreitende Verschmelzung anwendbar ist, obwohl der deutsche Gesetzgeber die grenzüberschreitenden Fälle mit dem Umwandlungsgesetz nicht regeln wollte (dazu mwN *Teichmann*, ZGR 2003, 367, 372).

schaft die für die Verschmelzung von Aktiengesellschaften geltenden Rechtsvorschriften des Mitgliedstaats anwendbar sind, dessen Recht sie unterliegt. Es handelt sich hier um eine Verweisung, die auch das Internationale Gesellschaftsrecht mit einbezieht. Das mitgliedstaatliche Internationale Gesellschaftsrecht entscheidet also darüber, welches Sachrecht Anwendung findet.[12]

3. Gründungsphasen

Aus Perspektive des anwendbaren Rechts ist damit der Gründungsvorgang **zweigeteilt**:[13] Das Verfahren in den Gründungsgesellschaften folgt zunächst demjenigen mitgliedstaatlichen Aktienrecht, dem die Gesellschaft bisher unterworfen war (Art. 18 SE-VO), modifiziert allein durch einige Sonderregelungen der SE-VO – zB muss der von der Hauptversammlung beschlossene Verschmelzungsplan den in Art. 20 SE-VO vorgesehenen Inhalt aufweisen. Sobald die neu entstehende SE als solche angesprochen ist, gilt das mitgliedstaatliche Aktienrecht im künftigen Sitzstaat der SE (Art. 15 SE-VO); so etwa die Gründungsvorschriften der §§ 23 ff. AktG und die registerrechtlichen Verfahrensvorschriften zur Eintragung der SE in das Handelsregister. Um die Vorschriften der Art. 15 und 18 SE-VO sinnvoll voneinander abgrenzen zu können, muss man das Gründungsverfahren der Verschmelzung gedanklich in zwei Phasen unterteilen:[14] Erstens das Verfahren der Willensbildung in der Gründungsgesellschaft (Art. 18: auf die Gründungsgesellschaft anwendbares nationales Recht); zweitens das Gründungsverfahren der neu entstehenden SE (Art. 15: Recht am künftigen Sitz der SE).

Die **erste Phase** erfasst die Vorbereitung, Einberufung und Durchführung der Hauptversammlung in der jeweiligen Gründungsgesellschaft. Hier gilt grundsätzlich über Art. 18 SE-VO das bisher auf die Gründungsgesellschaft anwendbare Recht.[15] Es wird ergänzt und überlagert durch materielle Sonderregeln in den Art. 17 ff. SE-VO, die dazu dienen, dem grenzüberschreitenden Charakter der Verschmelzung Rechnung zu tragen. Beispielsweise wäre es höchst misslich, wenn die Hauptversammlungen der beteiligten Gesellschaften Beschlüsse verschiedenen Inhaltes fassten. Aus Art. 26 Abs. 3 SE-VO folgt daher, dass beide Gesellschaften gleich lautenden Verschmelzungsplänen zustimmen müssen. Auch das Erfordernis des deutschen Umwandlungsrechts, wonach ein Verschmelzungsvertrag abgeschlossen werden muss, entfällt;[16] Art. 20 SE-VO ordnet ausdrücklich nur die Aufstellung eines Verschmelzungsplans an.

Die **zweite Phase** betrifft das Gründungsverfahren der SE, das sich an die Hauptversammlungsbeschlüsse der Gründungsgesellschaften anschließt. Hier greift der allgemein für jede Form der Gründung geltende Art. 15 SE-VO. Er beruft das Recht im künftigen Sitzstaat der SE zur Anwendung, soweit es nicht durch Regelungen der SE-VO überlagert wird. Beispielsweise finden bei einer Verschmelzung zur Neugründung einer SE mit Sitz in Deutschland vermittelt durch Art. 15 SE-VO der § 36 Abs. 2 UmwG und damit die Gründungsvorschriften einer Aktiengesellschaft deutschen Rechts Anwendung.[17] Ebenso vollzieht sich die Anmeldung nach den Vorschriften, die im künftigen Sitzstaat der SE gelten.[18]

---

[12] MünchKommAktG/*Schäfer*, Art. 18 Rn. 2; *Scheifele*, S. 43; *Schwarz*, Art. 18 Rn. 17 ff.; *Wagner*, NZG 2002, 985, 990.
[13] Hierzu *Scheifele*, S. 37 ff., *Schwarz*, Art. 15 Rn. 10; *Teichmann*, ZGR 2002, 383, 416.
[14] Dazu ausführlich *Teichmann*, ZGR 2003, 367, 371 ff.
[15] *Jannott/Frodermann*, S. 35; *Teichmann*, ZGR 2003, 367, 371; *Wagner*, NZG 2002, 985, 990.
[16] *Teichmann*, ZGR 2002, 383, 418 ff.; offengelassen bei Theisen/Wenz/*Neun*, S. 85. Rechtspraktisch macht dies keinen großen Unterschied im Vergleich zur gemeinsamen Aufstellung eines Verschmelzungsplans; zu dessen Rechtsnatur *Scheifele*, S. 142 ff.
[17] Dazu im Einzelnen *Schwarz*, Vorb. Art. 17 Rn. 7 ff.
[18] Hierzu Luttter/Hommelhoff/*Kleindiek*, S. 95 ff.

18   Dabei kommt auch das **Prüfungsrecht** der zuständigen Behörde im künftigen Sitzstaat der SE zum Tragen. Sie muss unter anderem prüfen, ob die SE-Satzung den Bestimmungen des nationalen Aktienrechts im künftigen Sitzstaat gerecht wird; denn insoweit gilt über Art. 9 SE-VO und einige Spezialverweisungen (namentlich Art. 5 für Aktien und Kapital und Art. 53 für Organisation und Ablauf der SE-Hauptversammlung) weitgehend das für Aktiengesellschaften im Sitzstaat maßgebliche nationale Recht. Da die SE ihren Sitz nicht zwingend in einem der Staaten haben muss, aus dem die Gründungsgesellschaften stammen, kann die Notwendigkeit entstehen, drei verschiedene Rechtsordnungen aufeinander abzustimmen.

19   Entgegen einer in der Literatur vertretenen Auffassung[19] sind das Statut der künftigen SE und das Gesellschaftsstatut der Gründungsgesellschaften **nicht kumulativ** anzuwenden.[20] Dies hätte beispielsweise zur Folge, dass die Zustimmung der Hauptversammlung zum Verschmelzungsplan nicht allein mit dem Gesellschaftsstatut der Gründungsgesellschaft, sondern auch mit demjenigen der künftigen SE konform gehen müsste.[21] Bei der Verschmelzung einer französischen SA auf eine deutsche AG zum Zwecke der Gründung einer SE mit Sitz in Deutschland müsste demnach die Hauptversammlung der französischen Gesellschaft das deutsche Mehrheitserfordernis von drei Vierteln des bei der Beschlussfassung vertretenen Grundkapitals (§ 65 Abs. 1 UmwG) einhalten, obwohl das französische Recht – europarechtskonform[22] – nur eine Mehrheit von zwei Dritteln fordert.[23] Dieses Ergebnis widerspricht der Systematik der SE-VO. Denn Art. 15 SE-VO beruft das Recht des künftigen SE-Sitzes nur „vorbehaltlich der Bestimmungen der Verordnung" zur Anwendung. Art. 18 SE-VO trifft für die Verschmelzung ausdrücklich eine andere Regelung und hat insoweit als lex specialis Vorrang vor dem für alle Gründungsformen geltenden Art. 15 SE-VO. Bestätigung findet dies in Art. 25 Abs. 1 SE-VO: „Die Rechtmäßigkeit der Verschmelzung wird, was die die einzelnen sich verschmelzenden Gesellschaften betreffenden Verfahrensabschnitte anbelangt, nach den für die Verschmelzung von Aktiengesellschaften geltenden *Rechtsvorschriften des Mitgliedstaats* kontrolliert, *dessen Recht die jeweilige verschmelzende Gesellschaft unterliegt.*"[24] Weiterhin ist das teleologische Argument, alle beteiligten Interessen müssten so geschützt werden wie nach den für die Gründungsgesellschaften geltenden Vorschriften,[25] nicht tragfähig. Denn die Gläubiger und Aktionäre der Gründungsgesellschaften können nicht mehr Schutz erwarten, als ihnen das Gesellschaftsstatut der Gesellschaft bietet, deren Anteile sie dereinst erworben haben. Um im Beispiel zu bleiben: Der Aktionär einer französischen Gesellschaft hat keinen Anspruch und auch keine darauf gerichtete Erwartungshaltung, nach den Regeln des deutschen Verschmelzungsrechts behandelt zu werden. Sofern seine Gesellschaft über die Verschmelzung zu einer SE beschließt, ist seinen Interessen mit Anwendung der französischen Beschlussfassungsregeln Genüge getan. Sollte wegen des grenzüberschreitenden Charakters der Transaktion ein besonderer Schutz geboten erscheinen, kann der nationale Gesetzgeber diesen gestützt auf Art. 24 Abs. 2 SE-VO gewähren;

---

[19] Manz/Mayer/*Schröder*, Art. 18 Rn. 5.
[20] *Scheifele*, S. 37, stellt zu Recht fest, dass Art. 18 und Art. 15 nicht denselben Sachverhalt regeln wollen, und somit die Vorbereitungs- und Beschlussphase (S. 40 ff.) von der Vollzugsphase (S. 50 ff.) zu unterscheiden sei.
[21] So das Beispiel bei Manz/Mayer/*Schröder*, Art. 18 Rn. 4.
[22] Die Dritte gesellschaftsrechtliche Richtlinie fordert in Art. 7 Abs. 1 nur eine Mehrheit von nicht weniger als zwei Dritteln des vertretenen gezeichneten Kapitals.
[23] Gemäß Art. L. 236-9 Code de commerce ist eine außerordentliche Hauptversammlung (assemblée générale extraordinaire) einzuberufen, auf welcher stets eine Beschlussmehrheit von zwei Dritteln des anwesenden oder vertretenen Kapitals erforderlich ist (Art. L. 225-96 Code de commerce).
[24] Hervorhebung durch den *Verf.*
[25] Manz/Mayer/*Schröder*, Art. 18 Rn. 4.

diese besondere Ermächtigung belegt zugleich, dass die SE-VO im Gründungsverfahren die Anwendung des nationalen Gesellschaftsrechts auf die Gründungsgesellschaften unterstellt.[26]

> Zusammenstellung der wichtigsten auf die Verschmelzung anwendbaren Rechtsvorschriften: **20**
> *SE-VO*: Inhalt des Verschmelzungsplans (Art. 20), Bekanntmachung im Amtsblatt des jeweiligen Mitgliedstaats (Art. 21), Bestellung gemeinsamer Sachverständiger (Art. 22), Zustimmungsbeschlüsse der Hauptversammlungen (Art. 23), Schutz der Gläubiger und Minderheitsaktionäre (Art. 24), rechtliche Kontrolle des Verfahrens (Art. 25 und 26), Wirksamwerden der Verschmelzung (Art. 27), Offenlegung der Durchführung der Verschmelzung (Art. 28), Wirkungen der Verschmelzung (Art. 29 und 30), Verschmelzung von Konzerngesellschaften (Art. 31). Für die von der SE-VO nicht erfassten Bereiche verweist Art. 18 auf das für jede Gründungsgesellschaft anwendbare nationale Recht; dies sind im deutschen Recht vor allem das Aktien- und das Umwandlungsgesetz.
> *Umwandlungsgesetz*: Allgemeine Vorschriften zur Verschmelzung (§§ 2–38), Verschmelzung unter Beteiligung von Aktiengesellschaften (§§ 60–77); jeweils anwendbar, soweit die SE-VO den Bereich nicht eigenständig regelt.
> *Aktiengesetz*: Abschnitt über die Hauptversammlung (§§ 118–147) für die sich verschmelzende Gesellschaft; Gründungsvorschriften (§§ 23 ff.) für die neu entstehende SE.
> *SE-Ausführungsgesetz*: Unterabschnitt über die Verschmelzung (§§ 1–8).

II. Voraussetzungen und Ablauf der Verschmelzung

1. Beteiligte Gesellschaften

Die Gründung einer SE ist an gewisse formale Voraussetzungen gebunden und enthält zwingend ein Element der Mehrstaatlichkeit: Die Verschmelzung steht Aktiengesellschaften offen, von denen mindestens zwei dem Recht verschiedener Mitgliedstaaten unterliegen (Art. 2 Abs. 1 SE-VO). **21**

a) Aktiengesellschaften. Welche nationalen Rechtsformen als „Aktiengesellschaft" einzuordnen sind, regelt **Anhang I** der SE-VO. In Deutschland ist dies die nach dem Aktiengesetz gegründete Aktiengesellschaft, in England beispielsweise die *„public company limited by shares"* und in Frankreich die *„société anonyme"*. **22**

Denkbar ist auch die Verschmelzung einer Tochtergesellschaft auf die Muttergesellschaft, sofern beide die Rechtsform der Aktiengesellschaft haben und verschiedenen Rechtsordnungen unterliegen. Dieser **konzerninternen Verschmelzung** dürfte sogar eine ganz besondere praktische Bedeutung zukommen, weil sie eine Verschlankung der Konzernstrukturen erlaubt und relativ unkompliziert durchzuführen ist.[27] Obwohl unmittelbar nach Verabschiedung der SE-VO angezweifelt,[28] dürfte es mittlerweile ganz herrschende Meinung sein, dass konzerninterne Verschmelzungen rechtlich zulässig sind.[29] Dafür spricht schon die Regelung des Art. 31 SE-VO, die gerade der Vereinfachung derartiger Verschmelzungen dient. **23**

---

[26] Es handelt sich um eine „distributive" Anknüpfung mit der Folge, dass sich der Gläubigerschutz für jede Gründungsgesellschaft allein nach ihrem Personalstatut richtet (*Scheifele*, S. 223).

[27] Zu dieser Einsatzmöglichkeit der SE *Wenz*, AG 2003, 185, 192 ff. Ein Beispiel dafür ist die schwedische Bank *Nordea*, die angekündigt hat, ihre skandinavischen Tochtergesellschaften im Wege der SE-Gründung auf die Muttergesellschaft zu verschmelzen (vgl. die Nachweise auf www.se-network.org). Dies dient, soweit ersichtlich, der Einsparung der Mehrwertsteuer, die bislang für die zwischen den rechtlich selbständigen Konzerngesellschaften abgewickelten Transaktionen entrichtet werden muss.

[28] *Hirte*, NZG 2002, 1, 3.

[29] *Theisen/Wenz/Neun*, S. 67; *Scheifele*, S. 137 f.; *Schindler*, S. 23; *Teichmann*, ZGR 2002, 383, 412.

24 **b) Dem Recht verschiedener Mitgliedstaaten unterliegend.** Die SE-VO enthält keine Angaben darüber, wie festzustellen ist, ob zwei Aktiengesellschaften „dem Recht verschiedener Mitgliedstaaten unterliegen". Grundsätzlich ist dafür das Internationale Gesellschaftsrecht jedes einzelnen Mitgliedstaats zuständig. Dabei folgen einige Staaten der „Sitztheorie", andere der „Gründungstheorie". Ob eine Gesellschaft dem eigenen Recht unterliegt, entscheidet sich in Sitztheorie-Staaten nach der Lage des tatsächlichen Verwaltungssitzes, in Gründungstheorie-Staaten nach dem Ort der Gründung.

25 Die **Sitztheorie** ist zwar nach den Urteilen des Europäischen Gerichtshofes in den Fällen Centros, Überseering und Inspire Art deutlich im Rückzug begriffen;[30] dies betrifft aber nur die Behandlung von ausländischen Gesellschaften. Gegenüber ihren eigenen Gesellschaften sind die Mitgliedstaaten nach verbreiteter Auffassung weiterhin berechtigt, an der Sitztheorie festzuhalten. Die SE-VO selbst entscheidet die Frage nicht (vgl. auch Erwägungsgrund 27). Es bleibt also denkbar, dass einzelne Mitgliedstaaten verschiedene Regeln des Internationalen Gesellschaftsrechts anwenden.

26 Divergenzen können auftreten, wenn der Ort der Gründung und der Ort der Hauptverwaltung nicht im selben Staat liegen und der Gründungsstaat der Gründungstheorie, der Staat, in dem die Hauptverwaltung liegt, jedoch der Sitztheorie folgt. Dann muss allerdings – der EuGH-Rechtsprechung zufolge – der Sitztheorie-Staat die im Staat der Gründung verliehene Rechtsfähigkeit respektieren,[31] so dass die Gesellschaft für die Fragen der SE-Gründung als eine Gesellschaft anzusehen ist, für die das Recht des Gründungsstaates gilt.

27 **c) Sitz und Hauptverwaltung in der Gemeinschaft.** Die Gründungsgesellschaften müssen Sitz und Hauptverwaltung in der Gemeinschaft haben (Art. 2 Abs. 1 SE-VO). Dieses Kriterium begründet die Zugehörigkeit der Gesellschaften zur Europäischen Gemeinschaft. Mit der soeben behandelten Frage des Internationalen Gesellschaftsrechts besteht kein unmittelbarer Zusammenhang, denn Sitz und Hauptverwaltung können nach Art. 2 Abs. 1 SE-VO durchaus in verschiedenen Staaten liegen.

28 Die Mitgliedstaaten können vorsehen, dass sich eine Gesellschaft, deren Hauptverwaltung nicht in der Gemeinschaft liegt, an der Gründung einer SE beteiligen kann. Der deutsche Gesetzgeber hat von dieser Möglichkeit keinen Gebrauch gemacht.[32]

2. Aufstellung des Verschmelzungsplans

29 **a) Gleich lautende Verschmelzungspläne.** Nach einer vorbereitenden Planungsphase[33] besteht der erste formale Schritt der Verschmelzung in der Aufstellung des Verschmelzungsplans. Anders als das deutsche Umwandlungsrecht, das einen „Verschmelzungsvertrag" vorsieht, spricht die SE-VO ausdrücklich vom „Verschmelzungsplan". Da die europäische Regelung Vorrang hat, ist bei einer Verschmelzung zur SE auch bei Beteiligung deutscher Gesellschaften kein Verschmelzungsvertrag erforderlich.[34] Würde man einen Verschmelzungsvertrag nach deutschem Umwandlungsrecht verlangen,

---

[30] Vgl. dazu aus der reichhaltigen Besprechungsliteratur nur *Eidenmüller/Rehm*, ZGR 2004, 159 ff.; *Schanze/Jüttner*, AG 2003, 661 ff. sowie *Teichmann*, S. 402 ff. (§ 7).

[31] EuGH, Rs. 208/00, *Überseering*, Slg. 2002, I-9919 ff.

[32] Im Ergebnis dieser legislatorischen Entscheidung zustimmend *Scheifele*, S. 99 f. Für andere Staaten siehe die Übersicht bei *Oplustil/Teichmann* (Hrsg.), The European Company – all over Europe, 2004, S. 384 ff. und die Länderberichte in *Jannott/Frodermann*, S. 561 ff.

[33] Hierzu *Widmann/Mayer/Heckschen*, Umwandlungsrecht, Anhang 14 Rn. 141, 145; *Walden/Meyer-Landrut*, DB 2005, 2119, 2120 f.

[34] *Jannott/Frodermann*, S. 44; *MünchKommAktG/Schäfer*, Art. 20 Rn. 8; *Schindler*, S. 24 Fn. 165; *Teichmann*, ZGR 2002, 383, 418 ff.; *Theisen/Wenz/Neun*, S. 85 lässt die Frage hingegen offen.

wäre die Einheitlichkeit der Gründung gefährdet, ist doch keineswegs gesichert, dass die beteiligten Gesellschaften, die ausländischem Recht unterliegen, nach ihrem Recht einen solchen Vertrag überhaupt kennen. Die Pläne müssen allerdings inhaltlich gleich lautend sein (Art. 26 Abs. 3 SE-VO), so dass in der Praxis kaum ein Unterschied zum Abschluss eines Verschmelzungsvertrages bestehen dürfte.

Die juristische Dogmatik ist darüber uneins, ob der Verschmelzungsplan ein **„gemeinsamer"** Plan beider Gesellschaften sein muss oder ob beide Gesellschaften je für sich einen Verschmelzungsplan aufstellen, der jedoch inhaltsgleich sein muss. *Scheifele* tritt mit überzeugenden Argumenten dafür ein, dass es sich um einen gemeinsamen Plan handeln muss.[35] Für die Praxis dürfte der Streit irrelevant sein – denn anders als durch vorherige inhaltliche Abstimmung und damit gemeinsame Aufstellung des Planes wird der von Art. 26 Abs. 3 SE-VO geforderte Beschluss aller beteiligten Gesellschaften über einen *gleich lautenden* Verschmelzungsplan schwerlich zustande kommen. 30

b) Zuständiges Organ: Vorstand. Die Leitungs- oder Verwaltungsorgane der sich verschmelzenden Gesellschaften stellen den Verschmelzungsplan auf. Mit dem „Leitungsorgan" meint die Terminologie der SE-VO das geschäftsführende Organ im dualistischen System (vgl. Art. 38 b SE-VO); im deutschen Aktienrecht ist somit der Vorstand zuständig. 31

c) Inhalt des Verschmelzungsplans. Den Inhalt des Verschmelzungsplans regelt Art. 20 Abs. 1 SE-VO. Der Verschmelzungsplan muss demnach die folgenden Angaben enthalten:[36] 32

1. **Die Firma und den Sitz der sich verschmelzenden Gesellschaften sowie die für die SE vorgesehene Firma und ihren geplanten Sitz**: Die Firma einer jeden sich verschmelzenden Gesellschaft richtet sich nach deren Gesellschaftsstatut.[37] Unter dem Sitz der Gesellschaft ist der jeweilige Registersitz zu verstehen.[38] Das Firmenrecht der SE richtet sich über Art. 15 SE-VO nach dem Recht des künftigen Sitzstaates.[39] Gemäß Art. 11 Abs. 1 SE-VO muss der Zusatz „SE" voran- oder nachgestellt werden. Nach § 2 SEAG hat die Satzung einer in Deutschland einzutragenden SE als Sitz den Ort zu bestimmen, an dem die Hauptverwaltung geführt wird.[40] Im Einzelfall mag ein Interesse an der Begründung eines Doppelsitzes im In- und Ausland am bisherigen Sitz der sich verschmelzenden Gesellschaften bestehen. Die SE-VO sieht dies allerdings nicht vor. Art. 20 Abs. 1 lit. a SE-VO spricht vom Sitz der SE im Singular und Art. 15 SE-VO, der das auf die Gründung anwendbare Recht nach dem künftigen Sitz bestimmt, geht offenbar gleichfalls davon aus, dass dieser Sitz eindeutig bestimmt werden kann.[41] Zumindest das deutsche Recht steht einem Doppelsitz ohnehin schon im rein nationalen Kontext grundsätzlich ablehnend gegenüber,[42] so dass sich die Frage praktisch kaum stellen wird. 33

---

[35] *Scheifele*, S. 141 f.; ebenso *Schwarz*, Art. 20 Rn. 10 f.; aA Lutter/Hommelhoff/*Bayer*, S. 34. Manz/Mayer/*Schröder*, Art. 20 Rn. 1 spricht von einem „gemeinsamen Dokument der Gründungsgesellschaften", das Organisationsakt und schuldrechtlicher Vertrag sei (eine Charakterisierung, die herkömmlich den Verschmelzungsvertrag nach deutschem UmwG kennzeichnet).

[36] Wird eine 100%ige Tochtergesellschaft durch Aufnahme auf ihre Muttergesellschaft verschmolzen, findet Art. 20 Abs. 1 Buchst. b, c und d SE-VO keine Anwendung (Art. 31 Abs. 1).

[37] Widmann/Mayer/*Heckschen*, Umwandlungsrecht, Anhang 14 Rn. 156.

[38] Die SE-VO verwendet den Begriff „Sitz" stets für den Registersitz und spricht bezüglich des Verwaltungssitzes von „Hauptverwaltung" (vgl. den Wortgebrauch in den Art. 7, 8 und 64).

[39] Siehe für das deutsche Recht die §§ 17 ff. HGB.

[40] Dies stützt sich auf die Ermächtigungsnorm des Art. 7 Satz 2 SE-VO. Der DiskE hatte noch eine weitere, an § 5 Abs. 2 AktG angelehnte Fassung vorgeschlagen (hierzu *Neye/Teichmann*, AG 2003, 169, 173), deren europarechtliche Zulässigkeit jedoch wegen der engen Formulierung des Art. 7 Satz 2 SE-VO auf Bedenken gestoßen war (vgl. *Brandt*, NZG 2002, 991, 994).

[41] Gegen die Möglichkeit eines Doppelsitzes daher *Schwarz*, Art. 20 Rn. 20.

[42] Näher Lutter/*Drygala*, UmwG, § 5 Rn. 6.

34 Streitig ist weiterhin, ob der Sitz der künftigen SE mit dem Sitz der aufnehmenden Gesellschaft übereinstimmen muss, oder ob auch eine Sitznahme in einem Drittstaat möglich ist. Im letzteren Fall würde die Verschmelzung mit einer grenzüberschreitenden **Sitzverlegung der aufnehmenden Gesellschaft** kombiniert. Für den Fall der Umwandlung in eine SE ist eine solche Sitzverlegung durch Art. 32 Abs. 3 SE-VO ausdrücklich ausgeschlossen. Zur Verschmelzung findet sich eine solche Regelung nicht. Dies erscheint auch konsequent, denn anders als bei der bloßen Umwandlung wohnt der Verschmelzung notwendig ein grenzüberschreitendes Element inne; die entsprechenden Schutzinstrumentarien stehen also bereit, um eventuellen Gefährdungen von Minderheitsaktionären, Gläubigern oder Arbeitnehmern zu begegnen.[43] Die gebotene autonome Auslegung des europäischen Textes kann dabei nicht berücksichtigen, dass § 7 Abs. 1 SEAG hier möglicherweise eine Lücke im Aktionärsschutz entstehen lässt, weil er ein Abfindungsrecht nur für Aktionäre einer übertragenden Gesellschaft vorsieht. Fungiert eine deutsche Aktiengesellschaft als aufnehmende Gesellschaft, die anlässlich der SE-Gründung ihren Sitz ins Ausland verlegt, entsteht aus Sicht des deutschen SE-Ausführungsgesetzes eine Schutzlücke, die durch eine analoge Anwendung des § 7 SEAG zu schließen ist. Denn es kann im Lichte von § 12 SEAG (Austrittsrecht bei Sitzverlegung) und angesichts des Gesetzes zur Umsetzung der Zehnten Richtlinie[44] kein Zweifel daran bestehen, dass der deutsche Gesetzgeber den Aktionären einer deutschen Gesellschaft im Falle der grenzüberschreitenden Sitzverlegung ein Austrittsrecht zugestehen will und insoweit § 7 Abs. 1 SEAG eine planwidrige Lücke aufweist.

35 **2. Das Umtauschverhältnis der Aktien und gegebenenfalls die Höhe der Ausgleichsleistung**: Die Ermittlung des Umtauschverhältnisses setzt eine Bewertung der beteiligten Gesellschaften voraus, wobei namentlich auf die Anwendung einheitlicher Bewertungsmethoden zu achten ist.[45] Die Ausgleichsleistung hat den Zweck, nach dem Umtausch verbleibende Spitzenbeträge auszugleichen.[46] Für die Festlegung des Umtauschverhältnisses ist ein für alle beteiligten Gesellschaften einheitlicher Bewertungsstichtag zu wählen,[47] der sinnvollerweise mit dem Stichtag der Schlussbilanzen übereinstimmen sollte. Ob der Stichtag frei gewählt werden kann[48] oder mit dem Tag der Beschlussfassung übereinstimmen muss,[49] ist streitig. Da eine Bewertung stets nur auf Basis der aktuell vorliegenden Daten erfolgen kann, muss der Stichtag bereits vor dem Tag der Beschlussfassung liegen. Hinzu kommt, dass gerade bei Beteiligung von Gesellschaften aus verschiedenen Rechtsordnungen nicht gewährleistet ist, dass alle Gesellschaften ihre Beschlüsse an demselben Tag fassen. Die Parallele zum Abfindungsanspruch,[50] bei dessen Bewertung die Verhältnisse im Zeitpunkt der Beschlussfassung zu berücksichtigen sind (§ 7 Abs. 2 SEAG), ist nicht zwingend; denn dieser wird erst im Nachhinein bewertet.[51] Zudem handelt es sich um einen gesetzlich geregelten Anspruch, so dass für einen parteiautonom festgelegten Zeitpunkt ohnehin kein Raum ist. Der Gefahr, dass sich bis zum Beschluss der Hauptversammlungen und darüber hinaus bis zum Wirksamwerden der Ver-

---

[43] In diesem Sinne *Scheifele*, S. 154; aA MünchKommAktG/*Schäfer*, Art. 20 Rn. 13.
[44] Dazu *Müller*, NZG 2006, 286 ff. sowie *ders.*, Der Konzern, 2007, 81 ff.
[45] Hierzu sogleich ausführlicher unter Rn. 68 ff.
[46] *Walden/Meyer-Landrut*, DB 2005, 2119, 2122; zum nationalen Recht *Lutter/Drygala*, UmwG, § 5 Rn. 36, und Semler/Stengel/*Schröer*, UmwG, § 5 Rn. 24.
[47] *Walden/Meyer-Landrut*, DB 2005, 2119, 2122.
[48] So *Lutter/Drygala*, UmwG, § 5 Rn. 21.
[49] *Walden/Meyer-Landrut*, DB 2005, 2119, 2122.
[50] So *Walden/Meyer-Landrut*, DB 2005, 2119, 2122.
[51] Vgl. zur Diskussion im nationalen Verschmelzungsrecht *Lutter/Drygala*, UmwG, § 5 Rn. 21.

schmelzung Änderungen in den Vermögensverhältnissen ergeben, kann nur durch kautelarjuristische Vorsorge begegnet werden.[52]

3. **Die Einzelheiten hinsichtlich der Übertragung der Aktien der SE**: Die Aktionäre der übertragenden Gesellschaft werden zwar gemäß Art. 29 Abs. 1 lit. b SE-VO mit Vollzug der Verschmelzung ipso jure Aktionäre der übernehmenden Gesellschaft. Zum Verfahren des Anteilsübergangs muss der Verschmelzungsplan jedoch die nötigen Angaben enthalten. Dazu gehört der Hinweis auf die regelmäßig in der übernehmenden Gesellschaft nötig werdende Kapitalerhöhung[53] und die Abwicklung der Anteilsübertragung über den nach § 71 UmwG zu bestellenden Treuhänder.[54] 36

4. **Den Zeitpunkt, von dem an diese Aktien das Recht auf Beteiligung am Gewinn gewähren, sowie alle Besonderheiten in Bezug auf dieses Recht**: Hier knüpft man häufig an den Beginn des Geschäftsjahres beim übernehmenden Rechtsträger an, um einen lückenlosen Übergang der Gewinnberechtigung zu gewährleisten. Denkbar sind aber auch andere Regelungen – was insbesondere dann notwendig werden kann, wenn die beteiligten Rechtsträger verschiedene Geschäftsjahre haben – bis hin zur Festlegung eines variablen Stichtages.[55] 37

5. **Den Zeitpunkt, von dem an die Handlungen der sich verschmelzenden Gesellschaften unter dem Gesichtspunkt der Rechnungslegung als für die Rechnung der SE vorgenommen gelten**: Der Verschmelzungsstichtag bezeichnet den Zeitpunkt, zu welchem die Rechnungslegung vom übertragenden auf den übernehmenden Rechtsträger wechselt. Er kann grundsätzlich frei festgelegt werden, allerdings ist darauf zu achten, dass er unmittelbar an den Stichtag der Schlussbilanz anknüpfen muss, die der Verschmelzung zu Grunde liegt.[56] Angesichts der besonderen Verfahrensdauer, mit der bei einer SE-Verschmelzung mitunter zu rechnen sein wird, bietet sich ein variabler Stichtag an, der sich verschiebt, wenn die Verschmelzung bis zum Eintritt des zunächst festgelegten Stichtages nicht zum Abschluss gelangt ist.[57] Fraglich ist, ob die sich verschmelzenden Gesellschaften verschiedene Verschmelzungsstichtage wählen können. Bei abweichenden Geschäftsjahren kann durchaus ein praktisches Bedürfnis dafür bestehen, den Verschmelzungsstichtag jeweils individuell festzulegen. Der Wortlaut des Art. 20 Abs. 1 lit. e SE-VO spricht entgegen dem ersten Anschein[58] nicht zwingend für einen einheitlichen Verschmelzungsstichtag. Daher dürfte die Festlegung verschiedener Stichtage zulässig sein.[59] Da die abschließende Rechtmäßigkeitsprüfung sich darauf bezieht, dass die 38

---

[52] Hierzu *Kiem*, ZIP 1999, 173 ff. sowie Semler/Stengel/*Schröer*, UmwG, § 5 Rn. 23.
[53] *Lutter/Drygala*, UmwG, § 5 Rn. 37; Semler/Stengel/*Schröer*, UmwG, § 5 Rn. 29. AA Widmann/*Mayer*, Umwandlungsrecht, § 5 Rn. 139. Eine Kapitalerhöhung ist nicht erforderlich, wenn die aufnehmende Gesellschaft über eine hinreichende Anzahl eigener Aktien verfügt (vgl. § 68 UmwG).
[54] Widmann/Mayer/*Heckschen*, Umwandlungsrecht, Anhang 14 Rn. 160; *Lutter/Drygala*, UmwG, § 5 Rn. 38; MünchKommAktG/*Schäfer*, Art. 20 Rn. 16; *Scheifele*, S. 158; Semler/Stengel/*Schröer*, UmwG, § 5 Rn. 30; *Schwarz*, Art. 20 Rn. 30.
[55] Näher Widmann/Mayer/*Heckschen*, Umwandlungsrecht, Anhang 14 Rn. 163; *Lutter/Drygala*, UmwG, § 5 Rn. 41; Semler/Stengel/*Schröer*, UmwG, § 5 Rn. 35 ff.
[56] Vgl. hierzu beispielsweise *Lutter/Drygala*, UmwG, § 5 Rn. 42, und Semler/Stengel/*Schröer*, UmwG, § 5 Rn. 40 ff.
[57] *Scheifele*, S. 159 f. Siehe für das nationale Recht *Lutter/Drygala*, UmwG, § 5 Rn. 43, und Semler/Stengel/*Schröer*, UmwG, § 5 Rn. 44 ff.
[58] Dort heißt es, der Verschmelzungsplan müsse enthalten „den Zeitpunkt, von dem an die Handlungen der sich verschmelzenden Gesellschaften ... als für Rechnung der SE vorgenommen gelten". Den Singular verwendet Art. 20 aber auch an anderer Stelle (lit. a: „die Firma und den Sitz der sich verschmelzenden Gesellschaften"), wo ganz gewiss verschiedene, auf die jeweilige Gesellschaft bezogene Angaben gemeint sind. Daher ist eine Auslegung, die nur einen einzigen Stichtag zuließe, nicht zwingend.
[59] Ebenso *Scheifele*, S. 160, und *Schwarz*, Art. 20 Rn. 33.

Hauptversammlungen gleich lautenden Verschmelzungsplänen zugestimmt haben (Art. 26 Abs. 3 SE-VO), sollte der einer Hauptversammlung vorgelegte Verschmelzungsplan auch den für die jeweils andere sich verschmelzende Gesellschaft geltenden Stichtag nennen.

39 6. **Die Rechte, welche die SE den mit Sonderrechten ausgestatteten Aktionären der Gründungsgesellschaften und den Inhabern anderer Wertpapiere als Aktien gewährt, oder die für diese Personen vorgeschlagenen Maßnahmen**: Die Information bezieht sich zum einen auf die Rechtsstellung derjenigen Aktionäre, die in den Gründungsgesellschaften Sonderrechte genießen konnten.[60] Sie dient damit der Information dieser Aktionäre über ihre künftige Rechtsposition, klärt aber zugleich auch die übrigen Aktionäre – und damit vor allem diejenigen der anderen Gründungsgesellschaften – darüber auf, inwieweit der Gleichbehandlungsgrundsatz in der künftigen gemeinsamen SE durchbrochen sein wird. Ebenso ist über Sonderrechte oder besondere Maßnahmen zu Gunsten der Inhaber anderer Wertpapiere zu informieren.

40 7. **Jeder besondere Vorteil, der den Sachverständigen, die den Verschmelzungsplan prüfen, oder den Mitgliedern der Verwaltungs-, Leitungs-, Aufsichts- oder Kontrollorgane der sich verschmelzenden Gesellschaften gewährt wird**: Diese Information soll die Aktionäre insbesondere davon in Kenntnis setzen, wer von den beteiligten Personen im Zusammenhang mit der Verschmelzung besondere Vorteile erlangt und daher möglicherweise in seinem objektiven Urteil beeinträchtigt sein könnte.[61]

41 8. **Die Satzung der SE**: Hier ist besonders zu beachten, dass die Satzung der SE inhaltlich mit dem Aktienrecht des Sitzstaates der SE kompatibel sein muss.[62] Gemäß der Generalverweisung des Art. 9 SE-VO und einiger Spezialverweisungen im weiteren Text der Verordnung findet auf die SE für alle Rechtsfragen, die in der Verordnung selbst nicht oder nur teilweise geregelt sind, ergänzend das im Sitzstaat für Aktiengesellschaften geltende Recht Anwendung. Satzungsgestaltungen sind damit nur zulässig, soweit entweder die Verordnung sie ausdrücklich zulässt (Art. 9 Abs. 1 lit. b SE-VO) oder soweit – in von der Verordnung nicht oder nur teilweise geregelten Bereichen – das nationale Aktienrecht sie gestattet (Art. 9 Abs. 1 lit. c iii SE-VO).[63] Soll die SE ihren Sitz in Deutschland haben, bedarf die Feststellung der Satzung der notariellen Beurkundung; der Zustimmungsbeschluss der Hauptversammlung der Gründungsgesellschaft erfüllt diese Form.[64]

---

[60] Sie unterscheidet sich damit von § 5 Abs. 1 Nr. 7 UmwG. Denn nach dieser Vorschrift ist nicht nur über die anlässlich der Verschmelzung gewährten Rechte, sondern generell über alle Sonderrechte zu informieren (*Lutter/Drygala*, UmwG, § 5 Rn. 44). Hierzu auch *Scheifele*, S. 161.

[61] Vgl. zur vergleichbaren Regelung im nationalen Recht: *Lutter/Drygala*, UmwG, § 5 Rn. 47 ff.; *Semler/Stengel/Schröer*, UmwG, § 5 Rn. 52 ff.

[62] *Scheifele*, S. 165 ff. listet die wichtigsten Satzungsbestandteile einer SE mit Sitz in Deutschland auf, die sich aus dem Zusammenspiel von SE-VO und nationalem Recht ergeben.

[63] Zu Satzungsstrenge und Gestaltungsfreiheit in der SE *Hommelhoff*, FS Ulmer, 2003, S. 267–278; Lutter/*Hommelhoff*, S. 17 ff. und Lutter/Hommelhoff/*Seibt*, S. 67–94. Der Vorrang der von der SE-VO eröffneten Gestaltungsfreiheit gegenüber nationalem Aktienrecht wird entgegen *Vossius* (in Widmann/Mayer, Umwandlungsrecht, § 20 UmwG Rn. 399, Fn. 1) auch im deutschen Text der Verordnung deutlich. Denn das vom nationalen Recht eröffnete Satzungsgestaltung greift gemäß der einleitenden Worte des Art. 9 Abs. 1 lit. c iii SE-VO überhaupt nur dort, wo die SE-VO keine eigene Regelung trifft; wenn hingegen ein Fall des Art. 9 Abs. 1 lit. b SE-VO vorliegt, die Verordnung also eine Satzungsbestimmung ausdrücklich zulässt, ist diese Frage hiermit von der Verordnung geregelt, so dass nationales Aktienrecht nicht zum Zuge kommen kann.

[64] *Schwarz*, Art. 20 Rn. 40.

9. **Angaben zu dem Verfahren, nach dem die Vereinbarung über die Beteiligung der Arbeitnehmer gemäß der Richtlinie 2001/86/EWG geschlossen wird**: Das Verfahren, nach dem die Vereinbarung über die Beteiligung der Arbeitnehmer geschlossen wird, steht grundsätzlich nicht zur Disposition der beteiligten Gesellschaften, sondern ist im SE-Beteiligungsgesetz geregelt. Insoweit kann die für den Verschmelzungsplan geforderte Information im Wesentlichen nur über den gesetzlich vorgegebenen Ablauf informieren.[65] Dabei sollte jedoch auf die spezifischen Verhältnisse der konkreten Verschmelzung eingegangen werden. Dazu kann es beispielsweise gehören, den Modus der Bestellung des Besonderen Verhandlungsgremiums (BVG) zu beschreiben. Denn die Aktionäre haben durchaus ein Interesse daran zu erfahren, ob die Mitglieder im BVG von den vorhandenen Betriebsverfassungsorganen bestellt,[66] im Wege einer Urwahl[67] oder etwa von den Gewerkschaften bestimmt[68] werden; denn dies kann nicht nur den Zeitplan der Verschmelzung, sondern auch das zu erwartende Klima im Verhandlungsgremium beeinflussen. 42

10. **Weitere Angaben**: Neben den in der Verordnung zwingend vorgeschriebenen Angaben können die Gesellschaften dem Verschmelzungsplan weitere Punkte hinzufügen (Art. 20 Abs. 2 SE-VO). Diese Ergänzungen sind fakultativ. Zusätzliche Angaben, die das nationale Verschmelzungsrecht vorschreibt, gelten für den SE-Verschmelzungsplan nicht, können also allenfalls auf **freiwilliger** Basis aufgenommen werden.[69] Dies kommt im deutschen Recht insbesondere für die bei innerstaatlichen Verschmelzungen vorgeschriebenen Angaben über die Folgen der Verschmelzung für die Arbeitnehmer und ihre Vertretungen (vgl. § 5 Abs. 1 Nr. 9 UmwG) in Betracht. 43

Eine Ausnahme sind mitgliedstaatliche Regelungen, zu denen die SE-VO ausdrücklich ermächtigt, also konkret die Vorschriften zum Schutz von Minderheitsaktionären. Verschmilzt eine deutsche Aktiengesellschaft auf eine SE mit Sitz im Ausland, muss in den Verschmelzungsplan gemäß § 7 Abs. 1 SEAG ein **Barabfindungsangebot** aufgenommen werden. 44

Zu beachten ist, dass die Verschmelzungspläne der verschiedenen Gesellschaften auch hinsichtlich der zusätzlichen Angaben **inhaltlich übereinstimmen** müssen, da die spätere Rechtmäßigkeitskontrolle darauf achten wird, dass alle beteiligten Gesellschaften einem gleich lautenden Verschmelzungsplan zugestimmt haben (Art. 26 Abs. 3 SE-VO). Eine wörtliche Identität ist allerdings nicht erforderlich, jedenfalls dann nicht, wenn die Verschmelzungspläne in verschiedenen Sprachen abgefasst sind.[70] 45

---

[65] Ebenso Kalss/*Hügel*, § 17 SEG Rn. 12.

[66] So im Regelfall bei den beteiligten deutschen Gesellschaften, sofern dort Arbeitnehmervertretungen existieren (§ 8 SE-Beteiligungsgesetz).

[67] So in Ermangelung betriebsverfassungsrechtlicher Strukturen festgelegt in der englischen Ausführungsregelung (Statutory Instrument 2004 No. 2326, Part 3, Chapter 3; Text abrufbar über www.se-network.org).

[68] So das französische Recht in Art. L. 439-29 Code du travail, eingefügt durch Gesetz vom 27. Juli 2005 (abrufbar unter www.se-network.org).

[69] Für abschließenden Charakter des Art. 20 SE-VO Kalss/*Hügel*, § 17 SEG Rn. 11; Jannott/ Frodermann, Kap. 3 Rn. 37; *Lind*, Rechtsanwendungsvorschriften, 2004, S. 108 ff.; Theisen/ Wenz/*Neun*, S. 84 f.; *Scheifele*, S. 170 f.; *Teichmann*, ZGR 2002, 383, 418 ff. AA Manz/Mayer/ Schröder, Art. 20 Rn. 9; dessen Hinweis auf die Systematik der Verweisungen in den Art. 9, 15 und 18 überzeugt aber nicht, weil die Verweisungen auf nationales Recht gerade voraussetzen, dass eine bestimmte Frage von der SE-VO nicht geregelt wurde. Die Systematik des Art. 20, dessen Abs. 2 die Aufnahme zusätzlicher Punkte gerade in das Belieben der Gesellschaften (und nicht der Mitgliedstaaten) stellt, spricht deutlich dagegen, hier eine Einbruchstelle für nationales Verschmelzungsrecht anzunehmen.

[70] Widmann/Mayer/*Heckschen*, Umwandlungsrecht, Anhang 14 Rn. 152.

46 Die zusätzliche Aufnahme einer **Rechtswahlklausel** wird in der Literatur zwar vorgeschlagen,[71] verspricht aber nur begrenzten Nutzen; denn die Verschmelzungsregelungen der SE-VO und des nationalen Umwandlungsrechts sind zumeist zwingender Natur.[72] Auch das gemäß Art. 9 SE-VO auf die SE anwendbare Aktienrecht kann nicht frei bestimmt werden, weil die beiden international üblichen kollisionsrechtlichen Anknüpfungspunkte der Registereintragung (Gründungstheorie) und der Hauptverwaltung (Sitztheorie) gemäß Art. 7 Satz 1 SE-VO zwingend in ein und demselben Mitgliedstaat liegen müssen. Bedeutung kann eine Rechtswahlklausel daher allenfalls für schuldrechtliche Abreden der beteiligten Gesellschaften oder ihrer Gesellschafter erlangen.[73]

47 **d) Form des Verschmelzungsplans.** Die SE-VO regelt die Form des Verschmelzungsplans nicht. Nach überwiegender Auffassung gilt jedoch für eine deutschem Recht unterliegende Gründungsgesellschaft das Formerfordernis der **notariellen Beurkundung** aus § 6 UmwG.[74] Dies folgt letztlich aus der Verweisung des Art. 18 SE-VO, der für das Verfahren in den beteiligten Gesellschaften ergänzend auf nationales Recht verweist.[75] Abzulehnen ist hingegen die Auffassung, wonach das Formerfordernis auch auf die anderen Gründungsgesellschaften ausstrahlt.[76] Da die SE-VO keinen Verschmelzungsvertrag, sondern nur einen Verschmelzungsplan vorschreibt, findet § 6 UmwG nur sinngemäße Anwendung auf den von der Gesellschaft deutschen Rechts zu beschließenden Verschmelzungsplan.[77] Der Zweck der Vorschrift liegt darin, den Inhalt des Vereinbarten beweiskräftig festzuhalten.[78] Hat die künftige SE ihren Sitz in einem Staat, dessen Rechtsordnung keine notarielle Beurkundung verlangt, kann § 6 UmwG nur für die deutschem Recht unterliegende Gesellschaft zur Anwendung gebracht werden. Nimmt die SE hingegen ihren Sitz in Deutschland, gelten über Art. 15 SE-VO die deutschen Gründungsvorschriften. Da hiernach die Satzung der Gesellschaft notariell beurkundet sein muss, wird man das Erfordernis der notariellen Beurkundung auch auf die Gesellschaft ausländischen Rechts erstrecken müssen. Allerdings sollte dann die Beurkundung durch ortsansässige Notare ohne weiteres ausreichend sein.[79]

---

[71] Sie wird empfohlen von *Manz/Mayer/Schröder*, Art. 20 Rn. 4, der allerdings den Anwendungsbereich einer solchen Klausel nicht näher beleuchtet.

[72] *Lennerz,* Die Internationale Verschmelzung und Spaltung unter Beteiligung deutscher Gesellschaften, 2001, S. 192 ff. lehnt aus diesem Grund die Möglichkeit einer Rechtswahl für den Verschmelzungsvertrag, soweit allein das Verhältnis der sich verschmelzenden Gesellschaften zueinander betroffen ist, ab.

[73] Zu denken wäre hier an das so genannte „business combination agreement", das eine derartige Transaktion häufig begleitet (siehe *Brandes,* AG 2005, 177, 181, *Walden/Meyer-Landrut,* DB 2005, 2119, 2121, und *Aha,* BB 2001, 2225 ff.). Soweit dieses über die gesellschaftsrechtlichen Fragen hinaus auch schuldrechtliche Elemente enthält, kann ein Bereich der Rechtswahlfreiheit eröffnet sein (dazu *Horn,* FS Buxbaum, 2000, S. 315, 324 f.).

[74] Widmann/Mayer/*Heckschen,* Umwandlungsrecht, Anhang 14 Rn. 198 ff.; *Jannott*/Frodermann, S. 44; Theisen/Wenz/*Neun,* S. 96; MünchKommAktG/*Schäfer,* Art. 20 Rn. 6; *Schindler,* S. 25; Manz/Mayer/*Schröder,* Art. 20 Rn. 43; *Schwarz,* Art. 20 Rn. 50; *Teichmann,* ZGR 2002, 383, 420 f.; ebenso im Ergebnis *Scheifele,* S. 172 ff. AA *Schulz/Geismar,* DStR 2001, 1078, 1080 und *Brandes,* AG 2005, 177, 182.

[75] Dazu *Scheifele,* S. 172 ff., der auch die damit verbundenen kollisionsrechtlichen Fragen behandelt.

[76] So aber Manz/Mayer/*Schröder,* Art. 20 Rn. 7.

[77] Dazu bereits *Teichmann,* ZGR 2002, 383, 420 f.

[78] BGHZ 82, 188, 194.

[79] Ebenso Lutter/Hommelhoff/*Bayer,* S. 35; *Jannott*/Frodermann, S. 44, und Manz/Mayer/*Schröder,* Art. 20 Rn. 51. AA Kalss/*Hügel,* § 17 Rn. 6, der Gleichwertigkeit der ausländischen Beurkundung fordert. Kritisch gegenüber Auslandsbeurkundungen auch Widmann/Mayer/*Heckschen,* Umwandlungsrecht, Anhang 14 Rn. 202 ff. und MünchKommAktG/*Schäfer,* Art. 20

e) Zuleitung an den Betriebsrat. Der Verweis des Art. 18 SE-VO erfasst auch die Vorschrift des § 5 Abs. 3 UmwG:[80] Der Verschmelzungsplan muss daher spätestens einen Monat vor der Hauptversammlung dem Betriebsrat der Gesellschaft zugeleitet werden.[81]

3. Verschmelzungsbericht

Die SE-VO erwähnt den Verschmelzungsbericht nicht ausdrücklich. Es gilt jedoch, vermittelt über Art. 18 SE-VO, die Regelung des Umwandlungsgesetzes.[82] Folglich hat der Vorstand der sich verschmelzenden Aktiengesellschaft nach § 8 UmwG einen ausführlichen **schriftlichen Bericht** zu erstatten, in dem die Verschmelzung und der Verschmelzungsplan im Einzelnen rechtlich und wirtschaftlich erläutert und begründet werden. Besonderes Augenmerk ist dabei auf das Umtauschverhältnis der Anteile sowie die Höhe einer eventuell anzubietenden Barabfindung[83] zu richten.

Die Berichtspflicht der beteiligten Gesellschaften, die nicht deutschem Recht unterliegen, richtet sich nach deren nationalem Verschmelzungsrecht. Da Art. 9 der Dritten Richtlinie einen Verschmelzungsbericht vorschreibt, darf man annehmen, dass hierzu auch in allen Mitgliedstaaten der Gemeinschaft eine Regelung anzutreffen ist. Denkbar ist auch eine **gemeinsame Berichterstattung**, sofern beide Rechtsordnungen dies vorsehen.[84] Das deutsche Recht lässt dies zu (§ 8 Abs. 1 Satz 1 aE UmwG). Allerdings bleibt stets zu bedenken, dass der Verschmelzungsbericht eine Informationsfunktion gegenüber den Aktionären der einzelnen beteiligten Gesellschaften hat. Die Aktionärsinteressen der beteiligten Gesellschaften können durchaus divergieren, beispielsweise wenn Unklarheiten über das Umtauschverhältnis entstehen. Daher muss auch ein gemeinsamer Bericht die jeweils spezifischen Interessen der Aktionäre der einzelnen Gesellschaften ansprechen.[85] Bei der grenzüberschreitenden Verschmelzung kommt es auf diese Weise zu einer Kumulation der Rechtsordnungen.[86] Ein gemeinsam vorgelegter Bericht muss also den Anforderungen aller beteiligten Rechtsordnungen gerecht werden.

Einen **Verzicht** auf den Verschmelzungsbericht erlaubt § 8 Abs. 3 UmwG, wenn alle Aktionäre aller beteiligten Rechtsträger dem zustimmen.[87] Bei Gründung einer SE wäre also darauf zu achten, dass alle Aktionäre aller beteiligten Gesellschaften verzichten und dies auch von allen beteiligten Rechtsordnungen zugelassen wird. Verzichten

---

Rn. 7; *Schwarz*, Art. 20 Rn. 53, plädiert dafür, an die Gleichwertigkeit geringere Anforderungen zu stellen, weil es sich um eine supranationale Rechtsform handele und insoweit der Einwand fehlender Kenntnis des nationalen Rechts eine geringere Bedeutung habe.

[80] *Teichmann*, ZGR 2002, 383, 421; MünchKommAktG/*Schäfer*, Art. 20 Rn. 10; *Scheifele*, S. 191; Theisen/Wenz/*Neun*, S. 120, stützt sich hierzu auf Art. 15 (dagegen ist einzuwenden, dass Art. 15 nicht das Verfahren in den Gründungsgesellschaften betrifft; siehe dazu bereits oben bei Rn. 17).

[81] Zur Fristberechnung Kallmeyer/*Willemsen*, UmwG, § 5 Rn. 76.

[82] Widmann/Mayer/*Heckschen*, Umwandlungsrecht, Anhang 14 Rn. 210; Theisen/Wenz/ *Neun*, S. 93; MünchKommAktG/*Schäfer*, Art. 22 Rn. 13; *Scheifele*, S. 178; *Teichmann*, ZGR 2003, 367, 374.

[83] Dazu unten Rn. 87 ff.

[84] Widmann/Mayer/*Heckschen*, Umwandlungsrecht, Anhang 14 Rn. 213; Theisen/Wenz/ *Neun*, S. 94 f.; *Scheifele*, S. 179 f.

[85] Kallmeyer/*Marsch-Barner*, UmwG, 2. Aufl. 2001, § 8 Rn. 4.

[86] *Scheifele*, S. 180.

[87] Die Dritte Richtlinie sieht einen Verzicht zwar nicht vor; da der Bericht aber allein dem Schutz der Aktionäre dient, spricht nichts dagegen, ihn bei einmütigem Verzicht entfallen zu lassen (*Lutter/Drygala*, UmwG, § 8 Rn. 49; ebenso für die Parallelvorschrift des österreichischen Rechts *Bachner* in Kalss (Hrsg.), Handkommentar zur Verschmelzung, Spaltung, Umwandlung, 1997, § 220a, Rn. 5).

nur die Aktionäre der deutschen Gesellschaft, entbindet dies die andere beteiligte Gesellschaft nicht von der Berichtspflicht.[88]

52 Ein Verzicht auf den Bericht ist auch bei **Konzernverschmelzungen** denkbar. Befinden sich alle Anteile des übertragenden Rechtsträgers in der Hand des übernehmenden Rechtsträgers, ist ein Verschmelzungsbericht nicht erforderlich (§ 8 Abs. 3 Satz 1 UmwG). Da die SE-VO die Frage des Verschmelzungsberichts nicht regelt,[89] findet § 8 Abs. 3 Satz 1 UmwG über Art. 18 SE-VO Anwendung.[90] Die deutsche Regelung stützt sich auf Art. 24 der Dritten Richtlinie; Vergleichbares dürfte sich im Recht anderer Mitgliedstaaten finden.[91]

53 Wird eine Verschmelzung durch Aufnahme von einer Gesellschaft vollzogen, die mindestens 90 % der Anteile an einer anderen Gesellschaft hält, ist ein Verschmelzungsbericht entbehrlich, es sei denn, das einzelstaatliche Recht würde ihn verlangen (Art. 31 Abs. 2 SE-VO).[92] Da § 8 Abs. 3 UmwG insoweit strenger ist, kommt Art. 31 Abs. 2 SE-VO für in Deutschland ansässige Aktiengesellschaften nicht zur Anwendung.[93]

4. Prüfung der Verschmelzung

54 Eine Verschmelzungsprüfung ist in der SE-VO nicht geregelt, über die Dritte Richtlinie aber europaweiter Standard. Die SE-VO setzt diesen harmonisierten Rechtszustand unausgesprochen voraus, der über die Verweisungsnorm des Art. 18 SE-VO auch für die Verschmelzung zur SE gilt.[94] Mittelbar wird dies erkennbar in der Regelung des Art. 22 SE-VO zur gemeinsamen Prüferbestellung. Demnach können die beteiligten Gesellschaften die Prüfung einem gemeinsam bestellten Prüfer übertragen.[95] Art. 22 SE-VO regelt auch ausdrücklich das Recht der Prüfer, von den beteiligten Gesellschaften alle für die Prüfung erforderlichen Auskünfte zu verlangen. Im Übrigen richtet sich die Prüfung nach den für nationale Verschmelzungen geltenden Grundsätzen.[96] Sie ist entbehrlich bei der Konzernverschmelzung im Sinne des Art. 31 Abs. 1 SE-VO.

5. Offenlegung des Verschmelzungsvorhabens

55 Im Gründungsverfahren ist jede der beteiligten Gesellschaften grundsätzlich noch ihrem eigenen Gesellschaftsrecht unterworfen (vgl. Art. 18 SE-VO). Sie muss daher auch die nach nationalem Recht geltenden Offenlegungspflichten beachten, die in-

---

[88] *Schwarz*, Art. 20 Rn. 61.
[89] Auch nicht in Art. 31 Abs. 1, der die Erleichterungen bei der Konzernverschmelzung regelt.
[90] Nach Auffassung von *Scheifele*, S. 284, findet § 8 Abs. 3 UmwG kraft der Verweisung des Art. 31 Abs. 1 Satz 2 SE-VO Anwendung; das Ergebnis – Anwendbarkeit des § 8 Abs. 3 UmwG – bliebe das Gleiche.
[91] Allerdings haben nicht alle Mitgliedstaaten den von Art. 24 Abs. 1 der Dritten Richtlinie eröffneten Freiraum ausgeschöpft. So lässt § 232 Abs. 1 öAktG den Bericht nicht gänzlich entfallen, sondern gewährt nur inhaltliche Erleichterungen.
[92] Die Vorschrift gilt dem Wortlaut nach sowohl für den Upstream-, als auch für den Downstream-Merger (insoweit zutreffend Kalss/*Hügel*, § 20 SEG Rn. 13; aA *Scheifele*, S. 281). Nach ihrem Sinn und Zweck – dass ein Aktionärsschutz entbehrlich ist, wenn die infolge der Verschmelzung untergehende Gesellschaft keine oder nur wenige Minderheitsaktionäre hat – kann sie jedoch nur auf den Upstream-Merger Anwendung finden.
[93] Ebenso *Scheifele*, S. 288.
[94] Widmann/Mayer/*Heckschen*, Umwandlungsrecht, Anhang 14 Rn. 216; MünchKomm AktG/*Schäfer*, Art. 22 Rn. 1.
[95] Zum etwas missverständlichen Wortlaut der Norm, der – fälschlicherweise – zu dem Schluss verleiten könnte, der Prüfer müsse nicht unabhängig sein, *Schwarz*, Art. 22 Rn. 10 ff.
[96] Vgl. Widmann/Mayer/*Heckschen*, Umwandlungsrecht, Anhang 14 Rn. 222 ff. und MünchKommAktG/*Schäfer*, Art. 22 Rn. 9, jew. mwN.

dessen durch die Erste und die Dritte gesellschaftsrechtliche Richtlinie weitgehend harmonisiert sind. Eine an der Verschmelzung beteiligte Gesellschaft deutschen Rechts muss daher gemäß § 61 UmwG den **Verschmelzungsplan** vor der Einberufung der Hauptversammlung zum Handelsregister einreichen.[97] Das Gericht wird dies bekannt machen und darauf hinweisen, dass der Verschmelzungsplan eingereicht worden ist (§ 61 Satz 2 UmwG).

Für die SE-Verschmelzung wird diese nationale Regelung überlagert durch Art. 21 SE-VO, der die Bekanntmachung folgender **Mindestangaben** vorschreibt: **56**
a) Rechtsform, Firma und Sitz der sich verschmelzenden Gesellschaften,
b) das Register, bei dem die in Artikel 3 Absatz 2 der Richtlinie 68/151/EWG genannten Urkunden für jede der sich verschmelzenden Gesellschaften hinterlegt worden sind, sowie die Nummer der Eintragung in das Register,
c) einen Hinweis auf die Modalitäten für die Ausübung der Rechte der Gläubiger der betreffenden Gesellschaft gemäß Artikel 24 sowie die Anschrift, unter der erschöpfende Auskünfte über diese Modalitäten kostenlos eingeholt werden können,
d) einen Hinweis auf die Modalitäten für die Ausübung der Rechte der Minderheitsaktionäre der betreffenden Gesellschaft gemäß Artikel 24 sowie die Anschrift, unter der erschöpfende Auskünfte über diese Modalitäten kostenlos eingeholt werden können,
e) die für die SE vorgesehene Firma und ihr künftiger Sitz.

§ 5 SEAG dient dazu, die nationale und die europäische Offenlegungsvorschrift zu koordinieren. Demnach wird das Register, zu dem der Verschmelzungsplan eingereicht wurde, bei der nach § 61 Satz 2 UmwG gebotenen Bekanntmachung zugleich die nach Artikel 21 vorgeschriebenen Angaben bekannt machen. Dem entsprechend muss die sich verschmelzende Gesellschaft bei Einreichung des Verschmelzungsplans dem Register zugleich die nach Artikel 21 SE-VO nötigen Angaben übermitteln. **57**

6. Aufnahme der Verhandlungen mit den Arbeitnehmern

Jede SE-Gründung löst zwingend Verhandlungen über die künftigen Beteiligungsrechte der Arbeitnehmer aus. Damit die Arbeitnehmer aller beteiligten Gesellschaften in diesen Verhandlungen mit einer Stimme sprechen können, sieht die SE-Richtlinie die Bildung eines **besonderen Verhandlungsgremiums** vor, in dem die Arbeitnehmer entsprechend ihrer Aufteilung auf die verschiedenen Mitgliedstaaten gleichberechtigt repräsentiert sind. Dieses Verfahren in Gang zu bringen, ist Aufgabe der Unternehmensleitung. Sie muss nach Offenlegung des Verschmelzungsplanes so rasch wie möglich die erforderlichen Schritte einleiten, um mit den Verhandlungen beginnen zu können. Ablauf und Inhalt der Verhandlungen werden im 6. Abschnitt ausführlich erläutert. **58**

Es empfiehlt sich, bereits im **Planungsstadium** mit den Arbeitnehmervertretern im Unternehmen zu sprechen. Da nach § 8 SEBG in aller Regel das höchste der bereits vorhandenen betriebsverfassungsrechtlichen Organe (Betriebsrat, Gesamtbetriebsrat, Konzernbetriebsrat) über die Besetzung des besonderen Verhandlungsgremiums entscheidet, lässt sich der Verhandlungsbedarf durch frühzeitige Einbeziehung dieses Organs möglicherweise schon vorab klären. **59**

Welches der Zeitpunkt der **Offenlegung** ist, die das Verfahren der Arbeitnehmerbeteiligung auslöst, sagt die SE-Richtlinie nicht. Es ist aber anzunehmen, dass sie sich gedanklich auf die Regelung der Dritten gesellschaftsrechtlichen Richtlinie bezieht, die das Recht der Verschmelzung in allen Mitgliedstaaten einander angeglichen hat. Über den Verweis des Art. 18 SE-VO finden diese Regeln auf die Gründungsgesellschaften einer SE Anwendung. Nach Art. 6 der Dritten Richtlinie ist der Verschmel- **60**

---

[97] *Schwarz*, Art. 22 Rn. 27.

zungsplan mindestens einen Monat vor dem Tage der Hauptversammlung offenzulegen, die über den Verschmelzungsplan zu beschließen hat. Das Verfahren der Offenlegung wiederum ergibt sich aus Art. 3 der Ersten gesellschaftsrechtlichen Richtlinie, der die Bekanntmachung gesellschaftsrechtlicher Vorgänge im Handelsregister regelt. Für eine in Deutschland eingetragene Aktiengesellschaft, die sich an der Verschmelzung zu einer SE beteiligt, gilt also § 61 UmwG: Der Verschmelzungsplan ist vor der Einberufung der Hauptversammlung zum Handelsregister einzureichen; das Gericht macht sodann einen Hinweis darauf bekannt, dass der Verschmelzungsplan beim Handelsregister eingereicht worden ist. Streng genommen wird man von einer „Offenlegung" erst dann sprechen können, wenn dieser Hinweis bekannt gemacht worden ist.[98] Aus praktischer Sicht spricht aber nichts dagegen, mit der Bildung des besonderen Verhandlungsgremiums bereits zeitgleich mit der Einreichung des Verschmelzungsplans zum Handelsregister zu beginnen.

7. Hauptversammlungsbeschluss

61   Die Verschmelzung zur SE bedarf ebenso wie die innerstaatliche Verschmelzung eines Hauptversammlungsbeschlusses, der mit einer **Mehrheit** von mindestens drei Vierteln des bei der Beschlussfassung vertretenen Grundkapitals gefasst werden muss.[99] **Einberufung und Durchführung** der Hauptversammlung richten sich nach dem allgemeinen Aktien- und Umwandlungsrecht.[100] Von der Einberufung der Hauptversammlung an sind die in § 63 Abs. 1 UmwG genannten Unterlagen auszulegen, wobei an die Stelle des Verschmelzungsvertrages der Verschmelzungsplan tritt. Die Unterlagen sind sodann in der Hauptversammlung auszulegen (§ 64 Abs. 1 Satz 1 UmwG); der Vorstand hat den Verschmelzungsplan zu Beginn der Verhandlung mündlich zu erläutern (§ 64 Abs. 1 Satz 2 UmwG).

62   Jedem Aktionär ist auf Verlangen **Auskunft** über alle für die Verschmelzung wesentlichen Angelegenheiten der anderen beteiligten Rechtsträger zu geben (§ 64 Abs. 2 UmwG). Der Vorstand hat sich entsprechend vorzubereiten und im Regelfall auch dafür Sorge zu tragen, dass kompetente Vertreter der anderen Gründungsgesellschaften anwesend sind.[101] Eine Besonderheit ergibt sich bei der Verschmelzung zur SE aus dem grenzüberschreitenden Kontext. Es ist durchaus denkbar, dass die Rechtsordnung der anderen beteiligten Gesellschaften vergleichbare Auskunftsrechte nicht kennt oder sie anders ausgestaltet.[102] Der Vorstand der deutschen Aktiengesellschaft sollte daher vor Beginn der Hauptversammlung klären, in welcher Form und in welchem Umfang die Vertretungsorgane der ausländischen Gesellschaften Informationen erteilen können. Soweit sie nach dem Statut der ausländischen Gesellschaft eine Information verweigern dürfen, muss dies von den Aktionären der deutschen Gesellschaft hingenommen werden.

63   Der Hauptversammlungsbeschluss unterliegt der Anfechtbarkeit nach den allgemeinen aktienrechtlichen Regeln. Ebenso wie im nationalen Verschmelzungsrecht ist je-

---

[98] Dafür spricht auch die Systematik des Art. 3 der Ersten gesellschaftsrechtlichen Richtlinie, der den Vorgang der Offenlegung als ein zweistufiges Verfahren regelt: Einreichung beim Register, Bekanntmachung im Amtsblatt.
[99] Art. 23 Abs. 1 ordnet an, dass die Hauptversammlung jeder sich verschmelzenden Gesellschaft dem Verschmelzungsplan zustimmen muss. Das Mehrheitserfordernis ergibt sich über den Verweis des Art. 18 SE-VO aus § 65 UmwG (*Schwarz*, Art. 23 Rn. 17).
[100] Grundlage ist der Verweis in Art. 18. Vgl. Widmann/Mayer/*Hecksehen*, Umwandlungsrecht, Anhang 14 Rn. 231 ff.
[101] So zu § 64 für das nationale Recht *Lutter/Drygala*, UmwG, § 64 Rn. 7.
[102] Vgl. beispielsweise die rechtsvergleichende Untersuchung von *Grechenig*, Spanisches Aktien- und GmbH-Recht, 2005, S. 118 f. zum Auskunfts- und Informationsrecht nach spanischem Aktienrecht, das schriftlich vor der Hauptversammlung und mündlich in der Hauptversammlung ausgeübt werden kann.

§ 2 Verschmelzung § 2 64

doch auch bei der Verschmelzung zur SE eine **Anfechtungsklage** unzulässig, die sich allein darauf stützt, dass das Umtauschverhältnis nicht angemessen sei (§ 6 Abs. 1 SEAG) oder die Barabfindung zu niedrig bemessen oder im Verschmelzungsplan nicht oder nicht ordnungsgemäß angeboten sei (§ 7 Abs. 5 SEAG). Zur Kontrolle des Umtauschverhältnisses und der Barabfindung ist das **Spruchverfahren** eröffnet (§§ 6 Abs. 4, 7 Abs. 7 SEAG). Ist allerdings ein derartiges Verfahren in der Rechtsordnung der anderen beteiligten Gesellschaften unbekannt, hängt seine Anwendung davon ab, dass die Aktionäre der ausländischen Gesellschaft zustimmen (Art. 25 Abs. 3 SE-VO). Wird diese Zustimmung nicht erteilt, können die Aktionäre der deutschen Gesellschaft Mängel des Umtauschverhältnisses oder der Barabfindung im Wege der allgemeinen Anfechtungsklage rügen.[103] Bei Vorbereitung des Verschmelzungsplanes sollten die Vertreter der deutschen Gesellschaft daher darauf dringen, dass die Hauptversammlung der ausländischen Gesellschaften in ihrem Verschmelzungsbeschluss der Anwendung des Spruchverfahrens zustimmt. Für die Aktionäre der ausländischen Gesellschaft kann ein gemeinsamer Vertreter bestellt werden (§ 6a SpruchG). Von darüber hinausgehenden Regelungen zur Interessenwahrung der Aktionäre der ausländischen Gesellschaften[104] hat der Gesetzgeber abgesehen, um zunächst die Erfahrungen mit dem reformierten Spruchverfahren abzuwarten.[105]

Die Hauptversammlung kann sich in dem Beschluss das Recht vorbehalten, die Eintragung der SE davon abhängig zu machen, dass die **Vereinbarung über die Arbeitnehmerbeteiligung** von ihr genehmigt wird (Art. 23 Abs. 2 Satz 2 SE-VO). In praktischer Hinsicht wird sich dies nur selten empfehlen, da für diese Genehmigung eine weitere Hauptversammlung abzuhalten wäre.[106] Fraglich ist auch, mit welcher Mehrheit die Hauptversammlung erklären kann, dass die Vereinbarung von ihr genehmigt werden soll, und mit welcher Mehrheit anschließend über die Genehmigung abzustimmen ist. Die SE-VO trifft hierzu keine Regelung. Es ist also gemäß Art. 18 SE-VO nationales Recht heranzuziehen. Da dies einen vergleichbaren Beschluss nicht kennt, stellt sich die Frage, ob nach allgemeiner Regel (§ 133 Abs. 1 AktG) einfache Mehrheit genügt[107] oder wegen des sachlichen Zusammenhangs mit der Verschmelzung die hierfür nötige Dreiviertel-Mehrheit zu fordern ist.[108] Die Nähe zum Verschmelzungsbeschluss, die sich auch aus dem Regelungszusammenhang der SE-VO ergibt, spricht für die **qualifizierte Mehrheit**. Denn die SE-VO statuiert mit dem fakultativen Genehmigungsvorbehalt ein Entscheidungskriterium, im Lichte dessen die Verschmelzung nach dem Willen der Hauptversammlung – wenn sie denn davon Gebrauch macht – „stehen oder fallen" soll. Dass die Aktionäre dieses ihnen wichtige Kriterium nicht bereits bei der Abstimmung über die Verschmelzung in ihre Willensbildung einbeziehen können, liegt allein an der zeitlichen Streckung des Verfahrens, die nicht selten dazu führen wird, dass am Tag der Hauptversammlung das Arbeitnehmerbeteiligungsmodell noch nicht feststeht. Insoweit soll die Erklärung im Sinne des Art. 23 Abs. 2 Satz 2 SE-VO den Aktionären die Möglichkeit vorbehalten, die Ver-

---

[103] § 6 Abs. 1 und § 7 Abs. 5 SEAG stellen den Ausschluss der Anfechtungsklage ausdrücklich unter den Vorbehalt, dass die Voraussetzung des Art. 25 Abs. 3 Satz 1 SE-VO erfüllt sei. Die Frage wurde vom Gesetzgeber nicht etwa übersehen, wie Manz/Mayer/*Schröder*, Art. 24 Rn. 45, annimmt, sondern in der vorangegangenen Diskussion mehrfach angesprochen (vgl. Theisen/Wenz/*Teichmann*, S. 586, und *Teichmann*, ZGR 2002, 383, 428) und auf Vorschlag des DAV (Stellungnahme zum DiskE, NZG 2004, 75, 77) ausdrücklich im Gesetzestext klargestellt.
[104] Vorschläge hierzu de lege ferenda bei *Teichmann*, ZGR 2002, 383, 429 ff.
[105] Zur Reform des Spruchverfahrens *Neye*, NZG 2002, 23 f.
[106] Denkbar ist aber die Begründung eines Zustimmungsvorbehalts zugunsten des Aufsichtsrats (*Teichmann*, ZGR 2002, 383, 430; MünchKommAktG/*Schäfer*, Art. 23 Rn. 2; Zweifel an der rechtlichen Tragfähigkeit dieser Lösung äußert Theisen/Wenz/*Neun*, S. 132 f.
[107] So MünchKommAktG/*Schäfer*, Art. 23 Rn. 12 und *Schwarz*, Art. 23 Rn. 32.
[108] *Oplustil*, German Law Journal, Vol. 4 No. 2, S. 118.

schmelzung auch und gerade im Lichte der künftigen Arbeitnehmerbeteiligung zu beurteilen. Daher ist auch bei dem nachgeschobenen Beschluss über die Arbeitnehmerbeteiligung dieselbe Mehrheit wie bei der Verschmelzung erforderlich. Ließe man einfache Mehrheit genügen, hätten die Verhandlungsführer es durch Hinauszögern der Vereinbarung in der Hand darüber zu bestimmen, ob die Aktionäre über das Modell der Arbeitnehmerbeteiligung mit Dreiviertelmehrheit abstimmen – wenn es bei Abstimmung über die Verschmelzung bereits bekannt wäre – oder nur mit einfacher Mehrheit – wenn es erst nach der Hauptversammlung bekannt würde und die Aktionäre sich lediglich die Genehmigung vorbehalten hätten.

8. Rechtmäßigkeitsprüfung

65 Die SE-VO sieht für die Verschmelzung – entsprechend dem in zwei Phasen aufgeteilten Gründungsverfahren (oben Rn. 15 ff.) – eine **zweistufige Rechtmäßigkeitsprüfung** vor:[109] Die erste Stufe wird abgeschlossen von der Rechtmäßigkeitsbescheinigung, die das zuständige Gericht über das in der jeweiligen Gründungsgesellschaft vollzogene Verfahren ausstellt (Art. 25 Abs. 2 SE-VO). Gemäß § 4 SEAG ist hierfür das Gericht zuständig, das gemäß § 125 Abs. 1 und 2 des Gesetzes über die Angelegenheiten der freiwilligen Gerichtsbarkeit (FGG) für die Eintragungen betreffend die Gründungsgesellschaft zuständig ist. Dem deutschen Registergericht sind in einem solchen Fall die nach §§ 16, 17 UmwG notwendigen Unterlagen vorzulegen.[110]

66 Die Bescheinigung des Herkunftsstaats ist der eintragenden Behörde **im künftigen Sitzstaat** der SE vorzulegen (Art. 26 Abs. 2 SE-VO). Diese prüft, ob die Gesellschaften einem gleich lautenden Verschmelzungsplan zugestimmt haben (Art. 26 Abs. 3 SE-VO); weiterhin werden die Gründungsvoraussetzungen des Sitzstaatrechts geprüft und der Abschluss einer Vereinbarung über die Arbeitnehmerbeteiligung. Eine Pflicht, die Einhaltung der Verfahrensvorschriften derjenigen Rechtsordnungen zu überprüfen, denen die Gründungsgesellschaften unterliegen, besteht grundsätzlich nicht; insoweit hat die Rechtmäßigkeitsbescheinigung des Herkunftsstaats abschließenden Charakter.[111] Bei offenkundigen Verfahrensfehlern muss die Eintragung verweigert werden.

9. Eintragung und Wirkungen der Verschmelzung

67 Die Verschmelzung wird mit ihrer **Eintragung** im künftigen Sitzstaat der SE **wirksam**. Die Wirkungen der Verschmelzung regelt Art. 29 SE-VO: Es geht das gesamte Aktiv- und Passivvermögen aller übertragenden Gründungsgesellschaften auf die SE über; die Aktionäre der übertragenden Gesellschaften werden Aktionäre der übernehmenden Gesellschaft; die übertragenden Gesellschaften erlöschen; die übernehmende Gesellschaft nimmt – bei einer Verschmelzung zur Aufnahme – die Rechtsform der SE an. Die Verschmelzung ist für jede sich verschmelzende Gesellschaft offenzulegen (Art. 28 SE-VO), bei der beteiligten deutschen Gesellschaft also gemäß §§ 8 ff. HGB in das Handelsregister einzutragen.[112] Die Verschmelzung kann nach Eintragung der SE nicht mehr für nichtig erklärt werden (Art. 30 Satz 1 SE-VO). Das Fehlen der Rechtmäßigkeitskontrolle nach Art. 25 und 26 SE-VO kann allerdings einen Grund für die Auflösung der SE darstellen (Art. 30 Satz 2 SE-VO).

---

[109] Widmann/Mayer/*Heckschen*, Umwandlungsrecht, Anhang 14 Rn. 249; MünchKommAktG/*Schäfer*, Art. 25 Rn. 1; *Schwarz*, Art. 25 Rn. 5 ff.

[110] Dies folgt aus dem allgemeinen Verweis des Art. 18; näher Widmann/Mayer/*Heckschen*, Umwandlungsrecht, Anhang 14 Rn. 251.

[111] In diesem Sinne auch Widmann/Mayer/*Heckschen*, Umwandlungsrecht, Anhang 14 Rn. 266; MünchKommAktG/*Schäfer*, Art. 25 Rn. 6, und *Schwarz*, Art. 26 Rn. 16.

[112] *Schwarz*, Art. 28 Rn. 7.

III. Einzelfragen

1. Unternehmensbewertung

Der Vorgang der Verschmelzung setzt eine Bewertung der beteiligten Unternehmen 68
voraus. Der hierbei ermittelte Wert bestimmt über das Umtauschverhältnis der Aktien,
das in den Verschmelzungsplan aufzunehmen ist. Da hiervon die Aktionäre aller beteiligten
Gesellschaften unmittelbar in ihrer Rechtsstellung betroffen sind, muss die
Bewertung der Gesellschaften denselben Methoden folgen.[113] Welche **Methoden** anzuwenden
sind, schreibt das Gesetz nicht vor.[114] Die Auswahl der geeigneten Methode
ist somit in erster Linie eine Frage der Betriebswirtschaftslehre. Sie muss aber zugleich
rechtlich geleitet sein, weil die Auswahl der Methode auch vom Bewertungsanlass gesteuert
ist, der im konkreten Fall von der Rechtsordnung vorgegeben und daher auch
bei der Bewertung im Blick zu behalten ist.[115] Soweit es um das Umtauschverhältnis
geht, werden die Unternehmen bewertet.[116] Steht jedoch das Ausscheiden eines Gesellschafters
gegen Barabfindung in Frage, geht es um die Bewertung des von ihm gehaltenen
Anteils. Daraus können sich Abweichungen in Bewertungsfragen ergeben. Ist
beispielsweise nur eine der beteiligten Gesellschaften börsennotiert, ist für die Ermittlung
des Umtauschverhältnisses eine gemeinsame Bewertungsbasis zu finden – der
Börsenkurs kann also nicht allein entscheidend sein[117] –, während die Abfindung eines
aus der börsennotierten Gesellschaft ausscheidenden Gesellschafters in enger Anlehnung
an den Börsenkurs ermittelt werden kann.[118]

Insoweit stellt sich auch die Frage, ob bei Ermittlung des Umtauschverhältnisses berücksichtigt 69
werden muss, dass die Anteile an der künftigen SE möglicherweise andere
Rechtspositionen bieten als die bisherigen Anteile an einer Aktiengesellschaft deutschen
Rechts; eine Situation, die vor allem dann eintreten kann, wenn die SE ihren Sitz im
Ausland hat. Im nationalen Verschmelzungsrecht entsteht eine vergleichbare Konstellation,
wenn Rechtsträger unterschiedlicher Rechtsform miteinander verschmelzen.
§ 29 UmwG sieht hierfür aus gutem Grund ein Austrittsrecht gegen Barabfindung vor.
Denn zum einen soll dem Gesellschafter der **Wechsel des Rechtsrahmens** nicht gegen
seinen Willen aufgezwungen werden. Zum anderen lassen sich die Unterschiede in der
rechtlichen Ausgestaltung eines Anteilsrechts kaum wirtschaftlich bewerten.[119] Die

---

[113] Siehe zu diesem Fragenkreis *Theisen/Wenz/Neun*, S. 81 ff. und *Schwarz*, Art. 20, Rn. 25 f.; für das deutsche Recht *Lutter/Drygala*, UmwG, § 5 Rn. 26 mwN.

[114] Bei börsennotierten Gesellschaften bildet allerdings der Börsenkurs zumindest die Untergrenze für die Bewertung (nach BVerfGE 100, 289 ff.; näher *Lutter/Drygala*, UmwG, § 5 Rn. 23 ff.; monographisch *Gude*, Strukturänderungen und Unternehmensbewertung zum Börsenkurs, 2004).

[115] Dazu *Gude*, S. 6 ff. mwN; grundlegend zur dogmatischen Unterscheidung nach Bewertungsanlässen *Feitsch*, Anlassbezogene Unternehmens- und Anteilsbewertungen, 2004.

[116] Da Ziel der Bewertung die Ermittlung des Umtauschverhältnisses der Anteile ist, geht es streng genommen um den Wert der Anteile (vgl. *Feitsch*, S. 90 ff.). Sie vermitteln jedoch eine Vermögensposition am Unternehmen der Gesellschaft, weshalb faktisch eine Unternehmensbewertung vorzunehmen ist, von der auf den anteiligen Wert der Beteiligung rückgeschlossen werden kann.

[117] *Lutter/Drygala*, UmwG, § 5 Rn. 26; OLG Stuttgart, AG 2006, 420 ff.

[118] Der Börsenkurs ist gemäß der verfassungsrechtlichen Vorgaben jedenfalls die Untergrenze der Abfindung (näher *Lutter/Drygala*, UmwG, § 5 Rn. 28).

[119] Zumal es hier stets nur um Minderheitenpositionen gehen kann, also beispielsweise das Fragerecht in der Hauptversammlung oder die Möglichkeit, das Quorum für eine Einberufung der Hauptversammlung zu erreichen. Es steht den Gesellschaften allerdings frei, für derartige Verschiebungen in der rechtlichen Ausstattung des Anteils eine bare Zuzahlung als Kompensation festzusetzen (so zum nationalen Recht Semler/Stengel/*Schröer*, UmwG, § 5 Rn. 26).

Existenz eines Austrittsrechts ist daher zugleich Rechtfertigung dafür, dass bei Ermittlung des Umtauschverhältnisses allein der Vermögenswert des Unternehmens und nicht die rechtliche Ausstattung der Anteile berücksichtigt wird.[120] Da § 7 SEAG diesen Mechanismus übernimmt, gelten die gleichen Überlegungen auch für die Verschmelzung zur Gründung einer SE.[121]

70 Zur Bewertung des Unternehmens üblich ist die Ertragswertmethode.[122] Daneben gewinnt das Discounted Cash-Flow-Verfahren an Bedeutung, das gerade im internationalen Bereich die „Nase vorn"[123] hat. Bei einer grenzüberschreitenden Transaktion ist allerdings nicht auszuschließen, dass die in einer Rechtsordnung übliche oder gar von Gesetzes wegen geforderte Bewertung von der anderen Rechtsordnung nicht anerkannt wird.[124] Denkbar ist beispielsweise, dass im ausländischen Recht die Orientierung am Börsenkurs einen anderen Stellenwert genießt als in Deutschland.[125] Da jedoch zumeist verschiedene Bewertungsmethoden bereit stehen, die jeweils noch als de lege artis angesehen werden können, sollte es in den meisten Fällen möglich sein, eine **gemeinsame Bewertungsbasis und -methode** zu finden, die beiden Rechtsordnungen gerecht wird. Allenfalls könnte sich gegenüber der rein nationalen Verschmelzung durch die Abstimmung der verschiedenen Systeme die Palette der beiderseits zulässigen Bewertungsmethoden reduzieren. Nach Auffassung von *Großfeld* hat das Discounted Cash-Flow-Verfahren die größeren Chancen, sich international durchzusetzen, weil es unabhängig von den Bewertungsspielräumen der Rechnungslegung ist, die bislang noch allzu sehr vom nationalen Regelungsrahmen und damit unterschiedlich geprägt sind.[126]

71 Schwierigkeiten bereitet auch die Festlegung des **Kapitalisierungszinssatzes**, der die Rendite einer risikolosen Alternativanlage bestimmt.[127] Der Kapitalisierungszins orientiert sich am landesüblichen Zinssatz für eine risikofreie Kapitalmarktanlage.[128] Bei Beteiligung mehrerer Länder ist zu klären, wie mit dieser Bewertungsregel umgegangen werden soll.[129] Da der Kapitalisierungszins die Alternativanlage aus Sicht des Gesellschafters der jeweiligen nationalen Gesellschaft bemisst, könnte man es für gerechtfertigt halten, auch im grenzüberschreitenden Kontext für jede Gesellschaft am jeweils landesüblichen Zinssatz festzuhalten. Andererseits ist gerade im europäischen Binnenmarkt nicht recht einzusehen, warum für eine Alternativanlage nur der Zinssatz am Sitz der Gesellschaft herangezogen werden sollte, zumal die Anleger nicht zwingend aus demselben Staat stammen müssen. Im Schrifttum neigt man daher dazu, bei Bewertung aller beteiligten Gesellschaften einen gemeinsamen Zinssatz zu Grunde zu legen.[130] Auch der anschließend zu bestimmende Risikozuschlag sollte nach einheitlichen Maßstäben ermittelt werden.[131]

---

[120] Siehe hierzu *Lutter/Drygala*, UmwG, § 5 Rn. 10.
[121] Hierzu *Walden/Meyer-Landrut*, DB 2005, 2119, 2122.
[122] Diskontierung der den Unternehmenseignern künftig zufließenden finanziellen Überschüsse; vgl. IDW-Standard: Grundsätze zur Durchführung von Unternehmensbewertungen (IDW S 1), Nr. 107 (WPg 2000, 825, 835).
[123] *Großfeld*, NZG 2002, 353, 355.
[124] Ausführlich dazu *Großfeld*, NZG 2002, 353 ff.
[125] Darauf weist Theisen/Wenz/*Neun*, S. 81 hin.
[126] *Großfeld*, NZG 2002, 353, 355.
[127] Dazu IDW-Standard: Grundsätze zur Durchführung von Unternehmensbewertungen (IDW S 1), Nr. 94 ff. (WPg 2000, 825, 833 f.); weiterhin *Großfeld*, NZG 2002, 353, 356, *Gude*, S. 26 f. und *Lutter/Drygala*, UmwG, § 5 Rn. 35.
[128] IDW-Standard: Grundsätze zur Durchführung von Unternehmensbewertungen (IDW S 1), Nr. 120 (WPg 2000, 825, 836).
[129] Vgl. die Beispiele bei *Großfeld*, NZG 2002, 353, 356.
[130] *Großfeld*, NZG 2002, 353, 356; Theisen/Wenz/*Neun*, S. 82 f.
[131] *Großfeld*, NZG 2002, 353, 357.

Ein Unsicherheitsfaktor bleibt: Der **Rechtsschutz** der betroffenen Aktionäre richtet sich nach nationalem Aktienrecht, denn sie wenden sich in der Sache gegen den Hauptversammlungsbeschluss, der über den Verschmelzungsplan und damit auch über die dort festgelegte Wertrelation entscheidet. Art. 24 Abs. 2 SE-VO erlaubt überdies den Mitgliedstaaten, besondere Vorkehrungen für den Schutz von Minderheitsaktionären zu treffen, die sich gegen die Verschmelzung ausgesprochen haben. Das deutsche Ausführungsgesetz greift insoweit auf das im nationalen Umwandlungsrecht bekannte Spruchverfahren zur Überprüfung des Umtauschverhältnisses zurück.

Rechtssichere Vorkehrung gegen ein Auseinanderfallen der Bewertungspraxis lässt sich kaum treffen. Das europäische Recht äußert sich zum anwendbaren Bewertungsverfahren nicht.[132] Die SE-VO belässt es insoweit bei der Regelung der Dritten gesellschaftsrechtlichen Richtlinie. Nach deren Art. 10 Abs. 2 müssen die Prüfer angeben, welche Methoden sie angewandt haben. Dies erlaubt den Umkehrschluss, dass die Richtlinie selbst keine konkrete Methode vorschreibt; sie überlässt die Methodenwahl der Fachkunde des Prüfers und verlangt von ihm lediglich die **Offenlegung** der gewählten Methode.[133]

Die zu verschmelzenden Gesellschaften können Divergenzen in der Bewertungsmethode am ehesten dadurch vermeiden, dass sie die Prüfung gemeinsam ein und demselben Prüfer übertragen, der sodann einen für alle Aktionäre einheitlichen Bericht erstellt. Art. 22 SE-VO lässt die Bestellung eines **gemeinsamen Prüfers** aller beteiligten Gesellschaften ausdrücklich zu. Dieser muss sich allerdings bei der Bewertung jeder Gesellschaft an dem für diese Gesellschaft maßgeblichen Recht orientieren.

2. Kontrolle des Umtauschverhältnisses

a) **Ausschluss der Anfechtungsklage und Spruchverfahren.** Bei **Verschmelzungen nach nationalem Recht** gewährt § 15 UmwG den Aktionären des übertragenden Rechtsträgers ein Recht auf Kontrolle des Umtauschverhältnisses und – bei einem unangemessenen Umtauschverhältnis – einen Ausgleich durch bare Zuzahlung. Die Höhe der Zuzahlung wird in einem Gerichtsverfahren nach dem Spruchverfahrensgesetz ermittelt (§ 1 Nr. 4 SpruchG). Eine Anfechtungsklage gegen den Verschmelzungsbeschluss, die sich auf die Unangemessenheit des Umtauschverhältnisses stützt, ist unzulässig (§ 14 Abs. 2 UmwG).

Diesen Mechanismus überträgt § 6 SEAG auf die **Verschmelzung zur SE**. Dies soll zum einen verhindern, dass die Verschmelzung mit Anfechtungsklagen wegen des Umtauschverhältnisses belastet wird; zum zweiten soll den Aktionären einer deutschen Aktiengesellschaft auch bei einer Verschmelzung zur SE der nach deutschem Recht übliche Schutzstandard zustehen.[134] Das Ergebnis des Spruchverfahrens bindet die Gesellschaft und alle ihre Aktionäre, auch diejenigen, die bereits gegen Barabfindung ausgeschieden sind (§ 13 SpruchG). Im Kontext der SE-Gründung stellt Art. 25 Abs. 3 Satz 4 SE-VO sicher, dass die Entscheidung auch für die übernehmende Gesellschaft und deren Aktionäre bindend ist. Für Voraussetzungen des Anspruchs auf bare Zuzahlung und das Spruchverfahren gelten im Grundsatz die allgemeinen Regeln; insoweit

---

[132] Vergleichbare Zurückhaltung zeigt der EuGH im Bereich der Rechnungslegung, obwohl diese durch die Vierte Richtlinie harmonisiert ist. In Rs. C-257/97, *DE + ES Bauunternehmung gegen Finanzamt Bergheim*, Slg. 1999, S. I-5331, 5359 (Rn. 35 f.) zur Berechnung der Höhe von Rückstellungen überlässt der EuGH die konkrete Berechnung dem nationalen Recht und erinnert lediglich daran, dass dieses sich am in der Vierten Richtlinie festgelegten Grundsatz der Bilanzwahrheit orientieren müsse.
[133] Ebenso Theisen/Wenz/*Neun*, S. 76 f.
[134] Zu den gesetzgeberischen Überlegungen vor Erlass des SE-Ausführungsgesetzes Theisen/Wenz/*Teichmann*, S. 584 f., *ders.*, ZGR 2002, 383, 425 ff.

kann auf die Literatur zum Umwandlungsgesetz und zum Spruchverfahrensgesetz verwiesen werden.[135]

77 Das Recht auf Überprüfung des Umtauschverhältnisses steht nur den Aktionären der **übertragenden Gesellschaft** zu. Dies ist bereits für das Umwandlungsgesetz kritisiert worden.[136] Die Planungen zum SE-Ausführungsgesetz sahen daher ursprünglich vor, auch den Aktionären der übernehmenden Gesellschaft ein Recht auf Überprüfung des Umtauschverhältnisses zu gewähren.[137] Dieser Vorschlag ist jedoch nicht Gesetz geworden,[138] so dass die Befürworter einer derartigen Lösung weiterhin auf eine Änderung des Umwandlungsgesetzes, der das SE-Ausführungsgesetz vermutlich folgen würde, hoffen müssen.

78 Anders als das Angebot auf Barabfindung (dazu sogleich unter Rn. 83 ff.) setzt die Überprüfung des Umtauschverhältnisses nach § 6 SEAG **nicht** voraus, dass der Aktionär, der davon Gebrauch machen möchte, gegen den Verschmelzungsbeschluss **Widerspruch** eingelegt hat. Dies entspricht der Lösung in § 15 UmwG und ist auch sinnvoll. Denn ein Aktionär, der lediglich das Umtauschverhältnis angreift, möchte nicht die Verschmelzung als solche zu Fall bringen.[139]

79 Der Verzicht auf das Widerspruchserfordernis hat Zweifel daran geweckt, ob § 6 SEAG von der **Ermächtigungsgrundlage** des Art. 24 Abs. 2 SE-VO gedeckt ist. Dort heißt es, die Mitgliedstaaten könnten Vorschriften zum Schutz der Minderheitsaktionäre erlassen, „die sich gegen die Verschmelzung ausgesprochen haben". Teilweise wird angenommen, diese Norm rechtfertige nur den Schutz derjenigen Aktionäre, die dem Verschmelzungsbeschluss widersprochen haben.[140] Andererseits zeigt Art. 25 Abs. 3 SE-VO unmissverständlich, dass bei einer SE-Gründung ein Verfahren nationalen Rechts zur Kontrolle des Umtauschverhältnisses Anwendung finden kann. Sollte man daher zu der Auffassung gelangen, dass Art. 24 Abs. 2 SE-VO dafür nicht einschlägig ist, ergäbe sich die Anwendung des § 15 UmwG unmittelbar aus der Verweisung des Art. 18 SE-VO. Im praktischen Ergebnis ist daher kaum daran zu zweifeln, dass Aktionäre einer deutschen Gesellschaft vom Recht auf Kontrolle des Umtauschverhältnisses Gebrauch machen können. Zur rechtlichen Absicherung sollte ein Minderheitsaktionär in der Praxis allerdings erwägen, sich – einem Vorschlag von *Schwarz* folgend – die Geltendmachung der Kontrolle des Umtauschverhältnisses zumindest ausdrücklich vorzubehalten.[141]

80 **b) Zustimmung der ausländischen Gesellschaft(en).** Das Recht auf Überprüfung des Umtauschverhältnisses steht nur den Aktionären der deutschem Recht unterliegenden Gesellschaft zu. Für die Aktionäre der ausländischen Gesellschaften hat der deutsche Gesetzgeber keine Regelungskompetenz. Soweit das ausländische Recht ein derartiges Verfahren nicht kennt, könnten sich die Aktionäre der an der Verschmelzung beteiligten ausländischen Gesellschaften benachteiligt fühlen. Dies wird besonders deutlich, wenn man sich vor Augen hält, dass die SE-Gründung beim rechtskräftigen Abschluss des Spruchverfahrens in aller Regel bereits vollzogen sein wird – das Spruchverfahren dient ja gerade dazu, den Fortgang der Verschmelzung zu ermöglichen und nicht durch Anfechtungsklagen zu belasten. Obwohl die bare Zuzahlung

---

[135] Beispielsweise Lutter/*Bork*, UmwG, Kommentierung zu § 15; *Klöcker/Frowein*, Spruchverfahrensgesetz, 2004.
[136] Siehe nur *Hoffmann-Becking*, ZGR 1990, 383, 384 ff.
[137] So noch der Diskussionsentwurf aus dem Frühjahr 2003 (dazu *Neye/Teichmann*, AG 2003, 169, 171, und *Teichmann*, ZGR 2003, 367, 380 ff.).
[138] Dazu kritisch Widmann/Mayer/*Heckschen*, Umwandlungsrecht, Anhang 14 Rn. 190 ff.
[139] Näher *Teichmann*, ZGR 2003, 367, 384 f.
[140] Zur Diskussion, jeweils mwN *Kalss*, ZGR 2003, 593, 603, sowie MünchKommAktG/*Schäfer*, Art. 24 Rn. 5; *Scheifele*, S. 230 ff. und *Schwarz*, Art. 24 Rn. 17.
[141] *Schwarz*, Art. 24 Rn. 17.

rechtlich gesehen eine „Altlast" aus dem Anteilsrecht der Aktionäre der deutschen Gesellschaft ist, führt sie dann wirtschaftlich zu einem **Abfluss von Vermögen aus der SE**. Dies könnte den Unmut von Aktionären der beteiligten ausländischen Gesellschaften erwecken, die nach ihrer Rechtsordnung keine Möglichkeit hatten, eine bare Zuzahlung zu erlangen.

Allerdings sind auch Aktionäre ausländischer Gesellschaften keineswegs schutzlos gestellt. Zwar ist das Spruchverfahren deutscher Prägung dort – mit Ausnahme Österreichs und Tschechiens – nicht bekannt. Indessen können Minderheitsaktionäre, die sich benachteiligt fühlen, in der Regel auf Institute des allgemeinen Gesellschaftsrechts zurückgreifen; teilweise existieren Austrittsrechte, Schadensersatzansprüche oder allgemeine Tatbestände, die den Missbrauch von Mehrheitsmacht zum Gegenstand haben.[142]

81

Wegen der Besonderheit des deutschen Spruchverfahrens, das über den Zeitpunkt der Verschmelzung hinaus Wirkungen zeitigt, fordert **Art. 25 Abs. 3 SE-VO**, dass diejenigen Gesellschaften, deren Rechtsordnung ein Verfahren zur Kontrolle und Änderung des Umtauschverhältnisses nicht kennt, der Anwendung des Spruchverfahrens im Verschmelzungsplan ausdrücklich zustimmen müssen. Sollte diese Zustimmung nicht zu erlangen sein, entfällt mit dem Spruchverfahren auch der in § 6 Abs. 1 SEAG geregelte Ausschluss der Anfechtungsklage. Opponierende Aktionäre hätten also die Möglichkeit, die Unternehmensbewertung im Wege der Anfechtungsklage anzugreifen.[143] Dies zu vermeiden, liegt auch im Interesse der übrigen beteiligten Gesellschaften, so dass es sinnvoll ist, in der Hauptversammlung der ausländischen Gesellschaft die Zustimmung zum deutschen Spruchverfahren untrennbar mit der Zustimmung zur Verschmelzung zu verbinden. Sofern die Aktionäre der ausländischen Gesellschaft die Transaktion als solche billigen, sollte auch ihre Zustimmung zum Spruchverfahren zu erlangen sein.

82

3. Barabfindung widersprechender Aktionäre

Aktionäre, die der Verschmelzung widersprechen, haben Anspruch auf ein Barabfindungsangebot, wenn der Sitz der künftigen SE im Ausland liegen soll (§ 7 SEAG). Entgegen der Fassung im vorangegangenen Diskussionsentwurf[144] beschränkt die Gesetzesfassung das Austrittsrecht auf den Fall einer Verschmelzung, bei welcher die entstehende SE ihren **Sitz im Ausland** nimmt.[145] Denn ein Schutzbedürfnis der Aktionäre besteht vor allem dann, wenn sich der gesellschaftsrechtliche Rahmen und das sonstige rechtliche Umfeld erheblich verändern.

83

Wer dem entgegenhält, die SE sei eine europäisch „im Kern einheitliche" Rechtsform,[146] verkennt, dass sich die Einheitlichkeit weitgehend in der Regelung des Gründungsverfahrens erschöpft. Zieht man die zur Gründung gehörenden Vorschriften ab, widmet sich die SE-VO nur in etwa dreißig Artikeln dem Innenleben der Gesellschaft; ein Teil davon besteht gar nur in der bloßen Verweisung auf das **Aktienrecht des Sitzstaates** der SE, auf das Art. 9 SE-VO für die nicht oder nur teilweise geregelten Bereiche ohnehin verweist. De facto gibt es also keine einheitliche SE, sondern

84

---

[142] Vgl. die Literatur zum ausländischen Recht *Oplustil/Teichmann* (Hrsg.), The European Company – all over Europe, 2004; weiterhin die Länderberichte in *Jannott/Frodermann*, Handbuch der Europäischen Aktiengesellschaft, 2005.
[143] Vgl. die Begründung zu § 6 SEAG (RegE); weiterhin Theisen/Wenz/*Teichmann*, S. 586.
[144] Hierzu *Neye/Teichmann*, AG 2003, 169 ff.
[145] Zu der streitigen Frage, ob das Recht im künftigen Sitzstaat der SE die deutsche Regelung – insbesondere den damit verbundenen Erwerb eigener Aktien – akzeptieren und umsetzen muss, vgl. einerseits *Brandes*, AG 2005, 177, 180, und andererseits *Teichmann*, ZGR 2003, 367, 376 ff.
[146] So *Kübler*, ZHR 167 (2003), 627, 629.

mindestens so viele SE-Variationen wie es Mitgliedstaaten gibt. Dass die nationalen Aktienrechtssysteme ungeachtet aller Harmonisierungsbestrebungen gerade im Bereich der Aktionärsrechte noch erhebliche Unterschiede aufweisen, lässt sich nicht leugnen; darin liegt möglicherweise sogar ein Vorteil der SE, die auf diese Weise ein Vehikel im Wettbewerb der Rechtsordnungen sein kann.[147] Der Sinn des Austrittsrechts liegt indessen darin, dass ein Minderheitsaktionär, der den von der Mehrheit gewollten Wechsel der Rechtsordnung ablehnt, nicht gezwungen werden soll, in der Gesellschaft auszuharren, die nicht mehr dieselbe ist, der er einst beigetreten ist. Ein Verstoß gegen die europäische **Niederlassungsfreiheit** lässt sich darin nicht erkennen.[148] Denn aus keiner der bislang ergangenen EuGH-Entscheidungen lässt sich das Recht der Mehrheit ableiten, über die Rechtspositionen der Minderheit gegen deren Willen zu disponieren.[149] Die SE-VO selbst erkennt deren Schutzbedürfnis an, indem sie nicht nur bei der Verschmelzung, sondern auch bei der Sitzverlegung ausdrücklich nationale Regelungen zum Schutz der Minderheitsaktionäre zulässt (Art. 8 Abs. 5 SE-VO).

85   Der deutsche Gesetzgeber greift hier in **Anlehnung an das UmwG** auf bewährtes Instrumentarium zurück. Die Regelung des § 7 SEAG entspricht in weiten Teilen derjenigen der §§ 29 ff. UmwG; das hierauf bezogene Schrifttum kann daher zur Interpretation des § 7 SEAG herangezogen werden. Ebenso wie bei der Kontrolle des Umtauschverhältnisses kann ein Angebot auf Barabfindung allerdings nur gewährt werden, wenn die Gesellschafter der ausländischen Gesellschaft zustimmen (Art. 25 Abs. 3 SE-VO); andernfalls steht den Minderheitsaktionären die Anfechtungsklage offen (§ 7 Abs. 5 SEAG).

4. Gläubigerschutz

86   **a) SE mit Sitz in Deutschland.** Die Besonderheit der Verschmelzung liegt darin, dass die Gläubiger der sich verschmelzenden Gesellschaften einen neuen Schuldner erhalten. Im Zuge der Gesamtrechtsnachfolge gehen ihre Forderungen auf den übernehmenden Rechtsträger über, ohne dass hierfür – in Abweichung von den allgemeinen zivilrechtlichen Regeln (§§ 414 ff. BGB) – die Zustimmung der Gläubiger eingeholt werden müsste. Zum Schutz der Gläubiger regelt daher § 22 UmwG einen an bestimmte Voraussetzungen geknüpften Anspruch auf **Sicherheitsleistung**. Diese Regelung gilt – für die beteiligte Gesellschaft deutschen Rechts – auch bei einer Verschmelzung zur SE.[150] Die Gläubiger der an der Verschmelzung beteiligten Gesellschaft deutschen Rechts haben demnach für ihre noch nicht fälligen Leistungen einen Anspruch auf Sicherheitsleistung, wenn sie glaubhaft machen, dass durch die Verschmelzung die Erfüllung ihrer Forderungen gefährdet wird.[151] Grund einer Gefährdung kann insbesondere die Zusammenführung der Vermögensmasse des bisherigen Schuld-

---

[147] In diesem Sinne *Enriques*, ZGR 2004, 735 ff.
[148] Wie hier MünchKommAktG/*Schäfer*, Art. 20 Rn. 22; aA Kalss/*Hügel*, § 17 SEG Rn. 26, der in der parallel gelagerten österreichischen Vorschrift einen Verstoß gegen die Niederlassungsfreiheit erblickt.
[149] So fordert der EuGH in seiner SEVIC-Entscheidung (Rs. C-411/03) auch nicht etwa, die grenzüberschreitende Verschmelzung ohne jede Einschränkung zu ermöglichen, sondern lediglich eine Beteiligung der ausländischen Gesellschaft unter Einhaltung der inländischen, dem Schutze von Drittinteressen dienenden Verfahrensregeln (näher dazu *Teichmann*, ZIP 2006, 355, 358 f.).
[150] § 22 UmwG gilt kraft der Spezialverweisung des Art. 24 Abs. 1 SE-VO. Es handelt sich um eine „distributive" Anknüpfung, die vermeidet, dass kumulativ die Rechtsordnungen aller beteiligten Rechtsträger angewandt werden müssten (hierzu *Scheifele*, S. 223).
[151] Näher zu den Anspruchsvoraussetzungen Lutter/*Grunewald*, UmwG, § 22 Rn. 5 ff. und Semler/Stengel/*Maier-Reimer*, UmwG, § 22 Rn. 6 ff.

ners mit einer Gesellschaft von geringerer Bonität sein. Zur schriftlichen Anmeldung ihres Anspruchs setzt das Gesetz den Gläubigern eine Frist von sechs Monaten, die mit dem Tag zu laufen beginnt,[152] an dem die Eintragung der Verschmelzung in das Register des Sitzes desjenigen Rechtsträgers, dessen Gläubiger sie sind, nach § 19 Abs. 3 UmwG als bekannt gemacht gilt.

b) SE mit Sitz im Ausland. Nimmt die durch die Verschmelzung gegründete SE ihren Sitz im Ausland, ordnet § 8 SEAG einen vorgeschalteten Gläubigerschutz an. Er verweist hierzu auf § 13 SEAG, also die Gläubigerschutznorm bei der Sitzverlegung. Die Gläubiger können in diesem Fall noch **vor dem Wirksamwerden** der Verschmelzung Sicherheit verlangen, wenn sie glaubhaft machen können, dass durch die (sitzverlegende) Verschmelzung die Erfüllung ihrer Forderungen gefährdet wird. Das Gefährdungspotential resultiert hier einerseits aus der Verschmelzung selbst, insoweit unterscheidet sich die Lage nicht von derjenigen des § 22 UmwG; eine Gefährdung kann zum zweiten aber auch aus dem sitzverlegenden Charakter der Verschmelzung resultieren, wenn beispielsweise die Rechtsverfolgung dadurch erheblich erschwert würde.[153] Eine Sicherheitsleistung setzt allerdings voraus, dass eine **Gefährdung** glaubhaft gemacht werden kann und der Anspruch innerhalb von zwei Monaten nach der Offenlegung des Verschmelzungsplanes angemeldet wurde. Die für den Vollzug der Verschmelzung nötige Bescheinigung des Registergerichts wird erst ausgestellt, wenn die Vorstandsmitglieder der sich verschmelzenden deutschen AG versichert haben, dass allen Gläubigern, die hierauf Anspruch haben, angemessene Sicherheit gewährt wurde (§ 8 Satz 2 SEAG).

Die Regelung über die Sicherheitsleistung kann zu einer **Behinderung der Verschmelzung** werden, wenn zahlreiche Gläubiger einen Anspruch auf Sicherheitsleistung geltend machen. Denn selbst, wenn die Ansprüche zumeist unbegründet sein dürften, weil eine Gefährdung der Forderungen im Regelfall nicht glaubhaft gemacht werden kann, wird der Streit hierüber einige Zeit kosten. Je nach der Höhe der geltend gemachten Forderungen wird sich die vorsorgliche Bestellung einer Sicherheit empfehlen. Gläubiger mit bedeutenden Forderungen an die Gesellschaften sollten bereits im Vorfeld der Planungen eingebunden und von der ökonomischen Sinnhaftigkeit der Transaktion überzeugt werden.

Der in § 8 SEAG angeordnete Gläubigerschutz bedeutet keinen Verstoß gegen die gemeinschaftsrechtliche **Niederlassungsfreiheit**.[154] Der Vorgang der Verschmelzung unterliegt zwar dem Anwendungsbereich der Niederlassungsfreiheit, wie der EuGH in der Sevic-Entscheidung klargestellt hat.[155] Dies gilt, wenngleich vom EuGH nicht ganz klar ausgesprochen, auch für die sogenannte Herausverschmelzung.[156] Daraus folgt aber nur, dass jede Beschränkung der grenzüberschreitenden Verschmelzung einer Rechtfertigung bedarf. Belange des Gläubigerschutzes können eine Beschränkung rechtfertigen. In der bisherigen EuGH-Rechtsprechung wurde eine Rechtfertigung zwar im konkreten Fall immer abgelehnt. Es handelte sich aber jeweils um Schutzmaßnahmen, die weit über das Maß des Erforderlichen hinausging: zum einen um pauschal angeordnete Zuzugsbeschränkungen zugunsten künftiger Gläubiger, also von

---

[152] Fristberechnung nach §§ 187 ff. BGB. Der Tag, in den das fristauslösende Ereignis fällt, wird demnach nicht mitgerechnet.
[153] Dass dies auch im europäischen Rechtsraum immer noch denkbar ist, zeigt der Fall eines dänischen Versäumnisurteils, das in Deutschland nicht vollstreckt werden konnte (hierzu *Fogt/Schack*, IPRax 2005, 118 ff.).
[154] Siehe dazu auch die entsprechenden Ausführungen im 7. Abschnitt über die Sitzverlegung Rn. 54.
[155] EuGH, Rs. C-411/03, vom 13. Dezember 2005, ZIP 2006, 2311 ff.
[156] Dazu *Teichmann*, ZIP 2006, 355 ff.

Personen, die noch gar nicht in Kontakt mit der Gesellschaft getreten waren;[157] zum anderen um die generelle Verweigerung der grenzüberschreitenden Verschmelzung.[158] Vorliegend geht es um den Schutz konkreter Forderungen, die in ihrem Bestand von der Verschmelzung betroffen und durch diese glaubhaft gefährdet sind; dass angesichts dessen ein Anspruch auf Sicherheitsleistung das Maß des Erforderlichen übersteigt, lässt sich nicht erkennen.

90 Fraglich ist, ob die betreffenden Gläubiger die **Kosten einer vorsorglich bestellten Sicherheit** an die Gesellschaft erstatten müssen, wenn sich der Anspruch auf Sicherheitsleistung im Nachhinein als unbegründet erweist. Zu den Kosten des Gerichtsverfahrens wird man sie nicht rechnen können. Ein Anspruch aus Verletzung der vertraglichen Rücksichtnahmepflichten (§§ 280, 241 Abs. 2 BGB) dürfte nur dann eingreifen, wenn für den Gläubiger erkennbar war, dass sein Verlangen nach Sicherheitsleistung unbegründet war. Gegenüber Großgläubigern empfiehlt sich künftig kautelarjuristische Vorsorge: In die Verträge sollte für den Fall der Sitzverlegung oder der sitzverlegenden Verschmelzung die Möglichkeit einer freiwilligen Sicherheitsleistung aufgenommen werden, deren Kosten derjenige zu tragen hat, der im Gerichtsverfahren unterliegt.

§ 3 Holding-SE

Übersicht

	Rn.
I. Einführung	1, 2
II. Regelungstechnik	3
III. Gründungsphasen	4
IV. Voraussetzungen und Ablauf der Gründung	5–40
1. Beteiligte Gesellschaften	5
2. Vorbereitung der Anteilseignerversammlung	6
a) Erstellung des Gründungsplans	6–11
b) Offenlegung des Gründungsplans	12
c) Prüfung des Gründungsplans	13, 14
d) Einberufung der Anteilseignerversammlung	15
3. Beschlussfassung durch die Anteilseignerversammlung	16–19
4. Einbringung der Anteile in die SE	20–25
5. Das Umtauschverhältnis	26–29
6. Eintragung der Gründung	30–38
a) Gründungsprüfung	31, 32
b) Negativerklärung	33
c) Einbringung des Mindestprozentsatzes	34–36
d) Wirkungen der Eintragung	37, 38
7. Rechtsfolgen der Gründung einer Holding-SE	39, 40
V. Einzelfragen der Holding-Gründung	41–68
1. Die Beteiligung der Anteilseignerversammlung	41, 42
2. Die Kontrolle des Umtauschverhältnisses	43–48
3. Das Austrittsrecht gegen Barabfindung im Gründungsplan	49–62
a) Voraussetzungen des Austrittsrechts	50–56
b) Rechtsfolgen des Austrittsrechts: Erwerb eigener Aktien durch die Gründungsgesellschaften	57–62
4. Anwendbarkeit des WpÜG auf die börsennotierte Holding-SE	63–68

---

[157] EuGH, Rs. C-212/97, *Centros*, Slg. 1999, I-1459 ff.; EuGH, Rs. C-208/00, *Überseering*, Slg. 2002, I-9919 ff.; EuGH, Rs. C-167/01, *Inspire Art*, Slg. 2003, I-10155 ff.
[158] EuGH, Rs. C-411/03, *Sevic*, ZIP 2006, 2311 ff.

I. Einführung

Ein dem deutschen Recht bislang unbekanntes weiteres Gründungsverfahren stellt 1
die Gründung einer Holding-SE gemäß Art. 2 Abs. 2 SE-VO dar, auf das neben Art. 32
bis 34 SE-VO die §§ 9 bis 11 SEAG Anwendung finden.

Bei Gründung einer Holding-SE tauschen die Gesellschafter der beteiligten Grün- 2
dungsgesellschaften ihre Anteile unmittelbar in Aktien der neu entstehenden Holding-
SE.[1] Damit wird die SE zur Muttergesellschaft der beteiligten Gründungsgesellschaften, die regelmäßig als abhängige Gesellschaften der neuen Holding-SE weiter bestehen.[2] Die Holding-Gründung stellt somit eine Sachgründung durch Einbringung
von Unternehmensanteilen dar.[3]

II. Regelungstechnik

Die Gründung der Holding-SE richtet sich primär nach den Vorschriften der **Art. 2** 3
Abs. 2, 32 bis 34 SE-VO und den **§§ 9 bis 11 SEAG**. Soweit diese bezüglich des Verfahrens in den Gründungsgesellschaften keine Regelungen enthalten, ist in entsprechender Anwendung von Art. 18 SE-VO auf das jeweilige **nationale Recht** der Gründungsgesellschaften zurückzugreifen.[4] In Bezug auf die zu gründende SE gilt hingegen
das Recht ihres zukünftigen Sitzstaats gemäß Art. 15 Abs. 1 SE-VO.[5]

III. Gründungsphasen

Die Gründung vollzieht sich in folgenden Phasen: 4
1. Zur Vorbereitung der Anteilseignerversammlungen der Gründungsgesellschaften
   erstellen nach Art. 32 Abs. 2 SE-VO die Leitungsorgane der beteiligten Gesellschaften zunächst einen Gründungsplan,[6] der von einem oder mehreren unabhängigen
   Sachverständigen zu prüfen ist (Art. 32 Abs. 4). Im Gründungsplan haben die beteiligten Gesellschaften den Mindestprozentsatz der Aktien oder sonstigen Anteile festzusetzen, die von den Aktionären oder Gesellschaftern eingebracht werden müssen,
   damit die SE gegründet werden kann (Art. 32 Abs. 2 S. 3). Dieser Prozentsatz muss
   mehr als 50% der Stimmrechte betragen.
2. Die Haupt- bzw. Gesellschafterversammlung jeder beteiligten Gesellschaft muss
   anschließend dem Gründungsplan durch Beschluss zustimmen (Art. 32 Abs. 6; bei
   einer GmbH tritt an die Stelle der Hauptversammlung die Gesellschafterversammlung).
3. Daran schließt sich eine dreimonatige Frist an, in welcher die Gesellschafter der beteiligten Gesellschaften diesen mitteilen können, dass sie die Einbringung ihrer Anteile im Rahmen der Gründung der Holding-SE beabsichtigen (Art. 33 Abs. 1). Nach
   Art. 33 Abs. 2 SE-VO in Verbindung mit Art. 32 Abs. 2 S. 4 SE-VO kommt es nur

---
[1] *Teichmann*, ZGR 2002, 383, 432.
[2] *Thoma/Leuering*, NJW 2002, 1449, 1452.
[3] *Brandt*, Beil. BB 2005, 1, 2; *Thoma/Leuering*, NJW 2002, 1449, 1452. Zu Gestaltungsmöglichkeiten siehe 1. Abschnitt Rn. 23 ff.
[4] *Lutter/Hommelhoff/Bayer*, S. 46; *Heckschen*, DNotZ 2003, 251, 261; *Jannott/Frodermann*, Kap. 3 Rn. 153; *Scheifele*, S. 311; *Schwarz*, Art. 32–34 Vorb. Rn. 11; *Teichmann*, ZGR 2002, 383, 434 gelangt hingegen über die allgemeinen Grundsätze des harmonisierten europäischen Gesellschaftsrechts zu einer lückenfüllenden Anwendung des nationalen Rechts, was aber im Ergebnis keinen Unterschied macht.
[5] Zur Abgrenzung von Art. 18 und Art. 15 SE-VO ausführlich 4. Abschnitt § 2 Rn. 15 ff.
[6] Siehe dazu Rn. 6 ff.

dann zur Gründung der Holding-SE, wenn innerhalb dieser Drei-Monats-Frist der im Gründungsplan festgelegte Mindestprozentsatz an Gesellschaftsanteilen in die Holding-SE eingebracht wird.

4. Schließlich wird die Gründung der Holding-SE mit Sitz in Deutschland in das deutsche Handelsregister eingetragen.[7]

IV. Voraussetzungen und Ablauf der Gründung

1. Beteiligte Gesellschaften

5   Die Gründung einer Holding-SE steht nach Art. 32 Abs. 1 SE-VO in Verbindung mit Art. 2 Abs. 2 SE-VO im Gegensatz zur Gründung durch Verschmelzung[8] sowohl **Aktiengesellschaften** wie auch **Gesellschaften mit beschränkter Haftung** offen.[9] Voraussetzung für eine Holding-Gründung ist, dass die die Gründung anstrebenden Gesellschaften nach dem Recht eines Mitgliedstaates der Europäischen Union gegründet wurden und sowohl ihren Sitz als auch ihre Hauptverwaltung in einem Mitgliedstaat haben (Art. 2 Abs. 2). Weiterhin ist erforderlich, dass mindestens zwei der beteiligten Gesellschaften (i) dem Recht verschiedener Mitgliedstaaten unterliegen[10] oder (ii) seit zwei Jahren eine Tochtergesellschaft, die dem Recht eines anderen Mitgliedstaates unterliegt,[11] bzw. eine Zweigniederlassung in einem anderen Mitgliedstaat haben. Im Rahmen der Gründung einer Holding-SE kann es daher auch zu nationalen Holding-Bildungen kommen, beispielsweise wenn zwei deutsche GmbH beteiligt sind, die jeweils seit zwei Jahren entweder eine dem Recht eines Mitgliedstaates unterliegende Tochtergesellschaft haben oder eine innerhalb der EU gelegene Zweigniederlassung unterhalten.[12] Im Hinblick auf die Frist von zwei Jahren kommt es nur auf das Bestehen der Gesellschaft und nicht auf die Dauer der Mitgliedschaft des Sitzstaates in der EU an.[13]

2. Vorbereitung der Anteilseignerversammlung

6   **a) Erstellung des Gründungsplans.** Die Erstellung eines Gründungsplans ist die erste Voraussetzung für die Gründung einer Holding-SE und dient der Vorbereitung der Gründung. Die Notwendigkeit der Erstellung des Gründungsplans durch die **Leitungs- oder Verwaltungsorgane** der für die Gründung anstrebenden Gesellschaften ergibt sich aus Art. 32 Abs. 2 SE-VO. Der Plan muss für alle beteiligten Gesellschaften den **gleichen Inhalt** haben und erfordert deshalb das Einvernehmen der Leitungsorgane aller an der Gründung beteiligten Gesellschaften.[14]

7   **Inhaltlich** schreibt Art. 32 Abs. 2 S. 2 SE-VO vor, dass der Gründungsplan einen **Bericht** enthalten muss, welcher die Gründung aus rechtlicher und wirtschaftlicher Sicht erläutert und begründet und zudem darlegt, welche Auswirkungen sich aus dem Übergang zur Rechtsform einer SE für die Anteilseigner und Arbeitnehmer ergeben.

---

[7] Art. 12 Abs. 1. Der Eintragung kommt für die Entstehung der SE konstitutive Wirkung zu, Art. 16 Abs. 1.
[8] Zur SE-Gründung durch Verschmelzung siehe 4. Abschnitt § 2 Rn. 21 ff.
[9] Vgl. hierzu Anhang II zur SE-VO.
[10] Diese Voraussetzung besteht auch bei der Gründung durch Verschmelzung (Art. 2 Abs. 1), dazu ausführlich 4. Abschnitt § 2 Rn. 24 ff.
[11] Diese Voraussetzung besteht auch beim Formwechsel in eine SE (Art. 2 Abs. 4), dazu 4. Abschnitt § 5 Rn. 9.
[12] *Kalss*, ZGR 2003, 593, 630.
[13] *Vossius*, ZIP 2005, 741, 745.
[14] *Teichmann*, AG 2004, 67, 69.

Art. 34 SE-VO enthält eine Ermächtigung, aufgrund derer die Mitgliedstaaten Vorschriften zum Schutz der die Gründung ablehnenden Minderheitsgesellschafter, Gläubiger und Arbeitnehmer erlassen können. Von dieser Ermächtigung hat der deutsche Gesetzgeber in § 9 SEAG Gebrauch gemacht. In dessen Abs. 1 wird für Gründungsgesellschaften in der Rechtsform einer deutschen Aktiengesellschaft vorgesehen, dass diese ihren Aktionären im Gründungsplan zwingend den **Erwerb ihrer Aktien anbieten** müssen, wenn diese **Widerspruch** gegen den Zustimmungsbeschluss zur Niederschrift erklärt haben und die Holding-SE ihren **Sitz im Ausland** haben soll oder ihrerseits eine im Sinne des § 17 AktG abhängige Gesellschaft ist. Allerdings gelten die Vorschriften des Aktiengesetzes über den Erwerb eigener Aktien gemäß § 9 Abs. 1 S. 2 SEAG entsprechend. Aufgrund der Regelung des § 9 Abs. 1 SEAG muss das **Barabfindungsangebot** bereits im Gründungsplan enthalten sein.[15] Im Hinblick auf den Verweis des § 9 Abs. 2 SEAG, der die Abfindungsvorschrift der Verschmelzung für anwendbar erklärt, kann auf die entsprechenden Ausführungen zur Gründung durch Verschmelzung Bezug genommen werden.[16] Die Regelung des § 9 SEAG ist bewusst auf die Gesellschafter von Aktiengesellschaften als Gründer beschränkt, da der Gesetzgeber davon ausgegangen ist, dass GmbH-Gesellschafter sich durch entsprechende Ausgestaltung des Gesellschaftsvertrags selbst gegen unerwünschte Konzernierungen schützen können.[17]

Der Gründungsplan muss ferner nach Art. 32 Abs. 2 S. 3 SE-VO zwingend den **Prozentsatz der einzubringenden Anteile** der Gründungsgesellschaften festschreiben, der zur erfolgreichen Gründung einer Holding-SE zu erreichen ist. Dabei muss dieser Prozentsatz nach Art. 32 Abs. 2 S. 4 SE-VO mehr als 50 Prozent der Stimmrechte der Anteile betragen. Darüber hinaus beinhaltet der Gründungsplan nach Art. 32 Abs. 2 S. 3 SE-VO in Verbindung mit Art. 20 Abs. 1 SE-VO die meisten der Angaben, die auch der **Verschmelzungsplan** bei der Gründung einer SE durch Verschmelzung enthalten muss.

Aufzunehmen sind danach folgende Angaben:[18]
1. Firma und Sitz der Gründungsgesellschaften und der SE;
2. Das Umtauschverhältnis der Aktien und ggf. die Höhe der Ausgleichsleistung;
3. Die Einzelheiten hinsichtlich der Übertragung der Aktien der SE;
4. Rechte, die den mit Sonderrechten ausgestatteten Gesellschaftern der Gründungsgesellschaften und den Inhabern anderer Wertpapiere als Aktien in der SE gewährt werden oder für diese Personen vorgeschlagene Maßnahmen;
5. Besondere Vorteile, die den Prüfern des Gründungsplans oder Mitgliedern der Verwaltungs-, Leitungs- oder Aufsichtsorgane der Gründungsgesellschaften gewährt werden;
6. Die Satzung der SE;
7. Angaben zu dem Verfahren, nach dem die Beteiligung der Arbeitnehmer in der SE geregelt wird. Insoweit ist das Gründungsverfahren der Holding-SE dem der Verschmelzung angeglichen.[19]

Nicht aufzunehmen sind die Angaben nach Art. 20 Abs. 1 S. 2 lit. d und e SE-VO (Zeitpunkt der Gewinnberechtigung und Verschmelzungsstichtag), da die Gründungsgesellschaften fortbestehen und nicht unter Übergang ihres Vermögens auf die SE erlöschen.[20]

---

[15] *Ihrig/Wagner*, BB 2004, 1749, 1752; näher zu diesem Problemkreis, siehe unten Rn. 43 ff.
[16] Siehe 4. Abschnitt § 2 Rn. 83 ff.
[17] Regierungsbegründung zu § 9 SEAG, BT-Drucks. 15/3405, S. 34, siehe dazu noch unten Rn. 47 ff.
[18] Angaben in Art. 20 Abs. 1 lit. a, b, c, f, g, h und i SE-VO; dazu im Einzelnen 4. Abschnitt § 2 Rn. 33 ff.
[19] *Teichmann*, AG 2004, 67, 69.
[20] MünchKommAktG/*Reichert*, Art. 32 Rn. 10.

11 Da das Grundkapital der Holding-SE zum Zeitpunkt der Erstellung des Gründungsplans noch nicht feststeht, kann die Satzung diesbezüglich lediglich die Angabe von Mindest- und Höchstkapital enthalten,[21] die sich aufgrund der prozentual festgelegten Mindestquote der einzubringenden Anteile und des feststehenden Umtauschverhältnisses errechnen lassen. Da die Satzung der SE Bestandteil des Gründungsplans ist, bedarf er gemäß Art. 15 SE-VO in Verbindung mit § 23 Abs. 1 AktG der **notariellen Beurkundung**.[22] Art. 15 Abs. 1 SE-VO ist hier anzuwenden, da es nicht um den Ablauf des Willensbildungsverfahrens in den Gründungsgesellschaften, sondern um die Satzung der künftigen SE geht.

12 **b) Offenlegung des Gründungsplans.** Mindestens einen Monat vor jeder angesetzten Hauptversammlung, die nach Art. 32 Abs. 6 SE-VO über den Gründungsplan zu beschließen hat, muss dieser für jede der die Gründung anstrebenden Gesellschaften gemäß Art. 3 der Publizitätsrichtlinie entsprechend den jeweiligen nationalen Verfahrensvorschriften offengelegt werden (Art. 32 Abs. 3 SE-VO). Dies bedeutet für jede beteiligte deutsche Gesellschaft die **Einreichung** des vollständigen Gründungsplans beim zuständigen **Handelsregister**. Seit 1.1.2007 muss die Einreichung grundsätzlich in elektronischer Form erfolgen (§ 12 Abs. 2 HGB nF), wenn nicht das für das Registergericht maßgebliche Landesrecht die Einreichung in Papierform für eine Übergangsfrist zulässt (vgl. Art. 61 Abs. 1 Satz 1 EGHGB). Da der **Gründungsbericht** – anders als der Verschmelzungsbericht bei der Gründung durch Verschmelzung und der Umwandlungsbericht bei der Gründung durch Formwechsel – Teil des Gründungsplans ist, ist er von der Offenlegungspflicht des Art. 32 Abs. 3 SE-VO formal umfasst.[23] Das Handelsregister veranlasst sodann die vorgeschriebenen Bekanntmachungen.[24]

13 **c) Prüfung des Gründungsplans.** Aus Art. 32 Abs. 4 SE-VO ergibt sich die Notwendigkeit der Prüfung des von den Leitungsorganen der beteiligten Gesellschaften erstellten Gründungsplans durch **unabhängige Sachverständige**. Diese müssen bei einem Gericht oder einer Verwaltungsbehörde des Mitgliedstaates der einzelnen Gesellschaften zugelassen sein (vgl. Art. 32 Abs. 4 S. 1 SE-VO). Im gegenseitigen Einvernehmen können wie auch bei der Verschmelzung **gemeinsame Sachverständige** für alle beteiligten Gesellschaften gemäß Art. 32 Abs. 4 S. 2 SE-VO bestellt werden.[25] Die Sachverständigen fertigen nach erfolgter Prüfung des Gründungsplans einen **schriftlichen Bericht** für die Aktionäre der beteiligten Ausgangsgesellschaften. Dabei muss dieser Bericht nach Art. 32 Abs. 5 SE-VO inhaltlich auf besondere Bewertungsschwierigkeiten hinweisen und eine Stellungnahme der Sachverständigen zur Angemessenheit des festgelegten Umtauschverhältnisses der Anteile enthalten. Ferner gibt der Bericht Auskunft über die Methode, nach der das Umtauschverhältnis ermittelt wurde, und erläutert die konkrete Eignung derselben.

14 Die Sachverständigen sind berechtigt, von den Gründungsgesellschaften alle notwendigen **Unterlagen und Informationen** zu verlangen. Im Gegensatz zur Gründung durch Verschmelzung findet sich insoweit zwar keine Regelung in der SE-VO, jedoch ist ein solches Recht Voraussetzung für die Erstellung eines Prüfungsberichtes.

---

[21] Vgl. Widmann/Mayer/*Heckschen*, Umwandlungsrecht, Anhang 14 Rn. 288. Der österreichische Gesetzgeber hat eine entsprechende Regelung in § 25 Abs. 3 Satz 2 des SE-Einführungsgesetzes aufgenommen.

[22] *Vossius*, ZIP 2005, 741, 745; *Brandes*, AG 2005, 177, 182; *Heckschen*, DNotZ 2003, 251, 261.

[23] Vgl. Lutter/Hommelhoff/*Bayer*, S. 49; Theisen/Wenz/*Neun*, S. 138 f.; aA *Kalss*, ZGR 2003, 593, 630, die Art. 32 Abs. 3 insoweit teleologisch reduzieren will.

[24] *Teichmann*, ZGR 2002, 383, 433.

[25] *Teichmann*, ZGR 2002, 383, 433; siehe 4. Abschnitt § 2 Rn. 54.

Die fehlende Regelung in der Verordnung kann daher nur als redaktionelles Versehen gewertet werden.[26]

d) Einberufung der Anteilseignerversammlung. Die Einberufung der Haupt- bzw. Gesellschafterversammlungen der Gründungsgesellschaften ist in der SE-VO nicht geregelt und richtet sich entsprechend der Verweisung des Art. 18 SE-VO nach deren Sitzstaatrecht. Für deutsche Gründungsgesellschaften gelten deshalb die §§ 121 ff. AktG für die AG und §§ 47 ff. GmbHG für die GmbH.[27] Zusätzlich sind in entsprechender Anwendung der §§ 63 f. UmwG zur Information der Aktionäre bzw. Gesellschafter der **Gründungsplan** einschließlich des **Gründungsberichts** sowie der **Gründungsprüfungsbericht** im Vorfeld der jeweiligen Anteilseignerversammlung in den Geschäftsräumen der Gesellschaft **auszulegen** und den Gesellschaftern auf Verlangen in Abschrift zuzusenden. Zwar regelt die SE-VO im Gegensatz zur Gründung durch Verschmelzung bezüglich der Holdinggründung nicht, wann der Prüfungsbericht der Sachverständigen im Sinne des Art. 32 Abs. 4 und 5 SE-VO den Anteilseignern zur Information zur Verfügung stehen muss. Da jedoch die Gründung einer Holding-SE nach dem Muster der Gründung durch Verschmelzung gestaltet ist und ebensolcher Voraussetzungen in Form eines Gründungsplans und Gründungsberichts bedarf, liegt in diesem Zusammenhang über eine entsprechende Anwendung von Art. 18 SE-VO die Vorschrift des § 63 UmwG nahe.[28] Diese legt in Abs. 1 Nr. 5 fest, dass der Prüfungsbericht den Anteilseignern einen Monat vor der Beschlussfassung durch die Hauptversammlung zur Verfügung zu stellen ist.[29] Für die Gründung einer Holding-SE unter Beteiligung einer GmbH, für die die Verschmelzungsrichtlinie keine Anwendung findet, müssen wohl die gleichen Standards herangezogen werden, da eine Differenzierung keine sachliche Grundlage hätte.[30]

3. Beschlussfassung durch die Anteilseignerversammlung

In jeder Ausgangsgesellschaft muss nach Art. 32 Abs. 6 SE-VO dem Gründungsplan durch Beschluss der Haupt- bzw. Gesellschafterversammlung zugestimmt werden.

Da die SE-VO bezüglich der notwendigen **Mehrheit** des Zustimmungsbeschlusses keine Regelung enthält, hat der deutsche Gesetzgeber diese Lücke im Ausführungsgesetz geschlossen.[31] In § 10 Abs. 1 SEAG ist festgelegt, dass der Zustimmungsbeschluss einer Mehrheit von mindestens **drei Viertel** des bei der Beschlussfassung vertretenen Grundkapitals bei einer deutschen Aktiengesellschaft oder drei Viertel der abgegebenen Stimmen bei einer GmbH bedarf. Das Erfordernis einer qualifizierten Mehrheit hat der Gesetzgeber damit gegen eine verschiedentlich vor Verabschiedung des Gesetzes geäußerte Meinung in der Literatur, die sich für das Ausreichen eines einfachen Mehrheitsbeschlusses ausgesprochen hatte, in das Ausführungsgesetz aufgenommen.[32] Aus der gesetzgeberischen Begründung ergibt sich, dass diese Entscheidung hauptsächlich auf einer Anlehnung an die anderen Gründungsarten der SE, namentlich die Gründung durch Verschmelzung und durch Umwandlung, beruhte.[33]

---

[26] *Teichmann*, ZGR 2002, 383, 423 f., der ferner ausführt, aus welchem Grund hinsichtlich der Verschmelzung in Art. 22 S. 2 eine ausdrückliche Regelung enthalten ist.
[27] *Schwarz*, Art. 32 Rn. 60.
[28] Theisen/Wenz/*Neun*, S. 140; MünchKommAktG/*Schäfer*, Art. 32 Rn. 33; vgl. auch *Teichmann*, ZGR 2002, 383, 434, der zu diesem Ergebnis über eine entsprechende Anwendung von Art. 11 Abs. 1 der Verschmelzungsrichtlinie bzw. Art. 9 Abs. 1 der Spaltungsrichtlinie gelangt.
[29] *Kalss*, ZGR 2003, 593, 631.
[30] *Teichmann*, ZGR 2002, 383, 434.
[31] BT-Drucks. 15/3405, S. 34.
[32] Vgl. u.a. DAV-Stellungnahme, NZG 2004, 75, 79; *Ihrig/Wagner*, BB 2004, 1749, 1753.
[33] BT-Drucks. 15/3405, S. 34.

18   Nach Art. 32 Abs. 6 S. 3 SE-VO kann die Anteilseignerversammlung jeder beteiligten Gesellschaft die Eintragung der SE davon **abhängig** machen, dass eine geschlossene Vereinbarung zwischen den Unternehmensorganen und einem Verhandlungsgremium der Arbeitnehmer über die **Festlegung einer Arbeitnehmerbeteiligung** von ihr genehmigt wird.[34] Dadurch wird die Mitwirkung der Gesellschafter der Gründungsgesellschaften bei der Frage der Arbeitnehmerbeteiligung in der SE sichergestellt.[35] Macht die Versammlung von dieser Möglichkeit Gebrauch, muss sie nach Abschluss der Verhandlungen erneut Beschluss fassen.[36]

19   Da im Hinblick auf ein mögliches Vorgehen einzelner Gesellschafter gegen den Beschluss der Anteilseignerversammlung der jeweiligen Gründungsgesellschaft in der SE-VO keine Regelung getroffen wurde, gilt über die Verweisung des Art. 18 SE-VO das Gesellschaftsrecht des Mitgliedstaates, in dem die betreffende Gründungsgesellschaft ihren Sitz hat. Daher ist der Hauptversammlungsbeschluss einer Aktiengesellschaft mit Sitz in Deutschland nach den §§ 243 ff. AktG **anfechtbar**.[37]

4. Einbringung der Anteile in die SE

20   Nach erfolgreicher Beschlussfassung durch die Hauptversammlungen bzw. Gesellschafterversammlungen aller beteiligten Ausgangsgesellschaften haben die einzelnen Gesellschafter gemäß Art. 33 Abs. 1 SE-VO zunächst **drei Monate** Zeit, um die **Absicht der Einbringung** ihrer Aktien oder Geschäftsanteile in die Holding-SE zu **erklären**. Die Frist beginnt mit der endgültigen Festlegung des Gründungsplans der SE. Grundsätzlich ist der Gründungsplan dann als endgültig festgelegt zu betrachten, wenn die Hauptversammlung bzw. die Gesellschafterversammlung mit entsprechender Mehrheit diesem zugestimmt hat.[38] Etwas anderes muss jedoch für den Fall des Art. 32 Abs. 6 S. 3 SE-VO gelten, da bei einem Zustimmungsvorbehalt zugunsten der Anteilseignerversammlung über eine Vereinbarung der Arbeitnehmerbeteiligung in der SE ein zusätzlicher Beschluss erforderlich ist. In diesem Fall kann die Drei-Monats-Frist nicht vor Durchführung der entsprechenden zweiten Anteilseignerversammlung beginnen, da die endgültige Festlegung des Gründungsplans im Sinne des Art. 33 Abs. 1 S. 2 SE-VO erst mit diesem erreicht sein dürfte.[39] Der noch im Entwurf einer SE-VO von 1991 enthaltene Hinweis auf den „ersten" Beschluss als Fristbeginn ist wegen des neu eingefügten Vorbehalts zugunsten der Anteilseignerversammlung in Art. 32 Abs. 6 S. 3 entfallen.[40]

21   Wegen Art. 33 Abs. 2 SE-VO ist die erfolgreiche Gründung der Holding-SE von dem tatsächlichen Einbringen des im Gründungsplan festgelegten Mindestprozentsatzes von Anteilen innerhalb der Drei-Monats-Frist des Art. 33 Abs. 1 SE-VO abhängig. Insoweit kommt es nicht darauf an, ob die Absichtserklärung der einzelnen Gesellschafter verbindlich ist oder innerhalb der Frist zurückgenommen werden kann, da erst die Einbringung selbst die Voraussetzung für eine tatsächliche Holding-Gründung im Sinne des Art. 33 Abs. 2 SE-VO darstellt. Dabei bedeutet **Einbringung** das **Übertragen der Verfügungsbefugnis** auf die Vorgesellschaft, sodass der Gesellschaftsanteil

---

[34] *Schwarz*, ZIP 2001, 1847, 1853.
[35] *Kalss*, ZGR 2003, 593, 632.
[36] *Teichmann*, ZGR 2002, 383, 436.
[37] Davon geht wohl auch der Regierungsbegründung zu § 10 SEAG, BT-Drucks. 15/3405, S. 34 aus. Gleiches gilt auch für den Beschluss der Gesellschafterversammlung einer an der Gründung beteiligten GmbH, da insoweit nach ständiger Rechtsprechung des Bundesgerichtshofs die §§ 243 ff. AktG analoge Anwendung finden; vgl. BGHZ 104, 66; Scholz/K. Schmidt, GmbHG § 45 Rn. 45; *Lutter/Hommelhoff*, Anhang § 47 Rn. 43, 46.
[38] *Teichmann*, ZGR 2002, 383, 436.
[39] *Widmann/Mayer/Heckschen*, Umwandlungsrecht, Anhang 14 Rn. 325 f.
[40] Vgl. *Teichmann*, ZGR 2002, 383, 436.

aus dem Vermögen der Anteilseigner ausgesondert wird.[41] Durch eine bedingte Übertragung, abhängig von der Eintragung der Holding-SE, kann einer möglichen Rückübertragung für den Fall des Nichterreichens des Mindestprozentsatzes nach Ablauf der Frist des § 33 Abs. 1 SE-VO vorgebeugt werden.[42]

Da die SE-VO die rechtlichen Einzelheiten der Absichtserklärung und der Einbringung nicht regelt, bleiben diese entsprechend Art. 18 SE-VO dem **nationalen Recht** vorbehalten. Insoweit richten sich die Form und die Wirksamkeitsvoraussetzungen ausschließlich nach dem Recht, dem die jeweilige Gründungsgesellschaft unterliegt.[43] Bei der Einbringung von Anteilen deutscher Gründungsgesellschaften gilt demnach deutsches Recht, wobei für die deutsche Aktiengesellschaft die allgemein für die Übertragung von Aktien geltenden Vorschriften eingreifen. Gleiches gilt für die Einbringung von Geschäftsanteilen an einer deutschen GmbH. Nach § 15 Abs. 4 S. 1 GmbHG bedarf bei einer GmbH zwar nicht nur die Übertragung, sondern bereits die schuldrechtliche Verpflichtung zur Übertragung der notariellen Beurkundung. Daraus folgt jedoch nicht die Formbedürftigkeit der Absichtserklärung gemäß Art. 33 Abs. 2 SE-VO, da diese noch keine Verpflichtung begründet. 22

Nach Art. 33 Abs. 4 SE-VO erhalten die einbringenden Gesellschafter der Ausgangsgesellschaften im Wege des **Anteilstausches Aktien der SE**. In der Praxis sollte dies durch einen Treuhänder geschehen, der die Anteile der Ausgangsgesellschaften einsammelt und diese anschließend in die SE einbringt,[44] da die SE selbst erst mit dem Einbringen der prozentual festgelegten Anteile der Gründungsgesellschaften entsteht (vgl. Art. 33 Abs. 2). Im Gegenzug empfängt der Treuhänder nach erfolgter Eintragung der Holding-SE gemäß Art. 16 Abs. 1 SE-VO Aktien der SE, die er an die Gesellschafter der Gründungsgesellschaften ausgibt.[45] 23

Sobald der im Gründungsplan festgelegte **Mindestprozentanteil** der einzubringenden Aktien erreicht wurde, muss jede der beteiligten Ausgangsgesellschaften dies gemäß Art. 33 Abs. 3 S. 1 SE-VO entsprechend den jeweiligen nationalen Vorschriften offenlegen. Für beteiligte inländische Gesellschaften gilt diesbezüglich das bereits zur Offenlegung des Gründungsplans im Sinne des Art. 32 Abs. 3 SE-VO Gesagte (s. oben Rn. 7). 24

Nach der **Offenlegung des erreichten Mindestprozentsatzes** wird den Gesellschaftern, die ihre Einbringungsabsicht nicht innerhalb der Drei-Monats-Frist erklärt hatten, nach Art. 33 Abs. 3 S. 2 SE-VO eine Nachfrist von einem weiteren Monat eingeräumt, um doch noch die Einbringung ihres Anteils in die zu gründende Holding-SE zu erklären. Eine Verlängerung dieser von der Verordnung gesetzten Fristen nach Ermessen der Leitungsorgane der Gründungsgesellschaften ist nicht möglich. Die diesbezüglichen Regelungen der Verordnung sind – auch im Interesse der nicht zur Einbringung bereiten Minderheitsgesellschafter an einem Ende des Gründungsverfahrens – nicht als Mindestfristen, sondern als absolute Fristen anzusehen.[46] Nach Ablauf der Nachfrist steht auch die Höhe des Grundkapitals der SE endgültig fest.[47] 25

5. Das Umtauschverhältnis

Bezüglich des im Gründungsplan festzulegenden Umtauschverhältnisses (Art. 32 Abs. 2 S. 3 iVm. Art. 20 Abs. 1 lit. b SE-VO) der Anteile enthält § 11 SEAG, der auf der 26

---

[41] Vgl. dazu Art. 16 Abs. 2 SE-VO; näher zur Vorgesellschaft 4. Abschnitt § 1 Rn. 12 ff.
[42] Manz/Mayer/*Schröder*, Art. 33 Rn. 2.
[43] Manz/Mayer/*Schröder*, Art. 33 Rn. 6.
[44] *Thoma/Leuering*, NJW 2002, 1449, 1453.
[45] *Brandes*, AG 2005, 177, 186.
[46] Widmann/Mayer/*Heckschen*, Umwandlungsrecht, Anhang 14 Rn. 319 f.; aA Kalss/*Hügel*, §§ 25, 26 SEG Rn. 30.
[47] *Jannott*/Frodermann, Kap. 3 Rn. 177.

Grundlage des Art. 34 SE-VO in das Ausführungsgesetz aufgenommen wurde, Regelungen darüber, inwieweit und unter welchen Umständen die Gesellschafter der Ausgangsgesellschaften eine **Verbesserung** des fixierten Umtauschverhältnisses erreichen können (näher dazu unten Rn. 43 ff.).

27 Nach § 11 Abs. 1 SEAG steht jedem Anteilsinhaber der die Gründung anstrebenden Gesellschaften ein Anspruch auf **bare Zuzahlung** zu, wenn das Umtauschverhältnis nicht angemessen ist. Demnach haben sowohl die Anteilsinhaber, die ihre Anteile in die SE einbringen, als auch die, die sich gegen einen Umtausch entschieden haben, nach dem Willen des deutschen Gesetzgebers einen Barzuzahlungsanspruch.[48] Dabei bleibt im Hinblick auf die die Gründung der Holding-SE ablehnenden, nicht am Umtausch beteiligten Anteilsinhaber unklar, welcher Vermögensnachteil durch den Anspruch auf Barzuzahlung ausgeglichen werden soll.[49] Denn im Gegensatz zur Gründung durch Verschmelzung bleiben die Ausgangsgesellschaften bei der Gründung der Holding-SE bestehen und die den Umtausch ablehnenden Gesellschafter verlieren daher ihre Anteile daran nicht.[50]

28 Bezüglich der Anteilsinhaber, die ihre Anteile einbringen und dafür im Tausch Aktien der SE erhalten, erscheint die Regelung in § 11 Abs. 1 SEAG dagegen sinnvoll, da Auseinandersetzungen über die Bewertung der Anteile die Gründung der Holding-SE blockieren könnten. Im Lichte des Art. 34 SE-VO ist die Vorschrift des § 11 Abs. 1 SEAG jedoch wohl nicht verordnungskonform, da die darin enthaltene Ermächtigung keine Regelung zum Schutze der am Umtausch teilnehmenden, sondern allein der den Umtausch ablehnenden Minderheitsgesellschafter erlaubt.[51]

29 Die **Überprüfung der Angemessenheit** des Umtauschverhältnisses kann unter den Voraussetzungen des § 11 Abs. 2 SEAG in Verbindung mit § 6 Abs. 4 S. 1 SEAG im Wege des **Spruchverfahrens** erfolgen. Auf die Ausführungen im Rahmen der Gründung durch Verschmelzung kann an dieser Stelle insoweit Bezug genommen werden.[52] Zum Verweis in § 6 SEAG auf Art. 25 Abs. 3 S. 1 SE-VO stellt der Gesetzgeber in der Begründung ausdrücklich klar, dass dieser analog auch auf die Gründung der Holding-SE Anwendung finden soll.[53]

6. Eintragung der Gründung

30 Nach Art. 33 Abs. 5 SE-VO kann die SE erst bei nachweislicher **Erfüllung aller Formvorgaben** des Art. 32 SE-VO sowie nach **Einbringung des Mindestprozentsatzes** an Anteilen der beteiligten Gesellschaften im Sinne des Art. 33 Abs. 2 SE-VO eingetragen werden. Die Erbringung des erforderlichen Nachweises ist in der SE-VO im Gegensatz zu einer entsprechenden Regelung für die Gründung durch Verschmelzung nicht geregelt.[54] Gemäß Art. 15 Abs. 1 SE-VO finden daher die entsprechenden Vorschriften des **Aktiengesetzes zur Sachgründung** Anwendung.[55]

31 a) **Gründungsprüfung.** Auf die Gründung einer Holding-SE mit Sitz in Deutschland finden demnach grundsätzlich auch die Vorschriften des Aktiengesetzes zur **Gründungsprüfung** gemäß §§ 33, 34 AktG Anwendung. Daraus folgt, dass regelmä-

---

[48] Regierungsbegründung zu § 11 SEAG, BT-Drucks. 15/3405, S. 34.
[49] DAV-Stellungnahme, NZG 2004, 75, 79; MünchKommAktG/*Schäfer*, Art. 34 Rn. 6; *Scheifele*, S. 351.
[50] Vgl. Art. 32 Abs. 1 S. 2; *Neye/Teichmann*, AG 2003, 169, 173.
[51] So auch DAV-Stellungnahme, NZG 2004, 75, 79; vgl. allgemein dazu *Scheifele*, S. 350ff.
[52] Siehe 4. Abschnitt § 2 Rn. 75 ff.
[53] Regierungsbegründung zu § 11 SEAG, BT-Drucks. 15/3405, S. 34.; siehe dazu auch unten Rn. 44ff.
[54] Vgl. Art. 25 Abs. 2; siehe 4. Abschnitt § 2 Rn. 65 f.
[55] Regierungsbegründung zu § 10 SEAG, BT-Drucks. 15/3405, S. 34.

ßig eine Gründungsprüfung inklusive Gründungsbericht für die Holding-Gründung erforderlich ist. Jedenfalls hat der deutsche Gesetzgeber im SE-Ausführungsgesetz eine Ausnahme von der Verpflichtung zur Gründungsprüfung, wie sie beispielsweise in § 75 Abs. 2 UmwG enthalten ist, nicht vorgesehen. Daher stellt sich die Frage, ob eine Gründungsprüfung im Lichte der bereits nach Art. 32 Abs. 4 SE-VO zwingend erforderlichen Gründungsprüfung zusätzlich nach den Vorschriften des Aktiengesetzes notwendig ist.

Die Gründungsprüfung der §§ 33, 34 AktG dient der **Feststellung der Werthaltigkeit** der zu erbringenden Sacheinlagen. Insoweit enthält jedoch der Gründungsplan nach Art. 32 Abs. 2 SE-VO, der den Gründungsprüfern der SE nach Art. 32 Abs. 4 SE-VO als Grundlage für ihre Prüfung und die Erstellung ihres Gründungsberichtes dient, bereits eine detaillierte Aussage über die Bewertung der jeweiligen Gründungsunternehmen.[56] Dies ist schon deshalb notwendig, weil sich nur auf dieser Grundlage eine Aussage der Gründungsprüfer zur Angemessenheit des im Gründungsplan festgelegten Umtauschverhältnisses treffen lässt, die von der SE-VO zwingend für den Gründungsbericht vorgeschrieben ist.[57] Damit enthält der Gründungsplan sowie der Gründungsbericht der sachverständigen Gründungsprüfer im Sinne des Art. 32 Abs. 4 SE-VO bereits eine verbindliche Aussage zur Werthaltigkeit der einzubringenden Aktien der Gründungsgesellschaften. Es wäre demnach eine reine Formalität, wenn man bei einer Holding-Gründung mit Sitz in Deutschland zusätzlich eine weitere Gründungsprüfung nach den Vorschriften des Aktiengesetzes fordern wollte. Dies würde lediglich zu einer Verdoppelung der Gründungsprüfung führen, die inhaltlich jedoch keinem anderen Zweck diente.[58] Angesichts der rechtlichen Unsicherheit in diesem Punkt empfiehlt sich in der Praxis eine Abstimmung mit dem zuständigen Registergericht.[59]

b) Negativerklärung. Um sicherzustellen, dass eine Eintragung der Holding-SE nicht erfolgen kann, wenn einer der Zustimmungsbeschlüsse der Ausgangsgesellschaften angefochten wird, hat der deutsche Gesetzgeber nach dem Vorbild des § 16 Abs. 2 UmwG die Abgabe einer Negativerklärung bei der Anmeldung der Eintragung in § 10 Abs. 2 SEAG vorgesehen.[60] Diese Erklärung ist von den **Vertretungsorganen** der einzelnen **Ausgangsgesellschaften** abzugeben. Trotz vorheriger Diskussionen und Anregungen im Schrifttum hat der deutsche Gesetzgeber das **Freigabeverfahren** nach § 16 Abs. 3 UmwG nicht in das Ausführungsgesetz aufgenommen.[61] Eine analoge Anwendung oder ein Rückgriff nach Art. 15 Abs. 1 SE-VO auf die Vorschrift des Umwandlungsgesetzes scheidet daher mangels Regelungslücke aus, da der Gesetzgeber offensichtlich insoweit bewusst keine entsprechende Regelung für die SE treffen wollte.

c) Einbringung des Mindestprozentsatzes. Die Eintragung kann bereits dann erfolgen, wenn die Offenlegung des Erreichens des Mindestprozentsatzes nach Art. 33 Abs. 2 SE-VO erfolgt ist und damit die entsprechenden **Anteile eingebracht** sind. Diesbezüglich können die Gesellschafter der Gründungsgesellschaften jedoch auch nach erfolgter Eintragung ihre Gesellschaftsanteile noch in die SE einbringen, solange die **Monatsfrist** des Art. 33 Abs. 3 S. 2 SE-VO noch nicht abgelaufen ist.[62] Dies führt

---

[56] *Manz/Mayer/Schröder*, Art. 32 Rn. 24.
[57] *Manz/Mayer/Schröder*, Art. 32 Rn. 79.
[58] *Jannott/Frodermann*, Kap. 3 Rn. 178; aA Lutter/Hommelhoff/*Bayer*, S. 54 f.
[59] *Jannott/Frodermann*, Kap. 3 Rn. 178.
[60] Vgl. Regierungsbegründung zu § 10 SEAG, BT-Drucks. 15/3405, S. 34.
[61] *Teichmann*, AG 2004, 67, 70; bei der Gründung durch Verschmelzung findet § 16 Abs. 3 UmwG hingegen aufgrund der Verweisung des Art. 18 SE-VO Anwendung, vgl. Widmann/Mayer/*Heckschen*, Umwandlungsrecht, Anhang 14 Rn. 254.
[62] *Teichmann*, ZGR 2002, 383, 437.

dazu, dass zum Zeitpunkt der Eintragung der Gründung der SE die Höhe des Gründungskapitals noch nicht feststeht und somit in der Satzung noch nicht angegeben werden kann.[63]

35 Da in der Praxis die Eintragung der Gründung einer Holding-SE mit Sitz in Deutschland ohne Angabe des Grundkapitals der Gesellschaft vom Registerrichter abgelehnt würde, muss zum Anmeldungszeitpunkt zwingend eine entsprechende Angabe in der **Satzung** enthalten sein (vgl. § 37 Abs. 4 AktG, § 23 Abs. 3 Nr. 3 AktG). Um das Grundkapital in der Satzung angeben zu können, kann zum einen die Nachfrist des Art. 33 Abs. 3 S. 2 SE-VO für die Eintragungsanmeldung abgewartet werden. Dies widerspricht jedoch der Konzeption der SE-VO, die eine Eintragung bereits vor Ablauf der Nachfrist gerade ermöglichen will.[64]

36 Zum anderen ist es möglich, das bereits eingebrachte Kapital als Grundkapital in der Gründungssatzung vorzusehen und im Übrigen **genehmigtes Kapital** im Sinne des § 202 AktG zu schaffen.[65] Ein Rückgriff auf das deutsche Aktienrecht ist über Art. 15 Abs. 1 SE-VO möglich, da die Verordnung für diese Problematik keine Regelung enthält. Dabei gilt es jedoch zu beachten, dass nach § 202 Abs. 3 S. 1 AktG das genehmigte Kapital nicht mehr als die Hälfte des Grundkapitals betragen darf. Wenn im Rahmen der Gründung einer Holding-SE also ein Abwarten der Nachfrist des Art. 33 Abs. 3 S. 2 SE-VO nicht in Betracht gezogen wird, sollte wegen § 202 Abs. 3 AktG dafür Sorge getragen werden, dass der festgelegte Mindestprozentsatz im Gründungsplan so gewählt wird, dass ausreichendes genehmigtes Kapital zur Verfügung steht, falls alle verbliebenen Anteilseigner, die zunächst nicht vom Umtausch Gebrauch gemacht hatten, im Rahmen der Nachfrist ihre Aktien in solche der SE umtauschen wollen.

37 **d) Wirkungen der Eintragung.** Diejenigen Anteilseigner, die ihre Aktien bereits innerhalb der Drei-Monats-Frist in die SE eingebracht haben, werden automatisch mit Eintragung der Holding-SE in das Handelsregister **Aktionäre der SE** (vgl. dazu bereits Rn. 20). Dazu bedarf es einer Ermächtigung der Organe der SE, dass diese bereits vor der Eintragung, aber nach Ablauf der Drei-Monats-Frist des Art. 33 Abs. 1 S. 1 SE-VO über das genehmigte Kapital verfügen können.[66]

38 Mit der Eintragung der Holding-SE ins Handelsregister gemäß § 3 SEAG erlangt diese nach Art. 16 Abs. 1 SE-VO **Rechtspersönlichkeit**.

7. Rechtsfolgen der Gründung einer Holding-SE

39 Im Gegensatz zur Gründung durch Verschmelzung **bestehen** die an der Gründung einer Holding-SE **beteiligten Rechtsträger fort** (Art. 32 Abs. 1 S. 2 SE-VO). Daraus folgt, dass diejenigen Aktionäre, die ihre Aktien nicht umtauschen, Minderheitsgesellschafter der jeweiligen Gründungsgesellschaft bleiben.[67] Mit der Holding-SE entsteht somit eine **Muttergesellschaft**, die gegenüber den abhängigen Tochtergesellschaften, den ehemaligen Gründungsgesellschaften, die Stellung einer herrschenden Gesellschaft einnimmt.[68] Es kommt daher durch die Holding-Gründung zu einer Konzernbildung.

40 Nach erfolgter Gründung der Holding-SE kann es von Seiten der Ausgangsgesellschaften Gründe geben, die einem Verbleib der Minderheitsgesellschafter in den nunmehr abhängigen Tochtergesellschaften entgegenstehen. Dem kann in verschiedener Weise begegnet werden. Zum einen können die Gründungsgesellschaften die Minder-

---

[63] DAV-Stellungnahme, NZG 2004, 75, 78.
[64] *Brandes*, AG 2005, 177, 183.
[65] *Brandes*, AG 2005, 177, 183.
[66] *Brandes*, AG 2005, 177, 183; vgl. zur Einbringung bereits oben Rn. 18 ff.
[67] *Brandes*, AG 2005, 177, 178.
[68] *Thoma/Leuring*, NJW 2002, 1449, 1452.

heitsaktionäre nach den jeweiligen Vorschriften zum **Squeeze-out**, soweit solche im entsprechenden Sitzstaat existieren, in Deutschland nach den §§ 327a ff. AktG, aus der Gesellschaft ausschließen.[69] Eine weitere Möglichkeit, sich der Minderheitsaktionäre in den Ausgangsgesellschaften zu entledigen, stellt ein Up-stream-Merger auf die Holding-SE dar.[70]

V. Einzelfragen der Holding-Gründung

1. Die Beteiligung der Anteilseignerversammlung

De facto stellt die Gründung einer Holding-SE eine **Konzernierung** der Gründungsgesellschaften dar. Dafür fordert Art. 32 Abs. 6 SE-VO die Zustimmung der Anteilseignerversammlungen der gründenden Rechtsträger. Dies stellt ein Novum im europäischen Gesellschaftsrecht dar, denn die Unterwerfung einer Gesellschaft unter eine Obergesellschaft vollzieht sich auf der Ebene der Aktionäre, die ihre Anteile in die SE einbringen. Ein Beschluss der Hauptversammlung ist ansonsten regelmäßig nur für Transaktionen auf Gesellschaftsebene notwendig.[71] Damit hat der europäische Verordnungsgeber eine Art **Konzerneingangskontrolle** geschaffen, da es bei der Gründung einer Holding-SE stets um eine Konzernbildung kraft Beteiligung gehen wird, denn die Holding-SE kann nur entstehen, wenn die Mehrheit der Gesellschafter der beteiligten Ausgangsgesellschaften ihre Anteile einbringt.[72] Dies muss zwangsläufig zu einer Abhängigkeit der Gründungsgesellschaften von der SE führen.[73] Daher ist Gegenstand des Hauptversammlungsbeschlusses die Konzernbildung der Ausgangsgesellschaft mit der SE. 41

Im deutschen Aktienrecht besteht eine Zustimmungspflicht der Hauptversammlung lediglich in den Fällen des Abschlusses eines Beherrschungs- oder Gewinnabführungsvertrages gemäß § 293 AktG. Darüber hinaus wird im Schrifttum zwar im Zusammenhang mit der Begründung einer konzernrechtlichen Abhängigkeit über das Erfordernis einer Zustimmung durch die Hauptversammlung diskutiert, jedoch wird dies von der herrschenden Meinung abgelehnt.[74] 42

2. Die Kontrolle des Umtauschverhältnisses

Im Hinblick auf das Recht der Anteilseigner der Gründungsgesellschaften zur **Überprüfung des Umtauschverhältnisses** sowie deren **Ausgleichsanspruch durch bare Zuzahlung,** die für die Gründung einer Holding-SE in § 11 SEAG geregelt sind, kann grundsätzlich auf die Ausführungen zur Gründung durch Verschmelzung verwiesen werden.[75] Lediglich die Besonderheiten bei der Holding-Gründung sollen hier dargestellt werden. 43

Wie bei der Gründung durch Verschmelzung kann das Umtauschverhältnis nur dann im Wege des **Spruchverfahrens** kontrolliert werden, wenn das Recht der anderen beteiligten Gesellschaften ein **vergleichbares Verfahren** zur Kontrolle und Änderung des Umtauschverhältnisses kennt (das trifft derzeit nur auf Österreich und Tschechien zu) oder die Anteilseigner dieser Gesellschaften der Durchführung des Ver- 44

---

[69] Widmann/Mayer/*Heckschen*, Umwandlungsrecht, Anhang 14 Rn. 336; *Thoma/Leuring*, NJW 2002, 1449, 1453. Neben Deutschland kennen auch Frankreich, Italien und Großbritannien einen Squeeze-out.
[70] *Brandes*, AG 2005, 177, 178; vgl. dazu auch 1. Abschnitt Rn. 36.
[71] *Thoma/Leuring*, NJW 2002, 1449, 1453.
[72] Art. 33 Abs. 2; *Kalss*, ZGR 2003, 593, 634.
[73] *Teichmann*, AG 2004, 67, 70.
[74] *Thoma/Leuring*, NJW 2002, 1449, 1453 mwN.
[75] Siehe 4. Abschnitt § 2 Rn. 75 ff.

fahrens **ausdrücklich zustimmen**. Dies ergibt sich aus § 11 Abs. 2 SEAG, in dem sich ein Verweis auf § 6 Abs. 1, 3 und 4 SEAG findet, welcher wiederum auf Art. 25 Abs. 3 S. 1 SE-VO verweist. Der deutsche Gesetzgeber hat diese Verfahrensweise für die Gründung einer Holding-SE übernommen, weil insoweit die Interessenlage bei der Holding-Gründung derjenigen bei der Gründung einer SE durch Verschmelzung entspricht.[76]

45 Der Anspruch auf **bare Zuzahlung**, der sich aus § 11 Abs. 1 SEAG ergibt, steht bei der Gründung einer Holding-SE auch denjenigen Anteilsinhabern zu, die ihre Anteile tauschen wollen.[77] Dies steht im Gegensatz zur Regelung des § 6 Abs. 2 SEAG für die Verschmelzungsgründung, bei welcher lediglich die Aktionäre der übertragenden Gesellschaft einen solchen Anspruch geltend machen können. Die abweichende Regelung erklärt sich aus der Intention des deutschen Gesetzgebers, Anfechtungsklagen der einbringenden Anteilseigner zu verhindern, indem er den Anspruch auf Barzuzahlung auf **alle Gesellschafter** der Gründungsgesellschaften ausweitete. Dem liegt der Gedanke zugrunde, dass eine erhebliche Verzögerung der Eintragung der Holding-SE als Folge der Erhebung der Anfechtungsklage zu befürchten wäre, auch für den an sich unkomplizierten Fall, dass die betreffenden Anteilseigner allein mit dem Umtauschverhältnis nicht einverstanden sind, die Gründung als solche jedoch nicht ablehnen.[78] Dies erscheint auch im Hinblick darauf sachgerecht, dass zwar die Negativerklärung im Sinne des § 16 Abs. 2 UmwG in § 10 Abs. 2 SEAG vom deutschen Gesetzgeber für die Holding-Gründung übernommen worden ist, jedoch eine Vorschrift, die eine Registersperre wegen einer anhängigen Anfechtungsklage überwinden kann, nach dem Vorbild des Freigabeverfahrens gemäß § 16 Abs. 3 UmwG nicht eingeführt wurde (s. dazu bereits Rn. 33).

46 Bei der Holding-Gründung fehlt es an einer Regelung wie in Art. 25 Abs. 3 S. 4 SE-VO für die Gründung durch Verschmelzung. Sinn und Zweck dieser Vorschrift zur Verschmelzung ist es, einen möglichen **Konflikt der Rechtsordnungen zu vermeiden** und insoweit verbindlich festzulegen, dass im Hinblick auf ein durchgeführtes Gerichtsverfahren über das Umtauschverhältnis eine Bindungswirkung für die übernehmende SE und ihre Aktionäre besteht. Ein Konflikt der Rechtsordnungen ist dabei insoweit möglich, als Anspruchsgegner des Anteilseigners der übertragenden Gesellschaft die SE ist, die in der Regel ihren Sitz im Ausland haben wird, wobei die **Zuständigkeit für das Spruchverfahren** nach § 6 Abs. 4 S. 1 SEAG in Verbindung mit § 2 Abs. 1 SpruchG beim Landgericht am Sitz des übertragenden Rechtsträgers, also einem inländischen Gericht, liegt.

47 Das Fehlen einer solchen Regelung für die Gründung einer Holding-SE erscheint als lückenhaft, da die Interessenlage bei den beiden Gründungsarten identisch ist. Auch bei der Holding-Gründung können gleichartige Konflikte der Rechtsordnungen auftreten, sodass sich die Frage stellt, ob eine analoge Heranziehung des Art. 25 Abs. 3 S. 4 SE-VO in Betracht kommt. Dies könnte insbesondere deshalb notwendig sein, weil der deutsche Gesetzgeber nach seiner Begründung zu § 11 SEAG wohl fälschlich angenommen hat, er habe in § 6 SEAG, der aufgrund der Verweisung des § 11 Abs. 1 SEAG anwendbar ist, auf Art. 25 Abs. 3 SE-VO komplett verwiesen.[79] Dies ist jedoch nicht der Fall – der Verweis betrifft ausdrücklich nur Art. 25 Abs. 3 S. 1 SE-VO. Daher muss wegen der deckungsgleichen Interessenlage und der Rechtssicherheit im europäischen Gesellschaftsrecht Art. 25 Abs. 3 S. 4 SE-VO analog herangezogen werden. Dem steht

---

[76] Regierungsbegründung zu § 11 SEAG, BT-Drucks. 15/3405, S. 34.
[77] Siehe dazu bereits Rn. 27 f. Kritisch zu dieser Regelung Lutter/Hommelhoff/*Vetter*, S. 155 ff.
[78] Vgl. Regierungsbegründung zu § 10 SEAG, BT-Drucks. 15/3405, S. 34; *Schwarz*, Art. 34 Rn. 13.
[79] Vgl. Regierungsbegründung zu § 11 SEAG, BT-Drucks. 15/3405, S. 34.

auch nicht die inter-omnes-Wirkung des § 13 SpruchG entgegen, da dieser als nationales Recht eine ausländische Gesellschaft nicht ohne weiteres binden kann.

Weiterhin erscheint die **internationale Zuständigkeit** der deutschen Gerichte für das Spruchverfahren nach § 11 Abs. 2 SEAG in Verbindung mit § 6 Abs. 4 S. 1 SEAG fraglich, da Anspruchsgegner die ausländische SE ist, sodass sich aus der EUGVVO nicht ohne weiteres die Zuständigkeit der deutschen Gerichte ergibt. Diese richtet sich regelmäßig nach dem Sitz des Beklagten, hier also der SE mit Sitz im Ausland. Aus der Tatsache, dass der deutsche Gesetzgeber in § 6 Abs. 4 S. 2 SEAG für Klagen ausländischer Aktionäre zusätzlich die internationale Zuständigkeit der deutschen Gerichte fordert, wird deutlich, dass er wohl davon ausgegangen ist, dass im Falle der Einleitung des Spruchverfahrens durch einen deutschen Anteilseigner die internationale Zuständigkeit der deutschen Gerichte unproblematisch gegeben ist. Dies dürfte jedoch bei Beteiligung einer ausländischen SE als Anspruchsgegner nicht der Fall sein. **48**

3. Das Austrittsrecht gegen Barabfindung im Gründungsplan

Auf der Grundlage des Art. 34 SE-VO hat der deutsche Gesetzgeber in § 9 SEAG die Festlegung eines Barabfindungsangebots an die der Holding-Gründung widersprechenden Aktionäre im Gründungsplan vorgeschrieben. Das **deutsche Aktienrecht** kannte bislang bezüglich der Kontrollerlangung einer Gesellschaft über eine andere ein entsprechendes Austrittsrecht nur im Rahmen des § 305 AktG. Der Gesetzgeber wollte somit offensichtlich ein darüber hinausgehendes Recht nur unter den Voraussetzungen des § 9 SEAG gewähren.[80] **49**

a) Voraussetzungen des Austrittsrechts. Nach § 9 Abs. 1 SEAG steht **jedem Anteilseigner**, der gegen den Zustimmungsbeschluss der Hauptversammlung im Sinne des § 10 Abs. 1 SEAG **Widerspruch** zur Niederschrift erklärt hat, das Recht zu, der die Gründung anstrebenden Gesellschaft seine Gesellschaftsanteile gegen eine angemessene Barabfindung anzubieten. Hiermit statuiert der deutsche Gesetzgeber im Ausführungsgesetz einen gesellschaftsrechtlichen Minderheitenschutz.[81] Ein derartiger Schutz erklärt sich vor allem daraus, dass die Gründungsgesellschaften im Gegensatz zur Gründung durch Verschmelzung fortbestehen und sich die der Gründung ablehnend gegenüberstehenden Anteilseigner nach Entstehung der Holding-SE automatisch in der Minderheit einer abhängigen Gesellschaft wiederfinden. Denn die Holding-SE hält grundsätzlich mehr als die Hälfte der Anteile der Gründungsgesellschaft.[82] **50**

Das Austrittsrecht gegen Barabfindung steht gemäß § 9 Abs. 1 S. 1 SEAG nur den Aktionären einer **deutschen Aktiengesellschaft** zu. Den Gesellschaftern einer an der Gründung beteiligten **GmbH** wird ein solches Recht hingegen **nicht** eingeräumt. Der Gesetzgeber begründet diese Differenzierung damit, dass der Gesellschaftsvertrag einer GmbH Regelungen enthalten kann, die eine unerwünschte Konzernierung verhindern bzw. die Gesellschafter ausreichend schützen können.[83] Damit ist offensichtlich die Vinkulierung der GmbH-Anteile angesprochen.[84] **51**

Darüber hinaus ist das Austrittsrecht der Aktionäre einer Aktiengesellschaft in § 9 Abs. 1 S. 1 SEAG auf zwei Fälle beschränkt worden: **52**

Einerseits besteht das Recht dann, wenn sich der **Sitz** der zu gründenden Holding-SE **im Ausland** befinden soll. Diese Regelung erklärt sich daraus, dass die Holding-SE mit Sitz im Ausland zwangsläufig einer anderen Rechtsordnung unter- **53**

---
[80] *Ihrig/Wagner*, BB 2004, 1749, 1752.
[81] *Neye/Teichmann*, AG 2003, 169, 173.
[82] *Kalss*, ZGR 2003, 593, 634.
[83] Regierungsbegründung zu § 9 SEAG, BT-Drucks. 15/3405, S. 34.
[84] *Teichmann*, AG 2004, 67, 76.

liegt. Das Unterfallen unter eine fremde Rechtsordnung soll jedoch den der Gründung der Holding-SE kritisch gegenüberstehenden Aktionären nicht zugemutet werden.[85] Denn insoweit bliebe ihnen ohne das Austrittsrecht gegen Barabfindung allein die Möglichkeit, Aktien der SE zu erhalten, wobei damit faktisch Anteile an die Gesellschafter übergehen, die einer anderen ihnen nicht vertrauten Rechtsordnung unterliegen. Ein ausreichender Minderheitenschutz könnte so nach Meinung des Gesetzgebers nicht gewährleistet werden.[86] Gegen diese Begründung lässt sich zwar einwenden, dass bei der Holding-Gründung im Gegensatz zur Gründung durch Verschmelzung die Gründungsgesellschaft bestehen bleibt und der Anteilseigner gerade nicht gezwungen wird, einen Anteil an der SE zu übernehmen, sodass er nicht zwangsweise Anteilseigner einer Gesellschaft wird, die einer anderen Rechtsordnung unterfällt, wenn die SE ihren Sitz im Ausland haben soll. Dennoch ist das Barabfindungsangebot im genannten Fall zu unterbreiten.

54 Des Weiteren steht das Austrittsrecht dem Anteilseigner einer Gründungsgesellschaft dann zu, wenn die Holding-SE selbst eine **abhängige Gesellschaft** im Sinne des § 17 AktG ist. Auch dies dient dem Minderheitenschutz, da den Aktionären ohne das Austrittsrecht gegen Barabfindung als Alternative zur Anteilseignerschaft an der nach erfolgter Holding-Gründung von der SE abhängigen Gründungsgesellschaft allein der Umtausch ihrer Anteile in SE-Anteile bliebe. Dies hätte zur Folge, dass der betroffene Anteilseigner durch den Umtausch erneut Aktien einer abhängigen Gesellschaft erhalten würde, wodurch kein ausreichender Minderheitenschutz zu gewährleisten ist.[87]

55 Problematisch erscheint der zweitgenannte Fall im Hinblick auf den **Zeitpunkt**, auf den bezüglich der Abhängigkeit der Holding-SE im Sinne des § 17 AktG abzustellen ist.[88] Die Gründung der Holding-SE durch Eintragung kann bereits vor Ablauf der Nachfrist des Art. 33 Abs. 3 S. 2 SE-VO erfolgen, wobei jedoch zu diesem Zeitpunkt nicht unbedingt absehbar ist, ob eine Abhängigkeit der SE entstehen wird. Dies folgt daraus, dass bei zwei Gründungsgesellschaften, die beide lediglich den festgelegten, identischen Mindestprozentsatz an Aktien einbringen, keine Mehrheitsmacht vorliegen muss und daher keine Abhängigkeit der Holding-SE entsteht. Bringen beispielsweise die Mehrheitsaktionäre zweier beteiligter Gründungsgesellschaften den festgelegten Mindestprozentsatz der Anteile in Höhe von je 51% in die Holding-SE ein, halten sie nach der Holding-Gründung jeweils 50% der Aktien der Holding-SE, sodass diese von keinem der beiden Mehrheitsaktionäre der beteiligten Gründungsgesellschaften abhängig ist. Demzufolge ist das Vorliegen einer Abhängigkeit in bestimmten Konstellationen erst nach Ablauf der Nachfrist endgültig feststellbar. Somit sollte dieser Zeitpunkt für die Bestimmung der Abhängigkeit der SE herangezogen werden. Um dies mangels einer ausdrücklichen Regelung sicherzustellen, empfiehlt es sich, bereits im Gründungsplan bezüglich des Vorliegens der Voraussetzungen des Austrittsrechts ausdrücklich auf den Zeitpunkt des Ablaufs der Nachfrist abzustellen, da dies der gesetzgeberischen Intention des Minderheitenschutzes am ehesten gerecht wird.

56 Das Austrittsrecht mit Barabfindungsangebot soll nach § 9 Abs. 1 S. 1 und 3 SEAG bereits im **Gründungsplan** im Wortlaut **festgelegt** werden. Es muss in jedem Fall in den – gemeinsamen, für alle Gesellschaften gleich lautenden – Plan aufgenommen werden, da ein etwaiger Widerspruch gegen den Zustimmungsbeschluss der Hauptversammlung in der Regel nicht ausgeschlossen werden kann. Zwar ist es denkbar, dass die Festlegung eines Barabfindungsgebotes nicht für alle Gründungsgesellschaften zwin-

---

[85] Regierungsbegründung zu §§ 9 und 7 SEAG, BT-Drucks. 15/3405, S. 34, 32; vgl. auch *Teichmann*, AG 2004, 67, 74.

[86] Regierungsbegründung zu §§ 9 und 7 SEAG, BT-Drucks. 15/3405, S. 34, 32.

[87] Regierungsbegründung zu § 9 SEAG, BT-Drucks. 15/3405, S. 34; *Teichmann*, AG 2004, 67, 74.

[88] *Ihrig/Wagner*, BB 2004, 1749, 1752.

gend notwendig ist, da eine dem § 9 SEAG entsprechende Regelung nicht in jedem Mitgliedstaat vorhanden sein muss. Trotzdem muss bei Beteiligung einer deutschen Aktiengesellschaft als Gründerin das Barabfindungsangebot, welches nur für ihre Aktionäre Gültigkeit erlangt, im für alle identischen Gründungsplan enthalten sein.

b) Rechtsfolgen des Austrittsrechts: Erwerb eigener Aktien durch die Gründungsgesellschaften. In § 9 Abs. 1 S. 2 SEAG ist festgelegt, dass die Vorschriften des Aktiengesetzes zum **Erwerb eigener Aktien** entsprechende Anwendung finden. Damit gilt § 71 AktG auch bei der Gründung einer Holding-SE. Allerdings erwerben anders als bei der Gründung durch Verschmelzung bei der Gründung einer Holding-SE die Gründungsgesellschaften die Anteile der austretenden Gesellschafter, sodass aus Sicht dieser ein Rückerwerb eigener Aktien durch die Übernahme der Anteile vorliegt.[89] Daher ist § 71 AktG anders als bei der Gründung durch Verschmelzung nicht auf die SE, sondern auf die Gründungsgesellschaften anwendbar. 57

Die Anwendbarkeit des § 71 Abs. 4 S. 2 AktG, in welchem die Unwirksamkeit des Rückerwerbs eigener Aktien bei Verstoß gegen § 71 Abs. 1 oder 2 AktG für die deutsche Aktiengesellschaft angeordnet wird, ist jedoch im Ausführungsgesetz ausgeschlossen. Dies bedeutet, dass das Abfindungsangebot im Gründungsplan **nicht unwirksam** ist, weil darin ein Verbot des Erwerbs eigener Aktien im Sinne des § 71 Abs. 1 AktG zu sehen wäre.[90] 58

Der Verweis des § 9 Abs. 1 S. 5 SEAG auf die Vorschrift des § 29 Abs. 2 UmwG stellt klar, dass ein Austrittsrecht gegen Barabfindung auch demjenigen Aktionär zusteht, der **keinen Widerspruch** zur Niederschrift hinsichtlich des Zustimmungsbeschlusses der Hauptversammlung erklärt hat, wenn er zu **Unrecht nicht zur Hauptversammlung** zugelassen wurde, die Versammlung nicht ordnungsgemäß einberufen wurde oder der Gründungsplan als Gegenstand der Beschlussfassung nicht ordnungsgemäß bekannt gemacht worden war. 59

Trotz des Verweises auf die Vorschriften des Aktiengesetzes über den Erwerb eigener Aktien und die parallele Ausgestaltung des § 9 SEAG Abs. 1 – wie auch des im Rahmen der Gründung durch Verschmelzung diesen Sachverhalt regelnden § 7 Abs. 1 SEAG – zu § 29 Abs. 1 UmwG, hat der Gesetzgeber den **Erwerb eigener Aktien** im Rahmen der Gründung der Holding-SE und im Rahmen der Gründung durch Verschmelzung nicht in die Privilegierung des § 71 Abs. 1 Nr. 3 AktG aufgenommen. Hierbei handelt es sich wohl um ein **Redaktionsversehen**, so dass der Erwerb eigener Aktien in analoger Anwendung von § 71 Abs. 1 Nr. 3 AktG auch ohne entsprechende Hauptversammlungsermächtigung zulässig sein dürfte. 60

Ein weiteres Problem stellt sich hinsichtlich der **10%-Grenze** des § 71 Abs. 2 S. 1 AktG. Um den Sinn und Zweck des § 9 Abs. 1 S. 1 SEAG nicht zu konterkarieren, muss es jedem der Holding-Gründung widersprechenden Aktionär möglich sein, von dem im Gründungsplan enthaltenen Abfindungsangebot Gebrauch zu machen. Dabei kann es sich jedoch um mehr als 10% der Aktionäre handeln, da bei der Einbringung lediglich des Mindestprozentsatzes an Anteilen im Sinne des Art. 32 Abs. 2 S. 4 AktG noch mehr als 49% der Aktionäre der Gründungsgesellschaft Minderheitsaktionäre werden, die theoretisch von dem Abfindungsangebot Gebrauch machen könnten. Insoweit findet bei Überschreiten der 10%-Grenze § 71c Abs. 1 AktG Anwendung, der die Veräußerung dieser überschreitenden Aktien durch die Aktiengesellschaft innerhalb eines Jahres vorschreibt. Problematisch erscheint in diesem Zusammenhang, dass sich der Vorstand einer deutschen Aktiengesellschaft **schadensersatzpflichtig** machen könnte, wenn der Aktienkurs innerhalb der Jahresfrist fallen sollte. Insoweit erscheint fraglich, ob sich der Vorstand einer solchen Haftungsgefahr aussetzen würde. Dies könnte ein 61

---

[89] Vgl. BT-Drucks. 15/3405, S. 34.
[90] Manz/Mayer/*Schröder*, Art. 34 Rn. 30.

Wettbewerbsnachteil im internationalen Vergleich für die Beteiligung an der Gründung einer Holding-SE sein.

62 Die nähere Ausgestaltung des Austrittsrechts hat der deutsche Gesetzgeber durch einen Verweis in § 9 Abs. 2 SEAG auf die Verschmelzungsregelung des § 7 Abs. 2 bis 7 SEAG geregelt. Insoweit kann auf die entsprechenden Ausführungen zur Gründung durch Verschmelzung verwiesen werden.[91]

4. Anwendbarkeit des WpÜG auf die börsennotierte Holding-SE

63 Insgesamt bildet die Vorschrift des § 9 SEAG einen **Konzerneingangsschutz** für die verbleibenden Minderheitsgesellschafter der Gründungsgesellschaften. Nach vollzogener Gründung der Holding-SE bestehen die Ausgangsgesellschaften als **abhängige Gesellschaften** weiter, in denen die nicht am Umtausch der Anteile teilnehmenden Gesellschafter als Minderheit verbleiben. Die Holding-Gründung stellt daher eine Konzernbildung kraft Beteiligung dar.[92] In diesem Zusammenhang stellt sich die Frage der Anwendbarkeit des WpÜG auf eine börsennotierte Holding-SE mit Sitz im Inland.

64 Dafür muss zunächst der **sachliche Anwendungsbereich** des WpÜG eröffnet sein. Das WpÜG verfolgt das Ziel, Rahmenbedingungen für eine faire und geordnete Übernahme von Unternehmen zur Verfügung zu stellen.[93] Insoweit erscheint bereits fraglich, ob bei der Gründung einer Holding-SE überhaupt eine Übernahmesituation vorliegt, da alle Gründungsgesellschaften gemeinsam mit identischen Gründungsplänen die Gründung betreiben. Es fehlt demgemäß an einem Bieter im Sinne des § 2 Abs. 4 WpÜG, der einem anderen Unternehmen ein Übernahmeangebot unterbreitet.[94] Zudem werden die Gründungsgesellschaften nicht Eigentümer der umzutauschenden Aktien, sodass auch kein Erwerb von Wertpapieren einer Zielgesellschaft im Sinne des § 2 Abs. 1 WpÜG vorliegen dürfte.[95]

65 Ferner erscheint fraglich, ob der **Schutzzweck** des WpÜG im Falle der Holding-Gründung betroffen ist. Dieser umfasst die Stärkung der Stellung der Minderheitsaktionäre bei Unternehmensübernahmen durch eine Preiskontrolle, die einen fairen Ausstiegspreis garantieren soll.[96] Dem gleichen Schutzzweck dient jedoch bereits Art. 32 Abs. 4 und 5 SE-VO, der die sachverständliche Überprüfung des Gründungsplanes und einen diesbezüglichen Sachverständigenbericht vorschreibt, der die Angemessenheit des im Gründungsplan festgelegten Umtauschverhältnisses der Aktien beurteilt und für die Anteilseigner darstellt (s. Rn. 11 f.). Insoweit liegt eine abschließende Regelung vor, wodurch die Vorschriften des WpÜG verdrängt werden.[97] Zudem wird daneben die vom deutschen Gesetzgeber insbesondere in § 9 Abs. 1 SEAG getroffene Regelung zum Austrittsrecht für die Minderheitsgesellschafter der Gründungsgesellschaften dem Schutz der Minderheiten vor einer ungewollten Konzernierung ausreichend gerecht. Ein doppelter Konzerneingangsschutz insbesondere durch die zusätzliche Abgabe eines Pflichtangebotes durch die Holding-SE nach § 35 WpÜG erscheint daneben nicht sachgerecht.[98]

---

[91] Siehe 4. Abschnitt § 2 Rn. 83 ff.
[92] *Kalss*, ZGR 2003, 593, 634.
[93] Kölner KommWpÜG/*Hirte*, Einl. Rn. 84.
[94] So auch *Brandt*, NZG 2002, 991, 995; aA wohl *Teichmann*, AG 2004, 67, 78.
[95] *Brandes*, AG 2005, 177, 179; aA *Teichmann*, AG 2004, 67, 77, allerdings ohne eine Begründung zu geben.
[96] Vgl. 35 Abs. 2 WpÜG; Kölner KommWpÜG/*v. Bülow*, § 35 Rn. 4.
[97] *Brandt*, NZG 2002, 991, 995; *Ihrig/Wagner*, BB 2004, 1749, 1753; *Brandes*, AG 2005, 177, 186; aA *Teichmann*, AG 2004, 67, 81, 83, unter Hinweis darauf, dass grundsätzlich gesellschaftsrechtliche und kapitalmarktrechtliche Vorschriften nebeneinander Anwendung finden, da sie verschiedenen Regelungszwecken dienen und unterschiedliche Ausgestaltungen erfahren haben.
[98] *Brandes*, AG 2005, 177, 186, 188.

Da jedoch der deutsche **Gesetzgeber** bezüglich der Begründung zur Regelung in §9 SEAG im Ausführungsgesetz **keine Aussage** über die Anwendbarkeit des WpÜG getroffen hat, obgleich es zuvor in der Literatur eine breite Diskussion darüber gegeben hatte, wird in der Literatur die Anwendbarkeit des WpÜG neben der SE-VO und dem SEAG überwiegend bejaht.[99] Zudem ist der Minderheitenschutz des §9 SEAG nur für die im Tatbestand genannten Fälle einschlägig, wodurch bei Nichtvorliegen der Voraussetzungen den betroffenen Minderheitsaktionären der Ausgangsgesellschaften kein Austrittsrecht gegen Barabfindung zusteht. **66**

Schließt man sich der wohl herrschenden Meinung der Literatur an und bejaht die Anwendbarkeit des WpÜG, hätte die börsennotierte Holding-SE mit Sitz in Deutschland nach ihrer Eintragung aufgrund der faktischen Kontrollerlangung über die Ausgangsgesellschaften gemäß §35 Abs. 2 WpÜG ein **Pflichtangebot** zu veröffentlichen. Allerdings kommt in diesem Fall eine Befreiung von der Angebotspflicht aufgrund des §37 WpÜG in Betracht, da das in §9 Abs. 1 SEAG festgelegte, zwingende Barabfindungsangebot an die Minderheitsgesellschafter diese genauso wirksam schützt wie es das Pflichtangebot tun würde.[100] Dies gilt allerdings mit der Einschränkung, dass §9 Abs. 1 SEAG einschlägig sein muss, es sich also um die Gründung einer abhängigen Holding-SE handelt (s. Rn. 54). Bei der Gründung einer Holding-SE mit Sitz im Ausland ist das WpÜG als deutsches Gesetz ohnehin unanwendbar. **67**

In Bezug auf die Verweisung in §9 Abs. 2 SEAG auf die Abfindungsvorschriften bei der Gründung durch Verschmelzung ergeben sich insoweit keine Abweichungen, sodass auf die entsprechenden Ausführungen verwiesen werden kann.[101] **68**

§4 Tochter-SE

Übersicht

		Rn.
I.	Besonderheiten gegenüber der Tochtergründung nationalen Rechts	1, 2
II.	Gesetzliche Regelungstechnik	3
III.	Gründungsphasen	4
IV.	Ablauf der Tochtergründung	5–9
	1. Beteiligte Gesellschaften	5–7
	a) Gesellschaften iSd. Art. 48 Abs. 2 EG	6
	b) Juristische Personen des öffentlichen oder privaten Rechts	7
	2. Gründung nach dem Recht eines Mitgliedstaates und Sitz in einem solchen	8
	3. Mehrstaatigkeitserfordernis	9
V.	Gründungsverfahren	10–20
	1. Vorbereitungen zur Einbeziehung der Arbeitnehmer	11
	2. Gründung	12
	3. Erfordernis auf Seiten der Gründer	13–16
	a) AG	14
	b) GmbH	15
	c) Personenhandelsgesellschaft	16
	4. Bewertung/Besteuerung	17
	5. Anmeldung der Gründung	18
	6. Eintragung	19
	7. Kapitalmarktrechtliche Publizitätspflichten	20

---

[99] Vgl. DAV-Stellungnahme, NZG 2004, 75, 79f.; MünchKommAktG/*Oechsler*, Art. 2 Rn. 20; MünchKommAktG/*Schäfer*, Art. 32 Rn. 6; *Scheifele*, S. 366; *Schwarz*, Vorb. Art. 32–34 Rn. 14; *Teichmann*, AG 2004, 67, 77 ff.; zum Teil auch *Ihrig/Wagner*, BB 2004, 1749, 1753.
[100] *Teichmann*, AG 2004, 67, 82.
[101] Siehe dazu 4. Abschnitt §2 Rn. 83 ff.

I. Besonderheiten gegenüber der Tochtergründung nationalen Rechts

1 Nach Art. 2 Abs. 3 SE-VO kann eine SE in Form einer gemeinsamen Tochtergesellschaft gegründet werden, wobei diese Gründungsform u.a. zur Nutzung eines Joint Ventures von Vorteil sein kann (s. 1. Abschnitt Rn. 49 ff.). An der Gründung der SE müssen zwingend mindestens zwei Gründungsrechtsträger beteiligt sein; die Ausgründung einer Tochter-SE aus einem einzigen Gründungsrechtsträger ist mit diesem Verfahren nicht möglich.[1] Das Gründungsverfahren ist im Vergleich zu den anderen Gründungsformen der Verschmelzung, Holdinggründung und Umwandlung, soweit die gesellschaftsrechtliche Seite betroffen ist[2], flexibler: Zum einen steht das Verfahren mehr Gesellschaftsformen offen (s. 4. Abschnitt § 1 Rn. 7). Zum anderen ist das Verfahren einfacher: Gründungsplan, Gründungsbericht, Gründungsprüfung und regelmäßig auch die Zustimmung der Gründer sind nicht erforderlich. Diese größere Flexibilität des Verfahrens kann es nach sich ziehen, dass in Fällen, in denen mit der Tochtergründung ähnliche Ergebnisse erzielt werden können wie mit der Verschmelzung oder Holding-Gründung, erstere vorgezogen wird (zur Frage der Umgehung s. Rn. 14).

2 Das Verfahren der Tochtergründung richtet sich aufgrund der zahlreichen Verweisungen im Wesentlichen nach den Regelungen des nationalen Aktienrechts. Abweichungen vom nationalen Verfahren bestehen vor allem in den folgenden Bereichen:

1. Die Gründung einer gemeinsamen Tochter-SE steht nur den **Gesellschaften iSd. Art. 48 Abs. 2 EG** sowie sonstigen **juristischen Personen des öffentlichen Rechts** offen; der Kreis der Gründer ist also im Vergleich zur nationalen Tochtergründung beschränkt.
2. Spätestens mit der Vereinbarung des Plans zur Gründung der Tochter-SE müssen Verhandlungen über die **Beteiligung der Arbeitnehmer** eingeleitet werden; die SE kann erst eingetragen werden, wenn eine Vereinbarung über die Beteiligung der Arbeitnehmer geschlossen worden ist oder die Verhandlungsphase ohne Abschluss einer Vereinbarung endet. Hervorzuheben ist zudem, dass sich die Mitbestimmung beim Zuzugekommen der Auffangregelung durchsetzt, soweit mindestens 50% der Gesamtzahl der Arbeitnehmer der beteiligten Gesellschaft und der betroffenen Tochtergesellschaften Mitbestimmungsrechte hatten (s. 6. Abschnitt Rn. 212).
3. Aufgrund des grenzüberschreitenden Charakters der Transaktion kann die **Bewertung von Sacheinlagen** mit Schwierigkeiten behaftet sein.
4. Die **Satzung** der gemeinsamen Tochter-SE richtet sich nach den Regelungen der Verordnung (s. 2. Abschnitt Rn. 8), des SEAG (s. 2. Abschnitt Rn. 9) und dem Aktiengesetz (insbesondere § 23 Abs. 3, 4 AktG sowie §§ 26 f. AktG, s. 2. Abschnitt Rn. 9). Die zwingenden Angaben der SE-VO und des SEAG sind in die Satzung aufzunehmen, die sich ansonsten in wesentlichen Teilen nach dem Recht des künftigen Sitzstaates des SE richtet.

II. Gesetzliche Regelungstechnik

3 Obwohl sich die Gründung einer gemeinsamen Tochter-SE nach den Regelungen des nationalen Rechts richtet, ist Rechtsgrundlage für die Gründung einer solchen SE die SE-VO. Die Normen des nationalen Rechts kommen kraft des Anwendungsbefehls der SE-VO zur Anwendung. Entsprechend der Zweistufigkeit des Gründungsverfahrens beinhaltet die SE-VO zwei unterschiedliche Verweisungsnormen: Art. 15 SE-VO,

---

[1] *Schwarz*, Art. 35 Rn. 2.
[2] Im Hinblick auf die Beteiligung der Arbeitnehmer ist das SEBG anwendbar s. Rn. 212.

wonach die Gründung der Tochter-SE als solche dem Recht des SE-Sitzstaates unterliegt (s. 3. Abschnitt Rn. 6), und Art. 36 SE-VO, wonach die Gründungsrechtsträger im Hinblick auf ihre Beteiligung an der Gründung den Regelungen unterliegen, die für die Gründung einer Tochtergesellschaft in Form einer Aktiengesellschaft nationalen Rechts gelten (s. 3. Abschnitt Rn. 6). Art. 36 SE-VO verweist mithin auf das jeweilige nationale Recht des Gründungsmitglieds, soweit es um die Frage geht, ob die Gesellschafter der Gründungsrechtsträger bei der Entscheidung über die Gründung der SE einzubeziehen sind.

III. Gründungsphasen

Das Gründungsverfahren zur Errichtung einer gemeinsamen Tochtergesellschaft **4** kann wie dasjenige der Verschmelzung in zwei Phasen unterteilt werden: Das Verfahren der Willensbildung in der Gründungsgesellschaft (Art. 36 SE-VO) und das Gründungsverfahren der neu entstehenden SE (Art. 15 SE-VO). In der ersten Phase ist zu klären, ob in der jeweiligen Gründungsgesellschaft die Voraussetzungen bestehen, um eine Tochter zu gründen (s. Rn. 5 ff.). In der zweiten Phase kommen die nationalen Regelungen zur Gründung von Tochtergesellschaften und das Prüfungsrecht der zuständigen Behörde im zukünftigen Sitzstaat der SE zum Tragen (s. Rn. 10 ff.).

IV. Ablauf der Tochtergründung

1. Beteiligte Gesellschaften

Die Gründung einer gemeinsamen Tochtergesellschaft steht allen Gesellschaften iSd. **5** Art. 48 Abs. 2 EG sowie sonstigen juristischen Personen des öffentlichen oder privaten Rechts offen (Art. 2 Abs. 3 SE-VO).

a) Gesellschaften iSd. Art. 48 Abs. 2 EG

Der Gesellschaftsbegriff nach Art. 48 Abs. 2 EG umfasst alle Gesellschaften des bürgerlichen Rechts und des Handelsrechts einschließlich der Genossenschaften und der sonstigen juristischen Personen des öffentlichen oder privaten Rechts, mit Ausnahme derjenigen, die keinen Erwerbszweck verfolgen. Erfasst werden alle Wirtschaftssubjekte, die keine natürlichen Personen sind. In Deutschland können dementsprechend als Gründer einer gemeinsamen Tochter-SE fungieren[3]: Juristische Personen des privaten Rechts (AG, KGaA, GmbH, Vereine, eG, VVaG, Stiftungen), Personenhandelsgesellschaften (OHG, KG), nicht rechtsfähige Vereine, Gesellschaften bürgerlichen Rechts in Form von Außengesellschaften,[4] juristische Personen des öffentlichen Rechts, Vorgesellschaften (Vor-AG, Vor-GmbH),[5] besondere Rechtsformen wie Partnergesellschaften, Reedereien und bergwerkliche Gesellschaften sowie europäische Rechtsformen (EWIV und SE).[6] Alle genannten Gesellschaften müssen einen **Erwerbszweck** verfolgen, wobei der Begriff des Erwerbszweckes weit ausgelegt wird. Nach allgemeiner Auffassung ist die Entgeltlichkeit der Tätigkeit ausreichend.[7] Gewinnerzielungsabsicht ist nicht erforderlich. Daher kann auch der EWIV und der Genossenschaft Gründerfähigkeit zukommen. Demgegenüber ist die Gründerfähigkeit von Vereinen, Stiftungen

6

---

[3] *Schwarz*, Art. 2 Rn. 80.
[4] BGHZ 146, 341.
[5] *Scheifele*, S. 85; *Schwarz*, Rn. 993 zu Art. 4 Abs. 1 EWIV-VO.
[6] *Blanquet*, ZGR 2002, 20, 45; *Wagner*, NZG 2002, 985, 990; *Schindler*, S. 37; *Scheifele*, S. 86.
[7] von der Groeben/Thiesing/Ehlermann/*Troberg*, Art. 52 EGV Rn. 26; Manz/Mayer/*Schröder*, Art. 35 Rn. 3; *Schwarz*, Art. 2 Rn. 85.

und BGB-Gesellschaften, die ausschließlich karitativen, sportlichen, religiösen oder kulturellen Zwecken nachkommen, zu verneinen.[8]

7 **b) Juristische Personen des öffentlichen oder privaten Rechts.** Nach Art. 2 Abs. 3 SE-VO sollen neben den Gesellschaften aus Art. 48 Abs. 2 EG juristische Personen des öffentlichen oder privaten Rechts Gründer einer gemeinsamen Tochter-SE sein können. Die SE-VO selbst legt nicht fest, was unter einer solchen juristischen Person des privaten oder öffentlichen Rechts zu verstehen ist. Der Begriff als solcher spricht zwar dafür, dass die Gesellschaften Rechtsfähigkeit aufweisen müssen. Die historische Auslegung und ein Vergleich der Sprachfassungen der englischen[9] und französischen Texte[10] sprechen nach hM jedoch dafür, dass anstelle des Begriffs „juristische Person" derjenige der „juristischen Einheit" gemeint war, mit der Folge, dass Art. 2 Abs. 3 SE-VO im Rahmen dieses Gründungskriteriums keine Rechtsfähigkeit als solche voraussetzt.[11] Diese in diesem Sinne zu verstehenden juristischen Einheiten müssen – anders als die Gesellschaften iSd. Art. 48 Abs. 2 EG – keinen Erwerbszweck verfolgen. Von ihnen wird lediglich verlangt, dass sie sich wirtschaftlich betätigen.[12]

2. Gründung nach dem Recht eines Mitgliedstaates und Sitz in einem solchen

8 Zudem ist für die Gründungsgesellschaften, unabhängig davon, ob es sich bei ihnen um Gesellschaften iSd. Art. 48 Abs. 2 EG oder um juristische Einheiten des öffentlichen oder privaten Rechts handelt, erforderlich, dass sie nach dem Recht eines Mitgliedstaates gegründet worden sind und **Sitz** und **Hauptverwaltung** in der Gemeinschaft haben (s. 4. Abschnitt § 1 Rn. 8, § 2 Rn. 27 f.). Gleichgültig ist, wie lange vor Gründung der SE die Gründungsgesellschaft in der betreffenden Rechtsform existiert hat. Anders als bei den Mehrstaatigkeitskriterien (s. Rn. 9) ist keine bestimmte Bestehensfrist vorgesehen.

3. Mehrstaatigkeitserfordernis

9 Zur Begründung des grenzüberschreitenden Charakters reicht wie bei der Holding-Gründung eingeschränkte Mehrstaatigkeit aus. Sie ist erfüllt, wenn mindestens zwei Gründungsgesellschaften dem Recht verschiedener Mitgliedstaaten unterliegen oder seit mindestens zwei Jahren über eine dem Recht eines Mitgliedstaates unterliegende Tochtergesellschaft oder Zweigniederlassung in einem anderen Mitgliedstaat verfügen (zu den Einzelheiten s. 4. Abschnitt § 3 Rn. 5).

V. Gründungsverfahren

10 Die Gründung der Tochter-SE richtet sich nach nationalem Recht und hat im Weg einer einfachen **Bar-** oder **Sachgründung** zu erfolgen. Möglich ist auch eine Ausgliederung im Wege der Einzelrechtsübertragung, die sich aus Sicht der Tochtergesellschaft als eine Sachgründung darstellt.[13] Demgegenüber ist die Errichtung einer gemeinsa-

---

[8] *Schwarz*, Rn. 149; *Scheifele*, S. 86.
[9] Im Englischen wird der Begriff „legal body" verwendet.
[10] Im Französischen wird der Begriff „entité juridique" verwendet; zutreffend wäre juristische Person als „personnalité juridique" zu übersetzen gewesen.
[11] S. im Einzelnen *Scheifele*, S. 88; im Ergebnis ebenso *Manz/Mayer/Schröder*, Art. 35 Rn. 2; *Schwarz*, Art. 2 Rn. 87.
[12] *Schwarz*, Rn. 991, 993 mwN; *Scheifele*, S. 88, 89.
[13] MünchKommAktG/*Oechsler*, Art. 2 Rn. 39; MünchKommAktG/*Schäfer*, Art. 35, 36 Rn. 4.

men Tochter-SE im Wege der Spaltung durch Ausgliederung nach § 123 Abs. 3 Nr. 2 UmwG, bei der die Gründungsgesellschaften einen Teil ihres Vermögens im Wege der partiellen Gesamtrechtsnachfolge auf die durch die Spaltung neu gegründete Gesellschaft übertragen, nicht möglich.[14] Hiergegen spricht Art. 2 Abs. 3 SE-VO, wonach eine Tochter-SE durch Zeichnung von Aktien gegründet werden muss. Das Verfahren der Bar- bzw. Sachgründung richtet sich nach den für Aktiengesellschaften geltenden Regelungen; im Hinblick auf die Beteiligung der Arbeitnehmer kommen die Regelungen des SEBG zur Anwendung (s. 6. Abschnitt Rn. 212). Zudem müssen, soweit die künftige Tochter-SE nach dem monistischen System strukturiert sein soll, bestimmte Anpassungen bei der Gründung vorgenommen werden.

1. Vorbereitungen zur Einbeziehung der Arbeitnehmer

Das SEBG sieht vor, dass das Verfahren zur Gründung einer Tochter-SE nach Abschluss der Vereinbarung eines Plans zur Gründung derselben zu beginnen hat (§ 4 Abs. 2 SEBG). Wie dieser Plan im Einzelnen ausgestaltet sein soll, regelt das SEBG und auch die SE-VO, die keine materiellen Regelungen zur Gründung einer Tochter-SE beinhaltet, nicht. Entsprechend dem Sinn und Zweck der Regelung, den Zeitpunkt festzulegen, zu dem die Arbeitnehmer über die anstehende Gründung der SE informiert werden sollen, ist lediglich erforderlich, dass sich die Gründer form- und fristlos auf die Gründung einer Tochter einigen, dh. zwischen ihnen ein schuldrechtlicher Vertrag abgeschlossen wird. Die Leitungs- bzw. Verwaltungsorgane der Gründer haben, soweit sie selbst oder die künftige Tochter-SE über einen Sitz in Deutschland verfügt, unverzüglich nach Abschluss der Vereinbarung des Plans zur Gründung der Tochter-SE die Arbeitnehmervertretungen in ihren Gesellschaften und ihren Tochtergesellschaften und Betrieben, soweit diese in die Tochtergesellschaft eingebracht werden sollen, über das Gründungsvorhaben zu informieren (s. 6. Abschnitt Rn. 14). Besteht keine Arbeitnehmervertretung, erfolgt diese Information gegenüber den Arbeitnehmern (s. 6. Abschnitt Rn. 14). Der Mindestinhalt der Information richtet sich nach § 4 Abs. 3 SEBG (s. 6. Abschnitt Rn. 15). Gleichzeitig sind nach § 4 Abs. 1 SEBG die Arbeitnehmervertretungen und Sprecherausschüsse bzw. Arbeitnehmer schriftlich aufzufordern, das besondere Verhandlungsgremium nach §§ 5 ff. SEBG zu bilden (s. 6. Abschnitt Rn. 24). 11

2. Gründung

Die Tochtergesellschaft wird mittels notariell beurkundetem **Gründungsprotokoll** errichtet; ihr Inhalt richtet sich nach Art. 15 Abs. 1 SE-VO iVm. § 23 AktG. Unter anderem muss das Protokoll die Gründer der Tochter-SE namentlich ausweisen und die Aktienübernahme durch die Gründer und die Zahlungen auf die Einlagen regeln. Im Rahmen der Gründungsurkunde wird die **Satzung** der Tochter-SE festgestellt. Der Inhalt der Satzung richtet sich nach den Regelungen der Verordnung (s. 2. Abschnitt Rn. 8), des SEAG (s. 2. Abschnitt Rn. 9) und dem Aktiengesetz (insbesondere § 23 Abs. 3, 4 AktG sowie § 26 AktG, s. 2. Abschnitt Rn. 9). Zu beachten sind insoweit die zwingenden abweichenden Angaben, die die SE-VO aufstellt, beispielsweise die zwingende Wahl zwischen dualistischem und monistischem Modell, die Angaben zum Sitz und das höhere Mindestgrundkapital von 120 000 Euro. Die Mitglieder des **ersten Aufsichtsorgans** der dualistisch strukturierten SE bzw. des **ersten Verwaltungsrats** bei einer monistisch strukturierten SE sind zu bestellen (s. 5. Abschnitt § 2 Rn. 20, § 3 Rn. 8). Die Bestellung des ersten **Abschlussprüfers** erfolgt nach Art. 15 Abs. 1 SE-VO iVm. § 30 Abs. 1 AktG durch die Gründer der SE. Die Bestellung hat in notarieller Form zu erfolgen, so dass ihre Vornahme im Rahmen der Gründungsurkunde zweck- 12

---

[14] *Scheifele*, S. 390 f.; Lutter/Hommelhoff/*Bayer*, S. 58.

mäßig erscheint. Im Hinblick auf die Zahlung der **Einlagen** gelten die §§ 36 Abs. 2 und 36a AktG iVm. Art. 15 SE-VO, dh. auf Bareinlagen muss mindestens ein Viertel des Nennbetrages sowie das Aufgeld einbezahlt sein. Bei Sacheinlagen muss die Leistung der Einlagen vor der Anmeldung erfolgt sein, sofern nicht bloß ein Vermögensgegenstand einzubringen ist. Im Einzelfall kann zudem die Zustimmung der Gründer erforderlich sein (s. Rn. 14). Nach Art. 15 Abs. 1 SE-VO iVm. § 32 AktG haben die Gründer einen **Gründungsbericht** zu erstellen. Dieser ist bei dualistisch strukturierten SE durch die Mitglieder des Leitungsorgans und des Aufsichtsorgans zu prüfen (Art. 15 Abs. 1 iVm. § 33 Abs. 1 AktG). Für monistisch strukturierte SE ist die Gründungsprüfung durch die Mitglieder des Verwaltungsrats vorzunehmen (§ 22 Abs. 6 SEAG). Zusätzlich hat eine externe Gründungsprüfung durch einen oder mehrere gerichtlich bestellte Gründungsprüfer stattzufinden, wenn eine der genannten Voraussetzungen erfüllt ist (Art. 15 Abs. 1 SE-VO iVm. § 33 Abs. 2 AktG). Durch das Leitungsorgan und das Aufsichtsorgan bzw. den Verwaltungsrat ist ein Gründungsprüfungsbericht zu erstatten (Art. 15 Abs. 1 SE-VO iVm. § 34 Abs. 2 AktG). Die Handelndenhaftung nach Art. 16 Abs. 2 SE-VO (s. 4. Abschnitt § 1 Rn. 12) greift im Fall der Tochtergründung mit der Feststellung der Satzung und der Übernahme der Aktien ein.[15]

3. Erfordernis auf Seiten der Gründer

13 Die Erfordernisse auf Seiten der Gründer zur Gründung einer Tochter-SE richten sich nach den jeweils auf den Gründungsrechtsträger anwendbaren Regelungen des nationalen Aktienrechts (Art. 36 SE-VO).

14 **a) AG.** Aus deutscher Sicht ist insoweit das Vorhandensein einer **Konzernkontrollklausel** in der Satzung,[16] dh. einer Ermächtigung zur Gründung von Tochtergesellschaften erforderlich. Liegt sie nicht vor, empfiehlt sich vor der Gründung eine entsprechende Satzungsänderung. Weiteres Erfordernis kann im Ausnahmefall die Zustimmung der Hauptversammlung der Gründungsgesellschaft sein. Das gilt zum einen, wenn die Satzung die Zustimmung der Hauptversammlung vorsieht. In diesem Fall benötigen die Leitungsorgane im Innenverhältnis die Zustimmung. Zum anderen kann die Zustimmung erforderlich sein, soweit die **Holzmüller- bzw. Gelatine-Grundsätze** Anwendung finden (s. 5. Abschnitt § 4 Rn. 37) oder das **gesamte Vermögen** übertragen wird (§ 179a AktG). Demgegenüber kommen aufgrund des grenzüberschreitenden Charakters keine besonderen Zustimmungserfordernisse zur Anwendung. Insbesondere ist es nicht erforderlich, dass die Haupt- bzw. Gesellschafterversammlung der Gründungsgesellschaft der Gründung der gemeinsamen Tochter-SE zustimmt. Das gilt auch dann, wenn der Sitz der künftigen Tochtergesellschaft außerhalb der Bundesrepublik Deutschland liegt.[17] Fraglich ist indessen, ob Kompetenzen der Gesellschafterversammlungen der Gründungsgesellschaften bestehen, wenn mit der Gründung der Tochtergesellschaft die strengeren Verfahren zur Gründung einer SE im Wege der Verschmelzung oder einer Holding-SE **umgangen** werden. Diskutiert wird zunächst der Fall, dass in eine gemeinsame SE-Tochtergesellschaft von den beiden Gründungsgesellschaften jeweils das gesamte Vermögen eingebracht wird, was im Ergebnis einer Verschmelzung gleichkommt (synthetischer Zusammenschluss). Dass insoweit eine Regelungslücke auf Verordnungsebene vorliegt, die durch analoge Anwendung der Art. 17 ff. SE-VO zu schließen wäre,[18] ist im Ergebnis abzulehnen.[19]

---

[15] *Kersting*, DB 2001, 2079, 2081 ff.
[16] *Schwarz*, Art. 36 Rn. 11 ff.; MünchKommAktG/*Schäfer*, Art. 35, 36 Rn. 5.
[17] *Scheifele*, S. 392 f.
[18] *Teichmann*, ZGR 2002, 383, 438; *Casper*, FS Ulmer, 2003, S. 51, 63; die Frage ebenfalls aufwerfend *Hommelhoff/Teichmann*, SZW 2002, 1, 9.
[19] *Scheifele*, S. 395; Manz/Mayer/*Schröder*, Art. 35 Rn. 7.

Zum einen kann bei der Tochtergründung nicht von dem gleichen Schutzbedürfnis der Aktionäre wie im Fall der Verschmelzung ausgegangen werden. Bei der Tochtergründung bleibt die Gründungsgesellschaft anders als bei der Verschmelzung bestehen, so dass die Gesellschafter in der ursprünglichen Gesellschaft verbleiben; es findet kein Anteilstausch statt. Zudem kommt es anders als bei der Verschmelzung nicht zur Gesamtrechtsnachfolge.[20] Zum anderen entspricht es dem Grundprinzip der SE-VO, in nicht geregelten Fällen auf das nationale Recht zu verweisen. Im Ergebnis verbleibt es daher bei der Anwendung nationalen Rechts, so dass sich eine Zustimmungspflicht lediglich aus § 179a AktG bzw. den Grundsätzen der Holzmüller/Gelatine-Rechtsprechung ergeben kann.[21] Bei dem weiteren sich in Diskussion befindlichen Fall, der der Gründung einer Holding-SE gleichkommt (zwei Gesellschaften gründen in einem ersten Schritt jeweils eine nationale Tochtergesellschaft, in die sie ihr wesentliches Betriebsvermögen einbringen; in einem zweiten Schritt gründen sie eine gemeinsame Tochter-SE, in die das Vermögen der beiden [nationalen] Tochtergesellschaften eingelegt wird), sind im Ergebnis ebenfalls nicht die Regelungen zur SE-Gründung entsprechend anzuwenden (Art. 32 ff. SE-VO). In den zu vergleichenden Fällen besteht ein unterschiedliches Maß an Schutzbedürftigkeit der Gesellschafter, was vor allem darauf zurückzuführen ist, dass die gemeinsame Tochter-SE abhängige Gesellschaft ist; sie also weiter durch die Gründer kontrolliert werden kann, was bei der Gründung nach Art. 32 ff. SE-VO nicht der Fall wäre. Zudem ist auch hier der gewollte rudimentäre Charakter der SE-VO mit in die Betrachtung einzubeziehen.[22] Auch insoweit verbleibt es bei der Anwendung der nationalen Regelungen.

b) GmbH. Ist eine GmbH Gründer, haben die Geschäftsführer beabsichtigte Maßnahmen, die einen außergewöhnlichen Charakter haben und mit besonderen Risiken verbunden sind, von sich aus den Gesellschaftern zur Beschlussfassung vorzulegen (§ 49 GmbHG). Insoweit ist im Einzelfall zu messen, ob die Gründung einer gemeinsamen Tochter diese Anforderungen erfüllt.[23]

c) Personenhandelsgesellschaft. Handelt es sich bei einem Gründer um eine Personenhandelsgesellschaft, bedürfen konzernbildende Maßnahmen grundsätzlich der Zustimmung der Gesellschafter, da diese eine außergewöhnliche Maßnahme iSd. § 116 Abs. 2, § 164 S. 1 HGB bzw. Grundlagengeschäfte darstellen.[24]

4. Bewertung/Besteuerung

Werden durch einen Gründungsrechtsträger mit Sitz im Ausland Vermögensgegenstände, Unternehmen oder Betriebsteile im Wege der Sacheinlage in die zu gründende SE eingebracht, sind grundsätzlich deutsche Bewertungsmethoden anzuwenden (s. 10. Abschnitt Rn. 27 ff.). Zur Besteuerung solcher Einbringungen s. 9. Abschnitt § 2 Rn. 63 ff.

5. Anmeldung der Gründung

Die Gründung der Tochter-SE ist beim zuständigen Registergericht (s. 2. Abschnitt Rn. 17) anzumelden (Art. 15 Abs. 1 SE-VO iVm. §§ 3, 21 AktG). Die Tochter-SE ist von allen Gründern, allen Mitgliedern des Vorstandes und des Aufsichtsrats bzw. allen Mitgliedern des Verwaltungsrats und allen geschäftsführenden Direktoren anzumel-

---

[20] Vgl. *Hüffer*, AktG, § 179a Rn. 12a; *Bungert*, NZG 1998, 367 ff.
[21] S. im Einzelnen *Hüffer*, AktG, § 179a Rn. 23.
[22] *Scheifele*, S. 395.
[23] *Scheifele*, S. 396; *Schwarz*, Art. 36 Rn. 18; MünchKommAktG/*Schäfer*, Art. 35, 36 Rn. 6.
[24] *Emmerich/Habersack*, KonzernR § 9 II 1; *Schwarz*, Art. 36 Rn. 19; MünchKommAktG/*Schäfer*, Art. 35, 36 Rn. 6.

den. Der Inhalt der Anmeldung, Nachweise und Anlagen richten sich nach nationalem Aktienrecht. Zudem ist ein Nachweis über die Vereinbarung der Arbeitnehmerbeteiligung vorzulegen oder, soweit keine Einigung getroffen wurde, ein Nachweis, dass die Verhandlungen nicht aufgenommen bzw. abgebrochen wurden oder die Verhandlungsfrist abgelaufen ist.

6. Eintragung

19 Ergibt die Prüfung durch das Registergericht nach § 38 AktG, dass die Tochter-SE ordnungsgemäß errichtet und angemeldet ist und die Voraussetzungen des Art. 12 Abs. 2 SE-VO erfüllt sind (zu Mängeln s. 2. Abschnitt Rn. 18), wird sie in das Handelsregister in Abteilung B eingetragen (s. 2. Abschnitt Rn. 19). Mit der Eintragung entsteht die Tochter-SE (Art. 15 Abs. 1 SE-VO iVm. § 41 Abs. 1 S. 1 AktG; zur Vor-SE s. 4. Abschnitt § 1 Rn. 12 ff.).

7. Kapitalmarktrechtliche Publizitätspflichten

20 Ist eine börsennotierte Gesellschaft an der Gründung einer gemeinsamen Tochtergesellschaft beteiligt, besteht eine ad-hoc-Meldepflicht, soweit die Maßnahme eine erhebliche Kursbeeinflussung bewirken kann.[25]

§ 5 Umwandlung

Übersicht

		Rn.
I.	Einführung	1–3
II.	Regelungstechnik	4, 5
III.	Gründungsphasen	6
IV.	Voraussetzungen und Ablauf der Gründung	7–43
	1. Umwandlungsfähige Rechtsträger	7–9
	a) Aktiengesellschaft	8
	b) Tochtergesellschaft, die dem Recht eines Mitgliedstaats unterliegt	9
	2. Vorbereitung der Hauptversammlung	10–33
	a) Erstellung des Umwandlungsplans	10–21
	aa) Inhalt des Umwandlungsplans	11–16
	bb) Form des Umwandlungsplans	17–20
	cc) Zuleitung an den Betriebsrat	21
	b) Offenlegung des Umwandlungsplans	22–24
	c) Erstellung des Umwandlungsberichts	25–27
	d) Bescheinigung über Nettovermögenswerte	28–31
	e) Einberufung der Hauptversammlung	32, 33
	3. Beschlussfassung durch die Hauptversammlung	34–38
	4. Eintragung der SE	39–43
V.	Einzelfragen	44–51
	1. Erforderlichkeit von Gründungsprüfung (§ 33 AktG) und Gründungsbericht (§ 32 AktG)	44–46
	2. Barabfindungsangebot (§§ 207 ff. UmwG)	47–50
	3. Verbot der grenzüberschreitenden Sitzverlegung anlässlich des Formwechsels	51

---

[25] *Kalss*, ZGR 2003, 593, 637.

I. Einführung

Art. 2 Abs. 4 SE-VO erlaubt die Gründung einer SE durch Formwechsel.[1] Die Gründungsart des Formwechsels steht nur den in Anhang I der SE-VO aufgeführten Gesellschaften der Mitgliedstaaten offen, in Deutschland also der **Aktiengesellschaft**. Das Gründungsverfahren der formwechselnden Umwandlung ist in Art. 37 SE-VO geregelt. Im Verordnungsentwurf von 1991 war eine (noch) weniger umfangreiche Regelung als die des Art. 37 SE-VO enthalten. Zwischenzeitlich war sogar ein gänzlicher Verzicht auf diese Gründungsform beabsichtigt, da eine „Flucht aus der Mitbestimmung" befürchtet wurde.[2] Durch die Regelungen der Richtlinie über die Arbeitnehmerbeteiligung soll jedoch heute das vor der Umwandlung bestehende Maß an Mitbestimmung auch bei der Gründung durch Formwechsel erhalten bleiben.[3] Da Art. 37 Abs. 3 SE-VO die **Sitzverlegung** in einen anderen Mitgliedstaat im Zuge des Formwechsels **verbietet**, kann eine dem deutschen Recht unterliegende Aktiengesellschaft immer nur in eine deutschem Recht unterliegende SE formgewechselt werden. Ist eine Sitzverlegung beabsichtigt, kann diese erst **nach vollzogenem Formwechsel** unter den Voraussetzungen des Art. 8 SE-VO erfolgen; Art. 37 Abs. 3 verbietet nur das zeitliche Zusammenfallen der Umwandlung mit der Sitzverlegung.[4]

Im Gegensatz zu den anderen Gründungsarten sind die formwechselnde Gesellschaft und die entstandene SE **identische Rechtspersönlichkeiten**.[5] Es kommt daher – anders als bei anderen Gründungsformen – nicht zu einer Übertragung von Vermögen oder Gesellschaftsanteilen. Der Formwechsel erfordert, ähnlich wie der Formwechsel nach dem UmwG, einen **Beschluss der Hauptversammlung** der Gesellschaft, der nach den aktien- bzw. umwandlungsrechtlichen Vorschriften vorzubereiten ist, und die **Eintragung** des Formwechsels in das Handelsregister. Besonderheiten finden sich in folgenden Punkten:

1. Art. 37 Abs. 4 SE-VO verlangt die Erstellung eines **Umwandlungsplans**, der vor der Fassung des Hauptversammlungsbeschlusses über die Umwandlung beim Handelsregister offenzulegen ist (dazu Rn. 10 ff.). Demgegenüber ist für den Formwechsel nach deutschem Umwandlungsrecht lediglich der Entwurf des Umwandlungsbeschlusses vorgesehen, der im Vorfeld der Hauptversammlung zur Einsichtnahme der Aktionäre auszulegen ist.
2. Der Umwandlungsbericht muss auch die Auswirkungen der Umwandlung auf die Arbeitnehmer der Gesellschaft erläutern (dazu Rn. 25 ff.).
3. Nach allgemeiner Ansicht entfällt ein Barabfindungsangebot für der Umwandlung widersprechende Aktionäre (dazu Rn. 47 ff.).
4. Nach herrschender Auffassung ist keine Gründungsprüfung und kein Gründungsbericht nach den §§ 32 ff. AktG erforderlich (dazu Rn. 44 ff.).

II. Regelungstechnik

Wie bei den übrigen Gründungsformen sind für die Umwandlung in eine SE vorrangig die Vorschriften der SE-Verordnung anzuwenden, hier also die des **Art. 37 SE-VO**. Nur soweit die SE-VO für einen Bereich keine Regelungen vorsieht, kann im

---

[1] Die SE-VO spricht zwar von „Umwandlung", diese entspricht aber – in der Terminologie des UmwG – dem Formwechsel.
[2] Vgl. Manz/Mayer/*Schröder*, Vor Art. 37 Rn. 1; *Scheifele*, S. 398 f.
[3] Vgl. dazu im Einzelnen 6. Abschnitt Rn. 162 ff.
[4] Vgl. Manz/Mayer/*Schröder*, Art. 37 Rn. 8; dazu näher Rn. 51.
[5] Vgl. Art. 37 Abs. 2; diese Rechtsfolge entspricht der eines Formwechsels nach §§ 190 ff. UmwG, vgl. § 202 Abs. 1 Nr. 1 UmwG.

Ergebnis auf das **nationale Recht** der formwechselnden Gesellschaft zurückgegriffen werden. Im Fall der Umwandlung einer deutschen Aktiengesellschaft in eine SE gelten daher die Vorschriften des **AktG** und des **UmwG** (§§ 190 ff.) **ergänzend**.

5   Umstritten ist dabei die **Rechtsgrundlage**, auf der ein Rückgriff auf nationales Aktien- bzw. Umwandlungsrecht erfolgen kann. Nach überzeugender Auffassung gilt hier **Art. 15 Abs. 1 SE-VO**, wonach auf die Gründung einer SE das für Aktiengesellschaften geltende Recht des künftigen Sitzstaats der SE Anwendung findet, soweit die Verordnung selbst keine Regelungen trifft.[6] Für den Formwechsel bedeutet dies, dass zunächst die Regelungen des UmwG über den Formwechsel in eine Aktiengesellschaft (§§ 190 ff. UmwG) und subsidiär dazu (entspr. § 197 UmwG) die Gründungsvorschriften für die Neugründung von Aktiengesellschaften (in Deutschland die §§ 23 ff. AktG) gelten. Art. 15 Abs. 1 SE-VO stellt eine Auffangregelung dar, die grundsätzlich für den gesamten Gründungsvorgang gilt, soweit die Verordnung nichts anderes bestimmt.[7] In Bezug auf die Gründung durch Verschmelzung bestimmt die Verordnung mit der Sonderregelung des Art. 18 etwas anderes, so dass Art. 15 Abs. 1 SE-VO insoweit verdrängt wird. Der Grund für diese Sonderregelung liegt darin, dass die Anwendung des durch Art. 15 Abs. 1 SE-VO berufenen Rechts des zukünftigen Sitzstaates der SE auf das Willensbildungsverfahren einer dem Recht eines anderen Mitgliedstaates unterliegenden Gründungsgesellschaft wenig sachgerecht erscheint und zu erheblichen Schwierigkeiten führen würde. Das Gleiche gilt auch für die mit Art. 18 SE-VO vergleichbare Verweisungsnorm des Art. 36 SE-VO für die Gründung einer Tochtergesellschaft durch Aktiengesellschaften verschiedener Mitgliedstaaten. Bei der Gründung durch formwechselnde Umwandlung stellt sich die Lage jedoch anders dar. Hier kann es zu einem Auseinanderfallen der auf die Gründungsgesellschaft und die künftige SE anwendbaren Rechte nicht kommen, da Art. 37 Abs. 3 SE-VO die Sitzverlegung anlässlich der Gründung verbietet. Das Recht des Sitzstaates der SE gemäß Art. 15 Abs. 1 SE-VO ist daher bei dieser Gründungsform immer zwingend identisch mit dem Recht, dem die Gründungsgesellschaft unterliegt. Es bedurfte deshalb keiner mit Art. 18 oder 36 SE-VO vergleichbaren, von Art. 15 Abs. 1 SE-VO abweichenden Sonderregelung. Die von der herrschenden Meinung vorgeschlagene Bildung einer Analogie zu Art. 18 SE-VO[8] ist daher mangels Regelungslücke nicht erforderlich.[9] Auch der Rückgriff auf das vom mitgliedstaatlichen IPR berufene Sachrecht[10] erscheint nicht überzeugend, da die Verordnung der Anwendung des IPR vorgeht.[11]

III. Gründungsphasen

6   Der Formwechsel in die SE lässt sich in drei Phasen einteilen:
1. Zur Vorbereitung der SE-Gründung muss die über den Formwechsel beschließende Hauptversammlung vorbereitet und einberufen werden (siehe dazu Rn. 10 ff.). Hierfür muss das Leitungsorgan der formwechselnden Gesellschaft, in Deutschland also der Vorstand der Aktiengesellschaft, zunächst einen Umwandlungsplan und einen Umwandlungsbericht erstellen. Der Umwandlungsplan ist gemäß Art. 37 Abs. 5 SE-VO einen Monat vor dem Tag der Hauptversammlung offenzulegen. Außerdem

---

[6] Vgl. Widmann/Mayer/*Heckschen*, Umwandlungsrecht, Anhang 14 Rn. 377; Manz/Mayer/*Schröder*, Art. 37 Rn. 20; MünchKommAktG/*Schäfer*, Art. 37 Rn. 4.
[7] Vgl. *Teichmann*, ZGR 2002, 383, 414.
[8] Lutter/Hommelhoff/*Bayer*, S. 60; *Heckschen*, DNotZ 2003, 251, 264; Theisen/Wenz/*Neun*, S. 160; *Scheifele*, S. 403 (der vorschlägt, jeweils im Einzelfall zu prüfen, ob eine Analogie in Betracht kommt); *Schwarz*, Art. 37 Rn. 10; *Teichmann*, ZGR 2002, 383, 440.
[9] MünchKommAktG/*Schäfer*, Art. 37 Rn. 4.
[10] *Wagner*, NZG 2002, 985, 990.
[11] *Schwarz*, Art. 37 Rn. 10.

ist die Satzung der zukünftigen SE zu verfassen und ein unabhängiger Sachverständiger hat eine Bescheinigung über die Nettovermögenswerte der Aktiengesellschaft zu erstellen (Art. 37 Abs. 6 SE-VO).
2. Anschließend muss die Hauptversammlung der Aktiengesellschaft dem Umwandlungsplan zustimmen und die Satzung der SE genehmigen (siehe dazu Rn. 34 ff.).
3. Schließlich bedarf es noch der Eintragung der SE ins Handelsregister, der konstitutive Wirkung zukommt (Art. 16 Abs. 1; siehe dazu Rn. 39 ff.).

IV. Voraussetzungen und Ablauf der Gründung

1. Umwandlungsfähige Rechtsträger

Wie die übrigen Gründungsformen steht auch die Gründung durch Formwechsel 7 nur bestimmten, in der SE-VO abschließend aufgezählten, Gesellschaftsformen zur Verfügung. Ferner ist auch für den Formwechsel ein grenzüberschreitender Bezug zu einem anderen Mitgliedstaat erforderlich.

a) Aktiengesellschaft. Die Gründung durch Formwechsel steht ausschließlich den 8 in Anhang I der Verordnung aufgeführten Gesellschaftsformen offen. Die Gründungsgesellschaft muss gemäß Art. 2 Abs. 4 SE-VO nach dem Recht eines Mitgliedstaats gegründet sein und ihren Sitz und ihre Hauptverwaltung in einem Mitgliedstaat der Europäischen Union haben. In Deutschland kann eine SE im Wege des Formwechsels nur von einer Aktiengesellschaft gegründet werden. Wird der Formwechsel in eine SE durch eine Gesellschaft anderer Rechtsform angestrebt, bleibt dieser also nur die Möglichkeit, zunächst nach deutschem Umwandlungsrecht den Formwechsel in eine Aktiengesellschaft und anschließend, nach dessen Wirksamwerden, die Umwandlung in eine SE zu vollziehen.

b) Tochtergesellschaft, die dem Recht eines anderen Mitgliedstaats unter- 9 **liegt.** Die für alle Gründungsarten notwendige Mehrstaatlichkeit wird durch das Erfordernis des Art. 2 Abs. 4 SE-VO hergestellt, nach dem die formwechselnde Aktiengesellschaft seit mindestens zwei Jahren eine Tochtergesellschaft haben muss, die dem Recht eines anderen Mitgliedstaats unterliegt.[12] Im Gegensatz zur Holdinggründung genügt eine Zweigniederlassung der Gründungsgesellschaft in einem anderen Mitgliedstaat für diese Gründungsform nicht.[13] Unter „Tochtergesellschaft" im Sinne des Art. 2 Abs. 4 SE-VO ist dabei eine rechtlich selbständige Gesellschaft zu verstehen, an der eine andere Gesellschaft (hier also die formwechselnde Aktiengesellschaft) mittelbar oder unmittelbar die Mehrheit der Stimmrechte besitzt oder beherrschenden Einfluss ausübt.[14] Die Rechtsform sowohl der Tochtergesellschaft als auch der formwechselnden Aktiengesellschaft während der Zwei-Jahres-Frist ist dabei unerheblich.[15] Möglich ist die Umwandlung einer Aktiengesellschaft in eine SE daher auch dann, wenn sie als Aktiengesellschaft selbst erst kurz vor dem Formwechsel entstanden ist.

2. Vorbereitung der Hauptversammlung

a) Erstellung des Umwandlungsplans. Art. 37 SE-VO schreibt die Erstellung 10 eines „Umwandlungsplans" vor. Hier liegt ein Unterschied zum nationalen Umwandlungsrecht, das für den Formwechsel lediglich die Beschlussfassung durch die Hauptversammlung gemäß § 193 UmwG und die Erstellung eines entsprechenden Be-

---

[12] Zu der Frage, wann eine Gesellschaft (aus Sicht des deutschen IPR) dem Recht eines anderen Staates unterliegt, siehe 4. Abschnitt § 2 Rn. 24 ff.
[13] Kritisch zu dieser unterschiedlichen Behandlung *Hommelhoff*, AG 2001, 279, 281.
[14] MünchKommAktG/*Oechsler*, Art. 2 Rn. 31.
[15] *Scheifele*, S. 120; *Schwarz*, Art. 2 Rn. 77 und 105.

schlussentwurfs im Vorfeld der Hauptversammlung[16] vorsieht. Die Erstellung des Umwandlungsplans obliegt gemäß Art. 37 Abs. 4 SE-VO dem Vorstand der formwechselnden Aktiengesellschaft.

11   **aa) Inhalt des Umwandlungsplans.** Hinsichtlich des Inhalts des Umwandlungsplans enthält die Verordnung keine Vorgaben. Es findet sich weder eine Art. 20 SE-VO über den Verschmelzungsplan vergleichbare Regelung noch ein Verweis auf die entsprechende Anwendbarkeit des Art. 20 SE-VO wie bei der Holdinggründung (Art. 32 Abs. 2 S. 3 SE-VO).

12   Die wohl herrschende Meinung spricht sich für eine entsprechende Anwendung von **Art. 20 Abs. 1 Satz 2 SE-VO** bzw. dessen Heranziehung als „Leitlinie" für den Inhalt des Umwandlungsplans aus, soweit diese sich für eine analoge Anwendung auf den Formwechsel eignen.[17] Vertreten wird auch eine Orientierung an den Vorgaben des **§ 194 UmwG**.[18] Letzteres erscheint auf der Grundlage der oben vertretenen Auffassung, wonach auf Bereiche, die von der SE-VO nicht geregelt werden, über die Verweisung des Art. 15 Abs. 1 SE-VO ergänzend die Vorschriften des nationalen Umwandlungs- und Aktienrechts zur Anwendung gelangen, überzeugender. Im Ergebnis unterscheiden sich diese Ansichten allerdings kaum.

13   In der Praxis dürfte es sich aus Vorsichtsgründen empfehlen, **sowohl** die in **Art. 20 Abs. 1 S. 2 lit. a, b, c, f, g und i SE-VO** als auch die in **§ 194 Abs. 1 Nr. 1 bis 5 sowie Nr. 7 UmwG** aufgelisteten Angaben in den Umwandlungsplan aufzunehmen.[19] Angaben zum Umwandlungsstichtag entsprechend Art. 20 Abs. 1 S. 2 lit. d und e SE-VO entfallen aufgrund der Identität der Rechtsträger vor und nach der Umwandlung.[20] Nach hier vertretener – und herrschender – Auffassung entfällt bei der Umwandlung in eine SE die Unterbreitung eines Abfindungsangebots im Sinne des § 194 Abs. 1 Nr. 6 UmwG (dazu näher Rn. 44 ff.).

14   Der Umwandlungsplan sollte daher Folgendes enthalten:[21]
1. Rechtsform, Firma und Sitz der SE;[22]
2. Beteiligung der Aktionäre an der SE und Zahl, Art und Umfang der Anteile;[23]
3. Gewährung von Sonderrechten durch die SE für Aktionäre oder sonstige Inhaber von Sonderrechten in der formwechselnden Aktiengesellschaft;[24]
4. Gewährung von Sondervorteilen für Sachverständige, die die Werthaltigkeitsprüfung gemäß Art. 37 Abs. 6 SE-VO vornehmen, oder Mitglieder des Verwaltungs-, Leitungs- oder Aufsichtsorgans;[25]

---

[16] Der Beschlussentwurf ist Teil des Umwandlungsberichts, § 192 Abs. 1 Satz 3 UmwG.
[17] Manz/Mayer/*Schröder*, Art. 37 Rn. 18 ff. (der zusätzlich über die Verweisung des Art. 15 Abs. 1 SE-VO die §§ 190 ff. UmwG anwenden will); Kallmeyer/*Marsch-Barner*, UmwG, Anhang Rn. 104; MünchKommAktG/*Schäfer*, Art. 37 Rn. 10 f.; *Scheifele*, S. 406 f.; *Schindler*, S. 39; *Schwarz*, Art. 37 Rn. 17 ff.
[18] Lutter/Hommelhoff/*Bayer*, S. 61; Widmann/Mayer/*Heckschen*, Umwandlungsrecht, Anhang 14, Rn. 378; *Jannott*/Frodermann, Kap. 3 Rn. 233; Theisen/Wenz/*Neun*, S. 157.
[19] Ähnlich im Ergebnis Manz/Mayer/*Schröder*, Art. 37 Rn. 18 ff.
[20] Vgl. *Scheifele*, S. 407; *Schwarz*, Art. 37 Rn. 22. Zur entsprechenden Anwendung von Art. 20 Abs. 1 S. 2 lit. h SE-VO siehe unten Rn. 15.
[21] Vgl. zu den einzelnen Angaben auch 4. Abschnitt § 2 Rn. 32 ff. zum Verschmelzungsplan.
[22] Entsprechend Art. 20 Abs. 1 S. 2 lit. a SE-VO und § 194 Abs. 1 Nr. 1 UmwG.
[23] Entsprechend Art. 20 Abs. 1 S. 2 lit. b SE-VO und § 194 Abs. 1 Nr. 3 und Nr. 4 UmwG. Zu einem Anteilstausch und einer Übertragung von Aktien im Sinne von Art. 20 Abs. 1 S. 2 lit. b und c SE-VO kommt es beim Formwechsel nicht, so dass die entsprechende Anwendung von Art. 20 Abs. 1 lit. b und c SE-VO letztlich zu einer Orientierung an § 194 Abs. 1 Nr. 3 und Nr. 4 UmwG führt; vgl. *Scheifele*, S. 406 f.; *Schwarz*, Art. 37 Rn. 20 f.
[24] Entsprechend Art. 20 Abs. 1 S. 2 lit. f SE-VO und § 194 Abs. 1 Nr. 5 UmwG.
[25] Entsprechend Art. 20 Abs. 1 S. 2 lit. g SE-VO.

5. Folgen der Umwandlung für die Arbeitnehmer und ihre Vertretungen sowie Angaben zu dem Verfahren, nach dem die Vereinbarung über die Beteiligung der Arbeitnehmer nach dem SEBG geschlossen wird.[26]

Nach überwiegender Auffassung muss der Umwandlungsplan zudem entsprechend Art. 20 Abs. 1 S. 2 lit. h SE-VO die **Satzung der künftigen SE enthalten**.[27] Das ist jedoch nicht überzeugend, denn – anders als bei der Holdinggründung und der Gründung durch Verschmelzung, bei der die Satzung als Bestandteil von Gründungs- bzw. Verschmelzungsplan genannt wird – muss die Hauptversammlung der formwechselnden Gesellschaft gemäß Art. 37 Abs. 7 SE-VO ausdrücklich dem Umwandlungsplan zustimmen **und** die Satzung genehmigen. Daraus folgt, dass die Satzung nicht Bestandteil des Umwandlungsplans sein kann.[28] Insoweit trifft Art. 37 SE-VO eine eigene Regelung, die der entsprechenden Anwendung von Art. 20 Abs. 1 lit. h SE-VO entgegensteht. Der Inhalt der Satzung richtet sich nach den Vorgaben der Verordnung und ergänzend dazu gemäß Art. 15 Abs. 1 SE-VO nach §§ 23 Abs. 2 bis 4 und 26 AktG.[29]

Vereinzelt wird auch der **Umwandlungsbericht** als Bestandteil des Umwandlungsplans angesehen.[30] Begründet wird dies damit, dass der Bericht in Art. 37 Abs. 5 SE-VO nicht eigens als offenzulegendes Dokument erwähnt werde, aber aufgrund eines entsprechenden Informationsbedürfnisses der Aktionäre von der Offenlegungspflicht erfasst sein müsse. Daher sei der Bericht – ebenso wie bei Art. 32 Abs. 2 SE-VO, der den Gründungsbericht bei der Holdinggründung ausdrücklich als Bestandteil des Gründungsplans nennt – auch beim Formwechsel Bestandteil des Umwandlungsplans. Dies vermag nicht zu überzeugen, denn gerade aus der ausdrücklichen Regelung des Art. 32 Abs. 2 SE-VO für die Holdinggründung lässt sich schließen, dass der Verordnungsgeber den Umwandlungsbericht im Rahmen des Art. 37 SE-VO bewusst nicht als Bestandteil des Umwandlungsplans, sondern als separates Dokument angesehen hat.[31] Zudem unterliegt der Umwandlungsbericht den allgemeinen Auslegungspflichten im Vorfeld der Hauptversammlung, durch die eine Kenntnisnahme der Aktionäre unabhängig von der Offenlegung gewährleistet ist (siehe dazu Rn. 32 f.).

bb) Form des Umwandlungsplans. Die SE-VO enthält keine ausdrücklichen Formvorschriften für den Umwandlungsplan. Aus dem Erfordernis der Offenlegung in Art. 37 Abs. 5 SE-VO ergibt sich aber, dass der Umwandlungsplan zumindest der **Schriftform** unterliegt.[32]

Nach überwiegender Ansicht ist der Umwandlungsplan im Ergebnis **notariell zu beurkunden**, wobei das Beurkundungserfordernis aus unterschiedlichen Rechtsgrundlagen hergeleitet wird.[33]

Dies erscheint nicht überzeugend: Der Wortlaut des Art. 37 SE-VO sieht eine Beurkundungspflicht nicht vor. Unabhängig davon, ob der Inhalt des Umwandlungs-

---

[26] Entsprechend Art. 20 Abs. 1 S. 2 lit. i SE-VO und § 194 Abs. 1 Nr. 7 UmwG.
[27] Kallmeyer/*Marsch-Barner*, UmwG, Anhang Rn. 104; Manz/Mayer/*Schröder*, Art. 37 Rn. 19; MünchKommAktG/*Schäfer*, Art. 37 Rn. 13; *Scheifele*, S. 407; *Schwarz*, Art. 37 Rn. 25.
[28] AA Kallmeyer/*Marsch-Barner*, UmwG, Anhang Rn. 104; Manz/Mayer/*Schröder*, Art. 37 Rn. 19; MünchKommAktG/*Schäfer*, Art. 37 Rn. 13; *Scheifele*, S. 407; *Schwarz*, Art. 37 Rn. 25, auf der Grundlage der entsprechenden Anwendung von Art. 20 Abs. 1 lit. h.
[29] Siehe dazu auch 4. Abschnitt § 2 Rn. 41.
[30] MünchKommAktG/*Schäfer*, Art. 37 Rn. 15 und 19.
[31] Vgl. Theisen/Wenz/*Neun*, S. 161; *Scheifele*, S. 409; Manz/Mayer/*Schröder*, Art. 37 Rn. 24; *Schwarz*, Art. 37 Rn. 31.
[32] Manz/Mayer/*Schröder*, Art. 37 Rn. 15.
[33] *Heckschen*, DNotZ 2003, 251, 264 hält den Umwandlungsplan für mit dem Spaltungsplan nach dem UmwG vergleichbar und entnimmt die Beurkundungspflicht aus einer Analogie zu § 125 S. 1, 6 UmwG; für Beurkundungspflicht auch Lutter/Hommelhoff/*Bayer*, S. 61, gestützt auf eine analoge Anwendung von § 6 UmwG; Kallmeyer/*Marsch-Barner*, UmwG, Anhang Rn. 105, gestützt auf Art. 18 SE-VO iVm. § 130 AktG; *Vossius*, ZIP 2005, 741, 747 Fn. 74.

plans aus einer Analogie zu Art. 20 Abs. 1 S. 2 SE-VO oder aus Art. 15 Abs. 1 SE-VO in Verbindung mit § 194 UmwG folgt, entsprechen die aufzunehmenden Angaben dem Entwurf des Umwandlungsbeschlusses gemäß den §§ 193 f. UmwG, der keiner Beurkundungspflicht unterliegt. Es ist kein sachlicher Grund ersichtlich, nach dem der Umwandlungsplan nach der SE-VO einer strengeren Form zu unterstellen wäre als der Entwurf des Formwechselbeschlusses nach dem UmwG. Da die Satzung der SE nicht Bestandteil des Umwandlungsplans ist (siehe dazu Rn. 27), lässt sich – anders als bei der Holdinggründung[34] – eine Beurkundungsbedürftigkeit auch nicht aus Art. 15 Abs. 1 SE-VO iVm. § 23 Abs. 1 AktG herleiten.

20 Für die Praxis ist zu empfehlen, zur Vermeidung von Schwierigkeiten bei der Durchführung des Formwechsels vor Anmeldung der Eintragung eine **Abstimmung mit dem zuständigen Registergericht** bezüglich eines eventuellen Beurkundungserfordernisses vorzunehmen.[35]

21 cc) **Zuleitung an den Betriebsrat.** Verfügt die formwechselnde Aktiengesellschaft über einen Betriebsrat, ist ihm der Umwandlungsplan gemäß Art. 15 Abs. 1 SE-VO in Verbindung mit § 194 Abs. 2 UmwG spätestens einen Monat vor Durchführung der über den Formwechsel beschließenden Hauptversammlung zuzuleiten. Bezüglich der Einzelheiten, etwa der Verzichtsmöglichkeit des Betriebsrats auf die Zuleitung oder die Einhaltung der Frist, bestehen keine Besonderheiten gegenüber einem Formwechsel nach dem Umwandlungsgesetz.[36]

22 b) **Offenlegung des Umwandlungsplans.** Gemäß Art. 37 Abs. 5 SE-VO ist der Umwandlungsplan mindestens einen Monat vor dem Tag der Hauptversammlung, die über den Formwechsel zu beschließen hat, offenzulegen. Die Offenlegung hat nach den mitgliedstaatlichen Vorschriften zur Umsetzung von Art. 3 der Publizitätsrichtlinie (Richtlinie 68/151/EWG) zu erfolgen.

23 Nach deutschem Recht ist der Umwandlungsplan somit beim zuständigen Handelsregister in elektronischer Form (§ 12 Abs. 2 HGB in der Fassung vom 1.1.2007)[37] einzureichen, das dann die erforderliche Bekanntmachung durch Hinweis in dem elektronischen Informations- und Kommunikationssystem vornimmt, das die jeweilige Landesjustizverwaltung dafür bestimmt hat (vgl. § 10 Satz 1 HGB nF iVm. § 61 Satz 2 UmwG analog, ggf. iVm. § 5 Satz 2 SEAG analog). Gemäß Art. 61 Abs. 4 EGHGB hat das Handelsregister die Bekanntmachung zusätzlich durch Veröffentlichung in einer Tageszeitung oder einem sonstigen Blatt vorzunehmen.

24 Nach der Offenlegung des Umwandlungsplans hat der Vorstand der formwechselnden Aktiengesellschaft die erforderlichen Schritte zur **Beteiligung der Arbeitnehmer** einzuleiten, § 4 Abs. 2 SEBG.[38]

25 c) **Erstellung des Umwandlungsberichts.** Ähnlich wie bei der Holdinggründung (vgl. Art. 32 Abs. 2 S. 2) muss auch der Vorstand der formwechselnden Aktiengesellschaft gemäß Art. 37 Abs. 4 SE-VO einen Bericht erstellen, in dem die rechtlichen und wirtschaftlichen Aspekte des Formwechsels sowie die Auswirkungen des Übergangs zur Rechtsform der SE auf die Arbeitnehmer der Gesellschaft erläutert und begründet werden. Anders als bei der Holdinggründung ist der Bericht aber nicht Teil des Umwandlungsplans (dazu und zur Gegenauffassung bereits Rn. 16). Konsequenz dessen ist, dass bei der Gründung durch Formwechsel allein der Umwandlungsplan –

---

[34] Vgl. 4. Abschnitt § 3 Rn. 11.
[35] Vgl. *Jannott*/Frodermann, Kap. 3 Rn. 232; Widmann/Mayer/*Heckschen*, Umwandlungsrecht, Anhang 14 Rn. 381.
[36] Siehe dazu etwa Kallmeyer/*Willemsen*, UmwG, § 194 Rn. 60 f.
[37] Die Einreichung in Papierform ist seit 1.1.2007 nur noch zulässig, wenn das für das Registergericht maßgebliche Landesrecht dies in Umsetzung von Art. 61 Abs. 1 Satz 1 EGHGB vorsieht.
[38] Ausführlich zur Einleitung des Verfahrens 6. Abschnitt Rn. 13 ff.

ohne den Bericht – der Offenlegungspflicht des Art. 37 Abs. 5 SE-VO unterliegt.[39] Von der Offenlegungspflicht des Art. 37 Abs. 5 zu unterscheiden sind die Auslegungspflichten im Vorfeld der Hauptversammlung, von denen auch der Umwandlungsbericht erfasst ist (siehe dazu noch Rn. 32 f.).

Der Umwandlungsbericht soll den Aktionären ermöglichen, in Kenntnis der 26 wesentlichen Umstände eine Plausibilitätskontrolle hinsichtlich Zweckmäßigkeit und Gesetzmäßigkeit der Umwandlung in die Rechtsform der SE vorzunehmen und eine sachgerechte Entscheidung in der Hauptversammlung zu treffen.[40] Der Umwandlungsbericht entspricht in Bezug auf die Darstellung der Auswirkungen auf die Gesellschafter inhaltlich weitgehend dem für den Formwechsel nach dem Umwandlungsgesetz vorgesehenen Bericht nach § 192 Abs. 1 S. 1 UmwG.[41] Insoweit kann auf die umwandlungsrechtliche Literatur verwiesen werden.[42] Zusätzlich zu den dort genannten Erläuterungen sind im Umwandlungsbericht nach der SE-VO auch die rechtlichen und wirtschaftlichen Auswirkungen der Umwandlung auf die Arbeitnehmer der formwechselnden Gesellschaft darzustellen. Darunter fallen etwaige personelle Umstrukturierungen im Zuge der Umwandlung sowie ggf. Veränderungen hinsichtlich der Beteiligung der Arbeitnehmer in der SE gegenüber der Aktiengesellschaft. Aufgrund der Identität der Rechtsträger dürften sich unmittelbar aus der Umwandlung keine Veränderungen bezüglich der individuellen Arbeitsverhältnisse ergeben. Das sollte ausdrücklich im Umwandlungsbericht erwähnt werden.[43]

Nach herrschender Auffassung können die Aktionäre in entsprechender Anwendung 27 von § 192 Abs. 3 UmwG auf die Erstellung des Umwandlungsberichts verzichten.[44] Die SE-VO sieht eine Verzichtsmöglichkeit zwar nicht vor. Da der Umwandlungsbericht – obwohl er auch die Auswirkungen der Umwandlung auf die Arbeitnehmer zu erläutern hat – allein der Information der Aktionäre dient, spricht vom Schutzzweck des Art. 37 Abs. 4 SE-VO her jedoch nichts dagegen, einen Verzicht auch im Rahmen der SE-Gründung durch Formwechsel zuzulassen.[45] Nach der hier vertretenen Auffassung kommt daher über die Verweisung des Art. 15 Abs. 1 SE-VO § 192 Abs. 3 UmwG zur Anwendung, der den Bericht für entbehrlich erklärt, wenn der formwechselnde Rechtsträger nur einen Anteilsinhaber hat oder alle Anteilsinhaber eine Verzichtserklärung abgeben. Der Verzicht muss in notariell beurkundeter Form erklärt werden (Art. 15 Abs. 1 iVm. § 192 Abs. 3 S. 2 UmwG).

d) Bescheinigung über Nettovermögenswerte. Art. 37 Abs. 6 SE-VO schreibt 28 vor, dass vor Durchführung der Hauptversammlung, die über die Umwandlung beschließt, von einem oder mehreren unabhängigen Sachverständigen zu bescheinigen ist, dass die Aktiengesellschaft über Nettovermögenswerte mindestens in Höhe ihres Kapitals zuzüglich der kraft Gesetzes oder Statut[46] nicht ausschüttungsfähigen Rück-

---

[39] Kallmeyer/*Marsch-Barner*, Umwandlungsrecht, Anhang Rn. 112; Theisen/Wenz/*Neun*, S. 161; aA MünchKommAktG/*Schäfer*, Art. 37 Rn. 15 und 19, der den Bericht als Teil des Umwandlungsplans ansieht.
[40] *Jannott*/Frodermann, Kap. 3 Rn. 237.
[41] *Vossius*, ZIP 2005, 741, 747.
[42] Siehe dazu etwa Semler/Stengel/*Bärwaldt*, § 192 Rn. 6 ff.
[43] Manz/Mayer/*Schröder*, Art. 37 Rn. 29.
[44] Widmann/Mayer/*Heckschen*, Umwandlungsrecht, Anhang 14 Rn. 382; Manz/Mayer/*Schröder*, Art. 37 Rn. 82; Kallmeyer/*Marsch-Barner*, UmwG, Anhang Rn. 112; MünchKomm AktG/*Schäfer*, Art. 37 Rn. 17; *Scheifele*, S. 409 f; *Schwarz*, Art. 37 Rn. 35; *Vossius*, ZIP 2005, 741, 747 Fn. 74 bzw. 745 Fn. 47; aA Theisen/Wenz/*Neun*, S. 160, der von der Nichtanwendbarkeit des Art. 15 Abs. 1 auf das Verfahren in den Gründungsgesellschaften ausgeht, siehe dazu bereits oben Rn. 5.
[45] Lutter/Hommelhoff/*Bayer*, S. 61; *Scheifele*, S. 410; *Schwarz*, Art. 37 Rn. 35.
[46] Mit Statut ist die Satzung gemeint, was sich aus einem Vergleich mit der englischen und französischen Fassung der SE-VO ergibt, siehe *Teichmann*, ZGR 2002, 383, 439 Fn. 208.

lagen verfügt. Hinsichtlich der Person des Sachverständigen verweist Art. 37 Abs. 6 SE-VO auf die einzelstaatlichen Durchführungsregelungen zur Umsetzung von Art. 10 der Verschmelzungsrichtlinie (Richtlinie 78/855/EWG), so dass in der Bundesrepublik nur Wirtschaftsprüfer und Wirtschaftsprüfungsgesellschaften dafür in Betracht kommen (vgl. §§ 11 Abs. 1 UmwG, 319 HGB).

29 Aus dem Erfordernis der Unabhängigkeit ergibt sich, dass die Sachverständigen weder unmittelbar noch mittelbar mit der Gesellschaft verbunden sein dürfen. Nicht bestellt werden kann daher, wer Aktionär, Organmitglied, Arbeitnehmer o. ä. der Gründungsgesellschaft ist.[47]

30 Anders als bei der Verschmelzung und Holdinggründung ist neben der Werthaltigkeitsbescheinigung eine Prüfung des Umwandlungsplans weder von der Verordnung noch vom über Art. 15 Abs. 1 SE-VO anwendbaren deutschen Umwandlungsrecht vorgesehen. Das erklärt sich daraus, dass im Gegensatz zu diesen Gründungsarten hier kein Anteilstausch erfolgt, der eine Prüfung des Umtauschverhältnisses erforderlich macht.[48]

31 Eine Gründungsprüfung und -berichterstattung nach den §§ 32 ff. AktG ist ebenfalls nicht erforderlich (siehe dazu Rn. 44 ff.).

32 **e) Einberufung der Hauptversammlung.** Die Verordnung trifft keine Regelungen zur Einberufung der Hauptversammlung der Gründungsgesellschaft (die Art. 52 ff. beziehen sich auf die Hauptversammlung der SE). Art. 37 SE-VO bezieht sich in seinem Abs. 7 lediglich auf die Beschlussfassung. Über Art. 15 Abs. 1 SE-VO kommen die Regelungen der §§ 121 ff. AktG sowie der §§ 238 S. 1, 230 UmwG zur Anwendung.[49] Nicht anwendbar ist allerdings § 238 S. 1 iVm. § 231 UmwG, da bei der Gründung durch Formwechsel kein Abfindungsangebot gemäß § 207 UmwG zu unterbreiten ist (siehe dazu Rn. 56 ff.).

33 Ab dem Zeitpunkt der Einberufung der Hauptversammlung sind in den Geschäftsräumen der Aktiengesellschaft folgende Unterlagen zur Einsichtnahme durch die Aktionäre auszulegen:
Umwandlungsplan,
die Satzung der SE und
der Umwandlungsbericht.[50]
Auf Verlangen sind den Aktionären Abschriften dieser Unterlagen zuzusenden.

3. Beschlussfassung durch die Hauptversammlung

34 Die Hauptversammlung muss gemäß Art. 37 Abs. 7 S. 1 SE-VO dem Umwandlungsplan zustimmen. Für die Beschlussfassung verweist Art. 37 Abs. 7 S. 2 SE-VO auf die Vorschriften, die das Sitzstaatenrecht der formwechselnden Aktiengesellschaft in Umsetzung der Verschmelzungsrichtlinie (Richtlinie 78/855/EWG) erlassen hat. Für eine deutsche Aktiengesellschaft gilt insoweit § 65 UmwG.[51] Der Beschluss bedarf danach einer Mehrheit von mindestens **drei Vierteln** des bei Beschlussfassung vertretenen Grundkapitals. Aus der Satzung der Aktiengesellschaft können sich das Erfordernis einer größeren Kapitalmehrheit und weitere Erfordernisse ergeben. Sind mehrere Gat-

---

[47] Manz/Mayer/*Schröder*, Art. 37 Rn. 45.
[48] Theisen/Wenz/*Neun*, S. 160.
[49] MünchKommAktG/*Schäfer*, Art. 37 Rn. 27; im Ergebnis auch *Teichmann*, ZGR 2002, 383, 440 und dem folgend *Jannott*/Frodermann, Kap. 3 Rn. 245, die allerdings von der Nichtanwendbarkeit des Art. 15 Abs. 1 ausgehen und die diesbezügliche Regelungslücke der Verordnung durch die (unmittelbare) Anwendung nationalen Rechts schließen wollen, und Lutter/Hommelhoff/*Bayer*, S. 62 f. (auf Basis einer entsprechenden Anwendung von Art. 18).
[50] *Scheifele*, S. 418; *Schwarz*, Art. 37 Rn. 53.
[51] Widmann/Mayer/*Heckschen*, Umwandlungsrecht, Anhang 14 Rn. 390; Manz/Mayer/*Schröder*, Art. 37 Rn. 84.

tungen von Aktien vorhanden, bedarf der Beschluss der Zustimmung der stimmberechtigten Aktionäre jeder Gattung. Beschluss und Zustimmungserklärungen sind gemäß Art. 37 Abs. 7 S. 2 SE-VO, § 13 Abs. 3 S. 1 UmwG **notariell zu beurkunden**.[52]

Zusätzlich muss die Hauptversammlung ausdrücklich die Satzung der SE genehmigen, Art. 37 Abs. 7 S. 1 2. Hs. SE-VO. Das entfällt bei der Holdinggründung bzw. Gründung durch Verschmelzung, bei denen die Satzung der SE gemäß Art. 20 Abs. 1 lit. h SE-VO bereits Bestandteil des Gründungs- bzw. Verschmelzungsplans ist (vgl. Rn. 15). Das muss selbst dann gelten, wenn man – entgegen der hier vertretenen Auffassung – die Satzung der SE als Bestandteil des Umwandlungsplans ansieht, denn Art. 37 Abs. 1 S. 1 2. Hs. SE-VO schreibt die Genehmigung der Satzung ausdrücklich vor. 35

Soweit die Mitglieder des ersten Verwaltungsrats (bei monistischer Verfassung der SE) bzw. des ersten Aufsichtsorgans nicht durch die Satzung bestellt wurden (Art. 43 Abs. 3 S. 2 bzw. Art. 40 Abs. 2 S. 2), sind sie von der Hauptversammlung zu bestellen. Jedenfalls bei einer mitbestimmten Aktiengesellschaft sowie beim Wechsel in das monistische System enden die Ämter der Aufsichtsratsmitglieder mit Wirksamwerden des Formwechsels; ein Fortbestand gemäß Art. 15 Abs. 1 SE-VO, § 203 Satz 1 UmwG kommt aufgrund der veränderten Rechtsgrundlage für die Zusammensetzung des Aufsichtsorgans – Geltung der deutschen Mitbestimmungsgesetze für die Aktiengesellschaft, Geltung der Vereinbarung oder der Auffangregelung nach den Regelungen des SEBG – nicht in Betracht.[53] Auch die Bestellung des ersten Abschlussprüfers der SE gemäß Art. 15 Abs. 1 SE-VO iVm. § 30 AktG muss im Rahmen der Beschlussfassung über die Umwandlung erfolgen.[54] 36

Art. 37 Abs. 8 SE-VO erlaubt den Mitgliedstaaten, die Umwandlung von der Zustimmung des arbeitnehmermitbestimmten Organs der formwechselnden Gesellschaft abhängig zu machen. Der deutsche Gesetzgeber hätte daher die Zustimmung des mitbestimmten Aufsichtsrats der umzuwandelnden Aktiengesellschaft vorsehen können. Von der Ermächtigung wurde im deutschen Ausführungsgesetz zur SE-Verordnung jedoch kein Gebrauch gemacht, was im Einklang mit den im Vorfeld ausgesprochenen Empfehlungen des Schrifttums steht.[55] 37

Die Hauptversammlungsbeschlüsse sind gemäß Art. 15 Abs. 1 SE-VO unter den Voraussetzungen der §§ 243 ff. AktG anfechtbar.[56] 38

4. Eintragung der SE

Gemäß Art. 16 Abs. 1 SE-VO erlangt die SE erst mit Eintragung in das Handelsregister ihres Sitzes[57] **Rechtsfähigkeit**. Die Eintragung der SE richtet sich nach den Vorgaben des Art. 12 SE-VO und den ergänzend über Art. 15 Abs. 1 SE-VO anwendbaren Regelungen der Mitgliedstaaten. 39

Zur **Anmeldung der Eintragung** enthält die Verordnung keine Vorgaben, sodass über Art. 15 Abs. 1 SE-VO die Vorschriften des Umwandlungsgesetzes zur Anwendung 40

---

[52] Lutter/Hommelhoff/*Bayer*, S. 63; *Jannott*/Frodermann, Kap. 3, Rn. 252 und Fn. 447; Manz/Mayer/*Schröder*, Art. 37 Rn. 87; Theisen/Wenz/*Neun*, S. 163; MünchKommAktG/*Schäfer*, Art. 37 Rn. 14; *Scheifele*, S. 419; *Schwarz*, Art. 37 Rn. 56; im Ergebnis auch *Heckschen*, DNotZ 2003, 251, 264 (gestützt auf Art. 15 Abs. 1 SE-VO iVm. § 130 AktG).

[53] MünchKommAktG/*Reichert/Brandes*, Art. 40 Rn. 45. Ebenso enden mit Wirksamkeit des Formwechsels die Ämter des bisherigen Vorstands der Aktiengesellschaft, MünchKommAktG/ *Reichert/Brandes*, Art. 39 Rn. 28.

[54] *Jannott*/Frodermann, Kap. 3 Rn. 257.

[55] Vgl. *Brandt*, NZG 2002, 991, 995; *Teichmann*, ZIP 2002, 1109, 1113.

[56] Vgl. 4. Abschnitt § 2 Rn. 63.

[57] Die Pflicht zur Eintragung in das zuständige Handelsregister folgt für eine SE mit Sitz in Deutschland aus Art. 12 Abs. 1 SE-VO iVm. § 3 SEAG.

kommen. § 246 UmwG gilt daher entsprechend, sodass die Anmeldung der Eintragung durch den Vorstand der formwechselnden Aktiengesellschaft erfolgen muss.[58] Gemäß Art. 15 Abs. 1 SE-VO iVm. §§ 198 Abs. 3, 16 Abs. 2 UmwG ist eine Negativerklärung abzugeben. Ferner sind der Anmeldung gemäß Art. 15 Abs. 1 SE-VO iVm. § 199 UmwG eine Niederschrift des Umwandlungsbeschlusses sowie ggf. der Zustimmungserklärungen einzelner Aktionäre und der Umwandlungsbericht bzw. die diesbezüglichen Verzichtserklärungen beizufügen.[59] Ferner ist nach allgemeiner Auffassung die Gründungsberechtigung gemäß Art. 2 Abs. 4 SE-VO durch Vorlage eines Registerauszuges einer mindestens seit zwei Jahren bestehenden ausländischen Tochtergesellschaft beizufügen sowie der Umwandlungsplan, die Satzung der SE und die Werthaltigkeitsbescheinigung nach Art. 37 Abs. 6 SE-VO.[60] Zusätzlich gelten über die Verweisung des Art. 15 Abs. 1 SE-VO iVm. § 197 UmwG dieselben Vorgaben wie für die Neugründung einer Aktiengesellschaft. Die Anmeldung muss also auch die nach § 37 AktG vorgesehenen Erklärungen und Unterlagen – mit Ausnahme des Gründungsprüfungsberichts (siehe dazu Rn. 46 ff.) – enthalten.[61]

41 Gemäß Art. 12 Abs. 2 SE-VO ist weitere Voraussetzung der Eintragung, dass eine Regelung bezüglich der **Beteiligung der Arbeitnehmer** getroffen wurde.[62] Die Satzung der SE darf zu dieser Regelung nicht im Widerspruch stehen, Art. 12 Abs. 4 S. 1 SE-VO.

42 Die Eintragung ist gemäß Art. 13 SE-VO nach den mitgliedstaatlichen Vorschriften, die in Umsetzung der Publizitätsrichtlinie erlassen wurden, **offenzulegen** und anschließend nach den Vorgaben des Art. 14 SE-VO im Amtsblatt der Europäischen Gemeinschaften **bekanntzumachen**. In Deutschland finden danach die §§ 8 ff. HGB Anwendung.[63] Wer für die Übermittlung der Angaben zur Bekanntmachung im Amtsblatt der Europäischen Gemeinschaften gemäß Art. 14 Abs. 3 SE-VO zuständig ist, regelt weder die Verordnung noch der deutsche Gesetzgeber. Hier ist von einer entsprechenden Verpflichtung des zuständigen Registergerichts auszugehen, das die nach Art. 14 Abs. 1 SE-VO erforderlichen Daten an das Amt für Veröffentlichungen der Europäischen Gemeinschaften übermitteln muss.[64]

43 Mit erfolgter Eintragung im Handelsregister erlangt die SE **Rechtsfähigkeit**, Art. 16 Abs. 1 SE-VO. Die Umwandlung hat gemäß Art. 37 Abs. 2 SE-VO weder die Auflösung der formwechselnden Aktiengesellschaft noch die Entstehung der SE als neue juristische Person zur Folge. Die SE und die Aktiengesellschaft sind also identische Rechtspersönlichkeiten, bei denen lediglich ein Wechsel der Gesellschaftsform stattgefunden hat. Eine Gesamtrechtsnachfolge tritt nicht ein.[65] Der Vorschrift des Art. 37 Abs. 9 SE-VO, nach der die Umwandlung die mit der formwechselnden Aktiengesellschaft bestehenden Arbeitsverhältnisse unverändert auf die SE übergehen lässt, kommt lediglich deklaratorische Bedeutung zu.[66] Für in der Aktiengesellschaft bestehende **genehmigte** und **bedingte Kapitalia** bedeutet dies, dass sie in der SE unverändert fortgeschrieben werden können. Die Satzung der SE hat diese Kapitalia in der Höhe auszuweisen, in der sie zum Zeitpunkt des Wirksamwerdens des Formwechsels bestehen. Dementsprechend kann auch der Formwechselbeschluss bzw. der Beschluss über die Genehmigung der Satzung der SE nicht unter Hinweis auf eine

---

[58] Manz/Mayer/Schröder, Art. 37 Rn. 99.
[59] Scheifele, S. 429 f.; Schwarz, Art. 37 Rn. 80.
[60] MünchKommAktG/Schäfer, Art. 37 Rn. 33; Scheifele, S. 429 f.; Schwarz, Art. 37 Rn. 80.
[61] MünchKommAktG/Schäfer, Art. 37 Rn. 33; Scheifele, S. 430; Schwarz, Art. 37 Rn. 80.
[62] Zum Zeitpunkt der Einleitung des Verfahrens zur Beteiligung der Arbeitnehmer siehe oben Rn. 24; ausführlich zum Verfahren 6. Abschnitt Rn. 13 ff.
[63] Schwarz, Art. 13 Rn. 13.
[64] MünchKommAktG/Schäfer, Art. 13, 14 Rn. 3.
[65] Manz/Mayer/Schröder, Art. 37 Rn. 5.
[66] Vgl. Teichmann, ZGR 2002, 367, 440.

V. Einzelfragen

1. Erforderlichkeit von Gründungsprüfung (§ 33 AktG) und Gründungsbericht (§ 32 AktG)

Nach herrschender und zutreffender Auffassung ist neben der durch Art. 37 Abs. 6 SE-VO vorgeschriebenen Werthaltigkeitsbescheinigung die Gründungsprüfung gemäß § 33 AktG und der Gründungsbericht nach § 32 AktG im Ergebnis **nicht erforderlich**.[67] Für die **Praxis** dürfte es sich allerdings aus Vorsichtsgründen empfehlen, das Erfordernis einer Gründungsprüfung und -berichterstattung nach dem Aktiengesetz **mit dem zuständigen Registergericht** im Vorfeld der Gründung zu klären.[68] 44

Das Erfordernis von Gründungsbericht und Gründungsprüfung wird von der **Gegenauffassung** aus Art. 15 Abs. 1 SE-VO iVm. §§ 197 UmwG, 32 ff. AktG hergeleitet.[69] Das wird bereits deshalb in Zweifel gezogen, weil die Gründung durch Umwandlung keine Neugründung darstelle und die Verweisungsnorm des § 197 UmwG, die die für die neue Rechtsform geltenden Gründungsregelungen auf den Formwechsel für anwendbar erklärt, keine direkte Anwendung finde.[70] Als Argument gegen die Anwendbarkeit der §§ 32 ff. AktG wird außerdem der Rechtsgedanke des § 75 Abs. 2 UmwG herangezogen.[71] Nach dieser Vorschrift sind Gründungsprüfung und -bericht bei der Verschmelzung entbehrlich, wenn übertragender Rechtsträger eine Kapitalgesellschaft oder eine eingetragene Genossenschaft ist. Der Grund dafür sei die Gewährleistung der Kapitalerhaltung durch das jeweilige Organisationsrecht dieser Gesellschaftsformen. Dieser Gedanke könne auch für die Umwandlung dieser Rechtsträger herangezogen werden.[72] Gegen diese Überlegung spricht allerdings, dass die umwandlungsrechtlichen Vorschriften über den Formwechsel einer Aktiengesellschaft in eine Kommanditgesellschaft auf Aktien in § 245 Abs. 2 S. 1 UmwG die Anwendbarkeit der §§ 32 ff. AktG offenbar voraussetzen. Von der grundsätzlichen Entbehrlichkeit einer Gründungsprüfung bei der Umwandlung von Kapitalgesellschaften ist daher nicht auszugehen. 45

Nach hier vertretener Ansicht entscheidend ist, dass eine Anwendung der §§ 32 ff. AktG über die Verweisung des Art. 15 Abs. 1 SE-VO nicht möglich ist, wenn die Regelungen des Art. 37 SE-VO insoweit abschließend sind. Art. 37 SE-VO sieht zwar keine Gründungsprüfung vor. Im Gegensatz zur Holdinggründung, bei der eine Prüfung der Werthaltigkeit nicht explizit vorgeschrieben ist, aber im Rahmen der Prüfung des Gründungsplans notwendigerweise erfolgt,[73] schreibt Art. 37 Abs. 6 SE-VO für die Gründung durch Formwechsel ausdrücklich die Erstellung einer Werthaltigkeitsbescheinigung durch externe Sachverständige vor. Diese Bescheinigung, der notwendigerweise eine entsprechende Prüfung durch den ausstellenden Sachverständigen vor- 46

---

[67] Jannott/Frodermann, Kap. 3 Rn. 258; Widmann/Mayer/Heckschen, Umwandlungsrecht, Anhang 14 Rn. 385; MünchKommAktG/Schäfer, Art. 37 Rn. 26; Schwarz, Art. 37 Rn. 74; im Ergebnis auch Kallmeyer/Marsch-Barner, UmwG, Anhang Rn. 122 und Scheifele, S. 427.

[68] Vgl. Kallmeyer/Marsch-Barner, UmwG, Anhang Rn. 122; Jannott/Frodermann, Kap. 3 Rn. 258 ff.

[69] Lutter/Hommelhoff/Bayer, S. 64; Theisen/Wenz/Neun, S. 165 f., der allerdings die Anwendung der §§ 32 ff. AktG von ihrem Schutzzweck her nicht für erforderlich hält und den Gesetzgeber auffordert, eine entsprechende Regelung zu schaffen, die ihre Anwendung auf die SE-Gründung durch Formwechsel ausschließt.

[70] Jannott/Frodermann, Kap. 3 Rn. 258.

[71] Jannott/Frodermann, Kap. 3 Rn. 258; Theisen/Wenz/Neun, S. 165 f.

[72] Jannott/Frodermann, Kap. 3 Rn. 258; Theisen/Wenz/Neun, S. 165 f.

[73] Vgl. 4. Abschnitt § 3 Rn. 32.

ausgehen muss, tritt ihrer Funktion nach an die Stelle von Gründungsprüfung und -bericht im Sinne der §§ 32 ff. AktG. Denn die Gründungsprüfung nach dem Aktiengesetz dient – ebenso wie die Werthaltigkeitsbescheinigung nach der Verordnung – lediglich der Feststellung der Werthaltigkeit von Sacheinlagen.[74] Die Kapitalaufbringung, die durch die Regelungen der §§ 197 UmwG, 32 ff. AktG für den Fall der Umwandlung gewährleistet werden soll, ist bereits durch die Werthaltigkeitsprüfung gesichert. Ferner sind Gründungsbericht und -prüfung nach dem Aktiengesetz gemäß § 75 Abs. 2 UmwG selbst im Fall einer Verschmelzung zur Neugründung, bei der ein neuer Rechtsträger entsteht, entbehrlich, wenn übertragender Rechtsträger eine Kapitalgesellschaft ist. Es ist nicht ersichtlich, weshalb im Fall des Formwechsels einer Aktiengesellschaft in eine SE, bei der derselbe Rechtsträger unter Wahrung seiner Identität fortbesteht, strengere Gründungsvorschriften gelten sollten.[75] Aus den §§ 32 ff. AktG ergibt sich zudem, dass grundsätzlich eine Prüfung und ein Bericht durch die Gründer selbst vorgesehen ist; eine weitere Prüfung durch externe Sachverständige ist demgegenüber nur unter den zusätzlichen Voraussetzungen des § 33 Abs. 2 AktG erforderlich. Daraus lässt sich entnehmen, dass der Prüfung durch von der Gesellschaft unabhängige Sachverständige eine größere Bedeutung beigemessen wird als der Prüfung durch die Gründer. Die von der Verordnung vorgesehene Werthaltigkeitsbescheinigung wird aber immer zwingend von unabhängigen Sachverständigen erstellt, so dass daneben eine weitere Prüfung und Berichterstattung durch die Gründer überflüssig sein dürfte. Die besseren Gründe sprechen daher dafür, die Regelung des Art. 37 Abs. 6 SE-VO als abschließend hinsichtlich der Prüfung und Berichterstattung im Rahmen der Gründung anzusehen, so dass eine Anwendung der §§ 32 ff. AktG gemäß Art. 15 Abs. 1 SE-VO daneben nicht mehr in Betracht kommt.

2. Barabfindungsangebot (§§ 207 ff. UmwG)

47 Das Erfordernis eines Barabfindungsangebots an Aktionäre, die dem Formwechsel widersprechen, wird in den dazu vorliegenden Stellungnahmen des Schrifttums zu Recht einhellig verneint.[76]

48 Die Verordnung selbst enthält in den Vorschriften zur Gründung durch Formwechsel weder eine Regelung noch eine Regelungsermächtigung für den nationalen Gesetzgeber in Bezug auf den Schutz von Aktionärsminderheiten, die dem Formwechsel widersprechen. Bei der Gründung durch Verschmelzung bzw. der Holdinggründung enthält die Verordnung demgegenüber in Art. 24 Abs. 2 und Art. 34 Ermächtigungsnormen für den Erlass von Schutzvorschriften zugunsten der Minderheitsaktionäre. Auf dieser Grundlage sieht das SEAG in den §§ 7 bzw. 9 Barabfindungsangebote im Verschmelzungs- bzw. Gründungsplan vor. Auch die Regelungen der §§ 207 ff. UmwG, die ein Barabfindungsangebot für der Umwandlung widersprechende Aktionäre vorsehen, können beim Formwechsel einer Aktiengesellschaft in eine SE nicht über die Verweisung des Art. 15 Abs. 1 SE-VO zur Anwendung kommen:

49 Zunächst ist nicht davon auszugehen, dass der Verordnungsgeber, nachdem er sowohl bei der Gründung durch Verschmelzung wie auch bei der Holdinggründung jeweils Ermächtigungsnormen zum Schutz von Minderheitsaktionären geschaffen hat, dies bei der Gründung durch Formwechsel „vergessen" hat. Es liegt also keine Regelungslücke der Verordnung vor, die über Art. 15 Abs. 1 SE-VO zu schließen wäre.[77]

---

[74] Siehe dazu 4. Abschnitt § 3 Rn. 32.
[75] MünchKommAktG/*Schäfer*, Art. 37 Rn. 26; *Scheifele*, S. 427.
[76] Jannott/Frodermann, Kap. 3 Rn. 268; Widmann/Mayer/*Heckschen*, Umwandlungsrecht, Anhang 14 Rn. 396; *Kalss*, ZGR 2003, 591, 614; Kallmeyer/*Marsch-Barner*, UmwG, Anhang Rn. 104; Manz/Mayer/*Schröder*, Art. 37 Rn. 96 f.; MünchKommAktG/*Schäfer*, Art. 37 Rn. 37; *Scheifele*, S. 423; *Teichmann*, ZGR 2003, 367, 395.
[77] *Teichmann*, ZGR 2003, 367, 395.

Außerdem entspricht der hinter § 207 UmwG stehende Normzweck nicht der Situation bei der Umwandlung einer Aktiengesellschaft in eine SE. § 207 UmwG geht von einem Schutzbedürfnis der Gesellschafter aufgrund des Wechsels der Gesellschaft in eine andere Rechtsform aus, mit der eine für die Gesellschafter möglicherweise nachteilige Veränderung des anwendbaren Rechts einhergehen könnte. Dieses Schutzbedürfnis fehlt bei der Umwandlung einer Aktiengesellschaft in eine weitgehend den gleichen Rechtsvorschriften unterstehende SE.[78] Die Rechtsstellung der Aktionäre bleibt dadurch nahezu unverändert. Es ist daher auch kein Bedürfnis dafür ersichtlich, den Aktionären eine Austrittsmöglichkeit infolge der Umwandlung zu eröffnen.[79] Vergleichbar ist insoweit der Fall der Umwandlung einer Aktiengesellschaft in eine Kommanditgesellschaft auf Aktien und umgekehrt, für den § 250 UmwG die Anwendbarkeit des § 207 UmwG ausschließt, weil beide Gesellschaftsformen weitgehend den aktienrechtlichen Vorschriften unterstehen.[80] Anwendbar ist gemäß der Verweisung des Art. 15 Abs. 1 SE-VO hingegen § 196 UmwG, der einen Anspruch auf Verbesserung des Beteiligungsverhältnisses gewährt; dieser Anspruch besteht auch beim Formwechsel einer Aktiengesellschaft in eine Kommanditgesellschaft auf Aktien und umgekehrt.[81]

3. Verbot der grenzüberschreitenden Sitzverlegung anlässlich des Formwechsels

Art. 37 Abs. 3 SE-VO verbietet die Sitzverlegung der Gesellschaft in einen anderen Mitgliedstaat anlässlich des Formwechsels. Hintergrund dieses Verbots ist die Befürchtung, der Formwechsel verbunden mit einer Sitzverlegung in einen anderen Mitgliedstaat könne genutzt werden, um sich steuer- und arbeitsrechtlichen Beschränkungen des bisherigen Sitzstaates zu entziehen.[82] Richtigerweise ist die Formulierung der SE-Verordnung dahin zu verstehen, dass Formwechsel und Sitzverlegung nicht gleichzeitig erfolgen dürfen. Die herrschende Meinung folgert daraus, dass die Hauptversammlung, die über den Formwechsel beschließt, nicht zugleich über eine grenzüberschreitende Sitzverlegung beschließen dürfe. Da die Bestimmung zur Sitzverlegung in Art. 8 SE-VO die Existenz der SE voraussetzt, kann die Hauptversammlung der Aktiengesellschaft vor Wirksamwerden des Formwechsels auch nicht aufschiebend bedingt auf das Wirksamwerden des Formwechsels über eine grenzüberschreitende Sitzverlegung beschließen. Möglich ist es hingegen, die Sitzverlegung in einen anderen Mitgliedstaat unmittelbar nach erfolgtem Formwechsel gemäß den Vorschriften des Art. 8 SE-VO durchzuführen. Dafür ist keine besondere Wartefrist einzuhalten, sodass das Leitungsorgan der SE praktisch unmittelbar nach vollendetem Formwechsel die Hauptversammlung, die über eine Sitzverlegung beschließen soll, vorbereiten kann.[83] Zu beachten sind hier nur die Fristen, die Art. 8 SE-VO selbst für die Sitzverlegung aufstellt.[84]

---

[78] Dass die durch den Formwechsel entstehende SE den aktienrechtlichen Vorschriften ihrer Gründungsgesellschaft untersteht, wird durch das Verbot einer mit der Gründung einhergehenden Sitzverlegung (Art. 37 Abs. 3) erreicht.
[79] *Teichmann*, ZGR 2003, 367, 395.
[80] Kallmeyer/*Marsch-Barner*, UmwG, Anhang Rn. 104; vgl. auch Widmann/Mayer/*Rieger*, Umwandlungsrecht, § 250 Rn. 6 ff. zur Umwandlung einer AG in eine KGaA und umgekehrt.
[81] § 250 UmwG schließt nur die Anwendung der §§ 207 bis 212 UmwG aus.
[82] *Blanquet*, ZGR 2002, 20, 46.
[83] Vgl. *Oechsler*, NZG 2005, 697, 700.
[84] Näher dazu 7. Abschnitt Rn. 21.

§ 6 Tochter-SE einer SE

Übersicht

	Rn.
I. Besonderheiten gegenüber der Verschmelzung nationalen Rechts	1, 2
II. Gesetzliche Regelungstechnik	3
III. Ablauf der Tochtergründung	4–9
1. Kein Mehrstaatigkeitserfordernis	4
2. Einpersonen-Gründung	5
3. Gründungsverfahren	6–9
a) Bar- oder Sachgründung	7
b) Ausgliederung	8
c) Erfordernis auf Seiten der Gründungs-SE	9

I. Besonderheiten gegenüber der Verschmelzung nationalen Rechts

1 Nach Art. 3 Abs. 2 SE-VO kann eine SE eine 100%ige Tochtergesellschaft in Form einer SE gründen. Die Gründung ist zwingend Einpersonengründung.[1] Verfahrenstechnisch kann sie im Wege der Bar- bzw. Sachgründung oder durch Ausgliederung nach § 123 Abs. 3 UmwG erfolgen.

2 Das Verfahren der Tochtergründung richtet sich aufgrund der zahlreichen Verweisungen im Wesentlichen nach den Regelungen des nationalen Aktienrechts. Abweichungen vom nationalen Verfahren bestehen vor allem in den folgenden Bereichen:
1. Die Gründung einer Tochter-SE steht nur einer SE offen.
2. Im Hinblick auf die Frage der **Beteiligung der Arbeitnehmer** beinhaltet die SE-RL keine Regelung; nach hier vertretener Auffassung ist davon auszugehen, dass Verhandlungen mit dem SE-Betriebsrat zu führen sind (s. 6. Abschnitt Rn. 109 f.); zur Frage der Mitbestimmung gilt das zur Gründung der gemeinsamen Tochter-SE Ausgeführte (s. 4. Abschnitt § 4 Rn. 2, 11).
3. Die **Satzung** der Tochter-SE richtet sich nach den Regelungen der Verordnung (s. 2. Abschnitt Rn. 8), des SEAG (s. 2. Abschnitt Rn. 9) und dem Aktiengesetz (insbesondere § 23 Abs. 3, 4 AktG sowie §§ 26 f. AktG, s. 2. Abschnitt Rn. 9).

II. Gesetzliche Regelungstechnik

3 Die Ausgründung der SE-Tochtergesellschaft richtet sich wie die anderen Gründungsformen nach einem zweistufigen Verfahren, wobei zwischen dem Teil des Verfahrens, das sich auf die Muttergesellschaft bezieht, und demjenigen, das sich auf die Entstehung der Tochter-SE bezieht, zu unterscheiden ist. Der interne Willensbildungsprozess bei der Muttergesellschaft, in dem zu klären ist, ob in der jeweiligen Gründungsgesellschaft die Voraussetzungen bestehen, um eine Tochter zu gründen, richtet sich nach dem nationalen Recht (Art. 9 Abs. 1 lit. c SE-VO). Das in erster Linie anwendbare SE-Verordnungsrecht (Art. 9 Abs. 1 lit. a) beinhaltet diesbezüglich keine Anforderungen.[2] Das eigentliche Gründungsverfahren der Tochter-SE richtet sich nach Art. 15 SE-VO, wonach die Gründung der Tochter-SE als solche dem Recht des SE-Sitzstaates unterliegt (s. 3. Abschnitt Rn. 6).[3]

---

[1] S. *Scheifele*, S. 439.
[2] *Scheifele*, S. 440; aA *Hommelhoff/Teichmann*, SZW 2002, 1, 9, die sich für eine Anwendung von Art. 36 SE-VO aussprechen.
[3] *Scheifele*, S. 440; aA *Hommelhoff/Teichmann*, SZW 2002, 1, 9, wonach Art. 3 Abs. 1 das anwendbare nationale Recht festlegen soll.

III. Ablauf der Tochtergründung

1. Kein Mehrstaatigkeitserfordernis

Die Gründung einer Tochter-SE durch eine SE setzt nicht das Mehrstaatigkeitskriterium voraus. Der Wortlaut des Art. 3 Abs. 2 SE-VO verlangt weder, dass die Mutter-SE mehrstaatlich strukturiert ist, noch setzt sie eine Grenzüberschreitung in dem Sinne voraus, dass die Tochter-SE in einem anderen Mitgliedstaat gegründet werden muss.[4]

2. Einpersonen-Gründung

An dem Gründungsverfahren des Art. 3 Abs. 2 SE-VO darf sich lediglich eine Gesellschaft in Form der SE beteiligen. Die Gründung einer Tochter-SE nach Art. 3 Abs. 2 SE-VO ist kraft gesetzlicher Definition unilaterale Gründungsform.[5] Sofern sich mehr Gründungsrechtsträger an der Gründung einer Tochter-SE beteiligen wollen, kommt das Verfahren nach Art. 2 Abs. 3 SE-VO zur Anwendung (s. 4. Abschnitt § 4 Rn. 1 ff.). Das folgt aus dem Typenzwang der Gründungsformen.

3. Gründungsverfahren

Die Gründung der Tochter-SE richtet sich nach nationalem Recht und kann zunächst im Weg einer einfachen Bar- oder Sachgründung erfolgen.[6] Möglich ist auch die Gründung im Wege der Spaltung durch Ausgliederung nach § 123 Abs. 3 Nr. 2 UmwG[7], bei der die Gründungsgesellschaften einen Teil ihres Vermögens im Wege der partiellen Gesamtrechtsnachfolge auf die durch die Spaltung neu gegründete Gesellschaft übertragen.[8] Anders als Art. 2 Abs. 3 SE-VO beschränkt das Gründungsverfahren des Art. 3 Abs. 2 SE-VO die Gründung nicht auf ein solches Verfahren durch Zeichnung von Aktien, so dass insoweit alle nationalen Gründungsverfahren, die die Gründung durch Ausgliederung mit einschließen, zur Anwendung gelangen können.

a) Bar- oder Sachgründung. Das Verfahren zur Gründung der Tochter-SE beginnt ebenso wie bei der Gründung einer gemeinsamen Tochtergesellschaft mit der Vereinbarung eines **Plans** und der **Information der Arbeitnehmer** über das Gründungsvorhaben (§ 4 Abs. 2 SEBG, s. 6. Abschnitt Rn. 109 iVm. Rn. 14). In den Folgeschritten richtet sich das Verfahren zur Gründung der Tochter ebenso wie bei der Gründung einer gemeinsamen Tochter-SE nach den Regelungen des nationalen Aktienrechts. Die **Satzung** der Tochter-SE richtet sich nach den Regelungen der Verordnung (s. 2. Abschnitt Rn. 8), des SEAG (s. 2. Abschnitt Rn. 9) und dem Aktiengesetz (insbesondere § 23 Abs. 3, 4 AktG sowie §§ 26 f. AktG, s. 2. Abschnitt Rn. 9). Die zwingenden Angaben der SE-Verordnung und des SEAG sind in die Satzung aufzunehmen, die sich in wesentlichen Teilen nach dem Recht des künftigen Sitzstaates der SE richtet.

b) Ausgliederung. Soll die SE im Wege der Ausgliederung gegründet werden, beginnt das Verfahren ebenfalls mit der unter Rn. 7 dargelegten Information der Arbeitnehmer. Das Verfahren richtet sich ansonsten vollumfänglich nach den Regelungen des Umwandlungsgesetzes (§ 123 Abs. 3 UmwG). Unter anderem ist ein Ausgliederungsvertrag und -bericht durch das Leitungsorgan bzw. die geschäftsführenden Direktoren

---

[4] S. *Hommelhoff*, AG 2001, 279, 281; *Hirte*, NZG 2002, 1, 4; *Thoma/Leuering*, NJW 2002, 1449, 1451; *Scheifele*, S. 438; *Schwarz*, Art. 3 Rn. 21.
[5] *Schwarz*, Art. 3 Rn. 22.
[6] *Schwarz*, Art. 3 Rn. 28.
[7] *Scheifele*, S. 442; aA *Kreuzer*, EuZW 1994, 73, 75; *Hirte*, NZG 2002, 1, 4; *Schindler*, S. 40; *Schwarz*, Art. 3 Rn. 29.
[8] *Scheifele*, S. 442 f., 390 f.

der SE aufzustellen (§§ 126, 127 UmwG). Ihm haben die Anteilsinhaber der SE zuzustimmen. Die Ausgliederung ist beim Handelsregister anzumelden und einzutragen (§§ 16–19 UmwG).

9   c) **Erfordernis auf Seiten der Gründungs-SE.** Die Erfordernisse auf Seiten der Gründungs-SE zur Gründung einer Tochter-SE richten sich nach der SE-Verordnung und den auf die Gründungs-SE anwendbaren Regelungen des nationalen Aktienrechts (Art. 9 Abs. 1 lit. a und c SE-VO).[9] Wird die Tochter-SE im Wege der Bar- oder Sachgründung errichtet, ergibt sich aus der SE-Verordnung keine ausdrückliche Kompetenznorm, die der Hauptversammlung Mitspracherechte einräumen würde. Ein Zustimmungserfordernis der Hauptversammlung kann sich aber über die Verweisung des Art. 52 Abs. 2 SE-VO (s. 5. Abschnitt § 4 Rn. 3)[10] auf das nationale Recht und insoweit die Holzmüller-/bzw. Gelatine-Grundsätze ergeben (s. 5. Abschnitt § 4 Rn. 37). Im Fall der Gründung der Tochter-SE durch Ausgliederung sind ebenfalls auf SE-Verordnungsebene keine ausdrücklichen Mitspracherechte vorgesehen. Insoweit ist aber nach § 125 S. 1 iVm. § 13 UmwG zwingend die Zustimmung der Hauptversammlung der Gründungsgesellschaft erforderlich.[11]

---

[9] *Schwarz*, Art. 3 Rn. 25.
[10] *Schwarz*, Art. 3 Rn. 31.
[11] *Schwarz*, Art. 3 Rn. 32.

5. Abschnitt. Innere Organisation

§ 1 Einleitung

Dem Satzungsgeber der SE wird durch die SE-VO und das zugehörige deutsche Ausführungsgesetz (SEAG) die Freiheit eingeräumt, der SE eine monistische oder dualistische Verwaltungsstruktur zu geben. Anders als in der dualistischen Verfassung ist bei monistisch organisierten Gesellschaften eine organschaftliche Trennung von Geschäftsleitung und Überwachung nicht vorgesehen. An die Stelle von Leitungs- und Aufsichtsorgan tritt das einheitliche Verwaltungsorgan, das die Gesellschaft leitet und zugleich Überwachungsaufgaben wahrnimmt. Da die Wahlfreiheit unmittelbar aus der Verordnung folgt, war sie durch den deutschen Gesetzgeber im Wege der Ausführungsgesetzgebung nicht abdingbar.[1] Das monistische System ist insbesondere im angelsächsischen Rechtskreis, aber auch in der Schweiz und in Frankreich bekannt.[2] Es ist prognostiziert worden, die monistisch verfasste SE in Deutschland werde die aktienrechtliche Verfassung, die nur das dualistische System mit Vorstand und Aufsichtsrat kennt, in bahnbrechender Weise verändern.[3] Ob dies geschieht und ob die monistisch verfasste deutsche SE im internationalen Vergleich konkurrenz- und wettbewerbsfähiger sein wird, als es derzeit die deutsche Aktiengesellschaft mit dem dualistischen System ist, bleibt aber abzuwarten.[4]

Ein wesentlicher Vorteil des monistischen Systems liegt in der größeren Gestaltungsfreiheit des Satzungsgebers hinsichtlich der Ausgestaltung der Verwaltung.[5] Sowohl für die Unternehmensleitung als auch für die Überwachung ist der Verwaltungsrat zuständig. Wie diese Aufgaben innerhalb des Organs verteilt werden, bleibt dem Satzungsgeber der SE überlassen. Die im dualistischen System gesetzlich vorgegebene strikte Trennung von Überwachungs- und Geschäftsführungsaufgaben existiert hier nicht; die Satzung oder die Geschäftsordnung des Verwaltungsrats kann jedoch, wenn dies gewünscht wird, eine entsprechende Geschäftsverteilung in Überwachungs- und Geschäftsführungsaufgaben vornehmen. Für die monistische SE mit Sitz in Deutschland hat die Gestaltungsfreiheit zwar insoweit eine Einschränkung erfahren, als § 40 Abs. 1 S. 1 SEAG neben dem Verwaltungsrat zwingend die Bestellung eines oder mehrerer geschäftsführender Direktoren vorschreibt, denen die (laufende) Geschäftsführung obliegt. Durch das umfassende Weisungsrecht des Verwaltungsrats gegenüber den geschäftsführenden Direktoren (§ 44 Abs. 2 SEAG) und die Möglichkeit, diese jederzeit abzuberufen (§ 40 Abs. 5 S. 1 SEAG), bleibt die Geschäftsführung dennoch letztlich beim Verwaltungsrat. Sie kann jedoch durch entsprechende Satzungsgestaltung auch eingeschränkt werden, indem beispielsweise die Abberufung der geschäftsführenden Direktoren von bestimmten Sachgründen abhängig gemacht wird. Der Verwaltungsrat ist schließlich frei, entweder seine eigenen Mitglieder (§ 40 Abs. 1 S. 2 SEAG) oder externe Personen zu geschäftsführenden Direktoren zu bestellen. Die Mehrheit des Verwaltungsrats muss allerdings aus nicht geschäftsführenden Mitgliedern bestehen. Die Bestellung von Verwaltungsratsmitgliedern zu geschäftsführenden Direktoren bietet den Vorteil eines effizienteren Informationsflusses innerhalb der Gesell-

---

[1] *Teichmann*, ZGR 2002, 383, 443.
[2] MünchKommAktG/*Reichert/Brandes*, Art. 38 Rn. 4.
[3] *Hommelhoff*, AG 2001, 279, 282; *Kallmeyer*, ZIP 2003, 1531.
[4] *Hommelhoff*, AG 2001, 279, 282; *Kallmeyer*, ZIP 2003, 1531, 1535.
[5] Ausführlich dazu *Teichmann*, BB 2004, 53 ff.

schaft, während die Bestellung externer Dritter sich etwa dazu nutzen lässt, den Einfluss von Arbeitnehmervertretern in mitbestimmten Verwaltungsräten auszubalancieren.[6] Ermöglicht wird damit auch die Einsetzung einer Führungsstruktur entsprechend dem angelsächsischen Modell eines „Chief Executive Officer", der zugleich „Chairman of the Board" ist, indem der Vorsitzende des Verwaltungsrats zugleich zum geschäftsführenden Direktor bestellt wird.[7] Schließlich erlaubt das monistische Verwaltungssystem auch eine „schlanke" Unternehmensleitung, die insbesondere für kleinere Tochtergesellschaften eines Konzerns von Interesse sein kann:[8] Die Satzung kann vorsehen, dass der Verwaltungsrat nur aus einer Person besteht. Daneben muss ein (externer) geschäftsführender Direktor bestellt werden. Die Unternehmensleitung besteht dann aus zwei Personen, während im dualistischen System neben dem Leitungsorgan ein mindestens dreiköpfiges Aufsichtsorgan erforderlich ist.[9] Das monistische System kann daher je nach Bedarf sowohl auf kleine und mittlere Gesellschaften, insbesondere auch Familienunternehmen, zugeschnitten werden, in denen die strikte Trennung zwischen Führungs- und Überwachungsaufgaben, die auf zwei Organe verteilt sind, unerwünscht und häufig nicht zweckmäßig ist.[10] Andererseits ist auch eine Ausgestaltung möglich, die den Interessen von Großunternehmen bzw. Konzernen gerecht wird.

3 Die SE-VO enthält in den Art. 38 bis 60 Vorschriften zum Aufbau der SE, wobei sowohl für das dualistische als auch für das monistische Modell spezielle Regelungen getroffen wurden. Gemeinsame Vorschriften für beide Struktursysteme finden sich in den Art. 46 bis 51 SE-VO. Regelungen über die Hauptversammlung der Aktionäre, die nach Art. 38 SE-VO sowohl bei der dualistischen wie auch der monistischen SE als weiteres Organ der SE zwingend vorgeschrieben ist, enthalten die Art. 52 bis 60 SE-VO.

4 Im Folgenden sollen die zwei Verwaltungssysteme für die SE mit ihren Besonderheiten dargestellt werden. Die Hauptversammlung als in beiden Verwaltungssystemen vorkommendes Organ wird sodann in einem eigenen Abschnitt dargestellt.

§ 2 Dualistisches System

Übersicht

	Rn.
A. Die Grundstruktur einer dualistischen SE nach deutschem Recht	1
B. Das Leitungsorgan	2–18
I. Bestellung der Mitglieder des Leitungsorgans	3–13
II. Abberufung der Mitglieder des Leitungsorgans	14
III. Innere Organisation des Leitungsorgans	15, 16
IV. Vertretung der SE durch das Leitungsorgan	17, 18
C. Das Aufsichtsorgan	19–33
I. Bestellung der Mitglieder des Aufsichtsorgans	20–24
II. Abberufung der Mitglieder des Aufsichtsorgans	25
III. Innere Organisation des Aufsichtsorgans	26, 27
IV. Vertretung der SE durch das Aufsichtsorgan	28
V. Informationsfluss	29–33
D. Einzelfragen der Unternehmensführung	34–41
I. Zustimmungsbedürftige Geschäfte	34, 35
II. Die Beschlussfassung der Organe	36–38
III. Die Haftung der Mitglieder der Organe	39–41

---

[6] Lutter/Hommelhoff/*Teichmann*, S. 208.
[7] Zur Umsetzung eines CEO-Modells in der monistischen SE *Eder*, NZG 2004, 544 ff.; vgl. auch *Merkt*, ZGR 2003, 650, 664 f.; Lutter/Hommelhoff/*Teichmann*, S. 209 f.
[8] Lutter/Hommelhoff/*Teichmann*, S. 209.
[9] § 95 AktG für die deutsche Aktiengesellschaft und § 17 SEAG für die dualistische SE.
[10] *Kallmeyer*, ZIP 2003, 1531, 1535.

A. Die Grundstruktur einer dualistischen SE nach deutschem Recht

Die Grundstruktur einer dualistisch strukturierten SE mit Sitz in Deutschland entspricht weitgehend der Struktur einer deutschen Aktiengesellschaft. Mit dem Leitungsorgan nach Art. 39 SE-VO hat die SE ein dem Vorstand einer deutschen Aktiengesellschaft vergleichbares geschäftsführendes Organ. Das Aufsichtsorgan im Sinne des Art. 40 SE-VO überwacht demgegenüber die Geschäftsführung und lässt sich deshalb mit dem Aufsichtsrat einer deutschen Aktiengesellschaft vergleichen. Da das deutsche Aktienrecht dem dualistischen System folgt und damit die Zweiteilung der Verwaltung im AktG umfassend geregelt ist, war es dem deutschen Gesetzgeber verwehrt, auf der Grundlage des Art. 39 Abs. 5 SE-VO weitere Vorschriften für die SE zu erlassen. Die wenigen Bestimmungen zur dualistisch strukturierten SE im deutschen Ausführungsgesetz, namentlich die §§ 15 bis 19 SEAG, enthalten daher lediglich Regelungen zur Herstellung eines Gleichlaufs zwischen SE und Aktiengesellschaft in Deutschland.[1] Für Bereiche, die in der Verordnung nicht oder nur teilweise geregelt sind, erklärt Art. 9 Abs. 1 lit. c ii SE-VO das nationale Aktienrecht des Sitzstaats der SE für anwendbar.[2] Daher gelten insbesondere die §§ 76 bis 116 AktG, die als Ergänzungen zu den eine geringe Regelungsdichte aufweisenden Art. 39 bis 42 SE-VO verstanden werden müssen.[3] Zudem enthalten die Art. 46 bis 51 SE-VO Vorschriften, die sowohl für die monistisch als auch für die dualistisch strukturierte SE gelten.

1

B. Das Leitungsorgan

Grundsätzliche Regelungen über Stellung und Zusammensetzung des Leitungsorgans sind in Art. 39 SE-VO enthalten. Nach dessen Abs. 1 führt das Leitungsorgan die Geschäfte der SE in eigener Verantwortung und hat somit die Leitungsautonomie inne.[4] Dies entspricht inhaltlich der deutschen Regelung des § 76 Abs. 1 AktG für die Leitung der deutschen Aktiengesellschaft durch den Vorstand.

2

I. Bestellung der Mitglieder des Leitungsorgans

Nach Art. 39 Abs. 4 SE-VO wird die **Anzahl** der Mitglieder des Leitungsorgans durch die Satzung festgelegt. Die Ermächtigung zur Regelung einer Mindestzahl der Mitglieder in Abs. 4 S. 2 SE-VO hat der deutsche Gesetzgeber genutzt, um in **§ 16 SEAG** festzuschreiben, dass bei nicht mitbestimmten Gesellschaften mit einem Grundkapital von mehr als 3 Millionen Euro das Leitungsorgan aus mindestens zwei Personen zu bestehen hat. Dies gilt jedoch nach § 16 S. 1 SEAG vorbehaltlich einer abweichenden Regelung in der Satzung der SE. Dies entspricht der Vorschrift des § 76 Abs. 2 S. 2 AktG.[5] Dadurch wird auch in diesem Bereich der Gleichlauf mit dem deutschen Aktienrecht gewährleistet.[6]

3

Nach § 16 S. 2 SEAG bleibt die Regelung des § 38 Abs. 2 SEBG, nach der bei einer der Mitbestimmung unterliegenden SE die Zahl der Mitglieder des Leitungsorgans mindestens zwei beträgt, von denen eines für den Bereich Arbeit und Soziales zustän-

4

---

[1] *Ihrig/Wagner*, BB 2004, 1749, 1753.
[2] Näher zur Regelungstechnik der SE-VO siehe 3. Abschnitt Rn. 5 ff.
[3] DAV-Stellungnahme, NZG 2004, 75, 80.
[4] *Schwarz*, ZIP 2001, 1847, 1854.
[5] *Neye/Teichmann*, AG 2003, 169, 176.
[6] BT-Drucks. 15/3405, S. 89.

dig ist, unberührt. Dies entspricht der Regelung in § 76 Abs. 2 S. 3 AktG bezüglich der Bestellung eines Arbeitsdirektors.[7]

5 Über Art. 47 Abs. 2 lit. a SE-VO gelten die **Voraussetzungen und Einschränkungen**, die § 76 Abs. 3 AktG für die Mitgliedschaft im Vorstand einer deutschen Aktiengesellschaft vorsieht, auch für die Mitglieder des Leitungsorgans einer SE mit Sitz in Deutschland. Mitglied des Leitungsorgans einer deutschen SE kann demnach nur eine natürliche, unbeschränkt geschäftsfähige Person sein. Die Vorschrift des Art. 47 Abs. 1 SE-VO, die auch eine Bestellung juristischer Personen als Organmitglieder zulässt, ist für die SE mit Sitz in Deutschland nicht anwendbar, da das deutsche Aktienrecht juristische Personen als Mitglieder des Vorstandes einer Aktiengesellschaft nicht zulässt.[8]

6 Von der Mitgliedschaft in einem Verwaltungsorgan der SE sind ferner Personen, die unter Betreuung stehen, wegen einer Insolvenzstraftat verurteilt wurden und seit deren Verurteilung noch keine fünf Jahre vergangen sind oder die infolge einer Gerichts- oder Verwaltungsentscheidung dem Organ einer Aktiengesellschaft nicht angehören dürfen, ausgeschlossen (Art. 47 Abs. 2 SE-VO iVm. § 76 Abs. 3 AktG).

7 Die **Satzung** der SE kann gemäß Art. 47 Abs. 3 SE-VO darüber hinaus in Anlehnung an die für Aktiengesellschaften in ihrem Sitzstaat geltenden Regelungen für die Mitglieder, die die Aktionäre vertreten, weitere Voraussetzungen für deren Mitgliedschaft in einem Verwaltungsorgan der SE aufstellen.

8 Die Mitglieder des Leitungsorgans werden **vom Aufsichtsorgan** nach Art. 39 Abs. 2 SE-VO **bestellt und abberufen**. Von der Ermächtigung des Art. 39 Abs. 2 S. 2 SE-VO hat der deutsche Gesetzgeber im Ausführungsgesetz keinen Gebrauch machen können, da eine Übertragung dieser Aufgaben auf die Hauptversammlung nach deutschem Aktienrecht nicht möglich ist. Damit liegt bei der SE mit Sitz in Deutschland wie bei der deutschen Aktiengesellschaft die Kompetenz für die Bestellung der Mitglieder des Leitungsorgans, ebenso wie sie für die deutsche Aktiengesellschaft in § 84 Abs. 1 S. 1 AktG geregelt ist, allein und unübertragbar beim Aufsichtsorgan.[9] Der angestrebte Gleichlauf zwischen dualistisch strukturierter SE und deutscher Aktiengesellschaft ist damit in diesem Punkt sichergestellt. Andererseits hat der deutsche Gesetzgeber Anregungen des Schrifttums, das Aktiengesetz entsprechend zu ändern und zumindest für nicht börsennotierte und nicht der Mitbestimmung unterliegende Gesellschaften die Bestellung von Vorstandsmitgliedern durch die Hauptversammlung zu ermöglichen, unbeachtet gelassen.[10] Dies könnte im internationalen Wettbewerb einen Nachteil für die SE mit Sitz in Deutschland bedeuten, da die deutsche SE gegenüber einer SE mit Sitz in einem Land, in welchem von der Ermächtigung des Art. 39 Abs. 2 S. 2 SE-VO Gebrauch gemacht wurde, weniger Gestaltungsfreiheit zulässt.[11]

9 Die Bestellung eines Mitglieds des Leitungsorgans kann unter den Voraussetzungen des § 85 AktG auch durch das **zuständige Gericht** erfolgen. Die Anwendbarkeit des § 85 AktG auf die SE folgt aus Art. 9 Abs. 1 lit. c ii SE-VO. Zwar regelt die Verordnung grundsätzlich die Bestellung des Leitungsorgans in Art. 39 Abs. 2 SE-VO. Jedoch schränkt sie auch die Freiheit des Satzungsgebers oder der nationalen Gesetzgeber nicht ein, eine bestimmte Anzahl von Mitgliedern für das Leitungsorgan vorzuschreiben. Zugleich enthält sie keine Regelung für den Fall, dass ein erforderliches Mitglied nicht bestellt worden ist. Die Besetzung eines fehlenden, aber erforderlichen Mitglieds des Leitungsorgans ist deshalb ein von der Verordnung nicht erfasster Aspekt eines teil-

---

[7] Siehe ausführlicher dazu 6. Abschnitt Rn. 239 f.
[8] Vgl. § 76 Abs. 3 S. 1 AktG; ausführlich dazu *Brandes*, NZG 2004, 642.
[9] *Teichmann*, ZIP 2002, 1109, 1113.
[10] DAV-Stellungnahme, NZG 2004, 75, 80.
[11] *Hoffmann-Becking*, ZGR 2004, 355, 367.

weise geregelten Bereichs, sodass die entsprechenden Bestimmungen des Aktiengesetzes anzuwenden sind.

Die Bestellung der Mitglieder des Leitungsorgans erfolgt gemäß Art. 46 Abs. 1 SE-VO für einen in der Satzung **festgelegten Zeitraum**, maximal jedoch für sechs Jahre. Bei deutschen Aktiengesellschaften ist die Amtszeit der Vorstandsmitglieder gemäß § 84 Abs. 1 S. 1 AktG demgegenüber auf fünf Jahre beschränkt. Abweichend von der Regelung des Aktiengesetzes muss die Dauer der Amtszeit entsprechend Art. 46 Abs. 1 SE-VO zwingend in der Satzung der SE geregelt werden.[12] Dem Wortlaut des Art. 46 Abs. 2 SE-VO ist nicht eindeutig zu entnehmen, ob eine genaue Festlegung des Bestellungszeitraums in der Satzung erforderlich ist oder ob der Satzungsgeber von seiner Befugnis in Art. 46 Abs. 1 SE-VO auch in der Weise Gebrauch machen darf, dass er in der Satzung nur die **Höchstdauer** der Bestellung regelt, es jedoch dem Bestellungsorgan überlässt, bei der Bestellung von Mitgliedern des Leitungsorgans deren individuelle Amtszeit im Rahmen der in der Satzung festgelegten Höchstdauer zu bestimmen.[13] Nach einer Entscheidung des **Amtsgerichts Hamburg**[14] ist eine Regelung, die die Amtsdauer an den Entlassungsbeschluss für ein bestimmtes Geschäftsjahr knüpft, unzulässig.

Allerdings ist ein besonderer Grund für die Einschränkung der Freiheit des Satzungsgebers, anstelle der konkreten Bestellungsdauer nur eine Höchstgrenze in die Satzung aufzunehmen und dem Aufsichtsorgan so mehr Flexibilität zu gewähren, nicht ersichtlich. Sinn und Zweck der Regelung des Art. 46 SE-VO, eine Bestellung der Mitglieder des Leitungsorgans durch den Satzungsgeber für einen Zeitraum von mehr als sechs Jahren auszuschließen, wird genauso erreicht, wenn der Satzungsgeber lediglich die Höchstdauer für die Bestellung des Leitungsorgans festlegt.[15] Auch im Lichte der Ziele, die der europäische Verordnungsgeber mit den Regelungen in der SE-Verordnung verfolgt, nämlich insbesondere durch die Schaffung einer von den einzelstaatlichen Gesellschaftsrechtsordnungen weitgehend unabhängigen Gesellschaftsform bestehende gesellschaftsrechtliche Hemmnisse innerhalb der Europäischen Union zu reduzieren, ist kein Motiv erkennbar, welches eine Einschränkung der Freiheit des Satzungsgebers der SE rechtfertigen würde.[16] Gemäß Nr. 29 der Erwägungsgründe der SE-VO soll die Verordnung nicht über das erforderliche Maß hinausgehen, welches notwendig ist, um die Ziele der Verordnung zu erreichen. Dem dürfte durch die Festlegung einer Höchstdauer für die Bestellung von Mitgliedern des Leitungsorgans in der Satzung genügt sein.

Gemäß Art. 46 Abs. 2 SE-VO ist die ein- oder mehrmalige **Wiederbestellung** von Mitgliedern des Leitungsorgans für den in der Satzung festgelegten Zeitraum zulässig, sofern die Satzung dies nicht verbietet.

Der für die deutsche Aktiengesellschaft geltende § 84 Abs. 1 S. 2 AktG sieht neben der Wiederbestellung auch die Möglichkeit vor, die Amtszeit der Vorstandsmitglieder zu **verlängern**. Dies dürfte in der SE nicht zulässig sein. Da Art. 46 Abs. 2 SE-VO die Möglichkeit der Verlängerung der Bestellung nicht vorsieht, jedoch den Bereich der Wiederbestellung von Mitgliedern des Leitungsorgans regelt, wird man von einer abschließenden Regelung der SE-VO ausgehen müssen.

---

[12] DAV-Stellungnahme, NZG 2004, 75, 81.
[13] *Jaecks/Schönborn*, RIW 2003, 254, 262.
[14] AG Hamburg ZIP 2005, 2017 f. mit ablehnender Anmerkung *Reinhard*, RIW 2006, 68, 70.
[15] Vgl. *Hoffmann-Becking*, ZGR 2004, 355, 364; MünchKommAktG/*Reichert/Brandes*, Art. 46 Rn. 10; *Reinhard*, RIW 2006, 68, 70; Lutter/Hommelhoff/*Seibt*, S. 74; *Schwarz*, Art. 46 Rn. 9, 13 und 15.
[16] *Thoma/Leuring*, NJW 2002, 1449, 1450 zu den Zielen der SE-VO.

II. Abberufung der Mitglieder des Leitungsorgans

14 Die Abberufung der Mitglieder des Leistungsorgans erfolgt gemäß Art. 39 Abs. 2 SE-VO zwingend durch das Aufsichtsorgan. Die **vorzeitige Abberufung** von Mitgliedern des Leitungsorgans kann nach überwiegender Auffassung entsprechend § 84 Abs. 3 AktG nur erfolgen, wenn ein wichtiger Grund vorliegt.[17] Art. 39 Abs. 2 SE-VO, der die Modalitäten der Abberufung nicht regelt, stellt insoweit keine abschließende Regelung zur Abberufung von Mitgliedern der Verwaltungsorgane dar, so dass über Art. 9 Abs. 1 lit. c ii SE-VO das nationale Aktienrecht zur Anwendung kommt.

III. Innere Organisation des Leitungsorgans

15 Die Verordnung enthält keine ausdrückliche Regelung über die **Wahl eines Vorsitzenden** des Leitungsorgans. Allerdings setzt Art. 50 Abs. 2 SE-VO das Vorhandensein eines Vorsitzenden für jedes Verwaltungsorgan der Gesellschaft voraus. Daraus ergibt sich, dass die deutschen Regelungen bezüglich des Vorstandsvorsitzenden über die Generalverweisung des Art. 9 Abs. 1 lit. c ii SE-VO anwendbar sind. Gemäß **§ 84 Abs. 2 AktG** wird der Vorsitzende demnach durch das Aufsichtsorgan ernannt. Seine Stellung entspricht der des Vorstandsvorsitzenden einer deutschen Aktiengesellschaft.[18] Zulässig dürfte ferner die Wahl eines **Leitungsorgansprechers** durch die Mitglieder des Leitungsorgans selbst sein, sofern kein Vorsitzender bestellt wurde.[19] Einem solchen Leitungsorgansprecher dürfte allerdings das Zweitstimmrecht nicht zustehen.

16 Das Leitungsorgan der SE mit Sitz in Deutschland kann sich selbst eine **Geschäftsordnung** geben, sofern dies nicht durch das Aufsichtsorgan erfolgt (Art. 9 Abs. 1 lit. c ii SE-VO iVm. § 77 Abs. 2 S. 1 AktG). Zudem können Einzelfragen der Geschäftsordnung verbindlich in der Satzung der SE geregelt werden (Art. 9 Abs. 1 lit. c ii SE-VO iVm. § 77 Abs. 2 S. 2 AktG).

IV. Vertretung der SE durch das Leitungsorgan

17 Die Vertretung der SE ist in der SE-Verordnung nicht gesondert geregelt und richtet sich daher nach deutschem Aktienrecht, namentlich nach § 78 AktG. Folglich vertritt das **Leitungsorgan** die Gesellschaft nach außen.

18 Von der Ermächtigung des Art. 39 Abs. 1 S. 2 SE-VO, wonach ein oder mehrere Geschäftsführer zur eigenverantwortlichen Führung der laufenden Geschäfte eingesetzt werden können, hat der deutsche Gesetzgeber keinen Gebrauch machen können. Dies war dem Gesetzgeber verwehrt, weil das deutsche Aktienrecht solche Geschäftsführer nicht kennt. Insoweit war die Ermächtigung des Art. 39 Abs. 1 S. 2 SE-VO lediglich für die Mitgliedstaaten nutzbar, die eine solche Geschäftsführung bereits in ihrem nationalen Aktienrecht vorgesehen haben.[20] Eine entsprechende Änderung des Aktiengesetzes hat der deutsche Gesetzgeber nicht vorgenommen.

---

[17] *Hirte*, NZG 2002, 1, 5; Jannott/*Frodermann*, Kap. 5 Rn. 23; *Manz*/Mayer/Schröder, Art. 39 Rn. 28 ff.; MünchKommAktG/*Reichert*/*Brandes*, Art. 39 Rn. 33; *Schwarz*, Art. 39 Rn. 62 f.; im Ergebnis auch *Hommelhoff*, AG 2001, 279, 283; aA ohne nähere Begründung Theisen/*Wenz*/*Theisen*/*Hölzl*, S. 266, die von einer jederzeitigen Abberufbarkeit gem. Art. 39 Abs. 2 ausgehen.

[18] *Manz*/Mayer/Schröder Art. 39 Rn. 93.

[19] *Manz*/Mayer/Schröder Art. 39 Rn. 55.

[20] *Teichmann*, ZIP 2002, 1109, 1113.

C. Das Aufsichtsorgan

Die grundsätzliche Regelung über Aufgaben und Organisation des Aufsichtsorgans der SE enthält **Art. 40 SE-VO**. In Abs. 1 wird als Hauptaufgabe des Aufsichtsorgans einer dualistisch strukturierten SE die **Überwachung des Leitungsorgans** festgeschrieben. Dies entspricht inhaltlich der Regelung des § 111 Abs. 1 AktG und führt daher auch in diesem Bereich zu dem gewünschten Gleichlauf mit den deutschen aktienrechtlichen Vorschriften.[21] Zugleich enthält Art. 40 Abs. 1 SE-VO die Regelung, dass das Aufsichtsorgan der SE nicht berechtigt ist, die Geschäfte der Gesellschaft zu führen. Auch diese Vorschrift findet ein Pendant im deutschen Aktienrecht, namentlich in § 111 Abs. 4 AktG, sodass auch hier der Gleichlauf gewährleistet wurde.[22]

I. Bestellung der Mitglieder des Aufsichtsorgans

Nach Art. 40 Abs. 3 S. 1 SE-VO wird die **Anzahl** der Mitglieder des Aufsichtsorgans grundsätzlich durch die Satzung festgelegt. Der deutsche Gesetzgeber hat in diesem Zusammenhang von der Ermächtigung des Art. 40 Abs. 3 S. 2 SE-VO Gebrauch gemacht und bezüglich der Zusammensetzung des Aufsichtsorgans in **§ 17 SEAG** eine Regelung getroffen. Diese Vorschrift entspricht wörtlich der Regelung des § 95 S. 1 AktG. Nach § 17 SEAG besteht das Aufsichtsorgan aus drei Mitgliedern, wobei die Satzung eine bestimmte höhere Zahl festsetzen kann, die jedoch durch drei teilbar sein muss. Weiterhin enthält Abs. 1 **Höchstzahlen** für die Mitglieder, die sich nach dem Grundkapital der Gesellschaft staffeln. Regelungen die Mitbestimmung betreffend bleiben nach den Abs. 2 bis 4 davon unberührt, worauf an anderer Stelle näher eingegangen wird.[23]

Bezüglich **Einschränkungen und Voraussetzungen** für die Mitgliedschaft im Aufsichtsorgan gilt, wie auch für das Leitungsorgan, Art. 47 Abs. 2 SE-VO. Daher ist § 100 AktG, der die persönlichen Voraussetzungen für die Mitglieder im Aufsichtsrat einer deutschen Aktiengesellschaft festlegt, auf die Mitglieder des Aufsichtsorgans der SE mit Sitz in Deutschland anwendbar. Im Hinblick auf die einzelnen Voraussetzungen des Art. 47 Abs. 2 SE-VO kann auf die Ausführungen bezüglich des Leitungsorgans verwiesen werden (siehe dazu Rn. 5 f.). Gleiches gilt auch für die Ausführungen zu Art. 47 Abs. 1 SE-VO betreffend die Anwendbarkeit dieser Vorschrift auf die deutsche SE (siehe Rn. 5).

Die Mitglieder des Aufsichtsorgans werden nach Art. 40 Abs. 2 S. 1 SE-VO grundsätzlich von der **Hauptversammlung** bestellt. Dies entspricht der deutschen Regelung des § 101 Abs. 1 AktG für die Bestellung des Aufsichtsrates. Allerdings enthält die Verordnung insoweit eine Erweiterung gegenüber der deutschen Regelung (§ 30 AktG), als sie es aufgrund von Art. 40 Abs. 2 S. 2 SE-VO dem Satzungsgeber ermöglicht, das erste Aufsichtsorgan bereits in der Satzung der Gesellschaft zu bestellen. Aus Art. 40 Abs. 2 S. 3, 1. Alt. SE-VO iVm. Art. 47 Abs. 4 SE-VO ergibt sich, dass **Entsen-**

---

[21] *Manz/Mayer/Schröder* Art. 40 Rn. 20.
[22] *Manz/Mayer/Schröder*, Art. 40 Rn. 1.
[23] Siehe 6. Abschnitt Rn. 205. Soweit das in einer Gründungsgesellschaft bestehende Mitbestimmungsniveau erhalten bleiben muss, führt dies lediglich dazu, dass der prozentuale Anteil an Arbeitnehmervertretern im jeweiligen Organ dem in der Gründungsgesellschaft zu entsprechen hat. Die Gesamtzahl der Organmitglieder kann hingegen durch die Satzung frei festgelegt werden, soweit die Erhaltung des prozentualen Anteils an Arbeitnehmervertretern dadurch nicht unmöglich gemacht wird, vgl. 5. Abschnitt § 3 Rn. 8 f. zum Verwaltungsrat bei der monistischen SE.

derechte zur Bestellung von Mitgliedern des Aufsichtsorgans eingeräumt werden können (dadurch wird auf § 101 Abs. 2 AktG verwiesen).

23 Unberührt von der Bestellung der Aufsichtsorganmitglieder bleiben etwaige Rechte zur **Mitbestimmung der Arbeitnehmer**, wie sich aus Art. 40 Abs. 2 S. 2, 2. Alt. SE-VO ergibt. Dies entspricht der Regelung in § 101 Abs. 1 AktG für die deutsche Aktiengesellschaft. Einer weiteren Umsetzung im Ausführungsgesetz bedurfte es somit nicht.[24]

24 Im Hinblick auf die **zeitliche Begrenzung** für die Bestellung der Mitglieder des Aufsichtsorgans gilt Art. 46 SE-VO; insoweit kann auf das bereits oben Ausgeführte verwiesen werden (siehe Rn. 10). Die Mitglieder des Aufsichtsorgans können daher für einen in der Satzung festzulegenden Zeitraum, der sechs Jahre nicht überschreiten darf, bestellt werden. Nach § 102 Abs. 1 AktG darf der Aufsichtsrat einer Aktiengesellschaft demgegenüber nur für höchstens 5 Jahre bestellt werden.[25]

II. Abberufung der Mitglieder des Aufsichtsorgans

25 Die Abberufung von Mitgliedern des Aufsichtsorgans wird in der SE-Verordnung nicht geregelt. Eine noch im Entwurf der Verordnung enthaltene diesbezügliche Regelung wurde in den endgültigen Verordnungstext nicht übernommen.[26] Daraus lässt sich schließen, dass der Verordnungsgeber insoweit den **nationalen Aktienrechten** Regelungsfreiraum einräumen wollte. Von der Hauptversammlung gewählte Mitglieder des Aufsichtsorgans einer SE mit Sitz in Deutschland können daher gemäß Art. 52 S. 2 SE-VO iVm. § 103 AktG jederzeit durch Beschluss der Hauptversammlung der SE abberufen werden.

III. Innere Organisation des Aufsichtsorgans

26 Nach Art. 42 S. 1 SE-VO muss das Aufsichtsorgan eines seiner Mitglieder zum **Vorsitzenden** wählen. Besteht das Aufsichtsorgan zur Hälfte aus Mitgliedern der Arbeitnehmer, gibt Art. 42 S. 2 SE-VO vor, dass nur ein Anteilseignervertreter zum Vorsitzenden gewählt werden darf.[27] Dies erschließt sich aus dem Wortlaut nicht unmittelbar, da sowohl Anteilseigner- als auch Arbeitnehmervertreter (Letztere unter Bindung an einen Wahlvorschlag der Arbeitnehmer) durch die Hauptversammlung bestellt werden. Dass der Vorsitzende ein Anteilseignervertreter sein muss, folgt aber aus dessen Recht zum Stichentscheid gemäß Art. 50 Abs. 2 SE-VO, das bei einem paritätisch mitbestimmten Aufsichtsorgan nicht abdingbar ist (dazu Rn. 36). Von der SE-VO nicht geregelt wird das Verfahren, wenn es bei der Wahl des Vorsitzenden zu einer **Pattsituation** kommt. Das Zweitstimmrecht des Vorsitzenden des Aufsichtsorgans gemäß Art. 50 Abs. 2 SE-VO kann in diesem Fall noch nicht ausgeübt werden, da es einen Vorsitzenden jedenfalls bei Konstituierung des ersten Aufsichtsorgans der SE noch nicht gibt. Hier bietet es sich an, eine Satzungsregelung vorzusehen, die inhaltlich an § 27 Abs. 2 MitbestG angelehnt ist.[28] Zweckmäßig ist es auch, dies zum Gegenstand der Vereinbarung mit dem besonderen Verhandlungsgremium der Arbeitnehmer zu machen.[29] Die Regelung des Art. 50 Abs. 2 SE-VO ist zwingend und geht daher sowohl einer Verein-

---

[24] *Manz/Mayer/Schröder*, Art. 40 Rn. 11.
[25] MünchKommAktG/*Semler*, § 102 Rn. 11.
[26] *Schwarz*, ZIP 2001, 1847, 1855.
[27] *Manz/Mayer/Schröder*, Art. 42 Rn. 2; MünchKommAktG/*Reichert/Brandes*, Art. 42 Rn. 2.
[28] MünchKommAktG/*Jacobs*, § 35 SEBG Rn. 15; MünchKommAktG/*Reichert/Brandes*, Art. 42 Rn. 7ff., 12; vgl. auch *Schwarz*, Art. 42 Rn. 11, der sich bei Fehlen einer Satzungsregelung für die entsprechende Anwendung von § 27 Abs. 2 MitbestG ausspricht.
[29] MünchKommAktG/*Reichert/Brandes*, Art. 42 Rn. 24.

barung über die Mitbestimmung als auch entsprechenden nationalen Rechten vor.[30] Neben dem Vorsitzenden ist mindestens ein **Stellvertreter** zu wählen (Art. 9 Abs. 1 lit. c ii SE-VO iVm. § 107 Abs. 1 Satz 1 AktG). Da dieser bei Verhinderung des Vorsitzenden vollumfänglich in dessen Rechtsstellung einrückt und ihm in diesem Fall ebenfalls das Zweitstimmrecht zusteht, muss der Stellvertreter bei einer paritätisch mitbestimmten SE ebenfalls zwingend ein **Anteilseignervertreter** sein.[31] Werden mehrere Stellvertreter bestellt, ist durch entsprechende Satzungsregelung sicherzustellen, dass das Zweitstimmrecht nur Vertretern der Anteilseigner zusteht.

Gemäß Art. 39 Abs. 3 S. 1 SE-VO darf ein Mitglied des Aufsichtsorgans **nicht gleichzeitig dem Leitungsorgan** angehören. Dies entspricht dem auch im deutschen Aktienrecht geltenden Grundsatz der Trennung zwischen geschäftsführendem und überwachendem Organ der Gesellschaft.[32] Zulässig ist jedoch die **Abstellung** eines Aufsichtsorganmitglieds zur Wahrnehmung der Aufgaben eines Mitglieds des Leitungsorgans, solange dessen Posten nicht besetzt ist. Durch Art. 39 Abs. 3 S. 3 SE-VO werden die Mitgliedstaaten ermächtigt, eine zeitliche Begrenzung für die Abstellung vorzusehen. Davon hat der deutsche Gesetzgeber in § 15 SEAG Gebrauch gemacht. Danach ist die Abstellung eines Mitglieds des Aufsichtsorgans nur für einen im voraus begrenzten Zeitraum, der höchstens ein Jahr betragen darf, zulässig. Eine erneute Bestellung ist nach § 15 S. 2 SEAG möglich, wobei die Amtszeit insgesamt ein Jahr nicht überschreiten darf. Diese Regelung entspricht inhaltlich der des § 105 Abs. 2 S. 1, 2 AktG.[33] Nach Art. 39 Abs. 3 S. 3 SE-VO ruht das Amt des Mitglieds des Aufsichtsorgans während dieser Zeit. Dies entspricht der deutschen Regelung des § 105 Abs. 2 S. 3 AktG.

IV. Vertretung der SE durch das Aufsichtsorgan

Die Vertretung der Gesellschaft wird in der Verordnung nicht geregelt, sodass über die Generalverweisung des Art. 9 Abs. 1 lit. c ii SE-VO die für die deutschen Aktiengesellschaften geltenden Vorschriften anzuwenden sind. Gemäß Art. 9 Abs. 1 lit. c ii SE-VO in Verbindung mit **§ 112 AktG** wird die SE gegenüber den Mitgliedern des Leitungsorgans vom Aufsichtsorgan vertreten.

V. Informationsfluss

Um seiner Überwachungsfunktion gerecht werden zu können, bedarf es festgelegter Befugnisse des Aufsichtsorgans der SE. Diese Überwachungsbefugnisse des Aufsichtsorgans bezüglich der Geschäftsführung durch das Leitungsorgan werden in **Art. 41 SE-VO** besonders geregelt; § 90 AktG ist insoweit nicht anwendbar. Nach Art. 41 Abs. 1 SE-VO ist das Leitungsorgan verpflichtet, das Aufsichtsorgan alle drei Monate über den Gang der Geschäfte der Gesellschaft und deren voraussichtliche Entwicklung zu **informieren**.[34] Im Gegensatz zu § 90 AktG enthält Art. 41 SE-VO keine detaillierte Aufzählung hinsichtlich der Gegenstände, über die das Aufsichtsorgan konkret zu informieren ist.

Daneben ist das Leitungsorgan gemäß Art. 41 Abs. 2 SE-VO verpflichtet, das Aufsichtsorgan jederzeit rechtzeitig **vollumfänglich** über Ereignisse zu unterrichten, „die sich auf die Lage der SE spürbar auswirken können".

---

[30] Vgl. dazu auch 6. Abschnitt Rn. 205.
[31] MünchKomm AktG/*Reichert/Brandes*, Art. 42 Rn. 13 f.
[32] *Manz*/Mayer/Schröder, Art. 39 Rn. 43.
[33] BT-Drucks. 15/3405, S. 35.
[34] *Schwarz*, ZIP 2001, 1847, 1855.

31 Gemäß Art. 41 Abs. 3 S. 1 SE-VO kann das Aufsichtsorgan vom Leitungsorgan **jegliche Information verlangen**, die für die Ausübung der Kontrolle der Geschäftsführung erforderlich ist. Dieses Informationsrecht kann aufgrund der Ermächtigung des Art. 41 Abs. 3 S. 2 SE-VO, von der der deutsche Gesetzgeber in § 18 SEAG Gebrauch gemacht hat, von jedem Mitglied des Aufsichtsorgans geltend gemacht werden. Die Information ist an das Aufsichtsorgan als Ganzes zu richten.[35] Diese Regelung entspricht § 90 Abs. 3 S. 2 AktG und garantiert somit den Gleichlauf mit den aktienrechtlichen Vorschriften. Das Informationsrecht erstreckt sich auch auf Informationen, für die die Verschwiegenheitspflicht des Art. 49 SE-VO gilt, da die Mitglieder des Aufsichtsorgans diese nicht an Dritte weitergeben dürfen.

32 Nach Art. 41 Abs. 5 SE-VO kann jedes Mitglied des Aufsichtsorgans von den übermittelten Informationen Kenntnis nehmen. Dies entspricht der aktienrechtlichen Regelung des § 90 Abs. 5 S. 1 AktG.

33 Gemäß Art. 41 Abs. 4 SE-VO darf das Aufsichtsorgan neben der Ausübung seines Informationsrechtes alle zur Erfüllung seiner Aufgaben erforderlichen Überprüfungen vornehmen.

D. Einzelfragen zur Unternehmensführung

I. Zustimmungsbedürftige Geschäfte

34 Die SE-Verordnung enthält in Art. 48 die Regelung, dass die Satzung der SE **Zustimmungsvorbehalte** für bestimmte Geschäfte zugunsten des Aufsichtsorgans festlegen muss. Art. 48 Abs. 1 S. 2 SE-VO enthält eine Ermächtigung für den nationalen Gesetzgeber, dass anstelle der Festlegung in der Satzung das Aufsichtsorgan entscheidet, ob und welche Geschäfte es von seiner Zustimmung abhängig machen will.[36] Von dieser Ermächtigung hat der Gesetzgeber in **§ 19 SEAG** Gebrauch gemacht, sodass es **dem Aufsichtsorgan überlassen bleibt**, welche Geschäfte es als zustimmungspflichtig festlegen will. Diese Regelung stellt eine Abweichung zu § 111 Abs. 4 S. 2 AktG dar, der die zwingende Festlegung zustimmungsbedürftiger Geschäfte durch die Satzung oder den Aufsichtsrat einer deutschen Aktiengesellschaft statuiert.[37]

35 Von der Ermächtigung des Art. 48 Abs. 2 SE-VO, nach der die Mitgliedstaaten festlegen können, welche Arten von Geschäften zwingend in die Satzung als zustimmungsbedürftig aufzunehmen sind, hat der deutsche Gesetzgeber hingegen im SEAG keinen Gebrauch gemacht.

II. Die Beschlussfassung der Organe

36 Die interne Beschlussfassung der Gesellschaftsorgane ist in Art. 50 SE-VO geregelt. Nach dessen Abs. 1 ist das Organ einer SE **beschlussfähig**, wenn mindestens die Hälfte der Mitglieder bei der Beschlussfassung anwesend bzw. vertreten sind. Beschlüsse werden grundsätzlich mit der **Mehrheit** der anwesenden oder vertretenen Stimmen gefasst. Bei **Stimmengleichheit** ist die Stimme des Vorsitzenden gemäß Art. 50 Abs. 2 SE-VO ausschlaggebend. Die Satzung kann hiervon jeweils abweichende Regelungen treffen. Abweichende Satzungsbestimmungen sind jedoch gemäß Art. 50 Abs. 2 S. 2 SE-VO nicht zulässig, wenn sich das betreffende Organ zur Hälfte aus Arbeitnehmervertretern zusammensetzt. In diesem Fall soll das **Letztentscheidungsrecht der An-**

---

[35] *Hirte*, DStR 2005, 653, 658.
[36] *Hoffmann-Becking*, ZGR 2004, 355, 365; MünchKommAktG/*Reichert/Brandes*, Art. 48 Rn. 2.
[37] *Hoffmann-Becking*, ZGR 2004, 355, 365.

teilseignervertreter durch das zwingende Zweitstimmrecht des Vorsitzenden des Aufsichtsorgans, der ein Vertreter der Anteilseigner sein muss (Art. 42 S. 2 SE-VO) (vgl. Rn. 26) gesichert werden.

Vorschriften des nationalen Aktienrechts, die **andere Beschlussmehrheiten** vorsehen,[38] finden demgegenüber in der SE mit Sitz in Deutschland keine Anwendung;[39] von der diesbezüglichen Ermächtigung des Art. 50 Abs. 3 SE-VO hat der deutsche Gesetzgeber bislang keinen Gebrauch gemacht (näher dazu Rn. 38). Da Art. 50 Abs. 1 lit. b SE-VO Abweichungen vom vorgesehenen Mehrheitsprinzip ausdrücklich der Verordnung oder der Satzung der SE vorbehält, fehlt es insoweit an einer Regelungslücke, die zu einer Verweisung auf nationales Recht gemäß Art. 9 Abs. 1 lit. c ii führen würde. Abweichende Vorschriften des AktG gelten daher für die SE nicht, soweit ihre Anwendbarkeit nicht durch Spezialverweisungen in der Verordnung angeordnet wird, wie zB durch Art. 54 Abs. 2 SE-VO, der für die Einberufung der Hauptversammlung durch die zuständigen Organe auf nationales Recht verweist.[40] Andere Beschlussmehrheiten können nur durch die Satzung der SE eingeführt werden. Insoweit könnte – im Gegensatz zur deutschen Aktiengesellschaft – die Satzung der SE auch eine Regelung enthalten, die beispielsweise bestimmt, dass der Vorsitzende oder einzelne Mitglieder des Leitungsorgans bei Meinungsverschiedenheiten innerhalb des Organs Entscheidungen gegen die Mehrheit der Mitglieder treffen können, was wegen § 77 AktG im Vorstand einer Aktiengesellschaft nicht möglich wäre.[41] Da die SE-VO – im Gegensatz zum AktG in § 77 – an keiner Stelle ausdrücklich die Gesamtgeschäftsführung durch das Leitungsorgan anordnet, die einer Willensbildung gegen die Mehrheit entgegensteht,[42] spricht nichts gegen die Zulässigkeit einer solchen Regelung in der SE-Satzung. Gleiches gilt für die Beschlussfassung innerhalb des Aufsichtsorgans, da auch insoweit Art. 50 SE-VO eine abschließende Regelung enthält.

Art. 50 Abs. 3 SE-VO ermächtigt die Mitgliedstaaten, für SE, die nach den Vorgaben der SE-Richtlinie der Mitbestimmung der Arbeitnehmer unterliegen, von Art. 50 Abs. 1 und Abs. 2 SE-VO abweichende Regelungen für Beschlussfähigkeit und Beschlussfassung vorzusehen. Zulässig ist es dabei nur, die für Aktiengesellschaften des betreffenden Mitgliedstaats geltenden Regelungen für anwendbar zu erklären. Die Schaffung von Sonderregelungen allein für die SE ist nicht zulässig. Bislang ungeklärt ist die Frage, ob Art. 50 Abs. 3 SE-VO dem nationalen Gesetzgeber auch die **Abweichung von Art. 50 Abs. 2 Satz 2 SE-VO** erlauben würde, der – iVm. Art. 42 Satz 2 SE-VO – ein unabdingbares Zweitstimmrecht des von den Anteilseignern gewählten Vorsitzenden eines paritätisch mitbestimmten Aufsichtsorgans vorschreibt. Obgleich der Wortlaut des Art. 50 Abs. 3 SE-VO darauf hindeutet, wird man dies ablehnen müssen:[43] Der europäische Normgeber wollte mit Art. 50 Abs. 2 Satz 2 SE-VO sicherstellen, dass die Anteilseigner sich im Fall der Stimmengleichheit auch im paritätisch mitbestimmten Organ stets durchsetzen können.[44] Dieses Letztentscheidungsrecht hat er durch die zwingende Regelung des Art. 50 Abs. 2 Satz 2 SE-VO sogar der Dispositionsbefugnis der Anteilsinhaber selbst entzogen. Dann kann aber nicht angenommen werden, dass er es zur Disposition der Mitgliedstaaten stellen wollte.

---

[38] Etwa § 77 Abs. 2 S. 3 AktG, der für Beschlüsse des Vorstands über seine Geschäftsordnung Einstimmigkeit vorschreibt.
[39] Vgl. *Schwarz*, Art. 50 Rn. 21.
[40] Vgl. *Schwarz*, Art. 50 Rn. 21.
[41] AA Theisen/Wenz/*Theisen/Hölzl*, S. 267.
[42] Vgl. etwa *Hüffer*, AktG, § 77 Rn. 2 und Rn. 6.
[43] So zutreffend *Schwarz*, Art. 50 Rn. 50.
[44] MünchKommAktG/*Reichert/Brandes* Art. 50 Rn. 24, unter Hinweis darauf, dass dies auch der Entscheidung des Bundesverfassungsgerichts zur paritätischen Mitbestimmung bei deutschen Gesellschaftsformen in BVerfGE 50, 290 ff. entspricht.

III. Die Haftung der Mitglieder der Organe

39 Die Haftung der Mitglieder des **Leitungsorgans** aufgrund von Pflichtverletzungen richtet sich gemäß Art. 51 SE-VO nach dem für Aktiengesellschaften im Sitzstaat geltenden Recht. Daher entspricht die Haftung der Mitglieder des Leitungsorgans der der Vorstandsmitglieder einer Aktiengesellschaft, die in § 93 AktG geregelt ist.

40 Die Haftung für Pflichtverletzungen der Mitglieder des **Aufsichtsorgans** entspricht der der Mitglieder des Aufsichtsrats einer deutschen Aktiengesellschaft, da Art. 51 SE-VO auch insoweit auf die deutschen Regelungen, namentlich auf die §§ 116, 93 AktG verweist.

41 Eine dezidierte **Strafvorschrift** findet sich in § 53 SEAG, der bestimmte Strafvorschriften des deutschen Rechtes für anwendbar erklärt. Insoweit enthält die SE-VO keine Regelung, sodass der deutsche Gesetzgeber im Ausführungsgesetz eine Regelung für die dualistisch und auch die monistisch strukturierte SE getroffen hat.

§ 3 Monistisches System

Übersicht

	Rn.
A. Die Grundstruktur einer monistischen SE nach deutschem Recht	1–3
B. Der Verwaltungsrat	4–17
I. Aufgabenbereich des Verwaltungsrats	4–7
II. Bestellung der Mitglieder des Verwaltungsrats	8–12
III. Abberufung der Mitglieder des Verwaltungsrats	13
IV. Innere Ordnung des Verwaltungsrats	14–16
V. Vertretungsbefugnis des Verwaltungsrats	17
C. Die geschäftsführenden Direktoren	18–40
I. Aufgabenbereich der geschäftsführenden Direktoren	18–21
II. Das Verhältnis der geschäftsführenden Direktoren zu anderen Organen der SE	22–29
1. Verhältnis zum Verwaltungsrat	22–26
2. Verhältnis zur Hauptversammlung	27–29
III. Bestellung der geschäftsführenden Direktoren	30–34
IV. Abberufung der geschäftsführenden Direktoren	35
V. Anstellungsvertrag	36
VI. Innere Ordnung zur geschäftsführenden Direktoren	37, 38
VII. Vertretungsbefugnis der geschäftsführenden Direktoren	39, 40
D. Einzelfragen zur Unternehmensführung	41–52
I. Informationsfluss innerhalb der Gesellschaft	41–44
II. Zustimmungsbedürftige Geschäfte	45–47
III. Beschlussfassung des Verwaltungsrats	48–51
IV. Beschlussfassung durch die geschäftsführenden Direktoren	52
E. Haftung der Organe	53–57
I. Haftung des Verwaltungsrats	53, 54
II. Haftung der geschäftsführenden Direktoren	55, 56
III. Strafrechtliche Haftung	57

A. Die Grundstruktur einer monistischen SE nach deutschem Recht

Die Grundstruktur einer monistisch strukturierten SE mit Sitz in Deutschland findet im deutschen Aktienrecht bislang keine Entsprechung.[1] Die allgemeine Verweisung des Art. 9 Abs. 1 lit. c ii SE-VO auf nationales Aktienrecht zur Schließung von Regelungslücken geht daher in Bezug auf ein monistisches Leitungssystem ins Leere.[2] Um die Wahl dieses dem deutschen Aktienrecht bisher unbekannten Verwaltungssystems zu ermöglichen, musste der deutsche Gesetzgeber im Hinblick auf die Ausführungsvorschriften verstärkt von der Ermächtigung des Art. 43 Abs. 4 SE-VO Gebrauch machen.[3] Diese Vorschrift erlaubt Mitgliedstaaten, deren Rechtsordnung kein monistisches System kennt, den Erlass entsprechender Regelungen für die SE.[4] Im Ausführungsgesetz finden sich auf dieser Grundlage umfassende Regelungen zum monistischen System in den §§ 20 bis 39 SEAG, die nach § 20 SEAG an die Stelle der für die dualistische Struktur geltenden §§ 76 bis 116 AktG treten.

Kennzeichnend für das monistische System ist, dass es im Gegensatz zur dualistisch strukturierten Gesellschaft **keine Trennung zwischen Überwachungs- und Geschäftsführungsorgan** gibt, sondern ein einziges Organ die Geschäfte der SE führt und die Geschäftsführung überwacht.[5] Das unternehmensleitende Organ ist nach Art. 43 Abs. 1 SE-VO der **Verwaltungsrat**, der die Geschäfte der Gesellschaft führt. Ein Kontrollorgan, wie es das deutsche Aktienrecht in Form eines Aufsichtsrates vorsieht, existiert bei einer monistisch strukturierten SE nicht. Allerdings können die Verantwortungsbereiche der einzelnen Mitglieder innerhalb des Verwaltungsrats unterschiedlich ausgestaltet werden, sodass in aller Regel einigen Mitgliedern die Führung der Geschäfte und anderen die Aufsicht über die Geschäftsführung anvertraut sein wird.[6]

Neben dem Verwaltungsrat kennt die monistisch strukturierte SE in der deutschen Ausprägung **geschäftsführende Direktoren**, die keine Überwachungsfunktion haben. Vielmehr sind sie, funktional betrachtet, der verlängerte Arm des Verwaltungsrats zur Geschäftsführung der SE.[7] Geschäftsführende Direktoren können zugleich Mitglieder des Verwaltungsrats sein. Das SEAG sieht insoweit lediglich die Einschränkung vor, dass die Mehrheit des Verwaltungsrats stets aus nicht geschäftsführenden Mitgliedern bestehen muss (§ 40 Abs. 1 S. 2 SEAG). Eine strikte personelle Trennung wie im dualistischen System existiert also nicht. Anders als das Leitungsorgan im dualistischen System sind die geschäftsführenden Direktoren gegenüber dem Verwaltungsrat **weisungsgebunden** und **jederzeit auch ohne wichtigen Grund abberufbar**. Ihre Stellung ist daher eher mit der eines GmbH-Geschäftsführers als mit der des Vorstands einer Aktiengesellschaft vergleichbar.

---

[1] *Hoffmann-Becking*, ZGR 2004, 355, 368.
[2] Lutter/Hommelhoff/*Teichmann*, S. 201.
[3] So auch schon DAV-Stellungnahme, NZG 2004, 75, 81.
[4] Eine entsprechende Ermächtigung zum Erlass von Vorschriften über ein dualistisches System findet sich in Art. 39 Abs. 5 SE-VO.
[5] So u.a. *Ihrig/Wagner*, BB 2004, 1749, 1756; *Hoffmann-Becking*, ZGR 2004, 355, 370.
[6] *Hoffmann-Becking*, ZGR 2004, 355, 371.
[7] Lutter/Hommelhoff/*Teichmann*, S. 205.

B. Der Verwaltungsrat

I. Aufgabenbereich des Verwaltungsrats

4   Die SE-Verordnung regelt in Art. 43 Abs. 1 S. 1 die grundsätzliche **Geschäftsführungsfunktion** des Verwaltungsrats als Organ der SE. In der Verordnung heißt es dazu kurz und knapp, dass der Verwaltungsrat die Geschäfte der SE führt. In diesem Zusammenhang müssen gemäß Art. 44 Abs. 1 SE-VO die Mitglieder des Verwaltungsrates zur Beratung über den Geschäftsverlauf und die zukünftige Entwicklung der SE mindestens alle drei Monate zusammentreten.[8]

5   Eine konkretere Ausformung der Geschäftsführungsbefugnis als in der SE-Verordnung findet sich in § 22 SEAG, in welchem die Aufgaben und Rechte des Verwaltungsrats einer SE mit Sitz in Deutschland festgeschrieben sind. Aus § 22 Abs. 1 SEAG geht hervor, dass der Verwaltungsrat die **Gesellschaft leitet**, die Grundlinien der Tätigkeit bestimmt und deren Umsetzung überwacht. Die Formulierung ist dem französischen Code de Commerce (Art. L. 225–35) entlehnt.[9] Sie soll verdeutlichen, dass die Aufgaben des Verwaltungsrates weitergehen als die des Aufsichtsrates einer deutschen Aktiengesellschaft. Der Verwaltungsrat im monistischen System hält grundsätzlich die **Leitungsverantwortung**, auch wenn die Bestellung von geschäftsführenden Direktoren nach § 40 Abs. 1 SEAG zwingend vorgeschrieben ist.[10] Damit korrespondiert die Berechtigung des Verwaltungsrats, jederzeit die Geschäftsführung an sich zu ziehen, den geschäftsführenden Direktoren Weisungen zu erteilen und sie ohne besonderen Grund abzuberufen (siehe dazu Rn. 22 ff.). Die Leitungsverantwortung beinhaltet hinsichtlich des Geschäfts der SE, die Geschäftsführung der geschäftsführenden Direktoren zu **überwachen**. Der Verwaltungsrat vereint auf diese Weise sowohl die **Geschäftsführungs- als auch die Überwachungsfunktion** in sich.[11] Daraus ergibt sich das wesentliche Merkmal einer monistisch strukturierten SE und der grundlegende Unterschied zum im deutschen Aktienrecht gelebten dualistischen System – die Letztverantwortung für die Unternehmenspolitik liegt allein beim Verwaltungsrat.[12]

6   Dementsprechend sind in § 22 Abs. 2 bis 5 SEAG die Rechte und Pflichten des Verwaltungsrats normiert. Auch diese unterstreichen seine Gesamtleitungsfunktion innerhalb der Gesellschaft.[13] Wenn das Wohl der Gesellschaft es erfordert, hat der Verwaltungsrat nach § 22 Abs. 2 SEAG die Hauptversammlung einzuberufen. Ferner hat er unter anderem die Aufgabe, für die ordnungsgemäße Führung der Handelsbücher zu sorgen (§ 22 Abs. 3 SEAG) sowie im Überschuldungsfall die Eröffnung des Insolvenzverfahrens zu beantragen (§ 22 Abs. 5 S. 2 SEAG; vgl. dazu § 91 AktG). Diese Pflichten sind nicht auf die geschäftsführenden Direktoren übertragbar, wie sich aus § 40 Abs. 2 S. 3 SEAG ergibt. Der Leitungsaufgabe des Verwaltungsrats steht also eine Verantwortung gegenüber.[14]

7   Neben diesen speziell genannten Pflichten ergeben sich weitere aus dem **Generalverweis des § 22 Abs. 6 SEAG**, der die Vorschriften des Aktiengesetzes für anwendbar erklärt, soweit dem Vorstand oder Aufsichtsrat darin Rechte und Pflichten zugewiesen werden. An die Stelle der beiden im Aktiengesetz genannten Organe tritt regelmäßig

---

[8] *Hirte*, DStR 2005, 700, 701.
[9] BT-Drucks. 15/3405, S. 36; *Ihrig/Wagner*, BB 2004, 1749, 1756.
[10] BT-Drucks. 15/3405, S. 36.
[11] *Hirte*, DStR 2005, 700, 701.
[12] BT-Drucks. 15/3405, S. 36; *Eder*, NZG 2004, 544, 547.
[13] Lutter/Hommelhoff/*Teichmann*, S. 203.
[14] Lutter/Hommelhoff/*Teichmann*, S. 203 f.

der Verwaltungsrat, es sei denn, das SEAG weist diese Rechte und Pflichten ausdrücklich den geschäftsführenden Direktoren zu. Auch hieraus ergibt sich die vorrangige Zuständigkeit und zentrale Stellung des Verwaltungsrats als Unternehmensleitung. Bei ihm laufen also die Verantwortlichkeiten, die im dualistischen System aufgeteilt sind, in einer Hand zusammen.[15]

II. Bestellung der Mitglieder des Verwaltungsrats

Nach Art. 43 Abs. 3 S. 1 SE-VO werden die Mitglieder des Verwaltungsrats von der **Hauptversammlung** bestellt, wobei der erste Verwaltungsrat, wie auch in der dualistisch strukturierten SE das Aufsichtsorgan, bereits in der ersten Satzung der SE bestellt werden kann. Die Mitbestimmungsvorschriften bleiben davon unberührt. Dies wird durch Art. 43 Abs. 3 S. 3 SE-VO noch einmal klargestellt.[16] Zusätzlich verweist § 28 Abs. 2 SEAG auf die Vorschrift des § 101 Abs. 2 AktG, sodass auch eine Entsendung von Mitgliedern in den Verwaltungsrat entsprechend den aktienrechtlichen Vorschriften möglich ist.[17]

Die **Anzahl** der Mitglieder des Verwaltungsrats oder die Regeln für deren Festsetzung werden gemäß Art. 43 Abs. 2 SE-VO durch die Satzung bestimmt. Aufgrund der Ermächtigung des Art. 43 Abs. 2 S. 2 SE-VO hat der deutsche Gesetzgeber in § 23 SEAG Vorgaben für die Anzahl der Mitglieder des Verwaltungsrats festgelegt. Dabei lehnt sich die Vorschrift an § 95 AktG an.[18] So muss der Verwaltungsrat aus mindestens drei Mitgliedern bestehen, wobei die Satzung insoweit etwas anderes, also im Gegensatz zum dualistischen System grundsätzlich auch eine geringere Anzahl, bestimmen kann. Weniger als drei Mitglieder dürfen allerdings nur für Verwaltungsräte von Gesellschaften mit einem Grundkapital von bis zu drei Millionen Euro vorgesehen werden. Ist die Mitbestimmung von Arbeitnehmern in der SE nach der SE-Richtlinie geregelt, muss das Verwaltungsorgan gemäß Art. 43 Abs. 2 S. 2 SE-VO zwingend aus mindestens drei Mitgliedern bestehen. Soweit ein in der Gründungsgesellschaft der SE geltender **Mitbestimmungsstandard** erhalten bleiben muss, wie dies bei der Gründung durch Formwechsel der Fall ist,[19] muss nicht die absolute Zahl der Arbeitnehmervertreter im Verwaltungsrat der Zahl der Arbeitnehmervertreter im Verwaltungsorgan der Gründungsgesellschaft entsprechen. Die Bestimmung der absoluten Zahl der Verwaltungsratsmitglieder bleibt vielmehr auch in diesem Fall dem Satzungsgeber überlassen. Abgebildet werden muss lediglich die mitbestimmungsgemäße Zusammensetzung des Organs der Gründungsgesellschaft.[20] Unterlag daher das Verwaltungs- oder Aufsichtsorgan der Gründungsgesellschaft der paritätischen Mitbestimmung, muss die Hälfte der Verwaltungsratsmitglieder der SE aus Arbeitnehmervertretern bestehen. Im Gegensatz zum Aufsichtsorgan in der dualistischen SE (vgl. § 17 Abs. 1 S. 2 SEAG) muss die Anzahl der Mitglieder des Verwaltungsrats nicht durch drei teilbar sein. Die **Höchstzahl** der Mitglieder ist gestaffelt nach dem Grundkapital der Gesellschaft von maximal 9 bei einem Grundkapital von bis zu EUR 1,5 Millionen bis zu maximal 21 bei einem Grundkapital von mehr als 10 Millionen. Dabei übernimmt die Regelung die Schwellenwerte und Höchstzahlen des § 95 S. 4 AktG.

---

[15] BT-Drucks. 15/3405, S. 37.
[16] Vgl. BT-Drucks. 15/3405, S. 38.
[17] Zur dogmatischen Einordnung der Bestellung von entsendeten und von den Arbeitnehmern gewählten Mitgliedern *Schwarz*, Art. 43 Rn. 102.
[18] DAV-Stellungnahme, NZG 2004, 75, 82.
[19] § 21 Abs. 6 SEBG legt dies für die Vereinbarung, § 35 Abs. 1 SEBG bei Eingreifen der Auffangregelung fest.
[20] MünchKommAktG/*Reichert/Brandes*, Art. 43 Rn. 68.

10   Wie auch bei der dualistisch strukturierten SE können Mitglieder des Verwaltungsrats im Falle unvollständiger Besetzung des Organs gemäß § 30 SEAG durch das **Gericht bestellt** werden. Die Regelung entspricht weitgehend § 104 AktG.[21]

11   Der **Zeitraum** für die Bestellung der Mitglieder des Verwaltungsrats richtet sich, wie auch bei der dualistisch strukturierten SE, nach Art. 46 Abs. 1 SE-VO. Insoweit kann auf die obigen Ausführungen zu den Organen der dualistischen SE verwiesen werden.[22]

12   Die **persönlichen Voraussetzungen** für Mitglieder des Verwaltungsrats, die sich über die Verweisung des Art. 47 Abs. 2 SE-VO nach nationalem Recht richten, hat der Gesetzgeber in § 27 SEAG zusammengefasst. Dabei orientierte er sich inhaltlich an § 100 Abs. 2 AktG.[23] Zugleich stellt der Gesetzgeber in § 27 Abs. 3 SEAG ausdrücklich klar, dass eine juristische Person kein Mitglied des Verwaltungsrats sein kann. Diese Klarstellung wurde aufgrund des Art. 47 Abs. 1 S. 1 SE-VO in das SEAG aufgenommen. Danach kann eine juristische Person dann Mitglied eines Verwaltungsorgans der SE sein, wenn das nationale Aktienrecht dies zulässt. Da insoweit bezüglich der monistischen SE in Deutschland bislang keinerlei Regelung bestanden hatte, war die ausdrückliche Klarstellung im SEAG erforderlich, um die Mitgliedschaft einer juristischen Person im Verwaltungsrat auszuschließen.[24] § 100 Abs. 1 AktG, der bereits eine Beschränkung der Mitglieder des Aufsichtsrates auf natürliche Personen enthält, ist dagegen nicht anwendbar, da sich diese nationale Regelung gerade nicht auf die monistische Struktur einer Aktiengesellschaft bezieht.[25]

III. Abberufung der Mitglieder des Verwaltungsrats

13   Die Abberufung der Mitglieder des Verwaltungsrats ist in der SE-Verordnung nicht geregelt und findet sich aufgrund der Ermächtigungsnorm des Art. 43 Abs. 4 SE-VO in **§ 29 SEAG**. Nach dessen Abs. 1 können Mitglieder des Verwaltungsrats **jederzeit** von der **Hauptversammlung** abberufen werden, wobei eine Stimmmehrheit von mindestens drei Viertel der abgegebenen Stimmen ausreichend ist.[26] Diese Regelungen entsprechen wortgleich der Regelung des § 103 Abs. 1 bis 3 und 5 AktG, die für den Aufsichtsrat einer deutschen Aktiengesellschaft gilt.

IV. Innere Ordnung des Verwaltungsrats

14   Die Wahl eines **Vorsitzenden** des Verwaltungsrats ist in Art. 45 SE-VO geregelt und entspricht wörtlich der Vorschrift des Art. 42 SE-VO für das Aufsichtsorgan der dualistisch strukturierten SE.[27] Die **zwingende** Bestellung eines Vorsitzenden schließt zugleich aus, dass der Verwaltungsrat – wie der Vorstand einer Aktiengesellschaft – einen Sprecher wählen kann.

15   Die innere Ordnung des Verwaltungsrats ist in § 34 SEAG ausführlich geregelt. Diese Vorschrift beruht gleichfalls auf der Ermächtigung des Art. 43 Abs. 4 SE-VO, da die Verordnung selbst insoweit keine Regelung enthält. Das Erfordernis der Wahl eines **Stellvertreters für den Vorsitzenden** des Verwaltungsrats in § 34 Abs. 1 SEAG erfolgt in Anlehnung an § 107 Abs. 1 AktG. Dies erscheint sachgerecht, da die Funktionsfähig-

---

[21] BT-Drucks. 15/3405, S. 38.
[22] Siehe 5. Abschnitt § 2 Rn. 10.
[23] *Hirte*, DStR 2005, 700.
[24] *Hirte*, DStR 2005, 700.
[25] BT-Drucks. 15/3405, S. 38; aA DAV-Stellungnahme, NZG 2004, 75, 83.
[26] Vgl. § 29 Abs. 1 S. 2 SEAG.
[27] Dazu ausführlich 5. Abschnitt § 2 Rn. 26.

§ 3 Monistisches System

keit des Organs mit einem Vorsitzenden gewährleistet werden soll. Nach § 34 Abs. 2 SEAG kann sich der Verwaltungsrat eine Geschäftsordnung geben, wobei allerdings der Satzungsgeber in der Satzung bereits bindende Vorgaben bezüglich des Inhalts der Geschäftsordnung treffen kann. Diese Vorschrift ist an § 77 Abs. 2 AktG angelehnt.[28]

An § 107 Abs. 3 AktG angelehnt ist die Festlegung über die Bildung von **Ausschüssen** aus der Mitte des Verwaltungsrates, die sich in § 34 Abs. 4 SEAG findet. Gebildete Ausschüsse müssen dem Verwaltungsrat regelmäßig über ihre Arbeit berichten (vgl. § 34 Abs. 4 S. 3 SEAG). In § 34 Abs. 4 S. 2 SEAG hat der deutsche Gesetzgeber die Aufgabenbereiche benannt, die der Verwaltungsrat nicht zur Beschlussfassung an Ausschüsse übertragen darf. Dies sind die Wahl des Verwaltungsratsvorsitzenden und seines Stellvertreters (§ 34 Abs. 1 S. 1 SEAG), die Geschäftsführung und Überwachung gemäß § 22 Abs. 1 und 3 SEAG, die Bestellung der geschäftsführenden Direktoren gemäß § 40 Abs. 1 S. 1 SEAG, die Prüfung des Jahresabschlusses gemäß § 47 Abs. 3 SEAG sowie die Aufgaben nach § 68 Abs. 2 S. 2 AktG (Zustimmung zur Übertragung von Namensaktien), § 203 Abs. 2 AktG (Entscheidung über Ausschluss des Bezugsrechts bei Kapitalerhöhung aus genehmigtem Kapital), § 204 Abs. 1 S. 1 AktG (Festlegung von Inhalt der Aktienrechte und Bedingungen der Aktienausgabe), § 205 Abs. 2 S. 1 AktG (Bestimmungen im Rahmen einer Kapitalerhöhung gegen Sacheinlage), § 314 Abs. 2 und 3 AktG (Prüfung des Abhängigkeitsberichts). Außerhalb dieses Katalogs kann der Verwaltungsrat alle Entscheidungen an Ausschüsse übertragen, sodass ein eingesetzter Ausschuss beispielsweise über die Abberufung der geschäftsführenden Direktoren entscheiden darf.[29]

V. Vertretungsbefugnis des Verwaltungsrats

Die Vertretungsbefugnis des Verwaltungsrats ergibt sich aus § 41 Abs. 5 SEAG. Demnach vertritt der Verwaltungsrat die Gesellschaft **nur gegenüber den geschäftsführenden Direktoren**. Diese Regelung ist an § 112 AktG angelehnt, überrascht jedoch auf den ersten Blick, da man beim Verwaltungsrat als einzigem Organ der monistisch strukturierten SE grundsätzlich bei diesem die Vertretung der Gesellschaft erwartet hätte. Die Regelung lässt sich als Folge der Entscheidung des deutschen Gesetzgebers für die Zuweisung der laufenden Geschäftsführung an geschäftsführende Direktoren erklären. Wenn die geschäftsführenden Direktoren die laufenden Geschäfte führen, so ist es nur folgerichtig, wenn sie die Gesellschaft auch grundsätzlich nach außen vertreten, wie in § 41 Abs. 1 SEAG vorgesehen. Dem Verwaltungsrat ist es aufgrund der originären Zuweisung der Vertretungsbefugnis an die geschäftsführenden Direktoren und deren Unbeschränkbarkeit im Außenverhältnis auch verwehrt, die Vertretungsbefugnis an sich zu ziehen (§ 40 Abs. 2 S. 3 SEAG).[30]

C. Die geschäftsführenden Direktoren

I. Aufgabenbereich der geschäftsführenden Direktoren

Zu den geschäftsführenden Direktoren findet sich in der SE-Verordnung lediglich eine Ermächtigung an den nationalen Gesetzgeber in Art. 43 Abs. 1 S. 2 SE-VO, auf deren Grundlage vorgesehen werden kann, dass die Führung der laufenden Geschäfte unter denselben Voraussetzungen wie im nationalen Aktienrecht an geschäftsführende Direktoren übertragen werden kann. Da das deutsche Aktienrecht kein monistisches

---

[28] BT-Drucks. 15/3405, S. 38.
[29] *Eder*, NZG 2004, 544, 546.
[30] *Jannott/Frodermann*, Kap. 5 Rn. 235; vgl. auch *Kallmeyer*, ZIP 2003, 1531, 1532.

System kennt, bildet die Ermächtigung jedoch – entgegen einiger Stellungnahmen in der Literatur[31] – nicht die Grundlage der Vorschriften zu geschäftsführenden Direktoren in den §§ 40 ff. des deutschen SEAG. Diese stützen sich vielmehr auf die umfassende Ermächtigung des Art. 43 Abs. 4 SE-VO.[32] Deshalb kann Art. 43 Abs. 1 S. 2 SE-VO auch nicht als Argumentationsgrundlage für die Auffassung dienen, dass bei einer SE mit Sitz in der Bundesrepublik die Befugnis der geschäftsführenden Direktoren zwingend auf die „laufenden" Geschäfte beschränkt sein müsse.[33] Die Hauptaufgabe der geschäftsführenden Direktoren ist in § 40 Abs. 2 SEAG festgelegt, wonach ihnen zwingend die **Geschäftsführung** der Gesellschaft obliegt.[34] Zu verstehen ist dies als **umfassende Geschäftsführungsbefugnis**, die grundsätzlich all das erfasst, was zur Führung der Geschäfte der Gesellschaft notwendig ist, soweit nicht eine zwingende Zuständigkeit des Verwaltungsrats oder der Hauptversammlung eingreift oder der Verwaltungsrat die entsprechende Angelegenheit an sich zieht.[35] Die Geschäftsführung ist nach § 40 Abs. 2 S. 2 SEAG als **Gesamtgeschäftsführung** ausgestaltet, von der jedoch durch Satzung oder in einer durch den Verwaltungsrat erlassenen Geschäftsordnung abgewichen werden kann.

19 Zu den Aufgaben der geschäftsführenden Direktoren gehört nach § 40 Abs. 3 SEAG ferner die Pflicht zur unverzüglichen Berichterstattung gegenüber dem Verwaltungsrat im Falle der **Überschuldung oder Zahlungsunfähigkeit** der Gesellschaft sowie bei Gefahr des **Verlustes der Hälfte des Grundkapitals**. Diese Pflicht korrespondiert mit den Pflichten des Verwaltungsrats zur Einberufung der Hauptversammlung bzw. Insolvenzanmeldung gemäß § 22 Abs. 5 SEAG iVm. § 92 AktG.[36]

20 Eine weitere **Berichtspflicht** gegenüber dem Verwaltungsrat findet sich in § 40 Abs. 6 SEAG, die allerdings unter dem Vorbehalt einer abweichenden Regelung in der Satzung der SE oder der Geschäftsordnung für die geschäftsführenden Direktoren steht. Inhaltlich verweist die Vorschrift auf § 90 AktG, der die Berichtspflichten des Vorstandes einer deutschen Aktiengesellschaft gegenüber dem Aufsichtsrat gestaltet.

21 Zudem sind die geschäftsführenden Direktoren nach § 40 Abs. 2 S. 4 SEAG für **Handelsregisteranmeldungen** zuständig und stellen nach § 47 Abs. 1 und 4 SEAG den **Jahres- und Konzernabschluss** auf.

II. Das Verhältnis der geschäftsführenden Direktoren zu anderen Organen der SE

1. Verhältnis zum Verwaltungsrat

22 Insgesamt hat der deutsche Gesetzgeber mit der konkreten Ausgestaltung des Verhältnisses des Verwaltungsrats zu den geschäftsführenden Direktoren im SEAG die typische Konzeption der Arbeitsteilung eines monistischen Systems übernommen, wie es in den Ländern praktiziert wird, die diese Art des Verwaltungssystems schon kennen. Der Verwaltungsrat entspricht weitgehend dem aus dem angloamerikanischen Rechtskreis bekannten Board of Directors; die geschäftsführenden Direktoren finden ihre Entsprechung in den Executive Directors.[37] Im Ganzen ergibt sich ein Verhältnis

---

[31] Etwa Jannott/*Frodermann*, Kap. 5 Rn. 227; *Ihrig/Wagner*, BB 2003, 969, 975; davon geht wohl auch *Kallmeyer*, ZIP 2003, 1531, 1533 aus.
[32] *Teichmann*, BB 2004, 53, 60.
[33] So *Kallmeyer*, ZIP 2003, 1531, 1532.
[34] BT-Drucks. 15/3405, S. 39.
[35] Lutter/Hommelhoff/*Teichmann*, S. 206; *Hirte*, DStR 2005, 700, 702.
[36] BT-Drucks. 15/3405, S. 39.
[37] *Engert/Herschlein*, NZG 2004, 459 ff.

der **Über- und Unterordnung** zwischen Verwaltungsrat als Unternehmensleitung einschließlich Überwachungsfunktion einerseits und den geschäftsführenden Direktoren als Geschäftsführung der Gesellschaft andererseits.[38]

Die geschäftsführenden Direktoren unterstehen dem **Verwaltungsrat als oberster Unternehmensleitung**; sie stellen im Hinblick auf die Geschäftsführung dessen „ausführende Gewalt" dar.[39] Der Verwaltungsrat bestimmt gemäß § 22 Abs. 1 SEAG die Leitlinien der Geschäftspolitik. Darüber hinaus hat er das Recht, den geschäftsführenden Direktoren in Einzelfällen **Anweisungen** zu erteilen. Dieses ergibt sich aus § 44 Abs. 2 SEAG, wonach die geschäftsführenden Direktoren im Innenverhältnis verpflichtet sind, die Anweisungen und Beschränkungen zu beachten, die im Rahmen der für die SE geltenden Vorschriften die Satzung, der Verwaltungsrat, die Hauptversammlung und die Geschäftsordnungen des Verwaltungsrats und der geschäftsführenden Direktoren für die Geschäftsführungsbefugnis getroffen haben. Die Regelung des § 44 Abs. 2 SEAG ist vom Gesetzgeber bewusst sprachlich an die Regelung des § 37 Abs. 1 GmbHG angelehnt, da der Gesetzgeber so die Position des geschäftsführenden Direktors in Anlehnung an diejenige eines GmbH-Geschäftsführers ausgestalten wollte.[40] Entsprechend dieser Regelung ist der Verwaltungsrat berechtigt, die geschäftsführenden Direktoren durch Beschluss hinsichtlich einzelner Geschäftsführungsentscheidungen konkret anzuweisen.[41] Weisungen des Verwaltungsorgans müssen von den geschäftsführenden Direktoren ausgeführt werden, sofern sie nicht offensichtlich gesetzeswidrig sind. Die geschäftsführenden Direktoren haben also **keinen Ermessensspielraum**. Dementsprechend soll aber auch die Haftung der geschäftsführenden Direktoren entfallen, wenn sie aufgrund einer nicht als gesetzeswidrig erkennbaren Weisung des Verwaltungsrats tätig werden.[42] Somit liegt die Grenze der Geschäftsführungsbefugnis der geschäftsführenden Direktoren in der Eingriffsberechtigung des Verwaltungsrats.[43]

Zuständig für die Beschlussfassung über die Erteilung von Weisungen ist grundsätzlich der **gesamte Verwaltungsrat** als Organ.[44] Bei einer Geschäftsverteilung innerhalb des Verwaltungsrats soll aber auch das Weisungsrecht auf die mit der Aufgabe betrauten Verwaltungsratsmitglieder übergehen, so dass nur diese über die Weisung beschließen müssen. Geschäftsführende Direktoren, die Mitglied des Verwaltungsrats sind, sollen dabei selbst dann nicht von der Beschlussfassung ausgeschlossen sein, wenn die Weisung sie selbst als geschäftsführende Direktoren betrifft.[45]

Eine weitere Regelung, die die zentrale Leitungsfunktion des Verwaltungsrats in der Gesellschaft verdeutlicht, findet sich in § 40 Abs. 5 SEAG. Danach kann der Verwaltungsrat vorbehaltlich einer anderweitigen Satzungsbestimmung **jederzeit** durch Beschluss die geschäftsführenden Direktoren ohne Begründung **abberufen**. Dies entspricht der Befugnis der Gesellschafterversammlung einer GmbH zur Abberufung des Geschäftsführers und führt zu einer beträchtlichen Abhängigkeit der geschäftsführenden Direktoren vom Verwaltungsrat.[46]

Dass die oberste Unternehmensleitung beim Verwaltungsrat liegt und dort trotz der zwingend angeordneten Bestellung von geschäftsführenden Direktoren in § 40 Abs. 1 S. 1 SEAG auch verbleibt, wird ferner in § 40 Abs. 2 S. 3 SEAG deutlich. Danach kön-

---

[38] BT-Drucks. 15/3405, S. 39; MünchKommAktG/*Reichert/Brandes*, Art. 43 Rn. 13.
[39] *Neye/Teichmann*, AG 2003, 169, 179.
[40] BT-Drucks. 15/3405, S. 39; *Merkt*, ZGR 2003, 650, 663.
[41] *Kallmeyer*, ZIP 2003, 1531, 1533; Lutter/Hommelhoff/*Teichmann*, S. 205.
[42] *Schwarz*, Art. 43 Rn. 58; im Übrigen entspricht die Haftung der geschäftsführenden Direktoren gemäß § 40 Abs. 8 SEAG, der auf § 93 AktG verweist, der des Vorstands einer AG.
[43] Lutter/Hommelhoff/*Teichmann*, S. 206.
[44] *Kallmeyer*, ZIP 2003, 1531, 1533; *Schwarz*, Art. 43 Anhang Rn. 340.
[45] *Schwarz*, Art. 43 Anhang Rn. 340.
[46] *Kallmeyer*, ZIP 2003, 1531, 1533.

nen die gesetzlich dem **Verwaltungsrat als Gesamtorgan zugewiesenen Aufgaben** nicht auf die geschäftsführenden Direktoren übertragen werden. Dazu gehören vor allem die Aufgaben des Verwaltungsrats, die sich aus § 22 SEAG ergeben.

2. Verhältnis zur Hauptversammlung

27 Nach dem Wortlaut von § 44 Abs. 2 SEAG haben die geschäftsführenden Direktoren auch Anweisungen und Beschränkungen zu beachten, die die Hauptversammlung für die Geschäftsführungsbefugnis getroffen hat. Ausweislich der Regierungsbegründung zu § 44 SEAG folgt die Vorschrift dem Vorbild des § 82 Abs. 2 AktG,[47] mit dessen Wortlaut die Vorschrift nahezu identisch ist. Daher könnte der Inhalt der Vorschrift bezüglich möglicher „Weisungsrechte" der Hauptversammlung dem des § 82 Abs. 2 AktG entsprechen mit der Folge, dass der Hauptversammlung der SE gegenüber den geschäftsführenden Direktoren ebenso wenig ein Weisungsrecht zustünde wie der Hauptversammlung einer Aktiengesellschaft gegenüber deren Vorstand.[48] Weder die Regierungsbegründung noch der Wortlaut von § 44 Abs. 2 SEAG differenzieren allerdings hinsichtlich des Umfangs von Anweisungen und Beschränkungen zwischen den einzelnen Quellen – also Hauptversammlung und Verwaltungsrat. Damit ließe sich, sowohl unter Berücksichtigung der Regierungsbegründung als auch des Wortlauts, für die Hauptversammlung der SE theoretisch ein ähnlich weitgehendes Weisungsrecht gegenüber geschäftsführenden Direktoren herleiten, wie dies für den Verwaltungsrat angenommen wird.

28 Einem derartigen Verständnis von § 44 Abs. 2 SEAG steht jedoch die Systematik des monistischen Systems entgegen: Wie oben ausgeführt (siehe Rn. 4 ff.), obliegt die Geschäftsführung der Gesellschaft dem Verwaltungsrat. Die geschäftsführenden Direktoren werden nur als dessen „verlängerter Arm" tätig, wobei der Verwaltungsrat die von ihnen ausgeführten Geschäfte jederzeit wieder an sich ziehen oder durch bindende Weisungen steuern kann. Dementsprechend kann eine mögliche Weisungsbefugnis der Hauptversammlung den geschäftsführenden Direktoren gegenüber allenfalls in einem Umfang bestehen, in dem sie auch den Verwaltungsrat selbst anweisen könnte.

29 Da die SE-VO selbst nur einige wenige Zuständigkeiten der Hauptversammlung regelt und im Übrigen auf die entsprechenden Vorschriften des nationalen Aktienrechts verweist, entsprechen die Beschlusszuständigkeiten der Hauptversammlung einer SE mit Sitz in Deutschland weitgehend denen der Hauptversammlung einer deutschen Aktiengesellschaft.[49] Die Zuständigkeit der Hauptversammlung für die Beschlussfassung zu Geschäftsführungsangelegenheiten beschränkt sich deshalb auch bei der SE auf Fälle, in denen der Hauptversammlung durch das Geschäftsführungsorgan – hier also den Verwaltungsrat – bestimmte Fragen zur Entscheidung vorgelegt werden, Art. 52 Satz 2 SE-VO iVm. § 119 Abs. 2 AktG. Über die Verweisung des Art. 52 Satz 2 SE-VO sollen bei einer SE mit Sitz in der Bundesrepublik nach überwiegender Ansicht auch die richterrechtlichen Grundsätze der „Holzmüller"-/„Gelatine"-Rechtsprechung zur Anwendung kommen.[50] Auf dieser Grundlage besteht eine Zuständigkeit der Hauptversammlung einer SE für die **Beschlussfassung in Geschäftsführungsangelegenheiten** nur, soweit der Verwaltungsrat selbst die Angelegenheit zur Beschlussfassung vorlegt oder zur Vorlage verpflichtet ist. Eine originäre „Weisungsbefugnis" der Hauptversammlung gegenüber Verwaltungsrat und geschäftsführenden Direktoren besteht somit nicht.

---

[47] Vgl. BT-Drucks. 15/3405, S. 39.
[48] Vgl. *dazu* MünchKommAktG/*Hefermehl/Spindler*, § 82 Rn. 31 ff.
[49] Siehe dazu 5. Abschnitt § 4 Rn. 13 ff.
[50] Näher dazu 5. Abschnitt § 4 Rn. 37. Nicht vorlageberechtigt sind demgegenüber die geschäftsführenden Direktoren, die ihrerseits den Weisungen des Verwaltungsrats unterliegen.

III. Bestellung der geschäftsführenden Direktoren

Die geschäftsführenden Direktoren werden gemäß § 40 Abs. 1 S. 1 SEAG durch den **30** **Verwaltungsrat** bestellt. Dabei können nach S. 2 auch **Mitglieder des Verwaltungsrats** als geschäftsführende Direktoren bestellt werden. Allerdings muss die Mehrheit der Mitglieder des Verwaltungsrats aus nicht-geschäftsführenden Direktoren bestehen. Ist dies der Fall, kann der Vorsitzende des Verwaltungsrats gleichzeitig als geschäftsführender Direktor agieren.[51] Im Hinblick auf eine börsennotierte SE wird in der Literatur jedoch angeregt, die Trennung dieser Positionen durch den Corporate Governance Kodex zu empfehlen.[52]

Besteht der Verwaltungsrat aus nur einer Person, was nach § 23 Abs. 1 S. 2 SEAG **31** aufgrund entsprechender Satzungsregelung möglich ist, kann diese Person nicht gleichzeitig geschäftsführender Direktor sein.[53] Dies folgt aus § 40 Abs. 1 S. 2 SEAG, wonach sich die Mehrheit der Mitglieder des Verwaltungsrats aus nicht-geschäftsführenden Direktoren zusammenzusetzen hat. In diesem Fall muss also ein externer geschäftsführender Direktor bestellt werden.

Die Regelung des § 40 Abs. 1 S. 2 SEAG dient dazu, die Funktionen der Unter- **32** nehmensleitung durch den Verwaltungsrat und die der Geschäftsführung durch die geschäftsführenden Direktoren klar zu trennen.[54] Der Gesetzgeber wollte insoweit eine Angleichung an die im deutschen Aktienrecht bekannte funktionale **Trennung von Geschäftsführung und Überwachung** erreichen. Insbesondere sollte bei Aufstellung und Feststellung des Jahresabschlusses und bei der Erstellung des konzernrechtlichen Abhängigkeitsberichts gewährleistet sein, dass nicht die vom Aktiengesetz vorgesehene Kontrolle der geschäftsführenden Personen ersatzlos entfällt. Daher sehen die §§ 47 Abs. 1 und 49 Abs. 1 SEAG insoweit eine zwingende Funktionstrennung zwischen den geschäftsführenden Direktoren und dem Verwaltungsrat vor. Die dem Verwaltungsrat als Unternehmensleitung obliegende Überwachungsfunktion im Hinblick auf die Geschäftsführung durch die geschäftsführenden Direktoren wäre auch nicht zu gewährleisten, wenn mehr als die Hälfte der Mitglieder dieses Organs gleichzeitig die laufenden Geschäfte führen würden. Die Folge wäre ein Interessenkonflikt, der durch die Regelung des § 40 Abs. 1 S. 2 SEAG vermieden wird.[55]

Für den Fall, dass ein Dritter, also eine nicht dem Verwaltungsrat angehörende Per- **33** son, zum geschäftsführenden Direktor bestellt wird, schreibt § 40 Abs. 1 S. 4 SEAG die entsprechende Geltung des § 76 Abs. 3 AktG vor.

Anders als für den Verwaltungsrat sowie Leitungs- und Aufsichtsorgan in der dua- **34** listischen SE muss die **Amtszeit** der geschäftsführenden Direktoren nicht zwingend in der Satzung festgelegt werden. Die Festlegung einer Amtszeit würde dem Grundsatz der freien Abberufbarkeit zuwiderlaufen, den § 40 Abs. 5 S. 1 SEAG – vorbehaltlich einer anders lautenden Satzungsregelung – enthält.[56] Art. 46 SE-VO gilt für die geschäftsführenden Direktoren nicht.[57] Die Satzung kann jedoch gemäß § 40 Abs. 5

---

[51] *Eder*, NZG 2004, 544, 546.
[52] *Lutter/Hommelhoff/Teichmann*, S. 205 f.; ebenfalls kritisch zur personellen Identität äußert sich die Begründung zum SEAG in BT-Drucks. 15/3405, S. 39.
[53] *Lutter/Hommelhoff/Teichmann*, S. 209.
[54] BT-Drucks. 15/3405, S. 39.
[55] *Kallmeyer*, ZIP 2003, 1531, 1533.
[56] MünchKommAktG/*Reichert/Brandes*, Art. 43 Rn. 121.
[57] MünchKommAktG/*Reichert/Brandes*, Art. 43 Rn. 121; aA *Manz/Mayer/Schröder*, Art. 43 Rn. 130; wohl auch Jannott/*Frodermann*, Kap. 5 Rn. 241, die die geschäftsführenden Direktoren demnach als Organ der SE ansehen.

S. 1 SEAG eine feste Amtszeit festlegen. Dann ist eine vorzeitige Abberufung der geschäftsführenden Direktoren nur noch aus wichtigem Grund möglich.[58]

IV. Abberufung der geschäftsführenden Direktoren

35 Die Abberufung der geschäftsführenden Direktoren ist in § 40 Abs. 5 SEAG geregelt. Der Verwaltungsrat kann die geschäftsführenden Direktoren danach **jederzeit** ohne Vorliegen eines wichtigen Grundes durch Beschluss abberufen, wenn die Satzung insofern keine abweichende Regelung enthält. Dies stärkt die Durchsetzungsfähigkeit des Verwaltungsrats und verdeutlicht zugleich, dass die geschäftsführenden Direktoren kein vom Verwaltungsorgan unabhängiges, eigenständiges Organ der monistisch strukturierten SE darstellen.[59]

V. Anstellungsvertrag

36 Im SEAG findet sich nur eine Regelung zum Anstellungsverhältnis der geschäftsführenden Direktoren: Gemäß § 40 Abs. 5 S. 2 SEAG gelten im Fall der Abberufung für Ansprüche aus dem Anstellungsverhältnis die allgemeinen Vorschriften, namentlich die §§ 620 f. BGB.[60] Die Regelung entspricht § 84 Abs. 3 S. 5 AktG für den Vorstand einer Aktiengesellschaft und setzt voraus, dass neben der Bestellung durch den Verwaltungsrat auch ein Anstellungsverhältnis zwischen Gesellschaft und geschäftsführenden Direktoren begründet wird. Dementsprechend ordnet § 40 Abs. 7 SEAG für die Festsetzung der **Bezüge** der geschäftsführenden Direktoren die entsprechende Geltung von § 87 AktG an, wobei anstelle des Aufsichtsrats der Verwaltungsrat für die Angemessenheit der gewährten Bezüge zu sorgen hat. Die **Zuständigkeit für den Abschluss** der Anstellungsverträge liegt beim Verwaltungsrat, da dieser die Gesellschaft gegenüber den geschäftsführenden Direktoren vertritt.

VI. Innere Ordnung der geschäftsführenden Direktoren

37 Bei der Bestellung mehrerer geschäftsführender Direktoren können sich diese nach § 40 Abs. 4 S. 1 SEAG eine **Geschäftsordnung** geben, wenn nicht die Satzung insoweit die Zuständigkeit dem Verwaltungsrat zuweist oder der Verwaltungsrat eine Geschäftsordnung erlässt. Diese Regelung lehnt sich an § 77 Abs. 2 AktG an.[61] Dementsprechend dürfte auch die Wahl eines **Sprechers** aus der Mitte der geschäftsführenden Direktoren zulässig sein, sofern kein Vorsitzender ernannt wird. Dies entspricht der Möglichkeit des Vorstands einer Aktiengesellschaft, einen Sprecher zu wählen, dem sitzungsleitende und repräsentative Funktion zukommt.[62] Die **Satzung** kann gemäß § 40 Abs. 4 S. 2 SEAG **Einzelfragen der Geschäftsführung** bereits bindend festlegen.

38 Die Möglichkeit der Wahl eines **Vorsitzenden** der geschäftsführenden Direktoren eröffnet § 40 SEAG nur, wenn dies in der Satzung der SE vorgesehen ist.[63] Ein Rückgriff auf § 84 Abs. 2 AktG, der die Wahl eines Vorsitzenden des Vorstandes einer deutschen Aktiengesellschaft regelt, ist nicht möglich, da die Regelungen des SEAG als abschließend im Hinblick auf das monistische System betrachtet werden müssen.

---

[58] MünchKommAktG/*Reichert/Brandes*, Art. 43 Rn. 121.
[59] *Kallmeyer*, ZIP 2003, 1531; siehe dazu bereits Rn. 22 ff., 2 f.
[60] Vgl. Regierungsbegründung zu § 40 SEAG, BT-Drucks. 15/3405, S. 39.
[61] *Hirte*, DStR 2005, 700, 702.
[62] Vgl. *Hüffer*, AktG, § 84 Rn. 22.
[63] BT-Drucks. 15/3405, S. 39.

VII. Vertretungsbefugnis der geschäftsführenden Direktoren

39 Wie bereits an anderer Stelle angesprochen, vertreten grundsätzlich die geschäftsführenden Direktoren die SE gemäß § 41 Abs. 1 SEAG **nach außen** (siehe Rn. 17). Die Vertretungsbefugnis der geschäftsführenden Direktoren kann gemäß § 44 Abs. 1 SEAG nach außen nicht beschränkt werden.[64] Dies entspricht der Regelung des § 82 Abs. 1 AktG für die Vertretungsbefugnis des Vorstandes einer deutschen Aktiengesellschaft.

40 Wie sich aus § 41 Abs. 2 SEAG ergibt, ist die Vertretung in Anlehnung an die Vertretungsbefugnis der Mitglieder des Vorstandes einer deutschen Aktiengesellschaft gemäß § 78 Abs. 2 AktG im Zweifel als **Gesamtvertretung** ausgestaltet. Das Ausführungsgesetz enthält in § 41 Abs. 4 SEAG ferner eine Ermächtigung für die zur Gesamtvertretung befugten geschäftsführenden Direktoren, Einzelne unter ihnen zur Vornahme bestimmter Geschäfte oder Arten von Geschäften zu bestimmen.

D. Einzelfragen zur Unternehmensführung

I. Informationsfluss innerhalb der Gesellschaft

41 Die geschäftsführenden Direktoren sind nach § 40 Abs. 6 SEAG verpflichtet, dem Verwaltungsrat entsprechend der Regelung des § 90 AktG regelmäßig zu **berichten**. Diese Regelung des SEAG ist im Gegensatz zur vergleichbaren Anordnung der Berichtspflicht des Leitungsorgans in Art. 41 Abs. 1 SE-VO für das dualistische Modell **dispositiv** ausgestaltet.[65] Durch die Satzung oder in der Geschäftsordnung der geschäftsführenden Direktoren können abweichende Regelungen getroffen werden, sodass die Ausgestaltung der konkreten Berichtspflichten der geschäftsführenden Direktoren von der entsprechenden aktienrechtlichen Vorschrift des § 90 AktG abweichen kann.

42 Daneben ergeben sich bestimmte Berichtspflichten der geschäftsführenden Direktoren gegenüber dem Verwaltungsrat aus § 40 Abs. 3 SEAG (siehe Rn. 19).

43 Grundsätzlich obliegt es unabhängig von den genannten Berichtspflichten der geschäftsführenden Direktoren dem Verwaltungsrat, den Informationsfluss von den geschäftsführenden Direktoren bezüglich der laufenden Geschäfte der Gesellschaft so zu gestalten, dass er seiner Überwachungsfunktion im Sinne des § 22 Abs. 3 S. 2 SEAG gerecht werden kann.[66] Daher wird der Verwaltungsrat aufgrund seiner weitreichenden Organisationshoheit zumindest einige der geschäftsführenden Direktoren gemäß § 40 Abs. 1 S. 2 SEAG aus seiner Mitte bestellen, um den Informationsfluss in der Weise zu gewährleisten, dass Fehlentwicklungen möglichst frühzeitig erkannt und ihnen entgegengewirkt werden kann. Eine solche Personenidentität hat den Vorteil, dass der Informationsfluss in einer monistisch strukturierten SE im Gegensatz zum dualistisch strukturierten Modell in der Regel schneller und direkter funktioniert.[67]

44 Nach Art. 44 Abs. 2 SE-VO kann jedes Mitglied des Verwaltungsrates von allen Informationen, die dem Organ übermittelt werden, Kenntnis nehmen.

---

[64] *Hirte*, DStR 2005, 700, 702.
[65] Lutter/Hommelhoff/*Teichmann*, S. 210.
[66] *Merkt*, ZGR 2003, 650, 669.
[67] Lutter/Hommelhoff/*Teichmann*, S. 210 f.

II. Zustimmungsbedürftige Geschäfte

45 Aus Art. 48 Abs. 1 S. 1 SE-VO, der sowohl für die dualistisch als auch für die monistisch strukturierte SE anwendbar ist, ergibt sich, dass der Satzungsgeber der SE bestimmte Arten von Geschäften in der Satzung festlegen kann, für deren Vornahme ein Beschluss des Verwaltungsrats erforderlich ist. Für die Durchführung solcher Geschäfte haben demnach die geschäftsführenden Direktoren im Rahmen ihrer täglichen Geschäftsführung ohne die ausdrückliche Zustimmung des Verwaltungsrates als Kollegium **keine Kompetenz**.

46 Die Ermächtigung des Art. 48 Abs. 1 S. 2 SE-VO bezieht sich nur auf die dualistische SE und wurde für diese in § 19 SEAG umgesetzt, wonach das Aufsichtsorgan der SE selbst bestimmte Geschäfte von seiner Zustimmung abhängig machen kann. Einer entsprechenden Ermächtigung für die monistisch strukturierte SE bedurfte es nicht, weil der Verwaltungsrat als einziges Organ der monistischen SE schon per se für die Unternehmensleitung zuständig ist, sodass er durch Mehrheitsbeschluss über die Durchführung jeglicher Geschäftsführungsmaßnahme entscheiden kann.[68] Ob er dies im Einzelfall tut oder die Maßnahme den geschäftsführenden Direktoren oder den eigenen Ausschüssen überlässt, entscheidet der Verwaltungsrat nach pflichtgemäßem Ermessen.

47 Von der Ermächtigung des Art. 48 Abs. 2 SE-VO, wonach die Mitgliedstaaten vorschreiben können, welche Arten von zustimmungsbedürftigen Geschäften auf jeden Fall in die Satzung aufzunehmen sind, hat der deutsche Gesetzgeber im Ausführungsgesetz keinen Gebrauch gemacht.[69]

III. Beschlussfassung des Verwaltungsrats

48 Die Voraussetzungen für die Beschlussfähigkeit und die Beschlussfassung des Verwaltungsrats sind auch für die monistisch strukturierte SE in Art. 50 SE-VO geregelt. § 108 Abs. 2 AktG findet keine (entsprechende) Anwendung.[70] Diesbezüglich kann auf die Ausführungen zu den Organen der dualistisch strukturierten SE Bezug genommen werden.[71]

49 Einige, Art. 50 SE-VO ergänzende, **formale Regelungen** zur Beschlussfassung finden sich in § 35 SEAG. In Abs. 1 sind die Voraussetzungen für die Beschlussfassung bei **Abwesenheit** von Mitgliedern des Verwaltungsrats geregelt. Dies entspricht der Vorschrift des § 108 Abs. 3 AktG. In § 35 Abs. 2 SEAG ist festgelegt, dass schriftliche, fernmündliche oder vergleichbare Formen der Beschlussfassung im Verwaltungsrat vorbehaltlich einer Regelung in der Satzung oder der Geschäftsordnung des Verwaltungsrats nur dann zulässig sind, wenn kein Mitglied des Verwaltungsrats dieser Art der Beschlussfassung widerspricht. Diese Regelung entspricht § 108 Abs. 4 AktG.

50 Der deutsche Gesetzgeber hat in diesem Zusammenhang in der Begründung zum Ausführungsgesetz darauf hingewiesen, dass Art. 50 SE-VO ausdrücklich Regelungen in der Satzung zum Verfahren der Beschlussfassung zulässt und diese Satzungsfreiheit nach Art. 9 Abs. 1 lit. b SE-VO grundsätzlich Vorrang vor nationalen Ausführungsbestimmungen hat. Allerdings ergibt sich nach Ansicht des Gesetzgebers aus Art. 50 SE-VO nicht eindeutig, ob es sich bei dieser Regelung um eine abschließende Regelung

---

[68] Lutter/Hommelhoff/*Teichmann*, S. 211 f.; siehe dazu auch Rn. 5 ff.
[69] Siehe 5. Abschnitt § 2 Rn. 34.
[70] BT-Drucks. 15/3405, S. 38.
[71] Siehe 5. Abschnitt § 2 Rn. 36 ff.

zum Beschlussverfahren der Organe als solche handelt, da darin lediglich bestimmte Quoren festgelegt sind. Zum Zwecke der Rechtssicherheit hat der deutsche Gesetzgeber daher die Regelung des § 108 Abs. 4 AktG, der auch eine abweichende Satzungsregelung zulässt und somit verordnungskonform ist, in das Ausführungsgesetz übernommen.[72]

In § 35 Abs. 3 SEAG ist für den Fall der **Verhinderung** eines geschäftsführenden Mitglieds des Verwaltungsrats geregelt, dass der Vorsitzende des Verwaltungsrats diesbezüglich bei einem Beschluss eine zusätzliche Stimme erhält. Diese Zweitstimme des Vorsitzenden wurde aufgrund eines Vorschlags des Rechtsausschusses eingefügt, um einer eventuell eintretenden einseitigen Verschiebung des Stimmenverhältnisses zu Lasten der Anteilseignerseite im Verwaltungsrat vorzubeugen.[73] Im Übrigen gilt auch für den Verwaltungsrat die Regelung des Art. 50 Abs. 2 Satz 1 SE-VO, wonach der Vorsitzende des Verwaltungsrats bei **Stimmengleichheit** ein Zweitstimmrecht hat, wenn die Satzung nichts anderes vorsieht. Unklar ist, ob die Satzung eine andere Regelung treffen darf, wenn der Verwaltungsrat sich zur Hälfte aus Arbeitnehmervertretern zusammensetzt. Art. 50 Abs. 2 Satz 2 SE-VO verbietet dies beim paritätisch mitbestimmten Aufsichtsorgan einer dualistischen SE.[74] Aus der Regelung des Art. 45 Satz 2 SE-VO, wonach der Vorsitzende des Verwaltungsrats zwingend ein Anteilseignervertreter sein muss, sowie aus den entsprechenden Regelungen für das Aufsichtsorgan der dualistischen SE ergibt sich aber, dass in der SE allgemein das Letztentscheidungsrecht der Anteilseigner festgeschrieben und auch der Disposition des Satzungsgebers entzogen sein soll. Daher muss sich das Verbot des Art. 50 Abs. 2 Satz 2 SE-VO über seinen Wortlaut hinaus auch auf den Verwaltungsrat der monistischen SE erstrecken.[75]

IV. Beschlussfassung durch die geschäftsführenden Direktoren

Zur Beschlussfassung der geschäftsführenden Direktoren enthält das Ausführungsgesetz nur eine Regelung in § 40 Abs. 4 S. 3 SEAG. Darin heißt es, dass ein Beschluss über die Geschäftsordnung einstimmig gefasst werden muss. Daraus lässt sich schließen, dass für sonstige Beschlüsse der geschäftsführenden Direktoren grundsätzlich ein **Mehrheitsbeschluss** ausreichend ist.

E. Haftung der Organe

I. Haftung des Verwaltungsrats

Der Verweis des Art. 51 SE-VO auf nationales Recht, welcher für die dualistisch strukturierte SE mit Sitz in Deutschland anwendbar ist, ist für die monistisch strukturierte SE nicht brauchbar, da das deutsche Aktienrecht für das monistische System keine Regelungen enthält. Folgerichtig hat der deutsche Gesetzgeber auf der Grundlage des Art. 43 Abs. 4 SE-VO in § 39 SEAG eine Regelung bezüglich der Haftung der Mitglieder des Verwaltungsrats getroffen. Die Vorschrift des § 39 SEAG entspricht inhaltlich § 116 S. 1 AktG und ist damit an die Haftung der Aufsichtsratsmitglieder einer

---

[72] Siehe dazu BT-Drucks. 15/3405, S. 38.
[73] *Hirte*, DStR 2005, 700.
[74] Siehe dazu 5. Abschnitt § 2 Rn. 36.
[75] MünchKommAktG/*Reichert/Brandes*, Art. 50 Rn. 3; *Schwarz*, Art. 50 Rn. 42. Zur Möglichkeit der Mitgliedstaaten, abweichende Regelungen gem. Art. 50 Abs. 3 SE-VO für anwendbar zu erklären, siehe 5. Abschnitt § 2 Rn. 38.

deutschen Aktiengesellschaft angelehnt.[76] Da § 39 SEAG auf die konkrete **Pflichtverletzung des einzelnen Mitglieds** des Verwaltungsrats abstellt, lässt er genügend Spielraum für eine individuelle und an der konkreten Aufgabenstellung orientierte Haftung.[77] Daraus ergibt sich, dass der Sorgfaltsmaßstab, an dem sich die Haftung des einzelnen Mitgliedes des Verwaltungsrates ausrichtet, jeweils von der rechtlichen Pflichtenstellung des Mitgliedes abhängig ist, sodass ein geschäftsführendes Verwaltungsratsmitglied in der Regel einem strengeren Sorgfaltsmaßstab unterliegen wird als ein nicht-geschäftsführendes Mitglied.[78]

54 Die **Entlastung** des Verwaltungsrats erfolgt durch Beschluss der Hauptversammlung.[79]

II. Haftung der geschäftsführenden Direktoren

55 Die Haftung der geschäftsführenden Direktoren ist in § 40 Abs. 8 SEAG geregelt. Dieser verweist auf die aktienrechtliche Regelung des § 93 AktG, welche die Haftung des Vorstandes einer deutschen Aktiengesellschaft festschreibt.[80] Bei der Bestimmung des haftungsrechtlichen Sorgfaltsmaßstabes sowie der individuellen Verantwortlichkeit der geschäftsführenden Direktoren ist allerdings deren **Weisungsgebundenheit** und jederzeitige Abberufbarkeit zu berücksichtigen.[81] Diesbezüglich gleicht die Stellung der geschäftsführenden Direktoren eher der des **GmbH-Geschäftsführers**. Daher wird sich im Zweifel die Sorgfaltspflicht an der Rechtsprechung zum GmbH-Geschäftsführer zu orientieren haben.[82] Nach der hier vertretenen Auffassung bedeutet dies, dass ein geschäftsführender Direktor, der aufgrund einer **rechtmäßigen Weisung** des Verwaltungsrats ein bestimmtes Geschäft vornimmt, von der Haftung gegenüber der Gesellschaft **befreit** sein muss.[83] Das gilt grundsätzlich auch für geschäftsführende Direktoren, die zugleich Mitglieder des Verwaltungsrats sind.[84] Die Haftung für den entstandenen Schaden trifft dann nur die Mitglieder des Verwaltungsrats. Den geschäftsführenden Direktoren kann in diesem Fall keine Pflichtverletzung angelastet werden: Macht der Verwaltungsrat von seinem Weisungsrecht Gebrauch, steht den geschäftsführenden Direktoren grundsätzlich kein Entscheidungsspielraum mehr zu.[85] Sie sind gemäß § 44 Abs. 2 SEAG verpflichtet, die Weisung zu befolgen. Folgen sie dieser gesetzlichen Verpflichtung, kann dies nicht zugleich als Pflichtverletzung im Sinne des § 93 Abs. 2 AktG angesehen werden. Insoweit unterscheidet sich die Stellung eines geschäftsführenden Direktors von der des Vorstands einer Aktiengesellschaft bzw. des Leitungsorgans der dualistischen SE, die nicht weisungsgebunden sind, und entspricht eher der eines GmbH-Geschäftsführers. Wie bei dem Geschäftsführer einer

---

[76] So die Begr. in BT-Drucks. 15/3405, S. 39.
[77] Vgl. Begr. in BT-Drucks. 15/3405, S. 39.
[78] *Hoffmann-Becking*, ZGR 2004, 355, 380.
[79] Art. 52 Unterabs. 2 SE-VO iVm. §§ 22 Abs. 6 SEAG, 120 AktG, vgl. dazu auch 5. Abschnitt § 4 Rn. 16.
[80] Lutter/Hommelhoff/*Teichmann*, S. 212; BT-Drucks. 15/3405, S. 39.
[81] BT-Drucks. 15/3405, S. 39.
[82] Lutter/Hommelhoff/*Teichmann*, S. 213.
[83] MünchKommAktG/*Reichert/Brandes*, Art. 43 Rn. 175 und Art. 51 Rn. 20; aA *Maul* in 8. Abschnitt Rn. 18. Siehe dort auch zum speziellen Fall der Haftung des geschäftsführenden Direktors eines herrschenden Unternehmens im Konzern gemäß § 309 Abs. 2 AktG.
[84] MünchKommAktG/*Reichert/Brandes*, Art. 51 Rn. 20; allerdings wird hier eine Haftung aufgrund der Funktion als Mitglied des Verwaltungsrats eintreten, von dem die Weisung ausging.
[85] Anders ist dies nur bei offensichtlich rechtswidrigen Weisungen, zu deren Befolgung die geschäftsführenden Direktoren nicht verpflichtet sind.

GmbH besteht der Haftungsausschluss allerdings nur, soweit es sich nicht um eine **offensichtlich rechtswidrige Weisung** handelt.[86] In diesem Fall ist die Befolgung der – nicht bindenden – Weisung als Verstoß gegen die den geschäftsführenden Direktoren obliegenden Sorgfaltspflichten anzusehen. Zu weitgehend ist allerdings die Auffassung, die Haftung entfalle nicht nur für Handlungen aufgrund bindender Weisungen des Verwaltungsrats, sondern auch für solche, die aufgrund von **Ermächtigungs- oder Zustimmungsbeschlüssen** des Verwaltungsrats vollzogen werden.[87] Entsprechendes wird zwar für den GmbH-Geschäftsführer angenommen.[88] Ausgangspunkt dessen ist jedoch, dass die Gesellschafterversammlung der GmbH deren oberstes Willensbildungsorgan ist. Insoweit handelt ein Geschäftsführer, wenn er auf der Grundlage eines Zustimmungs- oder Ermächtigungsbeschlusses der Gesellschafterversammlung tätig wird, unmittelbar mit Zustimmung bzw. Ermächtigung der GmbH selbst. Dann kann sich die GmbH aber anschließend – außerhalb der zwingenden Kapitalerhaltungsvorschriften, vgl. § 43 Abs. 3 GmbHG – nicht auf eine ihr gegenüber begangene Pflichtwidrigkeit berufen, die zu Schadensersatzansprüchen führt.[89] Dies ist bei der SE anders, wenn die Ermächtigung bzw. Zustimmung nicht vom obersten Willensbildungsorgan, der Hauptversammlung, ausgeht, sondern vom Verwaltungsrat.[90]

Zur **Entlastung** der geschäftsführenden Direktoren enthalten weder die Verordnung noch das Ausführungsgesetz Regelungen. Eine diesbezügliche Zuständigkeit der Hauptversammlung lässt sich auch nicht aus Art. 52 Unterabsatz 2 SE-VO iVm. § 120 AktG herleiten, da das Aktiengesetz keine Regelungen zur Entlastung geschäftsführender Direktoren enthält. Vorgeschlagen wird daher eine entsprechende Anwendung von § 120 AktG für die geschäftsführenden Direktoren,[91] was angesichts des Fehlens einer allgemeinen Verweisungsnorm wie der des § 22 Abs. 6 SEAG für den Verwaltungsrat problematisch ist. Denn Art. 52 Unterabsatz 2 SE-VO geht von einer ausdrücklichen Zuweisung der Beschlusszuständigkeit an die Hauptversammlung aus. Sinnvoll dürfte es daher sein, eine Regelung zur Entlastung der geschäftsführenden Direktoren in die Satzung der SE aufzunehmen. Die grundsätzlich auch für die SE geltende Satzungsstrenge des deutschen Aktienrechts steht dem nicht entgegen, da der Gesetzgeber zu diesem Bereich keine Regelungen getroffen hat.

III. Strafrechtliche Haftung

Im Hinblick auf eine strafrechtliche Verantwortlichkeit des Verwaltungsrates wie auch der geschäftsführenden Direktoren gilt ebenso wie in der dualistisch strukturierten SE § 53 SEAG.[92]

---

[86] BGHZ 31, 258, 278 für den GmbH-Geschäftsführer.
[87] So MünchKommAktG/*Reichert/Brandes*, Art. 43 Rn. 175.
[88] BGH NZG 2003, 528; Baumbach/Hueck/*Zöllner/Noack*, GmbHG, § 43 Rn. 33.
[89] Vgl. BGH NJW 2000, 1571.
[90] Auf dieser Grundlage gegen die haftungsbefreiende Wirkung auch von bindenden Weisungen des Verwaltungsrats siehe 8. Abschnitt Rn. 18.
[91] *Schwarz*, Art. 52 Rn. 30.
[92] Siehe 5. Abschnitt § 2 Rn. 41.

§ 4 Hauptversammlung

Übersicht

	Rn.
A. Besonderheiten gegenüber der Hauptversammlung nationalen Rechts	1, 2
B. Zuständigkeit	3–39
I. Zuständigkeit nach der SE-Verordnung	4–11
1. Satzungsänderungen	5–8
2. Bestellung der Mitglieder des Aufsichtsorgans bzw. Verwaltungsrats	9
3. Direkte Bestellung der Mitglieder des Leitungsorgans	10
4. Gründung und Umwandlung	11
II. Zuständigkeit aufgrund der SE-Ergänzungsrichtlinie	12
III. Zuständigkeit nach den Vorschriften des Sitzstaates – deutsches Aktienrecht	13–35
1. Kompetenzen nach § 119 AktG iVm. Art. 52 SE-VO	14–20
a) Verwendung des Bilanzgewinns	15
b) Entlastung	16
c) Bestellung des Abschlussprüfers	17
d) Maßnahmen der Kapitalbeschaffung und der Kapitalherabsetzung	18
e) Bestellung von Sonderprüfern	19
f) Auflösung der Gesellschaft	20
2. Sonstige Kompetenzen aufgrund Verweises auf nationales Recht	21–35
a) Verzicht und Vergleich auf Ersatzansprüche der Gesellschaft	22
b) Zustimmung zu Nachgründungsverträgen	23
c) Ermächtigung zum Erwerb/zur Einziehung eigener Aktien	24
d) Vorbereitung von Hauptversammlungsbeschlüssen	25
e) Entzug des Vertrauens	26
f) Abberufung der Mitglieder des Aufsichtsorgans bzw. Verwaltungsrats	27
g) Letztentscheidungsrecht bei vorlagepflichtigen Geschäftsführungsangelegenheiten	28
h) Festsetzung der Vergütung des Aufsichtsorgans bzw. des Verwaltungsrats	29
i) Geltendmachung von Ersatzansprüchen gegenüber Gründern und Verwaltungsmitgliedern	30
j) Widerruf der Wahl zum Abschlussprüfer	31
k) Feststellung des Jahresabschlusses	32
l) Übertragung des gesamten Vermögens	33
m) Bewertung von Erträgen aufgrund höherer Bewertung	34
n) Konzernrechtliche Maßnahmen	35
IV. Zuständigkeiten aufgrund der Satzung der SE	36
V. Ungeschriebene Hauptversammlungszuständigkeiten	37
VI. Ordentliche und außerordentliche Hauptversammlung	38, 39
C. Organisation der Hauptversammlung	40–60
I. Zeitpunkt des Zusammentretens	41
II. Ort	42
III. Tag und Uhrzeit	43
IV. Sprache	44
V. Gründe für die Einberufung	45–47
VI. Einberufungsberechtigte	48–55
1. Organe	48
2. Zuständige Behörde	49
3. Andere Personen	50
4. Minderheitsverlangen	51–55
VII. Art und Weise der Einberufung	56–60
1. Form und Frist der Einberufung	56

	Rn.
2. Tagesordnung	57–59
3. Sonstige Mitteilungspflichten im Vorfeld der Hauptversammlung	60
D. Ablauf und Leitung der Hauptversammlung	61
E. Beschlussfassung	62–73
I. Einfacher Beschluss	63–67
1. Stimmenmehrheit	63–66
2. Satzungsgestaltung	67
II. Satzungsändernde Mehrheit	68, 69
1. Qualifizierte Mehrheit	68
2. Satzungsgestaltung	69
III. Stimmrechte	70, 71
IV. Wertung der Stimmen	72
V. Sonderbeschlüsse	73
F. Anfechtungs- und Nichtigkeitsklage	74

A. Besonderheiten gegenüber der Hauptversammlung nationalen Rechts

Weiteres gesetzlich vorgeschriebenes Organ der SE ist nach Art. 52 ff. SE-VO sowohl im dualistischen als auch im monistischen System die Hauptversammlung. Die SE-Hauptversammlung steht als eigenständiges Organ der SE gleichrangig neben den Verwaltungsorganen des dualistischen Systems (Leitungs- und Aufsichtsorgan, s. 5. Abschnitt § 2 Rn. 2 ff., 19 ff.) und dem Verwaltungsorgan des monistischen Systems (Verwaltungsrat, s. 5. Abschnitt § 3 Rn. 4 ff.). Die Konzeption der SE-Hauptversammlung entspricht im Wesentlichen derjenigen einer deutschen Aktiengesellschaft: Im Hinblick auf die Sachverhalte, die in die Zuständigkeit der Hauptversammlung fallen, legt die SE-Verordnung die gleichen Grundüberlegungen zugrunde wie im nationalen Aktienrecht und verweist zu großen Teilen auf das nationale Recht. Auch im Hinblick auf die Organisation, den Ablauf und die Leitung der Hauptversammlung verweist die SE-Verordnung zu großen Teilen auf das nationale Recht, so dass im Wesentlichen auf die Erfahrungen mit Hauptversammlungen von Aktiengesellschaften zurückgegriffen werden kann. 1

Abweichungen von den aktienrechtlichen Regelungen lassen sich vor allem im Hinblick auf die folgenden Punkte feststellen: 2

1. Hinsichtlich der **Zuständigkeiten** der Hauptversammlung ist zu beachten, dass das SE-Verordnungsrecht eigene Regelungen für die Hauptversammlung im Hinblick auf Satzungsänderungen, die Bestellung von Organmitgliedern und im Rahmen bestimmter Gründungsverfahren und der Sitzverlegung beinhaltet, wobei zum Teil Besonderheiten bestehen (s. Rn. 5 ff.). Zudem beinhaltet das Verordnungsrecht zahlreiche **Satzungsregelungen**, die der Hauptversammlung zum Teil zwingende und zum Teil fakultative Zuständigkeiten übertragen und zum Teil von den aktienrechtlichen Regelungen abweichen (s. Rn. 36). Kommen die Regelungen des Aktiengesetzes aufgrund der Verweisung auf das nationale Recht bzw. die Regelungen des SEAG zur Anwendung, ist insbesondere fraglich, ob durch die Verweisung auch die aktienrechtliche Zuständigkeit zur Entlastung, Abberufung von Organmitgliedern und Ausübung des Letztentscheidungsrechts umfasst werden (s. Rn. 12 ff.); auch ist streitig, ob die Holzmüller/Gelatine-Doktrin bei der SE zur Anwendung gelangen kann (s. Rn. 37).
2. Bei der **Organisation und dem Ablauf** der Hauptversammlung ist zu berücksichtigen, dass die SE-Verordnung abweichende Regelungen zu den Gründen für die Einberufung, den Einberufungsberechtigten, das Minderheitsverlangen (s. Rn. 48 ff.) und der Ergänzung der Tagesordnung beinhaltet.

3. Im Hinblick auf die **Beschlussmehrheiten** bestehen Besonderheiten insoweit, als zum Teil davon ausgegangen wird, dass für **satzungsändernde** Mehrheiten zwei Drittel der abgegebenen Stimmen ausreichen (s. Rn. 67). Zudem bestehen Zweifelsfragen im Hinblick auf die zusätzliche Anwendbarkeit der im nationalen Aktiengesetz vorgesehenen höheren **Kapitalmehrheit** von Dreivierteln, die sich sowohl bei einfachen als auch qualifizierten Mehrheiten stellt (s. Rn. 63 ff.). Besonderheiten bestehen zudem bei Fragen der Satzungsgestaltung (s. Rn. 67, 69) und im Hinblick auf Sonderbeschlüsse (s. Rn. 73).

B. Zuständigkeit

3   Die Zuständigkeiten der Hauptversammlung werden durch Art. 52 SE-VO festgelegt, der ein **vierstufiges System** vorsieht. Hiernach hat die Hauptversammlung über Angelegenheiten zu beschließen, in denen ihr die Zuständigkeit durch die Verordnung selbst (s. Rn. 4 ff.) oder die SE-Richtlinie (s. Rn. 12) übertragen wird. Zudem beschließt sie in Angelegenheiten, in denen ihr nach dem Recht des jeweiligen Sitzstaates (s. Rn. 13 ff.) oder nach der mit den Rechtsvorschriften dieses Mitgliedstaates in Einklang stehenden Satzung eine Zuständigkeit übertragen ist (s. Rn. 36). Entsprechend dem allgemeinen Vorrang des Europarechts gehen die Regelungen der SE-Verordnung den anderen Regelungen vor. Die nationalen Regelungen kommen daher zur Lückenfüllung zum Zuge.[1]

I. Zuständigkeit nach der SE-Verordnung

4   Entsprechend der anwendbaren Normenhierarchie richtet sich die Zuständigkeit der SE-Hauptversammlung gem. Art. 52 Unterabs. 1 lit. a SE-VO in erster Linie nach den Regelungen der SE-Verordnung.

1. Satzungsänderungen

5   Nach der SE-Verordnung ist die Hauptversammlung für die Änderung der Satzung zuständig (Art. 59 Abs. 1 SE-VO), wobei diese Zuständigkeit ausschließlich ist, so dass weder die Satzung noch die Hauptversammlung selbst eine Änderung der Satzung von der Mitwirkung einer anderen Stelle abhängig machen kann. Der SE-Hauptversammlungskompetenz unterliegen alle **materiellen** Satzungsänderungen, die inhaltliche Abweichung nach sich ziehen. Die normative Grundordnung der SE kann nur nach Maßgabe des Art. 59 SE-VO verändert werden.[2]

6   Inwieweit die Hauptversammlung auch über Änderungen der Satzung im formalen Sinn (**Fassungsänderungen**) entscheiden muss, ist streitig.[3] Es spricht indessen viel dafür, dass insoweit eine Regelungslücke der SE-VO vorliegt, über die die Regelung des § 179 Abs. 1 Satz 2 AktG zur Anwendung gelangt, so dass die Hauptversammlung die Befugnis, über Fassungsänderungen zu entscheiden, an das Aufsichtsorgan bzw. den Verwaltungsrat übertragen kann. Art. 59 Abs. 1 SE-VO beinhaltet zwar selbst keine Ausnahmeregelung für Fassungsänderungen, sondern bezieht sich seinem Wortlaut nach allgemein auf „die Änderung der Satzung". Dem Sinn und Zweck der Regelung nach kann Art. 59 Abs. 1 SE-VO indessen nicht als abschließend angesehen werden. Grund hierfür sind die erhöhten Beschlusserfordernisse des Art. 59 SE-VO, die nur

---

[1] *Brandt*, S. 121; *vom Brocke*, S. 123.
[2] Zu den einzelnen Satzungsänderungen im materiellen Sinn vgl. *Hüffer*, AktG, § 179 Rn. 4; ausführlich Geßler/*Hefermehl*/Eckardt/Kropff, § 179 AktG Rn. 21.
[3] S. *Brandt*, S. 136 f.; *Schwarz*, Art. 59 Rn. 9; aA Lutter/Hommelhoff/*Spindler*, S. 232 f.; MünchKommAktG/*Kubis*, Art. 59 Rn. 4.

§ 4 Hauptversammlung § 4 7–11

dann einen Sinn ergeben, wenn sich die Änderung der Satzung inhaltlich auswirkt. Bei formalen Änderungen, etwa im Zusammenhang mit Kapitalerhöhungen aus genehmigtem Kapital, ist es daher zulässig, dass das Aufsichtsorgan bzw. der Verwaltungsrat auf der Grundlage des zuvor gefassten Hauptversammlungsbeschlusses in Ausführung dieses Beschlusses die Fassung der Satzung ändert. Auch die historische Auslegung dieser Bestimmung[4] spricht für dieses Ergebnis.

Satzungsänderungen sind, wie im deutschen Recht, als **Tagesordnungspunkt** anzukündigen, und der volle Wortlaut der Fassung der Satzung ist **offenzulegen** (§ 124 Abs. 2 Satz 2 AktG iVm. Art. 9 Abs. 1 lit. c ii SE-VO). Zu den Beschlussmehrheiten s. Rn. 68. Der satzungsändernde Hauptversammlungsbeschluss ist nach Art. 53 SE-VO iVm. § 130 Abs. 1 S. 1 AktG **notariell** zu beurkunden. Bei nicht börsennotierten Gesellschaften ist nach § 130 Abs. 1 S. 3 AktG ein privatschriftliches Protokoll ausreichend. 7

Für SE mit Sitz in Deutschland besteht keine Ausnahme vom Beschlusserfordernis nach Art. 12 Abs. 4 SE-VO, der es ermöglichen würde, auf einen Hauptversammlungsbeschluss zu verzichten, wenn die Satzung der SE im Widerspruch zu einer **Vereinbarung über die Beteiligung der Arbeitnehmer** steht. Von dieser Ausnahmemöglichkeit hat das Ausführungsgesetz keinen Gebrauch gemacht, um in diesem wichtigen Punkt die Entscheidungsfreiheit der Anteilseigner zu schützen. Das kann zur Folge haben, dass die ursprünglich im Verschmelzungs- oder Gründungsplan offengelegte Satzung nach abweichendem Verhandlungsergebnis durch die Hauptversammlung abgeändert werden muss. 8

2. Bestellung der Mitglieder des Aufsichtsorgans bzw. Verwaltungsrats

Die SE-Hauptversammlung ist grundsätzlich zuständig für die Bestellung der Mitglieder des Aufsichtsorgans[5] und der Mitglieder des Verwaltungsrats, Art. 43 Abs. 3 S. 1 SE-VO (s. 5. Abschnitt § 2 Rn. 20 ff., § 3 Rn. 8 ff.). Ausnahmen hiervon bestehen für Mitglieder des **ersten Aufsichtsorgans** bzw. des **ersten Verwaltungsrats**, die von den Gründern durch die Satzung bestellt werden können (Art. 40 Abs. 2 S. 2, 43 Abs. 3 S. 1 SE-VO), sowie bei in der Satzung vorgesehenen **Entsendungsrechten** (Art. 40 Abs. 2 Satz 3 iVm. Art. 47 Abs. 4 SE-VO iVm. § 101 Abs. 2 Satz 1 AktG). Die Wahlvorschläge sind durch das Aufsichtsorgan bzw. den Verwaltungsrat zu unterbreiten (§ 124 Abs. 3 AktG, § 22 Abs. 6 SE-AG iVm. Art. 43 Abs. 4 iVm. Art. 9 Abs. 1 lit. c ii SE-VO), sofern sich nicht aus der SE-Richtlinie anderes ergibt (s. 6. Abschnitt Rn. 234). Die Art der Abstimmung wird durch den Verhandlungsleiter festgelegt. 9

3. Direkte Bestellung der Mitglieder des Leitungsorgans

Von der Ermächtigung des Art. 40 Abs. 2 S. 2 SE-VO, die den Mitgliedstaaten die Möglichkeit einräumt, eine direkte Wahl der Mitglieder des Leitungsorgans durch die Hauptversammlung vorzusehen, ist im SEAG kein Gebrauch gemacht worden.[6] Der Hauptversammlung einer SE mit Sitz in Deutschland stehen aus Art. 40 Abs. 2 SE-VO keine solchen Befugnisse zu. 10

4. Gründung und Umwandlung

Weitere Hauptversammlungskompetenzen bestehen im Zusammenhang mit der Gründung bzw. Umwandlung von SE. Gemäß Art. 23 SE-VO bedarf es bei der Verschmelzung der Zustimmung der jeweiligen Hauptversammlung der sich verschmel- 11

---

[4] S. im Einzelnen *Brandt*, S. 136 f.
[5] Dualistisches System, Art. 40 Abs. 2 S. 1 SE-VO.
[6] *Teichmann*, ZIP 2002, 1109, 1113; s. auch *Schwarz*, ZIP 2001, 1847, 1854.

zenden Gesellschaften (s. 4. Abschnitt § 2 Rn. 61 f.), und gem. Art. 32 Abs. 6 SE-VO muss bei der Gründung einer Holding-SE die Hauptversammlung der die Gründung anstrebenden Gesellschaften dem Gründungsplan zustimmen (s. 4. Abschnitt § 3 Rn. 16 ff.). Zudem ist die Hauptversammlung gem. Art. 8 Abs. 6 SE-VO zuständig für die Beschlussfassung zur Verlegung des Sitzes (s. 7. Abschnitt Rn. 35 f.). Auch bedarf es bei der Umwandlung einer SE in eine Aktiengesellschaft nationalen Rechts nach Art. 66 Abs. 6 SE-VO der Zustimmung der Hauptversammlung zum Umwandlungsplan (s. 4. Abschnitt § 5 Rn. 34 ff.).

II. Zuständigkeit aufgrund der SE-Ergänzungsrichtlinie

12 Zuständigkeiten der SE-Hauptversammlung aufgrund der SE-Richtlinie bestehen nicht, da die SE-Verordnung im Gegensatz zu ihren Vorläufern[7] keine solche Regelung mehr enthält. Aus Art. 52 Unterabs. 1 lit. b SE-VO ergeben sich keine weiteren Beschlusszuständigkeiten der SE-Hauptversammlung.[8]

III. Zuständigkeit nach den Vorschriften des Sitzstaates – deutsches Aktienrecht

13 Aufgrund der Verweisung in Art. 52 Unterabs. 2 SE-VO ist die Hauptversammlung zudem, soweit ihr nicht schon durch die SE-Verordnung selber Kompetenzen übertragen worden sind, in den Angelegenheiten zuständig, in denen ihr nach dem mitgliedstaatlichen Recht eine Zuständigkeit zugewiesen ist. Für SE mit Sitz in Deutschland kommen mithin vor allem die Regelungen des SEAG und des Aktiengesetzes zur Anwendung.

1. Kompetenzen nach § 119 AktG iVm. Art. 52 SE-VO

14 Aufgrund dieser Verweisungsnorm des Art. 52 Unterabs. 2 SE-VO werden der Hauptversammlung einer SE mit Sitz in Deutschland die Kompetenzen zugewiesen, die sich aus § 119 Abs. 1 Nr. 2 bis 4 und Nr. 6 bis 8 AktG ergeben.[9] Auf § 119 Abs. 1 Nr. 1 (Änderungen der Satzung) und Nr. 5 AktG (Wahl der Mitglieder des Aufsichtsorgans bzw. des Verwaltungsrats) wird demgegenüber nicht verwiesen. Insoweit sind die vorrangigen Verordnungsregelungen des Art. 59 SE-VO (s. Rn. 5) und der Art. 40 Abs. 2 S. 1 und 43 Abs. 3 S. 1 SE-VO (s. Rn. 9 f.) anwendbar.

15 **a) Verwendung des Bilanzgewinns.** Die Hauptversammlung beschließt über die Verwendung des Bilanzgewinns (§§ 119 Abs. 1 Nr. 2, 174 Abs. 1 AktG). Entsprechend den aktienrechtlichen Regelungen ist sie an den Jahresabschluss gebunden (§ 174 Abs. 1 Satz 2 AktG iVm. Art. 9 Abs. 1 lit. c ii SE-VO) und hat die erforderlichen Rücklagen einzustellen (§§ 150 Abs. 2, 58 AktG iVm. Art. 9 Abs. 1 lit. c ii SE-VO).[10]

16 **b) Entlastung.** Zuständig ist die Hauptversammlung nach zutreffender Auffassung für die Entlastung der Mitglieder des Leitungs- und Aufsichtsorgans bzw. des Verwaltungsorgans (§§ 119 Abs. 1 Nr. 3, 120 AktG),[11] wobei die aktienrechtlichen Regelun-

---

[7] S. bspw. Art. 3 Nr. 3 S. 2 des Richtlinienvorschlages vom 25.8.1989 (89/C 263/08) sowie Art. 3 Abs. 2 S. 1 des Vorschlags vom 6.4.1991 (91/C 138/08).
[8] *Schwarz*, Art. 52 Rn. 13.
[9] *Schwarz*, Art. 52 Rn. 24.
[10] Beck AG-HB/*Reichert*, § 5 Rn. 12.
[11] So auch Lutter/Hommelhoff/*Spindler*, S. 236; *Schwarz*, Art. 52 Rn. 30; aA *Brandt*, S. 148 ff.; *Hommelhoff*, AG 1990, 422, 427 auf der Basis des Entwurfs von 1989.

gen[12] über die Verweisungsnorm des Art. 52 Unterabs. 2 SE-VO zur Anwendung kommen.[13] Hierfür spricht das der SE-Verordnung zugrunde liegende System. Es regelt nur bruchstückhaft einzelne Hauptversammlungskompetenzen und verweist zur Ausfüllung der Regelungslücken auf das nationale Recht und damit auch auf § 120 AktG. Gegen das Zumzugekommen des § 120 AktG können auch aus der Entstehungsgeschichte, insbesondere aus dem Umstand, dass der Entwurf von 1989 noch eine abschließende Liste enthielt, in der die Entlastung nicht enthalten war, keine gegenläufigen Rückschlüsse gezogen werden. Denn den Vorläufern des jetzigen Textes lag ein umfassendes Regelungssystem und im Fall der Hauptversammlungskompetenzen eine enumerative Aufzählung zugrunde, die in dem jetzigen Verordnungstext zugunsten eines Generalverweises auf nationales Recht abgeändert worden ist, so dass aus den Regelungen der Vorläufer keine Schlüsse mehr gezogen werden können. Auch können die Art. 39 ff. SE-VO insoweit nicht als abschließend angesehen werden[14] (s. 3. Abschnitt Rn. 14). Entsprechend dem deutschen Aktiengesetz gilt als Regelfall die **Gesamtentlastung**; es kann Einzelentlastung durch die Hauptversammlung beschlossen werden (zum Beschlusserfordernis s. Rn. 62 ff.). Ferner besteht die Möglichkeit, dass eine Minderheit, deren Anteil den zehnten Teil des Grundkapitals oder den anteiligen Betrag von einer Million Euro erreicht, **Einzelentlastung** verlangen kann (§ 120 Abs. 1 Satz 2 2. Alt. AktG iVm. Art. 9 Abs. 1 lit. c ii SE-VO). Die betreffenden Organmitglieder sind, soweit es um ihre Entlastung geht, vom Stimmrecht ausgeschlossen (§ 136 AktG iVm. Art. 9 Abs. 1 lit. c ii SE-VO).

c) Bestellung des Abschlussprüfers. Die Hauptversammlung hat jährlich über die Bestellung des Abschlussprüfers zu entscheiden (§ 119 Abs. 1 Nr. 4 AktG, § 318 Abs. 1 HGB). Der Vorschlag ist vom Aufsichtsorgan (§ 124 Abs. 3 AktG iVm. Art. 9 Abs. 1 lit. c ii SE-VO) bzw. dem Verwaltungsrat (§ 124 Abs. 3 AktG iVm. § 22 Abs. 6 SEAG) vorzulegen, dem auch die Erteilung des Prüfungsauftrages obliegt (§ 111 Abs. 2 Satz 3 AktG, § 318 Abs. 1 Satz 4 HGB).

d) Maßnahmen der Kapitalbeschaffung und der Kapitalherabsetzung. Zuständig ist die Hauptversammlung, um über Maßnahmen der Kapitalbeschaffung und der Kapitalherabsetzung zu beschließen, wozu auch die Ausgabe von Wandel- und Gewinnschuldverschreibungen gehört sowie die Einräumung von Genussrechten (§ 119 Abs. 1 Nr. 6 AktG iVm. §§ 182, 192, 202, 207, 221, 222, 229, 237 AktG). Die weiteren Voraussetzungen dieser Maßnahmen richten sich nach nationalem Recht (s. Art. 5 SE-VO). Zu den erforderlichen Mehrheiten s. Rn. 68 f.

e) Bestellung von Sonderprüfern. Die Hauptversammlung beschließt über die Bestellung von Sonderprüfern zur Prüfung von Vorgängen bei der Gründung oder der Geschäftsführung (§ 119 Abs. 1 Nr. 7 AktG). Die Bestellung der Sonderprüfer richtet sich ansonsten nach § 142 AktG iVm. Art. 9 Abs. 1 lit. c ii SE-VO. Wird der Antrag durch die Hauptversammlung abgelehnt, kann es unter den Voraussetzungen des § 142 Abs. 2 AktG iVm. Art. 9 Abs. 1 lit. c ii SE-VO zur gerichtlichen Bestellung eines Sonderprüfers kommen.

f) Auflösung der Gesellschaft. Die Hauptversammlung beschließt über die Auflösung der Gesellschaft (§ 119 Abs. 1 Nr. 8 AktG iVm. § 262 AktG iVm. Art. 63 SE-VO). Als Verweisungsnorm ist insoweit die speziellere Regelung des Art. 63 SE-VO

---

[12] Sie hat zur Folge, dass die Billigung der Tätigkeit der Mitglieder des Aufsichtsorgans bzw. des Verwaltungsrats zum Ausdruck kommt, aber bei ihrer Versagung nicht ohne weiteres ein wichtiger Grund zur Abberufung des/der betreffenden Organmitglieder begründet wird; s. Kölner KommAktG/*Zöllner*, § 120 AktG Rn. 42.

[13] So im Ergebnis *Gutsche*, S. 84; *Leupold*, S. 100.

[14] Für diese Auffassung *Brandt*, S. 148 ff.; *Hommelhoff*, AG 1990, 422, 427.

heranzuziehen. Durch die Auflösung der Gesellschaft wird die werbende Tätigkeit der Gesellschaft eingestellt und diese in eine Abwicklungsgesellschaft umfunktioniert. Zur Beschlussmehrheit s. im Einzelnen 11. Abschnitt Rn. 10.

2. Sonstige Kompetenzen aufgrund Verweises auf nationales Recht

21 Außer diesen Zuständigkeiten kommen über die Verweisungsnorm des Art. 52 Unterabs. 2 SE-VO die folgenden weiteren im Aktiengesetz und SEAG vorhandenen Zuständigkeitsregelungen zur Anwendung:

22 **a) Verzicht und Vergleich auf Ersatzansprüche der Gesellschaft.** Die Hauptversammlung ist zuständig für einen Verzicht oder Vergleich auf Ersatzansprüche der Gesellschaft gegen Gründer und Mitglieder der Verwaltungsorgane (§§ 50, 93 Abs. 4, 116 AktG). Es bedarf eines solchen Hauptversammlungsbeschlusses sowohl bei dem Verzicht auf die Ansprüche gegenüber dem Leitungsorgan als auch gegenüber den Mitgliedern des Verwaltungsrats (§ 33 SEAG) oder den geschäftsführenden Direktoren (§ 40 Abs. 8 SEAG). Neben der Zustimmung der Hauptversammlung ist entsprechend den aktienrechtlichen Regelungen der §§ 50, 93 Abs. 4 und 116 AktG, deren weiterer Inhalt über Art. 9 Abs. 1 lit. c ii SE-VO zur Anwendung gelangt, zudem erforderlich, dass die Minderheitsaktionäre nicht widersprechen (10% des Grundkapitals) und nicht mehr als drei Jahre seit der Entstehung des Anspruchs verflossen sind.

23 **b) Zustimmung zu Nachgründungsverträgen.** Auf SE mit Sitz in Deutschland finden über Art. 5 SE-VO die Regelungen des Aktiengesetzes zum Kapital und damit auch diejenigen zur Nachgründung Anwendung. Entsprechend § 52 Abs. 5 AktG ist daher ein Hauptversammlungsbeschluss zur Wirksamkeit des Nachgründungsvertrages erforderlich. Zur Beschlussmehrheit s. Rn. 68. Neben der Zustimmung der Hauptversammlung ist die Eintragung der Verträge im Handelsregister erforderlich. Die Verträge bedürfen der Schriftform (§ 52 AktG iVm. Art. 5 SE-VO).

24 **c) Ermächtigung zum Erwerb/zur Einziehung eigener Aktien.** Zuständig ist die Hauptversammlung für die Ermächtigung der Verwaltungsorgane zum Erwerb bzw. zur Einziehung eigener Aktien (§ 71 Nr. 7 und 8 AktG iVm. Art. 52 Unterabs. 2 SE-VO). Die Ermächtigung der Hauptversammlung hat gegenüber dem Leitungsorgan bzw. dem Verwaltungsrat (§ 22 Abs. 6 SEAG) zu erfolgen; über Art. 5 SE-VO kommen die weiteren Voraussetzungen des § 71 AktG zur Anwendung.

25 **d) Vorbereitung von Hauptversammlungsbeschlüssen.** Die Mitglieder des Leitungsorgans bzw. Verwaltungsrats § 22 Abs. 6 SEAG können durch Beschluss der Hauptversammlung angehalten werden, Maßnahmen der Hauptversammlung vorzubereiten, die in ihren Zuständigkeitsbereich fallen (§ 83 Abs. 1 AktG iVm. Art. 52 Unterabs. 2 SE-VO). Der Beschluss bedarf der für die Maßnahme oder für die Zustimmung zum Vertrag erforderlichen Mehrheit.[15]

26 **e) Entzug des Vertrauens.** Die Hauptversammlung kann durch Beschluss den Mitgliedern des Leitungsorgans das Vertrauen entziehen (§ 84 Abs. 3 AktG, § 22 Abs. 6 SE-AG iVm. Art. 52 Unterabs. 2 SE-VO), was einen wichtigen Grund für ihre Abberufung darstellt. Im monistischen System gilt diese Regelung nicht.

27 **f) Abberufung der Mitglieder des Aufsichtsorgans bzw. Verwaltungsrats.** Die SE-Verordnung regelt nicht die Abberufung der Mitglieder des Aufsichtsorgans bzw. des Verwaltungsrats. Sie beinhaltet in ihrem Art. 40 Abs. 2 SE-VO bzw. Art. 43 Abs. 3 SE-VO lediglich Regelungen zur Bestellung dieser Mitglieder. Nach zutreffender Ansicht kommt daher über Art. 52 Unterabs. 2 SE-VO die Regelung des § 103

---

[15] S. zu den Einzelheiten Kölner KommAktG/*Habersack*, § 83 AktG Rn. 9.

Abs. 1 AktG bzw. im monistischen System diejenige des § 29 SEAG zur Anwendung, so dass die Hauptversammlung diese Organmitglieder vor Ablauf ihrer Amtszeit mit **Dreiviertelstimmenmehrheit** abberufen kann, einschließlich der gewährten Satzungsgewalt, andere Mehrheiten vorzusehen.[16] Dem steht im Ergebnis auch nicht die Regelung des Art. 46 Abs. 1 SE-VO entgegen, die sich mit der Bestellung der Organmitglieder für einen satzungsmäßig festgelegten Zeitraum befasst und die teilweise derart interpretiert wird, dass sie einer freien Abberufung entgegenstünde.[17] Dieser Auffassung kann im Ergebnis nicht gefolgt werden, denn unmittelbar dient diese Regelung dazu, die Höchstdauer der Amtszeit durch eine Satzungsbestimmung festzulegen, was erforderlich ist, da die SE-Verordnung anders als das deutsche Recht keine unmittelbare gesetzliche Höchstamtsdauer festlegt, sondern insoweit auf eine Satzungsregelung verweist. Zudem sprechen die sich mit dem dualistischen System befassenden Regelungen des Art. 39 Abs. 1 und Abs. 2 Satz 2 SE-VO für dieses Ergebnis. Sie erlauben, dass das Leitungsorgan, das vom Aufsichtsorgan bzw. direkt durch die Hauptversammlung bestellt worden ist, auch durch diese wieder abberufen werden kann. Denn wie sich anhand dieser Regelung zeigt, kann Art. 46 Abs. 1 SE-VO, der sich sowohl auf die Mitglieder des dualistischen als auch des monistischen Systems erstreckt, der Abberufung aus dem Leitungsorgan nicht entgegenstehen (vgl. 5. Abschnitt § 2 Rn. 25). Folglich kann Art. 46 Abs. 1 SE-VO auch kein Hindernis für die Abberufung der Mitglieder des Aufsichtsorgans bzw. des Verwaltungsrats (s. hierzu § 29 SEAG) darstellen. Vielmehr kann zur Lückenfüllung auf die nationalen Regelungen zurückgegriffen werden. Hierfür sprechen auch allgemeine verbandsrechtliche Überlegungen, nach denen die Bestellungskompetenz mit der Abberufungskompetenz einhergeht.[18]

g) Letztentscheidungsrecht bei vorlagepflichtigen Geschäftsführungsangelegenheiten. Nach überwiegender Auffassung kommt es über Art. 52 Unterabs. 2 SE-VO zur Anwendung des § 111 Abs. 4 S. 3 AktG auf die SE, so dass der Hauptversammlung bei Verweigerung der Zustimmung des Aufsichtsorgans bzw. des Gesamtverwaltungsrats ein Letztentscheidungsrecht zusteht.[19] Art. 48 SE-VO regelt die Zustimmungsbedürftigkeit von bestimmten Geschäften, verhält sich jedoch nicht dazu, welche Folgen eine mangelnde Zustimmung nach sich zieht, so dass diese Regelung nicht als abschließend angesehen werden kann. Auch eine historische Auslegung, die darauf aufbaut, dass die Vorläufer der SE-Verordnung trotz der bestehenden Forderung nach einem Letztentscheidungsrecht kein solches beinhalteten,[20] kann wegen des bereits erwähnten Systemwechsels in der Verweisungstechnik (s. Rn. 16) nicht zu einem anderen Ergebnis führen. Im dualistischen System kommt es aufgrund des Verweises in Art. 52 Unterabs. 2 SE-VO dazu, dass das Leitungsorgan der Hauptversammlung das Geschäft zur Entscheidung vorlegen kann, wenn das Aufsichtsorgan seine Zustimmung verweigert hat. Im monistischen System ergibt sich aus § 22 Abs. 6 SEAG iVm. Art. 52 Unterabs. 2 SE-VO iVm. § 111 Abs. 4 S. 3 AktG die Anwendbarkeit des Letztentscheidungsrechts. Dementsprechend kann der Verwaltungsrat, wenn der Gesamtverwaltungsrat einem ihm zur Entscheidung vorgelegten Geschäft nicht zugestimmt hat, das Geschäft der Hauptversammlung zur endgültigen Entscheidung vorlegen.

---

[16] So im Ergebnis *Brandt*, S. 146 ff.; *Buchheim*, S. 246; Lutter/Hommelhoff/*Spindler*, S. 234.
[17] So *Hirte*, NZG 2002, 1, 5; *Hommelhoff*, AG 2001, 279, 283, die davon ausgehen, dass Art. 46 SE-VO eine vorzeitige Abberufung ausschließe.
[18] *Brandt*, S. 146 ff.; *Buchheim*, S. 246.
[19] So im Ergebnis *Teichmann*, ZGR 2002, 383, 454; *Schwarz*, Art. 52 Rn. 26; aA für die mangelnde Anwendbarkeit des § 111 Abs. 4 S. 3 AktG *Brandt*, S. 150 f. So im Ergebnis ebenfalls *Gutsche*, S. 97 f.; *Leupold*, S. 94 f.; *Reinkensmeier*, S. 133; Lutter/Hommelhoff/*Spindler*, S. 235.
[20] Unter anderem auf die historische Auslegung abstellend *Brandt*, S. 150 f.

29 **h) Festsetzung der Vergütung des Aufsichtsorgans bzw. des Verwaltungsrats.** Nach § 113 Abs. 1 Satz 2 SE-VO iVm. Art. 52 Unterabs. 2 SE-VO kann die Vergütung der Mitglieder des Aufsichtsorgans durch einen Hauptversammlungsbeschluss bewilligt werden.[21] Im monistischen System gilt für den Verwaltungsrat über § 38 Abs. 1 SEAG, der auf § 113 AktG verweist, Entsprechendes.

30 **i) Geltendmachung von Ersatzansprüchen gegenüber Gründern und Verwaltungsmitgliedern.** Die Hauptversammlung kann die Durchsetzung von Ersatzansprüchen gegenüber den Gründern, den Mitgliedern des Leitungsorgans (§ 147 AktG) und des Verwaltungsrats (§ 22 Abs. 6 SEAG) beschließen. An die Stelle des Hauptversammlungsbeschlusses kann ein Antrag einer Minderheit (10% des in der Hauptversammlung vertretenen Grundkapitals) treten (§ 147 Abs. 3 AktG iVm. Art. 9 Abs. 1 lit c ii SE-VO).

31 **j) Widerruf der Wahl zum Abschlussprüfer.** Die Hauptversammlung ist zuständig für den Widerruf der Wahl zum Abschlussprüfer. Im Hinblick auf die Abberufungsmodalitäten kommt § 318 HGB über Art. 9 Abs. 1 lit. c ii SE-VO zur Anwendung, so dass der Prüfungsauftrag des Abschlussprüfers nur nach der gerichtlichen Bestellung eines anderen Prüfers widerrufen werden kann.

32 **k) Feststellung des Jahresabschlusses.** Die Hauptversammlung ist für die Feststellung des Jahresabschlusses zuständig, wenn der Aufsichtsrat bzw. der Verwaltungsrat den Jahresabschluss nicht billigt (§ 173 Abs. 1 AktG, § 47 Abs. 6 SEAG) oder wenn Vorstand und Aufsichtsrat bzw. der Verwaltungsrat die Feststellung des Jahresabschlusses der Hauptversammlung überlassen (§§ 172 Abs. 1, 173 Abs. 1 AktG, § 47 Abs. 6 SEAG).[22] Gleiches gilt, wenn das Aufsichtsorgan bzw. der Verwaltungsrat einer SE-Muttergesellschaft oder der Aufsichtsrat einer deutschen Muttergesellschaft den Konzernabschluss nicht gebilligt hat (§ 173 Abs. 1 Satz 2 AktG). Auch in diesem Fall entscheidet die Hauptversammlung der SE. Schließlich besteht eine Zuständigkeit der Hauptversammlung im Fall einer rückwirkenden vereinfachten Kapitalherabsetzung (§ 234 Abs. 1 AktG). Für die Feststellung des Jahresabschlusses oder des Konzernabschlusses durch die Hauptversammlung gelten § 173 Abs. 2 und 3 AktG, § 22 Abs. 6 SEAG iVm. Art. 9 Abs. 1 lit. c ii SE-VO. Zur Beschlussmehrheit s. Rn. 68.

33 **l) Übertragung des gesamten Vermögens.** Die Hauptversammlung hat ihre Zustimmung zu Verträgen zu geben, durch die sich die Gesellschaft zur Übertragung ihres gesamten Vermögens verpflichtet, ohne dass die Übertragung dem Umwandlungsgesetz unterfällt (§ 179a AktG). Zur Beschlussmehrheit s. Rn. 68.

34 **m) Bewertung von Erträgen aufgrund höherer Bewertung.** Der Hauptversammlung steht die Entscheidung über die Bewertung des Ertrages, der durch höhere Bewertung aufgrund einer Sonderprüfung entsteht, zu (§ 261 Abs. 3 Satz 2 AktG). Die Entscheidungsfreiheit der Hauptversammlung wird entsprechend den aktienrechtlichen Regelungen durch den erforderlichen Steuerabzug und den Ausgleich des Bilanzverlustes eingeschränkt.

35 **n) Konzernrechtliche Maßnahmen.** Die Hauptversammlung hat konzernrechtlichen Maßnahmen, wie dem Abschluss von Unternehmensverträgen, zuzustimmen. Im Bereich des Konzernrechts kommen die aktienrechtlichen Regelungen mit geringen Anpassungen zur Anwendung (s. 8. Abschnitt Rn. 1 ff.).

---

[21] So auch *Brandt*, S. 152 f.; Lutter/Hommelhoff/*Spindler*, S. 235; *Schwarz*, Art. 52 Rn. 27; vgl. im Einzelnen zum deutschen Recht *Hüffer*, AktG, § 113 Rn. 3.

[22] *Brandt*, Art. 52 Rn. 31.

IV. Zuständigkeiten aufgrund der Satzung der SE

36 Die satzungsmäßige Zuständigkeit der Hauptversammlung kann sich aus Regelungen der SE-Verordnung und des nationalen Rechts ergeben. Die SE-Verordnung, die dem Grundsatz der **Satzungsstrenge** folgt (Art. 9 Abs. 1 lit. b und lit. c iii SE-VO, s. 3. Abschnitt Rn. 7), weist der Satzung und damit den Gründern bzw. nach Eintragung der SE der Hauptversammlung Kompetenzen zu. Das gilt für die Wahl zwischen dem dualistischen und dem monistischen System (Art. 38 lit. b SE-VO), die Festlegung der Amtsperiode der Organmitglieder (Art. 46 SE-VO), die ggf. gewollte Einschränkung der Wiederwahl der Organmitglieder (Art. 46 SE-VO), die Festlegung der Zahl der Organmitglieder bzw. der Regelungen für ihre Festlegung (Art. 39 Abs. 4 SE-VO iVm. § 16 SEAG, Art. 40 Abs. 3 SE-VO iVm. § 17 SEAG, Art. 43 Abs. 2 SE-VO iVm. § 23 SEAG; s. 2. Abschnitt Rn. 8) und die Festlegung der zustimmungspflichtigen Geschäfte (Art. 48 Abs. 1 SE-VO), wobei das Aufsichtsorgan (dualistisches System) selbst bestimmte Arten von Geschäften von seiner Zustimmung abhängig machen kann (§ 19 SEAG). Zudem besteht die Möglichkeit, in der Satzung für die Aktionärsvertreter besondere Eignungsvoraussetzungen vorzusehen (Art. 47 Abs. 3 SE-VO) und im Hinblick auf das monistische System den Sitzungsturnus des Verwaltungsrats festzulegen (Art. 44 Abs. 1 SE-VO; zum dualistischen System s. 2. Abschnitt Rn. 10). Im Hinblick auf die Hauptversammlung ist auf die Art. 55 Abs. 1 und Art. 56 Satz 2 und 3 SE-VO (s. 2. Abschnitt Rn. 10) zu verweisen. Auf der Ebene des nationalen Rechts, auf die Art. 52 Unterabs. 2 SE-VO verweist, bestehen einige wenige Möglichkeiten, in denen die Hauptversammlung in den in der Satzung bestimmten Fällen beschließen kann. So können beispielsweise weitere Gremien auf der Grundlage eines Hauptversammlungsbeschlusses eingerichtet werden, wie zB Beiräte oder Aktionärsausschüsse,[23] soweit dadurch nicht in die gesetzlichen Organkompetenzen, die die Verordnung bzw. das Aktiengesetz vorschreiben (zum Verhältnis s. 3. Abschnitt Rn. 1 ff.), eingegriffen wird. Auch kann durch die Satzung die Erteilung der Zustimmung zur Übertragung von vinkulierten Aktien an die Hauptversammlung übertragen werden (§ 68 Abs. 2 Satz 3 AktG iVm. Art. 52 Unterabs. 2 SE-VO).

V. Ungeschriebene Hauptversammlungszuständigkeiten

37 Neben den ausdrücklich normierten Fällen der Zuständigkeit kommen nach überwiegender Auffassung auf SE mit Sitz in Deutschland auch die ungeschriebenen Hauptversammlungskompetenzen nach „**Holzmüller/Gelatine**"[24] über den allgemeinen Verweis auf die nationalen Rechtsvorschriften nach Art. 52 Unterabs. 2 SE-VO zur Anwendung.[25] Bei diesen Kompetenzen der Hauptversammlung handelt es sich um eine Grundlagenzuständigkeit, die im Wege der Rechtsfortbildung[26] herzuleiten ist und ihre Grundlage „in der Mediatisierung des Einflusses der Aktionäre" und zugleich

---

[23] Beck AG-HB/*Reichert*, § 5 Rn. 25.
[24] BGHZ Urt. v. 25.2.1982 –II ZR 174/80, BGHZ 122 = NJW 1982, 1703 – Holzmüller; vgl. hierzu *Zimmermann/Pentz*, FS Welf Müller, 2001, S. 151 ff.
[25] Die ganz hM bejaht die Anwendung der Holzmüller-Grundsätze auf die SE, so *Artmann*, WBl. 2002, 189, 196; *Buchheim*, S. 249; *Casper*, FS Ulmer, 2003, S. 51, 69; *Gutsche*, S. 105; *Habersack*, ZGR 2003, 724, 741; *Hommelhoff*, AG 1990, 422, 428; *Maul*, S. 40 ff.; *Schwarz*, Art. 52 Rn. 35; Lutter/Hommelhoff/*Spindler*, S. 230. Letzterer allerdings auf der Grundlage einer Analogie zu den Hauptversammlungszuständigkeiten der Satzungsänderung und der Sitzverlegung. Gegen eine Anwendung *Brandt*, S. 127 ff. S. auch GroßkommAktG/*Mülbert*, § 119 AktG Rn. 79.
[26] *Teichmann*, ZGR 2002, 383 ff. zur Anwendung von Richterrecht auf die SE.

„im Schutz der Anteilseigner vor einer durch grundlegende Entscheidungen des Vorstandes eintretenden nachhaltigen Schwächung des Wertes ihrer Beteiligung"[27] sowie der Anschauungslücke des Gesetzgebers hat. Es ist aus der Verordnung nicht erkennbar, dass eine solche sich aus der **richterlichen Rechtsfortbildung** herleitende Kompetenz ausgeschlossen werden sollte. Gleiches gilt im Ergebnis für die Zuständigkeit bei Entscheidungen über ein Delisting.[28] Auch insoweit kommen über den allgemeinen Verweis auf das nationale Recht die vom Bundesgerichtshof entwickelten Grundsätze zur Anwendung.[29]

VI. Ordentliche und außerordentliche Hauptversammlung

38 Bei der SE, für die insoweit keine besonderen Regelungen vorgesehen sind, kann wie im Aktienrecht zwischen der ordentlichen und der außerordentlichen Hauptversammlung unterschieden werden. Von einer **ordentlichen Hauptversammlung** ist dementsprechend wie im Aktiengesetz auszugehen, wenn in ihr mindestens die folgenden Gegenstände behandelt werden: die Vorlage des Jahresabschlusses (s. Rn. 32), die Verwendung des Bilanzgewinns (s. Rn. 14), die Entlastung der Mitglieder des Leitungs- und Aufsichtsorgans bzw. des Verwaltungsrats (s. Rn. 16) und die Bestellung der Abschlussprüfer für das laufende Geschäftsjahr (s. Rn. 17). Diese Hauptversammlung ist gem. § 175 Abs. 1 AktG, § 48 Abs. 2 SEAG iVm. Art. 9 Abs. 1 lit. c ii SE-VO unverzüglich nach Eingang des Berichts des Aufsichtsrats bzw. Verwaltungsrats nach § 171 Abs. 1 AktG einzuberufen, wobei die Hauptversammlung zumindest sechs Monate nach Abschluss des Geschäftsjahres zusammenzutreten hat (Art. 54 Abs. 1 SE-VO, s. Rn. 41). Im dualistischen System ergeben sich die Verpflichtungen des Leitungsorgans über den Verweis auf das Sitzstaatrecht der SE: Dementsprechend hat das Leitungsorgan den Jahresabschluss mit Lagebericht (ggf. auch den Konzernabschluss), den Bericht des Aufsichtsorgans und seinen Vorschlag für die Verwendung des Bilanzgewinns der Hauptversammlung vorzulegen (§§ 175 Abs. 2, 176 Abs. 1 AktG iVm. Art. 9 Abs. 1 lit. c ii SE-VO). Das Leitungsorgan hat seine Vorlagen und das Aufsichtsorgan seinen Prüfungsbericht zu erläutern. Dabei hat es auch zu einem wesentlichen Fehlbetrag oder einem Verlust Stellung zu nehmen, der das Jahresergebnis wesentlich beeinträchtigt hat. Auch im Übrigen gilt über Art. 9 Abs. 1 lit. c ii SE-VO deutsches Aktienrecht. Im monistischen System hat der Verwaltungsrat den von den geschäftsführenden Direktoren aufgestellten Jahresabschluss (§ 47 Abs. 1 SEAG), seinen Prüfungsbericht und den Vorschlag für die Gewinnverwendung der Hauptversammlung vorzulegen und seine Vorlagen zu erläutern (§§ 175 Abs. 2, 176 Abs. 1 AktG iVm. Art. 9 Abs. 1 lit. c ii SE-VO). Auch die Pflicht, zu wesentlichen Fehlbeträgen oder einem Verlust Stellung zu nehmen, trifft den Verwaltungsrat (§ 45 Abs. 2 S. 4 SEAG).

39 Wie sich Art. 54 SE-VO entnehmen lässt, sind bei der SE weitere (außerordentliche) Hauptversammlungen möglich. Von einer solchen **außerordentlichen Hauptversammlung** ist wie im Aktiengesetz auszugehen, wenn sich die Hauptversammlung nicht mit der Beschlussfassung über den Jahresgewinn befasst und auch die Entlastung der Mitglieder der Verwaltung nicht auf der Tagesordnung steht. Für die Einberufung einer außerordentlichen Hauptversammlung gelten keine besonderen Vorschriften; vielmehr kommen die allgemeinen Regelungen zur Anwendung (s. Rn. 45).

---

[27] BGH Urt. v. 26.4.2004 – II ZR 155/02, NJW 2004, 1860 ff. – Gelatine; s. hierzu *Fleischer*, NJW 2004, 2335 ff.; *Altmeppen*, ZIP 2004, 999 ff.; *Goette*, DStR 2004, 927 ff.; *Habersack*, AG 2005, 137 ff.

[28] BGH NJW 2003, 1032.

[29] S. insoweit Lutter/Hommelhoff/*Spindler*, S. 232, der von einer Analogie zu den Hauptversammlungszuständigkeiten der Satzungsänderung und der Sitzverlegung ausgeht.

C. Organisation der Hauptversammlung

Im Hinblick auf die Organisation und den Ablauf der Hauptversammlung enthält die SE-Verordnung in ihren Art. 54 bis 56 Regelungen zum Zeitpunkt des Zusammentretens, zur Einberufung der Hauptversammlung und zur Tagesordnung. Soweit es um Bereiche geht, die nicht in den Art. 54 bis 56 SE-VO behandelt werden, kommen über die Verweisungsnorm des Art. 53 SE-VO ergänzend die im Sitzstaat der SE für Aktiengesellschaften maßgeblichen Rechtsvorschriften zur Anwendung. 40

I. Zeitpunkt des Zusammentretens

Die Hauptversammlung der SE hat nach Art. 54 Abs. 1 S. 1 SE-VO mindestens einmal im Geschäftsjahr binnen **sechs Monaten** nach Abschluss des Geschäftsjahres zusammenzutreten (**ordentliche Hauptversammlung**), wobei dies unabhängig davon gilt, ob sie nach dem dualistischen oder monistischen System strukturiert ist. Die SE-Regelung zum Zeitpunkt des Zusammentretens weicht mithin vom deutschen Aktienrecht ab, wonach die erste Hauptversammlung in den ersten acht Monaten nach Ablauf des Geschäftsjahres stattzufinden hat (§§ 120 Abs. 1 Satz 1, 175 Abs. 1 Satz 2 AktG). Weitere Hauptversammlungen (**außerordentliche Hauptversammlungen**, s. Rn. 39) sind möglich. Von dem in Art. 54 Abs. 1 Satz 2 SE-VO geregelten Mitgliedstaatenwahlrecht, die **erste** Hauptversammlung erst bis zu achtzehn Monate nach der Gründung der SE abhalten zu können, ist durch das SEAG kein Gebrauch gemacht worden. Es bleibt bei der ansonsten zur Anwendung gelangenden Sechs-Monats-Frist. 41

II. Ort

Zu der Frage, an welchem Ort die Hauptversammlung stattfinden soll, enthält die SE-Verordnung keine Regelungen; es kommt über die Verweisungsnorm die Regelung des § 121 Abs. 5 AktG zur Anwendung. Sie überlässt dem Satzungsgeber diese Entscheidung und verweist die Hauptversammlung für den Fall gänzlich fehlender Satzungsdispositionen an den **Sitz der Gesellschaft** bzw. an denjenigen einer **inländischen Börse**. Nach zutreffender Meinung zum Aktienrecht kann in der Satzung ein ausländischer Versammlungsort bestimmt werden,[30] wobei inhaltliche Grenzen für Auslandsversammlungen zu beachten sein sollen (erforderlich ist ua. eine funktionierende Verkehrsanbindung per Straße oder Schiene).[31] Das gilt auch bei der SE.[32] 42

III. Tag und Uhrzeit

Die SE-VO enthält keine Bestimmungen zu der Frage, an welchem Tag bzw. zu welcher Uhrzeit die ordentliche Hauptversammlung stattzufinden hat. Über Art. 54 Abs. 2 SE-VO gelten jedoch die Grundsätze des Sitzstaates. Dementsprechend ist die Abhaltung der Hauptversammlung an einem Sonntag oder (deutschen) gesetzlichen Feier- 43

---

[30] Dafür MünchKommAktG/*Kubis*, § 121 AktG Rn. 55; *Hüffer*, AktG, § 121 Rn. 14; MünchHdbGesR-IV/*Semler*, § 35 AktG Rn. 32 ff.; *Schiessl*, DB 1992, 823 alle mwN; dagegen Kölner KommAktG/*Zöllner*, § 121 AktG Rn. 34; OLG Hamburg OLGZ 1994, 42, 43 f.; *Wilhelmi*, BB 1987, 1331.
[31] S. MünchKommAktG/*Kubis*, § 121 AktG Rn. 59.
[32] S. auch Lutter/Hommelhoff/*Spindler*, S. 238 f.; *Brandt*, S. 176.

tagen unzulässig.³³ Die Feiertage anderer Mitgliedstaaten sind nach dieser Regelung nicht zu berücksichtigen.³⁴

IV. Sprache

44   Im Hinblick auf die Frage, welche Sprache in der Hauptversammlung angewendet werden soll, beinhaltet die SE-Verordnung keine Regelung. Es kommt über die Verweisungsnorm nationales Aktienrecht zur Anwendung. Hiernach muss die Sprache in der Hauptversammlung **Deutsch** sein.³⁵ Eine andere Sprache darf nur zur Anwendung kommen, wenn alle Aktionäre einverstanden sind. Deshalb ist bei der SE – auch wenn sie regelmäßig über einen international zusammengesetzten Aktionärskreis verfügt – die Abhaltung einer Hauptversammlung auf Englisch nicht mit dem geltenden Recht vereinbar. Auch eine Satzungsbestimmung kann, da weder die SE-Verordnung noch das Aktiengesetz eine Öffnungsmöglichkeit enthält, nichts anderes vorsehen.³⁶

V. Gründe für die Einberufung

45   Nach Art. 54 Abs. 2 SE-VO kann die Hauptversammlung **jederzeit** vom Leitungs-, Aufsichts- oder Verwaltungsorgan oder jedem anderen Organ nach den einzelstaatlichen Rechtsvorschriften einberufen werden. Wie durch den Begriff „jederzeit" deutlich wird, können die Organe mithin, ohne dass besondere Einberufungsgründe vorliegen müssten, die Hauptversammlung einberufen. Das weicht vom deutschen Aktienrecht ab, das zwar dem Vorstand die Einberufung der Hauptversammlung nach freiem Ermessen erlaubt, nicht aber dem Aufsichtsrat. Entsprechend den allgemeinen Sorgfaltspflichten der Organe muss die Einberufung der SE-Hauptversammlung aber jedenfalls zweckmäßig und aus Kostengründen vertretbar sein.³⁷

46   Da die SE-Verordnung keine Gründe beinhaltet, die zur zwingenden Einberufung verpflichten, kann insoweit nationales Recht zur Lückenfüllung zur Anwendung gelangen (Art. 53 SE-VO). Hiernach hat das Leitungsorgan bzw. der Verwaltungsrat die Hauptversammlung ua. einzuberufen, wenn

– der Bericht über die Prüfung des Jahresabschlusses eingegangen ist, damit der festgestellte Jahresabschluss und Lagebericht entgegengenommen werden können und über den Bilanzgewinn abgestimmt werden kann (**ordentliche Hauptversammlung**); die Einberufung hat unverzüglich nach dem Eingang des Berichts zu erfolgen (§ 175 Abs. 1 Satz 1 AktG iVm. § 48 SEAG);
– ein Verlust in Höhe der Hälfte des Grundkapitals besteht (§ 92 Abs. 1 AktG, § 22 Abs. 5 SEAG); die Einberufung hat unverzüglich nach Feststellung des Verlustes zu erfolgen;
– Aufsichtsrats- oder Verwaltungsratsmitglieder zu bestellen sind (Art. 40 Abs. 2, 43 Abs. 3 SE-VO);
– die Hauptversammlung selbst die Einberufung einer neuen Hauptversammlung beschlossen hat (§ 124 Abs. 4 Satz 2 AktG).

---

³³ MünchHdbGesR-IV/*Semler*, § 35 AktG Rn. 30.
³⁴ S. aber *Schwarz*, Art. 54 Rn. 7 und *Brandt*, S. 174 f., nach denen Feiertage in anderen Mitgliedstaaten aufgrund des europaweiten Charakters der SE berücksichtigt werden sollen, zumal eine erkennbare Diskriminierung ausländischer Aktionäre zur Unwirksamkeit der Einberufung führen würde.
³⁵ S. MünchKommAktG/*Kubis*, § 118 AktG Rn. 56; *Butzke*, Die Hauptversammlung der Aktiengesellschaft, S. 128.
³⁶ AA Lutter/Hommelhoff/*Spindler*, S. 240, wonach die Möglichkeit bestehen soll, in der Satzung Englisch als lingua franca des internationalen Wirtschaftsverkehrs vorzusehen.
³⁷ S. Beck AG-HB/*Reichert*, § 5 Rn. 98.

Das Aufsichtsorgan bzw. der Verwaltungsrat ist zur Einberufung der Hauptversammlung verpflichtet, wenn es das **Wohl der Gesellschaft** erfordert (§ 111 Abs. 3 Satz 1 AktG, § 22 Abs. 2 SEAG). 47

VI. Einberufungsberechtigte

1. Organe

Einberufungsberechtigt sind nach Art. 54 Abs. 2 SE-VO zunächst das Leitungs-, Aufsichts-, oder Verwaltungsorgan (zu den Gründen für die Einberufung s. Rn. 45).[38] Die Einberufung durch das jeweilige Organ bedarf eines Beschlusses. Das Leitungsorgan beschließt insoweit mit **einfacher Mehrheit**, vorausgesetzt, die Beschlussfähigkeit ist sichergestellt (mindestens die Hälfte der Mitglieder muss anwesend oder vertreten sein); Gleiches gilt für das Aufsichtsorgan (Art. 50 Abs. 1 lit. b SE-VO. Möglich ist die Einberufung auch durch ein anderes (fakultatives) Organ (Art. 54 Abs. 2 SE-VO), in Deutschland beispielsweise einen Beirat, soweit diesem die Kompetenz durch die Satzung übertragen worden ist.[39] 48

2. Zuständige Behörde

Eine Einberufungszuständigkeit für staatliche Stellen, wie sie Art. 54 Abs. 2 SE-VO zulässt, existiert nicht im deutschen Aktienrecht und wurde auch nicht durch das SEAG eingeführt. Diese Möglichkeit besteht im Hinblick auf eine deutsche SE nicht.[40] 49

3. Andere Personen

Anderen Personen (zB einem Aktionär oder einer Stiftung) kann durch die Satzung, anders als nach § 121 Abs. 2 Satz 3 SE-VO, nicht die Einberufung der Hauptversammlung übertragen werden. Art. 54 Abs. 2 SE-VO ist insoweit abschließend.[41] 50

4. Minderheitsverlangen

Die Einberufung einer Hauptversammlung kann von Aktionären, deren Anteil einen gewissen Teil des Grundkapitals erreicht, verlangt werden (Art. 55 Abs. 1 SE-VO). Die SE-Verordnung geht in ihrem Art. 55 von einem **Schwellenwert von 10%** aus, erlaubt es aber, dass die Satzung oder einzelstaatliche Rechtsvorschriften unter denselben Voraussetzungen, wie sie für Aktiengesellschaften gelten, einen niedrigeren Prozentsatz vorschreiben. Von dieser Ermächtigung hat das SEAG Gebrauch gemacht und in seinem § 50 Abs. 1 entsprechend den nationalen Regelungen[42] den Schwellenwert auf **5% des Grundkapitals** festgelegt. Da entsprechend dem Sinn und Zweck des Art. 55 Abs. 1 SE-VO davon ausgegangen werden muss, dass abweichende Satzungsregelungen nur möglich sind, wenn das nationale Recht solche zulässt – was aber im deutschen Aktiengesetz nicht vorgesehen ist – spricht vieles dafür, dass der Schwellenwert von 5% für SE mit Sitz in Deutschland bindend ist und nicht durch die Festlegung in der Satzung auf 10% gehoben werden kann.[43] 51

---

[38] *Schwarz*, Art. 54 Rn. 8; aA *Brandt*, S. 179 ff.
[39] *Hüffer*, AktG, § 121 Rn. 8.
[40] *Schwarz*, Art. 54 Rn. 10; *Brandt*, S. 181, geht davon aus, dass eine Zuständigkeit durch den nationalen Gesetzgeber geschaffen werden müsste.
[41] *Schwarz*, Art. 54 Rn. 12; *Brandt*, S. 182; Lutter/Hommelhoff/*Spindler*, S. 242.
[42] Im deutschen Recht § 122 Abs. 1 AktG.
[43] *Schindler*, S. 76; Lutter/Hommelhoff/*Spindler*, S. 242; aA *Brandt*, S. 194 ff. und *Schwarz*, Art. 55 Rn. 15, die davon ausgehen, dass die Satzungsgestaltung dem nationalen Recht vorgeht

52 Die maßgebliche Höhe des Grundkapitals bemisst sich entsprechend den allgemeinen Regelungen nach dem im Zeitpunkt des Verlangens im Handelsregister eingetragenen Grundkapital.[44] Anders als im deutschen Recht müssen die Aktionäre der SE nicht **glaubhaft machen**, dass sie seit **drei Monaten** Inhaber der Aktien sind.[45] Art. 55 SE-VO beinhaltet keine weiteren Anforderungen, er spricht lediglich von „einem oder mehreren Aktionären", so dass das Verlangen der Einhaltung der Drei-Monats-Frist zu einer zusätzlichen Voraussetzung und damit zu einer Einschränkung des durch Art. 55 SE-VO gewährten Minderheitenrechts führen würde, was nur auf der Grundlage einer Ermächtigung möglich wäre, an der es hier aber fehlt.[46]

53 Der **Antrag** richtet sich im Hinblick auf seine Form nach den nationalen Regelungen (§ 122 Abs. 1 Satz 1 AktG iVm. Art. 53 SE-VO); das Verlangen muss also schriftlich sein.[47] Daneben muss der Antrag die Punkte der **Tagesordnung** enthalten (Art. 55 Abs. 2 SE-VO). Zudem ist von einer **Begründungspflicht** auszugehen, dh. es müssen die Gründe angegeben werden, warum eine Hauptversammlung einberufen werden soll.[48] Demgegenüber wird die Regelung des Art. 55 Abs. 1 SE-VO teilweise unter Rückgriff auf die Gesetzesgeschichte als abschließend angesehen und eine Begründungspflicht verneint.[49] Ein Vergleich zwischen Art. 55 Abs. 1 SE-VO und Art. 56 SE-VO, der sich mit der Ergänzung der Tagesordnung befasst, zeigt aber, dass methodisch von dem Bestehen einer Regelungslücke auszugehen ist. Denn anders lässt sich nicht erklären, warum es zur Erweiterung der Tagesordnung einer Begründung bedarf und die Einberufung einer Hauptversammlung, die als einschneidenderes Element einzustufen ist, eine solche nicht soll erfordern müssen.[50]

54 Der Antrag sollte aus Praktikabilitätsgründen gegenüber dem **geschäftsführenden Organ** (im dualistischen System Leitungsorgan und im monistischen System geschäftsführender Direktor) gestellt werden. Möglich ist aber auch, sich an das Aufsichtsorgan oder den Verwaltungsrat zu wenden, da die SE-Verordnung in Art. 54 Abs. 2 SE-VO jedem Organ die Einberufung zubilligt.

55 Wird die Hauptversammlung nicht rechtzeitig bzw. nicht spätestens zwei Monate nach Antragstellung abgehalten, kann eine Einberufung der Hauptversammlung durch die **Minderheitsaktionäre**, die den Antrag auf Einberufung nach Abs. 1 gestellt hatten[51], **erzwungen werden** (Art. 55 Abs. 3 SE-VO).[52] Das am Sitz der SE zuständige Gericht bzw. die Verwaltungsbehörde – bei SE mit Sitz in Deutschland: das örtlich zuständige Amtsgericht (§ 145 Abs. 1 FGG iVm. § 4 S. 2 SEAG) – kann anordnen, dass die Hauptversammlung innerhalb einer bestimmten Frist einzuberufen ist oder die Aktionäre, die den Antrag gestellt haben, oder deren Vertreter hierzu ermächtigen. Das Gericht kann beides anordnen; es muss sich nicht auf die im Aktiengesetz enthaltene Möglichkeit der Ermächtigung der Aktionäre beschränken. Die **Kosten** der Hauptversammlung trägt die Gesellschaft (§ 122 Abs. 4 AktG iVm. Art. 9 Abs. 1 lit. c ii SE-VO).[53]

---

und die bestehende nationale Regelung des SE-AG nur zum Zuge kommen könne, wenn die Satzung keine Regelung bezüglich der Beteiligungsschwelle beinhalten würde.
[44] *Semler/Volhard/Reichert*, HV Hdb. § 4 Rn. 32.
[45] *Schwarz*, Art. 55 Rn. 9.
[46] So *Brandt*, S. 190; *Schwarz*, Art. 55 Rn. 8.
[47] *Schwarz*, Art. 55 Rn. 9; *Brandt*, S. 191.
[48] *Schwarz*, Art. 55 Rn. 11.
[49] *Schindler*, S. 75; *Schwarz*, ZIP 2001, 1847, 1857 im Hinblick auf den Wortlaut.
[50] AA *Brandt*, S. 192.
[51] S. im Einzelnen *Brandt*, S. 198.
[52] S. zu den Einzelheiten *Schwarz*, Art. 55 Rn. 20 ff.
[53] So auch *Brandt*, S. 207; *Leupold*, S. 109; *Schwarz*, Art. 55 Rn. 36.

VII. Art und Weise der Einberufung

1. Form und Frist der Einberufung

Die Form der Einberufung richtet sich nach nationalem Recht (Art. 54 Abs. 2 SE-VO iVm. §§ 121 Abs. 3, 124 AktG).[54] Dementsprechend ist die Einberufung in den Gesellschaftsblättern sowie im elektronischen Bundesanzeiger bekannt zu machen. Der Inhalt der Bekanntmachung ergibt sich aus § 121 Abs. 3 Satz 2 AktG iVm. Art. 54 Abs. 2 SE-VO. Die Einberufung kann auch mittels eingeschriebenen Briefes erfolgen, wenn die Aktionäre namentlich bekannt sind (§ 121 Abs. 4 AktG iVm. Art. 54 Abs. 2 SE-VO).[55] Die Einberufungsfrist, die sich nach nationalem Recht richtet (Art. 54 Abs. 2 SE-VO), beträgt mindestens einen Monat (§ 123 Abs. 1 AktG, zur Berechnung vgl. §§ 187 ff. BGB). Die Satzung kann die Einberufungsfrist verlängern.

2. Tagesordnung

Der **Inhalt** der Tagesordnung richtet sich nach nationalem Recht (Art. 54 Abs. 2 SE-VO iVm. § 124 AktG).[56] Die Tagesordnung hat mithin insbesondere die Versammlungs- und Beschlussgegenstände der Hauptversammlung in der Reihenfolge zu beinhalten, in der sie behandelt werden sollen. Sie ist gem. § 124 Abs. 1 Satz 1 AktG zeitgleich zur Einberufung in den Gesellschaftsblättern **bekannt zu machen**, und zwar durch das Organ, das die Einberufung der Hauptversammlung bewirkt.[57] Auch ansonsten kommen bei SE mit Sitz in Deutschland die Regelungen des § 124 AktG zur Anwendung: Bei Satzungsänderungen ist der volle Wortlaut der vorgeschlagenen Änderungen mitzuteilen und bei Beschlüssen über Verträge, die nur mit Zustimmung der Hauptversammlung wirksam werden, ist der wesentliche Inhalt des Vertrages bekannt zu machen.[58] Beschlussvorschläge der Verwaltung zu den einzelnen Tagesordnungspunkten sind ebenfalls bekannt zu machen (§ 124 Abs. 3 S. 1 AktG iVm. Art. 54 Abs. 2 SE-VO). Über Gegenstände, die nicht ordnungsgemäß bekannt gemacht worden sind, dürfen keine Beschlüsse gefasst werden. Gleichwohl gefasste Beschlüsse sind anfechtbar (§§ 243 Abs. 1, 124 Abs. 4 Satz 1 AktG iVm. Art. 9 Abs. 1 lit. c ii SE-VO).

Die **Ergänzung der Tagesordnung** kann von einem oder mehreren Aktionären, deren Anteil **5% des Grundkapitals** oder den anteiligen Betrag von **500 000 Euro** erreicht, beantragt werden (Art. 56 SE-VO iVm. § 50 Abs. 2 SEAG). Die von der SE-Verordnung grundsätzlich vorgesehenen 10% des Grundkapitals sind durch das deutsche Ausführungsgesetz auf die zuvor genannten Schwellenwerte herabgesetzt worden; diese Festlegung eines niedrigeren Schwellenwertes ist zulässig. Das gilt auch im Hinblick auf den Schwellenwert von 500 000 Euro, dessen Festsetzung nicht, wie teilweise vertreten,[59] gegen Art. 56 SE-VO verstößt. Dieser Festlegung des Schwellenwerts steht nicht der Wortlaut des Art. 56 SE-VO entgegen, wonach Mitgliedstaaten erlauben können, einen geringeren „Prozentsatz" festzusetzen, da anhand der Beteiligungsquote von 500 000 Euro unter Heranziehung des Grundkapitals der Prozentsatz errechnet werden kann. Auch dem Abstellen auf einen gedeckelten Schwellenwert als solchen steht Art. 56 SE-VO nicht entgegen. Er liegt bei Gesellschaften mit einem Grundkapital von mehr

---

[54] *Schwarz*, Art. 54 Rn. 18; s. auch *Brandt*, S. 185.
[55] Zu den Einzelheiten s. Beck AG-HB/*Reichert*, § 5 Rn. 117, 118.
[56] *Schwarz*, Art. 54 Rn. 22.
[57] Zu den Einzelheiten des nationalen Rechts vgl. Semler/Volhard/*Schlitt*, HV Hdb. § 4 Rn. 136.
[58] Vgl. zum deutschen Recht GroßkommAktG/*Werner*, § 124 AktG Rn. 34 f.
[59] AA *Brandt*, S. 209 f.; *Schwarz*, Art. 56 Rn. 7 f.; Bedenken auch bei Lutter/Hommelhoff/*Spindler*, S. 243.

als 10 Mio. Euro unter dem 5%-igen Schwellenwert, ist also im Ergebnis geringer als der 5%ige Wert, was mit Art. 56 SE-VO vereinbar ist, der lediglich von einem geringeren Wert spricht. Dass der Wert von 500 000 Euro bei Gesellschaften mit kleinem Grundkapital über den 5% des Grundkapitals liegen kann, ist im Ergebnis auch unschädlich, da die Minderheit dann auf den Schwellenwert von 5% zurückgreifen kann.

59 Keine weitere Voraussetzung des Rechts zur Ergänzung der Tagesordnung ist die **Glaubhaftmachung der Besitzdauer**, wie sie in § 122 Abs. 1 S. 3 AktG vorgesehen ist.[60] Die Regelung des Aktiengesetzes kann insoweit nicht ergänzend zum Zuge kommen (s. 3. Abschnitt Rn. 14). Die Verfahren und die Fristen für den Antrag auf Ergänzung der Tagesordnung richten sich nach einzelstaatlichem Recht bzw., sofern solche nicht vorhanden sind, nach der Satzung der SE (Art. 56 Satz 2 SE-VO). Für eine SE mit Sitz in Deutschland sind daher die **Schriftform** einzuhalten sowie der **Zweck** und die **Gründe** anzugeben.[61] Der Antrag ist an das Leitungsorgan bzw. den Verwaltungsrat zu richten. Ist die Hauptversammlung bereits einberufen, ist der Antrag zu einem Zeitpunkt zu stellen, zu dem die Frist des § 124 Abs. 1 Satz 2 AktG noch gewahrt werden kann. Wird dem Verlangen der Aktionäre nicht entsprochen, kommt nach zutreffender Auffassung, da insoweit von einer Regelungslücke auszugehen ist, das Verfahren nach § 122 Abs. 3 AktG iVm. Art. 9 Abs. 1 lit. c ii SE-VO zur Anwendung.[62]

3. Sonstige Mitteilungspflichten im Vorfeld der Hauptversammlung

60 Die weiteren Mitteilungspflichten der Gesellschaft gegenüber ihren Aktionären im Vorfeld der Hauptversammlung richten sich mangels eigenständiger Verordnungsregelungen nach dem nationalen Recht am Sitz der SE (Art. 56 Satz 2 SE-VO). Das gilt für die besonderen **Mitteilungspflichten** nach §§ 125, 128 AktG und die **Gegenanträge** und **Wahlvorschläge** der Aktionäre nach § 126 AktG.

D. Ablauf und Leitung der Hauptversammlung

61 Ablauf und Leitung der Hauptversammlung richten sich mangels eigenständiger Regelung und wegen der Verweisung in Art. 53 SE-VO nach nationalem Recht. Für SE mit Sitz in Deutschland gilt mithin deutsches Aktienrecht für die folgenden Bereiche: Auslegung von Unterlagen (§§ 176 Abs. 1, 52 Abs. 2 Satz 4, 179a Abs. 2 Satz 3, 293f Abs. 1 Nr. 1–3, 293 g Abs. 1, 319 Abs. 4, 320 Abs. 4 AktG), Übertragung der Hauptversammlung in Bild und Ton (§§ 129 Abs. 1, 118 Abs. 3 AktG), Teilnahmerecht der Aktionäre (§ 118 Abs. 1 AktG), Stimmrechtsvertretungen (§§ 129 Abs. 3, 134 Abs. 3, 135 AktG), Hinterlegung von Aktien (§ 123 Abs. 2 bis 4 AktG), Auskunftsrecht (§ 131 AktG), Gleichbehandlungsgrundsatz (§ 53a AktG), Stimmrecht (§ 134 AktG) und Stimmverbot (§ 136 AktG).

E. Beschlussfassung

62 Die SE-Hauptversammlung bildet und äußert durch Beschluss über die zur Abstimmung gestellten Gegenstände ihren Willen als Organ. Im Hinblick auf die Beschlussmehrheiten ist zwischen den einfachen Beschlüssen (s. Rn. 63 ff.) und den satzungsändernden Beschlüssen (s. Rn. 68 f.) zu unterscheiden.

---

[60] *Schwarz*, Art. 56 Rn. 10.
[61] MünchKommAktG/*Kubis*, § 122 AktG Rn. 28, 13.
[62] So auch Lutter/Hommelhoff/*Spindler*, S. 244; aA *Brandt*, S. 221, der von einer spezifischen SE-Regelungslücke ausgeht, die im Wege der gemeinschaftsrechtlichen Rechtsfortbildung geschlossen werden soll.

I. Einfacher Beschluss

1. Stimmenmehrheit

Für die zum Zustandekommen eines positiven Beschlusses notwendigen Mehrheiten stellt die SE-Verordnung auf den Grundsatz der **einfachen Stimmenmehrheit** ab, lässt aber Raum für eine durch die Verordnung oder das nationale Sitzstaatrecht vorgeschriebene größere Mehrheit (Art. 57 SE-VO). Verbleibt es bei der Anwendung des Grundsatzes der einfachen Stimmenmehrheit, bedarf der Beschluss der einfachen Mehrheit der abgegebenen gültigen Stimmen. Wie im deutschen Recht (§ 133 AktG) müssen die Jastimmen die Neinstimmen um mindestens eine Stimme übertreffen.

Eine **höhere Mehrheit** kann für die Beschlussfassung erforderlich sein, wenn die SE-Verordnung oder das nationale Recht eine solche höhere Mehrheit vorsehen. Der SE-Verordnung lässt sich keine solche höhere Mehrheit entnehmen. Im nationalen Aktienrecht besteht eine solche höhere Mehrheit in Form einer Stimmenmehrheit bspw. für die vorzeitige Abberufung von Aufsichtsratmitgliedern, die der Mehrheit von mindestens drei Viertel der abgegebenen Stimmen bedarf (§ 103 Abs. 1 AktG). Diese Regelung käme daher über Art. 57 SE-VO bei einer SE mit Sitz in Deutschland zur Anwendung.

Zudem existieren nach dem deutschen Aktienrecht Fälle, in denen für die Fassung eines einfachen positiven Beschlusses neben der erforderlichen Stimmenmehrheit zusätzlich eine qualifizierte **Kapitalmehrheit** erforderlich ist (zB bei der Nachgründung gem. § 52 Abs. 5 AktG). Fraglich ist insoweit, ob diese Kapitalmehrheit über die Öffnungsklausel des Art. 57 SE-VO, wonach eine „**größere Mehrheit**" zugelassen ist, wenn sie durch das Sitzstaatrecht vorgeschrieben ist, zur Anwendung gelangen kann. Das wird von der hM insoweit bejaht, als sie aufgrund einer SE-spezifischen Auslegung die Dreiviertelkapitalmehrheit in eine Dreiviertelstimmenmehrheit umdeutet.[63] Sie beruft sich dazu ua. auf den mit der Öffnungsklausel des Art. 57 SE-VO verfolgten Sinn und Zweck, nationale Gegebenheiten zu berücksichtigen. Die überwiegenden Argumente sprechen indessen gegen dieses Ergebnis. Nach dem Wortlaut und dem Satzbau der SE-Verordnung spricht viel dafür, dass der Begriff der größeren Mehrheit auf die Stimmenmehrheit zu beziehen ist. Für ein Abstellen alleine auf die Stimmenmehrheit spricht weiter, dass Art. 58 SE-VO hinsichtlich der Frage, wann eine Mehrheit erreicht ist, lediglich auf eine Auszählung der Stimmen abstellt, also kein Verfahren für die Feststellung einer Kapitalmehrheit anbietet. Schließlich ist bei der Beantwortung dieser Frage mit in die Betrachtung einzubeziehen, dass eine Dreiviertelkapitalmehrheit nicht zwingend größer sein muss als die Stimmenmehrheit, so dass auch nicht dahin gehend argumentiert werden kann, die Dreiviertelkapitalmehrheit sei jedenfalls höher als die einfache Stimmenmehrheit. Im Ergebnis sprechen daher die besseren Argumente dafür, dass das zusätzliche Beschlusserfordernis der „Kapitalmehrheit" nicht unter Art. 57 SE-VO subsumiert werden kann, so dass die Dreiviertelkapitalmehrheit für SE mit Sitz in Deutschland bei der Fassung von einfachen Beschlüssen nicht zum Zuge kommen kann.

Weiter stellt sich die Frage, ob ein gesetzlich vorgesehenes **Quorum**, wie in § 52 Abs. 5 AktG vorgesehen (Anteile der zustimmenden Mehrheit müssen ein Viertel des gesamten Grundkapitals ausmachen), von der in Art. 57 SE-VO enthaltenen Verweisung auf die im Sitzmitgliedstaat bestehende höhere Mehrheit erfasst wird. Hierfür

---

[63] So *Schwarz*, Art. 57 Rn. 10; *Brandt*, S. 251; MünchKommAktG/*Kubis*, Art. 57, 58 Rn. 10; so wohl auch *Leupold*, S. 110.

spricht, dass ein Quorum im Ergebnis auf eine höhere Mehrheit der Stimmen hinausläuft.[64]

2. Satzungsgestaltung

67 Nach deutschem Aktienrecht kann auch die Satzung gem. § 133 Abs. 1 AktG eine größere Mehrheit oder weitere Erfordernisse vorschreiben. Im Ergebnis erscheint eine solche Festschreibung bei der SE nicht möglich.[65] Der Wortlaut des Art. 57 SE-VO, wonach eine größere Mehrheit durch die Verordnung oder das gegebenenfalls im Sitzstaat der SE für Aktiengesellschaften maßgebliche Recht vorgeschrieben werden kann, spricht gegen die Möglichkeit der Satzungsgestaltung. Die Verwendung des Wortes „vorschreiben" – insbesondere, wenn diese Formulierung im Vergleich zu derjenigen des Art. 59 SE-VO gesehen wird – spricht dafür, dass es sich um eine von vorneherein durch das nationale Recht festgelegte Regelung handeln muss, und nicht eine solche, die der Gesellschaft, wie nach dem Aktiengesetz, durch Aufnahme in die Satzung einen Ermessensspielraum zubilligt. Auch kann insoweit nicht weiterhelfen, dass der Begriff „vorschreiben" im Zusammenhang mit demjenigen des im Sitzstaat der SE maßgeblichen Rechts verwendet wird, da an anderen Stellen der Begriff eindeutig nicht so verstanden werden kann, dass er auch Satzungsregelungen mitumfasst (s. Art. 56 Satz 3 SE-VO). Vielmehr muss Art. 57 SE-VO als abschließend angesehen werden.

II. Satzungsändernde Mehrheit

1. Qualifizierte Mehrheit

68 Satzungsänderungen bedürfen im Grundsatz einer Mehrheit von **zwei Dritteln** der **abgegebenen Stimmen** (Art. 59 Abs. 1 SE-VO). Dieser Grundsatz der Zweidrittelmehrheit gilt allerdings nur insoweit, als die Verordnung oder das Sitzstaatrecht der SE nicht eine größere Mehrheit vorschreibt. Die Verordnung beinhaltet also, wie bei den einfachen Beschlüssen, eine Öffnung für höhere Mehrheiten, soweit diese nach nationalem Recht vorgesehen sind. Für SE mit Sitz in Deutschland stellt sich wiederum die Frage, ob diese Öffnung ein Zurückgreifen auf die in § 179 Abs. 2 AktG allgemein und an verschiedenen Stellen zwingend vorgeschriebene **Kapitalmehrheit von drei Vierteln** nicht nach sich ziehen kann (s. Rn. 65). Die hM bejaht dies unter Umdeutung der Dreiviertelkapitalmehrheit in eine Dreiviertelstimmenmehrheit.[66] Wie bei den einfachen Beschlüssen kann für eine solche Anwendbarkeit der Kapitalmehrheit der Sinn und Zweck der Regelung angeführt werden. Die überwiegenden Argumente sprechen indessen gegen dieses Ergebnis. So spricht der nicht ganz eindeutige Wortlaut des Art. 59 Abs. 1 SE-VO eher gegen eine Anwendbarkeit der Dreiviertelkapitalmehrheit, da sich der im zweiten Hs. verwendete Begriff der „Mehrheit" auf die im zuvor verwendeten Hs. verwendete Stimmenmehrheit bezieht. Ebenfalls spricht die Regelung des Art. 58 SE-VO für dieses Ergebnis (s. Rn. 65). Sicherlich würde die Dreiviertelkapitalmehrheit in den meisten Fällen zu einer größeren Mehrheit als die Zweidrittelstimmenmehrheit führen. Soweit es sich aber um **Höchst-** oder **Mehrstimmrechte** handelt, kann es zu einem anderen Ergebnis kommen: die Kapitalmehrheit des § 179 Abs. 2 AktG muss mithin nicht zwingend größer sein als die Stimmenmehrheit des Art. 59 Abs. 1 SE-VO. Es bliebe insoweit die Möglichkeit, § 179 AktG auf die Fälle zu

---

[64] Zu den Schwierigkeiten der Auslegung vgl. *Brandt*, S. 230 ff.
[65] So auch *Brandt*, S. 241; *Schwarz*, Art. 57 Rn. 15; MünchKommAktG/*Kubis*, Art. 57, 58 Rn. 7; Lutter/Hommelhoff/*Spindler*, S. 246 f.
[66] S. *Brandt*, S. 252; *Schwarz*, Art. 59 Rn. 15; MünchKommAktG/*Kubis*, Art. 59 Rn. 6.

reduzieren, in denen die Kapitalmehrheit des § 179 Abs. 2 AktG größer ist als die Stimmenmehrheit des Art. 59 Abs. 1 SE-VO. Das kann im Ergebnis aber nicht überzeugen, da eine richtlinienkonforme Auslegung ausscheidet, es vielmehr alleine auf den Inhalt des SE-Statuts ankommt. Im Ergebnis sprechen also auch hier die überwiegenden Argumente gegen eine zusätzliche Anwendung der Kapitalmehrheit. Da das Aktiengesetz für Satzungsänderungen zudem keine Regelungen beinhaltet, die eine über die Zweidrittelmehrheit hinausgehende Stimmenmehrheit vorschreiben, verbleibt es im Hinblick auf Satzungsänderungen bei der durch die SE-Verordnung vorgesehenen Zweidrittelstimmenmehrheit.

2. Satzungsgestaltung

69 Die grundsätzlich zum Zuge kommende Mehrheit von zwei Drittel der Stimmen kann durch die Satzung **herabgesetzt** werden. Nach § 51 Satz 1 SEAG iVm. Art. 59 Abs. 2 SE-VO kann für Satzungsänderungen vorgesehen werden, dass die **einfache Mehrheit** der Stimmen ausreicht, wenn mindestens die Hälfte des gezeichneten Kapitals vertreten ist (Quorum).[67] Abweichendes gilt für die folgenden drei Fälle: Änderungen des Unternehmensgegenstandes, Beschlussfassungen nach Art. 8 Abs. 6 SE-VO und für Fälle, für die eine höhere Kapitalmehrheit gesetzlich zwingend vorgeschrieben ist. In diesen Fällen untersagt § 51 S. 2 SEAG eine Herabsetzung der ansonsten geltenden Zweidrittelmehrheit; es verbleibt also bei dieser. Da das Erreichen des Quorums von mindestens der Hälfte des vertretenen Grundkapitals in zahlreichen Gesellschaften nur selten erfüllt sein wird, wird von dieser Regelung in der Praxis aber kaum Gebrauch gemacht werden können. Daneben kann zur Herabsetzung der satzungsändernden Mehrheit nicht auf andere Satzungsregelungen zurückgegriffen werden. Art. 59 Abs. 2 SE-VO ist abschließend. Eine Heraufsetzung der Stimmenmehrheit durch die Satzung ist gem. Art. 59 Abs. 1 SE-VO möglich (Art. 59 Abs. 1 SE-VO).[68] Der Wortlaut des Art. 59 Abs. 1 SE-VO, der die Begriffe vorsehen oder zulassen verwendet, spricht für diese Möglichkeit, die das Aktienrecht über § 179 Abs. 2 S. 3 AktG vorsieht.[69]

III. Stimmrechte

70 Die Aktionäre entscheiden über die Beschlussanträge durch Ausübung ihres Stimmrechts im Rahmen der Abstimmung. Die Stimmkraft der Aktien richtet sich aufgrund der in der SE-Verordnung bestehenden Regelungslücke über die Verweisungsnorm des Art. 9 SE-VO nach dem nationalen Sitzstaatrecht der SE. Dementsprechend bestimmt sich das Stimmrecht der Aktien bei Nennbetragsaktien nach dem Nennbetrag und bei Stückaktien nach der Zahl der Aktien (§§ 12, 134 AktG iVm. Art. 9 Abs. 1 lit. c ii SE-VO). Bei noch vorhandenen Mehrstimmrechten verbleibt es bei den erhöhten Stimmrechten. Entsprechend verringert sich die Stimmkraft bei Höchststimmrechten. Handelt es sich um nicht voll eingezahlte Aktien, kommt § 134 AktG zum Zuge, so dass das Stimmrecht grundsätzlich erst mit der vollständigen Leistung der Einlage entsteht. Stimmrechtslose Vorzugsaktien nach § 139 AktG tragen grundsätzlich keine Stimme, es sei denn das Stimmrecht lebt nach § 140 Abs. 2 AktG wieder auf.

71 Zudem ruhen Stimmrechte, wenn es sich um eigene Aktien handelt, eine wechselseitige Beteiligung besteht oder Mitteilungspflichten verletzt wurden (§ 20 Abs. 7 AktG, § 28 WpHG iVm. Art. 9 Abs. 1 lit. c ii SE-VO). Außerdem ist das Stimmrecht in

---

[67] S. insoweit auch MünchKommAktG/*Kubis*, Art. 59 Rn. 7.
[68] *Brandt*, S. 245 ff.; *Schwarz*, Art. 59 Rn. 14, 16; MünchKommAktG/*Kubis*, Art. 59 Rn. 6.
[69] *Hüffer*, AktG, § 179 Rn. 21.

bestimmten Fällen des Interessenwiderstreits ausgeschlossen (§ 136 AktG iVm. Art. 9 Abs. 1 lit. c ii SE-VO).[70]

IV. Wertung der Stimmen

72 Damit die Stimmen gewertet werden können, ist nach Art. 58 SE-VO die Teilnahme an der Abstimmung erforderlich. Das heißt aber nicht, dass die Abgabe der Stimme persönlich erfolgen muss. Art. 53 SE-VO eröffnet vielmehr die Möglichkeit der Stimmvertretung, die als Teilnahme iSd. Art. 58 SE-VO zu werten ist.[71] **Leere und ungültige Stimmzettel** bleiben bei der Auszählung unberücksichtigt, wobei hieraus aber nicht geschlossen werden kann, dass zwingend auf Stimmzetteln abgestimmt werden muss.[72] Ebenfalls unberücksichtigt bleiben **Stimmenthaltungen** (Art. 58 SE-VO). Insoweit spielt es keine Rolle, ob die Stimmenthaltung ausdrücklich erklärt worden ist oder ob sie sich aus der bloßen Nichtbeteiligung ergibt. Hinsichtlich der Abstimmungs- und Zählverfahren kommt über Art. 53 SE-VO nationales Sitzstaatrecht zur Anwendung. Dementsprechend kann der Versammlungsleiter das Abstimmungsverfahren und das technische Verfahren zur Stimmrechtsauszählung festlegen.[73]

V. Sonderbeschlüsse

73 Nach Art. 60 Abs. 1 SE-VO bedarf es im Fall unterschiedlicher **Aktiengattungen** neben dem Hauptversammlungsbeschluss noch einer gesonderten Abstimmung durch die Gruppe von Aktionären, deren Rechte durch den Beschluss berührt werden. Art. 60 SE-VO ersetzt insoweit die nationale Vorschrift des § 138 AktG, soweit es um besondere Gattungsrechte geht. Die in § 138 AktG behandelten Sonderbeschlüsse hinsichtlich außenstehender Aktionäre (§§ 295 Abs. 2, 296 Abs. 2, 297 Abs. 2, 302 Abs. 3, 309 Abs. 3, 310 Abs. 4 AktG) werden nicht von Art. 60 erfasst; sie kommen bei einer SE über Art. 9 Abs. 1 lit. c ii SE-VO zur Anwendung. Die Beschlussfassung der Gattungsaktionäre kann, da die Regelung des Art. 60 SE-VO insoweit als abschließend angesehen werden muss, nur in einer gesonderten Abstimmung erfolgen. Es kann, anders als in § 138 AktG vorgesehen, keine **gesonderte Versammlung** der Gattungsaktionäre erfolgen.[74] Sie erscheint im Rahmen des Art. 60 SE-VO auch nicht als erforderlich, da die von dieser Vorschrift erfassten Sonderbeschlüsse stets im Zusammenhang mit einem Hauptversammlungsbeschluss stehen, was bei § 138 AktG, der auch Beschlüsse außenstehender Aktionäre mitumfasst, nicht der Fall ist. Gem. Art. 60 Abs. 2 SE-VO bedürfen die Sonderbeschlüsse der satzungsändernden Mehrheit, wenn auch der Hauptversammlungsbeschluss der satzungsändernden Mehrheit bedarf. Für die anderen Beschlüsse verbleibt es bei der einfachen Mehrheit nach Art. 57 SE-VO.

---

[70] S.a. *Brandt*, S. 239; *Jaeger*, S. 128; *Raiser*, FS Semler, 1993, S. 277, 294.
[71] MünchKommAktG/*Kubis*, Art. 57, 58 Rn. 9.
[72] *Brandt*, S. 240 ff.; MünchKommAktG/*Kubis*, Art. 57, 58 Rn. 11.
[73] MünchKommAktG/*Kubis*, Art. 57, 58 Rn. 6.
[74] *Brandt*, S. 261.

F. Anfechtungs- und Nichtigkeitsklage

Die SE-Verordnung enthält keine Regelungen im Zusammenhang mit Anfechtungs- und Nichtigkeitsklagen. Insoweit kommen über die Verweisung des Art. 9 Abs. 1 lit. c ii SE-VO die §§ 241 ff. AktG Anwendung. Die Verweisung gilt sowohl für die Nichtigkeits- und Anfechtungsgründe, als auch für die Befugnis zur Erhebung der Anfechtungsklage oder zur Einhaltung der Anfechtungsfristen. Die Verweisung auf das nationale Recht umfasst auch die Aktionärsklage in Gestalt der vom BGH anerkannten Individualklagebefugnis in der Holzmüller- bzw. Gelatine-Entscheidung.[75] Gleiches gilt für mögliche Klagegründe aus Verletzung des Mitgliedschaftsrechts, wie sie der BGH in der Schärenkreuzer-Entscheidung vorgegeben hat.[76]

74

---

[75] S. MünchKommAktG/*Kubis*, § 119 AktG Rn. 37.
[76] BGHZ 110, 323 ff.

6. Abschnitt. Arbeitnehmerbeteiligung

Übersicht

	Rn.
A. Einleitung	1–3
B. Verhandelte Arbeitnehmerbeteiligung	4–74
I. Ziel und Gegenstand der Verhandlungen	4–12
II. Verhandlungsverfahren	13–74
1. Aufnahme von Verhandlungen	13
2. Informationspflicht der Leitungen	14–23
a) Adressat der Unterrichtung	21
b) Zeitpunkt der Information	22, 23
3. Aufforderung zur Bildung des Besonderen Verhandlungsgremiums (BVG)	24, 25
4. Zusammensetzung des BVG	26–36
a) Die Wahl bzw. Bestellung der „normalen" BVG-Mitglieder	27–30
aa) Arbeitnehmerbegriff	28, 29
bb) Mindestgröße des BVG	30
b) Sonderfall: Die Wahl bzw. Bestellung „zusätzlicher" BVG-Mitglieder bei der Verschmelzungs-SE	31–34
c) Neuzusammensetzung des BVG anlässlich struktureller Veränderungen bei laufenden Verhandlungen (§ 5 Abs. 4 SEBG)	35, 36
5. Konstituierende Sitzung des BVG	37–39
6. Binnenverfassung des BVG	40, 41
7. Zusammenarbeit zwischen BVG und Leitungen	42–51
a) Weitere Sitzungen des BVG	44
b) Auskunftsanspruch des BVG	45, 46
c) Informationsverweigerungsrecht	47
d) Verschwiegenheitspflicht	48–50
e) Schutz der Arbeitnehmervertreter	51
8. Unterstützung des BVG durch Sachverständige	52, 53
9. Sprachbarrieren und Interessendivergenzen im BVG	54–56
10. Beschlussfassung im BVG und Stimmengewichtung der auf Deutschland entfallenden BVG-Mitglieder	57–69
a) Beschlussfassung bei Minderung der Mitbestimmungsrechte	60–67
aa) Konzernzurechnung	62, 63
bb) Minderung der Mitbestimmungsrechte	64–67
b) Beschlussfassung bei Umwandlungs-SE	68, 69
11. Kosten der Einsetzung und Tätigkeit des BVG	70–72
12. Dauer der Verhandlungen	73–74
C. Sonderfälle	75–110
I. Nichtaufnahme oder Abbruch der Verhandlungen	75–79
1. Rechtsfolgen	78
2. Umwandlung	79
II. Wiederaufnahme von Verhandlungen	80–82
III. Neuverhandlungen aufgrund struktureller Änderungen der SE	83–108
1. Berücksichtigung struktureller Änderungen bereits in der Vereinbarung nach § 21 SEBG	84, 85
2. Neuverhandlungen	86, 87
3. Scheitern der Neuverhandlungen	88
4. Begriff der strukturellen Veränderung	89
5. Fallgestaltungen	90–108
IV. Verhandlungsverfahren bei Gründung einer SE durch eine SE	109, 110

		Rn.
D.	Wahl der auf Deutschland entfallenden Mitglieder des BVG	111–139
I.	Ausgangssituation	111
II.	Verfahren	112–137
	1. Bildung eines Wahlgremiums	112, 113
	2. Zusammensetzung des Wahlgremiums	114–123
	a) Zusammensetzung des Wahlgremiums bei Beteiligung eines inländischen Konzerns an SE-Gründung	114, 115
	b) Zusammensetzung des Wahlgremiums bei Beteiligung eines inländischen Unternehmens an SE-Gründung	116
	c) Zusammensetzung des Wahlgremiums bei Betroffenheit eines inländischen Betriebs von SE-Gründung	117
	d) Zusammensetzung des Wahlgremiums in „Mischfällen"	118, 119
	e) Urwahl der Mitglieder des BVG bei Fehlen einer Arbeitnehmervertretung	120–123
	3. Höchstmitgliederzahl des Wahlgremiums	124
	4. Einberufung des Wahlgremiums	125, 126
	5. Beschlussfähigkeit des Wahlgremiums	127
	6. Stimmenverteilung auf die Mitglieder des Wahlgremiums	128–130
	7. Entscheidung des Wahlgremiums	131
	8. Verfahren bei weniger BVG-Sitzen, als inländische Gesellschaften an SE-Gründung beteiligt sind	132
	9. Verfahren bei mehr BVG-Sitzen als inländische Gesellschaften an SE-Gründung beteiligt sind	133, 134
	10. Verfahren bei ausschließlich inländischen Betrieben	135
	11. Sonderfall: Verschmelzung mit „zusätzlichen" Mitgliedern	136, 137
III.	Unterrichtung über die Mitglieder des BVG	138, 139
E.	Inhalt der Vereinbarung	140–161
I.	Mindestinhalt	140–147
	1. Einführung eines Verfahrens zur Durchführung der Unterrichtung und Anhörung	141
	2. Verhandelte Mitbestimmung	142–144
	3. Berücksichtigung struktureller Änderungen	145
	4. Leitungsverfassung als Gegenstand der Vereinbarung?	146
	5. SE ohne grenzüberschreitende Unterrichtung und Anhörung	147
II.	Einschränkung der Vereinbarungsautonomie im Gründungsfall der Umwandlung	148, 149
III.	Verzicht auf Unternehmensmitbestimmung	150, 151
IV.	Form der Vereinbarung	152–156
V.	Rechtsnatur der Vereinbarung	157–161
F.	Arbeitnehmerbeteiligung in der SE kraft Gesetzes (gesetzliche Auffangregelung)	162–259
I.	Unterrichtung und Anhörung der Arbeitnehmer durch SE-Betriebsrat kraft Gesetzes	163–200
	1. Errichtung des SE-Betriebsrats kraft Gesetzes	165
	2. Dauer der Mitgliedschaft im SE-Betriebsrat	166
	3. Konstituierende Sitzung und Binnenverfassung des SE-Betriebsrats	167, 168
	4. Beschlussfassung	169, 170
	5. Sitzungen des SE-Betriebsrats	171
	6. Prüfung der Zusammensetzung des SE-Betriebsrats	172, 173
	7. Zwingender Beschluss des SE-Betriebsrats zur Aufnahme von Neuverhandlungen	174, 175
	8. Zuständigkeiten des SE-Betriebsrats	176–186
	a) Jährliche Unterrichtung und Anhörung des SE-Betriebsrats	177–180
	b) Zusätzliche Unterrichtung und Anhörung über außergewöhnliche Umstände	181–184
	c) Unterrichtung der nationalen Arbeitnehmervertreter durch den SE-Betriebsrat	185, 186

A. Einleitung

	Rn.
9. Grundsätze der Zusammenarbeit und allgemeine Schutzbestimmungen	187–195
a) Pflicht zur Verschwiegenheit	190
b) Durchbrechung der Verschwiegenheitspflicht	191, 192
c) Schutz der Mitglieder des SE-Betriebsrats	193–195
10. Kosten der Einsetzung und Tätigkeit des SE-Betriebsrats	196–200
II. Mitbestimmung kraft Gesetzes – Auffangregelung zur Unternehmensmitbestimmung	201–243
1. Anwendbarkeit und Umfang der Mitbestimmung kraft Gesetzes	202–223
a) Mitbestimmung im monistischen System	206–211
b) Umfang der Mitbestimmung kraft Gesetzes	212–215
c) Konzernzurechnung	216, 217
d) Schwellenwerte werden unterschritten	218
e) Beschluss des BVG bei Mitbestimmungskonkurrenzen	219
f) Auffangregeln bei Fehlen eines BVG-Beschlusses	220
g) Umwandlungs-SE	221–223
2. „Spanische Klausel": Optionslösung für die Verschmelzungs-SE	224, 225
3. Verteilung der Sitze der Arbeitnehmervertreter im Aufsichts- oder Verwaltungsorgan der SE	226–234
a) Mehr Mitgliedstaaten als Sitze im Aufsichts- oder Verwaltungsorgan der SE	230–232
b) Bestimmung der inländischen Arbeitnehmervertreter durch Wahlgremium	233
c) Bestellung durch die Hauptversammlung	234
4. Errichtungs- und Tätigkeitsschutz	235
5. Abberufung	236, 237
6. Wahlanfechtung	238
7. Arbeitsdirektor	239, 240
8. Weiteres Mitglied im Aufsichts- oder Verwaltungsorgan der SE nach dem Modell der Montanmitbestimmung	241
9. Sorgfaltspflicht und Verantwortlichkeit der Mitglieder des Aufsichts- oder Verwaltungsorgans der SE	242, 243
III. Tendenzunternehmen	244–250
1. Mitbestimmung kraft Gesetzes in Tendenzunternehmen?	246–248
2. Einschränkungen bei der Unterrichtung und Anhörung kraft Gesetzes	249, 250
IV. Missbrauch der SE	251–259
1. Fallgestaltungen	254–258
2. Sanktionen	259

A. Einleitung

Die Beteiligung der Arbeitnehmer in der SE ist abschließend im SEBG geregelt, das 1
der Umsetzung der für sich genommen nicht unmittelbar anwendbaren SE-RL dient.[1]
Das SEAG, das das Gesellschaftsrecht der SE betrifft und mit der SE-VO eine Einheit
bildet, einerseits und das SEBG andererseits sind in der Weise voneinander abhängig,
das weder das eine noch das andere eigenständige Wirkung entfalten kann.[2] So ist der
Gründungsvorgang einer SE mit der Frage der Arbeitnehmerbeteiligung insofern verzahnt, als deren Modalität grundsätzlich vor Entstehung einer SE – sinnvoller Weise
parallel zum Gründungsvorgang[3] – festgelegt werden muss. Denn erst wenn

---

[1] Vgl. *Krause*, BB 2005, 1221.
[2] Vgl. *Kleinsorge*, RdA 2002, 346. Erwägungsgründe 19, 21 und 22 der SE-VO betonen, dass die Bestimmungen der SE-RL eine „untrennbare Ergänzung" der Verordnung darstellen.
[3] Vgl. *Teichmann*, ZGR 2002, 393.

– eine Vereinbarung über die Arbeitnehmerbeteiligung gem. § 21 SEBG abgeschlossen,
– ein Beschluss über die Nichtaufnahme oder den Abbruch der Verhandlungen gem. § 16 Abs. 1 SEBG gefasst wurde oder
– die Verhandlungen ergebnislos enden und die Auffangregelungen nach §§ 22–33 SEBG und §§ 34–38 SEBG zur Anwendung kommen sollen,

kann die SE gem. Art. 12 Abs. 2 SE-VO eingetragen werden.

2 Gekennzeichnet ist das SEBG durch den **Vorrang der einzelfallbezogenen Verhandlungslösung**, der der Richtlinie zum Europäischen Betriebsrat nachgebildet ist. Danach sollen die Modalitäten der Arbeitnehmerbeteiligung in jeder SE nach dem Grundsatz der Verhandlungsautonomie und Gestaltungsfreiheit in erster Linie im Wege freier Verhandlungen zwischen den Leitungs- und Verwaltungsorganen der beteiligten Gesellschaften – im SEBG Leitungen genannt (§ 2 Abs. 5 SEBG) – einerseits und deren Arbeitnehmern, die durch ein so genanntes „besonderes Verhandlungsgremium" (BVG) vertreten werden, andererseits, geregelt werden. Die Verhandlungslösung soll die Abgleichung der unterschiedlichen Mitbestimmungs- und Mitwirkungsstandards in den einzelnen EU-Mitgliedstaaten ermöglichen.[4] Die Parteien können so eine der Unternehmenskultur ihrer SE entsprechende individuelle Regelung treffen, mithin maßgeschneiderte Arbeitnehmervertretungsstrukturen für die SE schaffen, müssen nichtsdestoweniger jedoch den in § 21 SEBG enthaltenen Regelungsauftrag beachten, der den Parteien Mindestvereinbarungsinhalte für die schriftlich zu fixierende Vereinbarung vorgibt. Von der Legaldefinition des § 2 Abs. 5 SEBG ist das Verhältnis der Leitungen zueinander nicht erfasst. Das Schweigen des Gesetzgebers kann nur dahin verstanden werden, dass die Leitungen bei der Konstituierung ihres Verhandlungsgremiums weitgehend autonom sind. Dies schließt die Vertretung einer unmittelbar an der SE-Gründung beteiligten Gesellschaft durch eine andere nicht aus und ermöglicht auch die Bildung einer Verhandlungskommission, deren Zusammensetzung die Leitungen autonom regeln können.[5]

3 Scheitern die Verhandlungen, greift zur Sicherung der Beteiligungsrechte der Arbeitnehmer eine gesetzliche Auffangregelung nach §§ 22–33 und §§ 34–38 SEBG (s. Rn. 162, 201), die von jedem Mitgliedstaat auf der Basis von in der SE-RL festgelegten Mindeststandards einzuführen ist und gleichsam vom Schutz erworbener Rechte in der „Vorher-Nachher-Betrachtung"[6] geprägt ist.

B. Verhandelte Arbeitnehmerbeteiligung

I. Ziel und Gegenstand der Verhandlungen

4 Über die konkrete Ausgestaltung der Arbeitnehmerbeteiligung in der SE wird gem. § 4 Abs. 1 S. 2 SEBG verhandelt, sofern die Arbeitnehmerseite nicht den Abbruch oder die Nichtaufnahme der Verhandlungen nach § 16 SEBG beschließt. Verhandlungspartner auf Unternehmensseite sind die **Leitungen**, worunter nach § 2 Abs. 5 SEBG die mit Geschäftsführungsbefugnis und Vertretungsmacht ausgestatteten Organe der unmittelbar an der Gründung der SE beteiligten nationalen Gesellschaften zu verstehen sind, bei denen es sich – je nachdem, ob ein monistisches oder dualistisches Leitungssystem vorliegt – um die **geschäftsführenden Direktoren** oder das Leitungsorgan handelt. Verhandlungspartner auf Arbeitnehmerseite ist das Besondere Verhandlungsgremium (BVG), das sich bereits in der Richtlinie zum **Europäischen Betriebsrat**

---

[4] Vgl. *Nagel*, DB 2004, 1300.
[5] Vgl. Lutter/Hommelhoff/*Oetker*, S. 297 f.
[6] Vgl. Erwägungsgrund 18 SE-ErgRiL.

B. Verhandelte Arbeitnehmerbeteiligung

bzw. im **Europäischen Betriebsräte-Gesetz** (EBRG) findet. Das BVG hat nach § 4 Abs. 1 S. 2 SEBG die Aufgabe, mit den Leitungen eine schriftliche Vereinbarung über die Beteiligung der Arbeitnehmer in der SE abzuschließen. Im engeren Sinne geht es dabei um den **Abschluss einer Vereinbarung über den SE-Betriebsrat**, der als Vertretungsorgan Unterrichtungs- und Anhörungsrechte der Arbeitnehmer der SE und ihrer Tochtergesellschaften und Betriebe und – sofern vereinbart – Mitbestimmungsrechte in Bezug auf die SE wahrnehmen soll (vgl. § 2 Abs. 7 SEBG). Tochtergesellschaften sind gem. § 2 Abs. 3 SEBG rechtlich selbständige Unternehmen, auf die eine andere Gesellschaft einen beherrschenden Einfluss iSv. Art. 3 Abs. 2–7 EBR-RL ausüben kann; § 6 Abs. 2–4 EBRG ist anzuwenden.

Das SEBG unterschiedet dabei zwischen:
– Unterrichtung,
– Anhörung und
– Mitbestimmung

als drei Stufen[7] zunehmender Beteiligungsintensität der Arbeitnehmer.

Der Begriff „**Mitbestimmung**" ist für den Bereich der Unternehmensmitbestimmung reserviert. Was in Deutschland betriebliche Mitbestimmung und Mitwirkung heißt, bezeichnet das SEBG schwächer als Unterrichtung und Anhörung.[8]

Nach § 2 Abs. 10 SEBG bezeichnet der Ausdruck „**Unterrichtung**" die Verpflichtung des zuständigen Leitungsorgans der SE, die Arbeitnehmervertretung über alle Fragen zu informieren, die die SE selbst oder eine ihrer Tochtergesellschaften oder einen ihrer Betriebe in einem anderen Mitgliedstaat betreffen[9] oder die über die Befugnisse der Entscheidungsorgane auf der Ebene des einzelnen Mitgliedstaats hinausgehen; es geht somit um **transnationale Sachverhalte**. Die Unterrichtung hat dabei zu einem Zeitpunkt und inhaltlich so zu erfolgen, dass es der Arbeitnehmervertretung möglich ist, die Informationen und möglichen Auswirkungen eingehend zu prüfen und gegebenenfalls Anhörungen mit dem zuständigen Leitungsorgan der SE vorzubereiten. Damit soll eine verspätete oder nachträgliche Unterrichtung vermieden werden. Im Hinblick auf die Unterrichtung und Anhörung weist die SE-RL große Ähnlichkeiten mit der EBR-RL auf, ist in der Begriffsbestimmung jedoch ungleich klarer, wobei in Art. 2 Buchst. i SE-RL erstmals der Begriff Unterrichtung auf EG-Ebene definiert wird.

Mit **Anhörung** ist gem. § 2 Abs. 11 SEBG bereits die Errichtung eines Dialogs und eines Meinungsaustauschs zwischen der Arbeitnehmervertretung und dem zuständigen Leitungsorgan der SE gemeint, wobei Zeitpunkt, Form und Inhalt der Anhörung den Arbeitnehmern auf der Grundlage der erfolgten Unterrichtung eine Stellungnahme zu den geplanten Maßnahmen des zuständigen Leitungsorgans der SE ermöglichen müssen. Im Gegensatz zur Unterrichtung, bei der die Arbeitnehmervertretung lediglich als Rezipient von Informationen fungiert, hat die Arbeitnehmervertretung hier eine Beratungsfunktion inne,[10] da ihre Stellungnahme noch im Entscheidungsprozess der SE berücksichtigt werden können muss.

Während Unterrichtung und Anhörung als Beteiligungsformen mit eher geringer Beteiligungsintensität anzusehen sind, erhalten die Arbeitnehmer bei der unternehmerischen **Mitbestimmung** die Möglichkeit, Einfluss auf die gesellschaftlichen Angelegenheiten und Geschicke zu nehmen, sei es durch die Wahrnehmung des Rechts, einen Teil der Mitglieder des Aufsichts- oder Verwaltungsorgans der SE zu wählen oder zu bestellen (§ 2 Abs. 12 Nr. 1 SEBG), oder dadurch, die Bestellung eines Teils der oder

---

[7] Vgl. *Pluskat*, DStR 2001, 1486.
[8] *Nagel*, DB 2004, 1300.
[9] Die Formulierung lässt den Schluss zu, dass es sich hier um einen anderen Mitgliedstaat als den Sitzstaat der SE handelt.
[10] Vgl. *Pluskat*, DStR 2001, 1486.

aller Mitglieder des Aufsichts- oder Verwaltungsorgans der SE zu empfehlen oder abzulehnen (§ 2 Abs. 12 Nr. 2 SEBG). Dabei ist angesichts der unterschiedlichen Ausprägung der in den Mitgliedstaaten bestehenden Mitbestimmungssysteme von einer **weiten Auslegung des Begriffs der Unternehmensmitbestimmung** auszugehen; es sind alle Rechtsgrundlagen, auf denen die Mitbestimmung der Arbeitnehmer beruht, einzubeziehen: Dies können gesetzlich vorgeschriebene Mitbestimmungsformen sein oder solche, die auf der Satzung, auf Tarifvertrag, einer (Betriebs-) Vereinbarung oder auf sonstigen nationalen Praktiken basieren. Das SEBG stellt nicht auf den Umfang der Mitbestimmung ab (Parität oder Drittelparität, vgl. § 7 Abs. 1 MitbestG, § 4 Abs. 1 DrittelbG).[11] § 2 Abs. 12 Nr. 2 SEBG bezeichnet solche Mitbestimmungsmodelle, in denen die Arbeitnehmer lediglich ein Vorschlags- oder Ablehnungsrecht haben (zB das frühere niederländische Modell, s. Rn. 10). Der aus der SE-RL (vgl. Art. 2 Buchst. k 1. Spiegelstrich) übernommene Begriff des „Bestellens" bezeichnet hier nicht den Beschluss der Hauptversammlung nach § 36 Abs. 4 SEBG.

10 § 2 Abs. 12 SEBG stellt beide Modelle der Mitbestimmung (das deutsche und das frühere niederländische Modell) wertungsfrei nebeneinander. Nach früherem niederländischen Recht erfolgte die Bestellung der Mitglieder des Aufsichtsorgans durch Kooptation, dh. die Aufsichtsratsmitglieder wählten sich weitere Mitglieder zu. Dieses Kooptationsmodell wurde mit der Gesetzesänderung vom 1. 10. 2004 abgeschafft. Gewählt werden die Mitglieder des Aufsichtsrats nunmehr von der Aktionärsversammlung; außerdem besteht für Gesellschaften mit mehr als 100 Arbeitnehmern und einem gezeichneten Kapital von mehr als 16 Mio. Euro ein Vorschlagsrecht des „Unternehmensrats" für ein Drittel der Aufsichtsratssitze; dieser ist mit dem deutschen Betriebsrat vergleichbar. Das Vetorecht des Unternehmensrats wurde abgeschafft.[12] Damit existiert zur Zeit in keinem Mitgliedstaat der EU das Kooptationsmodell und bleiben sämtliche Vorschriften im SEBG, die auf dieses Mitbestimmungssystem Bezug nehmen, einstweilen ohne praktischen Anwendungsbereich.[13]

11 Der **Oberbegriff** für Unterrichtung und Anhörung einerseits sowie Mitbestimmung andererseits ist die **„Beteiligung"**.[14] Darunter ist gem. § 2 Abs. 8 SEBG **jedes** Verfahren zu verstehen, durch das die Vertreter der Arbeitnehmer auf die Beschlussfassung innerhalb der Gesellschaft Einfluss nehmen können. Damit ist der Regelungsgegenstand des SEBG nicht nur auf die Unterrichtung, Anhörung und Mitbestimmung beschränkt, sondern umfasst dank der weitgehenden Gestaltungsfreiheit[15] auch völlig neue und bisher unbekannte Verfahren und Konzepte der Unterrichtung, Anhörung und Mitbestimmung bzw. Arbeitnehmerbeteiligungsmodelle, die im Vereinbarungswege entstehen können. Diese und die in anderen Mitgliedstaaten bestehenden Beteiligungsmodelle[16] werden im SEBG unter den Begriff **„sonstige Beteiligung"** (§ 1 Abs. 2 S. 1 SEBG) subsumiert. Auch in § 2 Abs. 7 und 9 ist von „sonstigen Beteiligungsrechten" bzw. von „sonstiger Beteiligung" die Rede.

12 Während der Begriff der Beteiligung stärker auf das vorgesehene Verfahren zur Einflussnahme der Arbeitnehmer in den Unternehmen abstellt, werden unter **Beteiligungsrechten** gem. § 2 Abs. 9 SEBG die konkreten Rechte der Arbeitnehmer oder ihrer Vertreter im Bereich der Unterrichtung, Anhörung, Mitbestimmung und der sonstigen Beteiligung verstanden. Hierzu kann auch die Wahrnehmung dieser Rechte

---

[11] MünchKommAktG/*Jacobs*, § 2 SEBG Rn. 21.
[12] Hierzu mehr bei *van het Kaar*, The Dutch system of enterprise-level workers' participation, 2004, abrufbar unter www.seeurope-network.org; *Krause*, BB 2005, 1221.
[13] Vgl. MünchKommAktG/*Jacobs*, § 2 SEBG Rn. 21.
[14] BT-Drucks. 15/3405, S. 44.
[15] *Thoma/Leuering*, NJW 2002, 1453.
[16] MünchKommAktG/*Jacobs*, § 2 SEBG Rn. 21.

B. Verhandelte Arbeitnehmerbeteiligung

in den Konzernunternehmen der SE gehören, so etwa Wahlrechte der Arbeitnehmer (vgl. § 5 MitbestG, § 2 DrittelbG) auch für andere Gesellschaften (Obergesellschaft).[17]

II. Verhandlungsverfahren

1. Aufnahme von Verhandlungen

Die Initiative für die Aufnahme von Verhandlungen hinsichtlich einer Vereinbarung über die Beteiligung der Arbeitnehmer in der SE geht von den Leitungen aus, weshalb ein besonderer Antrag der Arbeitnehmer für die Eröffnung der Verhandlungen weder erforderlich noch vorgesehen ist.

2. Informationspflicht der Leitungen

Nach § 4 Abs. 2 S. 1 SEBG sind die Leitungen der Gründungsgesellschaften in den jeweiligen Mitgliedstaaten bereits im Planungsstadium der Gründung einer SE verpflichtet, die **Arbeitnehmervertretungen** und **Sprecherausschüsse** in den beteiligten Gesellschaften, betroffenen Tochtergesellschaften und betroffenen Betrieben über das Gründungsvorhaben zu unterrichten.[18] Mit *Oetker* sind die leitenden Angestellten auch dann nach der vorerwähnten Vorschrift zu unterrichten, wenn die Belange der leitenden Angestellten durch einen Sprecherausschuss deshalb nicht wahrgenommen werden können, weil keine Interessenvertretung gebildet werden konnte oder dies unterblieben ist. Der Begriff der **Arbeitnehmervertretung** richtet sich nach den Rechtsvorschriften und/oder Gepflogenheiten der einzelnen Mitgliedstaaten (vgl. Art. 2 Buchst. e SE-ErgRiL). Das SEBG versteht gem. § 2 Abs. 6 SEBG darunter jede Vertretung der Arbeitnehmer nach dem BetrVG: Das sind der Betriebsrat, Gesamtbetriebsrat, Konzernbetriebsrat oder eine nach § 3 Abs. 1 Nr. 1–3 BetrVG gebildete Vertretung. Vom Begriff der Arbeitnehmervertretung nicht erfasst sind die Arbeitnehmervertreter im Aufsichts- oder Verwaltungsrat, der EBR sowie die Sprecherausschüsse, wenngleich leitende Angestellte Arbeitnehmer nach § 2 Abs. 1 SEBG sind (s. Rn. 28).

Neben der Information über die Pläne für die Gründung einer SE haben die Leitungen nach § 4 Abs. 3 SEBG **weitere Informationen** zu erteilen, die für die von der SE-Gründung betroffenen Arbeitnehmer mit Blick auf die Bildung des BVG und die darauf folgenden Verhandlungen bedeutsam sind und sich nicht nur auf die Verhältnisse der jeweiligen Gesellschaft beschränken. Verfügt die zur Unterrichtung verpflichtete Leitung bzw. Gesellschaft nicht über alle notwendigen Daten, ist sie vor dem Hintergrund der Rechtsprechung des EuGH zu Art. 4 EBR-RL[19] verpflichtet, diese von den anderen der an der Gründung beteiligten Gesellschaften zu beschaffen. Umgekehrt besteht eine Verpflichtung, die benötigten Informationen an die anfordernde Leitung weiterzugeben.[20]

Die Leitungen sollen zunächst über die **Identität und Struktur der beteiligten Gesellschaften** einschließlich deren Tochtergesellschaften und Betriebe, der betroffenen Tochtergesellschaften und der betroffenen Betriebe – mithin über alle Unternehmen und Betriebe des Konzerns –, jeweils einschließlich deren Verteilung auf die Mitgliedstaaten Auskunft geben (§ 4 Abs. 3 Nr. 1 SEBG), womit gewährleistet ist, dass die Arbeitnehmer nicht nur eine Vorstellung von ihrem Verhandlungspartner, sondern auch von der künftigen SE bekommen können. Zu diesem Zweck sind nach § 4 Abs. 3 Nr. 2 SEBG auch **Angaben über die in den beteiligten Gesellschaften, betroffe-**

---

[17] Vgl. BT-Drucks. 15/3405, S. 44.
[18] *Oetker*, BB-Special 1/2005, 6.
[19] S. zuletzt EuGH, NZA 2004, 1168 f.
[20] Vgl. *Oetker*, BB-Special 1/2005, 6; aA MünchKommAktG/*Jacobs*, § 4 SEBG Rn. 12.

nen **Tochtergesellschaften oder betroffenen Betrieben bestehenden Arbeitnehmervertretungen** beizufügen.

17 Darüber hinaus sind die Leitungen nach § 4 Abs. 3 Nr. 3 SEBG verpflichtet, die Zahl der in diesen Gesellschaften und Betrieben jeweils beschäftigten Arbeitnehmer sowie die daraus zu errechnende Gesamtzahl der in einem Mitgliedstaat beschäftigten Arbeitnehmer präzise und vollständig anzugeben, wobei es nicht um eine Durchschnittsberechnung geht. Ohne diese Angaben ist es nicht möglich, die (Gesamt-)Zahl der Mitglieder des BVG und deren Verteilung auf die jeweiligen Mitgliedstaaten sowie die bei Abstimmungen maßgeblichen Zahlenverhältnisse zu bestimmen. Des Weiteren haben die Leitungen nach § 4 Abs. 3 Nr. 4 SEBG auch über die Zahl der Arbeitnehmer, denen Mitbestimmungsrechte in den Unternehmensorganen der beteiligten Gesellschaften, der betroffenen Tochtergesellschaften und betroffenen Betriebe zustehen, zu unterrichten. Die Kenntnis darüber, wie viel Prozent aller Arbeitnehmer der zu gründenden SE einem System der Mitbestimmung – gleich welcher Art auch immer – unterliegen, ist von entscheidender Bedeutung, da das SEBG – je nach Schutzbedürftigkeit der Arbeitnehmer bei den unterschiedlichen Gründungsvarianten einer SE – mitbestimmungsbezogene Arbeitnehmer-Schwellenwerte aufstellt und weitreichende Konsequenzen für den Fall anordnet, dass diese über- oder unterschritten werden. Relevant ist dies insbesondere im Zusammenhang mit der Frage, unter welchen Voraussetzungen die gesetzliche Auffangregelung zur Mitbestimmung zur Anwendung kommt (vgl. § 34 Abs. 1 SEBG, s. Rn. 212), ferner im Zusammenhang mit § 15 Abs. 3 SEBG, wo es um das Erfordernis eines qualifizierten Quorums für die Beschlussfassung des BVG im Falle der Minderung von Mitbestimmungsrechten im Zuge der Verhandlungen geht (s. Rn. 60).

18 Bei dem **Katalog der Mitteilungspflichten** nach § 4 Abs. 2 u. 3 SEBG handelt es sich um **Regelbeispiele**; er ist daher nicht abschließend: So sind beispielsweise ggf. auch Informationen über die jeweils geltenden nationalen Mitbestimmungs- und Mitwirkungsgesetze anzuschließen. Diese können für die von der SE-Gründung betroffenen Arbeitnehmer von Bedeutung sein, da Grundlage und Voraussetzung für die Aufnahme von Verhandlungen die Kenntnis der bestehenden Modelle der Arbeitnehmerbeteiligung in den jeweils an der SE-Gründung beteiligten Gesellschaften ist. Auf diese Weise können die betroffenen Beschäftigten im Ausland über die für deutsche Unternehmen geltenden Mitbestimmungsgesetze Kenntnis erlangen und – umgekehrt – Arbeitnehmer in Deutschland sich über die in anderen Mitgliedstaaten geltenden Modelle der Arbeitnehmerbeteiligung informieren.

19 Zwar sind die in § 4 Abs. 2 u. 3 SEBG geschuldeten Informationen unaufgefordert und nicht erst auf Verlangen zu erteilen; gleichwohl werden die Arbeitnehmer bzw. deren Vertretungen in der Praxis teilweise selbst definieren, welche Informationen sie (zusätzlich) benötigen. Die Gegenstände der Unterrichtung stellen aus Arbeitnehmerperspektive **Auskunftsansprüche** dar. Die Informationspflicht nach § 4 SEBG trifft auch die Leitungen der in anderen Mitgliedstaaten ansässigen Unternehmen, die sich an der Gründung einer SE mit Sitz in Deutschland beteiligen.[21] Da die Durchführung eines ordnungsgemäßen Verhandlungsverfahrens vom Registergericht nach Art. 12 SE-VO als Voraussetzung für die Eintragung der SE zu prüfen ist, liegt ein zügiges und ordnungsgemäßes Verfahren im Interesse der Gründungsgesellschaften selbst, so dass für die notwendigen Informationen durch die Leitungen **keine Fristen und Formvorschriften** vorgesehen sind. *Grobys*[22] empfiehlt, die Informationen zu Dokumentations- und Beweiszwecken zusammen mit der schriftlichen Aufforderung zur Bildung des BVG vorzunehmen (vgl. § 4 Abs. 1 SEBG).

---

[21] Vgl. BT-Drucks. 15/3405, S. 45.
[22] *Grobys*, NZA 2005, 86.

B. Verhandelte Arbeitnehmerbeteiligung

Die Verletzung der Pflicht, die Arbeitnehmer unverzüglich zu informieren, bleibt 20
sanktionslos; eine dadurch bedingte Verzögerung des Konstituierungsprozesses des
BVG geht zu Lasten der Leitungen; dies ergibt der Umkehrschluss aus § 12 SEBG.[23]
Streitigkeiten, die sich im Zusammenhang mit der Information nach § 4 SEBG ergeben, sind im arbeitsgerichtlichen Beschlussverfahren nach §§ 2a Abs. 1 Nr. 3 d, 80 ff.
ArbGG auszutragen.

a) Adressat der Unterrichtung. Nach § 4 Abs. 2 S. 1 SEBG sind die Arbeitneh- 21
mervertretungen und Sprecherausschüsse in den beteiligten Gesellschaften, betroffenen Tochtergesellschaften und betroffenen Betrieben über das Vorhaben zur Gründung einer SE zu unterrichten. Keine präzise Aussage enthält das SEBG indes zu der Frage, mit welcher **Ebene** der Arbeitnehmervertretung oder der Sprecherausschüsse die Leitungen Kontakt aufzunehmen haben. Geregelt ist in § 4 Abs. 2 S. 2 SEBG lediglich die Direktinformation der Arbeitnehmer und damit auch der leitenden Angestellten für den Fall, dass nicht alle beteiligten Gesellschaften, betroffenen Tochtergesellschaften und betroffenen Betriebe des Inlands eine Arbeitnehmervertretung bzw. einen Sprecherausschuss haben; nicht bedacht hat der Gesetzgeber den Fall, dass in einem Betrieb zwar eine Arbeitnehmervertretung, aber kein Sprecherausschuss besteht. Zur Sicherstellung einer vollständigen Information sind dem Sinn und Zweck der Regelung entsprechend alle Arbeitnehmervertretungen oder Sprecherausschüsse zu unterrichten; die Informationspflicht bezieht sich damit nicht nur auf die Arbeitnehmervertretung auf der jeweils höchsten Ebene (zB Konzernbetriebsrat oder Gesamtsprecherausschuss).[24]

b) Zeitpunkt der Information. Die **Unterrichtung** durch die Leitungen hat nach 22
§ 4 Abs. 2 S. 3 SEBG **unaufgefordert** und **unverzüglich**, dh. ohne schuldhaftes Zögern (§ 121 BGB)[25] zu geschehen, sobald der Verschmelzungsplan, der Gründungsplan für eine Holdinggesellschaft oder der Umwandlungsplan für die Umwandlung in eine SE offengelegt wird oder nach Abschluss der Vereinbarung eines Plans zur Gründung einer Tochtergesellschaft.[26] § 4 Abs. 2 S. 3 SEBG schließt nicht aus, dass die Unterrichtung der Arbeitnehmer vor Offenlegung des jeweiligen Plans zur Gründung einer SE erfolgt. Die Verhandlungsfrist gem. § 11 Abs. 1 S. 1 SEBG beginnt allerdings erst, wenn die nach § 4 Abs. 2 und 3 SEBG geschuldeten Informationen vollständig sind. Eine Möglichkeit, die Verhandlungen zu verschieben, besteht nicht, erscheint aber auch nicht zweckmäßig, da die Eintragung der SE von der Klärung der Frage der Arbeitnehmerbeteiligung abhängig ist (vgl. Art. 12 Abs. 2 SE-VO) und die für Verhandlungen vorgesehene maximale Verhandlungsdauer relativ knapp bemessen ist (gem. § 20 SEBG sechs Monate, einvernehmlich verlängerbar auf insgesamt ein Jahr, s. Rn. 73).

Durch den Rekurs auf die in der SE-VO vorgesehenen vier originären[27] Grün- 23
dungsformen einer SE stellt § 4 Abs. 2 S. 3 SEBG die Verbindung zwischen dem gesellschaftsrechtlichen Ablauf der Gründung einer SE und dem Verhandlungsverfahren über die Beteiligung der Arbeitnehmer her: Denn je nach Gründungsform und der damit verbundenen „Gefahr" für bestehende Beteiligungsrechte und -verfahren der Arbeitnehmer ist die Ausgestaltung der Arbeitnehmerbeteiligung im SEBG unterschiedlich gestaltet.[28]

---

[23] Vgl. auch Nagel/Freis/*Kleinsorge*, § 4 Rn 8.
[24] Wie hier *Oetker*, BB-Special 1/2005, 6 und Nagel/Freis/*Kleinsorge*, § 4 Rn. 10; abw. MünchKommAktG/*Jacobs*, § 4 SEBG Rn. 13.
[25] Vgl. Nagel/Freis/*Kleinsorge*, § 4 Rn. 8.
[26] Vgl. Lutter/Hommelhoff/*Oetker*, S. 292.
[27] Als sekundäre Gründungsform tritt neben die vier originären Gründungsvarianten die durch eine Mutter-SE gegründete Tochter-SE: vgl. *Hommelhoff*, AG 2001, 280.
[28] Vgl. *Kleinsorge*, RdA 2002, 346.

3. Aufforderung zur Bildung des Besonderen Verhandlungsgremiums (BVG)

24 Das BVG ist nach § 4 Abs. 1 S. 1 SEBG aufgrund einer **schriftlichen Aufforderung** der Leitungen zu errichten. Adressat der Aufforderung sind, wie sich aus dem Zusammenspiel von § 4 Abs. 2 Sätze 1 und 2 sowie § 9 Abs. 1 SEBG ergibt,[29] die Arbeitnehmervertretungen und Sprecherausschüsse bzw. die Arbeitnehmer in den beteiligten Gesellschaften sowie in den betroffenen Tochtergesellschaften und betroffenen Betrieben. Die Verpflichtung trifft zunächst den Vorsitzenden der Arbeitnehmervertretung auf Konzernebene oder, sofern eine solche nicht besteht, auf Unternehmensebene oder, sofern eine solche nicht besteht, auf Betriebsebene. Besteht keine Arbeitnehmervertretung, erfolgt die Information gegenüber den Arbeitnehmern.

25 Die Aufforderung sollte (zeitgleich) mit bzw. unmittelbar nach der ersten Unterrichtung über die Pläne zur Gründung einer SE nach § 4 Abs. 2 und 3 SEBG erfolgen.

4. Zusammensetzung des BVG

26 Das BVG ist das Repräsentationsorgan der in jedem Mitgliedstaat beschäftigten Arbeitnehmer der Gründungsgesellschaften. Seine Bildung erfolgt in zwei Schritten: In einem ersten Schritt ist nach einem sogleich darzulegenden Verteilungsschlüssel die Zahl der jedem Mitgliedstaat zustehenden BVG-Sitze festzustellen, wobei Besonderheiten für den Fall einer durch Verschmelzung gegründeten SE zu beachten sind. Im nächsten Schritt ist dann die Frage zu klären, wie die Zuweisung dieser Sitze auf einzelne Personen des jeweiligen Mitgliedstaates erfolgt.

27 **a) Die Wahl bzw. Bestellung der „normalen" BVG-Mitglieder.** Die Verteilung der BVG-Sitze auf die Mitgliedstaaten erfolgt gem. § 5 SEBG nach dem **Mitgliedstaatenprinzip**, das eine Proportionalität zwischen Mitgliedstaaten, Unternehmen und Arbeitnehmerzahlen herstellt[30] (zum Sonderfall der Verschmelzung s. Rn. 31 ff.): Danach werden für die in jedem Mitgliedstaat beschäftigten Arbeitnehmer der beteiligten Gesellschaften und der betroffenen Tochtergesellschaften oder betroffenen Betriebe als deren Vertreter Mitglieder für das BVG gewählt oder bestellt (§ 5 Abs. 1 S. 1 SEBG). Pro Mitgliedstaat und pro angefangenen 10 % der Gesamtzahl der in allen Mitgliedstaaten beschäftigten Arbeitnehmer der beteiligten Gesellschaften und der betroffenen Tochtergesellschaften oder betroffenen Betriebe besteht dabei Anspruch auf einen Sitz im BVG (§ 5 Abs. 1 S. 2 SEBG). Voraussetzung für die Berechnung der Gesamtzahl der ins BVG zu entsendenden Mitglieder ist demnach zunächst die Kenntnis über die endgültige Mitarbeiterzahl der künftigen SE, die sich aus der Addition der jeweiligen Beschäftigtenzahlen in den Mitgliedstaaten ergibt und zu deren korrekter Erfassung die Leitungen gem. § 4 Abs. 3 Nr. 3 SEBG angehalten sind, präzise Informationen zu erteilen.

28 **aa) Arbeitnehmerbegriff.** Nach § 2 Abs. 1 S. 2 SEBG sind dabei als **Arbeitnehmer** alle Arbeiter und Angestellten einschließlich der zu ihrer Berufsausbildung Beschäftigten anzusehen, unabhängig davon, ob sie im Betrieb, im Außendienst oder mit Telearbeit beschäftigt werden; Teilzeitkräfte zählen wie im BetrVG pro Kopf. Die Vorschrift ist § 5 Abs. 1 BetrVG entlehnt, so dass der dortige Begriff weitgehend auch für das SEBG gilt. Damit werden insbesondere Personen mit ruhendem Arbeitsverhältnis und befristet Beschäftigte voll einbezogen.[31] Eine Ausnahme ist allerdings zu beachten: Anders als im BetrVG zählt die dort in § 5 Abs. 3 genannte Personengruppe der **leitenden Angestellten auch** zu den Arbeitnehmern iSd. § 2 Abs. 1 SEBG. Somit wird gewährleistet,

---

[29] Vgl. MünchKommAktG/*Jacobs*, § 4 SEBG Rn. 6; *Kallmeyer*, ZIP 2004, 1442 f.
[30] BT-Drucks. 15/3405, S. 45.
[31] Vgl. *Gaul*, NJW 1996, 3379.

B. Verhandelte Arbeitnehmerbeteiligung

dass leitende Angestellte das aktive Wahlrecht wahrnehmen können und ein einzurichtender SE-Betriebsrat auch ihre Belange wahrnimmt.[32] Das SEBG sieht zudem in Anlehnung an die Repräsentanz der leitenden Angestellten im Aufsichtsrat nach dem MitbestG vor, dass leitende Angestellte auch passiv wahlberechtigt sind, dh. zu Mitgliedern des BVG (vgl. § 6 Abs. 4 SEBG) oder des SE-Betriebsrats kraft Gesetzes (vgl. § 23 Abs. 1 S. 2 SEBG, s. Rn. 163) oder zu Arbeitnehmervertretern im Aufsichtrat oder Verwaltungsrat der SE gewählt werden können (vgl. § 36 Abs. 3 S. 2 SEBG, s. Rn. 201).

Maßgebend für die **Ermittlung der Arbeitnehmerzahlen** ist nach § 4 Abs. 4 SEBG der Zeitpunkt, in dem die Leitungen die Arbeitnehmervertretungen bzw. Arbeitnehmer erstmals über das Gründungsvorhaben der SE nach § 4 Abs. 2 SEBG unterrichten. Diese mitgeteilten Zahlen bleiben nicht nur für die Berechnung der arbeitnehmerbezogenen Schwellenwerte bei der Anwendung der gesetzlichen Auffangregelung zur Mitbestimmung (vgl. § 34 Abs. 1 SEBG), sondern auch für Abstimmungen innerhalb des BVG maßgeblich (vgl. § 15 Abs. 2 und 3, § 16 Abs. 1 S. 2 SEBG), solange nicht strukturelle Änderungen (s. Rn. 83) mit erheblichen Auswirkungen auf die Zusammensetzung des BVG dessen neue Zusammensetzung nach § 5 Abs. 4 SEBG erforderlich machen.

bb) Mindestgröße des BVG. Aufgrund des in § 5 Abs. 1 S. 2 SEBG enthaltenen Länderschlüssels (pro angefangene 10 % ein Sitz im BVG) kann das **BVG höchstens 39 Mitglieder** haben. Dieser Fall ist aber insofern unwahrscheinlich, als hierfür sämtliche Mitgliedstaaten der EU einschließlich der drei Staaten des EWR-Raums (Norwegen, Island und Liechtenstein) an der SE-Gründung beteiligt sein müssten, wobei in einem Mitgliedstaat über 90 % der Arbeitnehmer beschäftigt sein müssten. Diesem Mitgliedstaat würden dann 10 BVG-Sitze zustehen, während die übrigen 26 Mitgliedstaaten sowie die drei EWR-Staaten jeweils einen Sitz im BVG erhielten.[33] Die **Mindestgröße des BVG** beträgt zehn Mitglieder; diese Größe kann bei Verteilung auf mehrere Mitgliedstaaten allerdings überschritten werden,[34] wie der folgende Beispielsfall zeigt:

Beispiel:
Die Gesellschaften G 1 und G 2 aus Deutschland fassen den Beschluss zur Gründung einer Holding-SE mit Gesellschaft G 3 aus England. Die Gesellschaften G 1 und G 2 haben jeweils Tochtergesellschaften (TG) in den Mitgliedstaaten Frankreich und England (TG 1 und TG 2); die Gesellschaft G 3 Tochtergesellschaften in Deutschland (TG 3). Die Gesamtbeschäftigtenzahl des künftigen SE-Konzerns beträgt demnach 9000.

	Deutschland	Frankreich	England
Gesellschaft (G) / Tochtergesellschaft (TG)	G 1: 2500	TG 1: 170	TG 1: 500
	G 2: 1500	TG 2: 180	TG 2: 500
	TG 3: 1000	TG 3: 150	G 3: 2500
Gesamtzahl pro Mitgliedstaat	5000	500	3500
Anzahl der Beschäftigten insgesamt		9000	
Anteil in %	55,56 %	5,56 %	38,9 %
		100 %	
Sitze im BVG	6	1	4
Gesamtmitgliederzahl des BVG		11	

---

[32] Kritisch *Oetker*, BB-Special 1/2005, 6.
[33] Nagel/Freis/*Kleinsorge*, § 5 Rn. 4.
[34] BT-Drucks. 15/3405, S. 46.

Die geographische Komponente, dass aus jedem Mitgliedstaat jedenfalls ein Vertreter ins BVG zu entsenden ist, wird nach der Zahl der in einem Mitgliedstaat beschäftigten Arbeitnehmer in der Weise gewichtet, dass je angefangene 10 % in jedem Mitgliedstaat ein Mitglied in das BVG zu wählen oder zu bestellen ist. Das sind 900.

Da nach dem Wortlaut des § 5 Abs. 1 S. 2 SEBG für **jeden Bruchteil** der 10 %-Tranche, unabhängig davon, ob die Belegschaftsstärke der Gesellschaften in einem Mitgliedstaat 10 % erreicht hat oder nicht, ein Sitz vergeben wird, und für jeden Bruchteil, um den die erste oder jede weitere 10 %-Tranche überschritten wird, Anspruch auf einen **zusätzlichen** Sitz besteht,[35] erhält Frankreich, aus dem 5,56 % der Beschäftigten stammen, schon einen Sitz, Deutschland, auf das 55,56 % der Beschäftigten fallen, somit sechs Sitze und England mit 38,9 % vier Sitze im BVG. Es ergibt sich somit eine Gesamtgröße des BVG von 11 Mitgliedern.

31 **b) Sonderfall: Die Wahl bzw. Bestellung „zusätzlicher" BVG-Mitglieder bei der Verschmelzungs-SE.** In Abweichung von der Berechnungsmethode des § 5 Abs. 1 SEBG, wonach die maximale Gesamtzahl der „normalen" Mitglieder des BVG und ihre Verteilung auf die einzelnen Mitgliedstaaten feststeht, besteht gem. § 5 Abs. 2 S. 1 SEBG eine Ausnahmeregelung für den Gründungsfall der Verschmelzung: Danach wird abweichend von dieser Obergrenze eine Aufstockung des BVG durch **„zusätzliche"** Vertreter eines einzelnen Mitgliedstaates erforderlichenfalls zugelassen, um zu gewährleisten, dass jede mit der geplanten Eintragung der SE erlöschende Gesellschaft, die Arbeitnehmer in dem betreffenden Mitgliedstaat beschäftigt, durch mindestens ein (Zusatz-)Mitglied im BVG vertreten ist; die Wahl oder Bestellung zusätzlicher Mitglieder darf nach § 5 Abs. 2 S. 2 SEBG allerdings nicht zu einer Doppelvertretung der betroffenen Arbeitnehmer führen.

32 Die Frage, ob zusätzliche Mitglieder des BVG zu wählen bzw. zu bestellen sind, kann erst beantwortet werden, nachdem die jeweilige nationale Verteilung der „normalen" Mitglieder des BVG auf die beteiligten Gesellschaften, betroffenen Tochtergesellschaften und betroffenen Betriebe bzw. Zweigniederlassungen erfolgt ist. Sie ist nur dann zu bejahen, wenn nicht alle an der Gründung der SE beteiligten Gesellschaften aus den jeweiligen Mitgliedstaaten durch mindestens ein „normales" Mitglied im BVG vertreten sind. Wird festgestellt, dass zusätzliche Mitglieder zu wählen bzw. zu bestellen sind, ist zunächst deren Anzahl festzulegen, die sich nach der Anzahl der durch „normale" Mitglieder nicht im BVG vertretenen beteiligten Gesellschaften richtet (vgl. § 5 Abs. 2 SEBG). Dabei ist gem. § 5 Abs. 3 S. 1 SEBG jedoch zu berücksichtigen, dass sich die Gesamtzahl der regulären Mitglieder im BVG um nicht mehr als 20 % erhöhen darf. Unproblematisch ist daher der Fall, dass die Zahl der nicht durch „normale" Mitglieder im BVG vertretenen beteiligten Gesellschaften 20 % nicht überschreitet.

Beispiel:
Die Gesellschaften G 1 bis G 5 aus Deutschland wollen mit der Gesellschaft G 6 aus Österreich fusionieren und eine SE gründen; ihre Arbeitnehmer (einschließlich die der Tochtergesellschaften) sind auf die Mitgliedstaaten Deutschland, Frankreich und Österreich wie folgt verteilt:

---

[35] Ebenso Nagel/Freis/*Kleinsorge*, § 5 Rn. 3 und 4; aA Manz/Mayer/Schröder/*Hennings*, Art. 3 SE-RL Rn. 7.

B. Verhandelte Arbeitnehmerbeteiligung

	Deutschland	Frankreich	Österreich	insgesamt
Gesellschaft (G) / Tochtergesellschaft (TG)	G 1: 3 100	TG 1: 450	TG 1: 500	
	G 2: 3 000	TG 2: 400	–	
	G 3: 2 400	TG 3: 3 500	–	
	G 4: 2 000	TG 4: 3 000	–	
	G 5: 800	TG 5: 2 500	–	
	TG 6: 700	TG 6: 5 000	G 6: 1 650	
Summe pro Mitgliedstaat	12 000	14 850	2 150	29 000
Gesamtzahl der Beschäftigten		29 000		
Anteil	41,38 %	51,21 %	7,41 %	100 %
„normale" Mitglieder im BVG	5	6	1	12
im BVG vertreten	G1–G5	TG1–TG6	G 6 als beteiligte Gesellschaft	
im BVG nicht vertreten	TG 6	–	TG 1	
„zusätzliche" Mitglieder im BVG	1	keine	1	2
Gesamtmitgliederzahl im BVG	5 + 1 = 6	6	1 + 1 = 2	14

Es ergibt sich aufgrund der Verteilung der Arbeitnehmer auf die Gründungsgesellschaften G 1 bis G 6 und die Mitgliedstaaten Deutschland, Frankreich und Österreich eine Gesamtgröße des BVG von 12 Mitgliedern. Die Verteilung der BVG-Sitze auf die Mitgliedstaaten unterstellt, dass das nationale Umsetzungsrecht eine Priorität unter den inländischen beteiligten Gesellschaften nach deren Größe vorsieht. Für jeweils 10 % (2900) der Arbeitnehmer oder einen Bruchteil hiervon besteht Anspruch auf einen Sitz je Land im BVG. Frankreich erhält demnach 6 Sitze (unproblematisch, da alle Tochtergesellschaften aus diesem Land Vertreter ins BVG entsenden können), Deutschland 5 Sitze und Österreich einen Sitz im BVG. Nicht im BVG vertreten ist in Deutschland TG 6 und in Österreich TG 1. Daher erhalten diese Staaten nach § 5 Abs. 1 SEBG jeweils einen „zusätzlichen" Sitz, allerdings mit der Maßgabe, dass die Anzahl der „zusätzlichen" Mitglieder 20 % der „normalen" Mitglieder nicht überschreiten darf (§ 5 Abs. 2 SEBG). Dies ist hier nicht der Fall, denn benötigt werden zwei „zusätzliche" Sitze und zur Verfügung stehen zwei Sitze (20 % von 12 „normalen" Mitgliedern = 2,4). Das BVG besteht demnach aus 12 normalen und 2 zusätzlichen, also insgesamt 14 Mitgliedern. Damit ist die Vorgabe erfüllt, dass alle an der Fusion beteiligten Gesellschaften im BVG vertreten sind.

Wird die zulässige Gesamtmitgliederzahl des BVG (20%-Obergrenze) im Falle einer durch Verschmelzung gegründeten SE durch eine Multifusion überschritten, weil in einem Mitgliedstaat mehr Gesellschaften vorhanden sind, als an „zusätzlichen Sitzen" zur Verfügung steht, so erfolgt gem. § 5 Abs. 3 S. 2 SEBG eine Verteilung dieser „zusätzlichen" Mitglieder auf die **nicht** vertretenen Gesellschaften mit der Maßgabe, dass die zusätzlichen Mitglieder **Gesellschaften** in verschiedenen Mitgliedstaaten **in absteigender Reihenfolge der Zahl der bei ihnen beschäftigten Arbeitnehmer** zuzuteilen sind. Auswahlkriterium ist demnach die Größe des Unternehmens: Die Einzelgesellschaften entsenden in der Reihenfolge ihrer Belegschaftsstärke – ausgehend vom größten Unternehmen – „zusätzliche" Vertreter ins BVG bis zur Erreichung der

Höchstmitgliederzahl (20 %). Dabei ist es völlig unerheblich, aus welchem Mitgliedstaat die Gesellschaften kommen und inwiefern diese Mitgliedstaaten durch „normale" Mitglieder im BVG vertreten sind. Es ist hierbei gem. § 5 Abs. 3 S. 3 SEBG nur zu gewährleisten, dass ein Mitgliedstaat nicht mehrere zusätzliche Sitze erhält, solange nicht alle anderen Mitgliedstaaten, aus denen Gesellschaften stammen, die nicht durch ein normales Mitglied vertreten sind, einen Sitz erhalten haben. Dieser Sachverhalt soll in Abwandlung des vorerwähnten Falles erläutert werden:

Die Gesellschaften G 1 bis G 5 aus Deutschland wollen mit der Gesellschaft G 6 aus Österreich eine SE im Wege der Verschmelzung gründen; ihre Arbeitnehmer (einschließlich die der Tochtergesellschaften) sind auf die Mitgliedstaaten Deutschland, Frankreich und Österreich wie folgt verteilt:

	Deutschland	Frankreich	Österreich	insgesamt
Gesellschaft (G) / Tochtergesellschaft (TG)	G 1: 3100	TG 1: 450	TG 1: 450	4 000
	G 2: 3000	TG 2: 400	TG 2: 400	3 800
	G 3: 2400	TG 3: 3500	TG 3: 300	6 200
	G 4: 2000	TG 4: 3000	TG 4: 250	5 250
	G 5: 800	TG 5: 2500	TG 5: 250	3 550
	TG 6: 700	TG 6: 5000	G 6: 500	6 200
Gesamtzahl der Beschäftigten	12 000	14 850	2 150	29 000
Anteil	41,38 %	51,21 %	7,41 %	100 %
„normale" Mitglieder im BVG	5	6	1	12
im BVG vertreten	G 1–G 5	TG 1–TG 6	G 6 als beteiligte Gesellschaft	
im BVG nicht vertreten	TG 6	–	TG 1–TG 5	
„zusätzliche" Mitglieder im BVG	1	keine	1	2
Gesamtmitgliederzahl im BVG	5 + 1 = 6	6	1 + 1 = 2	14

Das BVG hat eine Gesamtgröße von 12 Mitgliedern, wobei – wie zuvor – davon ausgegangen wird, dass das nationale Umsetzungsrecht bei der Verteilung der BVG-Sitze eine Priorität unter den inländischen beteiligten Gesellschaften nach deren Größe vorsieht. Das SEBG ist durch den Grundsatz geprägt, bei einer durch Verschmelzung gegründeten SE die Arbeitnehmer aller Einzelgesellschaften bei der Besetzung des BVG zu berücksichtigen. Da an der Verschmelzung aus Frankreich insgesamt sechs (Tochter-)Gesellschaften beteiligt sind, dieses Land bereits durch sechs „normale" Mitglieder im BVG vertreten ist, bleibt es unberücksichtigt. Im BVG nicht vertreten sind in Österreich fünf Gesellschaften (TG 1 – TG 5) und in Deutschland eine Gesellschaft (TG 6); insgesamt benötigt werden also sechs BVG-Mitglieder. Aufgrund der 20 %-Grenze stehen jedoch maximal zwei „zusätzliche" Mitglieder zur Verfügung (20 % von 12 BVG-Mitgliedern = 2,4), die nun auf die Gesellschaften in Deutschland und Österreich in absteigender Reihenfolge der Beschäftigtenzahl verteilt werden müssen. Gesellschaft TG 6 in Deutschland (mit 700 Arbeitnehmern) als das größte, nicht durch ein „normales" Mitglied im BVG vertretene Unternehmen bekommt nach diesem Auswahlkriterium einen „zusätzlichen" Vertreter, womit in Deutschland alle Gesellschaften abgedeckt wären. Den anderen zusätzlichen Vertreter erhält die nächst größte

B. Verhandelte Arbeitnehmerbeteiligung

Gesellschaft: Das ist Gesellschaft TG 1 in Österreich (mit 450 Arbeitnehmern). Die übrigen vier Gesellschaften in Österreich (TG 2, TG 3, TG 4 und TG 5) erhalten keinen zusätzlichen Sitz.

Bei der Gründungsform der SE durch Verschmelzung **erlöschen** die (inländischen) Gesellschaften als eigenständige juristische Personen nach Eintragung der SE. Da zB der Konzernbetriebsrat, Gesamtbetriebsrat oder Wirtschaftsausschuss nach dem BetrVG einen **nationalen Rechtsträger** voraussetzen, diese Beteiligungsstrukturen der Arbeitnehmer im Falle der Gründung einer SE durch Verschmelzung jedoch „verschwinden" würden, gewährleistet § 47 Abs. 2 SEBG das Fortbestehen dieser Strukturen und löst den ansonsten zu § 47 Abs. 1 SEBG bestehenden Widerspruch auf, wonach die in den Mitgliedstaaten geltenden **nationalen** Vorschriften zur Unterrichtung und Anhörung (in Deutschland die **betriebliche Mitbestimmung** nach dem Betriebsverfassungsrecht) unberührt bleiben. Die **Leitung der SE** hat dabei gem. § 47 Abs. 2 S. 2 SEBG sicherzustellen, dass diese Arbeitnehmervertretungen ihre Aufgaben auch weiterhin wahrnehmen können. Dies könnte allerdings dann zu Problemen führen, wenn der Sitz der SE nicht in Deutschland ist oder er nach Gründung in einen anderen Mitgliedstaat verlegt wird. In diesen Fällen müsste die Leitung der SE eine nationale Kontaktinstanz benennen, da ansonsten die weiterhin bestehenden Arbeitnehmerstrukturen ihren Sinn verlieren würden. Dass die Leitung der SE mit Sitz in einem anderen Mitgliedstaat dazu verpflichtet werden kann, ergibt sich daraus, dass der **Grundsatz der Territorialität des Rechts** hier ausnahmsweise durch europarechtliche Vorgaben (vgl. Art. 1 Abs. 4 SE-VO und Art. 13 Abs. 4 SE-ErgRiL) durchbrochen wird.

c) Neuzusammensetzung des BVG anlässlich struktureller Veränderungen bei laufenden Verhandlungen (§ 5 Abs. 4 SEBG). Ändern sich während der Tätigkeitsdauer des BVG die Struktur (zB durch Änderung des Gründungsplans) oder die **Arbeitnehmerzahlen** der beteiligten Gesellschaften, der betroffenen Tochtergesellschaften und betroffenen Betriebe, so dass sich auch die konkrete Zusammensetzung des BVG ändern würde, ist gem. § 5 Abs. 4 S. 1 SEBG das BVG entsprechend neu zusammenzusetzen. Da das BVG hierdurch nicht neu konstituiert wird, wirkt sich dies nicht auf den Lauf der Verhandlungsfrist nach § 20 Abs. 1 SEBG aus (s. Rn. 73).[36] Die Leitungen sind nach § 5 Abs. 4 S. 2 und 3 SEBG verpflichtet, das BVG unverzüglich und vollständig über die eingetretenen Änderungen zu informieren. Es gelten dabei gem. § 5 Abs. 4 S. 3 SEBG für die Leitungen dieselben Informationspflichten wie bei der Aufforderung zur Errichtung eines BVG nach § 4 Abs. 2–4 SEBG. Maßgeblich für dessen Bildung sind in entsprechender Anwendung des § 4 Abs. 4 SEBG die von den zuständigen Leitungen mitzuteilenden **aktuellen Arbeitnehmerzahlen** zum Zeitpunkt der Unterrichtung über die Strukturänderung.

Das BVG wird neu zusammenzusetzen sein, wenn während der laufenden Verhandlungen ein Unternehmen zusätzlich am Gründungsvorhaben der SE teilnimmt, das im (ursprünglichen) BVG vertreten gewesen wäre. Dies gilt insbesondere für den Fall, dass sich die Verteilung der Sitze auf die Mitgliedstaaten, in denen die an der Gründung beteiligten Unternehmen ihren Sitz haben, ändern würde. Beteiligt sich hingegen ein neues Unternehmen an dem Gründungsvorhaben, das im (ursprünglichen) BVG nicht vertreten gewesen wäre, muss das BVG auch nicht neu gewählt werden; Entsprechendes gilt für den Fall, dass ein an der Gründung der SE beteiligtes Unternehmen während der Verhandlungen wegfällt.

5. Konstituierende Sitzung des BVG

Die Wahl oder Bestellung der Mitglieder des BVG kann nicht beliebig verzögert werden; vielmehr soll seine Bildung gem. § 11 Abs. 1 SEBG innerhalb von zehn Wo-

---

[36] Vgl. MünchKommAktG/*Jacobs*, § 5 SEBG Rn. 4.

chen nach der in § 4 Abs. 2 und 3 SEBG vorgeschriebenen ersten Information der Leitungen über das Gründungsvorhaben einer SE erfolgen. Wird die Zehn-Wochen-Frist eingehalten, laden die Leitungen nach § 12 Abs. 1 S. 1 SEBG unverzüglich nach Bekanntgabe der benannten Mitglieder des BVG zu dessen konstituierender Sitzung ein und informieren die örtlichen Betriebs- und Unternehmensleitungen, so dass diese in den Entstehungsprozess des BVG fortlaufend einbezogen sind. Ein Anwesenheitsrecht der Leitungen bei der konstituierenden Sitzung besteht nicht. Erst nach erfolgter Einladung zur konstituierenden Sitzung ist die Bildung des BVG abgeschlossen und gilt es als eingesetzt iSv. § 20 Abs. 1 SEBG. Die Wichtigkeit dieses Termins ergibt sich daraus, dass mit ihm der Lauf der Verhandlungsfrist nach § 20 SEBG beginnt (s. Rn. 73).

38 Droht bei der Festsetzung des Termins zur konstituierenden Sitzung ein Überschreiten der Zehn-Wochen-Frist, weil einzelne oder alle Mitglieder des BVG noch nicht gewählt sind, ist von den Leitungen zu prüfen, ob ein Verschulden der Arbeitnehmerseite vorliegt: Ergibt sich, dass die Frist aus Gründen überschritten wurde, die die Arbeitnehmer nicht zu vertreten haben, müssen die Leitungen die Verzögerung hinnehmen und ist ein späterer Termin für die konstituierende Sitzung anzuberaumen.

39 Hat die Arbeitnehmerseite jedoch die Fristüberschreitung verschuldet, so beginnt gem. § 11 Abs. 2 S. 1 SEBG das Verhandlungsverfahren mit dem noch nicht vollständig besetzten BVG, ohne dass es zu einer Verlängerung der Verhandlungsfrist nach § 20 SEBG kommt. In einem solchen Fall bleiben diejenigen Arbeitnehmer, für die noch kein Vertreter ins BVG gewählt oder bestellt wurde, bei Abstimmungen im BVG unberücksichtigt. Diese Sanktion geht allerdings nicht so weit, die nach Ablauf der Zehn-Wochen-Frist gewählten oder bestellten Mitglieder von der Teilnahme an den Verhandlungen endgültig auszuschließen; diese können sich nach § 11 Abs. 2 S. 2 SEBG vielmehr jederzeit am Verhandlungsverfahren beteiligen, müssen aber das Stadium der Verhandlungen akzeptieren, das sie vorfinden.[37]

6. Binnenverfassung des BVG

40 Hinsichtlich der internen Organisation des BVG ist gem. § 12 Abs. 1 S. 2 SEBG die Wahl eines Vorsitzenden sowie mindestens zweier Stellvertreter aus dem Kreis der BVG-Mitglieder zwingend vorgesehen, die gemeinsam die Geschäfte führen. Über das Ergebnis der Wahl, die auf der konstituierenden Sitzung erfolgt, sind die Leitungen zu informieren. Freigestellt hingegen ist die Aufstellung einer Geschäftsordnung; diese bedarf nach § 12 Abs. 1 S. 3 SEBG der Schriftform. Die Vorschrift ist im Wesentlichen § 13 EBRG nachgebildet.

41 In der Geschäftsordnung kann beispielsweise die Nominierung eines Verhandlungsausschusses geregelt oder können Fristen für die Einladung zu den internen Treffen, Regeln für die Protokollführung, für die Aufstellung der Tagesordnung und zum Anwesenheitsrecht Dritter festgelegt oder Grundsätze für die Kommunikation der Mitglieder des BVG zwischen den Sitzungen beschlossen werden.[38] Der Vorsitzende des BVG ist nicht dessen gesetzlicher Vertreter, sondern vertritt das Gremium nur im Rahmen der mehrheitlich gefassten Beschlüsse.[39] Ein Vertretungsrecht des Vorsitzenden aus allgemeinen Grundsätzen ist ebenso abzulehnen wie die Möglichkeit einer entsprechenden Regelung in der Geschäftsordnung.

7. Zusammenarbeit zwischen BVG und Leitungen

42 Im Zusammenhang mit der Ausgestaltung der Vereinbarung über die Beteiligung der Arbeitnehmer in der SE wird es angesichts der unterschiedlichen nationalen

---

[37] BT-Drucks. 15/3405, S. 48.
[38] Vgl. BetrVG-Komm/*Klebe*, § 13 EBRG Rn. 3 und 4.
[39] Vgl. BT-Drucks. 15/3405, S. 52.

B. Verhandelte Arbeitnehmerbeteiligung

Rechtsordnungen und Vorverständnisse und der hieraus notwendigerweise resultierenden internen Abstimmungsprobleme in der Regel zu mehreren Verhandlungsterminen kommen. Das SEBG legt weder die Zahl der Sitzungen noch deren Zeitabstand fest. Die Leitungen und das BVG haben gem. § 13 Abs. 2 S. 3 SEBG vielmehr die Modalitäten, wie zB Zeitpunkt, Häufigkeit und Ort der Verhandlungen, einvernehmlich festzulegen.

Leitungen und BVG sind nach § 13 Abs. 1 SEBG zudem zur **vertrauensvollen Zusammenarbeit** verpflichtet. Dies bedeutet, dass beide Seiten strittige Fragen über die Ausgestaltung der Vereinbarung über die Beteiligung der Arbeitnehmer in der SE im Dialog mit dem ernsten Willen zur Einigung und mit friedlichen Mitteln beilegen müssen; insbesondere sind Maßnahmen des Arbeitskampfes zum Durchsetzen der Vereinbarung unzulässig. Die Verhandlungspartner haben einen fairen Umgang ohne Schikane zutage zu legen; andererseits sollen sie soziale Gegensätze aber auch nicht leugnen müssen. Dieser Gedanke ist § 2 Abs. 1 BetrVG und Art. 9 Abs. 1 SE-RL entnommen.[40]

a) Weitere Sitzungen des BVG. Angesichts der Schwierigkeiten, die sich gerade bei der Koordinierung der mitbestimmungsrechtlichen Fragen aus den verschiedenen Mitgliedstaaten ergeben können,[41] gestattet es § 12 Abs. 2 SEBG dem BVG als gleichwertigen Verhandlungspartner, sich zur internen Abstimmung in mehreren Arbeitssitzungen auf die Verhandlungen mit den Leitungen vorzubereiten. Diese **weiteren Sitzungen** beruft der Vorsitzende ein; eine einvernehmliche Festlegung dieser Sitzungen mit den Leitungen iSv. § 13 Abs. 2 S. 3 SEBG ist nicht vorgesehen. Vorbereitende Sitzungen sind demnach nicht grundsätzlich in engem zeitlichen und örtlichen Zusammenhang mit den Sitzungen mit den Leitungen abzuhalten, müssen sich allerdings auf das **unbedingt erforderliche Maß** beschränken, da die Kostentragungspflicht der Leitungen bzw. der SE gemäß §§ 19 und 42 SEBG nur auf die **erforderlichen Kosten** beschränkt ist. Dies ist auch bei Zugrundelegung des Grundsatzes der vertrauensvollen Zusammenarbeit (s. Rn. 43) zu fordern.

b) Auskunftsanspruch des BVG. Die Leitungen haben das BVG bei der Erfüllung seiner Aufgaben zu unterstützen. Voraussetzung dafür ist, dass sie dem BVG rechtzeitig alle zur Durchführung seiner Aufgaben erforderlichen Auskünfte erteilen und ihm die Unterlagen – sei es im Original, in Durchschrift oder in Fotokopie – überlassen, die es benötigt (§ 13 Abs. 2 S. 1 SEBG). Hierzu haben sie nach § 13 Abs. 2 S. 2 SEBG das BVG insbesondere über das Gründungsvorhaben und den Verlauf des Verfahrens bis zur Eintragung der SE zu unterrichten. Zu den erforderlichen Auskünften gehört zB auch, dass die Leitungen dem BVG Übersetzungen des Gesetzestextes zur Verfügung stellen, damit seine Mitglieder die Basis für die Verhandlungen und die bei einem Scheitern geltenden Regelungen kennen. Zwar sind die Angaben unaufgefordert und nicht erst auf Verlangen zu machen; in praxi wird die Initiative teilweise von den Mitgliedern des BVG selbst ausgehen, die am besten beurteilen können, welche Angaben sie für ihre Arbeit benötigen, und daher die Informationen abfragen. Die umfassenden Informationspflichten nach § 13 Abs. 2 SEBG treten flankierend zu den Informationspflichten nach § 4 SEBG hinzu (s. Rn. 14 ff.) und stellen einen allgemeinen Auskunftsanspruch der Mitglieder des BVG dar. Zur Sicherung vertraulicher Informationen sieht § 41 SEBG detaillierte Regelungen zur Verschwiegenheit vor (s. Rn. 48 ff.).

Eine Verletzung der in § 4 Abs. 2 oder § 5 Abs. 4 S. 2, jeweils auch iVm. § 18 Abs. 4 SEBG (Wiederaufnahme der Verhandlungen und strukturelle Änderungen), genannten Auskunfts- und Unterrichtungspflichten stellt nach § 46 Abs. 1 Nr. 1 SEBG eine

---

[40] Vgl. auch § 74 Abs. 1 S. 2 BetrVG und dessen fast wörtliche Übereinstimmung mit Art. 9 Abs. 1 SE-ErgRiL.
[41] BT-Drucks. 15/3405, S. 48 f.

Ordnungswidrigkeit dar, die gem. § 46 Abs. 2 SEBG mit einer Geldbuße bis zu zwanzigtausend Euro geahndet werden kann.

47 **c) Informationsverweigerungsrecht.** Der Umfang der Informationspflichten ist allerdings nach § 41 Abs. 1 SEBG beschränkt durch das Recht der Leitungen, die Auskunftserteilung zu verweigern, soweit dadurch bei Zugrundelegung objektiver Kriterien nicht Betriebs- oder Geschäftsgeheimnisse der beteiligten Gesellschaften und der betroffenen Tochtergesellschaften und der betroffenen Betriebe gefährdet werden. Die Ausgestaltung der Geheimhaltungsbefugnis orientiert sich an den betriebsverfassungsrechtlichen Vorgaben der § 43 Abs. 2 S. 3, § 106 BetrVG. Gegen eine Entscheidung der Leitungen, Informationen als vertraulich einzustufen, steht der Rechtsweg vor den Arbeitsgerichten nach § 2 a Abs. 1 Nr. 3 d ArbGG offen.

48 **d) Verschwiegenheitspflicht.** Zur Sicherung vertraulicher Informationen verbietet § 41 Abs. 2 iVm. Abs. 4 Nr. 4 SEBG den Mitgliedern und Ersatzmitgliedern des BVG, den beigezogenen Sachverständigen und Dolmetschern, Informationen, die ihnen im Rahmen der Wahrnehmung ihres Mandats bekannt geworden und von den Leitungen ausdrücklich als geheimhaltungsbedürftig bezeichnet worden sind (formeller Geheimnisbegriff), an Dritte weiterzugeben oder zu verwerten. Diese Pflicht zur Verschwiegenheit gilt unabhängig von dem Aufenthaltsort der betreffenden Person und besteht auch nach Ablauf des Mandats fort.

49 Die Verschwiegenheitspflicht gilt nach § 41 Abs. 5 S. 1 SEBG jedoch nicht innerhalb des BVG; sie gilt nach § 41 Abs. 5 S. 2 Nr. 1 SEBG ferner nicht für das BVG gegenüber Sachverständigen und Dolmetschern. Bei der Weitergabe von Informationen muss in solchen Fällen jedoch explizit auf die Geheimhaltungsbedürftigkeit hingewiesen werden, widrigenfalls liegt eine Verletzung der Pflicht zur Vertraulichkeit vor.

50 Die Offenbarung von Betriebs- oder Geschäftsgeheimnissen wird nach § 45 Abs. 2 Nr. 1 SEBG mit Freiheitsentzug bis zu einem Jahr oder mit Geldstrafe geahndet, wobei § 45 Abs. 1 Nr. 1 SEBG einen höheren Strafrahmen (Freiheitsstrafe bis zu zwei Jahren oder Geldstrafe) für den Fall der Verwertung normiert. Stellt die Offenbarung eines Geschäftsgeheimnisses zwar keine Verwertung dar, geschieht sie aber in Bereicherungs- oder Schädigungsabsicht, gilt das erhöhte Strafmaß wie nach § 45 Abs. 1 Nr. 1 SEBG.

51 **e) Schutz der Arbeitnehmervertreter.** Nach § 42 S. 1 Nr. 1 SEBG genießen die Mitglieder des BVG, die Beschäftigte einer der beteiligten Gesellschaften, betroffenen Tochtergesellschaften oder betroffenen Betriebe sind, den gleichen Schutz und die gleichen Sicherheiten wie die Arbeitnehmervertreter nach den Gesetzen und Gepflogenheiten des Mitgliedstaats, in dem sie beschäftigt sind. Demnach gelten – je nachdem, aus welchem Mitgliedstaat die BVG-Mitglieder stammen – unterschiedliche nationale Schutzvorschriften. Dies gilt nach § 42 S. 2 SEBG insbesondere für den Kündigungsschutz (in Deutschland das Kündigungsschutzgesetz nebst Spezialgesetzen), die Teilnahme an Sitzungen des BVG und die Entgeltfortzahlung. Der in § 42 SEBG normierte Schutz der Arbeitnehmervertreter muss im Zusammenhang mit der Vorschrift des § 44 SEBG gelesen werden, die das gegen jedermann gerichtete Verbot enthält, die Bildung oder die Tätigkeit des BVG zu behindern (§ 44 Nr. 1 und 2 SEBG) oder einzelne Mitglieder (einschließlich der Ersatzmitglieder) wegen ihrer Tätigkeit zu benachteiligen oder zu begünstigen (§ 44 Nr. 3 SEBG). Eine Versetzung aus sachlichen oder personenbedingten Gründen stellt jedoch keinen Verstoß gegen § 44 Nr. 3 SEBG dar. Die Verletzung der Schutznorm des § 44 SEBG wird nach § 45 Abs. 2 Nr. 2 und 3 SEBG mit Freiheitsstrafe bis zu einem Jahr oder mit Geldstrafe sanktioniert, wobei die Tat nach § 45 Abs. 4 S. 1 SEBG nur auf Antrag verfolgt wird. Antragsberechtigt sind neben dem Verletzten auch die in § 45 Abs. 4 S. 2 SEBG genannten Personen und Gremien.

B. Verhandelte Arbeitnehmerbeteiligung

8. Unterstützung des BVG durch Sachverständige

§ 14 Abs. 1 S. 1 SEBG räumt dem BVG bei seiner Tätigkeit die Möglichkeit ein, sich bei den Verhandlungen durch Sachverständige seiner Wahl unterstützen zu lassen. Sachverständige können – wie im SEBG namentlich erwähnt – auch Vertreter der einschlägigen Gewerkschaftsorganisationen auf Gemeinschaftsebene sein, womit Europäische Gewerkschaftsverbände (zB der EGB) gemeint sind. Dies schließt aber die Berufung von nationalen Gewerkschaftsvertretern nicht aus.[42] Nicht zuzustimmen ist damit der Auffassung von *Oetker*,[43] der die Begleitung der Verhandlungen durch Sachverständige nur durch Gewerkschaftsvertreter solcher Organisationen zulassen will, die gemeinschaftsweit tätig sind. Die Sachverständigen können gem. § 14 Abs. 1 S. 2 SEBG auf Beschluss des BVG auch an den Verhandlungen in **beratender Funktion** teilnehmen, um gegebenenfalls die Kohärenz und Stimmigkeit auf Gemeinschaftsebene zu fördern (zur Kostentragungspflicht s. Rn. 70).

Das BVG kann nach § 14 Abs. 2 SEBG zudem beschließen, die Vertreter von geeigneten außenstehenden Organisationen, zu denen auch Gewerkschaftsvertreter zählen können, vom Beginn der Verhandlungen zu unterrichten, ohne sie zugleich als Sachverständige (ggf. auch in beratender Funktion) nach § 14 Abs. 1 SEBG einzubeziehen.

9. Sprachbarrieren und Interessendivergenzen im BVG

Die Verhandlungen in und mit dem BVG können sich aufgrund mangelnder Fremdsprachenkenntnisse der Mitglieder desselben als schwierig erweisen; zur Überwindung dieser mit der internationalen Zusammensetzung des BVG verbundenen Sprachbarrieren wird es daher in vielen Fällen der Gründung einer SE unverzichtbar sein, Dolmetscher hinzuzuziehen,[44] deren Kosten allerdings nach § 19 SEBG die beteiligten Gründungsgesellschaften tragen müssen.

Praktische Schwierigkeiten sowohl bei der Zusammenarbeit im BVG als auch im Rahmen der mit den Leitungen zu führenden Verhandlungen bereitet auch die Tatsache, dass Arbeitnehmer aus unterschiedlichen Unternehmenssparten oder Mitgliedstaaten entsandt werden und daher divergierende Interessen haben könnten.

Unterstellt man zB, dass ein deutscher (Unternehmensgruppe X) und ein französischer Automobilkonzern (Unternehmensgruppe Y) eine Verschmelzungs-SE mit Sitz in Deutschland gründen wollen, und nimmt an, dass beide Konzerne Beschäftigte in dem jeweils anderen Mitgliedstaat haben (X Arbeitnehmer in Frankreich und Y in Deutschland), wird klar, dass die auf Deutschland und Frankreich jeweils entfallenden Mitglieder des BVG aufgrund des möglichen Einflusses der jeweils im Ausland sitzenden Muttergesellschaft unterschiedliche Interessen haben könnten: So ist denkbar, dass die auf Deutschland entfallenden Mitglieder des BVG, die die deutsche Niederlassung des französischen Konzerns Y vertreten, bei der Aushandelung eines Beteiligungsmodells weniger an der Sicherung der Mitbestimmungsstandards interessiert sein könnten als BVG-Mitglieder, die Konzern Y vertreten.

10. Beschlussfassung im BVG und Stimmengewichtung der auf Deutschland entfallenden BVG-Mitglieder

Hinsichtlich der Beschlussfassung des BVG ist zunächst der in § 15 Abs. 1 S. 1 SEBG enthaltene Grundsatz vorauszuschicken, dass alle in einem Mitgliedstaat beschäftigten Arbeitnehmer durch ihre gewählten oder bestellten Mitglieder repräsentiert werden, und zwar unabhängig davon, bei welcher Gesellschaft die Mitglieder des BVG als Ar-

---

[42] Vgl. BT-Drucks. 15/3405, S. 49.
[43] *Oetker*, BB-Special 1/2005, 8.
[44] Vgl. *Herfs-Röttgen*, NZA 2002, 360.

beitnehmer beschäftigt sind. Solange aber aus einem Mitgliedstaat keine Mitglieder in das BVG gewählt oder bestellt sind – wie etwa im Fall des § 11 Abs. 2 SEBG –, gelten die betroffenen Arbeitnehmer gem. § 15 Abs. 1 S. 2 SEBG als nicht vertreten und sind folglich zahlenmäßig nicht zu berücksichtigen.

58 Grundsätzlich fasst das BVG seine Beschlüsse gem. § 15 Abs. 2 S. 1 SEBG mit der **absoluten Mehrheit** seiner Mitglieder, sofern diese Mehrheit auch die absolute Mehrheit der Arbeitnehmer in den beteiligten Unternehmen vertritt. Für eine Beschlussfassung ist demnach eine doppelte Mehrheit erforderlich: eine nach „Köpfen" der abstimmenden Mitglieder sowie die Mehrheit der durch sie vertretenen Arbeitnehmer.[45]

59 Jedes Mitglied des BVG hat eine Stimme. Jeder Mitgliedstaat regelt jedoch selbst, wie viele Arbeitnehmer ein Mitglied des BVG jeweils vertritt. **Alle auf Deutschland entfallenden Mitglieder des BVG** – gleichgültig ob unternehmensangehörige „normale" oder „zusätzliche" Mitglieder (vgl. § 5 Abs. 2 SEBG), Gewerkschaftsvertreter (vgl. § 6 Abs. 3 SEBG) oder Vertreter der leitenden Angestellten (vgl. § 6 Abs. 4 SEBG) – vertreten gem. § 15 Abs. 2 S. 2 SEBG die gleiche Anzahl an Arbeitnehmern. Diese Anzahl wird ermittelt, indem die Gesamtzahl der Arbeitnehmer, die von den beteiligten Gesellschaften, betroffenen Tochtergesellschaften oder betroffenen Betrieben (Zweigniederlassungen) in Deutschland beschäftigt werden, auf die Anzahl der auf Deutschland entfallenden Mitglieder des BVG **gleichmäßig** aufgeteilt werden. Dies gilt gem. § 3 Abs. 1 SEBG **unabhängig vom Sitz der SE** auch für Arbeitnehmer der SE, die im Inland beschäftigt sind, sowie für beteiligte Gesellschaften, betroffene Tochtergesellschaften und betroffene Betriebe mit Sitz im Inland. Bei Abstimmungen maßgeblich sind gem. § 4 Abs. 4 SEBG die Arbeitnehmerzahlen zum Zeitpunkt der ersten Information durch die Leitungen.

60 a) **Beschlussfassung bei Minderung der Mitbestimmungsrechte.** Sind an der Gründung einer SE Gesellschaften beteiligt, die der Unternehmensmitbestimmung unterliegen, und hätten die Verhandlungen eine **Minderung dieser Mitbestimmungsrechte** zur Folge, dh. würde der im Verhandlungswege für die künftige SE erzielte Kompromiss hinsichtlich der Arbeitnehmerbeteiligung hinter dem Mitbestimmungsniveau eines der Gründungsunternehmen zurückbleiben, so bedarf nach § 15 Abs. 3 SEBG das ausgehandelte Modell der Zustimmung von mindestens zwei Dritteln der Mitglieder des BVG, die mindestens zwei Drittel der Belegschaft aus mindestens zwei Mitgliedstaaten vertreten **(doppelt qualifizierte Mehrheit)**, und zwar – je nach Schutzbedürftigkeit der Arbeitnehmer bei den unterschiedlichen Gründungsvarianten –[46]

– im Falle einer **Verschmelzungs-SE**, sofern sich die Mitbestimmung auf mindestens 25 % der Gesamtzahl der Arbeitnehmer der beteiligten Gesellschaften und betroffenen Tochtergesellschaften erstreckt (§ 15 Abs. 3 Nr. 1 SEBG), oder

– im Falle der **Holding- oder Tochter-SE**, sofern sich die Mitbestimmung auf mindestens 50% der Gesamtzahl der Arbeitnehmer der beteiligten Gesellschaften und betroffenen Tochtergesellschaften erstreckt (§ 15 Abs. 3 Nr. 2 SEBG). Die Bestimmungen des § 15 SEBG zur Beschlussfassung des BVG sind zwingend; abweichende Regelungen in der Geschäftsordnung des BVG sind nicht möglich.

61 Diese unterschiedlichen Schwellen berücksichtigen, dass die „Gefahr"[47] von Mitbestimmungsverlusten der Arbeitnehmer bei einer SE-Gründung durch Verschmelzung aufgrund des Untergangs der Gründungsgesellschaften größer ist als zB im Fall der Gründung einer Holding-SE, in dem die Gründungsgesellschaften bestehen bleiben. Eine niedrigeres Mitbestimmungsniveau, insbesondere eine geringere Anzahl von Ar-

---

[45] BT-Drucks. 15/3405, S. 49.
[46] Vgl. *Pluskat*, DStR 2001, 1487.
[47] Erwägungsgrund 10 SE-ErgRiL.

beitnehmervertretern im Aufsichts- oder Verwaltungsrat, lässt sich nur durchsetzen, „wenn die Arbeitnehmervertreter davon überzeugt werden können, dass die sonstigen Vorteile der SE-Gründung diese formale Benachteiligung überwiegen".[48]

aa) Konzernzurechnung. Weitreichende Bedeutung kommt in diesem Zusammenhang der Frage zu, welche Arbeitnehmer bei der Berechnung der Prozentschwellen gem. § 15 Abs. 3 SEBG zu berücksichtigen sind. Nach § 2 Abs. 9 S. 2 SEBG kann zu den Beteiligungsrechten auch die Wahrnehmung der Rechte in den mit der SE verbundenen Gesellschaften und Betrieben, also in den Konzernunternehmen der SE, gehören. Für die Berechnung der maßgeblichen Schwellenwerte ist daher zu berücksichtigen, dass etwa gem. § 5 Abs. 1 MitbestG bei den Aufsichtsratswahlen der Konzernobergesellschaften (§ 18 AktG) auch die Arbeitnehmer aller abhängigen Gesellschaften (Tochtergesellschaften) wahlberechtigt sind.[49] Dies hat zur Konsequenz, dass entgegen § 2 Abs. 2 SEBG nicht allein auf die Anzahl der der Mitbestimmung unterliegenden Arbeitnehmer aus den **unmittelbar** an der SE-Gründung beteiligten Gesellschaften abgestellt werden darf, sondern sich die Berechnung der Prozentsätze nach der Gesamtzahl der Arbeitnehmer der beteiligten Gesellschaften **„und der betroffenen Tochtergesellschaften"** richtet (vergleichbare Berechnungsvorschriften finden sich in § 34 Abs. 1 SEBG hinsichtlich der Anwendungsvoraussetzungen für die Mitbestimmung kraft Gesetzes, s. Rn. 216).[50] Dies soll durch folgende Fallgestaltung veranschaulicht werden:

Ein abhängiges Unternehmen aus Deutschland (Tochtergesellschaft), das 300 Arbeitnehmer beschäftigt und mitbestimmungsfrei ist, fusioniert mit einem spanischen Unternehmen zur SE. Die Konzernobergesellschaft bzw. -mutter der deutschen Tochter fällt mit ihren 5000 Arbeitnehmern unter das MitbestG. Dies bedeutet, dass die Arbeitnehmer des Tochterunternehmens bei der Wahl der Arbeitnehmervertreter in den Aufsichtsrat bei der Mutter mitwählen. Bei der Bemessung der Schwellenwerte sind demnach die Arbeitnehmerzahlen der Konzernmutter ebenfalls zu berücksichtigen.

Auch der umgekehrte Fall ist denkbar, wie die nachfolgende Sachverhaltsgestaltung zeigt:

Eine Konzernmutter (herrschendes Unternehmen iSv. § 18 AktG) mit 75 Arbeitnehmern ist an der Gründung einer Holding-SE beteiligt; ihre vier Tochtergesellschaften (abhängige Unternehmen) haben je 2500 Beschäftigte, so dass der Konzern insgesamt 10075 Arbeitnehmer hat. Da die Arbeitnehmer der vier Tochterunternehmen der Konzernmutter zugerechnet werden (§ 5 Abs. 1 MitbestG), fällt Letztere unter das MitbestG, mit der Konsequenz, dass sämtliche im Konzern beschäftigte Arbeitnehmer zum Aufsichtsrat der Konzernmutter aktiv und passiv wahlberechtigt sind. Die Arbeitnehmerzahlen der vier Tochtergesellschaften sind demnach bei der Bemessung der Prozentschwellen ebenfalls zu berücksichtigen.

bb) Minderung der Mitbestimmungsrechte. Eine Minderung der Mitbestimmungsrechte liegt gem. § 15 Abs. 4 Nr. 1 SEBG vor, wenn der vertraglich vereinbarte Anteil der Arbeitnehmer im Aufsichts- oder Verwaltungsorgan der SE geringer ist als der höchste, auf die Arbeitnehmerseite entfallende Anteil der Aufsichts- oder Verwaltungsorgansitze in einer der Gründungsgesellschaften. Das bedeutet, dass insbesondere bei einer Verkleinerung des Organs **nicht die absolute Zahl von Arbeitnehmervertretern** – gemessen „nach Köpfen" – geschützt ist, solange nur das **prozentuale Verhältnis** zwischen Arbeitnehmervertretern und Vertretern der Anteilseigner gleich bleibt.[51]

---

[48] *Horn*, DB 2005, 152.
[49] BT-Drucks. 15/3405, S. 49 f.
[50] Für richtlinienwidrig gehalten von *Grobys*, NZA 2004, 781 und *Manz/Mayer/Schröder/Hennings*, Art. 3 SE-RL Rn. 94; *Rehberg*, ZGR 2005, 889; aA *Niklas*, NZA 2004, 1203; offenlassend *Krause*, BB 2005, 1227 f.
[51] BT-Drucks. 15/3405, S. 50.

65 Ferner liegt eine Minderung der Mitbestimmungsrechte vor, wenn das Recht, Mitglieder des Aufsichts- oder Verwaltungsorgans der Gesellschaft zu wählen, zu bestellen oder abzulehnen, beseitigt oder eingeschränkt wird (§ 15 Abs. 4 Nr. 2 SEBG). Entsprechend dem in § 1 Abs. 3 SEBG zum Ausdruck kommenden Vorher-Nachher-Grundsatz (vgl. auch Erwägungsgrund 18 SE-RL) bemisst sich der Tatbestand „Minderung der Mitbestimmungsrechte" also ausschließlich daran, in welchem prozentualen Umfang Arbeitnehmer bzw. deren Vertreter Aufsichts- oder Verwaltungsratsmitglieder stellen bzw. auf die Zusammensetzung des Aufsichts- oder Verwaltungsrats iSd. § 2 Abs. 12 Nr. 2 SEBG Einfluss nehmen können. Dies soll an einem Beispiel illustriert werden:

> Eine deutsche AG, die unter das MitbestG fällt, und eine österreichische AG mit Drittelbeteiligung entscheiden sich, eine gemeinsame Tochter-SE mit Sitz in Deutschland zu gründen. Als Folge der Verhandlungen einigen sich die Verhandlungspartner auf die österreichische Drittelbeteiligung der Arbeitnehmervertreter im Aufsichtsrat. Da der auf die Arbeitnehmerseite anfallende Anteil der Aufsichtsratssitze in der künftigen SE geringer ist als der höchste in den beteiligten Gesellschaften geltende Anteil, bedeutet dies aus Sicht der deutschen Aktiengesellschaft eine Minderung des bisherigen Mitbestimmungsstandards. Daher ist für eine solche Einigung eine qualifizierte Mehrheit im BVG erforderlich.

66 Das SEBG verzichtet angesichts der in den Mitgliedstaaten herrschenden unterschiedlichen Systeme der Mitbestimmung in den Unternehmensorganen auf einen qualitativen Vergleich, indem es sich auf eine rein formale Betrachtungsweise beschränkt und – der SE-ErgRiL folgend – insbesondere das deutsche Repräsentationsmodell (§ 2 Abs. 12 Nr. 1 SEBG) mit dem niederländischen Kooptationsmodell (§ 2 Abs. 12 Nr. 2 SEBG) wertungsgleich nebeneinanderstellt. „Wahl", „Benennung" und „Veto" seien demnach **gleichwertige Verfahren**, zwischen denen trotz vorhandener Unterschiede **mangels Vergleichbarkeit** nicht unterschieden werden könne.[52] Gleichwohl bleibt unbeantwortet, welches Mitbestimmungsrecht schwerer wiegt: das Recht, die Hälfte der Mitglieder des Aufsichtsrates zu wählen oder zu bestellen (§ 2 Abs. 12 Nr. 1 SEBG), oder das Recht, alle Mitglieder des Aufsichtsrates zu empfehlen oder abzulehnen (§ 2 Abs. 12 Nr. 2 SEBG).[53] Letztgenanntes Tatbestandsmerkmal ist mit Wegfall des niederländischen Kooptationsmodells jedoch obsolet geworden (s. Rn. 10).

67 Die sich im Zusammenhang mit der Minderung der Mitbestimmungsrechte stellende Frage, welcher Mitgliedstaat über das „stärkere" Mitbestimmungsrecht verfügt,[54] wenn diese unterschiedlichen Mitbestimmungsmodelle aufeinanderprallen, verliert damit an praktischer Bedeutung und bleibt nur noch in der Theorie oder für den unwahrscheinlichen Fall interessant, dass ein Mitgliedstaat künftig gedenkt, dieses Mitbestimmungssystem einzuführen. Deutschland hätte mit seinem MitbestG und dem MontanMitbestG ohnehin das weitestgehende nationale Mitbestimmungsmodell.[55] Die Frage nach dem stärksten Mitbestimmungssystem stellt sich auch bei der gesetzlichen Auffangregelung des § 34 Abs. 1 SEBG, der im Falle des Scheiterns der Verhandlungen automatisch das weitestgehende nationale Mitbestimmungsmodell eines der an der Gründung beteiligten Unternehmen für die SE verbindlich erklärt (s. Rn. 212).

68 **b) Beschlussfassung bei Umwandlungs-SE.** Bei einer SE, die durch Umwandlung gegründet werden soll, kann ein Beschluss mit qualifizierter Mehrheit, der eine Minderung der Mitbestimmungsrechte zur Folge hätte, gem. § 15 Abs. 5 SEBG nicht gefasst werden. Das bedeutet, dass eine Unterschreitung des Mitbestimmungsniveaus

---

[52] So auch BT-Drucks. 15/3405, S. 50.
[53] Vgl. hierzu auch Lutter/Hommelhoff/*Oetker*, S. 304, 305.
[54] Denn hiervon hängt ab, wann einfache Mehrheit ausreicht oder wann eine doppelt qualifizierte Mehrheit erforderlich ist.
[55] So auch *Reichert/Brandes*, ZGR 2003, 785 mwN.

bei einer Umwandlungs-SE im Wege der Vereinbarung nicht möglich ist, wohl aber dessen Ausweitung (vgl. § 21 Abs. 6 SEBG).

Die jeweiligen Mehrheiten, mit denen die Beschlüsse gefasst worden sind, sind gem. § 17 S. 1 Nr. 3 und S. 2 SEBG wegen der weitreichenden Rechtsfolgen in eine Niederschrift aufzunehmen, die vom Vorsitzenden und einem weiteren Mitglied des BVG zu unterzeichnen ist; eine Abschrift der Niederschrift ist den Leitungen zu übermitteln.

11. Kosten der Einsetzung und Tätigkeit des BVG

Die Kosten, die im Zusammenhang mit der Bildung und Tätigkeit des BVG und generell mit den Verhandlungen entstehen, haben nach § 19 SEBG die Leitungen, also die an der SE-Gründung beteiligten Gesellschaften, und – da die SE zum Zeitpunkt der Verhandlungen noch nicht besteht – nach ihrer Gründung die SE als Gesamtschuldner zu tragen. Hierzu gehören auch Kosten für die Übersetzung von Unterlagen in Sprachen der im BVG vertretenen Mitgliedstaaten sowie die Kosten für die Inanspruchnahme von Dolmetschern etc.

Die Leitungen sind darüber hinaus verpflichtet, für die Sitzungen in erforderlichem Umfang Räume, sachliche Mittel und Büropersonal zur Verfügung zu stellen sowie die erforderlichen Reise- und Aufenthaltskosten der Mitglieder des BVG zu tragen. Zu den Sachmitteln zählen zB Schreibmaterial, Telefonmöglichkeiten, Fachliteratur, Fotokopiergeräte und ggf. ein PC. Die Regelung des § 19 SEBG ist an § 40 BetrVG angelehnt; die hierzu entwickelten Grundsätze können daher weitgehend angewendet werden.

Die Kostentragungspflicht erstreckt sich auch auf die Kosten für **Sachverständige**,[56] die das BVG gem. § 14 Abs. 1 SEBG nach eigener Wahl zur Unterstützung seiner Arbeit hinzuziehen kann (s. Rn. 52). Problematisch ist, dass das BVG theoretisch Sachverständige in unbegrenzter Zahl hinzuziehen könnte, da Deutschland von der den Mitgliedstaaten von Art. 3 Abs. 7 Unterabs. 2 SE-ErgRiL eröffneten Möglichkeit, Regeln für die Finanzierung der Arbeit des BVG festzulegen (insbesondere bei Hinzuziehung von Sachverständigen die Kostentragungspflicht quantitativ auf einen Sachverständigen zu beschränken), anders als bei der Umsetzung der EBR-RL keinen Gebrauch gemacht hat (vgl. § 16 Abs. 1 S. 2 EBRG). Dem steht jedoch der Grundsatz der vertrauensvollen Zusammenarbeit nach § 13 Abs. 1 SEBG sowie die Regelungen zur Kostentragungspflicht nach § 19 SEBG entgegen, wonach maßgebliches Kriterium und damit **eine Begrenzung für alle entstehenden Kosten die Erforderlichkeit** ist. Als ergänzendes Kriterium ist dabei der Grundsatz heranzuziehen, dass das BVG seine Aufgaben **in angemessener Weise** erfüllen können muss, wie dies in Art. 3 Abs. 7 Unterabs. 1 SE-RL zum Ausdruck kommt. Hierbei steht dem BVG allerdings ein Beurteilungsspielraum zu, der angesichts der Komplexität der bei der SE-Gründung anstehenden Fragen sowie der uU relativ kurzen Verhandlungszeit (§ 20 SEBG, s. dazu Rn. 73) nicht eng auszulegen ist. Zusätzlich kann im Rahmen des § 19 SEBG auch der allgemeine Grundsatz angeführt werden, dass Rechtspositionen, die zum Eingriff in fremde Rechte legitimieren, nur in den Grenzen der Verhältnismäßigkeit ausgeübt werden können.[57] Die Kostentragungspflicht des inländischen Arbeitgebers hinsichtlich der Lohnfortzahlung des BVG-Mitglieds für die Dauer der Verhandlungen ergibt sich aus § 42 S. 2 Nr. 3 SEBG, wonach die in Deutschland beschäftigten Mitglieder des BVG den gleichen Entgeltschutz genießen wie Betriebsratsmitglieder nach dem BetrVG (vgl. die Grundsätze des § 37 Abs. 1–5 BetrVG).

---

[56] Vgl. BT-Drucks. 15/3405, S. 51.
[57] Vgl. *Oetker*, BB-Special 1/2005, 8.

12. Dauer der Verhandlungen

73 Für den Abschluss einer Vereinbarung iSd. § 21 SEBG steht den Verhandlungsparteien gem. § 20 Abs. 1 SEBG ein Zeitrahmen von sechs Monaten zur Verfügung, der mit der Einsetzung des BVG zu laufen beginnt und nach § 20 Abs. 2 SEBG einvernehmlich um weitere sechs Monate verlängert werden kann, so dass den Parteien eine Verhandlungsdauer von höchstens einem Jahr zur Disposition steht. Auf Seiten des BVG setzt dieses Einverständnis einen entsprechenden Beschluss voraus. Der Beginn der Frist bedarf einer genauen Festlegung. Maßgeblich ist der Tag, zu dem die Leitungen für die konstituierende Sitzung des BVG (s. Rn. 37) wirksam eingeladen haben, womit das BVG als eingesetzt gilt. Dabei bleibt es auch, wenn die Konstituierung aus irgendeinem Grund zu einem abweichenden Termin stattfinden sollte.[58] Arbeitgeberseitig wird die Bereitschaft zur Verlängerung der Verhandlungsdauer insbesondere dann gegeben sein, wenn die Anwendung der Auffangregeln nach §§ 22 ff., 34 ff. SEBG verhindert werden soll bzw. der Abschluss einer Vereinbarung sich anbahnt.[59] Mit Ablauf der Jahresfrist ist – Einverständnis der Leitungen und Nichtvorliegen eines Beschlusses nach § 16 SEBG vorausgesetzt – zwingend ein SE-Betriebsrat zu errichten (vgl. § 22 Abs. 1 Nr. 2 SEBG) und, wenn mitbestimmte Unternehmen an der SE-Gründung beteiligt sind, eine unternehmerische Mitbestimmung in der SE nach Maßgabe der §§ 35 ff. SEBG einzuführen (s. Rn. 201 ff.).

74 Für die Konstituierung des BVG ist nach § 11 Abs. 1 SEBG eine Zehn-Wochen-Frist vorgesehen. Wird diese Frist durch ein Verschulden der Arbeitnehmerseite überschritten, laden die Leitungen nach § 11 Abs. 2 SEBG trotzdem zur konstituierenden Sitzung gem. § 13 Abs. 1 SEBG ein, womit das Verhandlungsverfahren in Gang gesetzt wird und die dafür vorgesehene Frist zu laufen beginnt. Zu Verzögerungen kann es aber dadurch kommen, dass die Wahl oder Bestellung der ausländischen Mitglieder des BVG länger dauert.

C. Sonderfälle

I. Nichtaufnahme oder Abbruch der Verhandlungen

75 Über die Arbeitnehmerbeteiligung in der SE soll primär **verhandelt** werden, mit dem Ziel, ein auf die Bedürfnisse des Unternehmens zugeschnittenes Beteiligungsmodell zu finden; allerdings besteht für das BVG keine Verpflichtung, sich tatsächlich auf Verhandlungen einzulassen. Das BVG kann gem. § 16 Abs. 1 SEBG mit einer Mehrheit von zwei Dritteln der Stimmen der Mitglieder, die mindestens zwei Drittel der Arbeitnehmer vertreten, die in mindestens zwei Mitgliedstaaten verteilt sind – es handelt sich um dieselbe doppelt qualifizierte Mehrheit wie in § 15 Abs. 3 SEBG (Minderung der Mitbestimmungsrechte, s. Rn. 60) – beschließen, keine Verhandlungen aufzunehmen oder bereits aufgenommene Verhandlungen abzubrechen. Ein vorzeitiger Abbruch der Verhandlungen durch die Leitungen kommt nicht in Betracht.[60]

76 Ein solcher **Nichtverhandlungs- bzw. Negativ-Beschluss**[61] beendet nach § 16 Abs. 2 SEBG nicht nur das Verfahren zum Abschluss der Vereinbarung gem. § 21 SEBG (s. Rn. 140 ff.), sondern hat auch zur Folge, dass die Auffangregelungen in den §§ 22–33 SEBG über den SE-Betriebsrat kraft Gesetzes und der §§ 34–38 SEBG über die Mitbestimmung kraft Gesetzes (s. Rn. 201 ff.) **nicht** zur Anwendung kommen

---

[58] BT-Drucks. 15/3405, S. 51.
[59] Vgl. *Oetker*, BB-Special 1/2005, 9.
[60] Vgl. zutreffend *Grobys*, NZA 2005, 86.
[61] Vgl. *Pluskat*, DStR 2001, 1487.

C. Sonderfälle

(„Null-Lösung"), auch wenn die Gesellschaft(en) vorher mitbestimmt war(en). Die SE wird dann auch ohne ein Arbeitnehmerbeteiligungsmodell gem. Art. 12 Abs. 2 SE-VO eingetragen.

Das Recht oder die Möglichkeit zum Verzicht auf die Bildung des BVG ist selbst bei Vorliegen des Einverständnisses der Arbeitnehmer jedoch weder im SEBG noch in der SE-RL vorgesehen; im Gegenteil: Seine Einsetzung ist gem. §§ 4 Abs. 1, 5 Abs. 1 SEBG **ausnahmslos und zwingend** vorgeschrieben (vgl. auch Art. 3 Abs. 2 SE-Erg-RiL). Was die Möglichkeit der Nichtaufnahme von Verhandlungen angeht, ist dies in allen Fällen der Gründung einer SE – und nicht nur im Gründungsfall der Umwandlung – ohne die Bildung eines BVG ohnehin nicht möglich.[62]

1. Rechtsfolgen

Im Falle eines solchen Negativ- oder Nichtverhandlungsbeschlusses kommt ggf. gem. § 47 Abs. 1 Nr. 2 SEBG lediglich die Richtlinie über den Euro-Betriebsrat und die Bestimmungen zu ihrer Umsetzung in einzelstaatliches Recht – in Deutschland das Gesetz über Europäische Betriebsräte (EBRG) – zur Anwendung, das grundsätzlich nicht auf die SE anwendbar ist. Das SEBG schafft in Umsetzung des Art. 13 Abs. 1 Unterabs. 2 SE-RL damit einen Mindeststandard an Arbeitnehmerbeteiligung in der SE. Es gelten ferner die in den einzelnen Mitgliedstaaten bestehenden **nationalen Vorschriften für die Unterrichtung und Anhörung der Arbeitnehmer** (§ 16 Abs. 1 S. 2 SEBG), dh. die betrieblichen Beteiligungsrechte (in Deutschland also das Betriebsverfassungsrecht), die – wie übrigens in allen Fällen der Gründung einer SE – ohnehin vom SEBG unberührt bleiben (vgl. § 47 Abs. 1 SEBG). Dessen ungeachtet gilt für die Unternehmen in Deutschland, die an der Gründung der SE beteiligt sind, aber ihre rechtliche Selbständigkeit behalten (zB bei Gründung einer Holding-SE oder Tochter-SE), auch die **nationale Unternehmensmitbestimmung**, die ansonsten aber nach § 47 Abs. 1 Nr. 1 SEBG weder auf die SE noch auf ihre Tochtergesellschaften und Betriebe anwendbar ist. Die jeweiligen Mehrheiten, mit denen die Beschlüsse gefasst worden sind, sind gem. § 17 S. 1 Nr. 3 SEBG in eine vom Vorsitzenden und einem weiteren Mitglied des BVG zu unterzeichnenden Niederschrift aufzunehmen, wobei den Leitungen gem. § 17 S. 2 SEBG eine Abschrift der Niederschrift zu übermitteln ist.

2. Umwandlung

Nach § 16 Abs. 3 SEBG ist – ebenso wie bei der Sonderregelung des § 15 Abs. 5 SEBG – die Möglichkeit des BVG, den Abbruch oder die Nichtaufnahme von Verhandlungen mit qualifizierter Mehrheit zu beschließen, für den **Gründungsfall der Umwandlung** ausgeschlossen, wenn in der umzuwandelnden Gesellschaft Mitbestimmungsrechte der Arbeitnehmer bestehen. Ein entsprechender Negativ- oder Nichtverhandlungsbeschluss des BVG ist unwirksam und hat die Anwendung der gesetzlichen Auffangregelung nach §§ 22–38 SEBG zur Konsequenz.[63]

II. Wiederaufnahme von Verhandlungen

Das BVG kann nach § 18 Abs. 1 S. 1 SEBG frühestens zwei Jahre nach dem Beschluss zum Abbruch oder zur Nichtaufnahme der Verhandlungen nach § 16 Abs. 1 SEBG wieder einberufen werden; hierzu ist ein **schriftlicher Antrag** von mindestens 10 % der Arbeitnehmer der SE, ihrer Tochtergesellschaften und Betriebe oder von deren

---

[62] S. zu dieser Problematik auch *Lange*, EuZW 2003, 304; *Reichert/Brandes*, ZGR 2003, 775 f.
[63] Vgl. Lutter/Hommelhoff/*Oetker*, S. 303.

Vertretern erforderlich. Eine frühere Wiederaufnahme kann nach § 18 Abs. 1 S. 2 SEBG vereinbart werden. Ob das Leitungsorgan der SE ungeachtet der vereinbarten oder Zwei-Jahres-Frist von sich aus eine schriftliche Aufforderung zur Errichtung eines BVG an die Arbeitnehmervertreter oder Arbeitnehmer in der SE, ihren Tochtergesellschaften und Betrieben richten kann, lässt das SEBG offen. Dem dürfte jedoch angesichts der Tatsache, dass die Initiative zur Einsetzung eines BVG grundsätzlich von Unternehmensseite auszugehen hat (vgl. § 4 Abs. 1 SEBG), nichts entgegenstehen, zumal § 18 Abs. 1 SEBG nur einen gesetzlichen Anspruch normiert.

81   Das (neue) BVG muss auf der Grundlage des aktuellen Standes der Arbeitnehmerzahlen in den verschiedenen Mitgliedstaaten neu gebildet werden. Da zu diesem Zeitpunkt die SE bereits ihre Rechtspersönlichkeit durch Registereintragung gem. Art. 12 Abs. 2 SE-VO schon erlangt hat und in den Gründungsfällen der Umwandlung und Verschmelzung die Gründungsgesellschaften als eigene Rechtspersönlichkeiten erloschen sind, ist das BVG nun aus den Arbeitnehmern der SE, ihrer Tochtergesellschaften und Betriebe zu bilden. Für die Errichtung des neuen BVG gelten § 5 Abs. 1, § 6 Abs. 1 und Abs. 2 S. 2 und 3 SEBG, die §§ 7–10 und 11 Abs. 1 S. 2 und 3 SEBG entsprechend mit der Maßgabe, dass an die Stelle der beteiligten Gesellschaften, betroffenen Tochtergesellschaften und betroffenen Betriebe die SE, ihre Tochtergesellschaften und Betriebe (§ 18 Abs. 1 SEBG) und an die Stelle der Leitungen der Gründungsgesellschaften das Leitungsorgan der SE bzw. die geschäftsführenden Direktoren treten (§ 18 Abs. 4 SEBG).

82   Beschließt das neu gebildete BVG die Wiederaufnahme der Verhandlungen mit dem Leitungsorgan der SE oder mit den geschäftsführenden Direktoren, kommt in diesen Verhandlungen jedoch innerhalb des vorgesehenen Zeitraums (sechs Monate, einvernehmlich verlängerbar auf insgesamt max. zwölf Monate, § 20 Abs. 1 SEBG) keine Vereinbarung zustande, dann kommen nach § 18 Abs. 2 SEBG die Auffangregelungen in den §§ 22–33 SEBG über den SE-Betriebsrat kraft Gesetzes und der §§ 34–38 SEBG über die Mitbestimmung kraft Gesetzes **nicht** zur Anwendung. Es bleibt damit bei der bestehenden Rechtslage: nur Euro-Betriebsrat nach der EBR-RL[64] bzw. dem EBRG.[65]

III. Neuverhandlungen aufgrund struktureller Änderungen der SE

83   Das SEBG regelt in seinem § 18 Abs. 3 die Frage, welche Auswirkungen von Strukturänderungen auf vereinbarte Arbeitnehmerbeteiligungsmodelle einer bereits etablierten SE ausgehen. Dies erfolgt vor dem Hintergrund der Zielsetzung des SEBG, das den Schutz erworbener Arbeitnehmerrechte in der Vorher-Nachher-Betrachtung zum dominierenden Grundprinzip erhebt (§ 1 Abs. 1 S. 2 SEBG) und diesen Schutz nicht nur auf die Neugründung einer SE, sondern auch auf strukturelle Änderungen einer bereits gegründeten SE sowie auf deren Auswirkungen auf die betroffenen Gesellschaften und ihre Arbeitnehmer erstreckt (§ 1 Abs. 4 SEBG).[66] Die Verletzung des § 18 Abs. 3 SEBG begründet gem. § 43 SEBG die Vermutung eines Missbrauchs der SE, der gem. § 45 Abs. 1 Nr. 2 SEBG mit Freiheitsstrafe von bis zu zwei Jahren oder mit Geldstrafe sanktioniert wird.

---

[64] Richtlinie 94/95/EG des Rates vom 22.9.1994 über die Einsetzung eines Europäischen Betriebsrats oder der Schaffung eines Verfahrens zur Unterrichtung und Anhörung der Arbeitnehmer in gemeinschaftsweit operierenden Unternehmen und Unternehmensgruppen, ABl. EG Nr. L 254/64–72 v. 30.9.1994; neben dieser Richtlinie ist auch die Ausdehnung auf das Vereinigte Königreich durch die Richtlinie 97/74/EG, ABl. EG Nr. L 10/22 v. 16.1.1998 anzuwenden.

[65] Gesetz über Europäische Betriebsräte vom 28.10.1996, BGBl. I S. 1548, 2022.

[66] Vgl. auch Erwägungsgrund 18 SE-ErgRil.

C. Sonderfälle   84–88 6

1. Berücksichtigung struktureller Änderungen bereits in der Vereinbarung nach § 21 SEBG

Vorrangig soll deshalb nach § 21 Abs. 4 SEBG bereits in der Vereinbarung im Gründungsstadium der SE geregelt werden, dass vor späteren strukturellen Veränderungen neue Verhandlungen über die Beteiligung der Arbeitnehmer aufgenommen werden sollen (s. Rn. 145),[67] wobei die Parteien neben zu spezifizierenden Fallgestaltungen das dabei anzuwendende Verfahren festlegen können, ohne die gesetzliche Regelung des § 18 Abs. 3 SEBG abbedingen zu können.[68] Im Fall des § 21 Abs. 4 SEBG handelt es sich um eine Soll-Vorschrift.[69] 84

Treten bereits während der Tätigkeitsdauer des BVG solche Veränderungen in der Struktur oder Arbeitnehmerzahl der beteiligten Gesellschaften, betroffenen Tochtergesellschaften oder der betroffenen Betriebe ein, dass sich die konkrete Zusammensetzung des BVG ändern würde, so ist das BVG gem. § 5 Abs. 4 SEBG entsprechend neu zusammenzusetzen (s. Rn. 35). 85

2. Neuverhandlungen

Sind **strukturelle Änderungen** der SE geplant, die **geeignet** sind, bestehende Beteiligungsrechte der Arbeitnehmer zu **mindern**, finden nach § 18 Abs. 3 S. 1 SEBG zwingend Neuverhandlungen über die Beteiligungsrechte der Arbeitnehmer der SE statt; dies allerdings mit der Maßgabe, dass gem. § 18 Abs. 4 SEBG an die Stelle der Leitungen der Gründungsgesellschaften die Leitung der SE tritt. Die Einleitung der Neuverhandlungen, die sich nicht an die Vorgaben der vereinbarten Frist oder der Zwei-Jahres-Frist nach § 18 Abs. 1 SEBG halten muss, kann dabei entweder von der Leitung der SE oder – falls diese nicht initiativ wird – vom SE-Betriebsrat als Vertretungsorgan der Arbeitnehmer veranlasst werden. Es muss aber nicht immer einen Betriebsrat geben, wohl aber ein Verfahren, in dem ähnliche Befugnisse festgehalten sind. 86

Hierfür gibt es zwei Möglichkeiten. Erstens: Es wird ein neues BVG gebildet bzw. eingesetzt; dies würde jedoch einen hohen organisatorischen und Kosten-Aufwand erfordern. Zweitens: Da in der Regel ein SE-Betriebsrat als Vertretungsorgan der Arbeitnehmer bereits vorhanden ist, eröffnet das Gesetz die Möglichkeit, dass anstelle eines neuen BVG dieser die Verhandlungen führt. Die eventuell neu in die SE hinzukommenden Arbeitnehmer, die von der geplanten strukturellen Änderung betroffen sind und bislang nicht von dem SE-Betriebsrat vertreten werden, müssen dann aber zwingend durch **eigene Vertreter** in den Verhandlungen repräsentiert sein. Die **gemeinsame** Verhandlungsführung durch SE-Betriebsrat und gewählte Vertreter setzt gem. § 18 Abs. 3 S. 2 SEBG jedoch Einvernehmen **aller Beteiligten**, also auch der Unternehmensleitung, voraus. Ist dieses nicht gegeben, muss ein neues BVG gebildet werden. Hierzu kann es aber leicht kommen, da das Gesetz sich zu der Frage, mit welchem Gewicht etwa SE-Betriebsrat und gewählte Vertreter bei den Verhandlungen zu berücksichtigen sind, ebenso ausschweigt wie zu der Frage, welches Verfahren für die Wahl der Vertreter der neu hinzukommenden Arbeitnehmer anzuwenden ist. 87

3. Scheitern der Neuverhandlungen

Für den Fall, dass die anlässlich einer Strukturänderung durchgeführten Neuverhandlungen – sei es mit einem neuen BVG oder in gemeinsamer Verhandlungsführung – innerhalb des für die Verhandlungen vorgesehenen Zeitraumes (vgl. § 20 88

---

[67] Vgl. *Niklas*, NZA 2004, 1205.
[68] Vgl. BT-Drucks. 15/3405, S. 51.
[69] AA Nagel/*Freis*/Kleinsorge, § 18 Rn. 22, die die Berücksichtigung struktureller Änderungen in der Vereinbarung als zwingend zu behandelndes Thema ansieht.

SEBG) nicht zum Abschluss einer Vereinbarung iSd. § 21 SEBG führen, sind massive **Sanktionen in Form der gesetzlichen Auffangregelungen** vorgesehen: Es sind dann gem. § 18 Abs. 3 S. 3 SEBG ein SE-Betriebsrat kraft Gesetzes nach §§ 22–33 SEBG (s. Rn. 163 ff.) sowie die Mitbestimmung kraft Gesetzes nach §§ 34–38 SEBG einzuführen (s. Rn. 201 ff.).

4. Begriff der strukturellen Veränderung

89 Welche Vorgänge unter den Tatbestand der strukturellen Änderungen zu subsumieren sind, lässt das SEBG offen; es enthält ebenso wenig wie die SE-ErgRiL eine Legaldefinition des Begriffs der Strukturänderung, weshalb dies im Wege der Auslegung geschehen muss.[70] Von den allgemeinen Vorschriften zum Verfahrensmissbrauch nach § 43 SEBG unterscheidet sich die nachfolgende Strukturänderung jedenfalls dadurch, dass kein enger zeitlicher Zusammenhang zwischen SE-Gründung und der nachfolgenden Strukturänderung vorzuliegen braucht.[71] Richtschnur für die Auslegung sind der bereits erwähnte § 1 Abs. 4 SEBG sowie Erwägungsgrund 18 der SE-ErgRiL,[72] die den Schutz erworbener Rechte in der Vorher-Nachher-Betrachtung auch auf strukturelle Änderungen einer bereits gegründeten SE sowie für deren Auswirkungen auf die betroffenen Gesellschaften und ihre Arbeitnehmer ausdehnen. Nachfolgend soll auf ausgewählte Einzelfälle struktureller Änderungen eingegangen werden.[73]

5. Fallgestaltungen

90 Von der Gesetzesbegründung als Strukturänderung iSd. § 18 Abs. 3 SEBG beispielhaft aufgeführt ist einzig der Fall, dass eine SE ein mitbestimmtes Unternehmen mit einer größeren Anzahl von Arbeitnehmern „aufnimmt" – gemeint ist offenbar eine Betriebsübernahme oder Verschmelzung[74] –, in der SE aber bisher keine Mitbestimmung gilt.[75] Wird zB auf eine durch eine Public Company Limited by Shares und eine spanische SA gebildete Verschmelzungs-SE mit Sitz in Deutschland später eine deutsche AG mit paritätischer Mitbestimmung nach dem MitbestG verschmolzen, sind Neuverhandlungen zwingend. Die weiche Wortwahl in der vorerwähnten Gesetzesbegründung, die von der „Aufnahme" mitbestimmter Unternehmen spricht, legt ein weites Verständnis des § 18 Abs. 3 SEBG nahe, so dass neben Fusionen und Abspaltungen auch die Veräußerungen von Betrieben, Betriebsteilen oder Tochterunternehmen unter den Begriff der Strukturänderung fallen.[76] Die Mitbestimmungssicherung kraft Gesetzes greift in einem solchen Fall bei Scheitern der Verhandlungen aber nur unter den Voraussetzungen, unter denen die Mitbestimmungssicherung allgemein greift (Überschreiten der Schwellenwerte oder Beschlussfassung des BVG bei deren Unterschreitung (§ 34 Abs. 1 SEBG), Mehrheitserfordernisse im BVG nach § 15 Abs. 3 SEBG).[77]

---

[70] *Wollburg/Banerjea*, ZIP 2005, 278, 282 sprechen sich wegen Art. 103 Abs. 2 GG, § 1 StGB für eine restriktive Auslegung des Begriffs der Strukturänderung aus.
[71] Vgl. *Nagel*, DB 2004, 1303.
[72] Vgl. auch den Wortlaut des Erwägungsgrundes 18 SE-RL.
[73] Zu (weiteren) Fallbeispielen mit Erörterungen auch *Rehberg*, ZGR 2005, 860 ff.
[74] Vgl. *Müller-Bonanni/de Beauregard*, GmbHR 2005, 200.
[75] Vgl. auch das in der Gesetzesbegründung aufgeführte Beispiel, BT-Drucks. 15/3405, S. 50.
[76] So auch *Müller-Bonanni/de Beauregard*, GmbHR 2005, 198; auch – allerdings noch vor Verabschiedung des SEEG – *Kleinsorge*, RdA 2002, 351; *Herfs-Röttgen*, NZA 2002, 364; aA *Wollburg/Banerjea*, ZIP 2005, 278 und 281 f., die nur Vorgänge gründungsähnlichen Charakter als strukturelle Änderungen iSd. § 18 Abs. 3 SEBG ansehen wollen.
[77] Vgl. *Nagel*, DB 2004, 1303.

C. Sonderfälle

Eine Pflicht zu Neuverhandlungen besteht auch für den Fall, dass in eine bereits bestehende SE ein Unternehmen „integriert" wird, dessen Arbeitnehmer ein höheres Mitbestimmungsniveau „mitbringen", als in der SE vorhanden ist.[78]

Mit *Wollburg/Banerjea*[79] kann von einer **Minderung der Beteiligungsrechte** iSd. § 18 Abs. 3 SEBG nur dann gesprochen werden, wenn das übertragene Unternehmen bzw. der Betrieb oder Teilbetrieb über eine hinreichende Zahl von Arbeitnehmern verfügt, um selbst die Voraussetzungen der Mitbestimmung zu erfüllen bzw. um unter eine im Vergleich zur SE stärkere Form der Mitbestimmung zu fallen. Veräußert demnach im Rahmen eines Betriebsübergangs eine mitbestimmte Gesellschaft einen Betrieb oder Teilbetrieb an eine SE, der auf stand-alone-Basis die Voraussetzungen für die Mitbestimmungsgesetze (DrittelbG, MitbestG) nicht erfüllt, liegt nach zutreffendem Verständnis keine Minderung der Beteiligungsrechte vor. Dasselbe gilt für den Fall, dass eine mitbestimmte Obergesellschaft eine Tochtergesellschaft an eine SE veräußert, wenn die Tochtergesellschaft für sich genommen über nicht genügend Arbeitnehmer in Deutschland verfügt, um selbst unter die Mitbestimmungsgesetze zu fallen. Untermauert wird dieses Ergebnis auch durch § 35 Abs. 2 S. 2 SEBG, auf den § 18 Abs. 3 SEBG als Rechtsfolge verweist: Danach kommt es mit Blick auf den Umfang der Mitbestimmung auf den bisherigen Anteil an Arbeitnehmervertretern, der in den Organen der beteiligten Gesellschaften vor der Eintragung der SE bestanden hat, an, und nicht auf die Zahl der Arbeitnehmervertreter in Organen ihrer bisherigen Obergesellschaften. Andernfalls käme es zu einer Schieflage zwischen nationaler AG und SE, mit der Konsequenz, dass Arbeitnehmer der SE einen stärkeren Schutz genießen würden als jene in sonstigen Kapitalgesellschaften.[80]

Problematisch ist, dass die Rechtsakte zur SE lediglich die Voraussetzungen regeln, unter denen bei der SE eine Mitbestimmung (kraft Gesetzes) einzuführen ist. Sie treffen jedoch keine Aussage zur Anpassung des Mitbestimmungsregimes für den Fall, dass es zu einem Über- oder Unterschreiten der Schwellenwerte nationalen Mitbestimmungsrechts kommt.

Da sowohl das SEBG wie auch die SE-RL für die Bestimmung des Mitbestimmungsregimes ausschließlich auf die Gründung und nachfolgenden Strukturänderungen abstellen, kommt es durch Erhöhung der Arbeitnehmerzahl **außerhalb von strukturellen Änderungen** jedenfalls nicht zu einer Änderung oder Anpassung des Mitbestimmungsumfangs in der SE. Die Mitbestimmung wird in diesen Fällen im Zeitpunkt der SE-Gründung „nach oben eingefroren".[81] Bestätigt wird dieses Ergebnis auch durch § 47 Abs. 1 Nr. 1 SEBG, wonach nationale Mitbestimmungsschwellen (mit Ausnahme des SEBG) keine Anwendung auf die SE finden.

Verschmelzen sich demnach zB eine britische Plc. mit 200 Arbeitnehmern und eine dem DrittelbG unterliegende deutsche AG mit 1700 Arbeitnehmern zu einer dualistischen SE mit Sitz in Deutschland, würde sich für den Fall des Scheiterns der Verhandlungen an der drittel-mitbestimmten Besetzung des Aufsichtsrats der SE nach der Auffangregelung auch dann nichts ändern, wenn durch Neueinstellungen in Deutschland (oder bei konsolidierter Betrachtung bei der SE) die Schwellenwerte der paritätischen Mitbestimmung nach dem MitbestG (2001 Arbeitnehmer) erreicht würden.

Auch das erstmalige Überschreiten von Schwellenwerten des nationalen Mitbestimmungsrechts (DrittelbG bei mehr als 500 Arbeitnehmern) bei einer (ursprünglich nicht mitbestimmten) deutschen Ausgangsgesellschaft (oder bei konsolidierter Betrachtung bei der SE) kann nicht dazu führen, dass in der anfänglich mitbestimmungsfreien SE

---

[78] Vgl. *Kleinsorge*, RdA 2002, 351.
[79] *Wollburg/Banerjea*, ZIP 2005, 279, 280.
[80] Wie hier *Wollburg/Banerjea*, ZIP 2005, 279 f.
[81] So auch *Wollburg/Banerjea*, ZIP 2005, 279; aA Theisen/Wenz/*Köstler*, S. 371.

(Neu-)Verhandlungen mit dem BVG über die Arbeitnehmerbeteiligung gem. § 18 Abs. 3 SEBG zu führen sind.[82]

97 Somit bleibt festzuhalten, dass jedenfalls solche Fälle keine Strukturänderung iSd. § 18 Abs. 3 SEBG darstellen, in denen die Arbeitnehmerzahl einer SE – gemeinsam mit der eines neu erworbenen Unternehmens oder Betriebs – Tatbestände des MitbestG oder DrittelbG erfüllt. Denn eine Anknüpfung an die Arbeitnehmerzahl der SE ist – wie oben bereits erwähnt – mit der Regelung in § 47 Abs. 1 Nr. 1 SEBG nicht vereinbar (vgl. hierzu auch Art. 13 Abs. 3 Buchst. a SE-ErgRiL), wonach nationale Mitbestimmungsgesetze – ausgenommen sind die Bestimmungen des SEBG – nicht auf die Organe der SE anwendbar sind.[83] Es geht zudem um den **Schutz bestehender Beteiligungsrechte im Zeitpunkt der SE-Gründung**.[84]

98 Die Übernahme sämtlicher Anteile einer mitbestimmten deutschen AG durch eine mitbestimmungsfreie SE kann eine Strukturänderung darstellen.[85] Ungeachtet der Klärung dieser Frage, kommt es allerdings durch eine Akquisition erst gar nicht zu einer Minderung der Beteiligungsrechte der Arbeitnehmer und damit selbst bei deren Qualifizierung als Strukturänderung nicht zur Auslösung der Verhandlungspflicht nach § 18 Abs. 3 SEBG.[86] Denn aus § 47 Abs. 1 SEBG, der die Anwendung nationaler Mitbestimmungsgesetze zwar nicht auf die SE, wohl aber auf ihre Tochtergesellschaften bestimmt,[87] folgt, dass die Zielgesellschaft auch nach der Übernahme mitbestimmt bleibt, sofern sie auf stand-alone-Basis die Anwendungsvoraussetzung etwa des DrittelbG oder des MitbestG erfüllt; ansonsten könnte von Minderung von Beteiligungsrechten nicht gesprochen werden. Unbestritten ist, dass es durch eine solche Gestaltungsmöglichkeit zu einer Verlagerung der wesentlichen strategischen Entscheidungen auf die nicht mitbestimmte SE als Konzernspitze und zu einer faktischen Einflussminderung des Aufsichtsrats der Zielgesellschaft kommt. Auf der anderen Seite ist zu bedenken, dass dieses Problem nicht erstmals mit der SE zutage getreten ist, sondern sich bisher auch dann stellte, wenn die Akquisition – was nicht unzulässig war und ist – durch eine nicht der Mitbestimmung unterliegende englische Plc.[88] erfolgte.

99 Von Bedeutung sind im Kontext des § 18 Abs. 3 SEBG insbesondere die für die Mitbestimmung der Arbeitnehmer im Rahmen der gesetzlichen Auffangregelung gem. § 34 Abs. 1 SEBG maßgeblichen Schwellenwerte, die im Zeitablauf aufgrund von Strukturänderungen Schwankungen unterliegen können. War zB bei der Gründung einer SE der maßgebliche Schwellenwert nach § 34 Abs. 1 SEBG (25 % bei der Verschmelzungs-SE, 50 % bei der Holding- und Tochter-SE) nicht erreicht worden und hatte das BVG keinen Beschluss über die Anwendung der Auffangregelung gefasst (vgl. § 34 Abs. 1 Nr. 2 b und Nr. 3 b SEBG), werden aber dann infolge **struktureller Änderungen**, zB durch Fusion mit (weiteren) mitbestimmten Unternehmen, diese

---

[82] Vgl. das Beispiel von *Müller-Bonanni/de Beauregard*, GmbHR 2005, 198; *Wollburg/Banerjea*, ZIP 2005, 282–283; *Rehberg*, ZGR 2005, 879.
[83] So überzeugend *Wollburg/Banerjea*, ZIP 2005, 282, die neben dieser dogmatischen auch praktische Schwierigkeiten aufzeigen.
[84] Vgl. § 1 Abs. 1 SEBG und die ähnlichen Formulierungen in den Erwägungsgründen 3, 9, 11 und 18 zur SE-RL.
[85] *Wollburg/Banerjea*, ZIP 2005, 280, bejahen dies allenfalls für den Fall der Einlage der neuen Beteiligung als Sacheinlage im Rahmen einer Kapitalerhöhung.
[86] Wie hier iE auch MünchKommAktG/*Jacobs*, § 4 SEBG Rn. 6; *Grobys*, NZA 2005, 91.
[87] Vgl. BT-Drucks. 15/3405, S. 42.
[88] HM, vgl. etwa *Veit/Wichert*, AG 2004, 17 f.; *Müller-Bonanni*, GmbHR 2003, 1237; *Ebke*, JZ 2003, 931; *Junker*, NJW 2004, 729; *Raiser*, MitbestG, 4. Aufl. 2002, § 1 Rn. 15; unter Aufgabe seiner zuvor vertretenen Ansicht auch *Sandrock*, AG 2004, 66; wohl auch *Henssler*, GS Meinhard Heinze, 2005, S. 355; *Schwark*, AG 2004, 178.

Schwellenwerte **überschritten**, sind neue Verhandlungen über die Arbeitnehmerbeteiligung iSd. § 18 Abs. 3 SEBG durchzuführen.[89]

SE-RL und SEBG treffen keine Regelung zum Wegfall der Mitbestimmung oder zur Änderung der Zusammensetzung des Aufsichts- oder Verwaltungsrats der SE für den umgekehrten Fall des Unterschreitens von nach dem SEBG wie nach den übrigen nationalen Mitbestimmungsgesetzen festgelegten Arbeitnehmerschwellenwerten: Dies betrifft zum einen strukturelle Änderungen (zB Abspaltungen), auf die § 18 Abs. 3 SEBG mangels Minderung von Beteiligungsrechten nicht anwendbar ist, zum anderen sonstige Fälle des Absinkens des Arbeitnehmerbestandes, deren Ursachen nicht in strukturellen Änderungen liegen (zB Entlassungen oÄ). In beiden Fällen muss mangels Anwendbarkeit nationaler Mitbestimmungsschwellen (mit Ausnahme des SEBG) (vgl. § 47 Abs. 1 Nr. 1 SEBG) und einer im SEBG fehlenden Regelung zur Anpassung des Mitbestimmungsregimes davon ausgegangen werden, dass die Mitbestimmung im Zeitpunkt der SE-Gründung „nach unten eingefroren" wird,[90] wie die nachfolgenden Sachverhaltsgestaltungen zeigen: **100**

Eine nach dem MitbestG mitbestimmte deutsche AG (2100 Arbeitnehmer) und eine englische Plc. (200 Arbeitnehmer) gründen im Wege der Verschmelzung eine SE mit Sitz in Deutschland, für die mangels Einigung die Mitbestimmung kraft Gesetzes gilt; der Aufsichtsrat ist danach paritätisch mit Anteilseignern und Arbeitnehmervertretern nach dem Vorbild des MitbestG besetzt (§ 35 Abs. 2 S. 2 SEBG). Käme es später durch Entlassungen bzw. natürliche Fluktuationen oder aber durch nachträgliche Abspaltung von Unternehmensteilen (also durch strukturelle Änderungen) zu einem Absinken der Arbeitnehmerzahl der deutschen Ausgangsgesellschaft auf 1900 – die SE tritt quasi in ein minderes Mitbestimmungsregime ein –, unterläge sie wegen Unterschreitens des Schwellenwerts des § 1 Abs. 1 MitbestG nur noch dem DrittelbG. An der paritätischen Zusammensetzung des Aufsichts- oder Verwaltungsorgans der SE würde dieser Umstand demgegenüber jedoch selbst dann nichts ändern, wenn auch die Anzahl der Arbeitnehmer in England so weit absinkt, dass selbst bei konsolidierter Betrachtung der Schwellenwert des MitbestG nicht mehr erreicht würde.[91] Der nachträgliche Wegfall der Anwendungsvoraussetzungen der bisher für die SE maßgeblichen nationalen Mitbestimmungsregelung (hier des MitbestG) führt nicht zur Auslösung einer Verhandlungspflicht bzw. zur Anpassung des Mitbestimmungsregimes. **101**

Die bisher in der SE bestehende Mitbestimmung (kraft Gesetzes) gilt auch dann weiter, wenn nach Gründung der SE die jeweiligen Schwellenwerte nach dem SEBG (25 % bzw. 50 %) infolge struktureller Änderungen (zB durch Veräußerung von Unternehmensteilen) oder wegen sonstiger Gründe (zB Entlassungen) **unterschritten** werden, weil es zu einem Ausscheiden von Arbeitnehmern aus der SE kommt, die vor SE-Gründung Mitbestimmungsrechte innehatten und seinerzeit für das Überschreiten der Schwellenwerte (mit-)ursächlich waren.[92] Im Extremfall besteht die Mitbestimmung kraft Gesetzes in der SE selbst dann fort, wenn deren Basis dadurch hinfällig wird, dass der deutsche Unternehmensteil, auf den sie zurückzuführen ist, aus dem Konzern der Europäischen Gesellschaft ausscheidet. **102**

Der Wechsel von dem einmal gewählten Leitungssystem zu dem jeweils anderen, der durch Satzungsänderung möglich ist und gegen den die Belegschaft oder der SE-Betriebsrat kein Widerspruchsrecht haben (vgl. Art. 38 Buchst. b, 52, 59 SE-VO), stellt keine Neuverhandlungen erfordernde Strukturänderung dar. (In § 228 Abs. 2 des **103**

---

[89] Vgl. auch *Baums/Cahn/Kleinsorge*, S. 150; *Kleinsorge*, RdA 2002, 351.
[90] Vgl. *Wollburg/Banerjea*, ZIP 2005, 283 f.; *Müller-Bonanni/de Beauregard*, GmbHR 2005, 197 f. sprechen in diesem Zusammenhang von Perpetuierung der Mitbestimmung.
[91] Vgl. *Müller-Bonanni/de Beauregard*, GmbHR 2005, 197; mit Einschränkungen auch *Herfs-Röttgen*, NZA 2002, 364 f.
[92] Vgl. *Kleinsorge*, RdA 2002, 351.

österreichischen Arbeitsverfassungsgesetzes wird der Wechsel des Verwaltungssystems der SE unzutreffend als eine wesentliche Änderung der Struktur der SE angesehen.)

104 In der Regel unproblematisch sind Fälle der Sitzverlegung, sofern sie nicht zu einer Reduktion der Mitbestimmung in der SE führen. (In § 228 Abs. 2 des österreichischen Arbeitsverfassungsgesetzes wird die bloße Sitzverlegung unzutreffend unter den Begriff der Strukturänderung im Sinne eines Regelbeispiels aufgeführt.) Verlegt eine SE mit Sitz in Deutschland, für die im Vereinbarungswege das MitbestG gilt, ihren Sitz nach Spanien (vgl. § 8 SE-VO), bleibt die Mitbestimmungsvereinbarung nach dem Grundsatz „pacta sunt servanda" bestehen; Neuverhandlungen sind nicht erforderlich, es sei denn, die Sitzverlegung gehörte zu den Fällen, in denen die Vereinbarung gem. § 21 Abs. 1 Nr. 6 SEBG neu ausgehandelt werden sollte. Umgekehrt kann die Sitzverlegung der SE auch nicht eine Verstärkung der Mitbestimmung zur Folge haben, ist mithin auf eine im Ausland gegründete SE, die ihren Sitz nach Deutschland verlegen will, weder das deutsche Mitbestimmungsrecht anwendbar, noch ist eine Neuverhandlung ihres Mitbestimmungsregimes erforderlich.[93]

105 Eine Sitzverlegung in einen anderen Mitgliedstaat kann uU jedoch eine Strukturänderung darstellen, insbesondere wenn in deren Zusammenhang auch sonstige Änderungen der Unternehmensstruktur verbunden sind. Dies ist zB dann der Fall, wenn eine bereits gegründete dualistisch geprägte SE, die im Vereinbarungswege (§§ 13 Abs. 1, 21 SEBG) oder kraft Gesetzes mitbestimmt ist (§§ 22–38 SEBG), ihren Sitz in einen Mitgliedstaat verlegt, in dem der Vorstand im Rahmen des dualistischen Systems von der Hauptversammlung bestellt wird (Art. 39 Abs. 2 S. 2 SE-VO). Ein solcher Fall ist nicht unproblematisch. Wie beim Wechsel des Leitungssystems vom monistischen in die dualistische Struktur und umgekehrt ist hier zunächst vom Vorrang des Gesellschaftsrechts auszugehen. Unzweifelhaft liegt hier aber eine Strukturänderung vor. Es erscheint daher sachgerecht, im Wege neuer Verhandlungen das bestehende Niveau der Arbeitnehmerbeteiligung zu sichern.

106 Probleme wirft auch das sog. „Daimler-Chrysler-Modell" auf, wenn eine von einem Treuhänder gegründete, nicht mitbestimmte „Vorrats-SE" (NewCo-SE) die zusammenzuschließenden Gesellschaften (eine nach dem MitbestG paritätisch mitbestimmte AG und eine englische Plc.) jeweils durch ein öffentliches Übernahmeangebot erwirbt; im Anschluss an das oben Gesagte (s. Rn. 98) müsste die Holding-SE als Obergesellschaft der mitbestimmten deutschen AG mitbestimmungsfrei sein.[94] In diesen Kontext gehört auch der nicht weniger problematische Fall, dass eine von einem Treuhänder gegründete, nicht mitbestimmte Vorrats-SE nur eine einzige Aktiengesellschaft, nämlich die nach dem MitbestG mitbestimmte deutsche AG, erwirbt, die – entschiede man sich indes für eine Umwandlungs-SE – weiterhin vollumfänglich mitbestimmt bliebe (s. Rn. 221 ff.).

107 Will man diese beiden Fälle nicht § 18 Abs. 3 SEBG unterstellen (weil nach der hier vertretenen Auffassung keine Strukturänderung und keine Minderung von Beteiligungsrechten vorliegt),[95] so fragt sich, ob darin ein Verstoß gegen das Missbrauchsverbots des § 43 SEBG zu sehen sein könnte, dessen S. 2 zufolge Missbrauch vermutet wird, wenn „ohne Durchführung eines Verfahrens nach § 18 Abs. 3 SEBG innerhalb eines Jahres nach Gründung der SE strukturelle Änderungen stattfinden, die bewirken, dass den Arbeitnehmern Beteiligungsrechte vorenthalten oder entzogen werden" (s. Rn. 251 ff.). Allerdings muss zum Entziehen und Vorhalten von Beteiligungsrechten

---

[93] Vgl. *Wollburg/Banerjea*, ZIP 2005, 283.
[94] Vgl. *Müller-Bonanni/de Beauregard*, GmbHR 2005, 200; ebenso *Wollburg/Banerjea*, ZIP 2005, 280.
[95] Vgl. *Wollburg/Banerjea*, ZIP 2005, 281, die darin selbst dann kein missbräuchliches Verhalten nach § 43 SEBG sehen, wenn diese Lösung nur zu dem Zweck der Befreiung der Konzernspitze von der Mitbestimmung gewählt würde.

C. Sonderfälle

zudem das in der Gesetzesbegründung[96] genannte „gezielte Ausnutzen der Rechtsform der SE" hinzukommen, so dass allein die Nutzung vorgesehener Handlungsmöglichkeiten den Vorwurf des Missbrauchs nicht ohne weiteres wird begründen können.[97] An Missbrauch fehlt es demnach, wenn für die genannten Gestaltungsmöglichkeiten, die zweifelsohne Beteiligungsrechte tangieren, sachliche Gründe[98] existieren, die von der Frage der Mitbestimmung losgelöst sind; die Frage ist einzelfallabhängig zu beantworten.[99] Die vorerwähnten Gestaltungsvarianten bergen jedoch erhebliche rechtliche Risiken[100] und sind der Öffentlichkeit sowie den Arbeitnehmern gegenüber nur schwer kommunizierbar[101] und im Schrifttum umstritten: *Nagel*[102] bejaht in solchen Fällen den Missbrauch (s. dazu Rn. 251 ff.), da für ihn nicht die formale Vorgehensweise bei der Strukturänderung, sondern ihr materieller Gehalt entscheidend ist. Durch solche Fallkonstellationen werde die Mitbestimmungssicherung unterlaufen, die im Falle einer Holding-Gründung gegriffen hätte. *Köstler*[103] weist für solche Fälle darauf hin, dass die Frist des § 43 S. 2 SEBG von einem Jahr zur Auslegung von § 18 Abs. 3 SEBG und die Wertung der BGH-Rechtsprechung zur Mantelverwendung mit heranzuziehen ist. *Blanke*[104] kommt zu dem Ergebnis, dass wegen Art. 12 Abs. 2 und 3 SE-VO eine arbeitnehmerlose SE (Vorrats-SE) ohne Regelung einer Arbeitnehmerbeteiligung nicht in zulässiger Weise eingetragen werden kann. Nach den Urteilen des AG Hamburg v. 28. 6. 2005 – 66 AR 76/05 sowie LG Hamburg v. 30. 9. 2005 – 417 T 15/05[105] kann von der Einleitung und Durchführung des Verhandlungsverfahrens hinsichtlich der Arbeitnehmerbeteiligung nach §§ 4 ff. SEBG nur dann abgesehen werden, wenn nicht nur die SE arbeitnehmerlos ist bzw. voraussichtlich sein wird, sondern wenn auch die an der SE-Gründung unmittelbar beteiligten Gesellschaften sowie betroffenen Tochtergesellschaften und betroffenen Betriebe insgesamt weniger als zehn Arbeitnehmer beschäftigen; dies ergibt sich daraus, dass ohne die Einsetzung eines aus mindestens zehn Mitgliedern bestehenden BVG keine Verhandlungen über die Arbeitnehmerbeteiligung geführt werden können.[106] Die Eintragung der SE wurde deshalb in dem konkreten Fall vom zuständigen Registerrichter abgelehnt. Ergänzt werden diese Urteile durch die Entscheidung des AG Düsseldorf v. 16. 1. 2006 – HRB 52618, das eine Vereinbarung über die Arbeitnehmerbeteiligung für die Handelsregistereintragung der arbeitnehmerlosen (Vorrats-)SE für nicht erforderlich hält, wenn die Gründungsgesellschaften einer SE selbst keine Arbeitnehmer beschäftigen, was vorliegend gegeben war. In derartigen Fällen könnten die Eintragungsvoraussetzungen des Art. 12 SE-VO durch Vorlage entsprechender Negativerklärungen der Gründungsgesellschaften erfüllt werden. Diese Entscheidung sowie die vorerwähnten Urteile stehen im Einklang mit der herrschenden Meinung.[107]

---

[96] BT-Drucks. 15/3405, S. 57: „Es soll der Gefahr begegnet werden, dass die Rechtsform der SE gezielt ausgenutzt wird, um Arbeitnehmern Beteiligungsrechte vorzuenthalten oder zu entziehen."
[97] Vgl. BT-Drucks. 15/3405, S. 57.
[98] Zu in Betracht kommenden Gründen *Wollburg/Banerjea*, ZIP 2005, 281.
[99] Vgl. *Müller-Bonanni/de Beauregard*, GmbHR 2005, 200.
[100] So auch *Rehberg*, ZGR 2005, 893.
[101] *Wollburg/Banerjea*, ZIP 2005, 281.
[102] Vgl. *Nagel/Freis/Kleinsorge*, § 43 Rn. 6; ähnlich auch *Rehberg*, ZGR 2005, 880. *Theisen/ Wenz/Köstler*, S. 374 weist für solche Fälle darauf hin, dass die Frist des § 43 S. 2 SEBG von einem Jahr zur Auslegung von § 18 Abs. 3 SEBG und die Wertung der BGH-Rechtsprechung zur Mantelverwendung mit heranzuziehen ist.
[103] Vgl. *Theisen/Wenz/Köstler*, S. 374
[104] *Blanke*, „Vorrats-SE" ohne Arbeitnehmerbeteiligung, 2005, S. 79 ff.
[105] ZIP 2005, 2018; m. Anm. *Seibt*, ZIP 2005, 2248 ff.
[106] Vgl. *Seibt*, ZIP 2005, 2248 f.
[107] *Seibt*, ZIP 2005, 2248; *Noack*, EWiR 2005, 905; *Frodermann/Jannott*, ZIP 2005, 2251.

108 Bei sich aus der Anwendung des § 18 SEBG ergebenden Streitigkeiten steht nach § 2a Abs. 1 Nr. 3 d ArbGG das arbeitsgerichtliche Beschlussverfahren offen. Örtlich zuständig ist das Arbeitsgericht, in dessen Bezirk die SE ihren Sitz hat (§ 82 Abs. 3 ArbGG).

IV. Verhandlungsverfahren bei Gründung einer SE durch eine SE

109 Art. 3 Abs. 2 SE-VO ermöglicht die Gründung einer Tochter-SE durch eine SE. Dieser Fall ist von der Ausgründung (Gründung einer Tochter-SE durch zwei Unternehmen) gem. Art. 2 Abs. 3 SE-VO zu unterscheiden. Die SE ist dabei Alleingesellschafterin der Tochter-SE, dh. sie ist die einzige beteiligte Gesellschaft iSd. § 2 Abs. 2 SEBG. In der SE-RL ist dieser Fall nicht geregelt, sie weist insoweit eine Lücke auf. Auch das SEBG nimmt auf diese Art der Gründung nicht gesondert Bezug, muss hierfür aber gleichwohl anwendbar sein (vgl. § 1 Abs. 1 SEBG).

110 Bei Gründung einer SE durch die SE sind nach der hier vertretenen Auffassung die Verhandlungen allerdings mit dem SE-Betriebsrat zu führen, der die Verhandlungsrechte des BVG wahrnimmt. Dies entspricht Sinn und Zweck des SEBG (bzw. der SE-ErgRiL), das nur für die Gründung der ersten SE die Notlage bewältigen muss, dass noch keine Arbeitnehmervertretung existiert. Wenn lokale Belange berührt werden, können die lokalen Arbeitnehmervertretungen zusätzlich beteiligt werden (§ 47 Abs. 2 SEBG). Abzulehnen ist iE die Möglichkeit, den SE-Betriebsrat „auszuklammern", ein neues BVG zu wählen und die Verteilung der Sitze im BVG nach traditionellem Muster, das heißt durch die Betriebsräte der Betriebe bzw. Unternehmen der SE vorzunehmen. Diese Lösung wäre insoweit inkonsequent, als damit die Rolle und Aufgabenstellung des SE-Betriebsrats als Vertretungsorgan ignoriert würde. Es handelt sich hierbei jedoch letztlich um eine Rechtsfrage, die nur aufgrund einer gerichtlichen Entscheidung (EuGH) geklärt werden kann. Als eine die Beteiligungsrechte mindernde Strukturänderung iSv. § 18 Abs. 3 SEBG ist die Gründung einer SE durch eine SE jedenfalls nicht anzusehen.

D. Wahl der auf Deutschland entfallenden Mitglieder des BVG

I. Ausgangssituation

111 Aufgrund der in § 5 Abs. 1 SEBG geregelten Berechnungsmethode und des Verteilungsschlüssels steht sowohl die Gesamtzahl der „normalen" Mitglieder des BVG als auch die Verteilung auf die einzelnen Mitgliedstaaten fest (s. Rn. 27). Für die Wahl der danach auf Deutschland entfallenden Mitglieder des BVG und deren Verteilung auf die beteiligten Gesellschaften, betroffenen Tochtergesellschaften und betroffenen Betriebe (Zweigniederlassungen, § 7 Abs. 5 SEBG), die in Deutschland Arbeitnehmer beschäftigen, gilt das sogleich aufgeführte Verfahren (Rn. 112 ff.), bei dem der Gründungsfall Verschmelzung (s. Rn. 136), sofern zusätzliche Vertreter zu wählen sind, zunächst ausgeklammert bleibt. Entsprechend dem europäischen Grundsatz erfolgt die Wahl oder Bestellung der **auf das Ausland** entfallenden Mitglieder des BVG gem. § 7 Abs. 1 SEBG nach den jeweiligen Bestimmungen der Mitgliedstaaten; dasselbe gilt gem. § 6 Abs. 1 SEBG hinsichtlich der persönlichen Voraussetzungen der auf das Ausland entfallenden BVG-Mitglieder.

II. Verfahren

1. Bildung eines Wahlgremiums

Nach § 8 Abs. 1 S. 1 SEBG werden die auf Deutschland entfallenden Mitglieder des BVG einschließlich der Vertreter der Gewerkschaften (s. Rn. 131) und der leitenden Angestellten (s. Rn. 131) durch ein Wahlgremium in geheimer und unmittelbarer Wahl gewählt. § 8 Abs. 1 SEBG regelt ausdrücklich auch den Fall, dass nach dem Gesetz eines anderen Mitgliedstaates aus Deutschland Mitglieder in das BVG zu wählen sind (vgl. auch § 3 SEBG). In diesem Wahlgremium sollen alle an der Gründung der SE beteiligten Gesellschaften, betroffenen Tochtergesellschaften und betroffenen Betriebe (Zweigniederlassungen), die in Deutschland Arbeitnehmer beschäftigen, vertreten sein. Aus Kostenersparnis- sowie Praktikabilitätsgründen wird – soweit möglich – das Wahlgremium aus den vorhandenen Betriebsratsstrukturen gebildet. Dabei besteht das Wahlgremium aus den Mitgliedern der auf der jeweils höchsten Ebene tatsächlich vorhandenen Arbeitnehmervertretungen, dh. aus den Konzernbetriebsräten, Gesamtbetriebsräten oder Betriebsräten der an der SE-Gründung beteiligten Unternehmen; hilfsweise findet Urwahl statt.

Die vom Begriff der Arbeitnehmervertretung (§ 2 Abs. 6 SEBG) erfassten tarifvertraglichen Arbeitnehmervertretungen nach § 3 BetrVG treten, sofern vorhanden, an die Stelle der in § 8 genannten und für die Wahl der BVG-Mitglieder im Wahlgremium zuständigen gewöhnlichen Betriebsratsstrukturen (Konzernbetriebsrat, Gesamtbetriebsrat, Betriebsrat).[108]

2. Zusammensetzung des Wahlgremiums

a) Zusammensetzung des Wahlgremiums bei Beteiligung eines inländischen Konzerns an SE-Gründung. Ist aus dem Inland nur ein Konzern an der SE-Gründung beteiligt, besteht das Wahlgremium gem. § 8 Abs. 2 SEBG aus den Mitgliedern des Konzernbetriebsrats. Die Bildung eines Konzernbetriebsrats ist allerdings fakultativ (§ 54 Abs. 1 BetrVG), so dass nicht in allen Fällen ein solcher existiert. Ist in einer Unternehmensgruppe ein Konzernbetriebsrat daher nicht gebildet, sind die Mitglieder der Gesamtbetriebsräte für die Wahl der Mitglieder des BVG zuständig. Allerdings ist es denkbar, dass in einem Unternehmen kein Gesamtbetriebsrat besteht: Dies ist etwa dann der Fall, wenn ein Unternehmen zwar aus mehreren Betrieben besteht, aber nur ein Betrieb einen Betriebsrat hat. Da aber die Errichtung eines Gesamtbetriebsrats voraussetzt, dass es in einem Unternehmen mehrere Betriebsräte gibt (§ 47 Abs. 1 BetrVG), würde die Voraussetzung selbst dann nicht vorliegen, wenn die übrigen Betriebe ebenfalls betriebsratsfähig sind.[109] Besteht in keinem Unternehmen des Konzerns ein Gesamtbetriebsrat, fällt die Zuständigkeit für die Wahl der Mitglieder des BVG an die Mitglieder des Betriebsrats, die selbst dann das Wahlgremium bilden, wenn im gesamten Konzern nur ein Betriebsrat existiert.

Da in dem Wahlgremium möglichst alle Arbeitnehmer vertreten sein sollen, werden betriebsratslose Betriebe und Unternehmen einer Unternehmensgruppe gem. § 8 Abs. 2 S. 2 SEBG vom Konzernbetriebsrat, Gesamtbetriebsrat oder Betriebsrat mitvertreten. Ist im gesamten Konzern eine Arbeitnehmervertretung nicht vorhanden, werden die auf das Inland entfallenden Mitglieder des BVG von den Arbeitnehmern des Konzerns gem. § 8 Abs. 7 SEBG direkt in Urwahl gewählt; der Bildung eines Wahlgremiums bedarf es in einem solchen Fall nicht.

---

[108] Vgl. Nagel/Freis/*Kleinsorge*, § 8 Rn. 14
[109] Vgl. BetrVG-Komm/*Trittin*, § 47 Rn. 22.

116 **b) Zusammensetzung des Wahlgremiums bei Beteiligung eines inländischen Unternehmens an SE-Gründung.** Ist aus dem Inland nur ein Unternehmen an der Gründung der SE beteiligt oder von der SE-Gründung betroffen, ist die Struktur des Wahlgremiums einfacher:[110] Da die Konstituierung des Gesamtbetriebsrats nach § 47 Abs. 1 BetrVG obligatorisch ist, wenn in einem Unternehmen mehrere Betriebsräte vorhanden sind, fällt die Zuständigkeit für die Wahl der Mitglieder des BVG gem. § 8 Abs. 3 S. 1 SEBG an den **Gesamtbetriebsrat**. Hat in einem Unternehmen jedoch nur ein Betrieb einen Betriebsrat und existiert mithin kein Gesamtbetriebsrat, besteht das Wahlgremium aus den Mitgliedern des **Betriebsrats**. Betriebsratslose Betriebe eines Unternehmens werden gem. § 8 Abs. 3 S. 2 SEBG vom Gesamtbetriebsrat oder Betriebsrat mitvertreten. Existiert im gesamten Konzern keine Arbeitnehmervertretung, werden die auf das Inland entfallenden Mitglieder des BVG von den Arbeitnehmern des Unternehmens gem. § 8 Abs. 7 SEBG direkt in Urwahl gewählt.

117 **c) Zusammensetzung des Wahlgremiums bei Betroffenheit eines inländischen Betriebs von SE-Gründung.** Ist an der Gründung einer SE nicht eine inländische Gesellschaft beteiligt, sondern nur ein in Deutschland ansässiger Betrieb eines Unternehmens mit Sitz in einem anderen Mitgliedstaat (Niederlassung) betroffen, kann nicht auf eine Arbeitnehmervertretung auf Unternehmensebene abgestellt werden.[111] Denn das Unternehmen mit Sitz in einem anderen Mitgliedstaat unterliegt dieser Rechtsordnung. In einem solchen Fall bilden gem. § 8 Abs. 4 SEBG die Mitglieder des Betriebsrats das Wahlgremium. Besteht in dem Betrieb kein Betriebsrat, werden die auf das Inland entfallenden Mitglieder des BVG von den Arbeitnehmern des Betriebs gem. § 8 Abs. 7 SEBG direkt in Urwahl gewählt.

118 **d) Zusammensetzung des Wahlgremiums in „Mischfällen".** Sonderregelungen enthält das SEBG in seinem § 8 Abs. 5 für all die Fälle, bei denen die Gründung einer SE durch eine oder mehrere Unternehmensgruppen oder nicht verbundene Unternehmen erfolgt oder von der Gründung unternehmensunabhängige Betriebe bzw. einzelne Niederlassungen ausländischer Gesellschaften betroffen sind (Kombination der zuvor beschriebenen Fallgestaltungen. In solchen Mischfällen sind verschiedene Konstellationen möglich. Das Wahlgremium setzt sich dann gem. § 8 Abs. 5 S. 1 SEBG aus den jeweiligen Arbeitnehmervertretungen auf Konzernebene, Unternehmensebene oder Betriebsebene zusammen. § 8 Abs. 2–4 SEBG ist daher entsprechend anzuwenden (§ 8 Abs. 5 S. 2 SEBG). Dies soll anhand der nachfolgenden Darstellung illustriert werden:[112]

Konstellationen An der SE-Gründung beteiligt bzw. von der SE-Gründung betroffen sind:	Zusammensetzung des Wahlgremiums aus:
1. mehrere Konzerne	den Konzernbetriebsräten
2. (ein Konzern oder) mehrere Konzerne und (ein oder) mehrere konzernunabhängige Unternehmen	den Konzernbetriebsräten und den Gesamtbetriebsräten
3. (ein Konzern oder) mehrere Konzerne und (ein oder) mehrere konzernunabhängige Betriebe	den Konzernbetriebsräten und Betriebsräten
4. (ein Konzern oder) mehrere Konzerne und (ein oder) mehrere konzernunabhängige Unternehmen und (ein oder) mehrere konzernunabhängige Betriebe	den Konzernbetriebsräten, den Gesamtbetriebsräten und Betriebsräten

---

[110] Vgl. BT-Drucks. 15/3405, S. 47.
[111] Vgl. BT-Drucks. 15/3405, S. 47.
[112] Vgl. zum Folgenden auch Nagel/Freis/*Kleinsorge*, § 8 Rn. 20.

Konstellationen An der SE-Gründung beteiligt bzw. von der SE-Gründung betroffen sind:	Zusammensetzung des Wahlgremiums aus:
5. mehrere konzernunabhängige Unternehmen	den Gesamtbetriebsräten
6. (ein oder) mehrere konzernunabhängige Unternehmen und (ein oder) mehrere konzernunabhängige Betriebe	den Gesamtbetriebsräten und Betriebsräten
7. mehrere konzernunabhängige Betriebe	den Betriebsräten

* Soweit im Folgenden von „konzernunabhängigen Betrieben" gesprochen wird, handelt es sich um inländische Betriebe (Niederlassungen) solcher Gesellschaften mit Sitz im Ausland, die an der SE-Gründung beteiligt oder von ihr betroffen sind.

Sind bei den oben genannten Mischfällen des § 8 Abs. 5 S. 1 SEBG in den einzelnen der beteiligten Unternehmen (nicht jedoch in allen[113]) keine gewählten Arbeitnehmervertretungen vorhanden, werden die **Mitglieder des Wahlgremiums** – die „Delegierten" – gem. § 8 Abs. 5 S. 3 SEBG von den Arbeitnehmern **in Urwahl** gewählt. Für die Festlegung der Anzahl der zu wählenden Delegierten ist dabei **fiktiv** zu ermitteln, wie viele Mitglieder eine nach dem BetrVG gewählte Arbeitnehmervertretung hätte.[114] Es sind demnach so viele Delegierte bzw. Mitglieder des Wahlgremiums zu wählen, wie eine bestehende Arbeitnehmervertretung in den Fällen des § 8 Abs. 2–4 SEBG an gesetzlichen Mitgliedern hätte (§ 8 Abs. 5 S. 5 SEBG). In einem solchen Fall ist es gem. § 8 Abs. 5 S. 4 SEBG die Aufgabe der jeweils zuständigen inländischen Konzern-, Unternehmens- oder Betriebsleitung, zu einer Betriebs- oder Unternehmensversammlung einzuladen, damit ein Wahlvorstand gewählt werden kann, der die Wahl einleitet und durchführt. Die Wahlgrundsätze und die Regelungen über die Wahlvorschläge stimmen mit dem Verfahren bei der im Folgenden zu erläuternden Urwahl der Mitglieder des BVG nach § 8 Abs. 7 SEBG überein. 119

e) Urwahl der Mitglieder des BVG bei Fehlen einer Arbeitnehmervertretung. Für die in der Praxis seltene Ausnahmesituation, dass in den Fällen des § 8 Abs. 2 bis 5 SEBG **in keinem** der inländischen Unternehmen oder Betriebe (Niederlassungen) eine Arbeitnehmervertretung existiert, ist vorgesehen, dass die Mitglieder des BVG **unmittelbar** von den Arbeitnehmern selbst in **geheimer** Wahl (Urwahl) gewählt werden (§ 8 Abs. 7 S. 2 SEBG). Die jeweils zuständigen inländischen Konzern-, Unternehmens- oder Betriebsleitungen sind in einem solchen Fall gem. § 8 Abs. 7 S. 2 SEBG angehalten, zu einer Betriebs- oder Unternehmensversammlung einzuladen, damit ein Wahlvorstand zur Durchführung der Wahl gewählt werden kann. 120

Hinsichtlich der Wahlgrundsätze und der Regelungen über die Wahlvorschläge macht das SEBG in seinem § 8 Abs. 7 S. 3 Anleihen bei den Mitbestimmungsgesetzen (vgl. etwa § 14 BetrVG): Danach erfolgt die Wahl der Mitglieder des BVG bei **Einreichung mehrerer Wahlvorschläge** (Vorschlagslisten) den **Grundsätzen der Verhältniswahl**, wobei unter Wahlvorschlag eine in die Form einer Aufstellung gekleidete Benennung der Personen zu verstehen ist, die für die Wahl ins BVG vorgeschlagen werden.[115] Bei der Verhältniswahl kann sich der wahlberechtigte Arbeitnehmer nur für eine der eingereichten Vorschlagslisten entscheiden; ungeachtet der Anzahl der ins BVG 121

---

[113] Besteht bei einer Fallkonstellation keinerlei Arbeitnehmervertretung, werden die BVG-Mitglieder von den Arbeitnehmern gem. § 8 Abs. 7 direkt – ohne den Umweg über Delegierte – in Urwahl gewählt.
[114] BT-Drucks. 15/3405, S. 47.
[115] Vgl. BetrVG-Komm/*Schneider*, § 14 Rn. 15 und 18.

zu entsendenden Mitglieder hat er deshalb auch nur eine Stimme. Je mehr Stimmen auf eine Vorschlagsliste entfallen, desto mehr Bewerber rücken von dieser Liste in das BVG ein, und zwar in der Reihenfolge, in der sie auf der Liste aufgeführt bzw. benannt sind. Die Ermittlung der gewählten Bewerber erfolgt nach dem d'Hondt'schen Höchstzahlverfahren in der Weise, dass die den einzelnen Vorschlagslisten zugefallenen Stimmenzahlen in einer Reihe nebeneinander gestellt und durch die Zahlen 1, 2, 3, 4 etc. geteilt werden. Entsprechend den so ermittelten Teilzahlen (Höchstzahlen) werden die Sitze auf die Listen zugewiesen:

Beispiel:
Auf die im Inland beschäftigten Arbeitnehmer eines an der SE-Gründung beteiligten Unternehmens entfallen sechs Sitze im BVG. Die insgesamt abgegebenen 7800 gültigen Stimmen verteilen sich wie folgt auf drei Vorschlagslisten:

Vorschlagsliste 1 = 4800 Stimmen	Vorschlagsliste 2 = 2500 Stimmen	Vorschlagsliste 3 = 500 Stimmen
: 1 = 4800 (1)	: 1 = 2500 (2)	: 1 = 500
: 2 = 2400 (3)	: 2 = 1250 (5)	: 2 = 250
: 3 = 1600 (4)	: 3 = 833,34	
: 4 = 1200 (6)	: 4 = 625	
: 5 = 960	: 5 = 500	

Die Vorschlagsliste 1 erhält von den sechs auf Deutschland entfallenden Sitzen 4 Sitze (durch die Höchstzahlen 4800, 2400, 1600, 1200). Die Vorschlagsliste 2 bekommt zwei Sitze (durch die Höchstzahlen 2500 und 1250). Keinen Sitz erhält die Vorschlagsliste 3. Die Reihenfolge, in der die Kandidaten ins BVG einrücken, bestimmt sich nach der Reihenfolge ihrer Benennung auf der entsprechenden Vorschlagsliste.

122 Nach den **Grundsätzen der Mehrheitswahl** werden die Mitglieder des BVG nur dann gewählt, wenn nur **ein Wahlvorschlag (Vorschlagsliste) eingereicht** wird (§ 8 Abs. 7 S. 4 SEBG). Im Unterschied zur Verhältniswahl gibt es keine Rangfolge der Wahlkandidaten durch die Platzierung auf der Liste. Enthält beispielsweise der einzige eingereichte Wahlvorschlag neun Bewerber und sind sechs BVG-Sitze bzw. -Mandate zu vergeben, sind diejenigen sechs gewählt, die die meisten Stimmen erhalten haben.

123 § 8 Abs. 7 S. 5 SEBG bestimmt, dass jeder Wahlvorschlag der Arbeitnehmer von mindestens einem Zwanzigstel der wahlberechtigten Arbeitnehmer, mindestens jedoch von drei Wahlberechtigten, höchstens aber von 50 Wahlberechtigten unterzeichnet sein muss; in Betrieben mit in der Regel bis zu 20 wahlberechtigten Arbeitnehmern genügt die Unterzeichnung durch zwei Wahlberechtigte. Die in § 8 Abs. 1 S. 2–5 SEBG enthaltenen Bestimmungen zum Wahlvorschlagsrecht der Gewerkschaftsvertreter und leitenden Angestellten für die ihnen garantierten Sitze (jeder dritte Sitz für einen Gewerkschaftsvertreter, jeder siebte für einen leitenden Angestellten) gelten nach § 8 Abs. 7 S. 6 SEBG entsprechend.

3. Höchstmitgliederzahl des Wahlgremiums

124 Da die Zahl der ins Wahlgremium zu entsendenden Betriebsrats-, Gesamtbetriebsrats- und Konzernbetriebsratsmitglieder leicht in die Höhe schnellen kann – ein Betriebsrat etwa kann gem. § 9 BetrVG aus bis zu 35 oder mehr Mitgliedern bestehen (zur Mitgliederzahl des GBR und KBR vgl. §§ 47 und 55 BetrVG) –, wird zur Gewährleistung der Arbeitsfähigkeit des Wahlgremiums dessen Größe nach § 8 Abs. 6 S. 1 SEBG auf höchstens 40 Mitglieder begrenzt. Ergibt sich bei der Zusammensetzung des Wahlgremiums in den verschiedenen Konstellationen nach § 8 Abs. 2–5 SEBG eine höhere

D. Wahl der auf Deutschland entfallenden Mitglieder des BVG

Zahl, ist die Zahl der Mitglieder nach § 8 Abs. 6 S. 2 SEBG auf 40 zu reduzieren. Es ist nach dem d'Hondtschen Höchstzahlverfahren zu ermitteln, welche Arbeitnehmervertretungen wie viele Sitze abgeben müssen. Dabei muss die größte Arbeitnehmervertretung den ersten Sitz abgeben. Die Gesamtzahl der Arbeitnehmer, die die verbleibenden Mitglieder bei den Abstimmungen vertreten, wird dadurch nicht berührt.[116]

4. Einberufung des Wahlgremiums

125 Nachdem die Leitungen der Unternehmen die Arbeitnehmer bzw. ihre Vertreter zur Bildung eines BVG gem. § 4 Abs. 1 SEBG aufgefordert haben, ist das weitere Verfahren von den Gremien der Arbeitnehmer selbst zu organisieren. Zu diesem Zweck hat der Vorsitzende der Arbeitnehmervertretung auf der höchsten im Konzern, Unternehmen oder Betrieb vorhandenen Ebene auf der Grundlage der von den Leitungen erhaltenen Informationen gem. § 9 Abs. 1 SEBG:
– Ort, Tag und Zeit der Versammlung des Wahlgremiums festzulegen,
– die Anzahl der Mitglieder aus den jeweiligen Arbeitnehmervertretungen unter Beachtung der Höchstmitgliederzahl nach § 8 Abs. 6 SEBG zu bestimmen,
– zur Versammlung des Wahlgremiums einzuladen und
– ggf. auch die Wahlvorschläge für die Gewerkschaftsvertreter gem. § 8 Abs. 1 SEBG einzuholen.

126 Bestehen **auf einer Ebene** mehrere (gleichrangige) Arbeitnehmervertretungen, trifft diese Verpflichtung gem. § 9 Abs. 2 SEBG den Vorsitzenden der Arbeitnehmervertretung, die die meisten Arbeitnehmer vertritt.

5. Beschlussfähigkeit des Wahlgremiums

127 Hinsichtlich der Beschlussfähigkeit des Wahlgremiums verlangt § 10 Abs. 1 SEBG ein doppeltes Quorum: Danach müssen bei der Wahl der auf Deutschland entfallenden Mitglieder des BVG mindestens zwei Drittel der Mitglieder des Wahlgremiums, die mindestens zwei Drittel der Arbeitnehmer vertreten, anwesend sein (§ 10 Abs. 1 S. 1 SEBG). Die Wahl eines Mitglieds in das BVG selbst erfolgt nach § 10 Abs. 1 S. 3 SEBG hingegen mit einfacher Mehrheit der abgegebenen Stimmen. Die einzelnen Mitglieder des Wahlgremiums geben dabei so viele Stimmen ab, wie sie Arbeitnehmer aus ihrer beteiligten Gesellschaft, betroffenen Tochtergesellschaft und ihrem betroffenen Betrieb (Zweigniederlassung) vertreten (§ 10 Abs. 1 S. 2 SEBG). Maßgebend ist die Zahl der Arbeitnehmer, die sich gem. § 4 Abs. 3 Nr. 3 SEBG aus der Information der jeweiligen Leitungen der Gesellschaften ergibt. Dies stellt eine Abweichung von § 55 Abs. 3 BetrVG iVm. § 47 Abs. 7 BetrVG dar, wonach die Zahl der in den Wählerlisten eingetragenen wahlberechtigten Arbeitnehmer maßgebend ist.

6. Stimmenverteilung auf die Mitglieder des Wahlgremiums

128 Bei der Abstimmung im Wahlgremium vertreten die Arbeitnehmervertretungen sowie die ggf. nach § 8 Abs. 5 S. 3 SEBG in Urwahl gewählten Delegierten gem. § 10 Abs. 2 S. 1 SEBG alle Arbeitnehmer der organisatorischen Einheit, die ihr nach § 8 Abs. 2–5 SEBG zur Vertretung zugewiesen sind. Im Extremfall würde zB in einem Konzern mit nur einem Betriebsrat dieser die Arbeitnehmer des gesamten Konzerns mitvertreten.

129 Sind **innerhalb einer Unternehmensgruppe** einzelne Unternehmen oder Betriebe nicht von der Zuweisungsregelung des § 8 Abs. 2–5 SEBG erfasst (s. Rn. 114 ff.) und ist für sie keine Arbeitnehmervertretung gewählt, so werden die Stimmen dieser Arbeitnehmer gem. § 10 Abs. 2 S. 2 SEBG gleichmäßig auf die bestehenden Arbeit-

---

[116] Vgl. BT-Drucks. 15/3405, S. 47.

nehmervertretungen verteilt. Möglich ist eine solche Zurechnung allerdings nur innerhalb eines Unternehmensverbundes. Bei Nichtvorliegen eines solchen Verbundes wählen die Arbeitnehmer ihre Vertreter ins Wahlgremium nach § 8 Abs. 5 S. 3 SEBG (Urwahl) unmittelbar.[117]

130 Sind für eine Arbeitnehmervertretung einer beteiligten Gesellschaft, betroffenen Tochtergesellschaft und einem betroffenen Betrieb (Zweigniederlassung) mehrere Mitglieder im Wahlgremium vertreten – wovon in der Regel auszugehen ist –, wird der ihr zustehende Stimmenanteil nach § 10 Abs. 3 S. 1 SEBG auf die einzelnen Mitglieder „nach Köpfen" gleichmäßig verteilt. Auf diese Weise ist auch gewährleistet, dass jedes Mitglied im Wahlgremium seine Stimme unabhängig von anderen abgeben kann. Für eine Arbeitnehmervertretung besteht demnach keine gesetzliche Verpflichtung zur einheitlichen Abgabe aller Stimmen. Gewählt ist der BVG-Kandidat, der die meisten Stimmen auf sich vereinigt hat. Der in § 10 Abs. 3 S. 1 SEBG enthaltene Grundsatz gilt auch für die nach § 8 Abs. 5 S. 3 SEBG gewählten Delegierten des Wahlgremiums (§ 10 Abs. 3 S. 2 SEBG).

7. Entscheidung des Wahlgremiums

131 Das Wahlgremium entscheidet über die **auf Deutschland** entfallenden Mitglieder des BVG nach folgenden Maßgaben:
1. Zu Mitgliedern des BVG wählbar sind im Inland gem. § 6 Abs. 2 S. 1 SEBG Arbeitnehmer der Gesellschaften und Betriebe sowie Gewerkschaftsvertreter. Das BVG ist in erster Linie zwar eine Vertretung der Beschäftigten des Unternehmens, das als Europäische Gesellschaft gegründet werden soll. Zu Mitgliedern des BVG können daher nur die Beschäftigten der jeweiligen Gründungsunternehmen gewählt bzw. bestellt werden. Art. 3 Abs. 2 Buchst. b Unterabs. 2 SE-ErgRiL überlässt es aber der Umsetzung in einzelstaatliches Recht, eine Regelung vorzusehen, dass diesem Gremium Gewerkschaftsvertreter auch dann angehören können, wenn sie **nicht** Arbeitnehmer einer beteiligten Gesellschaft oder einer betroffenen Tochtergesellschaft oder eines betroffenen Betriebs sind. Damit wird nationalen Gepflogenheiten Rechnung getragen, wonach es auf Unternehmensebene eine starke Repräsentanz von Gewerkschaften gibt (vgl. für Deutschland § 7 Abs. 1 und 2 MitbestG). Deutschland hat von dieser Regelungsermächtigung Gebrauch gemacht.
2. Entfallen auf Deutschland **mehr als zwei BVG-Mitglieder**, so muss gem. § 6 Abs. 3 SEBG jedes **dritte Mitglied** ein **Vertreter einer Gewerkschaft** sein, die in einem an der Gründung der SE beteiligten Unternehmen vertreten ist. Gehören dem BVG mindestens sechs deutsche Vertreter an, erhöht sich die Zahl der Gewerkschaftsvertreter auf zwei usw. Die Gewerkschaftsvertreter dürfen allerdings in keiner der an der Gründung der SE beteiligten Gesellschaften als Arbeitnehmer beschäftigt sein (vgl. auch Art. 3 Abs. 2 Buchst. b Unterabs. 2 der SE-ErgRiL). Die „Sitzgarantie" von Gewerkschaftsvertretern im BVG ist dem Umstand geschuldet, dass in der deutschen Unternehmensmitbestimmung eine starke Repräsentanz von Gewerkschaften verankert ist. Die Vorschrift orientiert sich am quantitativen Grundmodell eines nach dem MitbestG mitbestimmten Aufsichtsrats, wonach den Gewerkschaftsvertretern drei von zehn Sitzen zustehen (vgl. § 7 Abs. 2 Nr. 3 MitbestG).
Für die Sitze, die Gewerkschaftsvertretern garantiert sind, sind nach § 8 Abs. 1 S. 2 SEBG Wahlvorschläge von einer Gewerkschaft aufzustellen und einzureichen, die in einem an der Gründung der SE beteiligten Unternehmen vertreten ist; das Wahlgremium ist insoweit an die Wahlvorschläge der Gewerkschaften gebunden. Bei mehreren Wahlvorschlägen gilt Verhältniswahl: Dies ergibt die analoge Anwendung des Rechtsgedankens des § 16 Abs. 2 S. 1 MitbestG auf § 8 Abs. 1 S. 3 SEBG. Wird hin-

---

[117] Vgl. BT-Drucks. 15/3405, S. 48.

D. Wahl der auf Deutschland entfallenden Mitglieder des BVG

gegen nur ein Wahlvorschlag gemacht, muss dieser nach § 8 Abs. 1 S. 3 SEBG mindestens doppelt so viele Bewerber enthalten wie Vertreter von Gewerkschaften zu wählen sind; es findet in einem solchen Fall in analoger Anwendung des § 16 Abs. 2 S. 2 MitbestG Mehrheitswahl statt. Jeder Wahlvorschlag muss zudem nach § 8 Abs. 1 S. 2–4 SEBG von einem Vertreter der Gewerkschaft unterzeichnet sein.

Ob die teilweise geäußerte Befürchtung einer sachwidrigen Erschwerung der Verhandlungsfähigkeit durch Gewerkschaftsvertreter berechtigt ist,[118] bleibt indes abzuwarten. Zu berücksichtigen ist jedoch, dass das in seiner internationalen Besetzung völlig unerfahrene BVG im Hinblick darauf, dass Arbeitnehmer erstmals **selbst** über die konkrete Ausgestaltung aller beteiligungsrechtlichen Fragen in ihrem künftigen Unternehmen verhandeln können, auf Unterstützung durch die Gewerkschaften angewiesen sein könnte.

3. Entfallen auf Deutschland **mehr als sechs BVG-Mitglieder**, muss gem. § 6 Abs. 4 SEBG mindestens **jedes siebte** Mitglied ein leitender Angestellter sein. Diese Bestimmung knüpft an die Definition des Arbeitnehmerbegriffs in § 2 Abs. 1 SEBG an und stellt klar, dass auch leitende Angestellte iSd. § 5 Abs. 3 BetrVG zu Mitgliedern des BVG gewählt werden können. Da nach § 15 MitbestG die leitenden Angestellten eine eigene Repräsentanz im Aufsichtsrat haben und es bei der Europäischen Gesellschaft auch um Unternehmensmitbestimmung geht, werden die leitenden Angestellten mit dieser Sitzgarantie bei mehr als sechs Vertretern im BVG aus Deutschland entsprechend berücksichtigt.

Die den leitenden Angestellten garantierten Sitze sind nach § 8 Abs. 1 S. 5 SEBG auf Vorschlag der Sprecherausschüsse auf der jeweils höchsten Ebene[119] zu besetzen; an diesen ist das Wahlgremium insoweit gebunden. Bestehen keine Sprecherausschüsse, steht nach § 8 Abs. 1 S. 6 SEBG das Wahlvorschlagsrecht den leitenden Angestellten selbst zu; auch hier gilt bei mehreren Wahlvorschlägen Verhältniswahl.[120] Wird hingegen nur ein Wahlvorschlag unterbreitet, muss dieser mindestens doppelt so viele Bewerber enthalten wie Vertreter von Sprecherausschüssen zu wählen sind; es findet in einem solchen Fall Mehrheitswahl statt (§ 15 Abs. 3 MitbestG analog). Jeder Wahlvorschlag muss dabei gem. § 8 Abs. 1 S. 6 SEBG von einem Zwanzigstel oder 50 der wahlberechtigten leitenden Angestellten unterzeichnet sein. Die Regelungen zum Vorschlagsrecht sind § 16 Abs. 2 MitbestG und § 28 Abs. 1 S. 3 WOMitbestG entlehnt.

Da in der Regel auf Deutschland weniger als sieben Sitze im BVG entfallen werden, dürfte es in der Praxis relativ selten vorkommen, dass ein leitender Angestellter aufgrund der Sitzgarantie ein Mandat erhält. Gleichwohl ermöglicht der Arbeitnehmerbegriff in § 2 Abs. 1 SEBG auch die Aufnahme von leitenden Angestellten in den Wahlvorschlag der Arbeitnehmervertretungen mit der Konsequenz, dass aus dem Inland mehr leitende Angestellte im BVG vertreten sind, als dies nach § 6 Abs. 4 SEBG vorgesehen ist.[121]

4. Frauen und Männer sollen gem. § 6 Abs. 2 S. 2 SEBG entsprechend ihrem zahlenmäßigen Verhältnis gewählt werden. Diese Regelung entspricht § 11 Abs. 5 EBRG.

5. **Für jedes BVG-Mitglied hat das Wahlgremium nach § 6 Abs. 2 S. 3 SEBG ein Ersatzmitglied zu wählen**. Für die Wahl der Ersatzmitglieder enthält das SEBG keine Verfahrensvorschriften. Aus Zeit- und Kostengründen sollten die Ersatzmitglieder mit den normalen Mitgliedern des BVG gewählt werden.[122] Das Ersatzmit-

---

[118] So *Heinze*, ZGR 2002, 81; ebenso *Herfs-Röttgen*, NZA 2002, 360; *Schiessl*, ZHR 2003, 252.
[119] So auch Nagel/Freis/*Kleinsorge*, § 8 Rn. 7.
[120] Vgl. § 15 Abs. 1, 2 MitbestG analog.
[121] Vgl. *Oetker*, BB-Special 1/2005, 8.
[122] Wie hier Nagel/Freis/*Kleinsorge*, § 6 Rn. 9.

glied soll die Lücke schließen, die dadurch entstehen kann, dass das BVG-Mitglied sein Mandat niederlegt, kündigt oder aus sonstigen Gründen (zB Tod) aus dem Unternehmen ausscheidet. Ersatzvertreter sind für die Kontinuität der Arbeit des BVG unabdingbar.
6. Es gilt bei der Wahl der inländischen BVG-Mitglieder gem. § 7 Abs. 2 SEBG der Grundsatz, dass (möglichst) alle an der Gründung der SE beteiligten „Gesellschaften" mit Sitz im Inland, die Arbeitnehmer im Inland beschäftigen, durch **mindestens ein Mitglied** im BVG vertreten sein sollen. Das bedeutet, dass es zwei Mitglieder des BVG aus einer beteiligten Gesellschaft nur geben kann, wenn zuvor alle anderen aus Deutschland kommenden beteiligten Gesellschaften ein Mitglied im BVG haben. Die **Gewerkschaftsvertreter und die leitenden Angestellten** nach § 6 Abs. 3 und 4 SEBG sind dabei **keiner Gesellschaft zuzurechnen**; eine Ausnahme hiervon stellt der Gründungsfall Verschmelzung mit „zusätzlichen" Mitgliedern dar (zu den Einzelheiten s. Rn. 137). Können nicht alle Gesellschaften mit mindestens einem Vertreter berücksichtigt werden, weil nicht genügend Sitze vorhanden sind, hat die Sitzgarantie der Gewerkschaften (jedes dritte Mitglied) bzw. der leitenden Angestellten (jedes siebte Mitglied) nach § 6 Abs. 3 und 4 SEBG Vorrang.
7. Entsteht Streit über die Wirksamkeit der Wahl der Mitglieder des BVG, ist § 19 Abs. 2 BetrVG analog anzuwenden, dh. die Bestellung muss innerhalb von zwei Wochen beim ArbG angefochten werden. Zur Anfechtung berechtigt ist jedes Mitglied des entsendenden Gremiums (str.). Der Gewählte bleibt bis zur rechtskräftigen Entscheidung im Amt.
8. Für die Abberufung von BVG-Mitgliedern ist in entsprechender Anwendung des § 23 Abs. 1 S. 7 SEBG das Wahlgremium zuständig. Die Abberufung von Mitgliedern aus anderen Mitgliedstaaten richtet sich nach dem jeweiligen nationalen Umsetzungsgesetz.
9. Für Streitigkeiten hinsichtlich der Verteilung der Sitze auf die beteiligten und betroffenen Gesellschaften auf die Arbeitnehmer (einschließlich der leitenden Angestellten) sowie auf die Gewerkschaftsvertreter ist nach § 2a Abs. 1 Nr. 3 d ArbGG das Arbeitsgericht im Beschlussverfahren zuständig.

8. Verfahren bei weniger BVG-Sitzen, als inländische Gesellschaften an SE-Gründung beteiligt sind

132 Ist die Anzahl der auf Deutschland entfallenden Mitglieder des BVG **geringer** als die Anzahl der an der Gründung der SE beteiligten Gesellschaften mit Sitz im Inland, die Arbeitnehmer in Deutschland beschäftigen, so erhalten die Gesellschaften **in absteigender Reihenfolge der Zahl der Arbeitnehmer** jeweils einen Sitz (§ 7 Abs. 3 SEBG).

Beispiel:
Auf Deutschland entfallen drei Sitze im BVG; an der Gründung der SE beteiligt sind fünf Gesellschaften mit Sitz im Inland.

Gesellschaft	Arbeitnehmerzahl	BVG-Sitze
Gesellschaft 1	50 000	1
Gesellschaft 2	35 000	1
Gesellschaft 3	24 000	1
Gesellschaft 4	20 000	–
Gesellschaft 5	10 000	–

Es sind zunächst die Gesellschaften mit den meisten Arbeitnehmern mit jeweils einem Sitz zu berücksichtigen. Das sind die Gesellschaften 1–3. Gesellschaften 4 und 5 erhalten keinen Sitz im BVG.

D. Wahl der auf Deutschland entfallenden Mitglieder des BVG

9. Verfahren bei mehr BVG-Sitzen als inländische Gesellschaften an SE-Gründung beteiligt sind

Ist die Anzahl der auf das Inland entfallenden Mitglieder des BVG **größer** als die Anzahl der an der Gründung der SE beteiligten Gesellschaften mit Sitz im Inland, die Arbeitnehmer im Inland beschäftigen, so werden **zunächst alle** Gesellschaften mit jeweils einem Sitz im BVG iSd. § 7 Abs. 2 SEBG berücksichtigt. Die nach dieser Zuweisung verbleibenden Sitze werden dann nach dem d'Hondtschen Höchstzahlverfahren, das Gesellschaften mit hoher Arbeitnehmerzahl bevorzugt, auf die beteiligten Gesellschaften verteilt (§ 7 Abs. 4 SEBG). Dabei ist die **vorrangige** Besetzung jedes dritten und siebten Sitzes mit Gewerkschaftsvertretern und leitenden Angestellten zu beachten.[123]

Beispiel:
Auf Deutschland entfallen zehn Sitze im BVG; an der Gründung der SE beteiligt sind drei Gesellschaften mit Sitz im Inland. Aufgrund der Sitzgarantie des § 6 Abs. 3 und 4 SEBG sind von diesen zehn Sitzen drei Sitze mit Gewerkschaftsvertretern (jedes dritte Mitglied) und ein Sitz mit einem leitenden Angestellten (jedes siebte Mitglied) zu besetzen, mithin vorab vier Sitze abzuziehen, da diese keiner Gesellschaft zuzurechnen sind.

1. Schritt: Verteilung der Sitze nach § 7 Abs. 2 SEBG
Von den verbleibenden sechs verfügbaren Sitzen wird zunächst jeder der drei Gesellschaften ein Sitz zugewiesen.

Gesellschaft	Arbeitnehmerzahlen	Verteilung nach § 7 Abs. 2 SEBG
Gesellschaft 1	50 000	1
Gesellschaft 2	35 000	1
Gesellschaft 3	24 000	1

2. Schritt: Verteilung nach dem d'Hondtschen Höchstzahlverfahren, § 7 Abs. 4 SEBG
Nach erfolgter Verteilung der drei Sitze nach § 7 Abs. 2 SEBG werden die drei verbleibenden Sitze nach dem d'Hondtschen Höchstzahlverfahren verteilt. Bei diesem Verfahren werden die in den einzelnen Gesellschaften bestehenden Arbeitnehmerzahlen nacheinander durch die Zahlen 1,2,3,4,5,6,7 usw. geteilt. Man erhält dadurch eine Zahlenreihe – der Gesellschaft mit der größten Zahl wird BVG-Sitz Nr. 1 zugewiesen, der zweitgrößten Sitz Nr. 2 usw.
Es sind noch (3) Sitze zu verteilen:

		Gesellschaft 1	Gesellschaft 2	Gesellschaft 3
Arbeitnehmezahl		50 000	35 000	24 000
geteilt durch:	1	50 000 (1)	35 000 (2)	24 000
	2	25 000 (3)	17 500	12 000
	3	16 666,67	11 666,67	8 000

Die zu vergebenden Sitze (1) bis (3) werden in der Reihenfolge der Höchstzahlen an die Gesellschaften verteilt.

	⇓	⇓	⇓
Sitze	2	1	–

---
[123] BT-Drucks. 15/3405, S. 47.

Ergebnis:

Gesellschaft	Arbeitnehmer-zahlen	1. Schritt: Verteilung nach § 7 Abs. 2 SEBG	2. Schritt: Verteilung nach dem d'Hondtschen Höchstzahl-verfahren, § 7 Abs. 4 SEBG	Sitze insgesamt
Gesellschaft 1	50 000	1	2	3
Gesellschaft 2	35 000	1	1	2
Gesellschaft 3	24 000	1	–	1
Gewerkschafts-vertreter		(jeder dritte, sechste, neunte Sitz)		3
leitender Angestellter		(jeder siebte Sitz)		1

Gesellschaft 1 erhält demnach drei Sitze, Gesellschaft 2 zwei Sitze und Gesellschaft 3 einen Sitz im BVG. Das d'Hondtsche Höchstzahlverfahren begünstigt, wenn auch minimal, die großen Gesellschaften.

134 Die in § 7 Abs. 2–4 SEBG genannten Verteilungsgrundsätze gelten nach § 7 Abs. 5 SEBG in entsprechender Anwendung auch dann, wenn keine Gesellschaften mit Sitz im Inland an der Gründung der SE beteiligt sind, sondern von ihr **nur deutsche Niederlassungen von Gesellschaften aus anderen Mitgliedstaaten** betroffen sind. Nach § 5 Abs. 1 SEBG müssen die in Deutschland beschäftigten Arbeitnehmer im BVG vertreten sein. In diesem Fall können die Sitze jedoch nur von den Arbeitnehmern besetzt werden, die in den **deutschen Niederlassungen** der ausländischen Gesellschaften beschäftigt sind.

10. Verfahren bei ausschließlich inländischen Betrieben

135 Keine explizite Regelung enthält das SEBG für den Fall, dass ausschließlich inländische Gesellschaften von der SE-Gründung betroffen sind. Das in § 7 Abs. 4 SEBG geregelte Verfahren bei Beteiligung ausschließlich inländischer Betriebe ist daher entsprechend anzuwenden.[124]

11. Sonderfall: Verschmelzung mit „zusätzlichen" Mitgliedern

136 Sollten im Gründungsfall der Verschmelzung auf aus Deutschland ansässige Gesellschaften zusätzliche Mitglieder nach § 5 Abs. 2 SEBG entfallen, steht deren Anzahl und die Verteilung auf die jeweiligen inländischen beteiligten Gesellschaften fest. Das Wahlgremium, das die normalen Mitglieder des BVG wählt, ist regulär auch zuständig für die Wahl der auf Deutschland entfallenden zusätzlichen Mitglieder des BVG.

137 Sollte ein auf Deutschland entfallendes **zusätzliches** Mitglied das dritte, sechste oder neunte (etc.) Mitglied für Deutschland im BVG sein, müsste es entsprechend § 6 Abs. 3 SEBG ein Gewerkschaftsvertreter sein (s. Rn. 131). Dieser **Gewerkschaftsvertreter** müsste dann als **Vertreter des entsprechenden, auf Deutschland entfallenden Unternehmens** gelten, da die Wahl zusätzlicher Mitglieder gerade vor dem Hintergrund erfolgt, bei einer durch Verschmelzung gegründeten SE die Arbeitnehmer aller **Einzelgesellschaften** bei der Besetzung des BVG zu **berücksichtigen** (vgl. § 5 Abs. 3 SEBG); Entsprechendes würde auch für den Vertreter der leitenden Angestellten mit der Maßgabe gelten, dass jedes **zusätzliche** Mitglied das siebte Mitglied für

---

[124] Vgl. Nagel/Freis/*Kleinsorge*, § 7 Rn. 9.

E. Inhalt der Vereinbarung

Deutschland im BVG ist (§ 6 Abs. 4 SEBG, s. Rn. 131). Dies stellt eine Ausnahme von dem Grundsatz dar, dass die Gewerkschaftsvertreter und die leitenden Angestellten keiner Gesellschaft zuzurechnen sind.

III. Unterrichtung über die Mitglieder des BVG

Stehen die in den einzelnen Mitgliedstaaten gewählten oder bestellten Mitglieder des BVG fest, sind den Leitungen nach § 11 Abs. 1 S. 2 SEBG **unverzüglich** ihre Namen, ihre Anschriften und ihre jeweilige Betriebszugehörigkeit mitzuteilen, damit zur konstituierenden Sitzung (vgl. § 12 Abs. 1 S. 1 SEBG) eingeladen werden kann. Diese Pflicht trifft unter Berücksichtigung von § 9 Abs. 1 SEBG den Vorsitzenden der Arbeitnehmervertretung, die auf der jeweils höchsten Ebene tatsächlich vorhanden ist. **138**

Die Leitungen haben gem. § 11 Abs. 1 S. 3 SEBG ihrerseits die örtlichen Betriebs- oder Unternehmensleitungen, die dort bestehenden Arbeitnehmervertretungen und Sprecherausschüsse sowie die in den Betrieben des Inlands vertretenen Gewerkschaften über die vorgenannten Angaben zu unterrichten, damit sich die Beteiligten ein Bild von der personellen Zusammensetzung des BVG machen können. **139**

E. Inhalt der Vereinbarung

I. Mindestinhalt

Der Abschluss einer schriftlichen Vereinbarung über die Beteiligung der Arbeitnehmer in der SE gem. § 13 Abs. 1 SEBG unterliegt dem **Grundsatz der Verhandlungsfreiheit**. Die Leitungen und das BVG können die Inhalte einer solcher Vereinbarung weitgehend frei aushandeln, ohne an die in §§ 22–33 und §§ 34–38 SEBG geregelten gesetzlichen Auffangregelungen gebunden zu sein. Wenn die Verhandlungspartner zu einer Einigung gelangen, hat diese Beteiligung grundsätzlich **Vorrang vor gesetzlichen Auffangregelungen** (§ 1 Abs. 2 SEBG). Dabei haben die Parteien jedoch zu beachten, dass sich die Vereinbarung auf alle Arbeitnehmer aus den jeweiligen Mitgliedstaaten erstrecken muss, die in den an der Gründung der SE beteiligten Gesellschaften, betroffenen Tochtergesellschaften und betroffenen Betrieben beschäftigt sind. Die Vereinbarung unterliegt – unbeschadet der Autonomie der Parteien **im Übrigen** – gem. § 21 SEBG zudem gewissen inhaltlichen **Mindestanforderungen**, die mit dem Katalog in Art. 4 Abs. 2 SE-ErgRiL korrespondieren und als Orientierungshilfe zu verstehen; die fehlende Regelung einzelner Punkte des Katalogs steht der Wirksamkeit der Vereinbarung über die Arbeitnehmerbeteiligung damit nicht im Wege.[125] Die Vereinbarung hat zu folgenden Regelungsbereichen **zwingend**[126] eine Aussage zu treffen: **140**
1. den **Geltungsbereich der Vereinbarung**. Die Gründung einer SE kann gem. § 3 SEBG grundsätzlich nur durch Unternehmen aus EG-Mitgliedstaaten erfolgen. Es wird jedoch ermöglicht, dass Unternehmen oder Betriebe, die ihren Sitz **außerhalb des Hoheitsgebietes** der Europäischen Gemeinschaft (EG) oder des Europäischen Wirtschaftsraumes (EWR) haben, in die Vereinbarung über die Beteiligung der Arbeitnehmer einbezogen werden (§ 21 Abs. 1 Nr. 1 SEBG), um etwa internationalen Konzernstrukturen Rechnung zu tragen.[127] Soweit das SEBG den Arbeitnehmern Rechte gewährt, kann dies nur für Arbeitnehmer innerhalb der EG und des EWR gelten.

---

[125] Vgl. Manz/Mayer/Schröder/*Hennings*, Art. 4 SE-RL Rn. 4.
[126] Vgl. BT-Drucks. 15/3405, S. 51.
[127] Vgl. BT-Drucks. 15/3405, S. 51.

2. die Zusammensetzung des **SE-Betriebsrats kraft Vereinbarung** als Vertretungsorgan der Arbeitnehmer der SE,[128] die Anzahl seiner Mitglieder und die Sitzverteilung, einschließlich deren Auswirkungen wesentlicher Änderungen der Zahl der in der SE beschäftigten Arbeitnehmer (§ 21 Abs. 1 Nr. 2 SEBG);
3. die Befugnisse und das Verfahren zur Unterrichtung und Anhörung des SE-Betriebsrats (§ 21 Abs. 1 Nr. 3 SEBG);
4. die Häufigkeit der Sitzungen des SE-Betriebsrats (§ 21 Abs. 1 Nr. 4 SEBG);
5. die für den SE-Betriebsrat bereitzustellenden finanziellen und materiellen Mittel (§ 21 Abs. 1 Nr. 5 SEBG);
6. der **Zeitpunkt des Inkrafttretens der Vereinbarung** und ihre Laufzeit; ferner die Fälle, in denen die Vereinbarung neu ausgehandelt werden soll und das dabei anzuwendende Verfahren (§ 21 Abs. 1 Nr. 6 SEBG).

1. Einführung eines Verfahrens zur Durchführung der Unterrichtung und Anhörung

141 Den Verhandlungsparteien steht es gem. § 21 Abs. 2 SEBG frei, von der Einsetzung eines SE-Betriebspais in der künftigen Europäischen Gesellschaft abzusehen und **stattdessen** ein **anderes, neues Verfahren zur Durchführung der Unterrichtung und Anhörung** zu schaffen, dessen Modalitäten sie regeln müssen. Dieses Verfahren **muss** aber dieselben Mindestinhalte gewährleisten wie im Falle der Einsetzung eines SE-Betriebsrats kraft Vereinbarung gem. § 21 Abs. 1 Nr. 1–6 SEBG.

2. Verhandelte Mitbestimmung

142 Der privatautonomen Entscheidung der Parteien anheimgestellt ist auch die Einführung einer Vereinbarung **über die Unternehmensmitbestimmung** in der SE. Für den Fall, dass die Parteien beschließen, eine solche Mitbestimmungsvereinbarung einzuführen, ist nach § 21 Abs. 3 SEBG deren Inhalt festzulegen. Insbesondere ist Folgendes zu vereinbaren :
1. die Zahl der Mitglieder des Aufsichts- oder Verwaltungsorgans der SE, welche die Arbeitnehmer wählen oder bestellen können oder deren Bestellung sie empfehlen oder ablehnen können (§ 21 Abs. 3 Nr. 1 SEBG);
2. das Verfahren, nach dem die Arbeitnehmer diese Mitglieder wählen oder bestellen oder deren Bestellung empfehlen oder ablehnen können (§ 21 Abs. 3 Nr. 2 SEBG) und
3. die Rechte dieser Mitglieder (§ 21 Abs. 3 Nr. 3 SEBG).

143 Nach den gesellschaftsrechtlichen Vorschriften (vgl. Art. 40 Abs. 2 S. 1 u. 2; Art. 43 Abs. 3 S. 1 u. 2 SE-VO) wird der erste Aufsichts- oder Verwaltungsrat ohne Arbeitnehmer gebildet. Diese mitbestimmungsrechtliche Lücke kann im Wege der Vereinbarung geschlossen werden. Ferner kann eine Vereinbarung Regelungen über die Einbeziehung von Arbeitnehmervertretern aus Drittstaaten treffen.[129] Dass die Parteien eine Vereinbarung zur Unterrichtung und Anhörung – gleichgültig, ob mit oder ohne SE-Betriebsrat – geschlossen haben, schließt nicht aus, dass sie auch eine Vereinbarung zur Mitbestimmung mit den vorerwähnten Mindestinhalten treffen können.

144 Es bleibt den Verhandlungspartnern gem. § 21 Abs. 5 SEBG auch unbenommen, eine Vereinbarung des Inhalts abzuschließen, dass die Auffangregelungen über den **SE-Betriebsrat kraft Gesetzes** und über die **Mitbestimmung kraft Gesetzes** gem. §§ 22–38 SEBG (s. Rn. 163 ff., 201 ff.) **ganz oder in Teilen** gelten soll.

---

[128] In der Vereinbarung könnten zB die Belange der leitenden Angestellten in der Weise berücksichtigt werden, dass dem SE-Betriebsrat ein vom Konzernsprecherausschuss vorzuschlagender leitender Angestellter angehört: Vgl. Oetker, BB-Special 1/2005, 9.

[129] Vgl. BT-Drucks. 15/3405, S. 51.

3. Berücksichtigung struktureller Änderungen

Die Verhandlungsparteien **sollen** gem. § 21 Abs. 4 SEBG bereits bei Gründung der **145** SE in der Vereinbarung über die Arbeitnehmerbeteiligung Regelungen treffen, wie bei eventuellen späteren strukturellen Änderungen gem. § 18 Abs. 3 SEBG verfahren werden soll (s. Rn. 83 ff.). *Müller-Bonanni/de Beauregard*[130] empfehlen, in der Vereinbarung Schwellenwerte für eine Anpassung des Mitbestimmungsniveaus an die Beschäftigtenzahlen der SE festzulegen. Die gesetzliche Regelung des § 18 Abs. 3 SEBG, wonach Neuverhandlungen im Falle struktureller Änderungen vorgesehen sind, wenn Beteiligungsrechte gemindert werden können, ist **zwingend** und kann daher in der Vereinbarung nicht vertraglich abbedungen werden.

4. Leitungsverfassung als Gegenstand der Vereinbarung?

Die Frage nach der **Struktur der Verwaltung der künftigen SE** steht bei den Verhandlungen **nicht** zur Disposition.[131] Jede SE – und damit ausschließlich die Leitungs- und Verwaltungsorgane der an der SE-Gründung beteiligten Unternehmen (Leitungen) – kann sich in ihrer Satzung für die monistische (Verwaltungsratssystem) oder dualistische Verwaltungsstruktur (Aufsichtsratssystem) entscheiden, wenn der jeweilige Mitgliedstaat die entsprechenden Strukturvorgaben umgesetzt hat (Art. 38 Buchst. b SE-VO iVm. Art. 43 Abs. 4 SE-VO). Dabei spielt es keine Rolle, ob die SE der Mitbestimmung unterliegt oder nicht. Gegenstand der Verhandlungen ist nach getroffener Strukturwahl lediglich die Ausgestaltung der Arbeitnehmerbeteiligung **innerhalb dieser Struktur** (vgl. § 21 Abs. 3 SEBG).

5. SE ohne grenzüberschreitende Unterrichtung und Anhörung

Zwar bekennt sich das SEBG zur Vereinbarungsautonomie. In Anbetracht der in **147** § 21 Abs. 1–5 SEBG aufgeführten Mindestvereinbarungsinhalte und des Gesetzeswortlautes in § 21 Abs. 1 S. 1 („unbeschadet der Autonomie der Parteien **im Übrigen**") geht die inhaltliche Gestaltungsfreiheit nicht so weit, dass die Arbeitnehmer auf jedwede grenzüberschreitende Unterrichtung und Anhörung verzichten könnten. **Demnach kann es eine SE ohne grenzüberschreitende Unterrichtung und Anhörung nicht geben; dies selbst dann nicht, wenn die Mitglieder des BVG einen entsprechenden Beschluss mit qualifizierter Mehrheit gem. § 15 Abs. 3 SEBG fassen würden.**[132] Damit wird der Gesetzgeber Erwägungsgrund 6 SE-Erg-RiL gerecht, wonach in allen Fällen der Gründung einer SE Unterrichtungs- und Anhörungsrechte auf grenzüberschreitender Ebene gewährleistet sein **sollten**. Durchbrochen wird dieses Postulat durch § 16 Abs. 2 SEBG, demzufolge bei Nichtaufnahme oder Abbruch der Verhandlungen – mit Ausnahme des EBRG bzw. des EBR – keinerlei Arbeitnehmerbeteiligung in der SE, auch nicht qua gesetzlicher Auffangregelung, bestehen soll.

---

[130] *Müller-Bonanni/de Beauregard*, GmbHR 2005, 198.
[131] Wie hier Manz/Mayer/Schröder/*Hennings*, Art. 4 SE-RL Rn. 28; aA *Kleinsorge/Neye*, BArbBl. 2001, 7
[132] Ebenso Nagel/Freis/*Kleinsorge*, § 21 Rn. 10; *ders.*, RdA 2002, 347 f.; aA *Herfs-Röttgen*, NZA 2002, 361, 363; auch *Müller-Bonanni/de Beauregard*, GmbHR 2005, 196; Manz/Mayer/ Schröder/*Hennings*, Art. 4 SE-RL Rn. 4.

II. Einschränkung der Vereinbarungsautonomie im Gründungsfall der Umwandlung

148 Die Vereinbarungsautonomie der Parteien erfährt im Falle der mitbestimmungsrechtlich problematischen[133] Gründung einer SE durch formwechselnde Umwandlung eine Einschränkung: Denn nach § 21 Abs. 6 SEBG muss – unbeschadet des Verhältnisses des SEBG zu anderen Regelungen der Mitbestimmung der Arbeitnehmer im Unternehmen – in der Vereinbarung im Falle einer Umwandlungs-SE zum Schutz erworbener Mitbestimmungsrechte in Bezug auf alle Komponenten der Arbeitnehmerbeteiligung zumindest das gleiche Ausmaß gewährleistet werden, das in der Gesellschaft besteht, die in eine SE umgewandelt werden soll. Dies gilt auch bei einem Wechsel der Gesellschaft von einer dualistischen zu einer monistischen Leitungsstruktur und umgekehrt. Die Verhandlungspartner dürfen die Mitbestimmung somit nicht vertraglich einschränken, sondern können sie nur erweitern. Eine anlässlich der Umwandlung erfolgte Sitzverlegung in einen anderen Mitgliedstaat ist nicht möglich (vgl. § 37 Abs. 3 SE-VO). Mit diesen Maßnahmen soll der „Flucht aus der Mitbestimmung" entgegengewirkt werden.[134] Dieser Bestandsschutz ist eine Vorgabe des Art. 4 Abs. 4 SE-ErgRiL.

149 Bei einer zB nach dem MitbestG mitbestimmten deutschen AG, die in eine SE umgewandelt werden soll, dürfte sich demnach weder an der paritätischen Besetzung des Aufsichtsrats (also am zahlenmäßigen Anteil[135] der Arbeitnehmervertreter im Aufsichts- oder Verwaltungsorgan) noch an dessen struktureller Zusammensetzung (aus Arbeitnehmern des Unternehmens und Gewerkschaftsvertretern), **noch an den konkret bestehenden Mitbestimmungsrechten**[136] etwas ändern.[137]

III. Verzicht auf Unternehmensmitbestimmung

150 Die in § 21 SEBG enthaltenen Mindestvereinbarungsinhalte sind verbindlich, können aber durch neue Themen erweitert werden (geregelt werden sollte bei mehreren Sprachfassungen des Vertragswerks, welche von ihnen als verbindlich anzusehen ist); sie regeln mithin nur das „Wie" der Arbeitnehmerbeteiligung und lassen die Autonomie der Parteien **im Übrigen** unberührt, insbesondere hinsichtlich der Frage, welches Arbeitnehmerbeteiligungsmodell in der SE gelten soll. Demnach wird man einen **Verzicht auf die Unternehmensmitbestimmung** (mit Ausnahme der Umwandlungs-SE, vgl. § 21 Abs. 6 SEBG) als zulässig ansehen müssen.[138] Unterstützt wird dieses Argument durch den Wortlaut des § 21 Abs. 3 SEBG, der implizit die Möglichkeit des Verzichts auf die Unternehmensmitbestimmung einräumt: Dort heißt es, dass „**für den Fall, dass die Parteien eine Vereinbarung über die Mitbestimmung treffen**", deren Inhalt festzulegen ist. Ferner ergibt sich dies aufgrund eines Erstrechtschlusses daraus, dass nach § 16 Abs. 1 SEBG mit qualifizierter Mehrheit beschlossen werden kann, auf die Aufnahme von Verhandlungen überhaupt zu verzichten oder sie abzubrechen mit der Konsequenz, dass die gesetzlichen Auffangregelungen nach §§ 22–33 (SE-Betriebsrat kraft Gesetzes) und 34–38 SEBG (Mitbestimmung kraft Gesetzes) nicht zur Anwendung kommen und die SE als Unternehmen mitbestimmungs-

---

[133] Vgl. *Kleinsorge/Neye*, BArbBl. 2001, 8.
[134] Vgl. *Nagel/Köklü*, ZESAR 2004, 178.
[135] Vgl. BT-Drucks. 15/3405, S. 52.
[136] Vgl. BT-Drucks. 15/3405, S. 52.
[137] Vgl. *Theisen/Wenz/Köstler*, S. 349; *Kallmeyer*, AG 2003, 199.
[138] Vgl. *Herfs-Röttgen*, NZA 2002, 363.

E. Inhalt der Vereinbarung

frei bleibt.[139] Die Parteien wären in einem solchen Fall aber nichtsdestoweniger verpflichtet, einen SE-Betriebsrat gem. § 21 Abs. 1 SEBG einzusetzen oder ein anderes Verfahren zur Unterrichtung und Anhörung gem. § 21 Abs. 2 SEBG zu schaffen.

Auch wenn der völlige Verzicht auf die Mitbestimmung in der Praxis eher die Ausnahme bleiben und Orientierungspunkt bei den Verhandlungen stets die nationalen Mitbestimmungssysteme sein werden, ist eine solche Lösung vor allem in den Fällen denkbar, in denen der überwiegende Anteil von Arbeitnehmern aus Mitgliedstaaten stammt, in denen man mit den Formen einer unternehmerischen Mitbestimmung nicht vertraut ist. Überdies ist zu bedenken, dass ausländische Arbeitnehmervertreter oftmals kein Interesse haben, unternehmerische Leitungs- oder Kontrollaufgaben wahrzunehmen,[140] da sie die Übernahme unternehmerischer Mitverantwortung mit der Rolle der Arbeitnehmervertretungen als Konfliktpartei in einer tariflichen Auseinandersetzung für unvereinbar halten.[141]

IV. Form der Vereinbarung

Wenn die Verhandlungsparteien zu einer Einigung gelangen, ist der Beschluss des BVG über den Abschluss einer Vereinbarung nach § 13 Abs. 1 SEBG in eine Niederschrift aufzunehmen, die vom Vorsitzenden und einem weiteren Mitglied des BVG zu unterzeichnen ist; eine Abschrift der Niederschrift ist den Leitungen zu übermitteln (§ 17 S. 1 Nr. 1 und S. 2 SEBG).

Für die getroffene Vereinbarung über die Arbeitnehmerbeteiligung in der SE ist gem. §§ 4 Abs. 1, 13 Abs. 1 SEBG Schriftform vorgesehen. Zur Vermeidung von Formfehlern empfiehlt es sich, dass beide Seiten – genau wie bei einer Betriebsvereinbarung nach § 77 Abs. 2 BetrVG – dieselbe Urkunde unterschreiben. In entsprechender Anwendung des § 126 Abs. 2 S. 2 BGB dürfte es ausreichen, wenn jede Partei die für die andere Seite bestimmte Urkunde unterzeichnet.

Auf Seiten der Gründungsgesellschaften wird die Vereinbarung von den jeweiligen Leitungen, also den Leitungs- und Verwaltungsorganen, unterzeichnet; im monistischen Leitungssystem sind dies die geschäftsführenden Direktoren, im dualistischen das Leitungsorgan.

Vom SEBG insbesondere nicht geregelt ist jedoch die Frage, wer auf Seiten des BVG die Vereinbarung zu unterschreiben hat. Zu denken wäre hier an den Vorsitzenden des BVG oder an sämtliche Mitglieder desselben. Zwar könnte der nach § 12 Abs. 1 S. 2 SEBG gewählte Vorsitzende in der Geschäftsordnung mit entsprechender Vertretungsmacht ausgestattet werden. Zur Verhinderung eines Scheiterns an Formfragen sollte hiervon jedoch abgesehen und die Unterzeichnung durch die Mitglieder des BVG vorgenommen werden. Klärungsbedürftig wäre dann allerdings die Frage, ob die Unterschrift von allen Mitgliedern erforderlich ist. Da für das BVG der Grundsatz des § 15 Abs. 2 SEBG gilt, dass Beschlüsse mit der absoluten Mehrheit seiner Mitglieder gefasst werden müssen, welche die absolute Mehrheit der Arbeitnehmer in den beteiligten Unternehmen vertreten, ist auch hier davon auszugehen, dass jedenfalls die erforderliche Mehrheit der Mitglieder des BVG unterschrieben haben muss.

Zwar wird das Vertragswerk in der Regel in deutscher Sprache abgefasst sein; die Vertragsparteien haben aber auch die Möglichkeit, sich einer anderen Sprache zu bedienen. Es sollte allerdings vermieden werden, zwei Sprachfassungen als gleichermaßen verbindlich anzusehen.

---

[139] Vgl. *Henssler*, FS Ulmer, 2003, S. 197.
[140] Vgl. *Schiessl*, ZHR 2003, 255.
[141] Vgl. *Reichert/Brandes*, ZGR 2003, 774.

V. Rechtsnatur der Vereinbarung

157 Zur Rechtsnatur der Vereinbarung nach § 21 SEBG und damit zu der Frage, welche Rechtswirkungen die Vereinbarung entfaltet, schweigt sich das SEBG aus. Die Beurteilung dieser Frage erfolgt, sofern es sich um eine SE mit Sitz in Deutschland handelt, nach deutschem Recht.[142]

158 Die Vereinbarung gem. § 21 SEBG stellt iE einen **Organisationsakt** dar, der die Grundlage für eine dauerhafte Arbeitnehmerrepräsentation in der SE schafft und daher als **eigenständiger Kollektivvertrag mit normativer Wirkung**, also als ein Vertrag sui generis, anzusehen ist; die Rechtsgrundlage für die Legitimation für die Normsetzung ergibt sich dabei unmittelbar aus §§ 4 Abs. 1, 13 Abs. 1 SEBG.[143]

159 Die Qualifizierung der Vereinbarung als Tarifvertrag scheidet aus, da dem § 2 TVG entgegensteht, wonach der Abschluss von Tarifverträgen nur durch Gewerkschaften und ihren Spitzenorganisationen erfolgen darf. Daran ändert auch die Präsenz von Gewerkschaftsvertretern im BVG nichts, da erstens die Gewerkschaften nicht immer in ihm vertreten sein müssen, weil sich die Sitzgarantie des § 6 Abs. 3 SEBG nur auf jedes dritte Mitglied bezieht, und zweitens sie neben den übrigen Vertretern der Arbeitnehmerschaft im BVG nur einen Teil desselben abbilden. Der Konfliktlösungsmechanismus bei Tarifverträgen ist zudem auf Arbeitskämpfe und Streiks angelegt, während diese bei den Verhandlungen über die Arbeitnehmerbeteiligung in der SE nach dem Grundsatz der vertrauensvollen Zusammenarbeit gem. § 13 Abs. 1 SEBG eben nicht zulässig sind, da der Normgeber für den Fall des Scheiterns der Verhandlungen gesetzliche Auffangregelungen (§§ 22–38 BGB) bereithält.

160 Die Einstufung der Vereinbarung als **Betriebsvereinbarung scheidet ebenfalls aus**, da das BVG hinsichtlich Funktion und Stellung nicht mit einem Betriebs-, Gesamtbetriebs- oder Konzernbetriebsrat vergleichbar ist und auch keine Dauereinrichtung darstellt, da es sich nach Zweckerfüllung auflöst.

161 Ebenso wenig wird man hinsichtlich der Vereinbarung über die Arbeitnehmerbeteiligung nur einen rein **schuldrechtlich wirkenden Vertrag** zugunsten Dritter annehmen können, weil erstens durch die Vereinbarung schwerpunktmäßig nicht Rechte für eine Person oder mehrere Personen begründet werden und zweitens im Übrigen dem deutschen Gesetzgeber neben Tarifvertrag und Betriebsvereinbarung die Schaffung **anderer Kollektivverträge mit normativer Kraft** freigestellt ist, was er mit dem SEBG und davor mit dem EBRG unter Beweis gestellt hat.

F. Arbeitnehmerbeteiligung in der SE kraft Gesetzes (gesetzliche Auffangregelung)

162 Nach Art. 7 SE-ErgRiL sind die Mitgliedstaaten verpflichtet, in ihren nationalen Umsetzungsgesetzen eine Auffangregelung kraft Gesetzes bereitzustellen, die dem Inhalt des Art. 7 SE-ErgRiL iVm. Teil 1–3 des Anhang zur SE-ErgRiL genügen muss, der Mindeststandards festlegt. Maßgeblich ist die Auffangregelung des Mitgliedstaates, in dem die SE ihren Sitz haben wird. Das SEBG sieht daher in Umsetzung dieser Richtlinienvorgabe in seinen §§ 22–33 (SE-Betriebsrat kraft Gesetzes) sowie in §§ 34–38 (Mitbestimmung kraft Gesetzes) eine Auffangregelung vor, die zur Sicherung der Beteiligungsrechte der Arbeitnehmer unter Berücksichtigung der bisherigen Mitbestimmungssituation in den beteiligten nationalen Gesellschaften greift und gleichsam

---

[142] Zur Problematik der Rechtsnatur der Vereinbarung vgl. *Herfs-Röttgen*, NZA 2002, 363 ff.
[143] Vgl. *Herfs-Röttgen*, NZA 2002, 364; Manz/Mayer/Schröder/*Hennings*, Art. 4 SE-RL Rn. 34.

F. Arbeitnehmerbeteiligung in der SE kraft Gesetzes

vom „Schutz erworbener Rechte" in der „Vorher-Nachher-Betrachtung" geprägt ist. Der Oberbegriff für „SE-Betriebsrat kraft Gesetzes" einerseits sowie „Mitbestimmung kraft Gesetzes" andererseits ist nach dem SEBG die „Beteiligung der Arbeitnehmer kraft Gesetzes".

I. Unterrichtung und Anhörung der Arbeitnehmer durch SE-Betriebsrat kraft Gesetzes

Die Auffangregelung über den SE-Betriebsrat kraft Gesetzes ist gem. § 22 SEBG ab dem Zeitpunkt der Eintragung der SE grundsätzlich **in drei Fällen anwendbar**: **Erstens:** Die Verhandlungspartner vereinbaren deren Anwendung im Rahmen von § 21 Abs. 5 SEBG (§ 22 Abs. 1 Nr. 1 SEBG). **Zweitens:** Bis zum Ende des für die Verhandlung vorgesehenen Zeitraums nach § 20 SEBG ist keine Vereinbarung zwischen den Leitungen und dem BVG zustande gekommen, dh. die Verhandlungen sind gescheitert, und die Unternehmensführungen **jeder** der beteiligten Gesellschaften haben der Anwendung der Auffangregelung auf die SE und damit der Fortsetzung des Verfahrens zur Eintragung der SE zugestimmt; anderenfalls wäre das Gründungsvorhaben gescheitert. Das BVG darf **zudem** keinen **Nichtverhandlungs- bzw. Negativbeschluss** nach § 16 Abs. 1 SEBG gefasst haben (§ 22 Abs. 1 Nr. 2 SEBG), der das Verfahren zum Abschluss der Vereinbarung nach § 21 SEBG beenden und bedeuten würde, dass die Vorschriften der Auffangregelung gerade **nicht** zur Anwendung kommen. **Drittens:** Bei anlässlich von Strukturänderungen geführten Neuverhandlungen iSd. § 18 Abs. 3 S. 1 SEBG wird keine Einigung zwischen den Arbeitnehmern und der Leitung der SE erzielt (vgl. §§ 18 Abs. 3 S. 3, 22 Abs. 2, 34 Abs. 1 SEBG s. Rn. 88).

Sind diese Voraussetzungen erfüllt, ist **zunächst in jeder SE** gem. § 23 SEBG ein SE-Betriebsrat kraft Gesetzes zu errichten, der als Vertretungsorgan der Arbeitnehmer gegenständlich auf transnationale Sachverhalte beschränkte Unterrichtungs- und Anhörungsrechte nach §§ 27–29 SEBG wahrnimmt und einen eventuell bestehenden EBR ablöst; das Nebeneinander beider Gremien ist nach § 47 Abs. 1 Nr. 2 SEBG ausgeschlossen. Der SE-Betriebsrat ist am ehesten mit dem Konzernbetriebsrat nach deutschem Sprachgebrauch vergleichbar.[144] Für die Anwendung der Vorschriften zur **(Unternehmens-) Mitbestimmung kraft Gesetzes (§§ 34–38 SEBG)** müssen **zusätzliche Voraussetzungen** erfüllt sein (s. Rn. 202).

1. Errichtung des SE-Betriebsrats kraft Gesetzes

Der SE-Betriebsrat setzt sich gem. § 23 SEBG aus Arbeitnehmern der SE, ihrer Tochtergesellschaften und Betriebe zusammen. Seine Mitglieder werden nach denselben Modalitäten gewählt wie die des BVG, so dass § 5 Abs. 1, § 6 Abs. 1 und Abs. 2 Satz 2 und 3, die §§ 7 bis 10 und § 11 Abs. 1 Satz 2 und 3 entsprechend mit der Maßgabe gelten, dass an die Stelle der beteiligten Gesellschaften, betroffenen Tochtergesellschaften und betroffenen Betriebe die SE, ihre Tochtergesellschaften und Betriebe treten (vgl. § 23 Abs. 1 S. 2 u. 3 SEBG). (Bei der Bildung des SE-Betriebsrats wird – anders als noch beim BVG – deshalb nicht mehr auf die Arbeitnehmer der Gründungsgesellschaften abgestellt, weil bei Gründung einer Holding-SE oder Tochter-SE neue Gesellschaften entstehen, die Arbeitnehmer beschäftigen; Letztere sollen ebenfalls im SE-Betriebsrat vertreten sein).[145] Die auf das Inland entfallenden Mitglieder des SE-Betriebsrats werden demnach von einem entsprechenden Wahlgremium gewählt. Maßgeblich für die Feststellung der Zahl der beschäftigten Arbeitnehmer ist nach § 23

---

[144] Vgl. Theisen/Wenz/*Köstler*, S. 349.
[145] Vgl. Begr. zu § 23 Abs. 1 SEBG, die auf Teil 1 Buchst. a des Anhangs zur SE-ErgRiL verweist.

Abs. 1 S. 4 SEBG das Ende des in § 20 SEBG angegebenen Zeitraums, sofern die Anwendung der Auffangregelung Folge des Scheiterns der Verhandlungen iSv. § 22 Abs. 1 Nr. 2 SEBG ist.

2. Dauer der Mitgliedschaft im SE-Betriebsrat

166 Der SE-Betriebsrat als solcher hat keine feste Amtszeit, sondern ist eine **Dauereinrichtung** wie der Gesamtbetriebsrat oder Konzernbetriebsrat. Die Mitgliedschaft im SE-Betriebsrat beginnt gem. § 23 Abs. 1 S. 5 SEBG mit der Wahl oder Bestellung. Die Dauer der Mitgliedschaft der aus dem Inland kommenden Mitglieder ist zeitlich nach § 23 Abs. 1 S. 6 auf vier Jahre begrenzt; eine erneute Wahl ist ebenso möglich wie eine vorzeitige Beendigung der Mitgliedschaft, zB durch Niederlegung des Amtes, Beendigung des Arbeitsverhältnisses oder Abberufung. Letztere erfolgt gem. § 23 Abs. 1 S. 7 SEBG in entsprechender Anwendung der §§ 8 bis 10 SEBG durch das Wahlgremium, allerdings mit der Maßgabe, dass an die Stelle der beteiligten Gesellschaften, betroffenen Tochtergesellschaften und betroffenen Betriebe die SE, ihre Tochtergesellschaften und Betriebe treten. Die Abberufung von Mitgliedern aus anderen Mitgliedstaaten erfolgt nach dem jeweiligen nationalen Umsetzungsrecht.

3. Konstituierende Sitzung und Binnenverfassung des SE-Betriebsrats

167 Die Leitung der SE lädt nach § 23 Abs. 2 SEBG unverzüglich zur konstituierenden Sitzung des SE-Betriebsrats ein, nachdem ihr gegenüber alle Mitglieder des SE-Betriebsrats benannt worden sind. In dieser Sitzung wählt der SE-Betriebsrat aus seiner Mitte einen Vorsitzenden und dessen Stellvertreter. Die Konstituierung des SE-Betriebsrats folgt den Regelungen über das BVG (vgl. § 12 Abs. 1 SEBG). Der Vorsitzende oder – im Fall seiner Verhinderung – der Stellvertreter vertritt nach § 23 Abs. 3 SEBG den SE-Betriebsrat nur im Rahmen der von ihm (mehrheitlich) gefassten Beschlüsse; er ist – wie auch im Betriebsverfassungsrecht (vgl. etwa §§ 26 Abs. 2, 51 Abs. 1 S. 1, 59 Abs. 1 BetrVG) oder im EBRG (vgl. § 25 Abs. 1 EBRG) – nicht gesetzlicher Vertreter des Gremiums. Zur Entgegennahme von Erklärungen, die dem SE-Betriebsrat gegenüber abzugeben sind, ist der Vorsitzende oder – im Fall seiner Verhinderung – der Stellvertreter berechtigt.

168 Der SE-Betriebsrat, der aus mindestens zehn Mitgliedern besteht, hat gem. § 23 Abs. 4 SEBG zwingend aus seiner Mitte einen Ausschuss von drei Mitgliedern zu bilden, dem neben dem (zuvor gewählten) Vorsitzenden des SE-Betriebsrats zwei weitere zu wählende Mitglieder angehören müssen. Dieser soll die laufenden Geschäfte des SE-Betriebsrats führen (geschäftsführender Ausschuss).

4. Beschlussfassung

169 Nach § 24 Abs. 3 S. 1 SEBG werden Beschlüsse des SE-Betriebsrats in der Regel mit der **Mehrheit der Stimmen der anwesenden Mitglieder** gefasst, es sei denn, dass das Gesetz etwas anderes bestimmt. Hierbei handelt es sich zB um Beschlüsse über
– die **schriftlich** abzufassende Geschäftsordnung, die sich der SE-Betriebsrat – entsprechend den Regelungen in § 36 BetrVG und § 28 Abs. 2 EBRG – gem. § 24 Abs. 1 SEBG geben **soll**, oder
– die Aufnahme von Neuverhandlungen des SE-Betriebsrats mit der Leitung der SE vier Jahre nach seiner Einsetzung gem. § 26 Abs. 1 SEBG.

170 Diese Beschlüsse müssen nach § 24 Abs. 3 S. 2 SEBG mit der Mehrheit der Stimmen **aller Mitglieder** des SE-Betriebsrats (absolute Mehrheit) gefasst werden.

F. Arbeitnehmerbeteiligung in der SE kraft Gesetzes

5. Sitzungen des SE-Betriebsrats

Vor Sitzungen mit der Leitung der SE ist der SE-Betriebsrat oder der geschäftsführende Ausschuss – gegebenenfalls in der nach § 29 Abs. 3 SEBG erweiterten Zusammensetzung[146] – gem. § 24 Abs. 2 S. 1 SEBG berechtigt, in Abwesenheit der Vertreter der Leitung der SE zu tagen. Anders als das BVG (vgl. § 12 Abs. 2 SEBG) kann der SE-Betriebsrat **weitere Sitzungen** nach § 24 Abs. 2 S. 2 SEBG nur mit Einverständnis der Leitung der SE durchführen. Die Sitzungen des SE-Betriebsrats sind gem. § 24 Abs. 2 S. 3 SEBG wie im EBRG (vgl. § 27 Abs. 1 S. 4 EBRG) und BetrVG (vgl. etwa §§ 30 S. 4, 51 Abs. 1 S. 1, 59 Abs. 1 BetrVG) nicht öffentlich. Nach dem SEBG nicht vorgesehen ist das Recht der leitenden Angestellten, durch einen von ihnen zu bestimmenden leitenden Angestellten mit beratender Stimme an den Sitzungen des SE-Betriebsrats teilzunehmen; eine freiwillige Hinzuziehung scheitert an § 24 Abs. 2 S. 3 SEBG, wonach die Sitzungen des SE-Betriebsrats nicht öffentlich sind. Möglich bleibt dies nur im Rahmen einer Vereinbarung nach § 21 SEBG.[147]

6. Prüfung der Zusammensetzung des SE-Betriebsrats

Um Änderungen innerhalb der SE, ihrer Tochtergesellschaften und Betriebe durch Anpassung der Zahl des SE-Betriebsrats und der Zuteilung der Sitze in diesem Organ gerecht zu werden, ist die Leitung der SE nach § 25 S. 1 SEBG dazu verpflichtet, alle zwei Jahre – vom Tag der konstituierenden Sitzung des SE-Betriebsrats an gerechnet – zu prüfen, ob sich die Arbeitnehmerzahlen in den einzelnen Mitgliedstaaten in einer Weise geändert haben, dass sich aus § 23 Abs. 1 SEBG eine andere personelle Zusammensetzung des SE-Betriebsrats ergibt, als sie derzeit besteht.

Das Ergebnis dieser Prüfung ist gem. § 25 S. 2 SEBG dem SE-Betriebsrat mitzuteilen. Weist das Prüfungsergebnis die Erforderlichkeit einer anderen Zusammensetzung des SE-Betriebsrats aus, obliegt es nach § 25 S. 3 SEBG diesem, dafür zu sorgen, dass die Mitglieder in denjenigen Mitgliedstaaten neu gewählt werden, für die sich eine geänderte Zahl der Arbeitnehmervertreter ergibt. Zu diesem Zweck hat sich der SE-Betriebsrat an die nach dem jeweiligen nationalen Recht zuständigen Bestellungsgremien oder die für die Einleitung von Wahlen zuständigen Stellen zu wenden und sie zu einer Neuwahl bzw. -bestellung des SE-Betriebsrats aufzufordern. Mit der Neuwahl oder -bestellung der Mitglieder erlischt nach § 25 S. 4 SEBG die Mitgliedschaft der bisherigen Arbeitnehmervertreter, die aus diesen Mitgliedstaaten stammen.

7. Zwingender Beschluss des SE-Betriebsrats zur Aufnahme von Neuverhandlungen

-Spätestens vier Jahre nach seiner Einsetzung hat der SE-Betriebsrat nach § 26 Abs. 1 SEBG mit der (absoluten) Mehrheit seiner Mitglieder einen Beschluss darüber zu fassen, ob über eine Vereinbarung nach § 21 SEBG ausgehandelt und damit ein Wechsel von der Beteiligung kraft Gesetzes hin zu einer Vereinbarungslösung vollzogen werden oder die bisherige (Auffang-)Regelung weiter gelten soll. Die Verhandlungen können aber jederzeit zu einem früheren Zeitpunkt wieder aufgenommen werden. Hierin kommt der Vorrang der vereinbarten Arbeitnehmerbeteiligung (erneut) zum Ausdruck,[148] mit der Folge, dass auch eine Unternehmensmitbestimmung, die kraft Geset-

---

[146] Das sind Mitglieder des SE-Betriebsrats, die von Maßnahmen iSd. § 29 Abs. 1 SEBG (außergewöhnliche Umstände mit erheblichen Auswirkungen auf Belegschaftsinteressen) unmittelbar betroffene Arbeitnehmer vertreten.
[147] Vgl. *Oetker*, BB 2005, 11.
[148] Vgl. *Waclawik*, DB 2004, 1198.

175 Fasst der SE-Betriebsrat den Beschluss, über eine Vereinbarung nach § 21 SEBG zu verhandeln, so gelten nach § 26 Abs. 2 SEBG die §§ 13–15, 17, 20 und 21 SEBG entsprechend mit der Maßgabe, dass an die Stelle des BVG der SE-Betriebsrat als Verhandlungspartner tritt; der SE bleibt somit der Aufwand für die Neubildung eines BVG erspart. Eingeschränkt wird die Privatautonomie aber dadurch, dass die Möglichkeit des SE-Betriebsrats, einen Nichtverhandlungs- oder Negativbeschluss iSd. § 16 SEBG zu fassen und nur die Regelungen über den EBR zur Anwendung kommen zu lassen, ausgeschlossen ist. Scheitert der (erneut aufgenommene) Prozess zur rechtsgeschäftlichen Festlegung der Arbeitnehmerbeteiligung, findet nach § 26 Abs. 2 S. 2 SEBG die bisherige (Auffang-)Regelung weiter Anwendung. Der Vier-Jahres-Rhythmus beginnt von Neuem.

6. Zuständigkeiten des SE-Betriebsrats

176 Die Aufgaben des SE-Betriebsrats entsprechen im Wesentlichen denen eines Europäischen Betriebsrats, auch wenn dessen Befugnisse über die des letztgenannten hinausgehen. Sie erstrecken sich nach § 27 SEBG lediglich auf **transnationale Sachverhalte**, dh. auf Angelegenheiten, die die SE selbst oder eine ihrer Tochtergesellschaften oder einen ihrer Betriebe in einem anderen Mitgliedstaat betreffen oder die über die Befugnisse der zuständigen (Entscheidungs-)Organe auf der Ebene des einzelnen Mitgliedstaats hinausgehen.

177 **a) Jährliche Unterrichtung und Anhörung des SE-Betriebsrats.** Die Leitung der SE ist nach § 28 Abs. 1 S. 1 SEBG verpflichtet, den SE-Betriebsrat – unbeschadet etwaiger Zusammenkünfte gem. § 29 Abs. 2–4 SEBG (außergewöhnliche Umstände) – mindestens einmal im Kalenderjahr in einer gemeinsamen Sitzung über die Entwicklung der Geschäftslage und die Perspektiven der SE unter **rechtzeitiger Vorlage der erforderlichen Unterlagen** zu unterrichten und ihn dazu anzuhören. Zu den erforderlichen Unterlagen gehören gem. § 28 Abs. 1 S. 2 SEBG insbesondere:
– die Geschäftsberichte,
– die Tagesordnung aller Sitzungen des Leitungsorgans und des Aufsichts- oder Verwaltungsorgans,
– die Kopien aller Unterlagen, die der Hauptversammlung der Aktionäre vorgelegt werden.

178 Im Hinblick auf die vorerwähnte Entwicklung der Geschäftslage und die Perspektiven der SE enthält § 28 Abs. 2 SEBG einen nicht abschließenden Katalog, namentlich:
1. die Struktur der SE sowie die wirtschaftliche und finanzielle Lage;
2. die voraussichtliche Entwicklung der Geschäfts-, Produktions- und Absatzlage;
3. Investitionen (Investitionsprogramme);
4. grundlegende Änderungen der Organisation;
5. die Einführung neuer Arbeits- und Fertigungsverfahren;
6. die Verlegung von Unternehmen, Betrieben oder wesentlichen Betriebsteilen sowie Verlagerungen der Produktion;
7. Zusammenschlüsse oder Spaltungen von Unternehmen oder Betrieben;
8. die Einschränkung oder Stilllegung von Unternehmen, Betrieben oder wesentlichen Betriebsteilen;
9. Massenentlassungen.

179 Diese in enger Anlehnung an die Richtlinienvorgaben bezeichneten Unterrichtungs- und Anhörungsgegenstände entsprechen im Wesentlichen den wirtschaftlichen Angelegenheiten iSd. § 106 Abs. 3 BetrVG, die der Unternehmer mit dem Wirtschaftsausschuss zu erörtern hat. Die inhaltliche und strukturelle Ausgestaltung des § 28 Abs. 2 SEBG orientiert sich an § 33 EBRG. Die in § 28 Abs. 2 Nr. 5–10 SEBG genannten Gegenstände entsprechen zugleich den in § 111 S. 2 BetrVG genannten Betriebsänderungen. Mit Blickrichtung auf die vorzulegenden Unterlagen geht § 28 Abs. 1 SEBG jedoch bereits über die Verpflichtungen nach §§ 106 ff. BetrVG hinaus. Die im SEBG enthaltenen Befugnisse sind auf jeden Fall weitreichender als die nach deutschem Recht, wenn in einem Gründungsunternehmen oder einer betroffenen Tochtergesellschaft ein Wirtschaftsausschuss in Ermangelung der hierfür erforderlichen Belegschaftsgröße von in der Regel mehr als 100 ständig beschäftigten Arbeitnehmern (vgl. § 106 Abs. 1 BetrVG) nicht besteht.[149] Mit der Definition dessen, was unter Unterrichtung zu verstehen ist, schließt § 2 Abs. 11 SEBG bzw. Art. 2 Buchst. i SE-ErgRiL eine in der EBR-RL bzw. im EBRG bestehende Lücke: Zeitpunkt, Form und Inhalt der Unterrichtung sind so zu wählen, dass es den Arbeitnehmervertretern möglich ist, zu erwartende Auswirkungen eingehend zu prüfen und gegebenenfalls eine Anhörung mit der Leitung der SE vorzubereiten.

Die Leitung der SE ist gem. § 28 Abs. 3 SEBG verpflichtet, die örtlichen Leitungen über Ort und Tag der gemeinsamen Sitzung, zu der (bzw. zu deren Vorbereitung nach § 24 Abs. 2 SEBG) die Mitglieder des SE-Betriebsrates aus den verschiedenen Mitgliedstaaten anreisen, zu unterrichten. Eine Verletzung der Pflicht zur jährlichen Unterrichtung und Anhörung des SE-Betriebsrats wird nach § 46 Abs. 1 Nr. 2 iVm. Abs. 2 SEBG als Ordnungswidrigkeit mit einer Geldbuße bis zu zwanzigtausend Euro geahndet. **180**

b) Zusätzliche Unterrichtung und Anhörung über außergewöhnliche Umstände. Nach § 29 Abs. 1 SEBG hat die Leitung der SE den SE-Betriebsrat neben der **regelmäßigen** Unterrichtung und Anhörung zusätzlich über **außergewöhnliche Umstände**, die erhebliche Auswirkungen auf die Interessen der Arbeitnehmer haben, **rechtzeitig** unter Vorlage der erforderlichen Unterlagen zu unterrichten. Das Gesetz konkretisiert beispielhaft die Umstände, die aufgrund ihrer erheblichen Auswirkungen auf die Interessen der Arbeitnehmer als „außergewöhnlich" gelten. Hierzu zählen insbesondere: **181**
– die Verlegung oder Verlagerung von Unternehmen, Betrieben oder wesentlichen Betriebsteilen;
– die Stilllegung von Unternehmen, Betrieben oder wesentlichen Betriebsteilen;
– Massenentlassungen.

Zwar enthält schon der Katalog der regelmäßigen Anhörung des § 28 Abs. 2 Nr. 7– 10 SEBG diese Anwendungsfälle, charakteristisch für sie in diesem Zusammenhang ist jedoch, dass sie regelmäßig besonders schwerwiegende Auswirkungen auf die Interessen der Arbeitnehmer, insbesondere auf deren Beschäftigungslage haben.[150] Auf Verlangen des SE-Betriebsrats ist nach § 29 Abs. 2 SEBG eine Anhörung mit der Leitung der SE oder – sofern dies aufgrund der Unternehmensorganisation angebracht ist – den Vertretern einer anderen zuständigen, mit eigenen Entscheidungsbefugnissen ausgestatteten und sachnäheren Leitungsebene innerhalb der SE zu den außergewöhnlichen Umständen durchzuführen. Zu diesem Zweck hat der SE-Betriebsrat einen Antrag zu stellen. Aufgrund der zumeist gebotenen Eilbedürftigkeit der außergewöhnlichen Umstände kann der SE-Betriebsrat per Beschlussfassung dieses Recht nach § 29 Abs. 3 S. 1 SEBG auch dem geschäftsführenden Ausschuss (§ 23 Abs. 4 SEBG) übertragen. Sofern eine Sitzung mit Letzterem stattfindet, haben nach § 29 Abs. 3 S. 2 SEBG auch die Mitglieder des SE-Betriebsrats, die von diesen Maßnahmen unmittelbar betroffene Arbeitnehmer vertreten, das Recht, daran teilzunehmen. **182**

---

[149] Vgl. *Herfs-Röttgen*, NZA 2002, 362; *Schiessl*, ZHR 2003, 254.
[150] Vgl. BT-Drucks. 15/3405, S. 53.

183 Im Rahmen der Anhörung muss dem SE-Betriebsrat auf der Grundlage der erfolgten Unterrichtung eine im innergesellschaftlichen Entscheidungsprozess berücksichtigungsfähige Stellungnahme zu den geplanten Maßnahmen der SE-Leitung ermöglicht werden (vgl. § 2 Abs. 11 S. 2 SEBG); die Definition des Begriffs der Anhörung in § 2 Abs. 11 SEBG bzw. in Art. 2 Buchst. j SE-ErgRiL geht damit über den des § 1 EBRG bzw. des Art. 2 Abs. 1 Buchst. f EBR-RL hinaus. Beschließt die Leitung der SE, der Stellungnahme des SE-Betriebsrats oder des geschäftsführenden Ausschusses nicht zu folgen, hat der SE-Betriebsrat zwecks Herbeiführung einer Einigung nach § 29 Abs. 4 SEBG das Recht, ein **weiteres Mal** mit der Leitung der SE zusammenzutreffen. Voraussetzung dafür ist die Unterrichtung des SE-Betriebsrats über die Entscheidung der SE-Leitung, noch ehe die beabsichtigten Maßnahmen vollzogen werden. Kann auch in der zweiten Anhörung keine Einigung erzielt werden, sind die Mitwirkungspflichten des SE-Betriebsrats ausgeschöpft. Er hat lediglich ein suspensives Vetorecht, kann die Maßnahme aber nicht endgültig verhindern.

184 Für den Fall, dass die Unterrichtung und Anhörung des SE-Betriebsrats über außergewöhnliche Umstände nicht, nicht richtig, nicht vollständig, nicht in der vorgeschriebenen Weise oder nicht rechtzeitig durchgeführt wird, wird diese Ordnungswidrigkeit nach § 46 Abs. 1 Nr. 2 iVm. Abs. 2 SEBG mit einer Geldbuße bis zu zwanzigtausend Euro sanktioniert.

185 c) **Unterrichtung der nationalen Arbeitnehmervertreter durch den SE-Betriebsrat.** Nach § 30 S. 1 SEBG hat der SE-Betriebsrat die Arbeitnehmervertreter der SE und ihrer Tochtergesellschaften und Betriebe auf nationaler Ebene über den Inhalt und die Ergebnisse der grenzüberschreitenden Unterrichtungs- und Anhörungsverfahren zu informieren. Das sind in Deutschland die vorhandenen Betriebsratsstrukturen (Betriebsrat, Gesamtbetriebsrat, Konzernbetriebsrat) und im Ausland die nach den dortigen Rechtsvorschriften bzw. Gepflogenheiten vorgesehenen Vertreter der Arbeitnehmer (vgl. Art. 2 Buchst. e SE-ErgRiL). Im Inland umfasst die Informationspflicht auch die Sprecherausschüsse.[151] Für den Fall, dass es keine Arbeitnehmervertretung gibt, ist gem. § 30 S. 2 SEBG sicherzustellen, dass die Arbeitnehmer direkt unterrichtet werden.

186 Im SEBG nicht festgelegt ist die Modalität der Unterrichtung durch den SE-Betriebsrat, so dass dies schriftlich oder mündlich erfolgen kann. Bei der Informationsweitergabe hat der SE-Betriebsrat allerdings Verschwiegenheitspflichten nach § 41 Abs. 2 SEBG zu beachten und die Informationsrezipienten, zu deren Gunsten § 41 Abs. 3 Nr. 2 SEBG eine Ausnahme von der Verschwiegenheitspflicht normiert, auf die Vertraulichkeit hinzuweisen. Die über die Vorschrift des § 30 SEBG „abgeleiteten" Unterrichtungs- und Anhörungsrechte der **nationalen** Arbeitnehmervertretungen führen faktisch zu einer Ausdehnung der (eingeschränkten) einzelstaatlichen Unterrichtungs- und Anhörungsrechte – in Deutschland das Betriebsverfassungsrecht.[152]

9. Grundsätze der Zusammenarbeit und allgemeine Schutzbestimmungen

187 Nach § 40 SEBG arbeiten die Leitung der SE und der SE-Betriebsrat zum Wohl der Arbeitnehmer und des Unternehmens oder der Unternehmensgruppe vertrauensvoll zusammen. Das Prinzip der vertrauensvollen Zusammenarbeit gilt gleichermaßen zwischen der Leitung der SE und den Arbeitnehmervertretern im Rahmen eines Verfahrens zur Unterrichtung und Anhörung iSv. § 21 Abs. 2 SEBG. Es besagt, dass betriebliche Konflikte nicht – wie auf der Ebene der Tarifvertragsparteien in Form des Arbeitskampfes – in offener Auseinandersetzung ausgetragen, sondern durch den ständigen Dialog und die Mitwirkung der Arbeitnehmervertretung an betrieblichen

---
[151] BT-Drucks. 15/3405, S. 53.
[152] Vgl. *Herfs-Röttgen*, NZA 2002, 362.

Entscheidungen gelöst werden sollen. Es gebietet eine faire und jede Schikane ausschließende Verfahrensweise und verbietet mutwilliges oder gar rechtsmissbräuchliches Verhalten. Bestehende Interessengegensätze sollen in gegenseitiger Ehrlichkeit und Offenheit ausgeglichen werden, ohne dabei soziale Gegensätze verwischen zu müssen.[153]

188 Der Grundsatz der vertrauensvollen Zusammenarbeit bedeutet aber auch, dass die Leitung der SE zu einer möglichst umfassenden und rechtzeitigen Information sowie zu einem konstruktiven Dialog iSd. §§ 28, 29 SEBG angehalten ist. Informationspflichten der Leitung der SE bestehen nach § 41 Abs. 1 SEBG allerdings nur insoweit, als bei Zugrundelegung objektiver Kriterien dadurch nicht Betriebs- oder Geschäftsgeheimnisse der SE, deren Tochtergesellschaften und Betriebe gefährdet werden. Das Prinzip der vertrauensvollen Zusammenarbeit ist Grundlage der Beziehungen zwischen Arbeitgeber und Betriebsrat im nationalen Arbeitnehmervertretungsrecht nach § 2 Abs. 1 BetrVG.

189 Gegen eine Entscheidung der Leitungen, Informationen als vertraulich einzustufen, steht der Rechtsweg vor den Arbeitsgerichten nach § 2 a Abs. 1 Nr. 3 d ArbGG offen.

190 **a) Pflicht zur Verschwiegenheit.** Für die Mitglieder und Ersatzmitglieder des SE-Betriebsrats, die sie unterstützenden Sachverständigen, die Dolmetscher sowie die an einem Unterrichtungs- und Anhörungsverfahren mitwirkenden Arbeitnehmervertreter besteht nach § 41 Abs. 2 iVm. Abs. 4 Nr. 3 und 4 SEBG eine Pflicht zur Verschwiegenheit, die sich auf die in Ausübung des Mandats bekannt gewordenen und von der Leitung der SE ausdrücklich als geheimhaltungsbedürftig bezeichneten Geschäfts- und Betriebsgeheimnisse bezieht (formeller Geheimnisbegriff); von der Norm erfasst ist auch das Verbot, derartige Informationen zu verwerten. Die Verpflichtung besteht unabhängig von dem Aufenthaltsort der betreffenden Person und gilt auch nach Ablauf des jeweiligen Mandats weiter.

191 **b) Durchbrechung der Verschwiegenheitspflicht.** Die Verschwiegenheitspflicht gilt nach § 41 Abs. 3 Nr. 1 SEBG nicht im Innenverhältnis zwischen den Mitgliedern des SE-Betriebsrats, unabhängig davon, ob der SE-Betriebsrat kraft Vereinbarung oder kraft Gesetzes errichtet worden ist. Der SE-Betriebsrat und seine Mitglieder sollen nach § 41 Abs. 3 Nr. 2 SEBG auch nicht gehindert sein, im Außenverhältnis Betriebs- oder Geschäftsgeheimnisse gegenüber den örtlichen, auf nationaler Ebene bestehenden Arbeitnehmervertretern der SE, ihrer Tochtergesellschaften und Betriebe zu offenbaren, die aufgrund einer Vereinbarung nach § 21 SEBG oder nach § 30 SEBG über den Inhalt der Unterrichtung und die Ergebnisse der Anhörung zu unterrichten sind. Dasselbe gilt nach § 41 Abs. 3 Nr. 3 und 4 SEBG gegenüber Arbeitnehmervertretern im Aufsichts- oder Verwaltungsrat der SE sowie gegenüber Sachverständigen und Dolmetschern, die von einem SE-Betriebsrat zur Unterstützung herangezogen werden.

192 Diese Ausnahmen von der Pflicht zur Vertraulichkeit gelten allerdings mit der Maßgabe, dass bei der Weitergabe ausdrücklich auf die Geheimhaltungsbedürftigkeit hinzuweisen ist (formeller Geheimnisbegriff); widrigenfalls liegt ein Bruch der Vertraulichkeit vor. Die Offenbarung von Betriebs- oder Geschäftsgeheimnissen wird nach § 45 Abs. 2 Nr. 1 SEBG mit Freiheitsentzug bis zu einem Jahr oder mit Geldstrafe geahndet, wobei § 45 Abs. 1 Nr. 1 SEBG einen höheren Strafrahmen (Freiheitsstrafe bis zu zwei Jahren oder Geldstrafe) für den Fall der Verwertung normiert. Stellt die Offenbarung eines Geschäftsgeheimnisses zwar keine Verwertung dar, geschieht sie aber in Bereicherungs- oder Schädigungsabsicht, gilt das erhöhte Strafmaß wie nach § 45 Abs. 1 Nr. 1 SEBG. Die Straftat ist als Antragsdelikt ausgestaltet; sie wird deshalb nach § 45 Abs. 4 S. 1 SEBG nur auf Antrag des Verletzten verfolgt.

193 **c) Schutz der Mitglieder des SE-Betriebsrats.** Nach § 42 S. 1 Nr. 2 SEBG genießen die Mitglieder des SE-Betriebsrats, die Beschäftigte der SE, ihrer Tochtergesell-

---
[153] Vgl. BetrVG-Komm/*Berg*, § 2 Rn. 5.

schaften oder Betriebe sind, den gleichen Schutz und die gleichen Sicherheiten wie die Arbeitnehmervertreter nach den Gesetzen und Gepflogenheiten des Mitgliedstaats, in dem sie beschäftigt sind. Dies führt dazu, dass – je nach Herkunft der Mitglieder des SE-Betriebsrats – unterschiedliche nationale Schutzvorschriften gelten, sofern – und dies betrifft die Arbeitnehmerbeteiligung **kraft Vereinbarung** – nicht eine Vereinheitlichung auf das höchste Niveau zwischen dem BVG und den Leitungen nach § 21 SEBG vereinbart wird. Als wesentliche Bereiche nennt § 42 S. 2 SEBG **beispielhaft** den Kündigungsschutz (in Deutschland das Kündigungsschutzgesetz nebst Spezialgesetze), die Teilnahme an Sitzungen des SE-Betriebsrats und die Entgeltfortzahlung. Das umfasst auch die Entgeltfortzahlung bei der Teilnahme an Fortbildungsveranstaltungen nach § 31 SEBG.

194 In dieser Vorschrift nicht erwähnte nationale Schutzgesetze sind demnach entsprechend zu beachten. Zu den Gepflogenheiten gehören auch die in Deutschland bestehenden Tarifverträge und Betriebsvereinbarungen. Von der Schutzvorschrift des § 42 Abs. 1 Nr. 3 und 4 SEBG erfasst sind auch die Arbeitnehmer, die in sonstiger Weise bei einem Verfahren zur Unterrichtung und Anhörung mitwirken (vgl. § 21 Abs. 2 SEBG), sowie Arbeitnehmervertreter im Aufsichts- oder Verwaltungsorgan der SE. Bei § 42 Nr. 4 SEBG, der fast wörtlich die Vorgaben des Art. 10 S. 1 SE-ErgRiL umsetzt, muss es sich indes um einen Redaktionsfehler handeln, da Arbeitnehmervertreter im Aufsichts- oder Verwaltungsrat der SE von den besonderen Schutzbestimmungen etwa des KSchG und BetrVG nicht erfasst sind. In Betracht kommt hier lediglich der Tätigkeitsschutz nach § 44 SEBG. Der in § 42 SEBG normierte Schutz der Arbeitnehmervertreter muss im Zusammenhang mit der Vorschrift des § 44 SEBG gelesen werden, die das gegen jedermann gerichtete Verbot enthält, die Errichtung (§ 44 Nr. 1 SEBG) und Tätigkeit (§ 44 Nr. 2 SEBG) eines SE-Betriebsrats oder die Einführung eines Verfahrens zur Unterrichtung und Anhörung nach § 21 Abs. 2 SEBG zu behindern oder einzelne Mitglieder (einschließlich der Ersatzmitglieder) wegen ihrer Tätigkeit zu benachteiligen oder zu begünstigen (vgl. § 44 Nr. 3 SEBG). Eine Versetzung aus sachlichen oder personenbedingten Gründen stellt jedoch keinen Verstoß gegen § 44 Nr. 3 SEBG dar.

195 Die Verletzung der Schutznorm des § 44 SEBG (Errichtungs- und Tätigkeitsschutz) wird nach § 45 Abs. 2 Nr. 2 und 3 SEBG mit Freiheitsstrafe bis zu einem Jahr oder mit Geldstrafe sanktioniert, wobei die Tat nach § 45 Abs. 4 S. 1 SEBG nur auf Antrag verfolgt wird. Antragsberechtigt sind neben dem Verletzten auch die in § 45 Abs. 4 S. 2 SEBG genannten Personen und Gremien.

10. Kosten der Einsetzung und Tätigkeit des SE-Betriebsrats

196 Die durch die Bildung und Tätigkeit des SE-Betriebsrats und des geschäftsführenden Ausschusses entstehenden Kosten trägt gem. § 33 S. 1 SEBG die SE. Nach § 33 S. 2 SEBG gilt § 19 S. 2 SEBG entsprechend. Demzufolge sind insbesondere für die Sitzungen in erforderlichem Umfang Räume, sachliche Mittel, Dolmetscher und Büropersonal zur Verfügung zu stellen sowie die erforderlichen Reise- und Aufenthaltskosten der Mitglieder des SE-Betriebsrats zu tragen. Die Kostentragungspflicht erstreckt sich auch auf die Kosten für Sachverständige, durch die sich der SE-Betriebsrat oder der geschäftsführende Ausschuss zur ordnungsgemäßen Erfüllung ihrer Aufgaben nach § 32 SEBG unterstützen lassen kann, wobei Sachverständige auch Vertreter von Gewerkschaften sein können.

197 Die Regelung des § 33 SEBG entspricht Anhang Teil 2 Buchst. h SE-ErgRiL und ist an § 40 BetrVG angelehnt,[154] wonach der **Arbeitgeber** die Sachkosten des Betriebsrats zu übernehmen hat, zu denen auch die erforderlichen Fortbildungskosten nach § 31

---

[154] Die hierzu entwickelten Grundsätze können daher weitgehend angewendet werden.

F. Arbeitnehmerbeteiligung in der SE kraft Gesetzes   **198–200** 6

SEBG zählen. § 31 S. 1 SEBG sieht die **bezahlte Freistellung** der SE-Betriebsratsmitglieder zu Zwecken der **Teilnahme an Schulungs- und Bildungsveranstaltungen** vor, soweit diese amtsspezifische Kenntnisse vermitteln. Die Entscheidung darüber trifft per Beschlussfassung der SE-Betriebsrat (als Gremium), der die Teilnahme des betreffenden SE-Betriebsratsmitglieds und die zeitliche Lage rechtzeitig – und damit ohne schuldhaftes Zögern – der SE-Leitung nach § 31 S. 2 SEBG mitzuteilen hat. Bei der Festlegung der zeitlichen Lage sind nach § 31 S. 3 SEBG die betrieblichen Notwendigkeiten zu berücksichtigen. Im Gesetz festgelegt ist weder ein Mindestanspruch noch eine Höchstgrenze; maßgebliches Kriterium ist gem. § 31 S. 1 SEBG die **Erforderlichkeit** der Fortbildung. Für die **Entgeltfortzahlung** hinsichtlich der Teilnahme an **Fortbildungsmaßnahmen** finden gem. § 42 S. 2 Nr. 3 SEBG die jeweiligen nationalen Vorschriften Anwendung. Für die Mitglieder des SE-Betriebsrats **aus Deutschland** gelten somit die Grundsätze des § 37 BetrVG, der auch den Anspruch auf Freizeitausgleich für Schulungszeiten einschließt, die aus betriebsbedingten Gründen **außerhalb** der Arbeitszeit anfallen (vgl. § 37 Abs. 6 S. 2 BetrVG).

Die Kostentragungspflicht erstreckt sich ferner darauf, dass die SE-Betriebsratsmitglieder zur Durchführung ihrer mandatsbezogenen Aufgaben einen Rechtsanspruch auf Arbeitsbefreiung bei gleichzeitiger Lohnfortzahlung haben. Zwar bleiben die SE-Betriebsratsmitglieder weiterhin Arbeitnehmer des Betriebes bzw. des Unternehmens: Sie haben grundsätzlich den Verpflichtungen des Arbeitsvertrags nachzukommen. Allerdings ist zu berücksichtigen, dass sie mit der Übernahme ihres Amtes weitere Pflichten und Aufgaben wahrzunehmen haben, mit der Folge, dass in der betrieblichen Praxis die Amtspflichten mit den arbeitsvertraglichen Pflichten kollidieren können. Da für die aus Deutschland kommenden SE-Betriebsratsmitglieder gem. § 42 S. 2 Nr. 3 SEBG allerdings die Grundsätze des § 37 BetrVG gelten, hat die Erfüllung der Amtspflichten gegenüber den arbeitsvertraglichen Pflichten Vorrang und sind die inländischen Mitglieder des SE-Betriebsrats von ihrer beruflichen Tätigkeit **ohne Minderung des Arbeitsentgelts befreit**. Anders als in § 38 Abs. 1 BetrVG geregelt, sollen die Mitglieder des SE-Betriebsrats jedoch nicht völlig von ihrer beruflichen Tätigkeit freigestellt werden, sondern die Arbeitsbefreiung hat aus **konkretem Anlass** zu erfolgen. Das bedeutet, dass die SE-Betriebsratsmitglieder generell für einen bestimmten Teil ihrer Arbeitszeit, zB für bestimmte Stunden am Tag bzw. in der Woche oder für bestimmte Tage in der Woche oder im Monat freizustellen sind.[155] Voraussetzung ist, dass dies zur ordnungsgemäßen Erfüllung der SE-Betriebsratsaufgaben **erforderlich** ist. **198**

Hinsichtlich der Sachkosten ist Schuldner ausschließlich die SE selbst, während die Entgeltfortzahlung der SE-Betriebsratsmitglieder sowohl bezüglich der Fortbildung als auch im Hinblick auf die Dauer der zur Wahrnehmung der Amtsaufgaben erforderlichen Abwesenheit nach § 19 S. 1 SEBG analog iVm. §§ (31) 33, 42 S. 2 Nr. 3 SEBG von der Gesellschaft zu erbringen ist, bei der das Mitglied beschäftigt ist.[156] **199**

Von einer Umsetzung der im Anhang Teil 2 Buchst. h Abs. 3 der SE-ErgRiL eröffneten Möglichkeit, Regeln für die Finanzierung der Arbeit des SE-Betriebsrats festzulegen (insbesondere bei Hinzuziehung von Sachverständigen die Kostentragungspflicht auf einen Sachverständigen zu beschränken), hat der deutsche Gesetzgeber keinen Gebrauch gemacht. Maßgebliches Kriterium und damit eine Begrenzung für alle entstehenden Kosten (insbesondere für die der Sachverständigen) ist die Erforderlichkeit. **200**

---

[155] Vgl. BetrVG-Komm/*Wedde*, § 37 Rn. 10 und 11.
[156] Vgl. auch BT-Drucks. 15/3405, S. 51.

> **SE-Betriebsrat kraft Gesetzes (§§ 22–33 SEBG)**
>
> 1. Die Parteien einigen sich über die Anwendung dieser Auffangregelung gem. § 21 Abs. 5 SEGB
>   oder
> 2. die Verhandlungen scheitern,
>   a) die Leitungen halten an ihrem Vorhaben zur Gründung einer SE fest
>   *und*
>   b) das BVG fasst keinen Nichtverhandlungs- oder Negativbeschluss gem. § 16 SEBG
> 3. Neuverhandlungen infolge von Strukturänderungen scheitern
>
> ↓
>
> **Errichtung eines SE-Betriebsrats**
> – Wahrnehmung grenzüberschreitender Unterrichtungs- und Anhörungsrechte
> – finanzielle und materielle Ausstattung
>
> **Quelle: eigene Darstellung**

II. Mitbestimmung kraft Gesetzes – Auffangregelung zur Unternehmensmitbestimmung

201 Nach der Auffangregelung zur Mitbestimmung (§§ 34–38 SEBG) haben die Arbeitnehmer der SE, ihrer Tochtergesellschaften und Betriebe und/oder ihr Vertretungsorgan, der SE-Betriebsrat, das Recht, einen Teil der Mitglieder des Aufsichts- oder Verwaltungsorgans der SE zu wählen oder zu bestellen oder deren Bestellung zu empfehlen oder abzulehnen (§ 35 Abs. 2 S. 1 SEBG).

1. Anwendbarkeit und Umfang der Mitbestimmung kraft Gesetzes

202 Für die Anwendbarkeit der Auffangreglungen für die Mitbestimmung müssen gem. § 34 Abs. 1 SEBG zunächst die gleichen Voraussetzungen erfüllt sein wie für die Anwendbarkeit der Auffangregelung für den SE-Betriebsrat. Wurde innerhalb der vorgesehenen Frist keine Vereinbarung abgeschlossen, haben die Leitungen der beteiligten Gesellschaften der Anwendung der Auffangregelung auf die SE zugestimmt und liegt kein Negativ- oder Nichtverhandlungsbeschluss nach § 16 SEBG vor, so ist zwar für jede SE die Bildung eines SE-Betriebsrats gem. §§ 22 ff. SEBG zwingend vorgesehen; dies bedeutet aber noch nicht ohne weiteres, dass auch die Auffangregelungen zur Mitbestimmung kraft Gesetzes greifen. Nach § 34 SEBG finden diese nur Anwendung, wenn zudem die Arbeitnehmer eines der beteiligten Unternehmen Mitbestimmungsrechte hatten, mithin nur dann, wenn die bisherige Mitbestimmungssituation in den beteiligten Gesellschaften die Sicherung von Mindeststandards iSd. Schutzes erworbener Mitbestimmungsrechte in der Vorher-Nachher-Betrachtung auch gebietet.[157] Die gesetzlichen Auffangregelungen zur Mitbestimmung kommen gem. § 18 Abs. 3 S. 3 SEBG jedoch auch dann zur Anwendung, wenn bei den Neuverhandlungen aufgrund von Strukturänderungen der SE iSv. § 18 Abs. 3 S. 1 SEBG keine Einigung erzielt wurde (s. Rn. 88).

203 Keine Anwendung findet die Auffangregelung zur Mitbestimmung auf Gründungsgesellschaften, für die vor Eintragung der SE **keine Mitbestimmungsregeln** galten: Diese Rechtsfolge ergibt sich aus § 34 Abs. 1 SEBG (vgl. Anhang Teil 3 Buchst. b Unterabs. 2 SE-ErgRiL). Mitbestimmungsfrei bleibt – jedenfalls nach der Auffangregelung – die Verschmelzung einer britischen mit einer spanischen Gesellschaft zur SE.

---

[157] Vgl. *Herfs-Röttgen*, NZA 2001, 427; *Weiss*, NZA 2003, 182.

F. Arbeitnehmerbeteiligung in der SE kraft Gesetzes

Sind mitbestimmte Gesellschaften an der SE-Gründung beteiligt, ist gemäß der Auffangregelung zur Mitbestimmung von den (nationalen) Mitbestimmungssystemen der Gründungsgesellschaften das nach dem Anteil der Arbeitnehmer im Aufsichtsrat oder Verwaltungsrat weitestgehende auf die SE kraft Gesetzes anzuwenden: Die Zahl dieser Arbeitnehmervertreter im Aufsichts- oder Verwaltungsorgan der SE bemisst sich gem. § 35 Abs. 2 S. 2 SEBG nach dem höchsten **Anteil** an Arbeitnehmervertretern, der in den Organen der beteiligten Gesellschaften **vor** der Eintragung der SE bestanden hat, wobei zwischen den beiden Mitbestimmungsformen „Wahl" bzw. „Bestellung" nach § 2 Abs. 12 Nr. 1 SEBG und dem kooptativen Mitbestimmungsmodell nach § 2 Abs. 12 Nr. 2 SEBG nicht differenziert wird. Die Schwierigkeiten, die sich hier bei der inhaltlichen Ausgestaltung der Mitbestimmung kraft Gesetzes ergeben, sind mithin dieselben, die sich beim Beschlussmehrheitserfordernis nach § 15 Abs. 3 und 4 SEBG stellen. Das frühere niederländische Kooptationsmodell kommt allerdings nicht vollumfänglich zur Geltung, da insbesondere nach Art. 43 Abs. 3 SE-VO die Kooptation der Verwaltungsratsmitglieder unzulässig ist. Die Verwaltungsratsmitglieder werden vielmehr zwingend von der Hauptversammlung bestellt. Im SEBG wird das Kooptationsmodell (früherer) niederländischer Prägung zutreffend lediglich dahin gehend beschrieben, dass es nur Empfehlungen und Ablehnungsrechte bei der Wahl von Aufsichtsratsmitgliedern beinhaltet.[158]

Das Abstellen auf den Anteil hat zur Folge, dass nicht die **absolute** Zahl von Arbeitnehmervertretern geschützt ist – demnach ist eine Verkleinerung des Aufsichts- oder Verwaltungsrats der SE möglich –, solange nur das **prozentuale Verhältnis** zwischen Arbeitnehmervertretern und Vertretern der Anteilseigner gleich bleibt. Vielmehr bleibt es grundsätzlich dabei, dass die Zahl der Sitze für das jeweilige Organ in der Satzung festgelegt werden kann. Auch wenn die §§ 17 Abs. 1, 23 Abs. 1 SEAG von einer ungeraden Zahl der Sitze im Aufsichts- oder Verwaltungsorgan ausgehen, kann der Sitzanteil von 50 % aus dem MitbestG gleichwohl eine gerade Anzahl von Sitzen auch in der SE erforderlich machen (vgl. §§ 17 Abs. 2, 23 Abs. 2 SEAG). Nach Art. 50 Abs. 2 SE-VO gibt in einem solchen Fall die Stimme des Vorsitzenden, der Vertreter der Anteilseignerseite ist, bei Stimmengleichheit jedoch den Ausschlag; dies gilt sowohl für die dualistische als auch für die monistische Leitungsstruktur (vgl. Art. 43 ff. SE-VO, §§ 18 ff. SEAG). Diese Regelung ist § 29 Abs. 2 MitbestG entlehnt.

a) Mitbestimmung im monistischen System. Aus § 35 Abs. 2 SEBG ergibt sich, dass der Anteil der Arbeitnehmersitze sich im **monistischen System** auf alle Verwaltungsratsmitglieder bezieht. Dem Vorschlag einiger Vertreter im Schrifttum,[159] die Parität nur auf die nicht geschäftsführenden Mitglieder des Verwaltungsrats zu beziehen, ist der Gesetzgeber zu Recht nicht gefolgt, der damit die deutsche Unternehmensmitbestimmung 1:1 in den Verwaltungsrat der monistischen SE übertragen hat. Während bisher die unternehmerische Mitbestimmung in Deutschland an den tradierten Vorstellungen des dualistischen Systems anknüpfte und lediglich auf Aufsicht und Überwachung des Vorstandes beschränkt war, nehmen die Arbeitnehmervertreter im monistischen System zusätzlich echte Leitungs- und Geschäftsführungsaufgaben wahr (vgl. § 22 Abs. 1 SEAG).[160]

Zwar hat der Verwaltungsrat nach § 40 Abs. 1 S. 1 SEAG die Möglichkeit, eines oder mehrere seiner Mitglieder zu geschäftsführenden Direktoren zu bestellen, die gem. § 40 Abs. 2 S. 1 SEAG die laufenden Geschäfte der SE führen. Dies ändert jedoch an

---
[158] Vgl. auch *Kübler*, ZIP 2004, 1445.
[159] *Teichmann*, BB 2004, 56; iE auch *Henssler*, FS Ulmer, 2003, S. 210; *Reichert/Brandes*, ZGR 2003, 804 f; dagegen *Köstler*, ZGR 2003, 804 f.; iE auch *Hoffmann-Becking*, ZGR 2004, 382.
[160] Zu dem hieraus resultierenden Problemhaushalt, mit deutlicher Kritik *Gruber/Weller*, NZG 2003, 297 ff.; *Henssler*, FS Ulmer, 2003, S. 200 ff.; *Reichert/Brandes*, ZGR 2003, 791 ff.

der Parität im Verwaltungsrat nichts und führt aus Anteilseignersicht zu dem wenig befriedigenden Ergebnis, dass sich dann unter den nicht geschäftsführenden Mitgliedern des Verwaltungsrats sogar mehrheitlich Arbeitnehmervertreter befinden. Soll eine solche Überparität der Verwaltungsratsmitglieder, die nicht geschäftsführende Direktoren sind, verhindert werden, müssen Dritte zu geschäftsführenden Direktoren bestellt werden, für die nach § 40 Abs. 1 S. 4 SEAG § 76 Abs. 3 AktG entsprechend gilt. Eine solche Möglichkeit lässt § 40 Abs. 1 S. 4 SEAG ausdrücklich zu.

208 Sofern von der Möglichkeit der Bestellung externer geschäftsführender Direktoren kein Gebrauch gemacht wird, erfährt die Problematik der Überparität bei der Überwachung der geschäftsführenden Direktoren durch den Konfliktlösungsmechanismus des § 35 Abs. 3 SEAG eine Milderung. § 35 Abs. 3 SEAG ist erst im Verlauf des Gesetzgebungsverfahrens in das SEAG eingefügt worden.[161] Danach hat der gem. Art. 45 SE-VO zwingend von der Anteilseignerseite zu bestellende Vorsitzende des Verwaltungsrats eine zusätzliche Stimme, wenn ein geschäftsführender Direktor, der zugleich Mitglied des Verwaltungsrats ist, aus rechtlichen Gründen gehindert ist, an der Beschlussfassung im Verwaltungsrat teilzunehmen. *Müller-Bonanni/de Beauregard*[162] weisen in diesem Zusammenhang darauf hin, dass dieses Problem nur der Form nach gelöst sei. In bestimmten Situationen könne es dazu kommen, dass sich faktisch die Arbeitnehmervertreter im Verwaltungsrat durchsetzen könnten, insbesondere dann, wenn für die geschäftsführenden Direktoren kein Stimmverbot bestehe und ein eventuell existierender Dissens zwischen geschäftsführenden Direktoren und nicht geschäftsführenden Anteilseignervertretern im Verwaltungsrat nicht aufgelöst werden könne. Die monistische Variante wird damit aber – sofern paritätische Mitbestimmung eine Rolle spielt – aller Voraussicht nach nur eine theoretische Option bleiben.[163]

209 *Henssler*[164] meldet insofern verfassungsrechtliche Bedenken an, als die Mitbestimmung der Arbeitnehmer im Geschäftsführungs- und Leitungsorgan einen unzulässigen Eingriff in die durch Art. 12 Abs. 1 GG geschützte unternehmerische Freiheit darstelle. Ferner werden von einigen Vertretern im Schrifttum Zweifel dahin gehend geäußert, ob durch die Mitbestimmung im monistischen System nicht Art. 14 GG verletzt sei.[165] Die Mitbestimmung im monistischen System stelle zudem einen Bruch mit der historischen Entwicklung und dem gesellschaftlichen Konsens dar, nach denen sich die Mitbestimmung im Wesentlichen auf die Überwachungsaufgaben zu beschränken habe.[166] Diesen Auffassungen kann – aus dem Blickwinkel des Europarechts gewürdigt – iE nicht gefolgt werden, da die SE-ErgRiL in ihrem Anhang Teil 3 Buchst. b Abs. 4 die nominale Parität im Verwaltungsrat ausdrücklich vorsieht und keinerlei Sondervorschriften für die monistische Unternehmensverfassung bereithält; vielmehr haben alle Mitglieder des Aufsichts- oder Verwaltungsrats der SE die gleichen Rechte und Pflichten (s. Rn. 242).

210 In Art. 45 S. 2 SE-VO ist zudem das Paritätsproblem berücksichtigt und in derselben Weise geregelt wie im MitbestG: Danach wird bei paritätischer Besetzung des Verwaltungsorgans nur ein von der HV der Aktionäre bestelltes Mitglied zum Vorsitzenden gewählt. Diese Vorschrift muss im Zusammenhang mit Art. 50 Abs. 2 SE-VO gelesen werden, wonach bei Stimmengleichheit die Stimme des Vorsitzenden den Ausschlag

---

[161] S. die Beschlussempfehlung des Rechtsausschusses, BT-Drucks. 15/4053.
[162] Vgl. *Müller-Bonanni/de Beauregard*, GmbHR 2005, 199.
[163] So auch *Blanquet*, ZGR 2002, 49; ebenso *Lutter*, BB 2002, 4; *Schiessl*, ZHR 2003, 250, 251; iE auch *Horn*, DB 2005, 152; aA *Niklas*, NZA 2004, 1204.
[164] Vgl. *Henssler*, FS Ulmer, 2003, S. 202.
[165] So zB von *Gruber/Weller*, NZG 2003, 229 f.; DAV-Handelsrechtsausschuss, NZG 2004, 960; offengelassen von *Horn*, DB 2005, 152; MünchKommAktG/*Jacobs*, § 35 SEBG Rn. 18.
[166] Vgl. Gemeinsame Stellungnahme des BDA, des BDI, des DIHK, des GDV, des BdB und des DAI zum RefE-SEEG, zu § 15 SEBG, S. 10.

geben können muss.[167] Zudem wird übersehen, dass es den Leitungen nach Art. 38 Buchst. b SE-VO freigestellt ist, für das monistische Leitungssystem zu optieren; die Nutzung der Aufsichtsratsverfassung steht demnach weiterhin zur Verfügung. Dessen ungeachtet besteht für das monistische Modell die Möglichkeit, den Einfluss der Arbeitnehmervertreter zumindest auf die Tagesgeschäfte dadurch einzuschränken, dass externe geschäftsführende Direktoren gem. § 40 Abs. 1 S. 4 SEAG bestellt werden.[168] Bezogen auf das MitbestG hatte das BVerfG in seinem Mitbestimmungsurteil vom 1. 3. 1979 auf die personale Funktion abgestellt, um den Eigentumsschutz zu begründen. Der soziale Bezug des Eigentums rechtfertige die Schrankensetzungen durch den Gesetzgeber. Den sozialen Bezug des Eigentums sieht das BVerfG darin, dass Nutzung und Verfügung nicht innerhalb der Sphäre des Eigentümers bleiben, sondern Belange anderer Rechtssubjekte berühren, die auf die Nutzung des Eigentumsobjekts angewiesen sind. Gesetzgeber und Verwaltung haben einerseits das Zuordnungsverhältnis und die Substanz des Eigentums zu schützen, andererseits den Rechten und Interessen der Nichteigentümer Rechnung zu tragen, insbesondere auch ihre Grundrechte zu effektivieren, soweit sie ihrerseits auf die Nutzung des Eigentumsobjekts zu ihrer Freiheitssicherung und verantwortlichen Lebensgestaltung angewiesen sind. Die Grenzen zulässiger Inhalts- und Schrankenbestimmungen durch das MitbestG hat das BVerfG dahin gehend umschrieben, dass die Mitbestimmung der Arbeitnehmer nicht dazu führen darf, dass über das im Unternehmen investierte Kapital gegen den Willen der Anteilseigner entschieden werden kann und dass diese nicht aufgrund der Mitbestimmung die Kontrolle über die Führungsauswahl im Unternehmen und das Letztentscheidungsrecht verlieren dürfen.[169]

Gleichwohl wird man nicht bestreiten können, dass sich die Aufgaben in einem Aufsichtsgremium erheblich von denen in einem Verwaltungsgremium unterscheiden und der Paritätsgedanke im monistischen Leitungssystem im Grunde genommen dem Vorher-Nachher-Prinzip[170] nicht gerecht wird.[171] Ferner ist zu berücksichtigen, dass die Wahrnehmung von Leitungsfunktionen im Verwaltungsrat durch Arbeitnehmervertreter im Gegensatz zur Kontrollfunktion des Aufsichtsrats mit erweiterten Pflichten der Organmitglieder und einer entsprechenden Haftung einhergeht.[172] Daran ändert auch nichts, dass durch die Bestellung geschäftsführender Direktoren die Funktion der Geschäftsleitung und der allgemeinen Unternehmensleitung klar getrennt wird. Denn die Verwaltungsratsmitglieder, die nicht geschäftsführende Direktoren sind, müssen neben Überwachungs- auch Leitungsaufgaben wahrnehmen; die Letztverantwortung für die Unternehmenspolitik liegt schließlich gem. § 22 Abs. 1 SEAG allein beim Verwaltungsrat.

b) Umfang der Mitbestimmung kraft Gesetzes. Das weitestreichende nationale Mitbestimmungsmodell der Gründungsgesellschaften kommt nach §§ 34 Abs. 1, 35 Abs. 2 SEBG **automatisch** zur Anwendung,[173] sofern ein bestimmter Mindestprozentsatz der Gesamtzahl der künftigen Arbeitnehmer der SE Mitbestimmungsregeln

---

[167] Die unterschiedliche Behandlung der Mitglieder im Aufsichts- oder Verwaltungsorgan der SE wäre deshalb mit dem Europarecht nicht vereinbar: So auch *Nagel/Köklü*, ZESAR 2004, 179; ebenso *Köstler*, ZGR 2003, 804 f.
[168] Vgl. *Niklas*, NZA 2004, 1204.
[169] Vgl. BVerfGE 50, 290, 341, 350 = DB 1979, 593 ff. S. hierzu auch *Nagel*, Paritätische Mitbestimmung und Grundgesetz, 1988, S. 51 ff.
[170] Vgl. § 1 Abs. 1 S. 3 SEBG und Erwägungsgrund 18 SE-ErgRiL.
[171] Vgl. auch BR-Drucks. 438/04 (Beschluss), S. 3.
[172] Vgl. *Schiessl*, ZHR 2003, 255.
[173] Die sich hier zu stellende Frage, welcher Mitgliedstaat über das weitestgehende Mitbestimmungsrecht verfügt, wenn unterschiedliche Mitbestimmungsmodelle, insbesondere das deutsche Repräsentationsmodell und das niederländische Kooptationsmodell aufeinanderpral-

unterliegt. Dies richtet sich – differenziert nach den unterschiedlichen Gründungsformen – nach denselben Prozentsätzen, die auch im Rahmen der Verhandlungslösung gem. § 15 Abs. 3 SEBG (Minderung der Mitbestimmungsrechte) maßgeblich sind.[174] Eine automatische Anwendung der Auffangregelung ist demnach dann vorgesehen, wenn bei der Verschmelzungs-SE mindestens 25 % und bei der Gründung einer Holding- oder Tochter-SE mindestens 50 % der Gesamtzahl der Arbeitnehmer aller beteiligten Gesellschaften **und** betroffenen Tochtergesellschaften Mitbestimmungsrechte hatten.

213 Dabei ist gem. § 34 Abs. 1 Nr. 2 Buchst. a und Nr. 3 Buchst. a SEBG ausreichend, dass nur eine der Gründungsgesellschaften der Mitbestimmung unterliegt. Durch die Auffangregelung wird also der höchste Mitbestimmungsstandard einer beteiligten nationalen Gesellschaft auf das gesamte neue Gebilde SE ungeachtet ihres Sitzes übertragen,[175] mit der Folge, dass eine Harmonisierung der Mitbestimmung auf dem höchsten Niveau stattfindet.[176] Will demnach eine nach dem MitbestG mitbestimmte deutsche AG mit einer mitbestimmungsfreien englischen und drittelparitätisch mitbestimmten österreichischen Gesellschaft zur SE fusionieren, so ist bei Erreichen der 25%-Schwelle diese Form der Mitbestimmung (MitbestG) für die neu entstehende SE maßgebend, wenn die Verhandlungen scheitern und das Verfahren zur Eintragung der SE fortgesetzt werden soll.

214 Zwar könnte man annehmen, dass auf diese Weise die deutsche Unternehmensmitbestimmung, insbesondere die nach dem MitbestG, exportiert werden könnte. Das Gegenteil ist aber aus praktischer Sicht wahrscheinlicher: Denn es besteht nach wie vor ein zumindest psychologischer Hinderungsgrund, bei grenzüberschreitenden Fusionen die überlebende Gesellschaft deutschem (Mitbestimmungs-)Recht zu unterstellen.[177] Die Auffangregelung zur Mitbestimmung führt – ist zB ein nach dem MitbestG mitbestimmtes Unternehmen beteiligt – iE sogar zu einer Ausweitung der Mitbestimmung, insbesondere bei Gründung eines Forschungs-Joint-Venture in Form einer Tochter-SE mit Sitz im Inland. Denn das Aufsichts- oder Verwaltungsorgan einer solchen Tochter-SE wäre selbst dann paritätisch mit Arbeitnehmer- und Anteilseignervertretern besetzt, wenn sie wegen niedriger Beschäftigtenzahlen (zB 200) die Schwellenwerte für die Anwendung der deutschen Mitbestimmungsgesetze nicht erreichen würde (ab 501 Arbeitnehmern drittel-mitbestimmte Mitbestimmung nach § 1 DrittelbG und ab 2001 Arbeitnehmern paritätische Mitbestimmung nach § 1 Abs. 1 MitbestG).

215 Während das nationale Mitbestimmungsrecht nur für eine Kapitalgesellschaft gilt, die selbst die zahlenmäßigen Mitbestimmungsvoraussetzungen erfüllt (§ 1 Abs. 1 MitbestG, § 1 DrittelbG), oder kraft Zurechnung von Arbeitsverhältnissen aus Konzerngesellschaften „von unten nach oben" (vgl. § 5 Abs. 1 MitbestG, § 2 Abs. 1 DrittelbG) Anwendung findet, erfolgt bei der SE eine solche Mitbestimmungszurechnung indes im Konzernaufbau „nach unten".[178] Im Fall der Gründung einer Holding-SE mit Sitz in Deutschland kann es zudem im Rahmen der Auffangregelung der §§ 34 ff. SEBG zu einer „Vervielfältigung der Mitbestimmung"[179] kommen: Gründen zB eine englische

---

len, verliert mit Wegfall des niederländischen Kooptationsmodells an praktischer Bedeutung: s. Rn. 10.
[174] Vgl. *Kleinsorge*, RdA 2002, 350; *ders.*, BArbBl. 2001, 8.
[175] Vgl. *Lutter*, BB 2002, 6. Von „Zementierung" und „Expansion" des jeweils am weitesten reichenden Mitbestimmungsregimes sprechen in diesem Zusammenhang *Kübler*, ZHR 2003, 227 und *Reichert/Brandes*, ZGR 2003, 776.
[176] Vgl. *Waclawik*, DB 2004, 1198.
[177] Vgl. *Horn*, DB 2005, 152.
[178] Vgl. *Müller-Bonanni/de Beauregard*, GmbHR 2005, 199.
[179] Vgl. hierzu und zum Folgenden *Müller-Bonanni/de Beauregard*, GmbHR 2005, 198.

Plc. und eine nach dem MitbestG mitbestimmte deutsche AG eine Holding-SE und ist für die Mitbestimmung der deutschen AG die Konzernzurechnungsklausel des § 5 Abs. 1 MitbestG ursächlich, so entfiele nach derselben Vorschrift die Mitbestimmung bei der AG, wenn anstelle der SE die neue Holding in der Rechtsform einer inländischen AG errichtet würde. Wird jedoch statt einer Holding-AG eine Holding-SE errichtet, ist gem. der Auffangregelung der Aufsichts- oder Verwaltungsrat der SE paritätisch mitbestimmt. Darüber hinaus besteht die paritätische Mitbestimmung für die deutsche AG wegen § 5 Abs. 3 MitbestG fort.

c) Konzernzurechnung. Wie in § 15 Abs. 3 SEBG (s. Rn. 62) wird in § 34 Abs. 1 SEBG der Bezugspunkt für die Berechnung der Arbeitnehmerzahl erweitert, indem bei den erforderlichen Prozentsätzen nicht – wie in Art. 7 Abs. 2 Buchst. a und b der SE-ErgRiL vorgegeben – auf die Gesamtzahl der Arbeitnehmer der **unmittelbar** an der SE-Gründung beteiligten Gesellschaften (vgl. auch Art. 2 Buchst. b SE-ErgRiL), sondern auf die Gesamtzahl der Arbeitnehmer der beteiligten Gesellschaften „**und der betroffenen Tochtergesellschaften**" abgestellt wird (s. Rn. 212). Die Berücksichtigung der Arbeitnehmer der Tochtergesellschaften ist zwar vor dem Hintergrund des Zieles des SEBG, die Beteiligungsrechte der Arbeitnehmer zu sichern, zu sehen (vgl. § 1 Abs. 1 S. 2 u. 3 und § 2 Abs. 9 S. 2 SEBG). Sie wirkt sich jedoch unmittelbar auf das Berechnungsergebnis aus. Gerechtfertigt wird dies mit der Notwendigkeit der Sicherung der nach nationalem Recht zustehenden Wahlrechte der Arbeitnehmer im Konzern.[180]

Probleme wirft im Zusammenhang mit der Berechnung der in § 34 SEBG genannten Prozentsätze folgende Sachverhaltsgestaltung auf:

Ein nicht mitbestimmtes Tochterunternehmen (300 Arbeitnehmer) eines nach dem MitbestG mitbestimmten Konzerns (2500 Arbeitnehmer) fusioniert mit einem französischen Unternehmen zur Tochter-SE. Die Arbeitnehmer der nicht mitbestimmten Konzerntochter werden für die Mitbestimmung der Konzernmutter zugerechnet, weshalb auch sie Mitbestimmung haben (§ 5 MitbestG). Bei der Berechnung der Prozentsätze sind demnach nicht nur die beteiligten Unternehmen, sondern auch die mitbestimmte Konzernmutter zu berücksichtigen. Fraglich ist jedoch, worauf abgestellt wird, wenn die Konzerntochter nicht 300, sondern 500 Arbeitnehmer hätte. In diesem Fall wird man wohl auf die Drittelbeteiligung bei der Konzerntochter abstellen müssen. Dies würde jedoch zu einem Wertungswiderspruch führen. Diese Problematik der (fehlenden) Mitbestimmung in einer konkret beteiligten Gesellschaft, die Teil eines Konzerns ist, in dem Mitbestimmung besteht, kann letztlich nur aufgrund einer gerichtlichen Entscheidung geklärt werden.

d) Schwellenwerte werden unterschritten. Werden die oben genannten Schwellenwerte (25 % bei der Verschmelzung, 50 % bei Holding und Tochter) nicht erreicht, kommen die Auffangregelungen zur Mitbestimmung nach § 34 Abs. 1 Nr. 2 Buchst. b und Nr. 3 Buchst. b SEBG nur durch einen entsprechenden **Beschluss** des BVG zur Anwendung, der mit absoluter Mehrheit gefasst werden kann. Diese Möglichkeit ist eine zwingende Vorgabe des Art. 7 Abs. 2 Buchst. b und c SE-ErgRiL. Es genügt, dass nur eine der Gründungsgesellschaften einem System der Mitbestimmung unterliegt, um zu erzwingen, dass die gesetzlichen Auffangregelungen zur Anwendung kommen.[181] Die Schwellenwerte sind in diesem Kontext insoweit „Verhandlungsmasse": Das BVG wird auf die Möglichkeit, die Auffangregelung zur Mitbestimmung per Beschluss doch noch zur Geltung kommen zu lassen, nicht ohne weiteres verzichten und sich den Lästigkeitswert dieser Option „abkaufen" lassen; letztlich dienen die Schwellenwerte damit lediglich als „Referenzpunkte" für die Forderungen der Arbeitnehmer

---

[180] Vgl. BT-Drucks. 15/3405, S. 54.
[181] Vgl. *Müller-Bonanni/de Beauregard*, GmbHR 2005, 196.

in den Verhandlungen.[182] Im Ergebnis fängt sich die SE jedoch regelmäßig die Mitbestimmung ein, sobald nur eine der Gründungsgesellschaften einem System der Mitbestimmung unterliegt. Hierin könnte ein Nachteil für deutsche Unternehmen gesehen werden, die in der Regel mitbestimmt sind. Es steht zu befürchten, dass ausländische Partner davor „abgeschreckt" werden könnten, mit deutschen Unternehmen eine SE zu gründen.[183]

219 **e) Beschluss des BVG bei Mitbestimmungskonkurrenzen.** Sofern **unterschiedliche Formen der Mitbestimmung** in den beteiligten Gesellschaften in den Gründungsvarianten Verschmelzung, Tochter und Holding bestehen, entscheidet nach § 34 Abs. 2 S. 1 SEBG das BVG durch Beschluss, welche Form der Mitbestimmung in der SE eingeführt werden soll. Dabei ist unter Form der Mitbestimmung ausschließlich das Prinzip des Mitbestimmungssystems iSd. § 2 Abs. 12 SEBG zu verstehen. So liegt zB bei der Mitbestimmung nach dem MitbestG und dem DrittelbG dieselbe Form der Mitbestimmung vor, nämlich die Wahl eines Anteils an Arbeitnehmervertretern im Aufsichtsrat. Eine andere Mitbestimmungsform ist das (mittlerweile abgeschaffte) niederländische Kooptationsmodell.[184]

220 **f) Auffangregeln bei Fehlen eines BVG-Beschlusses.** Die Mitgliedstaaten können gem. Art. 7 Abs. 2 Buchst. c Unterabs. 2 S. 2 SE-ErgRiL Regeln festlegen, die anzuwenden sind, wenn kein einschlägiger Beschluss des BVG für eine in ihrem Hoheitsgebiet eingetragene SE gefasst worden ist. Das SEBG stellt in einem solchen Fall darauf ab, ob eine inländische Gesellschaft, deren Arbeitnehmern Mitbestimmungsrechte zustehen, beteiligt ist – dann gilt gem. § 34 Abs. 2 S. 2, § 2 Abs. 12 Nr. 1 SEBG das deutsche Mitbestimmungsmodell. Ist keine inländische mitbestimmte Gesellschaft an der SE-Gründung beteiligt, findet gem. § 34 Abs. 2 S. 3 SEBG in der SE die Mitbestimmungsform der Gesellschaft mit der **größten Arbeitnehmerzahl** Anwendung. Das BVG hat die Leitungen gem. § 34 Abs. 3 SEBG über die Beschlüsse zu unterrichten, die es bei Unterschreitung der Schwellenwerte und ggf. bei Vorliegen unterschiedlicher Mitbestimmungsmodelle gefasst hat; seine Entscheidungen sind für die Leitungen bindend.

221 **g) Umwandlungs-SE.** Besondere Regelungen enthält das SEBG in § 34 Abs. 1 Nr. 1 SEBG für den mitbestimmungsrechtlich problematischsten[185] Gründungsfall der formwechselnden **Umwandlung**: Danach kommt bei einer durch Umwandlung gegründeten SE die Auffangregelung zur Mitbestimmung nur zur Anwendung, wenn die umgewandelte (Aktien-)Gesellschaft zuvor durch nationale Mitbestimmungsregeln mitbestimmt war. § 35 Abs. 1 SEBG sieht vor, dass zwingend die bisherige Regelung zur Unternehmensmitbestimmung hinsichtlich Mitbestimmungsform und -intensität bestehen bleibt, die in der Gesellschaft vor der Umwandlung bestanden hat.[186]

222 Es gilt hier stets der **Vorher-Nachher-Grundsatz**: Bei Umwandlung einer mitbestimmungsfreien Gesellschaft findet die Auffangregelung zur Mitbestimmung keine Anwendung: Die SE bleibt mitbestimmungsfrei. Unterlag die umzuwandelnde Gesellschaft zuvor der Mitbestimmung, bleibt sie weiterhin mitbestimmt. Die ursprüng-

---

[182] S. ETUI-Checkliste zur SE vom Mai 2004, S. 12, abrufbar unter www.seeurope-network.org.
[183] Vgl. *Köklü*, Gesellschaftsrecht für die Praxis, 2007, Rn. 8164 S. 1312; aA *Nagel*, DB 2004, 1304.
[184] Vgl. BT-Drucks. 15/3405, S. 54.
[185] Vgl. *Kleinsorge*, RdA 2002, 350.
[186] Vgl. auch Teil 3 Buchst. a S. 1 des Anhangs zur SE-ErgRiL, wonach „alle Komponenten der Mitbestimmung der Arbeitnehmer weiterhin Anwendung [finden]".

liche spanische SA wird somit als Umwandlungs-SE mitbestimmungsfrei sein, die ursprüngliche deutsche AG als SE weiterhin mitbestimmt bleiben. Bei einer nach dem MitbestG mitbestimmten Gesellschaft, die in eine SE umgewandelt wird, würde sich demnach an der bisherigen Mindestrepräsentanz der im Unternehmen vertretenen Gewerkschaften (§ 7 Abs. 2 MitbestG) und derjenigen der leitenden Angestellten (§ 15 Abs. 1 S. 2 MitbestG) nichts ändern.[187]

Zwar bestimmt § 35 Abs. 1 SEBG, dass in den Fällen der Umwandlung „die Regelung zur Mitbestimmung erhalten bleibt, die in der Gesellschaft vor der Umwandlung bestanden hat". Offen bleibt jedoch – auch die Gesetzesbegründung nimmt hierauf nicht gesondert Bezug –, ob durch diese Vorschrift die **absolute** Zahl von Arbeitnehmervertretern oder nur die **anteilsmäßige** Besetzung des Aufsichts- oder Verwaltungsorgans der SE geschützt ist, und weiter, ob mit „Regelung zur Mitbestimmung" das nationale Mitbestimmungsrecht oder lediglich das Verfahren zur Auswahl der Arbeitnehmervertreter (Wahl, Bestellung, Empfehlung, Ablehnung) gemeint ist. Schon aus dem systematischen Zusammenhang mit § 35 Abs. 2 SEBG ergibt sich jedoch, dass jeweils Letzteres zutreffend ist. Dass die nationalen Vorschriften zur Unternehmensmitbestimmung nicht auf die SE, somit auch nicht auf die Umwandlungs-SE anwendbar sind, ergibt sich indes aus § 47 Abs. 1 Nr. 1 SEBG.[188] Nach Art. 37 Abs. 3 SE-VO darf der Sitz der Gesellschaft anlässlich der Umwandlung nicht in einen anderen Mitgliedstaat verlegt werden: Die Vorschrift reiht sich in die Bemühungen des europäischen Regelgebers, eine „Flucht aus der Mitbestimmung" zu verhindern, ein.

2. „Spanische Klausel": Optionslösung für die Verschmelzungs-SE

Nach Art. 7 Abs. 3 SE-ErgRiL braucht ein Mitgliedstaat die Auffangregelung in Teil 3 des Anhangs der SE-ErgRiL über die Mitbestimmung in dem in Art. 7 Abs. 2 Buchst. b SE-ErgRiL vorgesehenen Fall der Gründung einer SE durch Verschmelzung nicht anzuwenden (sog. „Spanische Klausel"). Macht ein Mitgliedstaat von der Optionslösung Gebrauch, kann die SE nach Art. 12 Abs. 3 SE-VO nur eingetragen werden und damit wirksam entstehen, wenn es eine Verhandlungslösung über ein Beteiligungsmodell (einschließlich der Unternehmensmitbestimmung) iSv. Art. 4 der SE-ErgRiL gibt oder für keine der betroffenen Gesellschaften vor der Registrierung der SE Mitbestimmungsvorschriften galten. Bestand aber bei nur einer der an der Verschmelzung beteiligten Gesellschaften eine Mitbestimmungsregelung und sind die Verhandlungen gescheitert, kann die SE in einem Mitgliedstaat, der von der Ausnahmeregelung des Art. 7 Abs. 3 SE-ErgRiL Gebrauch macht, nicht eingetragen werden, mit der Konsequenz, dass die Verschmelzung scheitert. Spanisch heißt die Klausel deshalb, weil mit der Optionsregelung des Art. 7 Abs. 3 SE-ErgRiL das Zugeständnis Spaniens im Ministerrat erkauft und der Nizza-Kompromiss erst möglich wurde.[189]

Während im normalen Verfahren das Letztentscheidungsrecht über die Gründung einer SE stets bei den Leitungen liegt, führt dies bei Wahrnehmung der Optionsregelung dazu, dass beide Seiten im Verhandlungsverfahren die Verhandlungen scheitern lassen können.[190] Von einem Mitbestimmungsverlust gegen den Willen der Arbeitnehmer kann hier jedenfalls nicht gesprochen werden.[191] Deutschland hat von der Ermäch-

---

[187] Vgl. Lutter/Hommelhoff/Oetker, S. 306; Theisen/Wenz/Köstler, S. 361.
[188] S. zu dieser Problematik auch Müller-Bonanni/de Beauregard, GmbHR 2005, 197; Lutter/Hommelhoff/Oetker, S. 306.
[189] Vgl. Hopt, EuZW 2002, 1; Nagel, AuR 2001, 406.
[190] Niklas, NZA 2004, 1205.
[191] Vgl. hierzu Kleinsorge/Neye, BArbBl. 2001, 8.

tigung des Art. 7 Abs. 3 SE-ErgRiL keinen Gebrauch gemacht. Ob die Wahrnehmung der Optionslösung zur Steigerung der Attraktivität der neuen europäischen Gesellschaftsform beitragen und deutliche Impulse für die Verhandlungslösung geben würde, die dann ohne Belastung durch die Auffangregelung zur Mitbestimmung automatisch gefunden werden könnte, ist fraglich.[192]

3. Verteilung der Sitze der Arbeitnehmervertreter im Aufsichts- oder Verwaltungsorgan der SE

226 Steht die Anzahl der Arbeitnehmervertreter im Aufsichts- oder Verwaltungsorgan der SE aufgrund des insofern maßgeblichen höchsten Anteils in den beteiligten Gesellschaften der SE gem. § 35 Abs. 2 S. 2 SEBG fest, sind die den Arbeitnehmern zustehenden Sitze auf die verschiedenen Mitgliedstaaten zu verteilen, in denen Mitglieder zu wählen oder zu bestellen sind. Beseitigt wird damit das nach den nationalen Mitwirkungs- und Mitbestimmungsregelungen bestehende Problem, dass in der Regel nur nationale Gesellschaften unter den Anwendungsbereich der jeweiligen Normenwerke fallen, was eine transnationale Repräsentanz der Arbeitnehmervertreter in den Aufsichtsorganen unmöglich macht; zur Lösung dieses Problems bediente man sich freiwilliger Mitbestimmungsvereinbarungen, die auch ausländische Arbeitnehmer und Gewerkschaften berücksichtigten. Hingegen spiegelt sich der grenzüberschreitende Charakter der SE gerade in der Besetzung auch der ausländischen Arbeitnehmervertreter im Aufsichts- oder Verwaltungsorgan wider.[193]

227 Auf der anderen Seite wird von den Befürwortern der Mitbestimmung, die auf ihre Bewährung in der deutschen Praxis verweisen, oftmals unterschätzt, dass die Vertretung von Arbeitnehmern im Aufsichts- oder Verwaltungsorgan der SE ohne entsprechende Mitbestimmungserfahrung und -tradition erhebliche Probleme bereiten kann. Dies insbesondere dann, wenn anders als in Deutschland, wo die konfliktarme Praxis größtenteils auf das Prinzip der deutschen Einheitsgewerkschaft und ihr Rollen- und Politikverständnis zurückzuführen ist, konkurrierende Gewerkschaften unterschiedlicher Couleur vertreten sind (wie etwa in britischen oder französischen Betrieben) und Mitbestimmung daher nicht reibungslos und ohne Weiteres funktionieren kann.[194] Dieser Befund dürfte auch auf Mitbestimmungsvereinbarungen gem. § 21 Abs. 3 SEBG übertragbar sein.

228 Die Verteilung der Aufsichtsrats- und Verwaltungsratsmandate erfolgt gem. § 36 Abs. 1 S. 1 SEBG durch den SE-Betriebsrat. Entscheidungskriterium des SE-Betriebsrats für die Verteilung der Sitze auf die einzelnen Mitgliedstaaten ist gem. § 36 Abs. 1 S. 2 SEBG der jeweilige Anteil der in den einzelnen Mitgliedstaaten beschäftigten Arbeitnehmer der SE, ihrer Tochtergesellschaften und Betriebe.[195] Anders als bei der Bildung des BVG gilt hier somit allein der Grundsatz der Proportionalität.

---

[192] So iE auch *Nagel*, DB 2004, 1303 f.; ebenso *Niklas*, NZA 2004, 1204.
[193] Vgl. BT-Drucks. 15/3405, S. 55.
[194] Vgl. *Schiessl*, ZHR 2003, 251.
[195] Manz/Mayer/Schröder/*Hennings*, Anhang Teil 3 SE-ErgRiL Rn. 18 hält § 36 Abs. 1 S. 2 SEBG für richtlinienwidrig, da er bei der Berechnung des Anteils der in den einzelnen Mitgliedstaaten beschäftigten Arbeitnehmer entgegen Teil 3 Buchst. b Abs. 2 S. 1 der Auffangregelung zur SE-ErgRiL nicht nur auf die Arbeitnehmer der SE abstellt, sondern auch auf die Arbeitnehmer ihrer „Tochtergesellschaften".

F. Arbeitnehmerbeteiligung in der SE kraft Gesetzes

229 Dies soll anhand eines Beispiels verdeutlicht werden:

Drei Unternehmen aus den drei Mitgliedstaaten Frankreich, Italien und Deutschland fusionieren zu einer SE. Im Aufsichts- oder Verwaltungsrat der SE fallen den Arbeitnehmern 10 Sitze zu. Die SE soll ihren Sitz in Deutschland nehmen.

	Frankreich		Italien		Deutschland	
Arbeitnehmerzahl	40 000		35 000		25 000	
Arbeitnehmerzahl insgesamt	100 000					
Anteil in %	40%		35%		25%	
d'Hondt: Arbeitnehmerzahl geteilt durch: 1 2 3 4 5 6		Sitz		Sitz		Sitz
	40 000	1	35 000	2	25 000	3
	20 000	4	17 500	5	12 500	7
	13 334	6	11 667	8	8 334	
	10 000	9	8 750	10		
	8 000		7 000			
Sitze im Aufsichts- oder Verwaltungsrat	4		4		2	

Arbeitnehmer aus allen Mitgliedstaaten werden bei der anteilmäßigen Verteilung nach dem d'Hondtschen Höchstzahlverfahren berücksichtigt. Danach wird der Aufsichts- oder Verwaltungsrat der SE mit jeweils vier Arbeitnehmern aus Frankreich und Italien und zwei Arbeitnehmern aus Deutschland besetzt.

230 **a) Mehr Mitgliedstaaten als Sitze im Aufsichts- oder Verwaltungsorgan der SE.** Führt die Verteilung aufgrund dieses Proportionalitätsgrundsatzes dazu, dass Arbeitnehmer aus einem oder mehreren Mitgliedstaaten bei dieser anteilmäßigen Verteilung unberücksichtigt bleiben und deshalb keinen Sitz im Aufsichts- oder Verwaltungsorgan der SE erhalten, so hat der SE-Betriebsrat nach § 36 Abs. 1 S. 3 SEBG den letzten zu verteilenden Sitz – gegebenenfalls zu Lasten eines Mitgliedstaates mit größerer Arbeitnehmerzahl – zwingend einem bisher unberücksichtigten Mitgliedstaat zuzuweisen. Dieser Sitz soll nach § 36 Abs. 1 S. 4 SEBG vorzugsweise, soweit angemessen, dem Mitgliedstaat zugewiesen werden, in dem die SE ihren Sitz haben wird. Dieses Verteilungsverfahren gilt gem. § 36 Abs. 1 S. 5 SEBG auch in dem Fall, in dem die Arbeitnehmer der SE Mitglieder der Aufsichts- und Verwaltungsorgane empfehlen oder ablehnen können.

231 Dies soll durch das folgende Beispiel veranschaulicht werden:

Fünf Unternehmen aus den fünf Mitgliedstaaten Frankreich, England, Deutschland, Spanien und Belgien fusionieren zu einer SE. Im Aufsichts- oder Verwaltungsrat der SE fallen den Arbeitnehmern 10 Sitze zu. Die SE soll ihren Sitz in Deutschland nehmen.

1. Verteilung entsprechend den Anteilen der beschäftigen Arbeitnehmer in den Mitgliedstaaten

	Frankreich	England	Deutschland	Spanien	Belgien
Arbeitnehmerzahl	55 000	35 000	4 000	3 500	2 500
Arbeitnehmerzahl insgesamt	100 000				
Anteil in %	55 %	35 %	4 %	3,5 %	2,5 %
d'Hondt: Arbeitnehmerzahl geteilt durch:	Sitz	Sitz	Sitz	Sitz	Sitz
1	55 000 1	35 000 2	4 000	3 500	2 500
2	27 500 3	17 500 4	2 000		
3	18 334 5	11 667 7			
4	13 750 6	8 750 0			
5	11 000 8	7 000			
6	9 167 9	5 834			
7	7 858				
Sitze im Aufsichts- oder Verwaltungsrat	6	4	0	0	0

2. Unberücksichtigte Arbeitnehmer

Die 10 Sitze entfallen vollständig auf die Arbeitnehmer aus Frankreich und England. Arbeitnehmer aus Deutschland, Spanien und Belgien bleiben bei der anteilmäßigen Verteilung nach dem d'Hondtschen Höchstzahlverfahren unberücksichtigt. In diesem Fall ist der letzte Sitz – gegebenenfalls zu Lasten eines Mitgliedstaates mit größerer Arbeitnehmerzahl – zwingend an einen der Mitgliedstaaten zuzuweisen, der bisher noch keinen Sitz erhalten hat. Dies soll – sofern angemessen – der Sitzstaat der SE sein. Demnach bestellt der SE-Betriebsrat ein Mitglied aus Deutschland. Dies ist auch insofern angemessen, als es von den unberücksichtigten Mitgliedstaaten derjenige mit höchster Arbeitnehmerzahl ist.

Für Deutschland kann es allerdings keinen zusätzlichen Sitz im Aufsichts- oder Verwaltungsorgan der SE geben, da die Zahl der Mitglieder der Arbeitnehmervertreter im Verwaltungs- bzw. Aufsichtsrat insoweit feststeht. Eine Erhöhung der im Beispielsfall auf 10 begrenzten Mitgliederzahl ist demnach nicht möglich. Der Sitz für Deutschland wird insofern vorab berücksichtigt, als das Höchstzahlverfahren nach d'Hondt nur zur Verteilung von 9 Sitzen angewandt wird. Im Beispielsfall würden auf England dann nur 3 Sitze entfallen.

	Frankreich	England	Deutschland	Spanien	Belgien
Arbeitnehmerzahl	55 000	35 000	4 000	3 500	2 500
Arbeitnehmerzahl insgesamt	100 000				
Anteil in %	55 %	35 %	4 %	3,5 %	2,5 %
Sitze im Aufsichts- oder Verwaltungsrat	6	3	1	0	0

Gesamtergebnis:
Im Aufsichts- oder Verwaltungsorgan der SE sind folglich vertreten: 6 Arbeitnehmervertreter aus Frankreich, 3 Arbeitnehmervertreter aus England und 1 Arbeitnehmervertreter aus Deutschland.

232 Die konkrete Besetzung der den Mitgliedstaaten zugewiesenen Sitze im Aufsichts- oder Verwaltungsrat der SE erfolgt anhand der jeweiligen Regelungen in den nationalen Umsetzungsgesetzen. Lediglich wenn in einem Mitgliedstaat eine derartige Regelung fehlt, übernimmt gem. § 36 Abs. 2 SEBG ersatzweise der SE-Betriebsrat auch diese Aufgabe.

b) Bestimmung der inländischen Arbeitnehmervertreter durch Wahlgre- 233
mium. Die aus Deutschland stammenden Vertreter im Aufsichts- oder Verwaltungsorgan der SE werden gem. § 36 Abs. 3 S. 1 SEBG von einem Wahlgremium bestimmt, das ebenso zusammengesetzt ist wie bei der Wahl des SE-Betriebsrats, nämlich aus den Arbeitnehmervertretungen der SE, ihrer Tochtergesellschaften und Betriebe (vgl. § 23 Abs. 1 SEBG). Für das Wahlverfahren gelten § 6 Abs. 2 bis 4, § 8 Abs. 1 S. 2 bis 5, Abs. 2 bis 7 SEBG und die §§ 9 und 10 SEBG entsprechend mit der Maßgabe, dass an die Stelle der beteiligten Gesellschaften, betroffenen Tochtergesellschaften und betroffenen Betriebe die SE, ihre Tochtergesellschaften und Betriebe treten (§ 36 Abs. 3 S. 2 SEBG). Das Wahlergebnis ist der Leitung der SE, dem SE-Betriebsrat, den gewählten Arbeitnehmervertretern, den Sprecherausschüssen und Gewerkschaften mitzuteilen (§ 36 Abs. 3 S. 3 SEBG).

c) Bestellung durch die Hauptversammlung. Die durch das Wahlgremium ge- 234
wählten bzw. durch den SE-Betriebsrat in Ermangelung von nationalen Regeln nach § 36 Abs. 2 SEBG bestimmten Arbeitnehmervertreter werden der Hauptversammlung der SE, die nach Art. 40 Abs. 2 und 43 Abs. 3 SE-VO für die Bestellung aller Mitglieder des Aufsichts- oder Verwaltungsorgans zuständig ist, zur Bestellung vorgeschlagen. Die Hauptversammlung ist insoweit an diese Vorschläge des Wahlgremiums gebunden (§ 36 Abs. 4 SEBG). Den rechtlichen Status als Mitglied des Aufsichts- oder Verwaltungsorgans erlangen die Arbeitnehmervertreter somit erst mit der Bestellung durch die Hauptversammlung; diese stellt jedoch nur einen formalen Akt dar. Verweigert die Hauptversammlung eine Bestellung in den Aufsichts- oder Verwaltungsrat, verletzt sie das bindende Vorschlagsrecht des Wahlgremiums nach § 36 Abs. 4 SEBG; maßgeblich für eine Klage in einem solchen Fall ist § 2a Abs. 1 Nr. 3 d ArbGG.[196] Der Rechtsgedanke des bindenden Vorschlagsrechts gegenüber der Hauptversammlung ist § 6 Abs. 6 MontanMitbestG entlehnt, wonach das Wahlorgan – dies kann die Hauptversammlung einer AG oder die Gesellschafterversammlung einer GmbH sein – zwingend an die Vorschläge der Betriebsräte zur Wahl der Arbeitnehmervertreter in den Aufsichtsrat gebunden ist.

4. Errichtungs- und Tätigkeitsschutz

§ 44 SEBG normiert zugunsten der Arbeitnehmervertreter im Aufsichts- oder Ver- 235
waltungsorgan der SE einen **Errichtungs- und Tätigkeitsschutz** (vgl. § 44 Nr. 1 und 2 SEBG) und verbietet die Benachteiligung oder Begünstigung einzelner seiner Mitglieder (einschließlich der Ersatzmitglieder) wegen ihrer Tätigkeit (vgl. § 44 Nr. 3 SEBG). Nach § 45 Abs. 2 Nr. 2 und 3 SEBG wird die Verletzung dieser Schutzvorschrift mit Freiheitsstrafe bis zu einem Jahr oder mit Geldstrafe geahndet; die Tat wird dabei nach § 45 Abs. 4 S. 1 SEBG nur auf Antrag verfolgt. Zum Antrag berechtigt sind neben dem Verletzten auch die in § 45 Abs. 4 S. 2 SEBG genannten Personen und Gremien. Die Schutznorm des § 44 SEBG muss im Zusammenhang mit der Vorschrift des § 42 S. 1 Nr. 4 SEBG gelesen werden, der den Grundsatz beinhaltet, dass die Arbeitnehmervertreter im Aufsichts- oder Verwaltungsorgan der SE, die Beschäftigte der SE, ihrer Tochtergesellschaften oder Betriebe sind, den gleichen Schutz und die gleichen Sicherheiten genießen wie die Arbeitnehmervertreter nach den Gesetzen und Gepflogenheiten des Mitgliedstaats, in dem sie beschäftigt sind.

---

[196] § 2a Abs. 1 ArbGG wurde durch Art. 6 SEEG durch einen neu eingefügten Nr. 3 d geändert.

5. Abberufung

236 Nach § 37 Abs. 1 S. 1 SEBG kann ein Mitglied oder ein Ersatzmitglied der Arbeitnehmer aus dem Inland im Aufsichts- oder Verwaltungsorgan vor Ablauf der Amtszeit abberufen werden. Antragsberechtigt sind nach § 37 Abs. 1 S. 2 SEBG die Arbeitnehmervertretungen, die das Wahlgremium gebildet haben, in den Fällen der Urwahl mindestens drei wahlberechtigte Arbeitnehmer, für ein Mitglied nach § 6 Abs. 3 SEBG (Gewerkschaftsvertreter) nur die Gewerkschaft, die das Mitglied vorgeschlagen hat, und für ein Mitglied nach § 6 Abs. 4 (Vertreter der leitenden Angestellten) nur der Sprecherausschuss, der das Mitglied vorgeschlagen hat. Diese Vorschrift folgt der Regelung in § 23 Abs. 2 und 3 MitbestG.

237 Für das Abberufungsverfahren gelten die §§ 8 bis 10 SEBG entsprechend mit der Maßgabe, dass an die Stelle der beteiligten Gesellschaften, betroffenen Tochtergesellschaften und betroffenen Betriebe die SE, ihre Tochtergesellschaften und Betriebe treten. Dieser Beschluss bedarf – abweichend von § 8 Abs. 5 und § 10 Abs. 1 Satz 3 SEBG – einer Mehrheit von drei Vierteln der abgegebenen Stimmen (§ 37 Abs. 1 S. 3 SEBG); diese Vorschrift ist § 23 Abs. 2 MitbestG nachgebildet. Die Arbeitnehmervertreter sind nach § 37 Abs. 1 S. 4 SEBG formal von der Hauptversammlung der SE abzuberufen, die an die Entscheidung des Wahlgremiums gebunden ist. Zur Abberufung berechtigt sind diejenigen, die das betreffende Mitglied des Aufsichts- oder Verwaltungsrats gewählt haben. In der Regel wird die Abberufung zugleich mit einer Neubestellung verbunden sein.

6. Wahlanfechtung

238 Nach § 37 Abs. 2 S. 1 SEBG kann die Wahl eines Mitglieds oder eines Ersatzmitglieds der Arbeitnehmer aus dem Inland im Aufsichts- oder Verwaltungsorgan angefochten werden, wenn gegen wesentliche Vorschriften über das Wahlrecht, die Wählbarkeit oder das Wahlverfahren verstoßen worden und eine Berichtigung nicht erfolgt ist, es sei denn, dass durch den Verstoß das Wahlergebnis nicht geändert oder beeinflusst werden konnte. Auf die Wahlanfechtung sind die Grundsätze anwendbar, die in § 243 AktG für die Anfechtung eines Beschlusses der Hauptversammlung normiert sind. Wesentlich sind alle zwingenden Vorschriften.[197] Zur Anfechtung berechtigt sind nach § 37 Abs. 2 S. 2 SEBG neben den in § 37 Abs. 1 S. 2 Genannten auch der SE-Betriebsrat und die Leitung der SE, dh. die geschäftsführenden Direktoren im monistischen oder der Vorstand im dualistischen System. Die Klage muss nach § 37 Abs. 2 S. 3 SEBG innerhalb eines Monats nach dem Bestellungsbeschluss der Hauptversammlung erhoben werden. Nach § 17 Abs. 4 SEAG können daneben formale Fehler bei der Bestellung der Arbeitnehmer im Aufsichts- oder Verwaltungsrat durch die Hauptversammlung nach den aktienrechtlichen Vorschriften angegriffen werden. Für die Abberufung und Wahlanfechtung sind nach § 2a Abs. 1 Nr. 3 d ArbGG die Arbeitsgerichte im Beschlussverfahren nach §§ 80 ff. ArbGG zuständig.

7. Arbeitsdirektor

239 Sofern auf eine SE die Vorschriften zur Mitbestimmung kraft Gesetzes nach den §§ 34 ff. SEBG Anwendung finden, ist nach § 38 Abs. 2 SEBG – je nachdem, welche Leitungsverfassung vorliegt – ein Mitglied des Vorstandes (§ 16 SEAG) oder der geschäftsführenden Direktoren (§ 40 SEAG) für den Bereich Arbeit und Soziales zuständig. Die deutsche Figur des Arbeitsdirektors (vgl. § 33 MitbestG) wird damit unmittelbar in das SEBG aufgenommen.[198] Zur Gewährleistung der notwendigen Ei-

---
[197] Vgl. BAG AP BetrVG § 13 Nr. 10; BAG BB 1989, 496.
[198] Für *Grobys*, NZA 2004, 780, stellt die Etablierung eines Arbeitsdirektors eine typische

genständigkeit des „Personalvorstandes" innerhalb der Unternehmensleitung macht das Gesetz ein mindestens zweiköpfiges Vertretungsorgan erforderlich, dh. die Zahl der Vorstandsmitglieder gem. § 16 SEAG im dualistischen oder der geschäftsführenden Direktoren gem. § 40 SEAG im monistischen System der Unternehmensverfassung muss in diesem Fall mindestens zwei betragen. Bemerkenswert ist, dass es für die Anwendung des § 38 Abs. 2 SEBG nicht darauf ankommt, ob in einer an der SE-Gründung beteiligten Gesellschaft ein Arbeitsdirektor bestanden hat; denn ein solcher ist auch dann zu bestellen, wenn die an der Gründung der SE beteiligten deutschen Gesellschaften ausschließlich nach dem DrittelbG mitbestimmt sind.[199]

Der Arbeitsdirektor ist gleichberechtigtes Mitglied des gesetzlichen Vertretungsorgans des Unternehmens und wird wie jedes andere Mitglied bestellt und abberufen. Eine Vorschrift vergleichbar § 13 Abs. 1 S. 2 MontanMitbestG, wonach der Arbeitsdirektor nicht gegen die Stimme der Mehrheit der Arbeitnehmervertreter im Aufsichtsrat berufen werden kann, findet im SEBG keine Parallele: Weder die Arbeitnehmer noch ihre Vertreter im Aufsichts- oder Verwaltungsorgan der SE, noch der SE-Betriebsrat, noch die Gewerkschaften haben ein Vorschlags- oder Zustimmungsrecht.

8. Weiteres Mitglied im Aufsichts- oder Verwaltungsorgan der SE nach dem Modell der Montanmitbestimmung

Das SEBG regelt auch den Fall, dass an der SE eine deutsche Gesellschaft beteiligt ist, die der paritätischen Mitbestimmung nach dem MontanMitbestG oder dem MontanMitbestErgG unterliegt: Besteht in einer der beteiligten Gesellschaften das Aufsichtsorgan (Aufsichtsrat) aus derselben Zahl von Anteilseigner- und Arbeitnehmervertretern sowie einem **weiteren Mitglied**, so ist nach § 38 Abs. 3 SEBG auch im Aufsichts- oder Verwaltungsorgan der SE ein **weiteres Mitglied** auf „gemeinsamen Vorschlag" der Anteilseigner- und Arbeitnehmervertreter zu wählen.[200] Zu berücksichtigen ist jedoch, dass der in §§ 42, 45 iVm. § 50 Abs. 2 der SE-VO niedergelegte Grundsatz, dass bei paritätischer Mitbestimmung – sei es im Vereinbarungswege oder qua Auffangregelung – stets die Stimme des von den Anteilseignern gewählten Vorsitzenden den Ausschlag geben können muss, vorrangig ist gegenüber dem deutschen Montanmitbestimmungsrecht.[201]

9. Sorgfaltspflicht und Verantwortlichkeit der Mitglieder des Aufsichts- oder Verwaltungsorgans der SE

Nach § 38 Abs. 1 SEBG haben die Mitglieder des Aufsichts- oder Verwaltungsorgans der SE die gleichen Rechte und Pflichten. Dies gilt gleichermaßen für die Aufsichts- oder Verwaltungsratsmitglieder der Anteilseigner- und der Arbeitnehmerbank und ungeachtet der Frage, ob die Mitglieder der Arbeitnehmerbank vom SE-Betriebsrat oder

---

einzelstaatliche „Gepflogenheit" dar, die nach § 13 Abs. 2 SE-ErgRiL keine Anwendung auf die SE finden soll; aA MünchKommAktG/*Jacobs*, § 38 SEBG Rn. 4; *Krause*, BB 2005, 1228.
[199] Vgl. Lutter/Hommelhoff/*Oetker*, S. 312.
[200] Nach § 8 MontanMitbestG wird das weitere Mitglied des Aufsichtsrats durch das Wahlorgan – dies kann die Hauptversammlung der AG oder die Gesellschafterversammlung der GmbH sein – auf Vorschlag der übrigen Aufsichtsratsmitglieder gewählt. Der Vorschlag wird durch diese Aufsichtsratsmitglieder mit Mehrheit der abgegebenen Stimmen beschlossen. Er bedarf jedoch der Zustimmung von mindestens je drei Vertretern der Anteilseigner- und Arbeitnehmerbank.
[201] So auch *Nagel*, DB 2004, 1302. Im Schrifttum herrscht die Auffassung, dass die Pflicht, ein weiteres Mitglied in das Aufsichts- oder Verwaltungsorgan zu wählen, gegen den Sinngehalt der Art. 42, 45 SE-VO verstoßen, vgl. *Krause*, BB 2005, 1228; *Calle Lambach*, RIW 2005, 163; *Grobys*, NZA 2004, 780; zweifelnd auch *Niklas*, NZA 2004, 1204.

den Arbeitnehmervertretungen gewählt, bestellt oder empfohlen worden sind. Grundsätzlich nicht zulässig ist demnach eine Differenzierung zwischen Anteilseigner- und Arbeitnehmervertretern im Aufsichts- oder Verwaltungsorgan,[202] sofern sich aus den übrigen Vorschriften zur SE nichts anderes ergibt. Diese Verpflichtung und Berechtigung des Gesamt-Aufsichts- oder Verwaltungsrats als Organ entspricht zwar den Prinzipien des deutschen Mitbestimmungsrechts; sie betrifft jedoch lediglich die Auffangregelung zur Mitbestimmung nach den §§ 34 ff. SEBG. Anders lautende Bestimmungen kraft privatautonomer Vereinbarung iSv. § 21 Abs. 3 Nr. 3 SEBG sind hiervon unbenommen. Für Streitigkeiten im Zusammenhang mit dem Diskriminierungsverbot sind die ordentlichen Gerichte zuständig.

243 § 41 Abs. 4 Nr. 2 SEBG normiert für Arbeitnehmer im Aufsichts- oder Verwaltungsrat der SE eine Pflicht zur Vertraulichkeit: Er verlangt hierfür nicht das Vorliegen eines Betriebs- oder Geschäftsgeheimnisses, sondern eine ausdrückliche Geheimhaltungserklärung seitens der Leitung der SE (formeller Geheimnisbegriff). Ferner gelten nach Art. 51 SE-VO für eine SE mit Sitz in Deutschland im Hinblick auf die Verschwiegenheitspflicht und Haftung der Aufsichtsratsmitglieder die §§ 93, 116 AktG entsprechend. Im Unterschied zu § 41 Abs. 4 Nr. 2 SEBG hängt der Geheimnisschutz in §§ 116, 93 AktG nicht von einer formellen Geheimhaltungserklärung ab und geht damit weiter als erstgenannter. Ergänzend gilt Art. 49 SE-VO, wonach Mitglieder der Organe der SE Informationen über die SE, die im Falle ihrer Verbreitung den Interessen der Gesellschaft schaden könnten, auch nach Ausscheiden aus ihrem Amt nicht weitergeben dürfen; dies gilt nicht in den Fällen, in denen eine solche Informationsweitergabe nach den Bestimmungen des für Aktiengesellschaften geltenden einzelstaatlichen Rechts vorgeschrieben oder zulässig ist oder im öffentlichen Interesse liegt.

III. Tendenzunternehmen

244 Die SE-Richtlinie ermächtigt in Art. 8 Abs. 3 die Mitgliedstaaten, besondere Bestimmungen für solche in ihrem Hoheitsgebiet ansässige Europäische Gesellschaften vorzunehmen, die in Bezug auf Berichterstattung und Meinungsäußerung unmittelbar und überwiegend eine bestimmte weltanschauliche Tendenz verfolgen (sog. Tendenzunternehmen), sofern bereits zum Zeitpunkt der Annahme der SE-Richtlinie entsprechende besondere Bestimmungen bestanden; nur Deutschland, Österreich und Schweden besaßen bereits solche Vorschriften. Von dieser Regelungsermächtigung hat Deutschland, auf dessen Drängen die vorerwähnte Bestimmung Eingang in den Richtlinientext fand („lex Deutschland") – dies zeigt sich auch unverkennbar an der teilweise wörtlichen Übereinstimmung mit § 1 Abs. 4 S. 1 MitbestG, § 118 Abs. 1 S. 1 BetrVG und § 34 EBRG – in § 39 Abs. 1 SEBG[203] Gebrauch gemacht. Danach finden auf eine SE mit Tendenzcharakter die Vorschriften über die gesetzliche Auffangregelung zur Mitbestimmung nach Maßgabe der §§ 34–38 SEBG keine Anwendung; die Bestimmungen über die verhandelte Beteiligung bleiben auf ein Tendenzunternehmen gleichwohl anwendbar.[204] Als Tendenzunternehmen gilt eine SE, wenn sie unmittelbar und überwiegend
- politischen, koalitionspolitischen, konfessionellen, karitativen, erzieherischen, wissenschaftlichen oder künstlerischen Bestimmungen oder
- Zwecken der Berichterstattung oder Meinungsäußerung, auf die Art. 5 Abs. 1 S. 2 GG anzuwenden ist, dient.

---

[202] Vgl. zur AG BGHZ 83, 106, 112 ff.
[203] Manz/Mayer/Schröder/*Hennings*, Art. 8 SE-ErgRiL Rn. 20 hält § 39 SEBG für richtlinienwidrig, da er über den in Art. 8 Abs. 3 SE-ErgRiL geregelten Rahmen für Ausnahmebestimmungen hinausgehe.
[204] Wie hier MünchKommAktG/*Jacobs*, § 39 SEBG Rn. 9

F. Arbeitnehmerbeteiligung in der SE kraft Gesetzes

Grundsätzlich ist für die Feststellung der Tendenzgebundenheit nicht auf den Betrieb, sondern auf das Unternehmen abzustellen; der Unternehmenszweck ist maßgebend.[205] Nach dem klaren Wortlaut der Vorschrift kann der **Tendenzschutz** nur für die SE selbst bestehen, dagegen niemals für einen Konzern. Bei einer Tochter-SE ist daher nicht auf die Tendenzeigenschaft der Obergesellschaft, sondern auf die der SE selbst abzustellen. Ist die SE herrschendes Unternehmen in einem Unterordnungskonzern, so ist der Tendenzcharakter für jedes einzelne Unternehmen gesondert zu prüfen.[206]

1. Mitbestimmung kraft Gesetzes in Tendenzunternehmen?

§ 39 Abs. 1 SEBG hat jedoch nur insofern geringe Bedeutung, als in Deutschland Tendenzunternehmen ohnehin nicht der Unternehmensmitbestimmung unterliegen, die bei Gründung der SE zu sichern wäre.[207] Scheitern daher die Verhandlungen unter Beteiligung mitbestimmter deutscher Unternehmen, so wirkt sich der nach den deutschen Mitbestimmungsgesetzen bestehende Tendenzschutz dahin gehend aus, dass keine deutsche Auffangregelung greifen kann; § 39 Abs. 1 SEBG kommt insofern nur deklaratorische Bedeutung zu.

Anders verhält es sich, wenn zB eine mitbestimmte holländische und eine mitbestimmungsfreie englische Gesellschaft eine SE mit Sitz in Deutschland gründen wollen, die Verhandlungen jedoch scheitern: Hier ergibt sich für die Mitbestimmungssicherung dieselbe Ausgangssituation wie die im Falle der sog. „Spanischen Klausel" für den Fall der Verschmelzungs-SE (vgl. Art. 7 Abs. 3 SE-ErgRiL, s. Rn. 224), wonach die Anwendung der Auffangregelungen für die Mitbestimmung gemäß Teil 3 des Anhangs zur SE-ErgRiL im Falle einer Verschmelzung freigestellt ist: Die SE kann in einem solchen Fall in Ermangelung einer Vereinbarung letztlich nicht eingetragen werden, auch wenn die entsprechenden Schwellenwerte überschritten sind oder das BVG einen entsprechenden Beschluss fasst.[208]

§ 39 SEBG findet jedoch nur auf eine SE mit Sitz in Deutschland Anwendung, so dass aus einem deutschen Tendenzunternehmen kommende Arbeitnehmer hinsichtlich ihrer Betätigung bei einer SE mit Sitz in einem anderen EU-Mitgliedstaat im Zusammenhang mit dem Tendenzschutz keinen Beschränkungen unterliegen.[209] Hiervon ausgenommen ist etwa Österreich, wo in § 249 Arbeitsverfassungsgesetz in Umsetzung von Art. 8 Abs. 3 SE-ErgRiL eine Tendenzschutzbestimmung existiert.

2. Einschränkungen bei der Unterrichtung und Anhörung kraft Gesetzes

Auch wenn die SE ein Tendenzunternehmen darstellt, finden auf sie die gesetzlichen Vorschriften eines SE-Betriebsrats gleichwohl Anwendung. Scheitern die Verhandlungen um die Einrichtung und die Kompetenzen des SE-Betriebsrats, greift allerdings nach § 39 Abs. 2 SEBG eine Auffangregelung, bei der sich eine Unterrichtung und Anhörung lediglich auf die Gegenstände des § 28 Abs. 2 Nr. 5 bis 10 SEBG[210] und des § 29 SEBG (außergewöhnliche Unterrichtung) beschränkt. Ausgeschlossen von der Unterrichtung und Anhörung sind demnach folgende in § 28 Abs. 2 Nr. 1–4 SEBG genannten Bereiche: die Struktur der SE sowie die wirtschaftliche und finanzielle Lage, die

---

[205] Vgl. BetrVG-Komm/*Wedde*, § 118 Rn. 14.
[206] Vgl. BetrVG-Komm/*Wedde*, § 118 Rn. 17.
[207] Vgl. *Nagel*, DB 2004, 1302.
[208] AA *Nagel*/Freis/Kleinsorge, § 39 Rn. 11.
[209] Vgl. *Oetker*, DB-Beilage 10/1996, 10 zum ähnlich gelagerten Problem bei § 34 EBRG.
[210] Das sind: grundlegende Änderungen der Organisation; die Einführung neuer Arbeits- und Fertigungsverfahren; die Verlegung von Unternehmen, Betrieben oder wesentlichen Betriebsteilen sowie Verlagerungen der Produktion; Zusammenschlüsse oder Spaltungen von Unternehmen oder Betrieben; die Einschränkung oder Stilllegung von Unternehmen, Betrieben oder wesentlichen Betriebsteilen und Massenentlassungen.

voraussichtliche Entwicklung der Geschäfts-, Produktions- und Absatzlage, die Beschäftigungslage und ihre voraussichtliche Entwicklung und Investitionen.

250 Eine Unterrichtung und Anhörung erfolgt nach § 39 Abs. 2 SEBG zudem nur über den Ausgleich oder die Milderung der wirtschaftlichen Nachteile, die den Arbeitnehmern infolge der Unternehmens- oder Betriebsänderung entstehen; sie betrifft hingegen nicht die Durchführung der Maßnahme selbst. Die Vorschrift des § 118 Abs. 1 S. 2 BetrVG ist insoweit entsprechend anzuwenden. Anders als dort geregelt, sind Religionsgemeinschaften nicht von der Vorschrift des § 39 SEBG erfasst. Konkrete Streitigkeiten über die Anwendbarkeit des § 39 SEBG sind nach §§ 2a Abs. 1 Nr. 3 d, 80 ff. ArbGG analog im Beschlussverfahren durch die Arbeitsgerichte zu entscheiden.

IV. Missbrauch der SE

251 In Umsetzung der Missbrauchsregelung in Art. 11 SE-ErgRiL sieht § 43 S. 1 SEBG vor, dass die SE nicht dazu missbraucht werden darf, Arbeitnehmern Beteiligungsrechte **vorzuenthalten** oder zu **entziehen**. Eine Definition dessen, was unter „Missbrauch zu verstehen ist, fehlt sowohl in der SE-ErgRiL wie auch im SEBG. Letzteres enthält in § 43 S. 2 SEBG lediglich einen Vermutungstatbestand, wonach Missbrauch anzunehmen ist, wenn ohne Durchführung eines Verfahrens nach § 18 Abs. 3 SEBG innerhalb eines Jahres nach Gründung der SE strukturelle Änderungen stattfinden (s. Rn. 83), die bewirken, dass den Arbeitnehmern Beteiligungsrechte vorenthalten oder entzogen werden. Da Missbrauch bei Vorliegen dieser Tatbestandsvoraussetzungen nur **vermutet** wird, kann sich die Leitung der SE durch Beweis des Gegenteils entlasten. Nach Ablauf des Zeithorizonts (ein Jahr nach SE-Gründung) entfällt lediglich der Vermutungstatbestand.

252 § 18 Abs. 3 SEBG bleibt unbeschadet der Vorschrift des § 43 SEBG anwendbar und enthält für die Verhandlungspflicht bei nachfolgenden Strukturänderungen keinen Zeitaspekt. Demnach stellt missbräuchliches Verhalten eine Neuverhandlungen erfordernde strukturelle Änderung § 18 Abs. 3 SEBG dar.[211]

253 Die Frage, ob Missbrauch vorliegt oder nicht, kann nur im Einzelfall beantwortet werden und stellt daher mit Blick auf den Ausgang eines Rechtsstreits für die Leitung der SE einen großen Unsicherheitsfaktor dar. Maßstab für die Beurteilung ist die Grundwertung des Gesetzgebers, wonach die Nutzung der SE nicht dazu missbraucht werden darf, den Arbeitnehmern Beteiligungsrechte zu entziehen oder vorzuenthalten.[212] Für Streitigkeiten hinsichtlich dieser schwer zu handhabenden Regelung ist nach § 2a Abs. 1 Nr. 3 d ArbGG das Arbeitsgericht im Beschlussverfahren nach §§ 80 ff. ArbGG zuständig.

1. Fallgestaltungen

254 Ein typischer Fall von Missbrauch liegt zB vor, wenn acht Monate nach Gründung einer nicht mitbestimmten SE ein mitbestimmtes Unternehmen hinzukommt, ohne dass Neuverhandlungen nach § 18 Abs. 3 SEBG geführt werden. Bei einer Konkretisierung des Missbrauchsbegriffs ist allerdings zu berücksichtigen, dass durch die SE-VO gerade die grenzüberschreitende Sitzverlegung und wirtschaftliche Tätigkeit erleichtert werden soll, so dass die Nutzung der vorgesehenen Handlungsmöglichkeiten allein, einschließlich etwa der ausdrücklich vorgesehenen Sitzverlegung nach Art. 8 Abs. 1 SE-VO, daher den Vorwurf des Missbrauchs nicht wird begründen können.[213] Dies gilt auch dann, wenn die gesellschaftsrechtlichen Bezugsnormen des neuen Sitzstaates sich nachteilig auf die Arbeitnehmerbeteiligung auswirken können.

---

[211] Wie hier *Nagel*/Freis/Kleinsorge, § 43 Rn. 7
[212] Vgl. *Nagel*/Freis/Kleinsorge, § 43 Rn. 6; auch *Rehberg*, ZGR 2005, 880.
[213] Vgl. BT-Drucks. 15/3405, S. 57.

F. Arbeitnehmerbeteiligung in der SE kraft Gesetzes

Als Beispiel sei die Verlegung des Sitzes in einen Mitgliedstaat genannt, welcher im dualistischen Modell die Wahl des Vorstandes durch die Hauptversammlung und nicht wie im bisherigen Sitzstaat der SE durch den Aufsichtsrat vorsieht.[214]

Ebenso wenig missbräuchlich ist es, wenn ein japanisches Unternehmen zur Vermeidung der Mitbestimmung in der SE zunächst eine nationale Gesellschaft in Spanien gründet, um den Sitz der danach gegründeten, nicht mitbestimmten SE nach Deutschland, dem ursprünglich beabsichtigten Sitzstaat, zu verlegen.[215]

Missbräuchliches Verhalten ist auch zu verneinen, wenn eine ausländische Kapitalgesellschaft in Deutschland mit 450 Arbeitnehmern vor einer geplanten Erhöhung der Beschäftigtenzahl auf über 500, also noch vor Geltung der Drittelbeteiligung nach dem DrittelbG, in die Rechtsform der SE geht, die mitbestimmungsfrei bleibt.[216]

Kein Missbrauch, sondern ein legaler Rechtsformwechsel liegt nach zutreffendem Verständnis im Fall der Renationalisierung der SE gem. Art. 66 Abs. 1 SE-VO vor, wonach eine SE – frühestens zwei Jahre nach Eintragung oder nach Genehmigung der ersten beiden Jahresabschlüsse – in eine dem Recht des Sitzstaates unterliegende AG umgewandelt werden kann.[217] Zwar können die Mitgliedstaaten Umwandlungen gem. Art. 37 Abs. 8 SE-VO von der Zustimmung des mitbestimmten Organs der umzuwandelnden Gesellschaft abhängig machen – eine Regelungsermächtigung, von der der deutsche Gesetzgeber keinen Gebrauch gemacht hat. Nach Wortlaut und systematischer Stellung gilt dies aber nur für die Umwandlung **in die** SE und nicht aus der SE.[218] Die Rückumwandlung einer mitbestimmten SE mit Sitz in Großbritannien in eine Gesellschaft englischen Rechts (plc) und die anschließende Verlagerung ihres Verwaltungssitzes nach Deutschland (eine mitbestimmte deutsche AG könnte so über den Umweg der SE-Gründung die Mitbestimmung aushebeln) führt beispielsweise dazu, dass die etwa gemäß der Auffangregelung, also kraft Gesetzes, für die SE geltende Mitbestimmung keine Anwendung mehr findet. Auch die für die SE getroffene Mitbestimmungsvereinbarung würde in einem solchen Fall keinen Schutz genießen;[219] es besteht keine Verpflichtung, diese für die nationale AG zu übernehmen; Art. 66 Abs. 3 SE-VO verlangt lediglich, dass die Leitung der SE einen Bericht erstellt, in dem die Auswirkungen für die Aktionäre und die Arbeitnehmer dargelegt werden. Den Verhandlungsparteien bleibt es aber unbenommen, in der Mitbestimmungsvereinbarung für die SE gem. § 21 Abs. 3 iVm. Abs. 4 SEBG festzulegen, dass im Falle der Renationalisierung der SE Neuverhandlungen über die Mitbestimmung zu führen sind.[220]

2. Sanktionen

Da es aus gesellschaftsrechtlichen Gründen in Missbrauchsfällen nur eingeschränkt möglich sein wird, vollzogene grenzüberschreitende Maßnahmen rückgängig zu machen, sieht § 45 Abs. 1 Nr. 2 SEBG bei einem Verstoß gegen die Missbrauchsvorschrift durch die Mitglieder der Leitungen bzw. der Leitung der SE Freiheitsstrafe bis zu zwei Jahren oder Geldstrafe vor. Die Tat wird allerdings nach § 45 Abs. 4 S. 1 SEBG nur auf Antrag verfolgt. Antragsberechtigt sind die in § 45 Abs. 4 S. 2 SEBG genannten Personen oder Gremien. Darüber hinausgehende Sanktionen wie Schadensersatzpflichten oÄ sind im SEBG nicht vorgesehen. Aus zivilrechtlicher Sicht stellen missbräuchliche Maßnahmen der Leitung der SE einen Verstoß gegen § 242 BGB (Treu und Glauben) mit der grundsätzlichen Folge der (partiellen) Unwirksamkeit der Maßnahme dar.

---

[214] Vgl. *Nagel*/Freis/Kleinsorge, § 43 Rn. 4.
[215] Vgl. auch Beispiel 2 in Group of Experts „SE", Working Paper No 19, S. 123.
[216] Vgl. auch Beispiel 3 in Group of Experts „SE", Working Paper No 19, S. 123.
[217] Vgl. auch *Kübler*, FS Raiser, 2005, S. 257; offengelassen Nagel/*Freis*/Kleinsorge, § 21 Rn. 18.
[218] Vgl. *Kübler*, ZHR 2003, 227 f.; *ders.*, FS Raiser, 2005, S. 254.
[219] AA *Nagel*, DB 2004, 1302, der in einem solchen Fall Neuverhandlungen für zwingend hält.
[220] Vgl. auch die Empfehlung von Nagel/*Freis*/Kleinsorge, § 21 Rn. 18.

Darstellung: Verhandlungsverfahren im Überblick

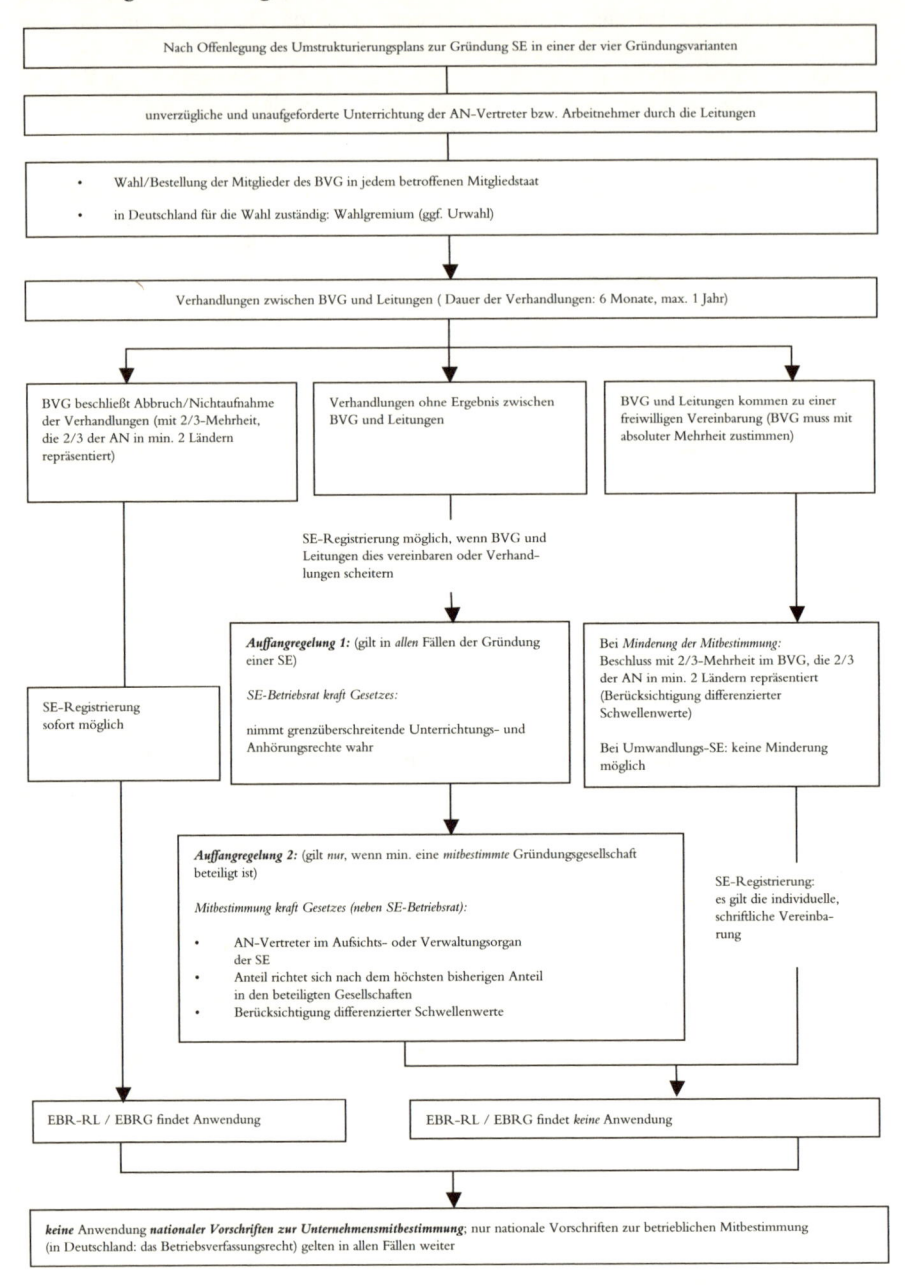

```
┌─────────────────────────────────────────────────────────────────────────────┐
│ Nach Offenlegung des Umstrukturierungsplans zur Gründung SE in einer der    │
│ vier Gründungsvarianten                                                      │
└─────────────────────────────────────────────────────────────────────────────┘
                                     │
┌─────────────────────────────────────────────────────────────────────────────┐
│ unverzügliche und unaufgeforderte Unterrichtung der AN-Vertreter bzw.       │
│ Arbeitnehmer durch die Leitungen                                             │
└─────────────────────────────────────────────────────────────────────────────┘
                                     │
┌─────────────────────────────────────────────────────────────────────────────┐
│ • Wahl/Bestellung der Mitglieder des BVG in jedem betroffenen Mitgliedstaat │
│ • in Deutschland für die Wahl zuständig: Wahlgremium (ggf. Urwahl)          │
└─────────────────────────────────────────────────────────────────────────────┘
                                     │
┌─────────────────────────────────────────────────────────────────────────────┐
│ Verhandlungen zwischen BVG und Leitungen (Dauer der Verhandlungen:          │
│ 6 Monate, max. 1 Jahr)                                                       │
└─────────────────────────────────────────────────────────────────────────────┘
```

┌──────────────────────┐ ┌──────────────────────┐ ┌──────────────────────┐
│ BVG beschließt   │ │ Verhandlungen ohne   │ │ BVG und Leitungen   │
│ Abbruch/Nichtaufnahme│ │ Ergebnis zwischen   │ │ kommen zu einer   │
│ der Verhandlungen   │ │ BVG und Leitungen   │ │ freiwilligen   │
│ (mit 2/3-Mehrheit,   │ │   │ │ Vereinbarung (BVG   │
│ die 2/3 der AN in   │ │   │ │ muss mit absoluter   │
│ min. 2 Ländern   │ │   │ │ Mehrheit zustimmen) │
│ repräsentiert)   │ │   │ │   │
└──────────────────────┘ └──────────────────────┘ └──────────────────────┘

SE-Registrierung möglich, wenn BVG und Leitungen dies vereinbaren oder Verhandlungen scheitern

┌──────────────────┐ ┌────────────────────────────────┐ ┌──────────────────────┐
│ SE-Registrierung │ │ *Auffangregelung 1:* (gilt in │ │ Bei *Minderung der   │
│ sofort möglich   │ │ *allen* Fällen der Gründung   │ │ Mitbestimmung:*   │
│   │ │ einer SE)   │ │ Beschluss mit 2/3-   │
│   │ │   │ │ Mehrheit im BVG, die │
│   │ │ *SE-Betriebsrat kraft Gesetzes:*│ │ 2/3 der AN in min. 2 │
│   │ │   │ │ Ländern repräsentiert│
│   │ │ nimmt grenzüberschreitende   │ │ (Berücksichtigung   │
│   │ │ Unterrichtungs- und   │ │ differenzierter   │
│   │ │ Anhörungsrechte wahr   │ │ Schwellenwerte)   │
│   │ │   │ │   │
│   │ │   │ │ Bei Umwandlungs-SE: │
│   │ │   │ │ keine Minderung   │
│   │ │   │ │ möglich   │
└──────────────────┘ └────────────────────────────────┘ └──────────────────────┘

┌──┐ ┌──────────────────────┐
│ *Auffangregelung 2:* (gilt *nur*, wenn   │ │ SE-Registrierung: │
│ min. eine *mitbestimmte* Gründungs-   │ │ es gilt die   │
│ gesellschaft beteiligt ist)   │ │ individuelle,   │
│   │ │ schriftliche   │
│ *Mitbestimmung kraft Gesetzes* (neben   │ │ Vereinbarung   │
│ SE-Betriebsrat):   │ │   │
│   │ │   │
│ • AN-Vertreter im Aufsichts- oder   │ │   │
│   Verwaltungsorgan der SE   │ │   │
│ • Anteil richtet sich nach dem höchsten   │ │   │
│   bisherigen Anteil in den beteiligten   │ │   │
│   Gesellschaften   │ │   │
│ • Berücksichtigung differenzierter   │ │   │
│   Schwellenwerte   │ │   │
└──┘ └──────────────────────┘

┌──────────────────────────────────┐ ┌──────────────────────────────────┐
│ EBR-RL / EBRG findet Anwendung   │ │ EBR-RL / EBRG findet *keine*   │
│   │ │ Anwendung   │
└──────────────────────────────────┘ └──────────────────────────────────┘

┌───┐
│ *keine* Anwendung *nationaler Vorschriften zur Unternehmensmitbestimmung*; │
│ nur nationale Vorschriften zur betrieblichen Mitbestimmung (in Deutschland: │
│ das Betriebsverfassungsrecht) gelten in allen Fällen weiter   │
└───┘

Quelle: In Anlehnung an *Keller*, WSI-Mitteilungen 2002, 205.

7. Abschnitt. Grenzüberschreitende Sitzverlegung der SE

Übersicht

	Rn.
Vorbemerkung	1, 2
I. Einführung	3–19
1. Der „Sitz" der Gesellschaft	4–10
a) Internationales Gesellschaftsrecht	5
b) Mitgliedstaatliches Sachrecht	6
c) SE-Verordnung	7–10
2. Rechtsrahmen der Sitzverlegung	11–15
3. Wechsel des ergänzend anwendbaren Gesellschaftsrechts	16
4. Beteiligungsrechte der Arbeitnehmer	17–19
II. Verfahren der Sitzverlegung	20–43
1. Überblick	20–22
2. Ablauf der Sitzverlegung im Einzelnen	23–43
a) Verlegungsplan	23–26
b) Verlegungsbericht	27–34
c) Verlegungsbeschluss	35, 36
d) Rechtmäßigkeitskontrolle	37–42
aa) Wegzugsstaat	37–40
bb) Zuzugsstaat	41, 42
e) Eintragung im neuen Sitzstaat	43
III. Schutz widersprechender Minderheitsaktionäre	44–46
IV. Gläubigerschutz	47–54
1. Gerichtsstand	48
2. Sicherheitsleistung	49–54
V. Fortbestand öffentlich-rechtlicher Genehmigungen	55

Vorbemerkung

Mit der SE-Verordnung bietet sich im europäischen Binnenmarkt erstmals die **1** rechtlich gesicherte Möglichkeit einer identitätswahrenden Sitzverlegung über die Grenze. Die Sitzverlegung nach den Regeln der SE-Verordnung ist eine grenzüberschreitende Verlegung des Satzungssitzes unter Beibehaltung der Rechtspersönlichkeit. Sie führt also nicht zur Auflösung der Gesellschaft; die Identität des Rechtsträgers und der Rechtsform bleiben gewahrt. Ebenso kann die innere Struktur der SE weitgehend unverändert beibehalten werden.

Nach einer Einführung (I.) folgt das Verfahren der Sitzverlegung (II.), bevor die mit **2** der Sitzverlegung verbundenen Fragen des Schutzes der Minderheitsaktionäre (III.) und der Gläubiger (IV.) behandelt werden.

I. Einführung

Einführend ist auf den Sitzbegriff der SE-Verordnung (1), auf den rechtlichen Rah- **3** men der Sitzverlegung (2), den damit verbundenen partiellen Statutenwechsel (3) und auf Fragen der Arbeitnehmerbeteiligung (4) einzugehen.

1. Der „Sitz" der Gesellschaft

4 Die Verlegung des Sitzes über die Grenze ist ein Thema mit vielfältigen Implikationen. Zunächst ist Klarheit darüber herzustellen, was mit dem Sitz, der verlegt werden soll, gemeint ist. Der Begriff des Sitzes ist von Bedeutung für das Internationale Gesellschaftsrecht (a), für das nationale Gesellschaftsrecht (b) und für die SE-Verordnung (c).

5 **a) Internationales Gesellschaftsrecht.** Die in Deutschland lange Zeit unangefochten herrschende Sitztheorie versteht unter dem „Sitz" einer Gesellschaft, der über das anwendbare Recht entscheidet, den **Verwaltungssitz**. Dies ist der Ort, an dem die grundlegenden Entscheidungen der Unternehmensleitung effektiv in laufende Geschäftsführungsakte umgesetzt werden.[1] Dieser Begriff ist allerdings nur relevant für die Frage, welches Recht auf eine Gesellschaft anwendbar sein soll. Die Bedeutung der Sitztheorie ist im Zuge der Rechtsprechung des EuGH zur Niederlassungsfreiheit stark zurückgegangen.[2] Gegenüber Gesellschaften ausländischen Rechts lässt sie sich in der bisherigen Ausprägung nicht aufrechterhalten. Gegenüber Gesellschaften deutschen Rechts wird sie bis auf Weiteres wohl noch zu Grunde zu legen sein. Inwieweit bei Ermittlung des auf eine SE anwendbaren Rechts das Internationale Gesellschaftsrecht hinzugezogen werden kann, ist umstritten und wird an anderer Stelle näher behandelt.[3]

6 **b) Mitgliedstaatliches Sachrecht.** Das kollisionsrechtlich ermittelte anwendbare Recht hält häufig auch im Sachrecht Regelungen darüber bereit, wie der Sitz der Gesellschaft festzulegen ist. In diesem Fall ist jedoch der **Satzungssitz** gemeint, also der Ort, der in der Satzung der Gesellschaft als Sitz festgelegt wird (vgl. § 5 AktG: „Sitz der Gesellschaft ist der Ort, den die Satzung bestimmt."). Das Aktiengesetz unterwirft die Wahl des Satzungssitzes gewissen Beschränkungen: Als Sitz ist in der Regel der Ort zu bestimmen, wo die Gesellschaft einen Betrieb hat, oder der Ort, wo sich die Geschäftsleitung befindet oder die Verwaltung geführt wird (§ 5 Abs. 2 AktG). Für die SE stellt das SE-Ausführungsgesetz (SEAG) einen weitgehenden Gleichlauf mit dem nationalen Aktienrecht her. Gemäß § 2 SEAG hat die Satzung der SE als Sitz den Ort zu bestimmen, an dem die Hauptverwaltung geführt wird.

7 **c) SE-Verordnung.** Die recht strenge Regelung des § 2 SEAG hat ihren Ursprung in Art. 7 SE-VO. Dieser Artikel enthält zwei Aussagen: Erstens muss eine SE **Sitz und Hauptverwaltung** in ein und demselben Mitgliedstaat haben (Art. 7 Satz 1 SE-VO). Zweitens können die Mitgliedstaaten darüber hinaus vorschreiben, dass Sitz und Hauptverwaltung auch innerhalb des Mitgliedstaats an demselben Ort liegen müssen. Auf diese Ermächtigung stützt sich § 2 SEAG. Die etwas liberalere Entwurfsfassung, die sich enger an § 5 Abs. 2 AktG angelehnt hatte, wurde nicht Gesetz, weil Zweifel daran bestanden, ob sie vom Wortlaut des Art. 7 Satz 2 SE-VO gedeckt sei.[4]

8 Art. 64 SE-VO sieht vor, dass einer SE die Auflösung droht, wenn sie über einen längeren Zeitraum Sitz und Hauptverwaltung – entgegen der Vorschrift des Art. 7 Satz 1 SE-VO – in verschiedenen Mitgliedstaaten hat; das Nähere hierzu regelt § 52 SEAG.

---

[1] BGHZ 97, 269, 272.
[2] Grundlegend sind die folgenden Entscheidungen: EuGH, Rs. C-212/97, *Centros*, Slg. 1999, I-1459 ff.; EuGH, Rs. C-208/00, *Überseering*, Slg. 2002, I-9919 ff.; EuGH, Rs. C-167/01, *Inspire Art*, Slg. 2003, I-10155 ff. Zu ihren Auswirkungen auf das internationale Gesellschaftsrecht etwa *Behrens*, IPRax 2004, 20 ff.; *Ebke*, EBLR 2005, 9 ff.; *Eidenmüller*, JZ 2004, 24 ff.; *Hirte/Bücker*, Grenzüberschreitende Gesellschaften, 2005, S. 2 ff.; *Leible*, ZGR 2004, 531 ff.; *Sandrock*, BB 2004, 897 ff.; *Teichmann*, S. 402 ff.
[3] Vgl. 3. Abschnitt Rn. 11 f.
[4] Zur Entstehungsgeschichte des § 2 SEAG *Theisen/Wenz/Teichmann*, S. 691, 700 f.

I. Einführung

Art. 8 SE-VO trifft dann die hier interessierende Regelung, dass die SE ihren Sitz in einen anderen Mitgliedstaat verlegen kann. Aus der Zusammenschau der einschlägigen Vorschriften wird deutlich, dass die SE-Verordnung immer dann, wenn sie vom „Sitz" der Gesellschaft spricht, den **Satzungssitz** meint.[5] Den Verwaltungssitz spricht die Verordnung in Art. 7 Satz 1 mit dem Begriff der „Hauptverwaltung" an; dieselbe Unterscheidung findet sich in Art. 64 SE-VO. Wenn die SE-Verordnung vom „Sitz" spricht, ist folglich nicht die Hauptverwaltung, sondern der satzungsmäßige Sitz gemeint.[6]

Die Sitzverlegung nach Art. 8 SE-VO ist also eine Verlegung des Satzungssitzes über die Grenze.[7] Sie setzt eine Änderung der Satzung voraus und eine Eintragung im Register, das für den neuen Satzungssitz zuständig ist. Die **Verlegung der Hauptverwaltung** ist zwar nicht Verfahrensbestandteil der Sitzverlegung nach Art. 8 SE-VO, muss ihr aber nach der Systematik der SE-VO vorausgehen.[8] Denn Satzungssitz und Hauptverwaltung müssen in demselben Mitgliedstaat liegen (Art. 7 SE-VO). Die anlässlich der Sitzverlegung geänderte Satzung muss also als Sitz einen Ort enthalten, der in dem Mitgliedstaat liegt, in welchem künftig auch die Hauptverwaltung liegt; das deutsche SEAG formuliert noch enger: „Die Satzung hat als Sitz den Ort zu bestimmen, wo die Hauptverwaltung geführt wird." Demnach muss die zuständige Stelle des Zuzugsstaates bei ihrer Rechtmäßigkeitsprüfung **vor Eintragung** der Sitzverlegung einen Nachweis über die Verlegung der Hauptverwaltung fordern. Dass Satzungssitz und Hauptverwaltung nicht dauerhaft auseinanderfallen dürfen, bestätigt Art. 64 SE-VO, der allerdings den umgekehrten Fall meint, in dem der Satzungssitz gleich bleibt und die Hauptverwaltung in einen anderen Mitgliedstaat verlegt wird.

2. Rechtsrahmen der Sitzverlegung

Eine Sitzverlegung über die Grenze war vor Erlass der SE-Verordnung mit großen rechtlichen Unsicherheiten behaftet. Staaten, die der Sitztheorie folgten, haben bereits die Verlegung des Verwaltungssitzes als eine implizite Auflösung der Gesellschaft behandelt; erst recht gilt dies für einen ausdrücklichen Beschluss, den Satzungssitz über die Grenze zu verlegen.[9] Gründungstheoriestaaten lassen zwar eine Verlegung des Verwaltungssitzes zu; eine Änderung des Registersitzes ist aber auch dort nicht vorgesehen.[10] Insoweit ist Art. 8 SE-VO, der eine Verlegung des Satzungssitzes über die Grenze ohne Auflösung der Gesellschaft ermöglicht und damit die **Kontinuität des Rechtsträgers** wahrt, im europäischen Binnenmarkt ein Novum. Die Vierzehnte gesellschaftsrechtliche Richtlinie, die eine solche Möglichkeit auch für Gesellschaften nationalen Rechts einführen soll,[11] ist bislang noch nicht erlassen worden. Außerdem

---

[5] So schon *Schwarz*, ZIP 2001, 1847; weiterhin *Teichmann*, ZGR 2002, 383, 456; Theisen/Wenz, S. 221. Auch *Zang*, S. 5 ff. gelangt nach Abwägung aller Auslegungsgesichtspunkte zu dem Ergebnis (S. 42), dass der Satzungssitz gemeint sei.

[6] In der französischen Sprachfassung des Art. 7 SE-VO „siège statutaire", in der englischen „registered office".

[7] Vgl. auch Art. 8 Abs. 2 SE-VO, wonach der Verlegungsplan den „vorgesehenen neuen Sitz" der SE enthalten muss (in der französischen Fassung „le siège statutaire envisagé", in der englischen „the proposed registered office"). Siehe weiterhin *Schwarz*, Art. 8 Rn. 4 und *Zang*, S. 104.

[8] So überzeugend *Schwarz*, Art. 8 Rn. 52 und *Zang*, S. 234 f. (früher noch aA *Teichmann*, ZGR 2002, 383, 458).

[9] Siehe nur BayObLG BB 2004, 570. Zum Stand der Diskussion ausführlich *Teichmann*, S. 168 ff.

[10] *Hoffmann*, ZHR 164 (2000), 43, 55.

[11] Sie rangiert im Aktionsplan der EU-Kommission (Mitteilung KOM [2003] 284) unter den kurzfristig zu realisierenden Maßnahmen, die bis 2005 hätten verwirklicht werden sollen. Ein aktualisierter Entwurf liegt allerdings bislang (Stand: April 2007) nicht vor. Die Ergebnisse

wird eine Sitzverlegung nach der geplanten Richtlinie voraussichtlich dazu führen, dass mit der Sitzverlegung ein Rechtsformwechsel einhergeht, also eine typengleiche Rechtsform des Zuzugsstaates angenommen werden muss.

12 Rechtsgrundlage einer Sitzverlegung der SE ist in erster Linie **Art. 8 SE-Verordnung**, der das Verfahren umfassend regelt. Hinzu treten die Regeln über Organisation und Ablauf der vor der Sitzverlegung einzuberufenden Hauptversammlung; die SE-Verordnung regelt diesen Bereich nur rudimentär und beruft ergänzend das mitgliedstaatliche Aktienrecht zur Anwendung (Art. 53 SE-VO). Für die Rechtspraxis ergibt sich ein gewisses Problem aus dem Umstand, dass Art. 8 SE-VO das Verfahren nur in seinen Grundzügen regelt. Beispielsweise fehlen Angaben zur Form von Verlegungsplan und -bericht und zum Inhalt des Verlegungsberichts. Weiterhin ist unklar, welche Rechtsfolgen Verfahrensfehler nach sich ziehen.

13 Die **Lückenfüllung** im Rahmen des Art. 8 SE-VO muss nach den methodischen Grundsätzen des Gemeinschaftsrechts im Wege einer europäisch autonomen Auslegung der Vorschrift erfolgen. Anders als im Verschmelzungsrecht, für welches Art. 18 SE-VO auf das nationale Verschmelzungsrecht verweist,[12] sieht die SE-Verordnung bei der Sitzverlegung keinen ergänzenden Rückgriff auf nationales Recht vor. Dies dürfte seinen Grund vor allem darin haben, dass die Rechtsordnungen der Mitgliedstaaten ein Verfahren der grenzüberschreitenden Sitzverlegung zumeist gar nicht kennen. Daher kann grundsätzlich auch nicht unterstellt werden, es handele sich im Sinne des Art. 9 Abs. 1 lit. c ii SE-VO um einen nur „teilweise geregelten Bereich", der um das Aktienrecht des SE-Sitzstaates zu ergänzen sei.[13]

14 In der Rechtspraxis wird es sich aber dennoch empfehlen, das vergleichbare nationale Fallmaterial zu berücksichtigen. Denn zum einen werden Rechtsstreitigkeiten über Verfahrensfehler einer Sitzverlegung zunächst vor den nationalen Gerichten ausgetragen, und zum Zweiten wird der Europäische Gerichtshof keinesfalls eine vergleichbare Entscheidungsdichte erlangen, wie sie im nationalen Recht der Strukturmaßnahmen anzutreffen ist. Für das deutsche Recht springt insoweit die **Parallele zum Formwechsel** der §§ 190 ff. UmwG ins Auge.[14] Daran ist im Gegensatz zur Verschmelzung nur ein Rechtsträger beteiligt. Und auch beim Formwechsel liegt der wesentliche Grund für die Beteiligung der Anteilseigner in der qualitativen Veränderung der Anteilsrechte, die der Wechsel in eine neue Rechtsform mit sich bringt.[15] Bei der grenzüberschreitenden Sitzverlegung ist dies Folge des Statutenwechsels, der im Einzelfall zu durchaus einschneidenden Veränderungen in der Rechtsposition der Aktionäre führen kann – sind doch die innere Struktur von Aktiengesellschaften und die individuellen Aktionärsrechte in Europa bislang nicht harmonisiert worden.

15 Das **Beschlussverfahren** bei der Sitzverlegung richtet sich zunächst nach den Vorschriften der Art. 52 ff. SE-VO über die Hauptversammlung.[16] Da Art. 53 SE-VO für die Organisation und den Ablauf der Hauptversammlung sowie für das Abstimmungsverfahren auf das Aktienrecht im SE-Sitzstaat verweist, ist hier in weiten Bereichen

---

einer im Jahre 2004 durchgeführten Konsultation sind auf der website der EU-Kommission veröffentlicht (http://europa.eu.int/yourvoice/results/transfer/index.de.htm). Zu den rechtlichen Grundfragen auf Basis des 1997 veröffentlichten Entwurfs vgl. die Referate des 10. Bonner Europa-Symposions in ZGR 1999, 3 ff.

[12] Vgl. hierzu die Ausführungen über das anwendbare Recht bei einer SE-Gründung durch Verschmelzung 4. Abschnitt § 2 Rn. 11 ff.

[13] Siehe zur Bedeutung des Art. 9 SE-VO den 3. Abschnitt über das anwendbare Recht Rn. 7 ff.

[14] Ebenso *Oechsler*, AG 2004, 373, 374; MünchKommAktG/*Oechsler*, Art. 8 Rn. 3; für das österreichische Recht *Kalss/Hügel*, Vor § 6 SEG Rn. 3.

[15] Siehe zum Gesetzeszweck stellvertretend für andere nur Lutter/*Decher*, UmwG, § 192 Rn. 1 f.

[16] Vgl. hierzu den 5. Abschnitt § 4 Rn. 40 ff.

I. Einführung

ergänzend das nationale Aktienrecht heranzuziehen. Auch die Rechtsfolgen von Beschlussmängeln richten sich daher weitgehend nach nationalem Recht.

3. Wechsel des ergänzend anwendbaren Gesellschaftsrechts

Soweit die SE-Verordnung selbst eine Rechtsfrage regelt, ändert sich die Rechtslage durch die Sitzverlegung nicht. Dasselbe gilt für Satzungsregelungen, die sich auf ausdrückliche Regelungsermächtigungen in der SE-Verordnung stützen können. Im Übrigen jedoch führt die Sitzverlegung über die Grenze zu einem Wechsel des ergänzend anwendbaren nationalen Gesellschaftsrechts. Dies ist eine mittelbare Folge der Verweisungsnormen der SE-Verordnung, die generell auf **das im Sitzstaat geltende Aktienrecht** Bezug nehmen.[17] Stellvertretend sei die allgemeine Rechtsanwendungsnorm des Art. 9 Abs. 1 lit. c ii SE-VO genannt. Wenn es dort heißt, für alle durch die Verordnung nicht oder nur teilweise geregelten Bereiche gälten die Rechtsvorschriften der Mitgliedstaaten, die auf eine „nach dem Recht des Sitzstaats der SE" gegründete Aktiengesellschaft Anwendung finden würden, so verweist dies vor der Sitzverlegung auf eine andere Rechtsordnung als danach. Dasselbe gilt, soweit Spezialverweisungen zur Anwendung des Sitzstaatsrechts führen, beispielsweise Art. 5 SE-VO, der für das Kapital der SE auf diejenigen Vorschriften verweist, die für eine Aktiengesellschaft „mit Sitz in dem Mitgliedstaat, in dem die SE eingetragen ist", gelten würden. Dieser weite Bereiche des Gesellschaftsrechts erfassende **Statutenwechsel** verursacht einen gewissen Beratungs- und Planungsaufwand (insbesondere muss die Satzung der SE an die Rechtslage im Zuzugsstaat angepasst werden), kann aber auch gerade der Grund für eine Sitzverlegung sein, indem Regelungsunterschiede zwischen den Mitgliedstaaten gezielt ausgenutzt werden.[18]

4. Beteiligungsrechte der Arbeitnehmer

Fraglich ist, ob und in welcher Weise sich der Statutenwechsel auf die **Beteiligungsrechte der Arbeitnehmer** in der SE auswirkt.[19] Diese stützen sich auf die SE-Richtlinie in ihrer Umsetzung durch das nationale Recht. Es ändert sich also das anwendbare nationale Transformationsgesetz;[20] wegen der inhaltlichen Vorgaben durch die SE-Richtlinie dürfte dies aber streng genommen keine qualitativen Auswirkungen auf die Arbeitnehmerbeteiligung haben. Im konkreten Fall ist allerdings auch danach zu unterscheiden, ob eine Vereinbarungslösung getroffen wurde oder mangels Vereinbarung auf die gesetzliche Auffanglösung zurückgegriffen werden musste. Eine einmal geschlossene **Vereinbarung** hat auch gegenüber dem Statutenwechsel Bestand.[21] Denn es ist ein Grundprinzip der SE-Richtlinie, dass die privatautonom getroffene Regelung Vorrang vor den gesetzlichen Arbeitnehmerbeteiligungsregelungen hat.[22] Auch dann sollte aber in jedem Fall geprüft werden, ob nicht die Vereinbarung selbst eine Regelung für den Fall der Sitzverlegung trifft. Eine für diesen Anlass geltende Anpassungsklausel dürfte bei einer sorgfältig ausgehandelten Vereinbarung häufig anzutreffen sein.

---

[17] Dazu ausführlich im 3. Abschnitt über das auf die SE anwendbare Recht Rn. 7 ff.
[18] In diesem Sinne *Enriques*, ZGR 2004, 735 ff. für die SE als Vehikel der Wanderung zwischen den Jurisdiktionen.
[19] Hierzu allgemein der 6. Abschnitt über die Arbeitnehmerbeteiligung in der SE.
[20] In Deutschland ist dies das SE-Beteiligungsgesetz.
[21] Ebenso *Schwarz*, Art. 8 Rn. 10 und *Zang*, S. 121.
[22] Voraussetzung für die Anwendung der Auffangregelung ist daher, dass die Parteien dies vereinbart haben oder die Verhandlungen zu keinem Ergebnis geführt haben (vgl. Art. 7 SE-Richtlinie). Ausführlich hierzu der 6. Abschnitt über die Arbeitnehmerbeteiligung Rn. 162 ff.

18 Fehlt eine Vereinbarung, gilt die **gesetzliche Auffangregelung**. Die Sitzverlegung führt dann zur Anwendung des im Zuzugsstaat geltenden nationalen Transformationsgesetzes. Dies wiederum muss dem **Vorher-Nachher-Grundsatz** der Richtlinie gerecht werden, wonach sich die vor Gründung der SE bestehenden Beteiligungsrechte grundsätzlich in der SE fortsetzen.[23] Die von der SE-Richtlinie geforderte Auffangregelung muss in jedem Mitgliedstaat sicherstellen, dass sich das Mitbestimmungsstatut derjenigen Gründungsgesellschaft durchsetzt, welches das höchste Beteiligungsniveau gewährt.[24] Im Ergebnis bleiben also die zuvor bestehenden Beteiligungsrechte der Arbeitnehmer erhalten.[25] Soweit eine in Deutschland ansässige SE die unternehmerische Mitbestimmung nach deutschem Muster implementiert hat, besteht dies auch nach einer Sitzverlegung über die Grenze fort. In Konsequenz dessen ist die Sitzverlegung grundsätzlich **kein Anlass für Neuverhandlungen** nach § 18 SE-Beteiligungsgesetz; denn diese Vorschrift greift nur dann ein, wenn „strukturelle Änderungen der SE geplant (sind), die geeignet sind, Beteiligungsrechte der Arbeitnehmer zu mindern".[26]

19 Dennoch bedarf die Frage der Arbeitnehmerrechte im Einzelfall stets genauer Prüfung. Denn es ist nicht auszuschließen, dass die Transformationsgesetzgebung anderer Mitgliedstaaten entweder einem anderen Verständnis der SE-Richtlinie folgt oder – wie bei der Umsetzung von Richtlinien stets denkbar – in den Einzelheiten von der deutschen Gesetzgebung abweicht. Ein Beispiel dafür ist **Österreich**, das in § 228 Abs. 2 Arbeitsverfassungsgesetz die Sitzverlegung ausdrücklich als Strukturmaßnahme definiert, die zu Neuverhandlungen führt.[27]

II. Verfahren der Sitzverlegung

1. Überblick

20 Das von der SE-Verordnung geregelte Verfahren der Sitzverlegung weist eine für gesellschaftsrechtliche Strukturmaßnahmen bekannte **Grundstruktur** auf, die in manchem an die Verschmelzung erinnert: Es sind ein Verlegungsplan und ein Verlegungsbericht zu erstellen; die Aktionäre erhalten diese Unterlagen zur Kenntnis und beschließen in einer Hauptversammlung über die geplante Sitzverlegung; die SE ist anschließend im Register des Zuzugsstaats einzutragen und im Register des Wegzugsstaats zu löschen. Diese Verfahrensschritte sind unmittelbar in Art. 8 SE-VO geregelt. Hinzu kommen Vorschriften des nationalen Rechts über die Durchführung der Hauptversammlung (mittels der Verweisung in Art. 53 SE-VO),[28] sowie Regelungen des nationalen Rechts zum Schutz von Minderheitsaktionären und Gläubigern.

---

[23] Auch hierzu ausführlich im 6. Abschnitt über die Arbeitnehmerbeteiligung Rn. 162 ff.
[24] Entgegen *Oechsler*, AG 2004, 373, 376 f., besteht daher kein Anlass, in der Sitzverlegung einen Wegfall der Geschäftsgrundlage für eventuelle Vereinbarungen über die Arbeitnehmerbeteiligungen zu sehen.
[25] Ebenso *Zang*, S. 122.
[26] Ebenso Widmann/Mayer/*Heckschen*, Umwandlungsrecht, Anhang 14 Rn. 35 f.; Jannott/Frodermann/*Hunger*, 9. Kap. Rn. 37; *Schwarz*, Art. 8 Rn. 10; *Zang*, S. 229; offengelassen bei *Ringe*, NZG 2006, 931, 932.
[27] Der österreichische Gesetzgeber begründet dies mit denkbaren Änderungen in der Unternehmensstruktur und Änderungen hinsichtlich der Anzahl und Nationalität der Arbeitnehmer (siehe Kalss/Hügel (Hrsg.), SE-Kommentar, 2004, S. 783). Allerdings führt die Verlegung des Satzungssitzes per se zu keinen Veränderungen in der Arbeitnehmerschaft. Ein Wechsel des Leitungsmodells könnte eine Strukturänderung sein, muss aber mit der Sitzverlegung gleichfalls nicht zwingend einhergehen, da die SE in allen EU-Staaten sowohl das monistische als auch das dualistische Leitungsmodell einsetzen kann. Es ist daher vorzugswürdig, eventuelle Nachverhandlungsansprüche von materiellen Veränderungen abhängig zu machen, nicht vom rein formalen Akt der Sitzverlegung.
[28] Siehe hierzu den 5. Abschnitt § 4 Rn. 40 ff.

II. Verfahren der Sitzverlegung

Für die **zeitliche Planung** sind folgende Fristen zu beachten und gegebenenfalls aufeinander abzustimmen:[29] 21
- Verlegungsplan und Verlegungsbericht müssen mindestens einen Monat vor der Hauptversammlung zur Einsichtnahme durch die Aktionäre und die Gläubiger der SE bereitstehen; auf Verlangen sind auch unentgeltliche Abschriften dieser Unterlagen auszuhändigen (Art. 8 Abs. 4 SE-VO).
- Der Verlegungsbeschluss kann erst zwei Monate nach der Offenlegung des Verschmelzungsplans gefasst werden (Art. 8 Abs. 6 SE-VO); innerhalb dieser zwei Monate können Gläubiger ihren eventuell bestehenden Anspruch auf Sicherheitsleistung anmelden (§ 13 SEAG).[30]

Ausgeschlossen ist die Sitzverlegung, wenn gegen die SE ein Verfahren wegen 22 Auflösung, Liquidation, Zahlungsunfähigkeit oder vorläufiger Zahlungseinstellung oder ein ähnliches Verfahren eröffnet worden ist (Art. 8 Abs. 15 SE-VO). Außerdem darf die Sitzverlegung nicht anlässlich einer Umwandlung in eine SE vorgenommen werden (Art. 37 Abs. 3 SE-VO).

2. Ablauf der Sitzverlegung im Einzelnen

a) **Verlegungsplan.** Das Leitungs- oder Verwaltungsorgan der SE erstellt den Verlegungsplan mit folgendem Inhalt (Art. 8 Abs. 2 Satz 2 SE-VO): 23
- „bisherige **Firma**, bisheriger **Sitz** und bisherige **Registriernummer** der SE". Das Firmenrecht regelt die SE-Verordnung nicht; es findet also das jeweilige Firmenrecht im Sitzstaat der SE Anwendung.[31] Demzufolge kann sich anlässlich der Sitzverlegung die Notwendigkeit einer Änderung der Firma ergeben; die neue Firma ist gemäß Art. 8 Abs. 2 Satz 2 lit. b SE-VO im Verlegungsplan mitzuteilen.
- „der vorgesehene **neue Sitz** der SE". Mit dem neuen Sitz ist der satzungsmäßige Sitz gemeint (vgl. Rn. 9).
- „die für die SE vorgesehene **Satzung** sowie gegebenenfalls die **neue Firma**": Änderungsbedarf für die Satzung ergibt sich regelmäßig schon dadurch, dass mit der Sitzverlegung das ergänzend anwendbare Gesellschaftsrecht wechselt (siehe Rn. 16); darunter fällt auch das nationale Firmenrecht, so dass die Sitzverlegung unter Umständen eine Änderung der Firma erforderlich macht.
- „die etwaigen Folgen der Verlegung für die Beteiligung der **Arbeitnehmer**": die auf die SE-Richtlinie gestützten Beteiligungsrechte bleiben grundsätzlich gleich; allerdings wechselt die SE in den Anwendungsbereich eines anderen nationalen, zur Umsetzung der Richtlinie erlassenen Transformationsgesetzes (dazu Rn. 17 ff.).
- „der vorgesehene **Zeitplan** für die Verlegung": rechtliche Vorgaben zum Zeitplan sind die Monatsfrist zur Einsichtnahme von Verlegungsplan und -bericht durch Aktionäre und Gläubiger (Art. 8 Abs. 4 SE-VO) sowie die Wartefrist von zwei Monaten von der Offenlegung des Verlegungsplans bis zur Beschlussfassung der Hauptversammlung (Art. 8 Abs. 6 SE-VO). Im Übrigen liegt die Gestaltung des Zeitplans in Händen der SE-Geschäftsleitung.[32]
- „etwaige zum Schutz der **Aktionäre** und/oder der **Gläubiger** vorgesehene Rechte": Das deutsche SE-Ausführungsgesetz regelt ein Austrittsrecht zum Schutz der Minderheitsaktionäre (Rn. 44 ff.) und ein Recht auf Sicherheitsleistung zu Gunsten der Gläubiger (Rn. 49 ff.).

---
[29] Vgl. hierzu auch den Ablaufplan bei Theisen/*Wenz*, S. 236.
[30] Nach Art. 8 Abs. 14 können die Rechtsvorschriften eines Mitgliedstaats außerdem vorsehen, dass innerhalb dieser Zwei-Monats-Frist ein behördlicher Einspruch aus Gründen des öffentlichen Interesses erhoben werden kann. Deutschland hat von dieser Regelungsoption jedoch keinen Gebrauch gemacht.
[31] *Schwarz*, Art. 8 Rn. 6; *Zang*, S. 118.
[32] Zu den dabei zu beachtenden Verfahrensschritten *Zang*, S. 122 ff.

24 Umstritten ist, ob die Regelung des Art. 8 Abs. 2 Satz 2 SE-VO zum Inhalt des Verlegungsplans als **abschließend** zu verstehen ist.[33] Ein Umkehrschluss zu Art. 20 Abs. 2 SE-VO liegt nahe: Dort werden zusätzliche Angaben ausdrücklich zugelassen; das Schweigen in Art. 8 SE-VO könnte also bedeuten, dass hier keine zusätzlichen Angaben möglich sind. Allerdings sind an einer SE-Verschmelzung mehrere Gesellschaften aus verschiedenen Rechtsordnungen beteiligt; ohne ausdrückliche Regelung im europäischen Recht hätte also die Gefahr bestanden, dass sich die jeweils geltenden Anforderungen an den Verlegungsplan widersprechen. Da sich diese Problematik bei der Sitzverlegung nicht stellt, bedeutet das Schweigen des europäischen Rechtstextes nicht zwingend, dass hier zusätzliche Angaben untersagt seien. Zur Klärung der Frage ist von der Funktion des Verlegungsplans auszugehen. Er ist Gegenstand des Hauptversammlungsbeschlusses der SE über die Sitzverlegung. Ein Hauptversammlungsbeschluss in der SE richtet sich jedoch nicht allein nach den ausdrücklich in der SE-Verordnung anzutreffenden Vorschriften, sondern ergänzend auch nach dem Aktienrecht im Sitzstaat der SE. Soweit also das über die Verweisungsnormen der SE-Verordnung anwendbare nationale Aktienrecht zusätzliche Angaben im Verlegungsplan erforderlich macht, sind diese auch zulässig. Art. 8 Abs. 2 Satz 2 SE-VO ist insoweit nicht als abschließende Regelung zu verstehen.[34] Für die Praxis bleibt anzumerken, dass zusätzliche Informationen, die nicht auf einer rechtlichen Verpflichtung beruhen, sondern freiwilliger Natur sind, ebenso gut und rechtlich unproblematischer in den – sogleich zu behandelnden – Verlegungsbericht aufgenommen werden können.

25 Eine bestimmte **Form** schreibt Art. 8 SE-VO für den Verlegungsplan nicht vor. In welcher Form das Leitungs- oder Verwaltungsorgan der Gesellschaft den Plan intern aufstellt, ist daher rechtlich nicht vorgegeben.[35] Im weiteren Verlauf des Verlegungsverfahrens ergibt sich allerdings zwangsläufig die Notwendigkeit, den Verlegungsplan gegebenenfalls auch schriftlich vorzulegen. So haben Aktionäre und Gläubiger der Gesellschaft vor der Hauptversammlung, die über die Verlegung beschließen soll, mindestens einen Monat lang das Recht, eine Abschrift des Verlegungsplans zu verlangen (Art. 8 Abs. 4 SE-VO). Weiterhin sind die nationalen Regeln über die Einberufung der Hauptversammlung zu beachten. Insbesondere muss die Tagesordnung der Hauptversammlung bei der Einberufung in den Gesellschaftsblättern bekannt gemacht werden (§ 124 Abs. 1 Satz 1 AktG); dabei ist auch der Wortlaut der vorgeschlagenen Satzungsänderung bekannt zu machen (§ 124 Abs. 2 Satz 2 AktG). Die Hauptversammlung selbst ist durch notariell aufgenommene Niederschrift zu beurkunden (§ 130 Abs. 1 Satz 1 AktG); die notarielle Form ist auch deshalb geboten, weil der Verlegungsplan die neue Satzung der Gesellschaft enthält (vgl. § 23 Abs. 1 Satz 1 AktG).[36]

26 Der Verlegungsplan ist **offenzulegen**. Hierzu verweist Art. 8 Abs. 2 Satz 1 SE-VO auf Art. 13 SE-VO; dieser wiederum beruft das nationale in Umsetzung der Ersten gesellschaftsrechtlichen Richtlinie erlassene Recht zur Anwendung. Das in Deutschland auf Aktiengesellschaften anwendbare Recht regelt allerdings die grenzüberschreitende

---

[33] Zur Diskussion *Schwarz*, Art. 8, Rn. 14 (mwN) und *Zang*, S. 125 ff.

[34] So im Ergebnis *Schwarz*, Art. 8 Rn. 14.

[35] Strenger *Schwarz*, Art. 8 Rn. 16, der Schriftform verlangt, dies aber insbesondere mit der Notwendigkeit begründet, auf Verlangen Abschriften zu erteilen. Dann muss es auch genügen, die schriftliche Fassung erst anlässlich derartiger Verlangen zu erstellen. Schriftliche Aufstellung verlangen auch Widmann/Mayer/*Heckschen*, Umwandlungsrecht, Anhang 14 Rn. 417; Manz/Mayer/*Schröder*, Art. 8 Rn. 30, 36; *Zang*, S. 116.

[36] Entgegen Widmann/Mayer/*Heckschen*, Umwandlungsrecht, Anhang 14 Rn. 417, und auch – für das österreichische Recht – *Kalss*/Hügel, § 6 SEG Rn. 7, muss es aber genügen, den Beschluss notariell zu beurkunden, und nicht bereits den Verlegungsplan. Denn mit der Aufstellung des Verlegungsplans ist die neue Satzung noch nicht festgestellt; es handelt sich lediglich um einen Vorschlag des Leitungs- oder Verwaltungsorgans, der von den Aktionären beschlossen werden muss. Für notarielle Beurkundung des Beschlusses auch Theisen/*Wenz*, S. 240.

II. Verfahren der Sitzverlegung

Sitzverlegung nicht, insoweit ist nach Parallelen im Recht der Umstrukturierungsmaßnahmen zu suchen. Die Bekanntmachung im Rahmen der Einberufung der Hauptversammlung (§ 124 AktG) genügt nicht, denn diese richtet sich ihrem Sinn und Zweck nach an die Aktionäre, während die Offenlegung des Art. 13 SE-VO eine an die Allgemeinheit gerichtete Offenlegung meint. Zudem muss die Offenlegung mindestens zwei Monate vor der Hauptversammlung erfolgen (Art. 8 Abs. 6 SE-VO), während die Einberufung nur einer Frist von einem Monat bedarf (§ 123 Abs. 1 AktG). Eine Parallele bietet die Offenlegung des Verschmelzungsplans, der gemäß § 61 UmwG vor Einberufung der Hauptversammlung zum Handelsregister einzureichen ist. Ebenso ist der Verlegungsplan vor Einberufung der Hauptversammlung zum **Handelsregister** einzureichen.[37]

b) Verlegungsbericht. Das Leitungs- oder Verwaltungsorgan der SE erstellt einen Bericht, in dem die wesentlichen rechtlichen und wirtschaftlichen Aspekte der Verlegung erläutert und begründet und die Auswirkungen der Verlegung für die Aktionäre, die Gläubiger sowie die Arbeitnehmer im Einzelnen dargelegt werden (Art. 8 Abs. 3 SE-VO). Nähere Angaben zum notwendigen Inhalt des Berichts macht die SE-Verordnung nicht. Zwar bestehen funktional gewisse Parallelen zum Verschmelzungsbericht oder anderen Berichten anlässlich von Restrukturierungsmaßnahmen, wie etwa zu der in § 293a AktG geregelten Berichtspflicht beim Abschluss von Unternehmensverträgen, weshalb man sich an den hierzu entwickelten Anforderungen orientieren kann.[38] Andererseits ist der Verlegungsbericht auch in seiner besonderen Eigenart zu würdigen. Er dient nicht nur der Information der Aktionäre, sondern – wie Art. 8 Abs. 4 SE-VO deutlich macht – auch derjenigen der Gläubiger. Anders als der Verschmelzungsbericht (§ 8 Abs. 3 UmwG) wird man daher auf den Verlegungsbericht **nicht verzichten** können, selbst wenn alle Anteilsinhaber dem zustimmen sollten.[39]

Auch für den **Inhalt** des Berichts ist eine Anlehnung an die funktional vergleichbaren Berichte über Verschmelzungen oder andere Strukturmaßnahmen denkbar. Andererseits sind die rechtlichen und wirtschaftlichen Änderungen einer Sitzverlegung zumeist weniger gravierend als diejenigen einer Verschmelzung, bei der insbesondere die Unternehmensbewertung einen Schwerpunkt der Berichterstattung bildet. Dafür wirft bei der Sitzverlegung der grenzüberschreitende Charakter der Transaktion besondere Komplikationen auf, über die gegebenenfalls zu berichten ist. Eine Parallele im nationalen Recht findet sich am ehesten in § 192 UmwG zum **Formwechsel**; auch hier bleibt die Identität des Rechtsträgers erhalten, während das rechtliche Umfeld sich ändert. Ähnlich wie der Formwechsel nach § 190 UmwG lässt die Sitzverlegung der SE zwar die Anteilseignerstruktur unberührt, kann aber zu einer qualitativen Veränderung der aus dem Anteil fließenden Rechtspositionen führen. Denn die aktienrechtliche Harmonisierung in Europa hat bislang die interne Struktur der Gesellschaft und die individuellen Aktionärsrechte weitgehend ausgespart.[40] Auch wenn die Auslegung des Art. 8 SE-VO methodisch eine Frage des europäischen Rechts ist, dürfte es aus praktischen Erwägungen sinnvoll sein, sich in Ermangelung einschlägiger Rechtspre-

---

[37] Widmann/Mayer/*Heckschen*, Umwandlungsrecht, Anhang 14 Rn. 418; *Zang*, S. 131.
[38] Jannott/Frodermann/*Hunger*, 9. Kap. Rn. 60; *Zang*, S. 137 ff. zieht insbesondere eine Parallele zum Verschmelzungsbericht.
[39] Ebenso Widmann/Mayer/*Heckschen*, Umwandlungsrecht, Anhang 14 Rn. 422; Jannott/Frodermann/*Hunger*, 9. Kap. Rn. 78; *Zang*, S. 149. Die Verzichtsregelung in § 8 Abs. 3 UmwG ist ohnehin problematisch, da sie in der Europäischen Verschmelzungsrichtlinie keine Grundlage findet (näher *Habersack*, S. 179 Rn. 230, der § 8 Abs. 3 UmwG mit der hM für zulässig hält).
[40] Siehe zu den rechtlichen Unterschieden im Innenrecht der Aktiengesellschaft beispielhaft die rechtsvergleichende Arbeit von *Grechenig*, Spanisches Aktien- und GmbH-Recht – Das einstufige Verwaltungssystem in Beziehung zur Hauptversammlung und zu Gesellschafterrechten, 2005.

chung des Europäischen Gerichtshofs an der deutschen Rechtspraxis zum Formwechsel zu orientieren. Ausgangspunkt ist dabei die **Funktion** des Berichts, die Aktionäre im Vorfeld der Beschlussfassung in die Lage zu versetzen, sich eine fundierte Meinung über die Sitzverlegung zu bilden und über diese in Kenntnis aller entscheidungsrelevanten Umstände abzustimmen.[41]

29 Hinsichtlich der **rechtlichen Aspekte** der Sitzverlegung sind die wesentlichen Verfahrensschritte zu erläutern; dabei sollte deutlich gemacht werden, dass die Sitzverlegung nicht mit einer Auflösung der Gesellschaft verbunden ist. Der Erläuterung bedarf auch die künftige Organstruktur der SE. Die SE kann zwar europaweit sowohl das dualistische als auch das monistische Leitungsmodell wählen (Art. 38 SE-VO) und das einmal gewählte Modell folglich auch nach einer Sitzverlegung beibehalten. Da die SE-Verordnung jedoch dem nationalen Gesetzgeber bei der Ausgestaltung der Leitungssysteme einen gewissen Regelungsfreiraum gewährt, sind von Land zu Land zumindest geringfügige Abweichungen nicht auszuschließen.

30 Zu den **wirtschaftlichen Aspekten** gehören die Gründe, die für eine Sitzverlegung sprechen, sowie die damit verbundenen wirtschaftlichen Vor- und Nachteile.

31 Zu erläutern ist weiterhin die Rechtsposition der **Aktionäre** nach dem Aktienrecht im Zuzugstaat, soweit dieses über Art. 9 SE-VO oder andere Verweisungsnormen auf die SE Anwendung findet. Dabei ist namentlich an die Rechte von Minderheitsaktionären zu denken, die sich durch die Sitzverlegung verändern können.[42] Sie benötigen Informationen über ihre künftige Rechtsstellung, um über die Verlegung abstimmen und sich gegebenenfalls für das Austrittsrecht (Rn. 44 ff.) entscheiden zu können.

32 Bezüglich der **Gläubiger** ist insbesondere auf den gemäß Art. 8 Abs. 16 SE-VO fortbestehenden Gerichtsstand und auf den eventuell gegebenen Anspruch auf Sicherheitsleistung (Rn. 49 ff.) hinzuweisen. Das auf die einzelnen Vertragsbeziehungen anwendbare Recht wird sich hingegen durch die Sitzverlegung zumeist nicht ändern.

33 Bei den Folgen der Sitzverlegung für die **Arbeitnehmer** ist zwischen den individualvertraglichen und den kollektivarbeitsrechtlichen Aspekten zu unterscheiden. Der individuelle Arbeitsvertrag ändert sich durch die Sitzverlegung grundsätzlich nicht; denkbar ist allerdings, dass der Arbeitgeber anlässlich der Sitzverlegung von vertraglichen Versetzungsrechten Gebrauch machen will, wie sie sich in Arbeitsverträgen von Führungskräften nicht selten finden. Auf der kollektivarbeitsrechtlichen Ebene bleibt es bei der Einrichtung eines SE-Betriebsrats. Allerdings wechselt durch die Sitzverlegung die hierauf anwendbare Begleitgesetzgebung (für Deutschland: SE-Beteiligungsgesetz). Im Verlegungsbericht ist zu erläutern, ob und inwieweit sich die Rechtsposition des SE-Betriebsrats hierdurch ändert. Sollte eine Form der unternehmerischen Mitbestimmung bestehen, bleibt diese grundsätzlich erhalten (Rn. 17 ff.); auch über die damit verbundenen Aspekte ist im Bericht Auskunft zu geben.

34 Eine bestimmte **Form** schreibt die SE-Verordnung für den Verlegungsbericht nicht vor. Soweit die Informationsfunktion gewährleistet bleibt, wird man daher nicht zwingend die Vorlage eines schriftlichen Berichts fordern müssen.[43] Andererseits lassen

---

[41] So OLG Frankfurt v. 25.6.2003 – 20 W 415/02 (GmbHR 2003, 1274, 1275 f.) zum Formwechsel. Wie hier für die Sitzverlegung der SE Jannott/Frodermann/*Hunger*, 9. Kap. Rn. 62, sowie zu den inhaltlichen Aspekten des Berichts *ders.*, Rn. 67 ff.; auch *Zang*, S. 138 f. stellt auf die Funktion ab, die Aktionäre in der Weise über die geplante Maßnahme zu unterrichten, dass sie in Kenntnis aller wesentlichen Umstände ihre Stimme in der Hauptversammlung abgeben können.

[42] Gefordert ist also keine umfassende Darstellung des ausländischen Gesellschaftsrechts, sondern eine Darstellung der Rechtspositionen, bei denen bedeutsame Änderungen eintreten (*Brandt*, NZG 2002, 991, 994; MünchKommAktG/*Oechsler*, Art. 8 Rn. 22).

[43] Enger Jannott/Frodermann/*Hunger*, 9. Kap. Rn. 64; *Zang*, S. 135: Bericht muss schriftlich sein.

II. Verfahren der Sitzverlegung

sich die weiteren mit dem Verfahren verbundenen Anforderungen in praktischer Hinsicht nur durch die Vorlage schriftlicher Dokumente erfüllen. So müssen Verlegungsplan und -bericht nach Art. 13 SE-VO offengelegt und nach Art. 8 Abs. 4 SE-VO den Aktionären und Gläubigern zur Einsichtnahme bereitgestellt werden, denen darüber hinaus ausdrücklich das Recht zusteht, die Aushändigung von **„Abschriften** dieser Unterlagen" zu verlangen.[44] Denkbar erscheint zwar auch die Bereitstellung der Informationen auf elektronischem Wege, etwa indem Aktionären oder Gläubigern das Übersenden der Texte in einer Datei angeboten wird. Verlangt ein Aktionär oder Gläubiger jedoch ausdrücklich eine Abschrift, muss die Gesellschaft dem nachkommen. Hingegen ist eine Unterzeichnung des Verlegungsberichts durch alle Mitglieder des Leitungs- oder Verwaltungsorgans gemäß der parallel gelagerten Rechtsprechung zu § 8 UmwG nicht erforderlich.[45]

c) **Verlegungsbeschluss.** Die Hauptversammlung der SE hat über die Sitzverlegung auf Basis des Verlegungsplans **Beschluss** zu fassen. Art. 8 Abs. 4 SE-VO setzt dies voraus, wenn er regelt, dass die Aktionäre „vor der Hauptversammlung, die über die Verlegung befinden soll, mindestens einen Monat lang das Recht haben, am Sitz der SE den Verlegungsplan und den Verlegungsbericht einzusehen oder Abschriften zu verlangen"; weiterhin ordnet Art. 8 Abs. 6 SE-VO an, dass der Verlegungsbeschluss erst zwei Monate nach Offenlegung des Verlegungsplans gefasst werden kann.

Organisation und Ablauf der Hauptversammlung richten sich weitgehend nach nationalem Aktienrecht.[46] Für die **Mehrheit** gilt Art. 59 SE-VO (vgl. auch Art. 8 Abs. 6 Satz 2 SE-VO). Eine Satzungsänderung, um die es sich bei der Sitzverlegung handelt, bedarf demnach einer Mehrheit von nicht weniger als zwei Dritteln der abgegebenen Stimmen, sofern die Rechtsvorschriften des Sitzstaates keine größere Mehrheit vorsehen oder zulassen. Für SE mit Sitz in Deutschland ist § 179 Abs. 2 AktG zu beachten. Dieser verlangt für Satzungsänderungen eine Mehrheit von mindestens drei Viertel des bei der Beschlussfassung vertretenen Grundkapitals. Das deutsche Recht modifiziert nicht die Stimmenmehrheit, sondern stellt mit der **Kapitalmehrheit** eine zusätzliche Hürde auf. Art. 59 SE-VO lässt indessen keinen Raum für zusätzliche Erfordernisse, sondern nur für eine höhere Stimmenmehrheit.[47] Fraglich ist, ob Regelungen des deutschen Rechts über die Kapitalmehrheit einer SE-spezifischen Auslegung zugänglich sind, bei welcher sie im Sinne einer **Stimmenmehrheit** gelesen werden.[48] Ausgangspunkt ist die bindende Vorgabe der SE-Verordnung, die nur eine Erhöhung der Stimmenmehrheit zulässt. Diese europäische Vorgabe ist einer national geprägten Auslegung nicht zugänglich. Auslegungsfähig ist aber das nationale Recht. Da im deutschen Aktienrecht Mehrstimmrechte unzulässig sind (§ 12 Abs. 2 AktG), lässt sich zwar aus

---

[44] Ebenso legen die französische und englische Fassung („copies de ces documents" und „copies of those documents") die Interpretation nahe, dass auch die Ursprungstexte schriftlich vorliegen müssen.

[45] KG Berlin, v. 25. 10. 2004 – 23 U 234/03 (ZIP 2005, 167 f.); anders die Vorinstanz LG Berlin v. 8. 9. 2003 – 93 O 47/03 (ZIP 2003, 2027 ff.), wonach ein Verschmelzungsbericht, der nicht von allen Vorstandsmitgliedern unterzeichnet ist, unwirksam sein soll. Nach Auffassung von Jannott/Frodermann/*Hunger*, 9. Kap. Rn. 66, „sollte" der Bericht von allen Mitgliedern des Leitungs- bzw. Verwaltungsorgans unterzeichnet werden. Auch *Zang*, S. 136, fordert Unterzeichnung durch alle Mitglieder des Leitungs- oder Verwaltungsorgans.

[46] Dies folgt aus der Verweisung des Art. 53; vgl. den 5. Abschnitt § 4 über die Hauptversammlung.

[47] *Schwarz*, Art. 57 Rn. 9.

[48] In diesem Sinne *Brandt*, S. 250, und ihm folgend *Schwarz*, Art. 57 Rn. 10. Beide fordern eine Mehrheit von drei Vierteln des bei der Beschlussfassung vertretenen Grundkapitals; auch Widmann/Mayer/*Heckschen*, Umwandlungsrecht, Anhang 14 Rn. 431, verlangt Drei-Viertel-Mehrheit, allerdings ohne das hier angesprochene Problem zu diskutieren. *Zang*, S. 184 schlägt eine kumulative Lösung vor, nach welcher immer beide Mehrheitsregeln erfüllt sein müssen.

Regelungen wie § 179 Abs. 2 AktG, die eine Kapitalmehrheit vorschreibt, der grundsätzliche Wille des Gesetzgebers ablesen, dass eine entsprechende Zahl der anwesenden stimmberechtigen Aktionäre dem Beschluss zustimmen soll. Es gibt aber auch Ausnahmen, in denen eine Kapitalmehrheit nicht mit einer Stimmenmehrheit in gleicher Höhe identisch ist. Daher begegnet es Bedenken, § 179 Abs. 2 AktG so zu interpretieren, dass er generell eine höhere Stimmenmehrheit vorsieht als Art. 59 SE-VO. Es sprechen die besseren Gründe dafür, in der Kapitalmehrheit ein *aliud* gegenüber der Stimmenmehrheit zu sehen; wenn man dem folgt, bleibt es bei der **Zwei-Drittel-Mehrheit** des Art. 59 SE-VO.[49] Für die Praxis empfiehlt es sich angesichts der unklaren Rechtslage, den Verlegungsbeschluss nach Möglichkeit nicht nur mit der Mehrheit von zwei Dritteln der abgegebenen Stimmen, sondern zugleich mit der von § 179 Abs. 2 AktG geforderten Kapitalmehrheit von drei Vierteln zu fassen.

37 d) **Rechtmäßigkeitskontrolle. aa) Wegzugsstaat.** Im Wegzugsstaat stellt die zuständige Behörde eine **Bescheinigung** aus, aus der zweifelsfrei hervorgehen muss, dass die der Verlegung vorangehenden Rechtshandlungen und Formalitäten durchgeführt wurden (Art. 8 Abs. 8 SE-VO). Für die Ausstellung der Bescheinigung ist bei einer SE mit Sitz in Deutschland das Amtsgericht als **Registergericht** zuständig (§ 4 Satz 1 SEAG).[50] Die Bescheinigung ist Voraussetzung der Eintragung im Zuzugsstaat, dient somit einer Abschichtung der Rechtmäßigkeitskontrolle hinsichtlich der Rechtshandlungen und Formalitäten, für deren Überprüfung die Behörden des Wegzugsstaats naturgemäß über die größere Kompetenz verfügen.[51]

38 Dieser Funktion gemäß muss sich das Registergericht vor Ausstellung der Bescheinigung Gewissheit darüber verschaffen, dass keine Verfahrensfehler aufgetreten sind.[52] § 14 SEAG verlangt aus diesem Grunde die aus dem deutschen Verschmelzungsrecht (§ 16 Abs. 2 UmwG) bekannte **Negativerklärung** der Vertretungsorgane der SE, dass eine Klage gegen die Wirksamkeit des Verlegungsbeschlusses nicht oder nicht fristgemäß erhoben oder eine Klage rechtskräftig abgewiesen oder zurückgenommen sei. Diese Regelung entspricht derjenigen in § 16 Abs. 2 UmwG. Das Freigabeverfahren des § 16 Abs. 3 UmwG hat der Gesetzgeber hingegen nicht in den § 14 SEAG aufgenommen. Für eine analoge Anwendung dürfte kein Raum sein, da eine Sitzverlegung nicht in derselben Weise auf eine zügige Abwicklung drängt wie eine Verschmelzung.[53]

39 Weiterhin muss vor Ausstellung der Bescheinigung der Nachweis erbracht sein, dass die Schutzrechte der **Gläubiger** und **Minderheitsaktionäre** beachtet wurden (Art. 8 Abs. 7 SE-VO). Hinsichtlich der Gläubiger ist vom Vertretungsorgan der SE eine Erklärung darüber abzugeben, dass allen Gläubigern, die einen Anspruch auf Sicherheitsleistung geltend machen konnten (Rn. 49 ff.), angemessene Sicherheit geleistet wurde (§ 13 Abs. 3 SEAG). Der spezifische Schutz der Minderheitsaktionäre (Rn. 44 ff.) vollzieht sich im Spruchverfahren, hindert also die Ausstellung der Bescheinigung nicht.

40 Beantragt die SE die Ausstellung der Rechtmäßigkeitsbescheinigung des Art. 8 Abs. 8 SE-VO, sind demnach folgende **Unterlagen** zum Handelsregister einzureichen:[54] Verlegungsplan, Niederschrift des Verlegungsbeschlusses, Sitzverlegungsbericht, Versicherung zur Leistung von Sicherheiten an Gläubiger, Negativerklärung betreffend eventuelle Anfechtungsklagen. Das Registergericht stellt daraufhin zunächst die Bescheinigung nach Art. 8 Abs. 8 SE-VO aus. Die Eintragung der Sitzverlegung im Re-

---

[49] So *Maul* im 5. Abschnitt § 4 über die Hauptversammlung Rn. 68.
[50] *Schwarz*, Art. 8 Rn. 46.
[51] Vgl. hierzu auch *Zang*, S. 217 ff.
[52] Näher *Schwarz*, Art. 8 Rn. 45; *Zang*, S. 221 ff.
[53] Für eine analoge Anwendung des § 16 Abs. 3 UmwG hingegen MünchKommAktG/*Oechsler*, Rn. 48.
[54] Widmann/Mayer/*Heckschen*, Umwandlungsrecht, Anhang 14 Rn. 440.

gister des Wegzugsstaates und damit die **Löschung** der dort registrierten SE darf erst erfolgen, nachdem das Register des Zuzugsstaates die Sitzverlegung eingetragen hat (Art. 8 Abs. 11 SE-VO).

bb) Zuzugsstaat. Die zuständige Behörde im Zuzugsstaat darf die Sitzverlegung 41 erst eintragen, nachdem die von Art. 8 Abs. 8 SE-VO vorgesehene Bescheinigung des Wegzugsstaates vorgelegt wurde (Art. 8 Abs. 9 SE-VO). Zusätzlich prüft sie die Erfüllung der Formalitäten, die nach dem neuen Sitzstaatsrecht erforderlich sind. Dazu gehört die Rechtmäßigkeitsprüfung der **Satzung**, die wegen der zahlreichen Verweisungen des SE-Statuts auf das nationale Aktienrecht zumeist einer Anpassung an das Recht des Zuzugsstaats bedarf. Bei Sitzverlegung einer SE nach Deutschland müsste beispielsweise darauf geachtet werden, dass jedenfalls die neue Satzung notarieller Beurkundung bedarf. Hier stellt sich die Frage, ob Beurkundung durch einen Notar im bisherigen Sitzstaat der SE ausreicht. Dies wird man bejahen müssen; denn gerade die Sitzverlegung erweist den supranationalen Charakter der SE und fordert eine europarechtskonforme Interpretation des nationalen Formerfordernisses, bei welcher an das Gleichwertigkeitserfordernis geringe Anforderungen gestellt werden müssen.[55]

Die Rechtmäßigkeitsprüfung erstreckt sich – entgegen einer in der Literatur vertretenen Auffassung[56] – nicht auf die allgemeinen aktienrechtlichen Gründungsvorschriften; denn die Sitzverlegung vollzieht sich unter Wahrung der Identität des Rechtsträgers, lässt sich also keinesfalls einer Neugründung gleichstellen.[57] Auch die Regeln über die Kapitalaufbringung sind wegen des identitätswahrenden Charakters der Sitzverlegung nicht anwendbar.[58] Art. 5 SE-VO verweist zwar für das Kapital auf das nationale Aktienrecht im Sitzstaat. Dies stützt sich allerdings wie manch andere Verweisung auf die Prämisse, dass die hierfür geltenden Rechtsregeln europaweit harmonisiert sind.[59] Dem entsprechend ist, wenngleich das deutsche Recht insoweit vielfach strenger verfährt als andere Rechtsordnungen, jedenfalls für die supranationale Rechtsform SE von einer Gleichwertigkeit der nationalen Regeln über Kapitalaufbringung und Kapitalschutz auszugehen. Beispielsweise widerspräche es dem Charakter der SE als europäischer Rechtsform, die Kapitalaufbringung einer in Frankreich gegründeten SE im Nachhinein anlässlich einer Sitzverlegung nach Deutschland am Maßstab der deutschen Regelungen (und Rechtsprechung) über die Sacheinlage messen zu wollen.

e) Eintragung im neuen Sitzstaat. Die Sitzverlegung wird mit der Eintragung 43 im Register des neuen Sitzes wirksam (Art. 8 Abs. 10 SE-VO). Das Register des früheren Sitzes löscht die SE erst nach Eingang der Eintragungsmitteilung vom Register des neuen Sitzes (Art. 8 Abs. 11 SE-VO). Eintragung und Löschung sind offenzulegen (Art. 8 Abs. 12 SE-VO). Mit der Offenlegung der Eintragung des neuen Sitzes erlangt die Sitzverlegung auch gegenüber Dritten **Wirksamkeit**; diese können sich allerdings noch auf ihre Unkenntnis von der Sitzverlegung berufen, solange die Löschung des früheren Sitzes nicht offengelegt worden ist (Art. 8 Abs. 13 SE-VO).

---

[55] So *Schwarz*, Art. 6 Rn. 17, mit dem einleuchtenden Hinweis, dass der Einwand der mangelnden Kenntnis des inländischen Rechts bei der notariellen Beurkundung von Rechtsakten einer SE als europäischer Rechtsform weniger stark ins Gewicht falle. Hingegen fordert Widmann/Mayer/*Heckschen*, Umwandlungsrecht Anhang 14 Rn. 202 ff. auch für die SE eine strenge Handhabung des Gleichwertigkeitserfordernisses.
[56] Theisen/*Wenz*, S. 259; *Zang*, S. 236.
[57] So zu Recht MünchKommAktG/*Oechsler*, Art. 8 Rn. 51; *Schwarz*, Art. 8 Rn. 51.
[58] *Schwarz*, Art. 8 Rn. 56 mit Nachw. zur Gegenauffassung.
[59] Vgl. Erwägungsgrund 9 der SE-Verordnung; weiterhin *Schwarz*, Art. 5 Rn. 1.

III. Schutz widersprechender Minderheitsaktionäre

44   Aktionären, die gegen den Verlegungsbeschluss Widerspruch zur Niederschrift erklären, muss die SE den Erwerb ihrer Aktien gegen eine angemessene **Barabfindung** anbieten (§ 12 SEAG). Das entsprechende Angebot ist bereits in den Verlegungsplan aufzunehmen (vgl. Art. 8 Abs. 2 Satz 2 lit. e SE-VO sowie § 12 Abs. 1 Satz 3 SEAG). Hintergrund dieses Schutzes ist der Wechsel des subsidiär anwendbaren Rechts, auf Grund dessen die Sitzverlegung einem Formwechsel zumindest materiell sehr nahe kommt.[60]

45   Der Verlegungsbeschluss kann nicht mit der Begründung angefochten werden, die Barabfindung sei zu niedrig bemessen oder nicht ordnungsgemäß angeboten worden (§§ 12 Abs. 2 iVm. 7 Abs. 5 SEAG). Statt dessen wird die gerichtliche Auseinandersetzung über die Barabfindung in das **Spruchverfahren** verwiesen, welches dem Vollzug der Sitzverlegung nicht entgegensteht (§§ 12 Abs. 2 iVm. 7 Abs. 7 SEAG).[61] Die Eizelheiten der Geltendmachung und Ermittlung der Barabfindung entsprechen der Regelung über die Verschmelzung, weshalb auf die entsprechenden Ausführungen im Abschnitt über die Verschmelzung (4. Abschnitt § 2 Rn. 83 ff.) verwiesen sei.

46   Die Sitzverlegung weist allerdings gegenüber der Verschmelzung eine Besonderheit auf: Art. 8 SE-VO schreibt ausdrücklich vor, dass der **Verlegungsplan** über etwaige zum Schutz der Aktionäre vorgesehene Rechte Auskunft geben muss (Abs. 2 Satz 2 lit. e). Sollte diese Angabe völlig fehlen, kann das nicht ohne jede Sanktion bleiben.[62] Zwar hat der deutsche Gesetzgeber in § 210 UmwG Anfechtungsklagen gegen den Verschmelzungsbeschluss auch für den Fall ausgeschlossen, in dem eine Barabfindung überhaupt nicht angeboten worden ist,[63] und § 7 Abs. 5 SEAG hat dies für die Verschmelzung zur SE übernommen. Weiterhin richten sich die Folgen eines Beschlussmangels in der SE-Hauptversammlung kraft der Verweisung des Art. 53 SE-VO nach dem nationalen Aktienrecht. Indessen ist – anders als in Art. 20 SE-VO zum Verschmelzungsplan – für den Sitzverlegungsplan die Information der Aktionäre ausdrücklich in der SE-Verordnung vorgeschrieben. Diese im europäischen Recht wurzelnde Informationspflicht darf das nationale Recht nicht gänzlich ignorieren, will es dem europäischen Recht nicht jede Wirksamkeit versagen. Der Verweis des § 12 Abs. 2 SEAG auf § 7 Abs. 5 SEAG ist daher in der Weise einschränkend auszulegen, dass bei einem gänzlichen Fehlen der von Art. 8 Abs. 2 Satz 2 lit. e SE-VO vorgeschriebenen Aktionärsinformation die Anfechtungsklage eröffnet ist.

IV. Gläubigerschutz

47   Der Gläubigerschutz bei Sitzverlegung einer SE setzt sich aus verschiedenen Regelungen der SE-Verordnung und des SEAG zusammen: Art. 8 Abs. 16 SE-VO lässt den Gerichtsstand im Wegzugsstaat fortbestehen (1); § 13 SEAG gewährt Gläubigern, deren Forderung durch die Sitzverlegung gefährdet ist, einen Anspruch auf Sicherheitsleistung (2).

---

[60] Siehe dazu oben Rn. 16; zum Sinn und Zweck des Abfindungsangebots bei Sitzverlegung und der darüber geführten Diskussion vor Inkrafttreten des SEAG Theisen/Wenz/*Teichmann*, S. 721 f.
[61] Zur Frage der Zuständigkeit der deutschen Spruchstelle MünchKommAktG/*Oechsler*, Art. 8 Rn. 58.
[62] So zu Recht MünchKommAktG/*Oechsler*, Art. 8 Rn. 17.
[63] Der BGH wendet die Vorschrift auch in diesem Sinne an (BGHZ 146, 179, 183 ff.; dort auch zur rechtspolitischen Problematik der sanktionslos bleibenden Informationsverletzung).

IV. Gläubigerschutz

1. Gerichtsstand

Allgemeiner Gerichtsstand einer Handelsgesellschaft ist nach der Europäischen Verordnung über die gerichtliche Zuständigkeit (EuGVVO) sowohl der Registersitz als auch der Sitz der Hauptverwaltung.[64] Nach Abschluss der Sitzverlegung – also der Verlegung des Satzungssitzes und der Hauptverwaltung – hat die SE ihren allgemeinen Gerichtsstand einheitlich im Zuzugsstaat.[65] Maßgeblich für die Bestimmung des Gerichtsstandes ist der Satzungssitz im Zeitpunkt der Klageerhebung (Art. 60 EuGVVO). Im Falle der Sitzverlegung fingiert **Art. 8 Abs. 16 SE-VO** für bereits bestehende Forderungen, dass der Satzungssitz weiterhin im Wegzugsstaat besteht; die SE kann also dort noch verklagt werden. Geschützt werden dadurch Gläubiger, deren Forderung vor Eintragung der SE im Zuzugsstaat entstanden ist.[66] Soweit sich im Wegzugsstaat noch Betriebe oder Zweigniederlassungen der SE befinden, kann sie auf Basis von Art. 5 Nr. 5 EuGVVO auch am Ort des Betriebs bzw. der Zweigniederlassung verklagt werden.

48

2. Sicherheitsleistung

Gemäß **§ 13 SEAG** können Gläubiger, die glaubhaft machen, dass durch die Sitzverlegung die Erfüllung ihrer Forderung gefährdet wird, **binnen zwei Monaten** nach dem Tag, an dem der Verlegungsplan offen gelegt worden ist, Sicherheitsleistung verlangen. Die Vorschrift ist § 22 UmwG nachgebildet, der im Falle der Verschmelzung einen Anspruch auf Sicherheitsleistung gewährt, der binnen sechs Monaten nach Eintragung der Verschmelzung geltend zu machen ist. Im Unterschied dazu regelt § 13 SEAG ein der Strukturmaßnahme vorgeschaltetes Verfahren; denn ein nach der Sitzverlegung greifender Schutz könnte gerade in denjenigen Fällen, in denen durch die Sitzverlegung die Erfüllung der Forderung gefährdet wird, keine Wirksamkeit entfalten.[67]

49

Erste tatbestandliche Voraussetzung für den Anspruch auf Sicherheitsleistung ist die Verlegung des Sitzes nach Maßgabe von Art. 8 der Verordnung, zweite die Glaubhaftmachung einer Gefährdung der Forderung. Nach der Konzeption des Gesetzes folgt aus der Sitzverlegung nicht automatisch eine Gefährdung; denn dann hätte das SEAG jedem Gläubiger einen Anspruch auf Sicherheitsleistung einräumen müssen. Der jeweilige Gläubiger muss also für eine **Erfüllungsgefährdung** iSd. § 13 SEAG zusätzliche Anhaltspunkte ins Feld führen. Denkbar sind Vermögensverlagerungen größeren Ausmaßes oder auch eine besondere Erschwerung der Rechtsdurchsetzung im Ausland; dies kommt auch innerhalb der Europäischen Union immer wieder einmal vor.[68]

50

Die nach Art. 8 Abs. 8 SE-VO zu erstellende **Rechtmäßigkeitsbescheinigung** hängt davon ab, dass die Anforderungen zum Gläubigerschutz eingehalten worden sind. Art. 8 Abs. 7 SE-VO regelt ausdrücklich, dass die zuständige Behörde die Bescheinigung erst ausstellt, nachdem die SE den Nachweis erbracht hat, dass die Interessen der Gläubiger und sonstigen Forderungsberechtigten in Bezug auf alle vor der Offen-

51

---

[64] Art. 60 Abs. 1 EuGVVO: „Gesellschaften und juristische Personen haben für die Anwendung dieser Verordnung ihren Wohnsitz an dem Ort, an dem sich a) ihr satzungsmäßiger Sitz, b) ihre Hauptverwaltung oder c) ihre Hauptniederlassung befindet." Der Wohnsitz wiederum entscheidet gemäß Art. 2 der Verordnung über den allgemeinen Gerichtsstand. Vgl. außerdem die besonderen Gerichtsstände in den Art. 9, 12, 16 und 19 EuGVVO.
[65] *Schwarz*, Art. 8 Rn. 68; *Zang*, S. 250 f.
[66] *Zang*, S. 252: Entstehungsgrund muss gelegt sein.
[67] Dazu bereits *Teichmann*, ZGR 2002, 383, 460 ff.
[68] Vgl. hierzu Theisen/Wenz/*Schindler/Teichmann*, S. 772 ff.; Theisen/Wenz/*Teichmann*, S. 722 ff.

legung des Verlegungsplans entstandenen Verbindlichkeiten im Einklang mit den Anforderungen des Wegzugsstaats angemessen geschützt sind.

52 In der rechtspolitischen Diskussion hat dies die Befürchtung geweckt, einzelne Gläubiger könnten ihren Anspruch auf Sicherheitsleistung – ähnlich wie „räuberische" Aktionäre ihr Anfechtungsrecht – instrumentalisieren, um die Sitzverlegung zu blockieren und die Gesellschaft damit unter Druck zu setzen.[69] Indessen lässt sich das Behinderungspotential eines einzelnen Gläubigers nicht mit demjenigen eines Aktionärs vergleichen. Denn anders als die Anfechtungsklage kann der Anspruch des Gläubigers durch Sicherheitsleistung abgewendet werden. Ein Gläubiger mit geringen Forderungen kann auch nur eine Sicherheitsleistung in entsprechend geringer Höhe verlangen, der Gesellschaft also nicht wirklich im Wege stehen. Wenn hingegen ein bedeutender Gläubiger glaubhaft machen kann, dass durch die Sitzverlegung seine Forderungen gefährdet werden, bedarf er auch des Schutzes.

53 Von anderer Seite wiederum wird der Schutz des § 13 SEAG als nicht weitgehend genug empfunden, weil die Gläubiger eine konkrete Gefährdung geltend machen müssen, die Sitzverlegung aber regelmäßig als **abstrakte Gefährdung** anzusehen sei.[70] Zur Unterstützung dieses Arguments wird insbesondere darauf verwiesen, dass Art. 8 Abs. 7 SE-VO einen angemessenen Schutz in Bezug auf „alle" vor der Offenlegung des Verlegungsplans entstandenen Verbindlichkeiten verlangt.[71] Andererseits muss dies nicht zwingend bedeuten, dass auch tatsächlich alle Verbindlichkeiten zu besichern wären. Es genügt, wie in § 13 Abs. 1 SEAG vorgesehen, dass alle Gläubiger dieselbe Möglichkeit haben, eine eventuelle Gefährdung ihrer Forderung geltend zu machen. Denn es lässt sich kaum generell behaupten, dass alle Gläubiger einer Gesellschaft in jedem Fall einer Sitzverlegung in gleicher Weise gefährdet seien. Die maßgeblichen materiellen Werte eines Unternehmens finden sich zumeist nicht in der Hauptverwaltung, sondern in den Produktionsstätten, die bei einer Verlegung des Satzungssitzes typischerweise nicht den Standort wechseln. Vom konkreten Nachweis einer Gefährdung sollte man daher im Lichte der vielfältigen Sitzverlegungs-Konstellationen und im Interesse der verlegungswilligen Gesellschaft nicht absehen. Die Möglichkeit hierzu steht allen Gläubigern offen, insoweit ist den Anforderungen des Art. 8 Abs. 7 SE-VO Genüge getan.

54 Teilweise wird aber auch eingewandt, schon die existierende Regelung der Sicherheitsleistung verstoße gegen die gemeinschaftsrechtliche **Niederlassungsfreiheit**, weil sie den Wegzug in unverhältnismäßiger Weise behindere.[72] Die bisherige Rechtsprechung des EuGH bietet dafür jedoch keine Anhaltspunkte.[73] Denn sie betraf allein Zuzugsfälle und hat im Grundsatz auch anerkannt, dass gläubigerschützende Maßnahmen eine Beschränkung rechtfertigen können.[74] In den entschiedenen Fällen scheiterte die Rechtfertigung daran, dass die Behinderung des Zuzugs kein geeignetes oder jedenfalls kein erforderliches Mittel ist, um Gläubiger im Zuzugsstaat zu schützen. Dabei ging es also stets um einen präventiven Schutz von Personen, die erst in Zukunft Gläubiger der Gesellschaft werden könnten. Wegzugsfälle unterliegen zwar ebenso der Prüfung am Maßstab der Niederlassungsfreiheit;[75] dabei sind aber Gläubiger zu schützen, die bereits Forderungen gegen die Gesellschaft besitzen. Derart konkret gefährdete Gläubi-

---

[69] Vgl. *Brandt*, DStR 2003, 1208, 1214; zur Diskussion auch Theisen/Wenz/*Teichmann*, S. 725.
[70] In diesem Sinne etwa MünchKommAktG/*Oechsler*, Art. 8 Rn. 40.
[71] MünchKommAktG/*Oechsler*, Art. 8 Rn. 40.
[72] Kalss/*Hügel*, § 23 SEG Rn. 8; unter Bezugnahme auf seine gleichlautende Kritik gegenüber dem Austrittsrecht von Minderheitsgesellschaftern *ders.*, § 17 Rn. 26.
[73] Zur Diskussion auch Theisen/Wenz/*Schindler/Teichmann*, S. 771 f.
[74] Vgl. die in Fn. 2 genannten Entscheidungen und die hierzu veröffentlichte Literatur.
[75] Dazu *Teichmann*, ZIP 2006, 355, 357.

gerinteressen bedürfen auch eines konkreten Schutzes, der aller Voraussicht nach gegenüber der Niederlassungsfreiheit zu rechtfertigen ist, sofern das Maß des Erforderlichen nicht überschritten wird. Die Regelung des deutschen SEAG, die nicht einmal jeden Gläubiger schützt, sondern nur denjenigen, der eine konkrete Gefährdung glaubhaft machen kann, hält sich an das Maß des Erforderlichen und ist daher europarechtskonform.

V. Fortbestand öffentlich-rechtlicher Genehmigungen

Die SE-Verordnung enthält keine Anhaltspunkte dazu, inwieweit öffentlich-rechtliche Genehmigungen, welche die SE im Wegzugsstaat erhalten hat, nach der Sitzverlegung fortgelten. Eine Antwort auf diese Frage wird man zunächst in der einschlägigen öffentlich-rechtlichen Regelung suchen müssen.[76] Dabei ist danach zu differenzieren, ob die Genehmigung an den **Rechtsträger** anknüpft oder an eine **Betriebsstätte**. Wurde beispielsweise die Tätigkeit einer bestimmten Produktionsstätte unter umweltschutzrechtlichen Aspekten genehmigt, dürfte der Wechsel des Satzungssitzes ins Ausland hierfür ohne Belang sein, da die Betriebsstätte ihren Ort durch die Sitzverlegung nicht verändert. Soweit allerdings Genehmigungen an die Gesellschaft gerichtet sind, könnte die Notwendigkeit entstehen, die entsprechende Genehmigung im Zuzugsstaat neu zu beantragen. Soweit ersichtlich, fehlt selbst in gemeinschaftsrechtlich harmonisierten Bereichen, wie etwa dem Bank- und Versicherungsrecht, eine Regelung zur grenzüberschreitenden Sitzverlegung.[77] In der Praxis empfiehlt sich eine frühzeitige Abstimmung mit der zuständigen **Aufsichtsbehörde**. Diese ist gehalten, die einschlägigen Vorschriften europarechtskonform zu handhaben. Insbesondere ist in Rechnung zu stellen, dass die SE als supranationale Rechtsform ihren Sitz identitätswahrend verlegen kann, und dies weder als Auflösung noch als Neugründung betrachtet werden darf (Art. 8 Abs. 1 Satz 2 SE-VO). Es ist daher auch bei der Anwendung öffentlich-rechtlicher Vorschriften gegebenenfalls durch gemeinschaftsrechtskonforme Auslegung sicherzustellen, dass die SE ihre Tätigkeit nicht wegen Verlust ihrer Genehmigung im Wegzugsstaat und der Notwendigkeit, im Zuzugsstaat eine neue Genehmigung zu beantragen, unterbrechen muss.

---

[76] Vgl. dazu auch *Kalss*/Hügel, Vor § 6 SEG Rn. 11 ff.
[77] Aufschlussreich ist insoweit der Bericht von Bartman/*Werlauff*, European Company Law in Accelerated Progress, 2006, S. 159, 170 ff. über die im Bankaufsichtsrecht wurzelnden Schwierigkeiten der skandinavischen Nordea-Bank, eine Verschmelzung zur SE durchzuführen.

8. Abschnitt. Konzernrecht

Übersicht

	Rn.
A. Besonderheiten gegenüber dem Konzernrecht nationalen Rechts	1
B. Anwendung der konzernrechtlichen Regelungen auf die SE	2
C. Allgemeine Vorschriften	3
D. Vertragskonzern	4–21
I. Abschluss von Unternehmensverträgen	5, 6
II. Beherrschungsverträge	7–20
1. Die SE als herrschendes Unternehmen	8–11
a) Weisungsbefugnis	8
b) Schutz der Aktionäre und Gläubiger	9
c) Haftung der Vertreter des herrschenden Unternehmens	10, 11
2. Die SE als abhängige Gesellschaft	12–20
a) Beherrschungsvertragliche Weisungen	13, 14
b) Umsetzung des § 308 Abs. 3 AktG	15–17
c) Haftung der Organmitglieder der abhängigen Gesellschaft	18, 19
d) Rechte der Aktionäre und Gläubiger	20
III. Gewinnabführungsverträge	21
E. Faktische Unternehmensverbindungen	22–26
I. Die SE als herrschendes Unternehmen	23
II. Die SE als abhängige Gesellschaft	24–26
1. Eigenverantwortliche Leitung	24
2. Abhängigkeitsbericht	25
3. Haftung der Organmitglieder der abhängigen SE	26
F. Existenzvernichtender Eingriff – qualifiziert faktischer Konzern	27
G. Eingliederung	28, 29
I. Hauptgesellschaft	28
II. Eingegliederte Gesellschaft	29
H. Grenzüberschreitende Sachverhalte	30–34
I. Beherrschungs- und Gewinnabführungsverträge	31, 32
II. Faktische Unternehmensverbindungen	33
III. Eingliederung	34

A. Besonderheiten gegenüber dem Konzernrecht nationalen Rechts

Auf SE mit Sitz in Deutschland, die Teil eines Unternehmensverbundes sind, finden **1** die Regelungen zum deutschen Konzernrecht zu den Vertragskonzernen und den faktischen Unternehmensverbindungen im Grundsatz in gleicher Weise wie auf Aktiengesellschaften Anwendung (s. Rn. 2 ff.). Das beruht darauf, dass die SE-Verordnung selbst keine materiellen Regelungen zum Konzernrecht beinhaltet, was nach der Vorgabe des deutschen Gesetzgebers zur Anwendung des nationalen Aktienrechts führt. Die SE kann also Partner eines Beherrschungs- oder Gewinnabführungsvertrages oder Glied einer faktischen Unternehmensverbindung sein. Ebenso kann sie sich an einer Eingliederung beteiligen. Für die Behandlung einer SE im Konzern ist daher auf die aktienrechtlichen Instrumente und Regelungen zurückzugreifen. Anpassungsbedarf besteht bei dualistisch strukturierten SE im Ergebnis nicht: Dort tritt an die Stelle des Vorstands das Leitungsorgan und an diejenige des Aufsichtsrats das Aufsichtsorgan. Bei monistisch strukturierten SE sind wegen der andersartigen Verwaltungsstruktur im Vergleich zum deutschen Ausgangsmodell mit Vorstand- und Aufsichtsrat, auf die die

aktienrechtlichen Regelungen zugeschnitten sind, gewisse Anpassungen erforderlich. Diesbezüglich sind vor allem die folgenden Problemkreise zu beachten:
1. Im Rahmen von Unternehmensverbindungen auf Grundlage eines Beherrschungsvertrages stellt sich im Hinblick auf die abhängige SE die Frage, wer anzuweisen ist (der geschäftsführende Direktor) und wie zu verfahren ist, wenn die Weisung über den Kompetenzbereich der geschäftsführenden Direktoren hinausgeht und in denjenigen des Verwaltungsrats eingreift. Zudem sind bei der Anwendung des § 308 Abs. 3 AktG gewisse Anpassungen erforderlich.
2. Im Rahmen von faktischen Unternehmensverbindungen besteht insbesondere die Problematik, dass der Abhängigkeitsbericht durch die (weisungsabhängigen) geschäftsführenden Direktoren aufgestellt wird und durch den Verwaltungsrat, der auch an der Geschäftsführung beteiligt ist, zu prüfen ist, so dass es zu Interessenkollisionen kommen kann.
3. Im Hinblick auf die Haftung der Organmitglieder stellt sich unabhängig davon, ob es sich um beherrschungsvertragliche oder faktische Unternehmensverbindungen handelt, die Frage, wie die Haftung der geschäftsführenden Direktoren in der herrschenden bzw. abhängigen SE ausgestaltet ist, wenn sie auf Weisung des Verwaltungsrats gehandelt haben (s. Rn. 10, 18).

B. Anwendung der konzernrechtlichen Regelungen auf die SE

2   Die SE-Verordnung selbst enthält keine konzernrechtlichen Regelungen im materiellen Sinn, wenn man von Art. 61 und 62 SE-VO absieht, die sich mit der Aufstellung, Prüfung und Offenlegung des Konzernabschlusses befassen. Es liegt insoweit eine **Regelungslücke** vor, die unter Heranziehung des deutschen Konzernrechts auszufüllen ist. Das ergibt sich mittelbar aus § 49 SEAG, der für monistisch organisierte SE im Hinblick auf die Vorschriften der §§ 308 bis 318 AktG und §§ 319 bis 327 AktG an die Stelle des Vorstandes die geschäftsführenden Direktoren treten lässt.[1] Denn die Zuweisung dieser Aufgaben an den geschäftsführenden Direktor setzt implizit die Anwendung der konzernrechtlichen Regelungen des deutschen Aktiengesetzes auf SE voraus. Das Ausführungsgesetz hat offengelassen, auf welche Grundlage es die Verweisung auf das nationale Recht stützen will. Eine teilweise vertretene Ansicht sieht das Konzernrecht als außerhalb der SE-Verordnung liegend an, so dass das allgemeine mitgliedstaatliche Recht und in grenzüberschreitenden Fällen zudem die Regelungen des internationalen Privatrechts eingreifen.[2] Nach anderer Auffassung wird das deutsche Konzernrecht in die Verweisung des Art. 9 Abs. 1 lit. c SE-VO einbezogen,[3] wobei dies allerdings bei grenzüberschreitenden Fällen unter dem Vorbehalt stehen soll, dass die Regelungen des Internationalen Privatrechts zur Anknüpfung an das deutsche Recht

---

[1] So auch *Habersack*, ZGR 2003, 724, 725; *Maul*, ZGR 2003, 743 f.; *Schwarz*, SE-VO Einl. Rn. 165 ff.; MünchKommAktG/*Altmeppen*, Anh. Art. 9 Rn. 23 ff.
[2] *Casper*, FS Ulmer, 2003, S. 51, 65 f. mwN; *Habersack*, ZGR 2003, 724, 726 ff.; *Schwarz*, S. 577; *Brandt/Scheifele*, DStR 2002, 547, 553; *Wagner*, NZG 2002, 985, 987; Jannott/Frodermann/ *Veil*, § 11 Rn. 3 ff.; *Hommelhoff*, S. 19 f.; nach MünchKommAktG/*Altmeppen* soll der Meinungsstreit dahinstehen können, da das deutsche Konzernrecht in jedem Fall anwendbar sei.
[3] S. insoweit *Teichmann*, ZGR 2002, 383, 395 ff. sowie *Teichmann*, S. 303, 306, der den Gedanken des Regelungsbereichs ablehnt und Art. 9 SE-VO dergestalt versteht, dass im Hinblick auf alle in der SE-VO nicht geregelten Fragen das mitgliedschaftliche Recht einschließlich der Regelungen des internationalen Privatrechts anwendbar ist, und zwar unabhängig davon, ob sie innerhalb oder außerhalb des Regelungsbereichs liegen. Demgegenüber gehen *Lächler/Oplustil*, NZG 2005, 381, 383 davon aus, dass das Konzernrecht zum Regelungsbereich gehört. S. auch *Brandi*, NZG 2003, 889, 890; Lutter/Hommelhoff/*Maul*, S. 250.

gelangen.[4] Der Wortlaut des Art. 9 Abs. 1 lit. c SE-VO und des Art. 10 SE-VO, nach dem die SE wie eine Aktiengesellschaft zu behandeln ist, auf die erst nach der IPR-rechtlichen Prüfung die aktienrechtlichen Regelungen anwendbar sind, spricht ebenso wie die historische Auslegung für letzteres Ergebnis.[5] Bei der Frage, ob die Regelungen des Aktienrechts auf dieses angewendet werden können, kann es nach dieser Auffassung zu Abweichungen von der hM kommen. Denn nach dieser muss geprüft werden, ob die SE-Verordnung als höherrangiges Recht nicht Regelungen enthält, die den gleichen Tatbestand regeln wie das Aktienrecht. Diese Konflikte müssen dann anhand einer Auslegung im Einzelfall gelöst werden, wobei dies insbesondere im Hinblick auf die Art. 6, 39, 57 und 59 SE-VO gilt. Mit der sich aus § 49 SEAG ergebenden Anwendung der konzernrechtlichen Regelungen auf SE hat sich der deutsche Gesetzgeber mit der hM in der Literatur[6] jedenfalls auch zu Recht gegen die teilweise vertretene Auffassung entschieden, nach der die Anwendung der Regelungen zum Vertragskonzern und der Eingliederung vollständig und diejenigen zu den faktischen Unternehmensverbindungen zum großen Teil abgelehnt wird.[7] Gegen diese Auffassung spricht bereits, dass die SE-Verordnung ausweislich ihrer Begründung[8] keine Konzern-Sachverhalte regeln will; die Balance zwischen Eigen- und Konzerninteresse also jeweils in dem betreffenden Mitgliedstaat vorzunehmen ist.[9]

C. Allgemeine Vorschriften

Die §§ 15 bis 19 AktG, die verschiedene Tatbestände der Verbindung rechtlich selbständiger Unternehmen definieren, finden auf SE ohne weitere Anpassungen Anwendung. Die Begriffe des verbundenen Unternehmens (§ 15 AktG), des in Mehrheitsbesitz stehenden Unternehmens (§ 16 AktG), des abhängigen und herrschenden Unternehmens (§ 17 AktG), des Konzernunternehmens (§ 18 AktG), der Vertragsteile eines Unternehmensvertrages und der wechselseitigen Beteiligungen sind über die Verweisungsnorm des Art. 9 Abs. 1 lit. c ii SE-VO auf SE anzuwenden.[10]

D. Vertragskonzern

Aufgrund der Anwendbarkeit der Regelungen zum Vertragskonzern auf SE kann eine SE sich wie eine deutsche AG am Abschluss eines Beherrschungs- oder Gewinnabführungsvertrages iSv. § 291 AktG (s. Rn. 5 und 21) beteiligen.

---

[4] Siehe zur Frage des anwendbaren Rechts im Rahmen von grenzüberschreitenden Unternehmensverbindungen MünchKommBGB/*Kindler*, 3. Aufl. 1999, IntGesR, Rn. 549; Theisen/Wenz/*Maul*, S. 408. So im Ergebnis auch *Schwarz*, SE-VO Einl. Rn. 173 ff., der offenlässt, ob über das Kollisionsrecht oder den ausnahmsweise als Gesamtnormverweisung zu verstehenden Art. 9 Abs. 1 lit. c SE-VO das nationale Recht zur Anwendung gelangt.
[5] S. eingehend *Teichmann*, S. 303, 306; *Brandi*, NZG 2003, 889, 890; Lutter/Hommelhoff/*Maul*, S. 250.
[6] Für eine vollumfängliche Anwendung der §§ 291 ff. AktG *Habersack*, ZGR 2003, 724 ff.; *Teichmann*, ZGR 2002, 383, 395 ff.; Lutter/Hommelhoff/*Maul*, S. 250 ff.; *Brandi*, NZG 2003, 889 ff.; Jannott/Frodermann/*Veil*, § 11 Rn. 3; *Schwarz*, SE-VO Einl. Rn. 167; MünchKommAktG/*Altmeppen*, Anh. Art. 9 Rn. 27 ff.
[7] *Hommelhoff*, AG 2003, 179 ff.
[8] Erwägungsgrund Nr. 16.
[9] *Habersack*, ZGR 2003, 724, 737 ff.; *Brandi*, NZG 2003, 889, 892; Theisen/Wenz/*Maul*, S. 408.
[10] Theisen/Wenz/*Maul*, S. 473; *Schwarz*, SE-VO Einl. Rn. 183 ff.

I. Abschluss von Unternehmensverträgen

5 Für den Abschluss eines Unternehmensvertrages zwischen einer SE mit Sitz in Deutschland und dem anderen Vertragsteil mit Sitz in Deutschland sind die §§ 291 ff. AktG anwendbar.[11] Die Entscheidung über das Ob des Vertrages, den konkreten Inhalt und die Vertragsvorbereitungen fallen im dualistischen Modell in die Leitungskompetenz des Leitungsorgans (Art. 39 Abs. 1 SE-VO). Die Vertretung beim Abschluss des Vertrages verbleibt ebenfalls beim Leitungsorgan (§ 78 AktG). Ist die SE nach dem monistischen Modell organisiert, kommt die erste Aufgabe dem Verwaltungsrat zu, da die betreffenden Unternehmensverträge regelmäßig die Unternehmensstruktur verändern (§ 22 Abs. 6 SEAG). Die Vertretung beim Abschluss des Vertrages obliegt nach § 41 SEAG den geschäftsführenden Direktoren. Der Vertragsabschluss bedarf der Schriftform (§ 293 Abs. 3 AktG). Erforderlich sind zudem die notwendigen **Zustimmungsbeschlüsse** der jeweiligen Hauptversammlungen bei der SE und dem anderen Vertragsteil, wenn es sich bei ihm um eine AG, KGaA oder SE handelt (§ 293a AktG).[12] Im Hinblick auf die Frage, welcher Mehrheit die Zustimmungsbeschlüsse bedürfen, geht die hM in der Literatur (s. Rn. 2) von einer Mehrheit von drei Viertel des vertretenen Grundkapitals aus. Nach Auffassung von *Teichmann/Oplustil* müsste geklärt werden, ob Art. 59 SE-VO anwendbar ist. Insoweit ist von Bedeutung, dass der Beschluss der Hauptversammlung zum Abschluss des Beherrschungsvertrages zwar nicht auf eine Satzungsänderung gerichtet ist, ihm jedoch nach der ganz hM satzungsüberlagernde Wirkung zukommt,[13] so dass nach dieser Auffassung die Verordnungsregelungen über die Satzungsänderung (Art. 59 SE-VO) Anwendung finden müssen, also jedenfalls eine Zweidrittelstimmenmehrheit vorliegen müsste. Im Hinblick auf die in diesem Zusammenhang weitere Frage, ob neben der Zweidrittelstimmenmehrheit die Dreiviertelkapitalmehrheit nach § 293 Abs. 1 AktG erforderlich ist, ist auf die Ausführungen unter 5. Abschnitt § 4 Rn. 68 zu verweisen.[14]

6 In diesem Zusammenhang müssen im dualistischen Modell von den Leitungsorganen bzw. im monistischen Modell von den geschäftsführenden Direktoren, da es sich insoweit um eine Geschäftsführungsaufgabe nach § 40 Abs. 2 SEAG handelt,[15] Berichte, die sich insbesondere mit der Art und der Höhe des Ausgleichs befassen, aufgestellt und durch Vertragsprüfer überprüft werden (§§ 293a, b AktG). Zudem sind das Bestehen und die Art des Unternehmensvertrages in das **Handelsregister** der beherrschten bzw. zur Gewinnabführung verpflichteten Gesellschaft einzutragen und bekannt zu machen (§ 294 AktG). Eine Bekanntmachung im europäischen Amtsblatt nach Art. 14 SE-VO ist nicht erforderlich. Vom Leitungsorgan bzw. den geschäftsführenden Direktoren sind das Bestehen und die Art des Vertrages sowie die Firma des herrschenden bzw. gewinnberechtigten anderen Vertragsteils anzugeben (§ 294 AktG). Dazu müssen dem Registergericht der Unternehmensvertrag sowie die notariell protokollierten Niederschriften der Zustimmungsbeschlüsse der Hauptversammlungen vorgelegt werden.

---

[11] Zu grenzüberschreitenden Sachverhalten s. Rn. 30.
[12] Zu dem Zustimmungserfordernis, wenn es sich bei dem anderen Vertragsteil um eine GmbH handelt, s. *Emmerich/Habersack*, KonzernR, § 32 II 2.
[13] BGHZ 105, 324, 333 = NJW 1990, 295 – Supermarkt; MünchKommAktG/*Pentz*, § 23 AktG Rn. 54; s. auch *Emmerich/Habersack*, § 291 Rn. 26.
[14] S. insoweit *Schwarz*, SE-VO Einl. Rn. 202, spricht sich für eine Mehrheit von drei Viertel des vertretenen Grundkapitals aus.
[15] AA *Schwarz*, SE-VO Einl. Rn. 207, wonach die Berichtspflichten als grundlegende Verwaltungsaufgaben dem Verwaltungsrat obliegen sollen.

II. Beherrschungsverträge

Bei Abschluss eines Beherrschungsvertrages, durch den sich die abhängige Gesellschaft den Weisungen des anderen Vertragsteils unterstellt, kommen die §§ 291 bis 310 AktG auf SE mit geringen Ausnahmen in gleicher Weise wie auf deutsche Aktiengesellschaften zur Anwendung.

1. Die SE als herrschendes Unternehmen

a) Weisungsbefugnis. Die SE als der andere Vertragsteil kann der abhängigen Gesellschaft wie eine deutsche AG Weisungen erteilen (§ 308 Abs. 1 AktG s. hierzu im Einzelnen Rn. 13).[16] Die Weisungsfreiheit des Vorstandes der abhängigen Gesellschaft wird aufgehoben. Ist die SE dualistisch organisiert, sind die Weisungen durch das Leitungsorgan auszusprechen. Ist sie demgegenüber monistisch organisiert, obliegt diese Aufgabe den geschäftsführenden Direktoren, da sie als gesetzliche Vertreter der SE fungieren (§ 41 Abs. 1 SEAG).[17] Wie bei einer Aktiengesellschaft können Weisungen erteilt werden, die für die abhängige Gesellschaft **nachteilig** sind, wenn sie den Belangen des herrschenden Unternehmens oder konzernverbundenen Gesellschaften dienen. Dem steht nicht die SE-VO entgegen (s. oben Rn. 2). Zur Anwendung gelangt auch § 291 Abs. 3 AktG, wonach Leistungen der abhängigen Gesellschaft, die aufgrund des Beherrschungsvertrages getätigt werden, nicht als **Verstoß gegen § 57 AktG** gelten. Zwar ist insoweit bereits im Hinblick auf die Aktiengesellschaft umstritten, ob diese Regelung des § 291 Abs. 3 AktG mit der Kapitalrichtlinie vereinbar ist. Insbesondere der Umstand, dass die Kapitalrichtlinie aus ihrer Entstehungsgeschichte heraus keine Konzernsachverhalte regeln will, spricht aber für die Zulässigkeit des § 291 Abs. 3 AktG.[18] Ohne weitere Besonderheiten umsetzbar auf die SE ist **§ 308 Abs. 3 Satz 2 AktG**, der die Stellung des Aufsichtsrats des herrschenden Unternehmens dahin regelt, dass bei einer erneuten Weisung des herrschenden Unternehmens, der der Aufsichtsrat desselben zustimmt, die mangelnde Zustimmung des Aufsichtsrats der abhängigen Gesellschaft überwunden werden kann. Im dualistischen Modell tritt an die Stelle des Aufsichtsrats das Aufsichtsorgan[19] und im monistischen Modell an diejenige des Aufsichtsrats der Verwaltungsrat (§ 22 Abs. 6 SEAG).[20]

b) Schutz der Aktionäre und Gläubiger. Auf die herrschende SE finden die Regelungen zum Verlustausgleich (§ 302 Abs. 1 AktG), zur Sicherheitsleistung (§ 303 AktG) und zu den Ausgleichs- und Abfindungszahlungen (§§ 304, 305 AktG) ohne Abweichungen Anwendung.

c) Haftung der Vertreter des herrschenden Unternehmens. § 309 Abs. 2 AktG, der die Haftung der gesetzlichen Vertreter des herrschenden Unternehmens gegenüber der Untergesellschaft für die Erteilung von beherrschungsvertraglichen Weisungen vorsieht, wenn sie die Schranken aus dem Beherrschungsvertrag, der Satzung der abhängigen Gesellschaft oder dem Gesetz schuldhaft missachten (die hier nicht näher darzustellende Haftung des anderen Vertragsteils selbst ergibt sich aus allgemeinen Grundsätzen), ist ebenfalls auf SE umsetzbar.[21] Beim dualistischen System bestehen

---

[16] *Hommelhoff*, AG 2003, 179, 183; *Brandi*, NZG 2003, 889, 891; *Theisen/Wenz/Maul*, S. 447 f.
[17] *Theisen/Wenz/Maul*, S. 489; *Schwarz*, SE-VO Einl. Rn. 225.
[18] *Habersack*, ZGR 2003, 724, 735 ff.; *Schön*, FS Kropff, 1997, S. 298 f.; aA *Meilicke*, DB 2001, 2385 f.
[19] *Brandi*, NZG 2003, 889, 891.
[20] *Schwarz*, SE-VO Einl. Rn. 225.
[21] HM, vgl. MünchKommAktG/*Altmeppen*, § 309 AktG Rn. 68 ff.; Kölner KommAktG/*Koppensteiner*, § 309 AktG Rn. 8 f.; GroßkommAktG/*Würdinger*, § 309 AktG Rn. 3; aA für eine weitergehende Auslegung *Hüffer*, AktG, § 309 Rn. 14; *Emmerich/Habersack*, § 309 AktG Rn. 28 ff.

keine Umsetzungsprobleme: An die Stelle des Vorstandes tritt das Leitungsorgan; seine Mitglieder trifft als gesetzliche Vertreter der herrschenden SE die Haftung aus § 309 Abs. 2 AktG. Im monistischen Modell sind aufgrund der Weisungs- und Leitungsbefugnis des Verwaltungsrats Anpassungen erforderlich, wobei zwischen der Haftung der **geschäftsführenden Direktoren** und derjenigen des Verwaltungsrats zu differenzieren ist. Im Hinblick auf die geschäftsführenden Direktoren gilt im Grundsatz, dass sie bei der **Erteilung sorgfaltswidriger Weisungen** gegenüber der abhängigen Gesellschaft als gesetzliche Vertreter der Gesellschaft (§ 41 Abs. 1 SEAG) die Haftung nach § 309 Abs. 2 AktG trifft, da sie nach § 49 Abs. 1 SEAG an die Stelle des Vorstands treten.[22] Allerdings stellt sich insoweit die Frage, welche Folgen es nach sich zieht, wenn die Handlung des geschäftsführenden Direktors auf einer **Weisung des Verwaltungsrats** beruht. Insoweit ist zu unterscheiden: War der Beschluss des Verwaltungsrats, auf dem die Weisung beruht, **nichtig**, weil er gegen Gesetz oder Satzung verstoßen hat,[23] darf der geschäftsführende Direktor diesen Beschluss trotz der Weisung des Verwaltungsrats nicht befolgen; kommt er ihm nach, haftet er aus § 309 Abs. 2 AktG. Etwas anderes kann gelten, wenn es am Verschulden des geschäftsführenden Direktors fehlt, weil er die Unzulässigkeit der Weisung nicht erkennen konnte.[24] Handelt es sich um eine **rechtmäßige Weisung** des Verwaltungsrats, deren zugrunde liegendes unternehmerisches Ermessen nicht angreifbar ist, hat der geschäftsführende Direktor die Weisung zu befolgen. Weniger klar ist der Fall einer **erkennbar nachteiligen Weisung** (hier für die abhängige Gesellschaft), die **nicht als gesetzeswidrig** eingestuft werden kann. Die Begründung zum SEAG verweist insoweit darauf, dass die Stellung des geschäftsführenden Direktors aufgrund der Weisungsabhängigkeit und jederzeitigen Abberufbarkeit eher derjenigen eines GmbH-Geschäftsführers gleiche, was bei der Auslegung der unbestimmten Rechtsbegriffe zu berücksichtigen sei (Begründung zu § 40 Abs. 8 SEAG). Zweifelhaft ist indessen, ob der GmbH-rechtliche Ansatz bei der Aktiengesellschaft tragen kann, soweit damit gemeint ist, dass der geschäftsführende Direktor bei Befolgung einer nachteiligen Weisung durch den Verwaltungsrat nicht gegenüber der Gesellschaft haften soll, was sich für die GmbH mittelbar aus § 43 Abs. 3 GmbHG ergibt und durch die Rechtsprechung bestätigt worden ist.[25] Zu sehen ist insoweit, dass im GmbH-Recht die Gesellschafterversammlung das weisungsgebende Organ ist, der Geschäftsführer also an die Weisungen des obersten Organs der GmbH gebunden ist, was bei einem Verwaltungsrat einer SE nicht der Fall ist. Zudem bestehen Unterschiede insoweit, als die GmbH-Gesellschafter die Gesellschaft (soweit keine Minderheitsinteressen berührt sind) schädigen dürfen, was bei der AG bzw. SE nicht der Fall ist. Im Ergebnis spricht daher vieles dafür, dass die **Haftungsfreistellung** im Aktienrecht nicht so weit gehen kann wie im GmbH-Recht. Bei Anwendung dieser Prinzipien auf den Fall des § 309 Abs. 2 AktG wird man daher davon auszugehen haben, dass eine nachteilige (wenn auch nicht rechtswidrige) Weisung des Verwaltungsrats den geschäftsführenden Direktor nicht freistellen kann. Dies gilt erst recht, da es im § 309 Abs. 2 AktG nicht um Ansprüche der eigenen Gesellschaft, sondern um solche der abhängigen Gesellschaft geht.

11 Neben den geschäftsführenden Direktoren können auch die **Mitglieder des Verwaltungsrats**, soweit sie die sorgfaltswidrige Weisung durch den geschäftsführenden Direktor erteilt haben, haften. Zwar sehen weder die SE-Verordnung noch das Ausführungsgesetz eine solche ausdrückliche Haftungsregelung vor. Es ist jedoch von einer Regelungslücke auszugehen, die in entsprechender Anwendung von § 309 Abs. 2

---

[22] *Brandi*, NZG 2003, 889, 892; *Schwarz*, SE-VO Einl. Rn. 225.
[23] Zur Nichtigkeit von Aufsichtsratsbeschlüssen, vgl. *Hüffer*, AktG, § 108 Rn. 17.
[24] Vgl. Baumbach/Hueck/*Zöllner/Noack*, § 43 GmbHG Rn. 29.
[25] Vgl. BGHZ 31, 259, 278 = NJW 1960, 285; BGHZ 75, 321, 326 = NJW 1980, 589; *Fleck*, GmbHR 1974, 224, 226.

D. Vertragskonzern **12, 13 8**

AktG zu füllen ist. Grund hierfür ist zum einen, dass nach dem Konzept des Aktiengesetzes an die Ausübung von Leitungsmacht Verantwortlichkeiten geknüpft werden[26] und der Verwaltungsrat – anders als beispielsweise ein leitender Angestellter – über diese Leitungsmacht aufgrund seines Weisungsrechts verfügt. Zum anderen sieht § 309 Abs. 2 AktG eine **direkte Haftung der Vertreter des herrschenden Unternehmens** gegenüber der Tochtergesellschaft und damit eine gesellschaftsübergreifende Haftung vor, was bei dem nach teilweise vertretener Ansicht zur Anwendung gelangenden § 93 AktG nicht der Fall ist.[27] Er befasst sich mit der Haftung der Organmitglieder gegenüber ihrer Gesellschaft.

2. Die SE als abhängige Gesellschaft

Ist die SE abhängige Gesellschaft, kommen die Regelungen der §§ 291 ff. AktG auf sie zur Anwendung. Sie ist den Weisungen des herrschenden Unternehmens unterworfen; wie im deutschen Recht wird ihr Eigeninteresse durch das Konzerninteresse überlagert. **12**

a) **Beherrschungsvertragliche Weisungen.** Will das herrschende Unternehmen von seinem **Weisungsrecht** nach § 308 Abs. 1 AktG Gebrauch machen, hat es im dualistischen Modell das Leitungsorgan, das wie der Vorstand den gesamten Tätigkeitsbereich der Geschäftsführung unter sich hat, anzuweisen.[28] Im monistischen Modell ist der geschäftsführende Direktor der SE anzuweisen (§ 49 Abs. 1 SEAG), was insoweit zu Abweichungen von dem aktienrechtlichen Konzept führen kann, da den geschäftsführenden Direktoren nicht der Gesamtbereich der Leitung, sondern lediglich die tägliche Geschäftsführung unterliegt. Werden vom herrschenden Unternehmen gegenüber dem geschäftsführenden Direktor Weisungen ausgesprochen, die über die Zuständigkeiten der geschäftsführenden Direktoren hinausgehen, sondern vielmehr in den Verantwortungsbereich des Verwaltungsrats fallen, werden auch dessen Befugnisse durch die Weisung des herrschenden Unternehmens überlagert. Lediglich bei Geschäften, die der **Zustimmung des Gesamtverwaltungsrats** bedürfen, verbleibt es bei Mitentscheidungsrechten im Sinne des § 308 Abs. 3 AktG.[29] Das ergibt sich aus dem Sinn und Zweck der beherrschungsvertraglichen Regelung des § 308 Abs. 1 AktG. Er ist darauf gerichtet, die Geschäftsführungszuständigkeit insgesamt auf das herrschende Unternehmen zu übertragen[30] und nicht nur die laufende Geschäftsführung.[31] Das Problem, dass das Weisungsrecht in den Kompetenzbereich eines weiteren Organs eingreifen kann, ist im Zusammenhang mit dem GmbH-Recht bereits durch die Rechtsprechung geklärt. Der II. Zivilsenat des Bundesgerichtshofs hat im „Supermarkt"-Beschluss festgestellt, dass durch den Beherrschungsvertrag die Weisungskompetenz der Gesellschafterversammlung auf die herrschende Gesellschaft übertragen wird, und hat damit dem herrschenden Unternehmen das Recht zugebilligt, in die Kompetenzen des Weisungsorgans einzugreifen.[32] Diesem Ergebnis steht auch nicht die SE-Verordnung entgegen, da sie keine konzernrechtlichen oder sonstigen Regelungen **13**

---

[26] BegrRegE *Kropff*, S. 404.
[27] S. insoweit zu den faktischen Unternehmensverbindungen auch Jannott/Frodermann/*Veil*, § 11 Rn. 20. S. auch *Schwarz*, SE-VO Einl. Rn. 225, der eine Haftung aus § 309 ablehnt, da dem Beschluss nur interne Bindung zukomme.
[28] Siehe dazu *Neye/Teichmann*, AG 2003, 169, 176.
[29] So *Maul*, ZGR 2003, 743, 747f.; Lutter/Hommelhoff/*Maul*, S. 249, 251f.; *Schwarz*, SE-VO Einl. Rn. 208; MünchKommAktG/*Altmeppen*, Anh. Art. 9 Rn. 31.
[30] Vgl. ausführlich dazu *Maul*, ZGR 2003, 743, 747; *Kropff*, AktG, S. 403.
[31] Zum Begriff Kölner KommAktG/*Mertens*, 2. Aufl. 1988, § 76 AktG Rn. 4; Großkomm-AktG/*Kort*, § 76 AktG Rn. 28; *Fleischer*, ZIP 2003, 1, 5f.
[32] BGHZ 105, 324, 331 = NJW 1989, 295 – Supermarkt; vgl. auch *Zöllner*, ZGR 1992, 173, 182.

beinhaltet, die einer Überlagerung des Tochterinteresses durch das Konzerninteresse entgegenstehen.³³

14 In die **Kompetenzen der Hauptversammlung** der abhängigen SE – dualistisch oder monistisch strukturiert – kann das Weisungsrecht des herrschenden Unternehmens demgegenüber nicht eingreifen. Die Kompetenzen der Hauptversammlung, die ihr durch die SE-Verordnung (zB Satzungsänderungen) oder durch das Aktiengesetz iVm. den Verweisungsnormen der Verordnung übertragen sind (etwa Zuständigkeiten nach § 119 AktG sowie **Gelatine/Holzmüller-Sachverhalte**, s. 5. Abschnitt § 4 Rn. 37),³⁴ gehören nicht mehr zur Leitung der Gesellschaft im Sinne von §§ 308, 76 AktG und können somit von vorneherein nicht von der Leitungsmacht des herrschenden Unternehmens erfasst werden.³⁵ In diesem Punkt unterscheidet sich die Lage der beherrschten monistischen SE nicht von derjenigen einer beherrschten dualistischen AG, zumal die Hauptversammlungskompetenzen aufgrund der Verweisung auf das nationale Recht praktisch identisch sind.

15 b) **Umsetzung des § 308 Abs. 3 AktG.** Die Regelung des § 308 Abs. 3 AktG, wonach die Stellung des Aufsichtsrats der abhängigen Gesellschaft dahin geregelt wird, dass die Weigerung des Aufsichtsrats, seine Zustimmung zu einem zustimmungsbedürftigen Geschäft zu erteilen, bedeutungslos wird, wenn die Weisung – ggf. mit Zustimmung des Aufsichtsrats des herrschenden Unternehmens – wiederholt wird, ist ebenfalls auf SE umsetzbar. Beim dualistischen System der SE ist die Regelung ohne weiteres umsetzbar: an die Stelle des Aufsichtsrats tritt das Aufsichtsorgan. Bei einer monistisch strukturierten SE besteht ein gewisser Anpassungsbedarf. Bei ihr tritt an die Stelle des Aufsichtsrats der abhängigen Gesellschaft gem. § 22 Abs. 6 SEAG der Verwaltungsrat, so dass es für die Frage des § 308 Abs. 3 AktG darauf ankommt, ob bei den zustimmungspflichtigen Geschäften das vorherige Einverständnis des Verwaltungsrats vorliegt. Dass die Verordnung bei dem monistischen System anstatt von einer Zustimmung des Aufsichtsrats von einem **Beschluss des gesamten Verwaltungsrats** spricht,³⁶ ist insofern ohne Belang. Die nach § 308 AktG notwendige Zustimmung setzt gemäß § 108 Abs. 1 AktG ebenfalls zwingend einen ausdrücklichen Beschluss des Aufsichtsrats voraus, weshalb insofern im Ergebnis keine Unterschiede bestehen.³⁷

16 Aufgrund der unterschiedlichen Kompetenzaufteilung zwischen Vorstand und Aufsichtsrat einerseits und Verwaltungsrat und geschäftsführendem Direktor andererseits sind die Kompetenzen des Verwaltungsrates im Hinblick auf zustimmungspflichtige Geschäfte im Regelfall wesentlich umfassender als die des Aufsichtsrates (s. 5. Abschnitt § 3 Rn 45 ff.). Das kann wiederum zur Folge haben, dass das Verfahren nach § 308 Abs. 3 AktG häufiger durchgeführt werden muss. Diese Gefahr steht aber der Anwendbarkeit der Vorschrift nicht entgegen und kann in der Praxis durch eine entsprechende Ausgestaltung des **Zustimmungskatalogs** in der Satzung der SE vermieden werden.³⁸

17 Weisungen an den geschäftsführenden Direktor, der zugleich Mitglied des Verwaltungsrats ist, führen nicht dazu, dass das Verwaltungsratsmitglied aufgrund einer

---

³³ AA insoweit *Hommelhoff*, AG 2003, 179, 183.
³⁴ BGHZ 83, 122; hierzu zuletzt *Zimmermann/Pentz*, FS Welf Müller, 2001, S. 151 ff.; *Henze*, FS Ulmer, 2003, S. 211; *Emmerich/Habersack*, Vor § 311 Rn. 33 ff.; BGH NZG 2004, 575 – Gelatine I und BGH NJW 2004, 1860 – Gelatine II.
³⁵ OLG Karlsruhe AG 1991, 144, 146 – ASEA/BBC; *Maul*, ZGR 2003, 743, 762; Lutter/Hommelhoff/*Maul*, S. 249, 255; *Schwarz*, SE-VO Einl. Rn. 208.
³⁶ *Maul*, ZGR 2003, 743, 749; Theisen/Wenz/*Maul*, S. 491 f.; *Schwarz*, SE-VO Einl. Rn. 208.
³⁷ *Hüffer*, AktG, § 111 Rn. 19.
³⁸ *Maul*, ZGR 2003, 743, 750.

D. Vertragskonzern

Doppelstellung bei einem Beschluss des Gesamtverwaltungsrats an die zuvor erteilte Weisung gebunden ist.³⁹ Grund hierfür ist zum einen, dass die Weisung nur das in seiner Funktion angewiesene Organ, also den geschäftsführenden Direktor, binden und ihre Wirkung nicht in einem anderen Organ, dem Verwaltungsrat, fortsetzen kann, auch wenn die dort agierende Person identisch ist. Zum anderen kommt eine solche Bindung auch deshalb nicht in Betracht, weil § 308 AktG die dort geforderte Zustimmung des Aufsichtsrats bzw. die Wiederholung der Weisung zur Wirksamkeitsvoraussetzung der Weisung macht.⁴⁰ Eine Weisung ohne diese besondere Voraussetzung kann mithin überhaupt keine Wirkung entfalten.⁴¹

c) Haftung der Organmitglieder der abhängigen Gesellschaft. Hinsichtlich der Haftung der Organmitglieder der abhängigen Gesellschaft einer SE ist § 310 AktG anzuwenden, wobei von der hM von einer Pflichtverletzung ausgegangen wird, wenn in sorgfaltswidriger Weise unzulässige schädigende Weisungen befolgt worden sind.⁴² Im Einzelnen ist zwischen dem dualistischen und dem monistischen Modell zu unterscheiden. Im dualistischen System ist die Umsetzung unproblematisch: Die Mitglieder des Leitungsorgans haften neben den Ersatzpflichtigen nach § 309 AktG, wenn sie unter Verletzung ihrer Pflichten gehandelt haben, wobei ihre Ersatzpflicht nicht dadurch ausgeschlossen wird, dass das Aufsichtsorgan die Handlung gebilligt hat (§ 310 Abs. 2 AktG). Die Mitglieder des Aufsichtsorgans trifft die Haftung aus § 310 Abs. 1 AktG, soweit sie Pflichten verletzt haben (zB Verhinderung der Befolgung rechtswidriger Weisungen sowie Pflichtverletzungen bei der Erteilung der Zustimmung). Im monistischen System unterliegen der Haftung aus § 310 Abs. 1 AktG zunächst die geschäftsführenden Mitglieder; sie treten nach § 49 Abs. 1 SEAG an die Stelle des Vorstandes. Auch in diesem Zusammenhang gilt der unter Rn. 10 ausgeführte Grundsatz, dass es bei einer Befolgung von nachteiligen aber nicht gesetzwidrigen Weisungen durch den Verwaltungsrat der abhängigen Gesellschaft nicht zu einer **Freistellung** der geschäftsführenden Direktoren von einer Haftung kommen kann (s. Rn. 10). Unproblematisch umzusetzen im monistischen Modell ist auch § 310 Abs. 2 AktG. Er ist in diesem Zusammenhang so zu lesen, dass die Ersatzpflicht der geschäftsführenden Direktoren nicht dadurch ausgeschlossen wird, dass der Verwaltungsrat die Handlung gebilligt hat.

Zudem können die Mitglieder des Verwaltungsrats nach § 310 Abs. 1 AktG haften, wenn sie Pflichten verletzt haben (zB Weisung zur Befolgung einer rechtswidrigen Weisung des herrschenden Unternehmens, Verhinderung der Befolgung rechtswidriger Weisungen). Das ergibt sich aus § 26 Abs. 6 SEAG.

d) Rechte der Aktionäre und Gläubiger. SE-spezifische Fragen treten weder bei den Rechten auf Verlustausgleich und Sicherheitsleistung (§§ 302, 303 AktG) noch auf Ausgleich und Abfindung (§§ 304, 304 AktG) auf. Insoweit können die aktienrechtlichen Regelungen auf die SE angewendet werden, ohne dass Anpassungen erforderlich sind.⁴³

---

³⁹ *Maul*, ZGR 2003, 743, 749; Theisen/Wenz/*Maul*, S. 492; MünchKommAktG/*Altmeppen*, Anh. Art. 9 Rn. 32.
⁴⁰ Für die Durchführung des Verfahrens auch *Veil*, WM 2003, 2169, 2175.
⁴¹ So auch *Emmerich*/Habersack, § 308 Rn. 70 ff.
⁴² *Hüffer*, AktG, § 310 Rn. 3; Kölner KommAktG/*Koppensteiner*, § 310 AktG Rn. 11; MünchKommAktG/*Altmeppen*, § 310 AktG Rn. 31; s. für eine weitere Auslegung *Emmerich*/Habersack, § 310 Rn. 10 f.
⁴³ Hierzu ausführlich *Brandi*, NZG 2003, 889, 893; Theisen/Wenz/*Maul*, S. 448 f.

III. Gewinnabführungsverträge

21 Die Regelungen zu den Gewinnabführungsverträgen sind ohne Abweichungen auf herrschende als auch abhängige SE anzuwenden.[44]

E. Faktische Unternehmensverbindungen

22 Im Fall von faktischen Unternehmensverbindungen finden die Regelungen der §§ 311 ff. AktG mit geringen Anpassungen auf SE mit Sitz in Deutschland Anwendung.[45]

I. Die SE als herrschendes Unternehmen

23 Das herrschende Unternehmen in Form der SE kann **nachteilige Geschäfte und Maßnahmen** veranlassen und ist dann, wenn sie befolgt werden, zum Nachteilsausgleich bzw. Schadensersatz gegenüber der abhängigen Gesellschaft verpflichtet (§§ 311, 317 Abs. 1 S. 1 AktG).[46] Zudem kann die SE gegenüber den Aktionären der abhängigen Gesellschaft verantwortlich sein, soweit sie einen eigenen Schaden erlitten haben (§ 317 Abs. 1 S. 2 AktG). Anzuwenden ist mit gewissen Anpassungen auch die Regelung des § 317 Abs. 3 AktG, nach der neben dem herrschenden Unternehmen dessen gesetzliche Vertreter gegenüber der abhängigen Gesellschaft für die Veranlassung nachteiliger Rechtsgeschäfte oder Maßnahmen auf **Schadensersatz** haften (§ 317 Abs. 3 AktG). Im dualistischen Modell trifft die Mitglieder des Leitungsorgans als gesetzliche Vertreter der herrschenden SE diese Haftung. Im monistischen Modell sind zunächst die geschäftsführenden Direktoren als gesetzliche Vertreter der Gesellschaft (§ 41 Abs. 1 SEAG) der Haftung aus § 317 Abs. 3 AktG ausgesetzt (§ 49 Abs. 1 SEAG). Soweit das Tätigwerden der geschäftsführenden Direktoren auf einer Weisung beruht, gelten die unter Rn. 10 dargelegten Grundsätze.[47] Neben den geschäftsführenden Direktoren können auch die Mitglieder des Verwaltungsrats, soweit sie die pflichtwidrige Veranlassung durch den geschäftsführenden Direktor zu vertreten haben, haften. Es liegt insoweit eine Regelungslücke vor, die durch entsprechende Anwendung des § 317 Abs. 3 AktG zu füllen ist, zumal § 317 AktG seinem Sinn und Zweck nach die Verantwortung an die Möglichkeit der Einflussnahme knüpft, die dem Verwaltungsrat aufgrund seiner Weisungskompetenz zusteht (s. 5. Abschnitt § 3 Rn. 23).[48] Gegenüber einer Tochter-GmbH mit Sitz in Deutschland treffen die herrschende SE die Pflichten des GmbH-Konzernrechts, insbesondere das sich aus der **Treuepflicht ergebende Schädigungsverbot** und die Haftung aus **existenzvernichtendem** Eingriff (s. Rn. 27).

---

[44] Theisen/Wenz/*Maul*, S. 410 ff.; Jannott/Frodermann/*Veil*, § 11 Rn. 38; *Schwarz*, SE-VO Einl. Rn. 204 f.
[45] S. im Einzelnen Lutter/Hommelhoff/*Maul*, S. 257 ff.; *Schwarz*, SE-VO Einl. Rn. 226 ff.
[46] Theisen/Wenz/*Maul*, S. 424 ff.; *Hommelhoff*, AG 2003, 179, 182 f.; *Brandi*, NZG 2003, 889, 894; *Schwarz*, SE-VO Einl. Rn. 227.
[47] Vgl. BGHZ 31, 259, 278 = NJW 1960, 285; BGHZ 75, 321, 326 = NJW 1980, 589; *Fleck*, GmbHR 1974, 224, 226.
[48] Für eine Anwendung von § 93 AktG Jannott/Frodermann/*Veil*, § 11 Rn. 20.

II. Die SE als abhängige Gesellschaft

1. Eigenverantwortliche Leitung

Ebenso wie im faktischen AG-Konzern der Vorstand der eigenverantwortlichen Leitung der Gesellschaft verpflichtet ist, ist im dualistischen Modell das Leitungsorgan bzw. im monistischen Modell der geschäftsführende Direktor der eigenverantwortlichen Leitung verpflichtet; die §§ 76, 93 AktG finden auch auf die SE Anwendung. Beide sind daher nicht verpflichtet, nachteiligen Veranlassungen des herrschenden Unternehmens nachzukommen. Vielmehr dürfen sie nachteiligen Veranlassungen nur unter den Voraussetzungen des § 311 AktG nachgehen; das gilt im monistischen Modell trotz der Weisungsgebundenheit des geschäftsführenden Direktors. Leitungsorgan bzw. geschäftsführender Direktor haben daher zu prüfen, ob die Maßnahme im Konzerninteresse liegt, der Nachteil **ausgleichsfähig** ist und das herrschende Unternehmen zum Ausgleich bereit und imstande ist.[49] Ebenso hat im dualistischen Modell das Aufsichtsorgan und im monistischen Modell der Verwaltungsrat seine Tätigkeit an den **Interessen der abhängigen Gesellschaft**, die nach dem Modell der §§ 311 ff. AktG zu wahren sind, auszurichten. Aufsichtsorgan und Verwaltungsrat haben darauf zu achten, dass nachteilige Maßnahmen nur durchgeführt bzw. angewiesen werden, wenn ein Nachteilsausgleich zu erwarten ist und dem Nachteilsausgleich nicht zugängliche Maßnahmen unterbleiben.[50] Das gilt auch im Hinblick auf zustimmungspflichtige Geschäfte durch das Aufsichtsorgan bzw. Geschäfte, die eines Gesamtbeschlusses des Gesamtverwaltungsrats bedürfen.

2. Abhängigkeitsbericht

Die Verpflichtung, den Abhängigkeitsbericht nach § 312 AktG aufzustellen, trifft im dualistischen Modell das Leitungsorgan der beherrschten Gesellschaft. Im monistischen System ist diese Aufgabe von dem geschäftsführenden Direktor durchzuführen (§ 49 Abs. 1 SEAG); der geschäftsführende Direktor der SE tritt an die Stelle des Vorstandes im Aktiengesetz. Im Abhängigkeitsbericht haben Leitungsorgan bzw. geschäftsführender Direktor alle konzernrelevanten Geschäfte zu dokumentieren und auf ihre Angemessenheit zu überprüfen.[51] Die Prüfung durch den Abschlussprüfer nach § 313 AktG bleibt bei der SE unverändert; sie hat bei großen und mittelgroßen SE zu erfolgen (§ 267 Abs. 1 S. 1 HGB). Beide Berichte sind im dualistischen Modell durch das Aufsichtsorgan und im monistischen Modell durch den Verwaltungsrat (§ 22 Abs. 6 SEAG) dahin gehend zu prüfen (§ 314 AktG), ob der Abhängigkeitsbericht des geschäftsführenden Direktors richtig und vollständig ist. Zudem ist in dem Bericht an die Hauptversammlung (§ 171 Abs. 2 AktG) über das Ergebnis der Prüfung zu berichten. Im monistischen System führt die Prüfung des Abhängigkeitsberichtes durch den Verwaltungsrat im Ergebnis zu einer weniger trennscharfen Aufgabenteilung als im dualistischen System der deutschen Aktiengesellschaft mit Vorstand und Aufsichtsrat, da der Verwaltungsrat an zahlreichen Geschäftsführungsmaßnahmen aufgrund der ihm obliegenden Oberleitung der Gesellschaft beteiligt sein wird. Folge hiervon ist, dass der Verwaltungsrat bei Prüfung des Abhängigkeitsberichts zum Teil Entscheidungen überprüft, die er selbst zuvor getroffen hat, was noch dadurch verschärft wird, dass der

---

[49] S. zu diesem Grundsatz des deutschen Rechts Emmerich/*Habersack*, § 311 Rn. 78 mwN; MünchHdbGesR-IV/*Krieger*, § 69 AktG Rn. 24.
[50] S. zum deutschen Recht Emmerich/*Habersack*, § 311 Rn. 81.
[51] *Maul*, ZGR 2003, 743, 754 f.; Lutter/Hommelhoff/*Maul*, S. 249 Rn. 258; *Schwarz*, SE-VO Einl. Rn. 216; s. auch ausführlich zur Funktion des Abhängigkeitsberichts: Geßler/Hefermehl/ Eckardt/*Kropff*, § 312 AktG Rn. 1 ff. mwN.

Verwaltungsrat – wie in Konzernsituationen üblich – mit Vertretern des herrschenden Unternehmens besetzt ist.[52] Um ein solches Prüfen in eigener Sache zumindest für börsennotierte Gesellschaften zu reduzieren, erscheint es sinnvoll, die Prüfung des Abhängigkeitsberichts – zumindest für monistisch strukturierte SE – einem besonderen **Prüfungsausschuss** zuzuweisen.[53]

3. Haftung der Organmitglieder der abhängigen SE

26 Zur Anwendung auf die Organmitglieder einer abhängigen SE gelangt zudem § 318 Abs. 1 und 2 AktG iVm. Art. 9 SE-VO, wonach die Mitglieder des Leitungsorgans bzw. die geschäftsführenden Direktoren (§ 49 Abs. 1 SEAG) sowie das Aufsichtsorgan bzw. der Verwaltungsrat der abhängigen SE neben den nach § 317 AktG Ersatzpflichtigen als Gesamtschuldner haften, wenn sie ihre Berichtspflicht nach § 312 AktG bzw. die Prüfungspflicht nach § 314 AktG verletzt haben. Bei dualistisch organisierten SE trifft diese Haftung das Leitungs- bzw. Aufsichtsorgan. Im monistischen Modell ist zu unterscheiden: Die Haftung aus § 318 Abs. 1 AktG wegen der **Verletzung der Berichtspflicht** trifft den geschäftsführenden Direktor, wobei die Grundsätze unter Rn. 10 zur Anwendung gelangen.[54] Daneben haften die Mitglieder des Leitungsorgans bzw. die geschäftsführenden Direktoren nach § 93 AktG für eine **Verletzung sonstiger Pflichten**, die sich für sie infolge und trotz des Abhängigkeitsverhältnisses ergeben, etwa die Pflicht, einer nachteiligen Veranlassung nicht nachzukommen, soweit der Nachteilsausgleich ungewiss ist oder verweigert wird (s. Rn. 24).[55] Hat der geschäftsführende Direktor auf Weisung des Verwaltungsrats gehandelt, kommen wiederum die Grundsätze unter Rn. 10 zur Anwendung, wonach eine Übertragung des Grundsatzes der **Haftungsfreistellung** bei rechtmäßiger aber nachteiliger Weisung als nicht gerechtfertigt erscheint. Zudem haften nach § 318 Abs. 2 AktG die Mitglieder des Aufsichtsorgans bzw. des Verwaltungsrats neben den nach § 317 Abs. 1 AktG Ersatzpflichtigen, wenn sie ihre Prüfungspflichten nach § 314 AktG verletzt haben. Soweit die Mitglieder des Verwaltungsrats nachteilige Veranlassungen an die geschäftsführenden Direktoren weitergegeben haben, können auch sie analog § 93 AktG iVm. § 40 Abs. 8 SEAG haften.

F. Existenzvernichtender Eingriff – qualifiziert faktischer Konzern

27 In der aktienrechtlichen Literatur ist bislang umstritten, ob die zur GmbH entschiedenen Grundsätze zum existenzvernichtenden Eingriff[56] auf Aktiengesellschaften und in der Folge auch SE unter Aufgabe der Grundsätze zum qualifiziert faktischen Konzern übernommen werden sollen. Von Bedeutung ist insoweit, dass die zum existenzvernichtenden Eingriff entwickelten Grundsätze keine Reaktion auf eine spezifisch konzernrechtliche Situation darstellen, sondern es darum geht, dem Gesellschafter zu verwehren, zum eigenen Vorteil die Liquidationsvorschriften zu verletzen. Die Lösung der Durchgriffshaftung stellt also eine gleichsam neben die Kapitalaufbringungs- und

---

[52] Ausführlich dazu Theisen/Wenz/*Maul*, S. 424 ff.; *Teichmann*, ZGR 2002, 444.
[53] Theisen/Wenz/*Maul*, S. 424 ff.; *dies.*, ZGR 2003, 741, 758 f.; *Schwarz*, SE-VO Einl. Rn. 216, Fn. 605; s. auch Jannott/Frodermann/*Veil*, § 11 Rn. 22; s. auch MünchKommAktG/ *Altmeppen* Anh. Art. 9 Rn. 39, der vorschlägt, dass de lege ferenda die Einführung von Prüfungsausschüssen erwogen werden sollte, der aber Sonderregelungen für die SE ausschließt.
[54] Jannott/Frodermann/*Veil*, § 11 Rn. 19.
[55] Emmerich/*Habersack*, § 311 Rn. 78.
[56] S. die Urteile Bremer Vulkan BGH ZIP 2001, 1874 und KBV BGH ZIP 2002, 1578; s. hierzu *Röhricht*, FS 50 Jahre BGH, 2000, S. 98 ff.

Kapitalerhaltungsvorschriften tretende dritte Schutzsäule dar, die in ihrer Ausgestaltung zudem strengeren Kriterien folgt. Der Umstand, dass der Schutz der Gläubiger der Aktiengesellschaft nicht hinter demjenigen einer GmbH zurückbleiben darf, spricht für eine Übernahme der Regelungen auf die AG und damit SE.[57] Ob neben dem existenzvernichtenden Eingriff weiterhin die Regelungen zum qualifiziert faktischen Konzern zur Anwendung gelangen können, wenn bspw. der Einzelausgleich aufgrund einer Waschkorblage unmöglich wird, ist nicht geklärt. Zum Teil werden die Regelungen für anwendbar erklärt; zum Teil wird erwogen, diesbezüglich das Treupflicht-Konzept weiter zu entwickeln.[58]

G. Eingliederung

I. Hauptgesellschaft

Die SE kann entsprechend den §§ 319 ff. AktG wie eine AG die Stellung einer Hauptgesellschaft übernehmen (s. Rn. 2).[59] In diesem Fall kommen die Regelungen der §§ 319 ff. AktG mit geringen Anpassungen im monistischen Modell zu Anwendung. Im dualistischen Modell vertritt das Leitungsorgan die Hauptgesellschaft bei der Ausübung des Weisungsrechts. Im monistischen Modell obliegt diese Aufgabe den geschäftsführenden Direktoren (§ 49 Abs. 2 SEAG). Die Verantwortlichkeit der Mitglieder der Hauptgesellschaft richtet sich nach § 309 AktG, so dass auf die Ausführungen zum Beherrschungsvertrag (s. Rn. 10) verwiesen werden kann. Gleiches gilt im Ergebnis im Hinblick auf das auch bei Eingliederungen zur Anwendung kommende Zustimmungsverfahren des § 308 Abs. 3 AktG; auch insoweit kann auf die Ausführungen zum Beherrschungsvertrag verwiesen werden (s. Rn. 15). Die Pflicht zur Bestellung der Prüfer zur Eingliederungsprüfung (§ 320 Abs. 3 S. 2 AktG) obliegt bei einer SE im dualistischen Modell dem Leitungsorgan bzw. im monistischen Modell den geschäftsführenden Direktoren (§ 49 Abs. 2 SEAG). **28**

II. Eingegliederte Gesellschaft

Handelt es sich bei der SE um die eingegliederte Gesellschaft, ist das Leitungsorgan bzw. der geschäftsführende Direktor (§ 49 Abs. 2 SEAG) verpflichtet, die Weisungen der Hauptgesellschaft zu befolgen (§ 323 Abs. 1 S. 2 iVm. § 308 Abs. 2 S. 1 AktG). Werden von der Hauptgesellschaft gegenüber dem geschäftsführenden Direktor Weisungen ausgesprochen, die über die Zuständigkeiten der geschäftsführenden Direktoren hinausgehen, sondern vielmehr in den Verantwortungsbereich des Verwaltungsrats fallen, werden auch dessen Befugnisse durch die Weisung der Hauptgesellschaft überlagert (s. Rn. 13). Im Hinblick auf die Verantwortlichkeit der Organmitglieder der eingegliederten Gesellschaft gilt § 310 AktG, so dass auf die Ausführungen zum Beherrschungsvertrag verwiesen werden kann (s. Rn. 18). Die zusätzlich in den §§ 319 ff. AktG geregelten Pflichten – die Anmeldung und die Beendigung der Eingliederung (§ 319 Abs. 4 und § 327 Abs. 3 AktG) – finden auf SE ohne Probleme Anwendung. Im dualistischen Modell obliegt diese Aufgabe dem Leitungsorgan und im monistischen Modell dem geschäftsführenden Direktor (§ 49 Abs. 2 SEAG). **29**

---

[57] *Hüffer*, AktG, § 1 Rn. 25; *Theisen/Wenz/Maul*, S. 459 f.; *Schwarz*, SE-VO Einl. Rn. 217; aA gegen eine Übernahme auf die AG: *Emmerich/Habersack*, Anh. § 317 Rn. 5; *Jannott/Frodermann/Veil*, § 11 Rn. 44; *K. Schmidt*, GesR, § 31 IV 4a.
[58] *Hüffer*, AktG, § 1 Rn. 26.
[59] *Brandi*, NZG, 2003, 889, 896; *Schwarz*, SE-VO Einl. Rn. 228.

H. Grenzüberschreitende Sachverhalte

30 Ist die SE Teil einer grenzüberschreitenden Unternehmensverbindung, was aufgrund der Gründungsverfahren häufig der Fall sein wird, unterliegt sie den gleichen Grundsätzen und Regelungen wie eine AG, die Teil einer solchen Unternehmensverbindung ist. Welches Recht zur Anwendung gelangt, richtet sich im Grundsatz nach den Vorschriften und Grundsätzen des Internationalen Privatrechts (IPR) und ist von dem angerufenen in- oder ausländischen Gericht nach den jeweils anwendbaren in- oder ausländischen IPR-Regelungen zu beurteilen.[60] Nach der deutschen Rechtsprechung gilt der Grundsatz, dass das Statut der Gesellschaft, bei der der Gefahrenschwerpunkt des Konzernverhältnisses liegt, die Beziehungen zwischen Mutter- und Tochtergesellschaft regelt.[61]

I. Beherrschungs- und Gewinnabführungsverträge

31 Ist eine SE mit Sitz in Deutschland abhängige Gesellschaft und Partei eines grenzüberschreitenden Unternehmensvertrages, dessen Abschluss von der ganz hM als zulässig angesehen wird,[62] sind nach hM die Regelungen des deutschen Rechts auf das ausländische Unternehmen anzuwenden, da die abhängige Gesellschaft **hauptbetroffene** Partei ist: Sie wird aufgrund des Weisungsrechts faktisch in diese eingegliedert und ist der Gefahr nachteiliger Weisungen ausgesetzt. Ist ein grenzüberschreitender **Beherrschungsvertrag** abgeschlossen worden, steht dem ausländischen herrschenden Unternehmen das Weisungsrecht aus § 308 AktG zu, und es trifft die Pflichten aus den §§ 302 bis 305 AktG.[63] Ist die SE mit Sitz in Deutschland hingegen herrschendes Unternehmen und befindet sich das abhängige Unternehmen im Ausland, so richten sich die Rechtsverhältnisse der ausländischen abhängigen Gesellschaft nach ihrem Heimatrecht.[64]

32 Das Gleiche gilt im Ergebnis für grenzüberschreitende **Gewinnabführungsverträge**. Auch sie können mit einem ausländischen Unternehmen als anderem Vertragsteil abgeschlossen werden. Indessen kommt diesen Verträgen in der Praxis keine Bedeutung zu, da die deutsche Steuerpraxis Gewinnabführungsverträge mit ausländischen Organträgern nicht anerkennt, weil die Begründung einer grenzüberschreitenden steuerlichen **Organschaft** grundsätzlich ausgeschlossen ist.[65] Abweichendes gilt insoweit nach § 18 KStG, wenn das ausländische herrschende Unternehmen im Inland eine im Handelsregister eingetragene Zweigniederlassung hat und der Gewinnabführungsvertrag unter der Firma dieser Zweigniederlassung abgeschlossen worden ist (eingeschränkte ausländische Organschaft).[66]

---

[60] *v. Bar*, Internationales Privatrecht, Rn. 404 ff.
[61] OLG Hamburg IPRspr. 1974, Nr. 11, S. 46–48; OLG Frankfurt AG 1988, 267; Staudinger/*Großfeld*, IntGesR, Rn. 503.
[62] *Bayer*, Beherrschungsvertrag, S. 66; *Bärwaldt/Schabacker*, AG 1998, 183 ff. – auch zu den formalen Anforderungen.
[63] *Theisen/Wenz/Maul*, S. 495; *Schwarz*, SE-VO Einl. Rn. 209 f.
[64] *Theisen/Wenz/Maul*, S. 496; *Brandi*, NZG 2003, 889, 891; *Schwarz*, SE-VO Einl. Rn. 226.
[65] MünchKommAktG/*Altmeppen*, Einl. §§ 291 ff. AktG Rn. 46; *Bayer*, Beherrschungsvertrag, S. 76 ff.
[66] MünchKommAktG/*Altmeppen*, § 291 AktG Rn. 164; *Bayer*, S. 76 ff.

II. Faktische Unternehmensverbindungen

Besteht eine faktische Unternehmensverbindung zwischen einer Muttergesellschaft mit Sitz im Ausland und einer Tochter-SE mit Sitz im Inland, ist das deutsche Recht (§§ 311 ff. AktG) auf die abhängige SE anwendbar. Da für die abhängige Gesellschaft aus der Unternehmensverbindung die Besorgnis nachteiliger Einflussnahme resultiert, liegt bei ihr der **Gefahrenschwerpunkt**. Gegenüber der ausländischen Muttergesellschaft können auf der Grundlage deutschen Rechts Ansprüche (etwa nach den § 317 AktG) geltend gemacht werden. Gleiches gilt in dem Fall, wenn das herrschende Unternehmen ebenfalls eine SE ist. In dem vom Ausgangsfall umgekehrten Fall, dass eine Mutter SE mit Sitz in Deutschland eine Gesellschaft mit Sitz im Ausland beherrscht (zB SA mit Sitz in Frankreich), kommen die Regelungen der §§ 311 ff. AktG nach den deutschen IPR-Regelungen nicht zur Anwendung. Die Konzernbeziehung unterliegt vielmehr dem Statut der abhängigen Gesellschaft (im Beispielsfall: französisches Recht).[67]

33

III. Eingliederung

Ein Eingliederungskonzern kann nur zwischen inländischen Gesellschaften und damit auch SE begründet werden (s. § 319 Abs. 1, § 320 Abs. 1 AktG). Eine grenzüberschreitende Eingliederung ist ausgeschlossen.[68]

34

---

[67] Zu Haftungsproblemen in deutsch-französischen Unternehmensverbindungen s. *Maul*, NZG 1998, 965 ff.

[68] *Brandi*, NZG 2003, 889, 896; *Schwarz*, SE-VO Einl. Rn. 219.

9. Abschnitt. Besteuerung

§ 1 EU-Vorgaben

Übersicht

	Rn.
I. Besteuerung der Gründungsvorgänge der SE nach EU-Recht	1–34
1. Überblick über die einschlägigen Regelungen der EU-Fusionsrichtlinie	1–20
a) Ausgangslage	1–5
b) Änderung der Fusionsrichtlinie ab 2006 bzw. 2007	6–20
2. Die ertragsteuerliche Behandlung der Gründung einer SE im Einzelnen	21–30
a) Verschmelzungsgründung	21–23
b) Gründung einer Holding-SE	24
c) Gründung einer Tochter-SE	25, 26
d) Die Behandlung von Verlustvorträgen	27, 28
e) Formwechselnde Umwandlung einer AG in eine SE	29, 30
3. Anwendung der Kapitalverkehrsrichtlinie	31–34
II. Besteuerung der grenzüberschreitenden Sitzverlegung der SE	35–44
1. Gesellschaftsrechtliche Sitzverlegung der SE zurzeit ohne steuerliche Begleitregelung	35–38
2. Änderung der Fusionsrichtlinie (Rechtslage seit 2006)	39–44
III. Die laufende Besteuerung der SE	45–63
1. Körperschaftsteuerliche Probleme und Hindernisse	45–47
2. Initiativen der EU-Kommission	48–55
a) Grenzübergreifender Verlustausgleich	49, 50
b) Verrechnungspreise	51, 52
c) Mutter-Tochter-Richtlinie	53, 54
d) Richtlinie zur Behandlung von Zins- und Lizenzgebührzahlungen	55
3. Ein gesondertes EU-Besteuerungsregime für die SE?	56–63
a) Diskussionsstand und Vorarbeiten der EU-Kommission	56–61
b) Diskriminierungsprobleme?	62, 63

I. Besteuerung der Gründungsvorgänge der SE nach EU-Recht

1. Überblick über die einschlägigen Regelungen der EU-Fusionsrichtlinie

a) Ausgangslage. Die Fusionsrichtlinie 90/434/EWG sieht im Wesentlichen vor, **1** dass Fusionen, Spaltungen, die Einbringungen von Unternehmensanteilen und der Austausch von Anteilen, die Gesellschaften anderer Mitgliedstaaten betreffen, sofern die anderen in der Richtlinie enthaltenen Voraussetzungen erfüllt sind, nicht zu einer Aufdeckung und Besteuerung der steuerverhafteten **stillen Reserven** führen. Diese sollen wie grundsätzlich bei derartigen Vorgängen im rein nationalen Kontext erst bei tatsächlicher Realisierung besteuert werden. Die Besteuerung wird also im Hinblick auf die **Veräußerungsgewinne** aufgeschoben, sofern die steuerlichen Buchwerte fortgeschrieben werden. Rückstellungen und Rücklagen können übernommen werden, falls sie nicht aus ausländischen **Betriebsstätten** stammen. Die Übernahme von Verlusten, sofern auch in rein nationalen Vorgängen möglich, wird ermöglicht. Es kommt nicht zur Besteuerung von Gewinnen aus dem Wegfall von Beteiligungen an einem übernommenen Unternehmen. Ebenso entfällt die Besteuerung der Anteilseigner für die neu erhaltenen Anteile aufgrund eines Umstrukturierungsvorgangs, sofern die Buchwerte der untergegangenen Anteile fortgeführt werden.

2 Insoweit die SE-Gründungsmöglichkeiten eine gesellschaftsrechtliche Fusion, die Einbringung von Unternehmensteilen oder den Anteilstausch zum Inhalt haben, werden sie vom sachlichen Anwendungsbereich der Fusionsrichtlinie im Grundsatz erfasst. Dies ist prinzipiell für die drei ersten der genannten Varianten der Gründung einer SE der Fall: die Verschmelzungsgründung, die Gründung einer Holding-SE, die Gründung einer Tochter-SE. Die Umwandlungsgründung wird nicht von der Fusionsrichtlinie erfasst.

3 Der persönliche Anwendungsbereich der Richtlinie beschränkt sich aber gemäß Art. 3a nur auf Gesellschaften in einer der im Anhang zur Richtlinie aufgeführten Rechtsformen (die zudem weitere Bedingungen erfüllen müssen). Gegenwärtig befindet sich die Rechtsform „Societas Europaea" nicht auf dieser Liste, so dass bis zur Umsetzung der jüngsten Änderung der Richtlinie in das nationale Recht der Mitgliedstaaten die Gründung einer SE in den beschriebenen drei Formen nicht von der Fusionsrichtlinie erfasst würde und somit wegen des Rechtsform- und/oder Sitzortwechsels potenziell zur Aufdeckung und Besteuerung der **stillen Reserven** der gründenden Gesellschaften führte.

4 Allerdings wird im Schrifttum auch die Auffassung vertreten, da die SE gemäß Art. 9 Abs. 1 lit. c ii sowie 10 SE-VO in jedem Mitgliedstaat wie eine Aktiengesellschaft, die nach dem Recht des Sitzstaates gegründet wurde, zu behandeln sei, sei auch die Umsetzung der Fusionsrichtlinie, die ja mitgliedstaatliche Aktiengesellschaften erfasst, unmittelbar auf die SE anwendbar.[1] Die Europäische Kommission hat stets eine explizite Regelung zu dieser Frage angestrebt und nun auch durch eine Änderung der Fusionsrichtlinie herbeigeführt (siehe Rn. 39 ff.). Die Kommission hatte bereits 1993 vorgeschlagen, den Anwendungsbereich der Richtlinie (sowie den der Mutter-Tochter-Richtlinie 90/435/EWG) auf alle körperschaftsteuerpflichtigen Gesellschaften auszudehnen und von der Aufstellung einer abschließenden Liste von Rechtsformen abzugehen. Diese hatte sich angesichts der Einführung neuer Rechtsformen in verschiedenen Mitgliedstaaten ohnehin als unzweckmäßig herausgestellt.[2]

5 Der Gründungsvorgang einer SE kann aber selbst bei Anwendung der Fusionsrichtlinie auf die Verschmelzung zu einer SE, die Gründung einer Holding-SE oder Tochter-SE noch einige steuerliche Probleme aufwerfen. So ist insbesondere denkbar, dass gemäß den nationalen Bestimmungen und den anwendbaren **Doppelbesteuerungsabkommen** die **stillen Reserven** in ausländischen Beteiligungen oder Wirtschaftsgütern aufgedeckt und besteuert werden müssen. Dabei sind jedoch die Regelungen in Art. 10 Abs. 1 und 2 der Fusionsrichtlinie zu beachten. Insbesondere bei Gründung einer Holding-SE sind aber die Bedingungen der Fusionsrichtlinie (zB Betriebsstättenverhaftung) nur eingeschränkt hilfreich. Hinzu kommen in Deutschland weitere, in der Fusionsrichtlinie nicht vorgesehene Einschränkungen im nationalen Recht, insbesondere die grenzüberschreitende **Buchwertverknüpfung** (§ 23 Abs. 4 UmwStG) sowie die siebenjährige **Veräußerungssperre** (§ 26 Abs. 2 S. 2 UmwStG).

6 **b) Änderung der Fusionsrichtlinie ab 2006 bzw. 2007.** Im Nachgang zu ihrer umfänglichen Studie der Kommissionsdienststellen[3] und zur damit zusammenhängen-

---

[1] Siehe insbesondere *Herzig/Griemla*, StuW 2002, 55 ff.
[2] Siehe KOM/93/293: Vorschlag für eine Richtlinie des Rates zur Änderung der Richtlinie 90/435/EWG vom 23. Juli 1990 über das gemeinsame Steuersystem der Mutter- und Tochtergesellschaften verschiedener Mitgliedstaaten, ABl. Nr. C 225, S. 5 und Vorschlag für eine Richtlinie des Rates zur Änderung der Richtlinie 90/434/EWG vom 23. Juli 1990 über das gemeinsame Steuersystem für Fusionen, Spaltungen, die Einbringung von Unternehmensteilen und den Austausch von Anteilen, die Gesellschaften verschiedener Mitgliedstaaten betreffen, ABl. Nr. C 225, S. 3.
[3] Studie „Unternehmensbesteuerung im Binnenmarkt" SEK(2001)1681. Die Studie kann beim Amt für amtliche Veröffentlichungen der Europäischen Gemeinschaft, L-2985 Luxemburg zum Preis von 31 € bezogen werden (ISBN: 92-849-1694-7).

den allgemeinen Unternehmenssteuer-Mitteilung vom Oktober 2001[4] hat die Kommission einen Vorschlag zur Änderung der gegenwärtigen Fusionsrichtlinie vorgelegt.[5] Dieser Richtlinienvorschlag ist am 17. Februar 2005 formell vom Rat der EU-Finanzminister angenommen worden. Folgende wesentliche Verbesserungen wurden erzielt:

Erweiterung des Anhangs (mehr Gesellschaftsformen). Eine der wichtigsten Schlussfolgerungen der Unternehmenssteuerstudie aus 2001 war der zu eng gefasste Anwendungsbereich der Fusionsrichtlinie, denn diese gilt nur für Unternehmen in einer Rechtsform, die in der Liste im Anhang zu der Richtlinie aufgeführt ist. Mit diesem Thema befasste sich bereits der Richtlinienvorschlag von 1993. Dieser zielte darauf ab, den Anwendungsbereich der Richtlinie auf alle Unternehmen auszudehnen, die in einem Mitgliedstaat ansässig und dort körperschaftsteuerpflichtig sind. Allerdings bereiten Unterschiede im Handelsrecht, das die Rechtsformen der Unternehmen regelt, und die unterschiedlichen steuerlichen Gestaltungsmöglichkeiten in den Mitgliedstaaten erhebliche Probleme, die bereits bei der Beratung des Vorschlags im Rat in den Jahren 1996 und 1997 zur Sprache kamen. Diese Beratungen wurden ausgesetzt, ohne dass es zu einer abschließenden Schlussfolgerung gekommen wäre.

Die jetzt angenommene Verbesserung hinsichtlich des Anwendungsbereichs der Fusionsrichtlinie schlägt sich somit nun in der Ergänzung der im Anhang enthaltenen Liste um bestimmte bisher nicht erfasste Rechtsformen nieder. Die Fusionsrichtlinie gilt somit nun auch für bisher nicht erfasste Rechtsformen, etwa bestimmte Genossenschaften und Personengesellschaften bzw. Partnerschaften, Gesellschaften auf Gegenseitigkeit, Sparkassen sowie wirtschaftlich tätige Fonds und Vereinigungen. Neu in die Liste aufgenommen wurden insbesondere die hier in Rede stehende Europäische Aktiengesellschaft SE und die Europäische Genossenschaft SCE,[6] die seit 2006 als Rechtsform verfügbar ist.

Senkung und Angleichung Beteiligungsschwelle auf 10%. Ein weiterer wichtiger Punkt betrifft Art. 7 Abs. 2 der Richtlinie. Dieser Artikel stellt eine Verbindung zur Mutter-Tochter-Richtlinie her. Bei Fusionen und Spaltungen erwirbt eine der beteiligten Gesellschaften Aktiv- und Passivvermögen. Diese Gesellschaft kann Anteile an der einbringenden Gesellschaft besitzen, die infolge der Umstrukturierung untergehen. Der Wert des erworbenen Aktiv- und Passivvermögens kann höher sein als der Wert der untergehenden Anteile. Diese Differenz entsteht durch nicht ausgeschüttete Gewinne oder **stille Reserven** der einbringenden Gesellschaft. In ihrer Eigenschaft als einbringende Gesellschaft könnte die übernehmende Gesellschaft diese einbehaltenen Gewinne ebenso gut in Form einer Gewinnausschüttung vereinnahmen. Bei einer solchen **Gewinnausschüttung** würde unter Umständen die Mutter-Tochter-Richtlinie greifen. Hat die übernehmende Gesellschaft eine „ausreichende Beteiligung" im Sinne der Mutter-Tochter-Richtlinie, sollte deshalb im Falle einer Fusion oder Spaltung die Fusionsrichtlinie einen vergleichbaren Steuervorteil gewähren, und die oben erwähnte Differenz sollte nicht besteuert werden.

---

[4] Mitteilung der Kommission an den Rat, das Europäische Parlament und den Wirtschafts- und Sozialausschuss „Ein Binnenmarkt ohne steuerliche Hindernisse – Strategie zur Schaffung einer konsolidierten Körperschaftsteuer-Bemessungsgrundlage für die grenzüberschreitende Unternehmenstätigkeit in der EU" (KOM[2001]582).

[5] Vorschlag für eine Richtlinie des Rates zur Änderung der Richtlinie 90/434/EWG des Rates vom 23. Juli 1990 über das gemeinsame Steuersystem für Fusionen, Spaltungen, die Einbringung von Unternehmensteilen und den Austausch von Anteilen, die Gesellschaften verschiedener Mitgliedstaaten betreffen (KOM[2003]0613 endg.).

[6] Verordnung (EG) Nr. 1435/2003 des Rates vom 22. Juli 2003 über das Statut der Europäischen Genossenschaft (SCE) und Richtlinie 2003/72/EG des Rates vom 22. Juli 2003 zur Ergänzung des Statuts der Europäischen Genossenschaft hinsichtlich der Beteiligung der Arbeitnehmer, ABl. L 207 vom 18.8.2003.

10 Die Definition der für eine Befreiung „ausreichenden Beteiligung" in Art. 7 Abs. 2 der Fusionsrichtlinie war jedoch bisher nicht identisch mit der Definition in Art. 3 der Mutter-Tochter-Richtlinie. Diese Richtlinie regelt die Entlastung von der doppelten Gewinnbesteuerung. Diese steuerliche Entlastung wird nur denjenigen Gesellschaften gewährt, die nach den Anforderungen der Richtlinie als Mutter- oder Tochtergesellschaft gelten, die also eine Beteiligung von mindestens 25 % am Kapital der anderen Gesellschaft besitzen. Dem entspricht in der Fusionsrichtlinie die Befreiung der **Veräußerungsgewinne** der Muttergesellschaften. Gemäß Art. 7 Abs. 2 der Fusionsrichtlinie gilt jedoch eine Gesellschaft erst dann als Muttergesellschaft, wenn ihre Beteiligung am Gesellschaftskapital der Tochtergesellschaft 25 % übersteigt. Die **Mindestbeteiligung** ist in beiden Richtlinien nicht dieselbe. Deshalb musste die Definition des Begriffs „Beteiligung" in der Fusionsrichtlinie der Definition in der Mutter-Tochter-Richtlinie angepasst werden. Überdies musste jede diesbezügliche Änderung der Fusionsrichtlinie an die entsprechenden Vorschläge zur Änderung der Mutter-Tochter-Richtlinie angeglichen werden, denen zufolge die **Mindestbeteiligung** für die Einstufung als Mutter- bzw. Tochtergesellschaft von 25 % auf 10 % herabgesetzt wurden.

11 **Erweiterung der (Auf-) „Spaltung" um „Abspaltung".** Die Richtlinie gilt nun auch für die Abspaltung von Unternehmensteilen, dh., wenn eine bestehende Gesellschaft einen oder mehrere Tätigkeitsbereiche an eine bestehende oder neu gegründete Gesellschaft überträgt. Die Abspaltung ist eine begrenzte oder teilweise Spaltung, da die einbringende Gesellschaft weiter besteht. Sie bringt einen Teil ihres Aktiv- und Passivvermögens ein, das einen oder mehrere Teilbetriebe darstellt. Die übernehmende Gesellschaft überträgt dafür den Gesellschaftern der einbringenden Gesellschaft Anteile an ihrem Gesellschaftskapital. Der neue Vorgang wird als Sonderform der Spaltung behandelt. In Art. 2 Buchst. b wird daher künftig der Begriff „Spaltung" durch zwei Bestimmungen definiert. Die erste Bestimmung enthält die bisherige Definition der Spaltung und die Zweite die neu hinzugefügte Definition der Abspaltung.

12 Im Falle einer Abspaltung wird **Steueraufschub** gemäß Art. 4 der Richtlinie gewährt, dh. das übertragene Aktiv- und Passivvermögen muss nach der Abspaltung tatsächlich einer **Betriebsstätte** der übernehmenden Gesellschaft im Staat der einbringenden Gesellschaft zugeordnet werden. Die Richtlinie wird auch die steuerliche Behandlung der Gesellschafter der einbringenden Gesellschaft regeln. Gemäß Art. 8 der Richtlinie werden die Gesellschafter nicht zum Zeitpunkt des Vorgangs besteuert, sondern erst der Gewinn aus einer späteren Veräußerung der Anteile. Außerdem müssen die erhaltenen Anteile mit demselben Wert angesetzt werden, der den Anteilen unmittelbar vor dem Vorgang beigemessen war. Für Abspaltungen wird künftig eine ähnliche steuerliche Regelung gelten: Die Gesellschafter werden zum Zeitpunkt des Vorgangs nicht besteuert, und bei der Bewertung der Anteile an der einbringenden Gesellschaft werden diese Anteile und die bei dem Vorgang erhaltenen Anteile am Gesellschaftskapital der übernehmenden Gesellschaft anteilig in Ansatz gebracht.

13 **Aufnahme „transparenter" bzw. hybrider Unternehmen in den Anwendungsbereich.** Einige der Rechtsformen, deren Erfassung in der Liste durchgesetzt wurde, werfen besondere technische Probleme auf. So könnte der Fall eintreten, dass ein Mitgliedstaat, in dem eine Körperschaft ansässig ist, diese als körperschaftsteuerpflichtig behandelt, während ein anderer Mitgliedstaat, dessen Steuerpflichtiger an der betreffenden Körperschaft beteiligt ist, diese als **steuerlich transparent** ansieht („hybride" Gesellschaft). Letzterer Mitgliedstaat rechnet den Gewinn der betreffenden Körperschaft seinem Steuerpflichtigen, der die Beteiligung hält, zu und besteuert ihn dementsprechend. Dieser Mitgliedstaat sollte verpflichtet sein, die Richtlinienvergünstigungen auch auf diesen Steuerpflichtigen auszuweiten, da die Gewinne sonst doppelt besteuert werden. Angesichts des Umstandes, dass diese körperschaftsteuerpflichtigen Gesellschaften in den Mitgliedstaaten steuerlich verschieden behandelt werden, steht es den Mitgliedstaaten allerdings frei, die entsprechenden Bestimmungen bei der Besteuerung eines mittelbaren oder unmittelbaren Gesellschafters dieser steuerpflichtigen Gesellschaft nicht anzuwenden.

Das Gleiche gilt, wenn die Gesellschafter von Unternehmen, die einen durch die Richtlinie erfassten Vorgang durchführen, als **steuerlich transparent** gelten. Wenn die an dem Gesellschafter beteiligten Personen und Körperschaften aus Anlass von Umstrukturierungsvorgängen steuerlich belastet werden, könnte dies dazu führen, dass sie die Mitwirkung der Gesellschaft an einer Umstrukturierung ablehnen. Die Mitgliedstaaten sollten verpflichtet werden, die Rechtsvorteile der Richtlinie auch einem an dem Gesellschafter beteiligten Gebietsansässigen zu gewähren, da die Gewinne sonst doppelt besteuert werden.

Steueraufschub für die Sitzverlegung der Euro-AG (Societas Europaea - SE) und der Europäischen Genossenschaft (Societas Cooperativa Europaea – SCE). Die steuerliche Behandlung der Sitzverlegung wird nunmehr in den Anwendungsbereich der FRL einbezogen, allerdings nur für die Europäische Aktiengesellschaft SE und die Europäische Genossenschaft SCE. Sind die Voraussetzungen der Fusionsrichtlinie erfüllt, löst die Verlegung des eingetragenen Sitzes einer SE oder einer Europäischen Genossenschaft in einen anderen Mitgliedstaat somit keine sofortige Besteuerung einer nicht realisierten Wertsteigerung von Vermögensgegenständen aus, die im Wegzugsstaat verbleiben.

Die anzuwendende Steuerregelung wird wettbewerbsneutral sein und die finanziellen Interessen des Staates wahren, in dem die Gesellschaft vor der Sitzverlegung ansässig war. Gegenstand der Harmonisierung sind jene Fälle, in denen die Sitzverlegung dazu führt, dass die Gesellschaft für Steuerzwecke nicht länger in diesem Mitgliedstaat ansässig ist. Der Gesellschaft wird **Steueraufschub** für den **Veräußerungsgewinn** gewährt, der iVm. dem Teil ihres Vermögens anfällt, der ihrer künftigen **Betriebsstätte** in dem Mitgliedstaat, in dem sie vor der Sitzverlegung für Steuerzwecke ansässig war, zugerechnet wird.

Die bereits in den Art. 5, 6 und 10 der Richtlinie für Fusionen und Spaltungen festgelegten Regeln gelten künftig auch für diesen Fall. Die für die Sitzverlegung anwendbare Steuerregelung bezieht folglich auch vor dem Vorgang von der Gesellschaft gebildete Rückstellungen oder Rücklagen, die etwaige Übernahme von Verlusten und die Existenz einer **Betriebsstätte** in einem dritten Mitgliedstaat ein.

In einer gesonderten Bestimmung wird außerdem festgelegt, dass die Verlegung des Gesellschaftssitzes keine Besteuerung der Gesellschafter auslösen darf. Diese Bestimmung ist Ausdruck der im EG-Vertrag verankerten **Niederlassungsfreiheit**. Der anlässlich einer Veräußerung der Anteile anfallende Gewinn kann steuerbar sein.

Klarstellende Regelung der Umwandlung von Betriebstätte in Tochtergesellschaft. Ein anderes Problem in der Praxis war bisher die Unsicherheit in Bezug auf die Anwendung der Richtlinie bei der Umwandlung von Niederlassungen in Tochtergesellschaften. Gemäß Art. 4 Abs. 1 der Richtlinie kann **Steueraufschub** gewährt werden, wenn das übertragene Aktiv- und Passivvermögen weiterhin einer **Betriebsstätte** der übernehmenden Gesellschaft im Staat der einbringenden Gesellschaft zugerechnet wird. Dies ist aber nicht der Fall, wenn eine Niederlassung einer ausländischen Gesellschaft in eine Tochtergesellschaft umgewandelt wird, da das Aktiv- und Passivvermögen nicht tatsächlich einer Betriebsstätte im Mitgliedstaat der einbringenden Gesellschaft, sondern der übernehmenden Gesellschaft zugerechnet wird. Deshalb wurde die Auffassung vertreten, dass die Fusionsrichtlinie den Fall der Umwandlung einer Niederlassung in eine Tochtergesellschaft nicht abdeckt. Da die Richtlinie nach ihrer

Zielsetzung aber auch diese Vorgänge erfasst, sollte dies auch ausdrücklich klargestellt werden. Der nach Maßgabe der Richtlinie gewährte **Steueraufschub** kann somit dann in Anspruch genommen werden, wenn das Unternehmen die Umwandlung einer Zweigniederlassung in eine Tochtergesellschaft beschließt. Die Besteuerungsrechte der Mitgliedstaaten bleiben davon unberührt, da das übertragene Aktiv- und Passivvermögen weiterhin derselben Steuerhoheit unterliegt.

20 **Nicht angenommene Änderungsvorschläge.** Bestimmte Vorschläge der Kommission zur Änderung der Richtlinie waren allerdings leider nicht akzeptabel für alle Mitgliedstaaten und sind daher in Anbetracht des Einstimmigkeitserfordernisses nicht in der letztlich beschlossenen Fassung der Richtlinie enthalten. Der Rat lehnte insbesondere den Vorschlag der Kommission ab, ausdrücklich vorzusehen, dass die Wertsteigerung der bei grenzübergreifenden Fusionen und Spaltungen ausgetauschten Wertpapiere und Vermögensgegenstände bei der endgültigen Veräußerung keiner Doppelbesteuerung in verschiedenen Mitgliedstaaten unterworfen werden darf. Darüber hinaus wich er von dem Kommissionsvorschlag ab, dass **steuerlich transparente** Rechtsformen von der Richtlinie ausdrücklich erfasst werden sollten. Um die nach seiner Auffassung möglicherweise vorhandenen Steuerschlupflöcher zu schließen, wollte der Rat solche Fragen im Wesentlichen weiterhin ins Ermessen der einzelnen Mitgliedstaaten stellen.

2. Die ertragsteuerliche Behandlung der Gründung einer SE im Einzelnen

21 **a) Verschmelzungsgründung.** Auf Ebene der Gesellschaften gehen bei der Verschmelzungsgründung die **stillen Reserven** nicht unter bzw. werden nicht aufgedeckt, wenn das übertragene Vermögen einer **Betriebsstätte** der SE im Staat der Gründungsgesellschaft zugerechnet wird und damit steuerverhaftet bleibt. Die Nicht-Besteuerung der **stillen Reserven** im Betriebsstättenstaat (Art. 4 Abs. 1) geht einher mit der Steuerbefreiung im Ansässigkeitsstaat (Art. 4 Abs. 3). Die übernehmende SE führt die bestehenden Buchwerte (Art. 4 Abs. 2), die angewandten Abschreibungsmethoden (Art. 4 Abs. 2), die existierenden Rückstellungen und Rücklagen (Art. 5) und – sofern dies im nationalen Kontext erlaubt ist – eventuelle **Verlustvorträge** (Art. 6) fort. Etwaige Verschmelzungsgewinne können aufgrund der Möglichkeit zur Buchwertfortführung neutralisiert werden (Art. 7).

22 Auf Ebene der Gesellschafter/Anteilseigner werden die **stillen Reserven** ebenfalls nicht aufgelöst, sofern die von der SE ausgegebenen Aktien nicht höher bewertet werden als die hingegebenen Aktien der Gründungsgesellschaften. Es kommt zu keiner Besteuerung des Veräußerungsgewinns (Art. 8 Abs. 1), sofern die Buchwerte bzw. Anschaffungskosten bei erworbenen Anteilen fortgeführt werden (Art. 8 Abs. 2). Bare Zuzahlungen sind jedoch steuerpflichtig.

23 Allerdings ist dieser Teil der Richtlinie trotz Verstreichens der entsprechenden Frist noch nicht in allen Mitgliedstaaten umgesetzt. Begründet wurde dies mit dem Verweis auf die bis zur Einigung auf das SE-Statut fehlenden gesellschaftsrechtlichen Möglichkeiten für eine grenzüberschreitende Verschmelzung. Ob sich nun Steuerpflichtige bei Gründung einer SE ab dem 8. Oktober 2004 wegen der fehlenden Umsetzung in bestimmten Punkten ohnehin unmittelbar auf die Fusionsrichtlinie berufen dürfen, ist im Schrifttum nicht abschließend geklärt.[7] Die überwiegende Meinung scheint jedoch der Auffassung zuzutendieren, die Bestimmungen der Fusionsrichtlinie seien hinreichend bestimmt, so dass dies möglich sei.[8] Mit Übernahme der Regelungen der Änderungsrichtlinie (siehe oben) in deutsches Recht wird diese Frage in Zukunft aber ohnehin hinfällig.

---

[7] Vgl. *Schulz/Geismar*, DStR 2001, 1078, 1083 mwN.
[8] So etwa *Herzig/Griemla*, StuW 2002, 61.

b) Gründung einer Holding-SE. Bei der Gründung einer Holding-SE qua Anteilstausch kommt es auf Gesellschafterebene nicht zur Besteuerung des Veräußerungsgewinns (Art. 8 Abs. 1), und die Buchwerte oder Anschaffungskosten werden fortgeführt (Art. 8 Abs. 2). Anders formuliert werden die **stillen Reserven** nicht aufgelöst, wenn die eingetauschten Aktien der SE nicht höher bewertet werden als die hingegebenen Aktien der Gründungsgesellschaften. Voraussetzung ist, dass die Holding-SE die Anteile zum Buchwert ansetzt. 24

c) Gründung einer Tochter-SE. Auf Gesellschaftsebene setzt bei Gründung einer Tochter-SE die einbringende Gesellschaft bei kontinuierlicher Steuerverstrickung die Buchwerte an (Art. 9), und es kommt nicht zur Besteuerung ausländischer **Betriebsstätten** (Art. 10). Die übernehmende Gesellschaft führt die existierenden Buchwerte fort (Art. 9). Auf Ebene der Gesellschaften erfolgt der Vorgang somit steuerneutral. 25

Die Richtlinie enthält keine Regelung für die steuerliche Behandlung der Vorgänge auf Gesellschafterebene. Folgende Fälle sind zu unterscheiden: Sofern Bareinlagen erbracht werden, dürfte der Vorgang steuerneutral möglich sein. Werden einzelne Wirtschaftsgüter eingelegt, kommt es zur Auflösung der **stillen Reserven** (Behandlung tauschähnlicher Vorgänge wie Veräußerungsgeschäfte). Allerdings gibt es eine Ausnahme: Bei **Sacheinlage** durch Einbringung eines Betriebes/Teilbetriebes und Buchwertansatz auf Ebene der Tochter-SE bleibt es bei der Steuerneutralität. 26

d) Die Behandlung von Verlustvorträgen. Ein genereller Punkt betrifft die Behandlung von **Verlustvorträgen**. Hier erscheint Art. 6 für die Gründung einer SE als nicht sachgerecht oder wenigstens nur eingeschränkt hilfreich. Der Artikel legt fest, dass, wenn die Mitgliedstaaten für die von der Richtlinie erfassten Vorgänge im nationalen Kontext Vorschriften anwenden, die die Übernahme der bei der einbringenden Gesellschaft steuerlich noch nicht berücksichtigten Verluste durch die übernehmende Gesellschaft gestatten, diese Vorschriften auch auf die Übernahme der bei der einbringenden Gesellschaft steuerlich noch nicht berücksichtigten Verluste durch die in ihrem Hoheitsgebieten gelegenen **Betriebsstätten** der übernehmenden Gesellschaft auszudehnen sind. 27

Mit anderen Worten soll eine **Diskriminierung** zwischen rein inländischen Fällen und Fällen mit Einbezug von Gesellschaften aus anderen Mitgliedstaaten dadurch verhindert werden, dass für beide Fälle die gleichen Vorschriften zur Verlustübernahme gelten müssen. Dies bedeutet aber auch, dass bei Fehlen solcher Vorschriften im nationalen Kontext, **Verlustvorträge** bei der Gründung einer SE in einigen Mitgliedstaaten verloren gehen könnten. Auch wenn die betroffenen Gesellschaften dem häufig durch entsprechende Gestaltungsmaßnahmen vorbeugen können, so erschiene eine obligatorische Fortführung der Verluste doch systemgerechter. 28

e) Formwechselnde Umwandlung einer AG in eine SE. Die Umwandlung einer bestehenden Aktiengesellschaft in eine SE wird nicht in Bestimmungen des EU-Steuerrechts, und insbesondere nicht durch die Fusionsrichtlinie, geregelt. Das einschlägige Steuerrecht der Mitgliedstaaten basiert in ähnlicher Weise auf dem Prinzip, dass rein formwechselnde Umwandlungsvorgänge, bei denen der Rechtsformwechsel die Eigentümerstruktur (Rechtsträger) und wirtschaftliche Substanz unverändert lässt, steuerneutral vorgenommen werden können. Somit ist im Prinzip weder auf Ebene der SE noch der Gründungsgesellschaft noch der Gesellschafter eine Auflösung stiller Reserven möglich. Die Einzelheiten im nationalen Steuerrecht der Mitgliedstaaten sind dabei aber durchaus unterschiedlich geregelt. 29

Zudem wäre in einem praktischen Fall auch zu prüfen, wie sich der Rechtsformwechsel zur SE womöglich auf die steuerliche Behandlung von Beteiligungen und Wirtschaftsgütern in anderen Mitgliedstaaten auswirkt. 30

3. Anwendung der Kapitalverkehrsrichtlinie

31 Neben der **Körperschaftsteuer** kann die SE auch Fragen bezüglich anderer Steuerarten aufwerfen. Dabei ist insbesondere an Kapitalverkehrsteuern (zB die Gesellschaftsteuer) zu denken. Der Kapitalverkehrsteuerrichtlinie 69/335/EWG,[9] zuletzt geändert 1985 durch die Richtlinie 85/303/EWG,[10] zufolge müssen die Mitgliedstaaten Vorgänge der Kapitalausgabe oder -erhöhung von der Steuer befreien oder dürfen Kapitalverkehrsteuern in einem einzelnen Steuersatz von bis zu höchstens 1% erheben. Ein Vorschlag der Kommission zur stufenweisen Abschaffung der Gesellschaftssteuer auf Ansammlung von Kapital bis 2010 ist anhängig im Rat (KOM[2006]760).

32 Wiederum ist der persönliche Anwendungsbereich der Richtlinie in eine abschließende Rechtsformliste gefasst (Art. 3). Diese enthält allerdings auch Unternehmen, deren Aktien an einer Wertpapierbörse gehandelt werden. Dies sollte für Unternehmen in der Rechtsform der SE häufig der Fall sein. Art. 7 Abs. 1 der Richtlinie enthält außerdem eine Steuerbefreiung für Verschmelzungen sowie für den Fall, dass die übernehmende Gesellschaft mehr als 75% des Aktienkapitals der übernommenen Gesellschaft erwirbt.

33 Wendet man diese Regelungen auf die oben erläuterten vier Gründungsvarianten der SE an, so ergibt sich folgendes Bild:
– Die Erhebung von Kapitalverkehrsteuern auf die Verschmelzung zweier Kapitalgesellschaften in eine SE ist in der Richtlinie ausdrücklich verboten (Steuerbefreiung in Art. 7 Abs. 1).
– Sofern ein Mitgliedstaat (noch) Kapitalverkehrsteuern erhebt, kann er dies auch auf die Einbringungsvorgänge bei Gründung einer Holding-SE tun (Art. 5 Abs. 1 a).
– Für die Gründung einer Tochter-SE sind, wie gezeigt, zwei Vorgänge zu unterscheiden. Die Übertragung von Wirtschaftsgütern wird von der Richtlinie nicht erfasst (Art. 7 Abs. 1). Sofern ein Mitgliedstaat (noch) Kapitalverkehrsteuern erhebt, kann er dies unter Beachtung der beschriebenen 75%-Regel auch auf die Einbringungsvorgänge bei Gründung einer Tochter-SE tun.[11]
– Die formwechselnde Umwandlung einer Aktiengesellschaft in eine SE ist nicht steuerbar.

34 Die Sitzverlegung einer SE in einen anderen Mitgliedstaat gemäß Art. 4 Abs. 3 b der Richtlinie ist nicht kapitalverkehrsteuerpflichtig.

II. Besteuerung der grenzüberschreitenden Sitzverlegung der SE

1. Gesellschaftsrechtliche Sitzverlegung der SE zurzeit ohne steuerliche Begleitregelung

35 Aufgrund des gegenwärtigen Fehlens spezifischer steuerlicher Begleitregelungen sind auf diese neue gesellschaftsrechtliche Möglichkeit der Sitzverlegung allgemeine

---

[9] Richtlinie 69/335/EWG des Rates vom 17. Juli 1969 betreffend die indirekten Steuern auf die Ansammlung von Kapital, ABl. Nr. L 249, S. 25.
[10] Richtlinie 85/303/EWG des Rates vom 10. Juni 1985 zur Änderung der Richtlinie 69/335/EWG betreffend die indirekten Steuern auf die Ansammlung von Kapital, ABl. Nr. L 156, S. 23.
[11] Allerdings ist in diesem Zusammenhang das EuGH-Urteil in der Rechtssache C-164/90 Muwi Bouwgroup BV gegen Staatssecretaris van Financien (Sammlung der Rechtsprechung 1991, Seite I-6049) erwähnenswert, in dem für die Anwendung der Kapitalverkehrsrichtlinie zum Ausdruck gebracht wird, dass die Einlage eines Anteilspakets nicht der Einlage eines Zweigs der Tätigkeit gleichsteht.

steuerliche Prinzipien und Vorschriften anzuwenden.¹² Diese besagen grundsätzlich, dass eine derartige Sitzverlegung ohne gesellschaftsrechtliche Auflösung der SE und Neugründung im Zuzugsstaat aus steuerlicher Sicht so zu behandeln ist, als sei die SE im Wegzugsstaat aufgelöst und im Zuzugsstaat neu gegründet worden. Dies führt in der Regel im Wege einer Schluss- oder **Wegzugsbesteuerung** zur Aufdeckung und Besteuerung der im Wegzugsstaat angesammelten **stillen Reserven**. In Deutschland ist dies in §§ 11 und 12 KStG niedergelegt, aber die Einzelheiten der nationalen Regelungen sind dabei durchaus unterschiedlich. Zudem sind die Bestimmungen der jeweils anwendbaren **Doppelbesteuerungsabkommen** zu beachten.

Die ratio dieser Besteuerung liegt auf der Hand: Der Sitzstaat (Ort der effektiven Geschäftsleitung) hat prinzipiell das Recht auf Besteuerung des Welteinkommens, dessen Ausübung durch nationales Steuerrecht (insbesondere die Definition der unbeschränkten, beschränkten sowie ggf. erweiterten beschränkten Steuerpflicht) und die Bestimmungen der anwendbaren **Doppelbesteuerungsabkommen** (insbesondere die Anwendung der Freistellungs- oder Anrechnungsmethode) präzisiert wird. Demgegenüber darf der Belegenheitsstaat einer **Betriebsstätte** nur das inländische Einkommen der **Betriebsstätte** besteuern. Verbleibt in dem betroffenen Wegzugsstaat, etwa im Fall der Wegzug einer Holdinggesellschaft, nicht einmal mehr eine Betriebsstätte, geht dem Staat der Zugriff auf das Steuersubstrat vollkommen verloren.

Anders als für die oben erörterte Gründung einer SE gibt es gegenwärtig kein EU-Rechtsinstrument, das auch nur theoretisch für die beschriebenen Fälle eine Steuerbefreiung oder **Steueraufschub** vorsähe. Daher dürfte die potenziell entstehende Steuerschuld die Sitzverlegung der SE in praxi verhindern, sofern die Mitgliedstaaten nicht entsprechende Regelungen einführen bzw. sich zu einer großzügigen Anwendung (teleologischen Reduktion) der einzelstaatlichen Vorschriften durchringen oder eine Lösung zur praktischen Durchsetzung der primären **Niederlassungsfreiheit** auf EU-Ebene gefunden werden kann. Allerdings ist in diesem Zusammenhang nachdrücklich auf das Urteil des EuGH hinzuweisen, das die **Wegzugsbesteuerung** bei der **Einkommensteuer** unter dem Blickwinkel der Grundfreiheiten des EG-Vertrages in Frage stellt.¹³ Inwieweit dieses Urteil bereits Anhaltspunkte zur Behandlung körperschaftsteuerlicher Wegzugsfälle enthält, ist im Schrifttum umstritten. Allerdings sieht die Mehrheitsmeinung eine weitgehende Übertragbarkeit der Argumentation und sieht nationale Wegzugbesteuerungsregeln entsprechend kritisch. Letzteres gilt auch für die EU-Kommission, die Ende 2006 in Gestalt einer Mitteilung „Wegzugsbesteuerung und die Notwendigkeit einer Koordinierung der Steuerpolitiken der Mitgliedstaaten" (KOM[2006]825) ein EU-weit koordiniertes Konzept für die Wegzugsbesteuerung vorgestellt hat.

Die Sitzverlegung, der Wegzug der Verwaltungsspitze, ist von der **Betriebsverlegung**, der vollständigen Aufgabe aktiver wirtschaftlicher Betätigung und deren Verlagerung in einen anderen Mitgliedstaat, zu unterscheiden. Bei der **Betriebsverlegung** wird (unter anderem) der Sitz der SE in einen anderen Mitgliedstaat verlegt, ohne dass eine **Betriebsstätte** im ursprünglichen Mitgliedstaat zurückbleibt. Dies führt in der Regel systemgerecht zur Schlussbesteuerung unter Aufdeckung sämtlicher im Inland steuerverhafteter **stillen Reserven** (in Deutschland gemäß § 11 KStG): Der Wegzugsstaat verliert endgültig den Zugriff auf das Steuersubstrat und es ist daher a priori kohärent, dass dieser Staat die durch steuerbare wirtschaftliche Tätigkeit auf seinem Territorium steuerfrei angesammelten **stillen Reserven** nunmehr zu besteuern wünscht.

---

¹² Eine ausführliche Darstellung der Problematik und Diskussion potenzieller Lösungsmöglichkeiten innerhalb des deutschen Ertragsteuerrechts findet sich bei *Förster/Lange*, RIW 2002, 585 ff.

¹³ Fall C-9/02 – Lasteyrie du Saillant, Urteil vom 11.3.2004; ABl. C 56 vom 2.3.2002, S.11.

2. Änderung der Fusionsrichtlinie (Rechtslage seit 2006)

39 Die Richtlinie zur Änderung der Fusionsrichtlinie enthält auch Bestimmungen, die sicherstellen, dass die Sitzverlegung in Zukunft steuerneutral möglich sein soll, wenn und soweit Wirtschaftsgüter der SE im Rahmen einer **Betriebsstätte** im Wegzugsstaat steuerverstrickt verbleiben.[14]

40 Die Verlegung des Gesellschaftssitzes ist eine Möglichkeit, die in den Art. 43 und 48 EG-Vertrag verankerte **Niederlassungsfreiheit** auszuüben. Dabei werden keine Vermögensgegenstände übertragen, und der betreffenden Gesellschaft und ihren Gesellschaftern entstehen durch diesen Vorgang keine **Veräußerungsgewinne**. Eine von einer Gesellschaft beschlossene Umstrukturierung durch Sitzverlegung sollte nicht durch diskriminierende steuerliche Vorschriften oder durch Beschränkungen, Nachteile und Verzerrungen, die sich aus dem Gemeinschaftsrecht zuwiderlaufenden Steuervorschriften der Mitgliedstaaten ergeben, behindert werden.

41 Für diesen Fall der Sitzverlegung hat die Änderung der FRL wie oben erläutert eine Reihe neuer Regeln eingeführt, die unter Wettbewerbsaspekten neutral sein sollen. Bleiben bei der Sitzverlegung die Vermögensgegenstände der SE bzw. der SCE tatsächlich weiter einer ihrer **Betriebsstätten** in dem Mitgliedstaat zugerechnet, in dem die SE bzw. die SCE vorher ansässig war, sollten für diese **Betriebsstätte** in Bezug auf steuerfreie Rückstellungen und Rücklagen, Verlustübernahme und Besteuerung der **Betriebsstätten** der betreffenden Gesellschaft in einem dritten Mitgliedstaat ähnliche Vorteile gelten, wie sie in den Art. 5, 6 und 10 der Richtlinie 90/434/EWG vorgesehen sind. Entsprechend den im EG-Vertrag verankerten Grundsätzen sollte außerdem eine Besteuerung der Gesellschafter anlässlich der Sitzverlegung ausgeschlossen werden.

42 Die Richtlinie enthält keine neuen Bestimmungen zu den Verlusten einer **Betriebsstätte** in einem anderen Mitgliedstaat, die in dem Mitgliedstaat, in dem die Europäische Aktiengesellschaft (bzw. Genossenschaft) ihren Sitz hat, verbucht werden. Dies bedeutet, dass die Verlegung des Sitzes einer SE (oder SCE) in einen anderen Mitgliedstaat den Wegzugsstaat nicht daran hindert, Betriebsstättenverluste zu gegebener Zeit hinzuzurechnen.

43 Schließlich können auch eine Reihe praktischer Probleme bei und nach der Sitzverlegung aus bilanzsteuerlicher Sicht auftreten. Stimmen die Schlussbilanz im Wegzugsstaat und die Eröffnungsbilanz im Zuzugsstaat überein? Wie sind unterschiedliche steuerbilanzielle Ansatz- und Bewertungsvorschriften zu behandeln, insbesondere beim Zusammentreffen von Aktivierungs- oder Passivierungsgeboten und -verboten (zB bei FuE Aufwendungen, Geschäfts- und Firmenwert, Jubiläumsrückstellungen uÄ) und bei strikten Bewertungsvorschriften (zB bzgl. GWG, Vertriebskosten).

44 Wie erwähnt, regelt die Richtlinie auch nicht die steuerliche Behandlung von **Veräußerungsgewinnen** für Wirtschaftsgüter, die in **Betriebsstätten** außerhalb des Wegzugs- und des Zuzugsstaates steuerverhaftet sind.

III. Die laufende Besteuerung der SE

1. Körperschaftsteuerliche Probleme und Hindernisse

45 Grundsätzlich unterliegt die SE in ihrer laufenden Geschäftstätigkeit nicht anderen steuerlichen Problemen und Hindernissen als jede andere Kapitalgesellschaft. Eine deutsche SE wird entsprechend wie eine deutsche AG behandelt, ist also unbeschränkt körperschaftsteuerpflichtig und unterliegt mit ihrem gesamten Einkommen der deut-

---

[14] Vgl. statt aller bereits detailliert und nachdrücklich im Schrifttum *Hügel*, ZGR 1999, 98, der bereits ohne die Richtlinie für eine Lösung in diesem Sinne im Wege einer teleologischen Reduzierung von § 12 Abs. 1 KStG plädiert.

schen **Körperschaftsteuer**. Besonderheiten bestehen insofern nicht. In Anbetracht der besonderen Bedeutung von **Betriebsstätten** für die SE sei jedoch besonders auf die in der Regel einschlägige Freistellung ausländischer Betriebsstättengewinne nach DBA hingewiesen. Die allgemeinen, komplexen Probleme der Betriebsstättenbesteuerung (zB bezüglich der Aufteilung von Finanzierungsaufwendungen, Gewinnaufteilung, Überführung von Wirtschaftsgütern) und insbesondere der Behandlung von Verlusten in ausländischen **Betriebsstätten** werden gesondert dargestellt.

Aus übergeordneter EU-Sicht sind zusammenfassend insbesondere folgende Problembereiche von Bedeutung:[15] Konzerninterne Verrechnungspreise; die Besteuerung grenzüberschreitender Zahlungen von Dividenden, Zinsen und Lizenzgebühren zwischen verbundenen Unternehmen; Beschränkungen des grenzüberschreitenden Verlustausgleichs; die steuerliche Behandlung von grenzübergreifenden Umstrukturierungen (zB Fusionen, Abspaltungen, Transfers uÄ); trotz **Doppelbesteuerungsabkommen** bestehendes erhebliches Doppelbesteuerungspotenzial uvm. Die meisten dieser Probleme sind darauf zurückzuführen, dass sich die Unternehmen in der EU in der Praxis auf fünfundzwanzig verschiedene Regelwerke einstellen müssen. Bedenkt man dabei, dass diese Unternehmen in zunehmendem Maße die EU als einen einzigen Markt ansehen, so ist dies mit wirtschaftlich effizienten Unternehmensplanungen und -strukturen nicht vereinbar. Die Vielzahl von Steuergesetzen, -abkommen und -praktiken zieht erhebliche Befolgungskosten nach sich und stellt an sich schon ein Hindernis für die grenzüberschreitende Wirtschaftstätigkeit dar. **46**

Auf der Grundlage der Analyse der Studie schlug die Kommission eine zweigleisige Strategie zur Lösung der ermittelten Probleme und Hindernisse vor, bestehend aus (i) mehreren gezielten Einzelmaßnahmen zur Lösung klar umrissener Probleme und (ii) so genannten „umfassenden" Lösungsansätzen, um alle oder wenigstens die meisten dieser Hindernisse „auf einen Schlag" zu beseitigen. Die gezielten Maßnahmen sollen zunächst kurz- und mittelfristig einen Beitrag zur Lösung der dringendsten Probleme leisten. Demgegenüber ist eine umfassende Lösung der Art, dass die Unternehmen für ihre Tätigkeiten in der gesamten EU eine einzige konsolidierte **Körperschaftsteuer**-Bemessungsgrundlage anwenden können, systematischer und längerfristig wirksam. Beide „Schienen" dieser zweigleisigen Strategie enthalten Elemente, die für die potenzielle Besteuerung der SE von besonderer Bedeutung sind.[16] **47**

2. Initiativen der EU-Kommission

Einige der genannten steuerlichen Probleme und Hindernisse sind für die SE von besonderer Bedeutung und werden daher kurz näher beleuchtet. **48**

a) Grenzübergreifender Verlustausgleich. Hier hat die Kommission ihren alten Richtlinienvorschlag[17] bereits zurückgezogen und Konsultationen mit den Mitgliedstaaten über die technischen Möglichkeiten für ein weiteres Vorankommen in dieser Frage aufgenommen.[18] Parallel zu Fortschritten in Bezug auf umfassendere Lösungen prüft die Kommission verschiedene Modelle der **Konzernbesteuerung** und hat Ende 2006 in Gestalt einer Mitteilung „Steuerliche Behandlung von Verlusten bei grenzübergreifenden Sachverhalten" (KOM[2006]824) ein EU-weit koordiniertes Konzept **49**

---

[15] Siehe auch die Darstellung in der Mitteilung der Kommission KOM(2001)582, S. 11 f.
[16] Siehe Mitteilung der Kommission an den Rat, das Europäische Parlament und den Wirtschafts- und Sozialausschuss: „Ein Binnenmarkt ohne unternehmensteuerliche Hindernisse – Ergebnisse, Initiativen, Herausforderungen" (KOM[2003]726).
[17] Vorschlag für eine Richtlinie des Rates über eine Regelung für Unternehmen zur Berücksichtigung der Verluste ihrer in anderen Mitgliedstaaten belegenen Betriebsstätten und Tochtergesellschaften (KOM[90]595), ABl. Nr. C 53, S. 30.
[18] Vgl. auch die Diskussion bei *Klapdor*, EuZW 2001, 677 ff.

beim grenzüberschreitenden Ausgleich von Verlusten in anderen Mitgliedstaaten vorgeschlagen. Dabei wird die einschlägige Rechtsprechung des EuGH naturgemäß von hoher Bedeutung sein.

50 Aus gesellschaftsrechtlicher Sicht spricht vieles dafür, dass ein Konzern mit einer SE an der Spitze seine ausländischen Aktivitäten bevorzugt in Form von **Betriebsstätten** und nicht von Tochtergesellschaften führt. Daher ist die Rechtsprechung zur Berücksichtigung der Verluste einer ausländischen **Betriebsstätte**, die diese anscheinend erheblich vereinfachen und erleichtern wird, hier von besonderem Interesse.[19]

51 **b) Verrechnungspreise.** Außerdem erscheint der breite und komplexe Bereich der Verrechnungspreisbesteuerung von grundsätzlicher Tragweite für SEs. Wiederum erscheinen aufgrund der besonderen SE-Struktur dabei die gegenwärtig bereits allgemein streitig diskutierten Schwierigkeiten der Gewinnabgrenzung zwischen **Betriebsstätten** von besonderer Bedeutung. Dieser Bereich wird gegenwärtig neben anderen relevanten Fragen im von der EU-Kommission initiierten Gemeinsamen EU-Forum für Verrechnungspreise zwischen Vertretern der Steuerverwaltungen der Mitgliedstaaten und der Wirtschaft intensiv behandelt.[20]

52 Demgegenüber ist die **Schiedskonvention**,[21] deren Anwendbarkeit anders als bei den genannten Richtlinien nicht auf Unternehmen bestimmter Rechtsformen beschränkt ist, unmittelbar auch auf die SE anwendbar. Die praktische Handhabung der **Schiedskonvention** und Möglichkeiten zu ihrer Verbesserung werden ebenfalls im Gemeinsamen EU-Forum für Verrechnungspreise abgehandelt.

53 **c) Mutter-Tochter-Richtlinie.** Die Mutter-Tochter-Richtlinie 90/435/EWG[22] sieht im Prinzip vor, dass den Bedingungen der Richtlinie gemäß die Mitgliedstaaten auf Gewinnausschüttungen, die Gesellschaften des betroffenen Mitgliedstaates von Tochtergesellschaften eines anderen Mitgliedstaates zufließen, keine Steuer erheben bzw. bereits auf diesen Gewinn bezahlte Steuern anrechnen, und dass Gewinnausschüttungen von Tochtergesellschaften des betroffenen Mitgliedstaates an Gesellschaften anderer Mitgliedstaaten von **Quellensteuern** befreit sind.[23] Ähnlich der Fusionsrichtlinie findet die Richtlinie nur auf Gesellschaften in einer der im Anhang zur Richtlinie aufgeführten Rechtsformen Anwendung (Art. 2 a). Im Rahmen der Revision der Richtlinie 2003 wurde deren persönlicher Anwendungsbereich explizit um die SE erweitert.[24]

---

[19] Vgl. Urteil vom 14.12.2000 in der Rechtssache C-141/99 AMID (Algemene Maatschappij voor Investering en Dienstverlening NV (AMID) gegen den belgischen Staat). ABl. C 150 vom 19.5.2001, S. 2.

[20] Für detaillierte Informationen siehe: http://europa.eu.int/comm/taxation_customs/taxation/company_tax/de/transfer_pricing.htm

[21] Übereinkommen 90/436/EWG über die Beseitigung der Doppelbesteuerung im Falle von Gewinnberichtigungen zwischen verbundenen Unternehmen, ABl. 1990 Nr. L 225, S. 10. Die Ausweitung des Schiedsübereinkommens auf Österreich, Finnland und Schweden (ABl. Nr. C 26 vom 31.1.1996) muss von manchen Mitgliedstaaten noch ratifiziert werden, ebenso wie das Protokoll zur Verlängerung des Schiedsübereinkommens (unterzeichnet am 25.5.1999 vom Rat „Wirtschaft und Finanzen", ABl. Nr. C 202 vom 16.7.1999).

[22] Richtlinie des Rates vom 23. Juli 1990 über das gemeinsame Steuersystem der Mutter- und Tochtergesellschaften verschiedener Mitgliedstaaten ABl. 1990 L 225, S. 6.

[23] Eine Kurzbeschreibung der Regelungen mit Blick auf die SE findet sich bei: *Jahn/Herfs-Röttgen*, DB 2001, 631, 637.

[24] Richtlinie 2003/123/EG des Rates vom 22. Dezember 2003 zur Änderung der Richtlinie 90/435/EWG über das gemeinsame Steuersystem der Mutter- und Tochtergesellschaften verschiedener Mitgliedstaaten, ABl. 2004 L 7, S. 41.

Allerdings ist die Mutter-Tochter-Richtlinie zudem definitionsgemäß nur auf Gewinnausschüttungen zwischen Kapitalgesellschaften aus verschiedenen Mitgliedstaaten anwendbar. Wird eine Tochter-SE durch eine Personengesellschaft gegründet, findet die Richtlinie mithin keine Anwendung.[25]

d) Richtlinie zur Behandlung von Zins- und Lizenzgebührzahlungen. Analog zum Vorgehen bei der Mutter-Tochter-Richtlinie bestimmt die Richtlinie über eine gemeinsame Steuerregelung für Zahlungen von Zinsen und Lizenzgebühren zwischen verbundenen Unternehmen verschiedener Mitgliedstaaten,[26] dass **Quellensteuern** auf derartige Zahlungen eliminiert werden müssen. Ein Vorschlag zur Erweiterung des persönlichen Anwendungsbereichs der Richtlinie,[27] namentlich auch um die SE, ist noch im Rat anhängig.

3. Ein gesondertes EU-Besteuerungsregime für die SE?

a) Diskussionsstand und Vorarbeiten der EU-Kommission. In der langjährigen Diskussion über das Statut der Europäischen Gesellschaft wurde immer wieder auch die Möglichkeit eines gesonderten EU-Steuerregimes für die SE in Betracht gezogen. Im deutschsprachigen Schrifttum wird diese Möglichkeit meist unter Verweis auf die wünschenswerte Rechtsformneutralität und die Ablehnung einer Bevorzugung bzw. positiver **Diskriminierung** der SE kritisch beurteilt.[28] Demgegenüber haben Wirtschaftsvertreter zum Beispiel aus dem Kreis des europäischen Industrie- und Arbeitgeberverbands UNICE (*Union of Industrial and Employers' Confederations of Europe*) und des *European Roundtable of Industrialists*, sich der Entwicklung eines derartigen Besteuerungsschemas durchaus aufgeschlossen gegenüber gezeigt.

Unabhängig von der Rechtsform hat sich die EU-Kommission grundsätzlich für die Entwicklung einer umfassenden Lösung für die gegenwärtigen Probleme der Unternehmensbesteuerung ausgesprochen. Unternehmen, die innerhalb der EU grenzüberschreitend oder international tätig sind, soll es in Zukunft möglich sein, ihren (körperschaft-)steuerlichen Verpflichtungen für ihre EU-weiten Aktivitäten anhand eines einzigen Regelwerkes, einer EU-Bemessungsgrundlage, nachzukommen und für steuerliche Zwecke konsolidierte Bilanzen zu erstellen (um die potenziellen steuerlichen Wirkungen rein konzerninterner Geschäfte auszuschalten). Das so ermittelte EU-weite zu versteuernde Einkommen würde dann, ähnlich der Zerlegung für die **Gewerbesteuer** in Deutschland, mittels eines gemeinsam festgelegten Zurechnungsmechanismus wieder den einzelnen Mitgliedstaaten zuerkannt, die wiederum den jeweils geltenden nationalen Steuersatz auf ihren Anteil an der Steuerbemessungsgrundlage anwendeten.[29]

Es liegt angesichts des dem Vorhaben innewohnenden Ehrgeizes, den zahlreichen weiter zu untersuchenden technischen Fragen sowie der grundsätzlichen Schwierigkeiten der Rechtsetzung von Steuerrecht auf EU-Ebene nahe, die Idee einer umfassenden Lösung zunächst auf einen bestimmten Bereich zu fokussieren und womöglich in eine konkrete Testphase bzw. ein Pilotprojekt münden zu lassen. Dabei drängt sich

---

[25] Vgl. auch *Schulz/Geismar*, DStR 2001, 631, 1085.
[26] Richtlinie des Rates über eine gemeinsame Steuerregelung für Zahlungen von Zinsen und Lizenzgebühren zwischen verbundenen Unternehmen verschiedener Mitgliedstaaten, 2003/49/EG.
[27] Vorschlag für eine Richtlinie des Rates zur Änderung der Richtlinie 90/435/EWG über das gemeinsame Steuersystem der Mutter- und Tochtergesellschaften verschiedener Mitgliedstaaten (KOM[2003]841).
[28] Kritisch zur Entwicklung eines spezifischen EU-Steuerregimes für die SE etwa: *Klapdor*, S. 677; *Förster/Lange*, DB 2002, 288, mwN.
[29] Zu Einzelheiten siehe neben den genannten Kommissionsmitteilungen die Studie „Unternehmensbesteuerung im Binnenmarkt", Teil IV.C. SEK(2001)1681, Teil III, Kapitel 3.3.1.

die Europäische Gesellschaft, deren Statut keine steuerlichen Regelungen enthält, geradezu auf.

59 Ursprünglich waren in der oben erwähnten Studie und Mitteilung zur Unternehmensbesteuerung vier mögliche umfassende Ansätze zur Lösung der Unternehmenssteuerprobleme im Binnenmarkt untersucht worden. Nach diversen internen Vorarbeiten der Kommission, Anhörungen, öffentlichen Konsultationen sowie gezielt organisierten Fachkonferenzen werden nunmehr aber nur zwei dieser Ansätze weiterverfolgt.

– **Sitzlandbesteuerung ("Home State Taxation"):**
Multinationale Unternehmensgruppen können für eine konsolidierte Bemessungsgrundlage optieren, die nach den Regeln des Sitzlands, also des Mitgliedstaats, in dem die Hauptverwaltung ihren Sitz hat, bestimmt wird.

– **Einheitliche/gemeinsame konsolidierte Bemessungsgrundlage:**
Multinationale Unternehmensgruppen können für eine konsolidierte Bemessungsgrundlage optieren, die nach einem völlig neuen, neu strukturierten EU-weit geltenden Regelwerk bestimmt wird.

60 Das Konzept der Besteuerung im Sitzland ("Home State Taxation") wurde zwar von seinen Autoren ursprünglich für SE entwickelt,[30] hat aber auch erhebliche Vorteile für kleine und mittelgroße Unternehmen und wird daher nunmehr in diesem Sinne als Pilotprojekt vorangetrieben.[31]

61 Die einheitliche/gemeinsame konsolidierte Bemessungsgrundlage stellt aus Unternehmenssicht einen kohärenten und systematischen Ansatz dar und sorgte für eine Gleichbehandlung aller teilnehmenden Unternehmen und Staaten. Nach einer positiven Aussprache auf dem informellen Rat der EU-Finanzminister werden die technischen Arbeiten an der Bemessungsgrundlage unter Berücksichtigung der internationalen Rechnungslegungsstandards IFRS[32] nunmehr ua. in Gestalt einer Arbeitsgruppe vorangetrieben. Gesonderte Untersuchungen werden zum gleichfalls notwendigen Zerlegungsschlüssel zur Verteilung der Bemessungsgrundlage auf die teilnehmenden Mitgliedstaaten angestellt.[33] Die Erarbeitung der Bemessungsgrundlage hat für die gegenwärtige EU-Kommission nicht zuletzt auch für die Erreichung der „Lissabon-Agenda"[34] hohe Priorität und wird entsprechend nachhaltig vorangetrieben. Am 5. April 2006 legte die Kommission eine Mitteilung über die bisherigen Fortschritte und weitere Etappen zu einer gemeinsamen konsolidierten Körperschaftsteuer-Bemessungsgrundlage (GKKB) vor (KOM[2006]157). Darin berichtet sie über den Stand der Arbeiten und gibt einen Ausblick auf die weiteren Etappen. Außerdem betont die Kommission jene Bereiche, wo weitere politische Unterstützung und Steuerung erwünscht ist.

62 **b) Diskriminierungsprobleme?** Das Modell der einheitlichen konsolidierten Bemessungsgrundlage wurde regelmäßig als potenziell interessant für die SE hervorgehoben und die Kommission hat daher die Idee eines geeigneten **Pilotprojektes** zur

---

[30] Gammie, Malcolm/Sven-Olof Lodin, „Home State Taxation"; IBFD Publications 2001; The Taxation of the European Company, European Taxation, August 1999. Gammie, Malcolm, Taxation Issues for the European Company, EC Tax Review 1998.

[31] Ein detailliertes Informationsdokument ist abrufbar unter: http://europa.eu.int/comm/taxation_customs/taxation/company_tax/home_state_taxation/index.de.htm

[32] Siehe etwa Schön, International Accounting Standards – A „starting point" for a Common European Tax Base?, European Taxation, October 2004, p. 426–440.

[33] Für weitere Informationen zur Arbeitsgruppe und andere Arbeiten siehe http://europa.eu.int/comm/taxation_customs/taxation/company_tax/common_tax_base/index.de.htm

[34] Siehe Mitteilung der Kommission für die Frühjahrstagung des Europäischen Rates „Zusammenarbeit für Wachstum und Arbeitsplätze – Ein Neubeginn für die Strategie von Lissabon" vom 2. Februar 2005 (KOM[2005]24) und zuletzt die Mitteilung „Der Beitrag der Steuer- und Zollpolitik zur Lissabon-Strategie" vom 25. Oktober 2005 (KOM[2005]532).

Diskussion gestellt. Besondere Bedeutung wird dabei allerdings auch den im Schrifttum ebenso regelmäßig angesprochenen potenziellen Diskriminierungsproblemen gewidmet. Eine von der Kommission zu diesem Problemkomplex in Auftrag gegebene Studie unterstreicht die Gefahr rechtlich erheblicher Diskriminierungen im Zusammenhang mit einem eventuellen SE-**Pilotprojekt**.[35]

Die Ergebnisse der Studie spiegeln allerdings nicht notwendigerweise den Kommissionsstandpunkt wider. Die Kommission hofft vielmehr, dass die vorgelegte Analyse zu einem fruchtbaren Meinungsaustausch zwischen Steuerexperten Anlass geben wird über die grundlegenden rechtlichen Fragen, die aufgeworfen werden könnten, wenn allein Unternehmen in der Rechtsform der Societas Europaea Zugang zu einem umfassenden EU-**Körperschaftsteuer**-Regime hätten. Eine abschließende Beurteilung der **Pilotprojekt**-Idee ist mithin noch nicht vorgenommen worden.

§ 2 SEStEG

Übersicht

	Rn.
I. Einleitung	1
II. Laufende Besteuerung der SE	2
III. Grundlagen der aperiodischen Besteuerung	3–15
1. Entstrickung und Verstrickung	3–9
a) Entstrickung	4–8
b) Verstrickung	9
2. Das Grundkonzept des UmwStG in der Fassung des SEStEG	10–15
IV. Besteuerung der Gründungsvorgänge	16–71
1. Gründungsvarianten	16
2. Gründung durch Verschmelzung	17–42
a) Grundlagen	17–19
b) Herausverschmelzung	20–29
aa) Besteuerung auf Gesellschaftsebene	22–28
bb) Besteuerung der Anteilseigner	29
c) Hineinverschmelzung	30–39
aa) Besteuerung auf Gesellschaftsebene	32–35
bb) Besteuerung der Anteilseigner	36–39
d) Ausländische Verschmelzung mit Inlandsbezug	40–42
3. Gründung einer Holding-SE	43–55
a) Gesellschaftsrechtliche Grundlagen	43, 44
b) Anwendungsbereich des UmwStG	45
c) Ansatz der Anteile auf Ebene der übernehmenden Holding-SE	46–48
d) Besteuerung des Einbringenden	49–53
e) Folgen einer Weiterveräußerung der Anteile durch die erwerbende SE	54, 55
4. Gründung einer Tochter-SE	56–69
a) Gesellschaftsrechtliche Grundlagen	56
b) Einbringungsgegenstände und beteiligte Rechtsträger	57–59
c) Bewertung der Sacheinlage und Besteuerung des Einbringenden	60–62
d) Folgen der Veräußerung durch den Einbringenden/Anteilsigner nach der Einbringung	63–69
5. Formwechsel	70, 71

---

[35] Deloitte EU Steuergruppe (Deloitte & Touche LLP), „Study on analysis of potential competition and discrimination issues relating to a pilot project for an EU tax consolidation scheme for the European Company statute (Societas Europaea)"; http://europa.eu.int/comm/taxation_customs/publications/reports.studies/report.htm.

	Rn.
V. Sitzverlegung	72–84
1. Gesellschaftsrechtliche Grundlagen	72
2. Steuerliche Behandlung der Sitzverlegung	73–84
a) Wegzug	74–81
aa) Besteuerung auf Gesellschaftsebene	74–78
bb) Besteuerung der Anteilseigner	79–81
b) Zuzug	82–84

I. Einleitung

1 Die SE-Verordnung vom 8. Oktober 2001 enthält nicht eine Regelung zur SE-eigenen Besteuerung.[1] Zur steuerlichen Flankierung der SE hat der Rat der Europäischen Union am 17. Februar 2005 die Richtlinie 2005/19/EG[2] zur Änderung der aus dem Jahre 1990 stammenden Fusionsrichtlinie 90/434/EWG verabschiedet (zu Einzelheiten s. 9. Abschnitt § 1 Rn. 39 ff.). Die Änderungen betreffend die Sitzverlegung der SE und SCE waren von den Mitgliedstaaten bis spätestens zum 1. Januar 2006, die übrigen Neuerungen bis spätestens ab dem 1. Januar 2007 in nationales Recht umzusetzen.[3] In Deutschland erfolgte die steuerliche Transformation nach langen Diskussionen durch das „Gesetz über steuerliche Begleitmaßnahmen zur Einführung der Europäischen Gesellschaft und zur Änderung weiterer steuerrechtlicher Vorschriften" (im Folgenden „SEStEG"), welches am 13. Dezember 2006 in Kraft getreten ist.[4] Das SEStEG beinhaltet kein Sonderrecht zur steuerlichen Behandlung der SE oder SCE. Die Umsetzung der europrechtlichen Vorgaben erfolgt vielmehr in allgemeiner Form, indem der bislang grundsätzlich auf Inlandsfälle[5] beschränkte Anwendungsbereich des Umwandlungssteuerrechts auf EU- und EWR-Fälle ausgeweitet wird (Europäisierung, jedoch keine Globalisierung des UmwStG). Weitere wesentliche Neuerungen des SEStEG sind die gesetzliche Normierung der „Entstrickung" und „Verstrickung" von Wirtschaftsgütern (durch Änderungen im EStG und KStG) und ein Konzeptionswechsel bei der steuerlichen Behandlung der Einbringung von Betriebsteilen und Anteilen an Kapitalgesellschaften (Anteilstausch) in Kapitalgesellschaften (§§ 20 ff. UmwStG).

II. Laufende Besteuerung der SE

2 Hinsichtlich der laufenden Besteuerung der SE bestehen im Vergleich zu anderen unbeschränkt oder beschränkt steuerpflichtigen Kapitalgesellschaften keine Besonderheiten. Die SE wird als Kapitalgesellschaft wie eine inländische Aktiengesellschaft oder GmbH behandelt. Sie ist unter den Voraussetzungen des § 1 Abs. 1 Nr. 1 KStG unbe-

---

[1] Verordnung (EG) Nr. 2157/2001 des Rates vom 8.10.2001 über das Statut der Europäischen Gesellschaft (SE), ABl. EG Nr. L 294, S. 1. Lediglich Art. 9 Abs. 1 Buchst. c ii der SE-VO ordnet ganz allgemein an, dass die SE in Bezug auf die nicht von der SE-VO geregelten Bereiche den nationalen Rechtsvorschriften für Aktiengesellschaften des jeweiligen Sitzstaates unterliegt. Demgegenüber hat sich der ursprüngliche Entwurf über das Statut der SE aus dem Jahre 1970 noch in sechs Artikeln mit der SE-eigenen Besteuerung beschäftigt. Vgl. *Herzig/Griemla*, StuW 2002, 55 ff.

[2] Richtlinie 2005/19 EG des Rates vom 17.2.2005 zur Änderung der Richtlinie 90/434/ EWG über das gemeinsame Steuersystem für Fusionen, Spaltungen, die Einbringung von Unternehmensteilen und den Austausch von Anteilen, die Gesellschaften verschiedener Mitgliedstaaten betreffen, ABl. EG Nr. L 58, S. 19.

[3] Art. 2 Abs. 1 und 2 der Richtlinie 2005/19/EG.

[4] BGBl. I 2006, S. 2782.

[5] Ausnahmen waren die Einbringungsfälle betreffend EU-Kapitalgesellschaften nach § 23 UmwStG.

§ 2 SEStEG § 2 3–6

schränkt körperschaftsteuerpflichtig. Sie kann gemäß § 14 Abs. 1 KStG Organgesellschaft, nach § 14 Abs. 1 Nr. 2 iVm. § 1 KStG Organträgerin sein. Nach § 2 Abs. 2 Satz 1 GewStG gilt ihre Tätigkeit stets und in vollem Umfang als Gewerbebetrieb, so dass sie im Inland der Gewerbesteuer unterliegt. Unter den Voraussetzungen des § 2 UStG ist sie umsatzsteuerlicher Unternehmer.

III. Grundlagen der aperiodischen Besteuerung

1. Entstrickung und Verstrickung

Durch das SEStEG wurden die Begriffe der Entstrickung und Verstrickung im EStG und KStG erstmals kodifiziert. Gewährleistet werden soll lt. Gesetzesbegründung zum SEStEG die Aufdeckung und Besteuerung von stillen Reserven in allen Fällen, in denen ein Rechtsträgerwechsel stattfindet, Vermögen die betriebliche Sphäre verlässt, die Steuerpflicht endet oder Wirtschaftsgüter dem deutschen Besteuerungszugriff entzogen werden.[6] Das Prinzip gilt auch für die Behandlung grenzüberschreitender Umstrukturierungen nach dem UmwStG.[7] 3

a) Entstrickung. Um die Besteuerung von stillen Reserven zu gewährleisten, die während einer inländischen Steuerpflicht entstanden sind, enthielt das deutsche Steuerrecht schon vor dem Inkrafttreten des SEStEG verschiedene (Ersatz-)Tatbestände, die eine steuerliche Realisierung fingieren, ohne dass ein entgeltlicher Umsatzakt im Markt stattfindet.[8] Die Finanzverwaltung hat in ihrem Betriebsstättenerlass aus 1999 für die Überführung von Wirtschaftsgütern aus einem inländischen Stammhaus in eine ausländische Betriebsstätte zwar grundsätzlich einen Ersatzrealisierungstatbestand angenommen, jedoch die Möglichkeit zugelassen, den Zeitpunkt der Realisierung der stillen Reserven vom Zeitpunkt der Überführung auf den Zeitpunkt der Veräußerung oder des Untergangs des Wirtschaftsguts (oder den Ablauf von 10 Jahren) zu verschieben.[9] 4

Nach den durch das SEStEG eingeführten allgemeinen Entstrickungsvorschriften (§ 4 Abs. 1 EStG und § 12 Abs. 1 KStG) löst die Überführung von Wirtschaftsgütern vom Inland ins Ausland für nach dem 31. Dezember 2005 endende Wirtschaftsjahre stets eine Gewinnrealisierung aus, wenn das deutsche Besteuerungsrecht hinsichtlich des Gewinns aus der Veräußerung oder der Nutzung des Wirtschaftsguts beschränkt oder ausgeschlossen wird. Anders als in den Fällen der Wegzugsbesteuerung des § 6 AStG (bei Vorliegen einer Beteiligung im Sinne des § 17 EStG) ist in Bezug auf die so überführten Wirtschaftsgüter des Betriebsvermögens keine zeitlich unbegrenzte Stundungsregelung möglich, sondern allenfalls eine zeitlich gestreckte Besteuerung. Die Bewertung der überführten Wirtschaftsgüter soll im Rahmen der Entstrickung mit dem gemeinen Wert (bisher mit dem Teilwert) erfolgen. 5

Zur Aufdeckung und Versteuerung stiller Reserven kommt es insbesondere, wenn ein bisher im Inland genutztes Wirtschaftsgut in eine ausländische Betriebsstätte dessel- 6

---

[6] BR-Drucks. 542/06 vom 11. 8. 2006, S. 39.
[7] *Rödder/Schumacher*, DStR 2006, 1525, 1526 f.
[8] Beispiele für derartige Ersatzrealisierungstatbestände sind die Entnahme für betriebsfremde Zwecke (§ 4 Abs. 1 Satz 2 EStG), die Betriebsaufgabe (§ 16 Abs. 3 EStG), die Wegzugsbesteuerung natürlicher Personen (§ 6 AStG), die Verlegung der Geschäftsleitung einer Körperschaft ins Ausland (§ 12 KStG aF), der Ausschluss des Besteuerungsrechts bei einbringungsgeborenen Anteilen (§ 21 Abs. 2 Satz 1 Nr. 2 UmwStG aF) und der vom BFH entwickelte finale Entnahmebegriff (BFH GrS BStBl. II 1975, S. 168).
[9] BMF-Schreiben vom 24. Dezember 1999, BStBl. I S. 1076 (sog. Betriebsstätten-Verwaltungsgrundsätze), Tz. 2.6.1. Stille Reserven in abnutzbaren Wirtschaftsgütern sind nach deren Nutzungsdauer aufzulösen.

ben Unternehmens überführt wird und Deutschland die im Zusammenhang mit diesem Wirtschaftsgut erzielten Gewinne aufgrund eines mit dem ausländischen Staat abgeschlossen Doppelbesteuerungsabkommens (DBA) von der inländischen Besteuerung freistellt (DBA mit Freistellungsmethode).[10] Obwohl das Wirtschaftsgut weiterhin im gleichen Unternehmen – wenn auch in einer ausländischen Betriebsstätte – genutzt wird und kein Umsatzakt am Markt stattfindet, soll nach Absicht des Gesetzgebers die Überführung unmittelbar eine Steuerbelastung auslösen. Von der Entstrickung erfasst sind aber selbst die Fälle, in denen die Wirtschaftsgüter in einen ausländischen Staat überführt werden, mit dem die Doppelbesteuerung im Wege der Steueranrechnung vermieden wird, da das deutsche Besteuerungsrecht in diesen Fällen durch die Anrechnung, ggf. den Abzug der ausländischen Steuer (§ 34c EStG) beschränkt wird. Verschärft wird die Problematik der Entstrickung durch den Ansatz des gemeinen Werts, der – anders als der Teilwert – regelmäßig einen Unternehmerlohn/Gewinnaufschlag beinhaltet.

7 Im Hinblick auf die drohende Europarechtswidrigkeit der Sofortbesteuerung wurde am Ende des Gesetzgebungsverfahrens zum SEStEG für Wirtschaftsgüter des Anlagevermögens mit einem neuen § 4g EStG die Möglichkeit zur Bildung eines Ausgleichspostens bei Entnahmen nach § 4 Abs. 1 Satz 3 EStG geschaffen. Nach § 4g EStG kann ein unbeschränkt Steuerpflichtiger bei Überführung eines Wirtschaftsguts in eine Betriebsstätte in einem Mitgliedstaat der EU den durch die Überführung entstandenen Gewinn auf Antrag durch Bildung eines Ausgleichspostens (der für jedes Wirtschaftsgut zu bilden ist) neutralisieren. Bei Überführung von mehreren Wirtschaftsgütern innerhalb eines Wirtschaftsjahrs ist das Antragsrecht für alle betroffenen Wirtschaftsgüter einheitlich auszuüben. Der Ausgleichsposten ist grundsätzlich im Wirtschaftsjahr der Überführung und in den folgenden vier Wirtschaftsjahren zu jeweils einem Fünftel aufzulösen (§ 4g Abs. 2 EStG). Die Regelung führt im Ergebnis zu einer Stundung mit ratierlicher Zahlung der aus den aufgedeckten stillen Reserven resultierenden Steuer über fünf Jahre. Der Ausgleichsposten ist sofort in vollem Umfang aufzulösen, wenn das überführte Wirtschaftsgut aus dem Betriebsvermögen ausscheidet, in eine Betriebsstätte außerhalb der EU überführt wird oder die stillen Reserven im Ausland aufzudecken sind. Die Regelung findet keine Anwendung bei der Überführung von Wirtschaftsgütern aus einer inländischen Betriebsstätte in ein ausländisches Stammhaus oder dessen ausländische Betriebsstätte und bei Überführung in eine ausländische Personengesellschaft. Sie gilt zudem nicht für die Gewinnrealisierung bei den mit der Unternehmensspitze wegziehenden Wirtschaftsgütern anlässlich der grenzüberschreitenden Sitzverlegung und der grenzüberschreitenden Umwandlung.[11] Nach derzeitigem Wortlaut findet die Ausgleichspostenregelung auch keine Anwendung auf die für Körperschaften geltende Entstrickungsregelung (§ 12 Abs. 1 KStG), wobei es sich insoweit um ein gesetzgeberisches Versehen handelt.[12] Ob dieses durch eine gesetzliche Ergänzung beseitigt wird, bleibt abzuwarten.

8 Im Vergleich zur Rechtslage vor dem SEStEG hat sich die Besteuerungssituation durch die Entstrickungsregelung deutlich verschärft. Abgeschafft wurde nicht nur die im Betriebsstättenerlass vorgesehene Möglichkeit, eine Realisierung der stillen Reserven über die Nutzungsdauer des Wirtschaftsgutes (maximal 10 Jahre) zu wählen, sondern auch die Möglichkeit zur Rücklagenbildung für Wirtschaftsgüter des Umlaufvermögens und bei Überführung von Wirtschaftsgütern in eine ausländische Personen-

---

[10] Tatsächlich dürfte das Besteuerungsrecht Deutschlands bei Überführung eines Wirtschaftsguts in eine ausländische Betriebsstätte regelmäßig weder ausgeschlossen noch beschränkt werden, vgl. *Wassermeyer*, DB 2006, 1176 ff.; *Werra/Teiche*, DB 2006, 1455 ff.; *Stadler/Elser*, BB-Special 8/2006, 18, 20.

[11] *Dötsch/Pung*, DB 2006, 2648 ff., 2651; *Eicker/Orth*, IWB Fach 3, 2125 ff., 2137.

[12] *Dötsch/Pung*, DB 2006, 2648, 2651.

gesellschaft.¹³ Unter europarechtlichen Aspekten erscheint auch die über fünf Jahre gestreckte Besteuerung aufgrund des bloßen Verbringens eines Wirtschaftsguts in einen anderen Mitgliedstaat problematisch, weil in den grenzüberschreitenden EU-Fällen eine Versteuerung nicht realisierter Gewinne stattfindet, zu der es in ansonsten vergleichbaren Inlandsfällen (zu Recht) nicht kommt. Zudem ist der Umstand, dass die Entstrickung rückwirkend auf alle Vorgänge seit dem 1. Januar 2006¹⁴ Anwendung finden soll, verfassungsrechtlich bedenklich.¹⁵

b) Verstrickung. Neben der Regelung zur Entstrickung wurden im Rahmen des SEStEG auch Vorschriften für den Wertansatz von Wirtschaftsgütern eingeführt, die nach Deutschland überführt werden oder anderweitig unter den deutschen Besteuerungszugriff geraten (Verstrickung). Nach § 4 Abs. 1 Satz 7 EStG steht es einer Einlage gleich, wenn das deutsche Besteuerungsrecht hinsichtlich des Gewinns aus der Veräußerung eines Wirtschaftsguts begründet wird. Anzusetzen sind die überführten Wirtschaftsgüter stets mit dem gemeinen Wert (§ 6 Abs. 1 Nr. 5a EStG). Der Ansatz mit dem Wert, der anlässlich der Überführung des Wirtschaftsguts der ausländischen Besteuerung unterlegen hat, ist – anders als noch nach dem Referentenentwurf zum SEStEG – nicht eingeführt worden (keine Bindung an einen etwaigen Entstrickungswert im Ausland). Eine Ausnahme von diesem Grundsatz ist jedoch bei der Verstrickung von wesentlichen Anteilen an Körperschaften iSv. § 17 EStG vorgesehen. Hier sollen die bisherigen Anschaffungskosten fortgeführt werden, sofern der Steuerpflichtige nicht nachweisen kann, dass die bis zum Zeitpunkt der Verstrickung entstandenen stillen Reserven im Ausland bereits versteuert wurden (§ 17 Abs. 2 Satz 3 EStG).¹⁶

2. Das Grundkonzept des UmwStG in der Fassung des SEStEG

Vor dem Inkrafttreten des SEStEG galten die Vergünstigungen des UmwStG grundsätzlich nur für Umwandlungsvorgänge, an denen inländische Gesellschaften beteiligt sind.¹⁷ Eine Ausnahme stellten die in § 23 UmwStG aF geregelten Fälle der Betriebs- und Anteilseinbringungen bei Beteiligung von EU-Kapitalgesellschaften dar. Zwar verlangt die Fusionsrichtlinie 90/434/EWG schon seit 1992 auch die Möglichkeit der steuerneutralen Verschmelzung und Spaltung von Gesellschaften innerhalb der Gemeinschaft. Unter Hinweis auf das Fehlen der entsprechenden gesellschaftsrechtlichen Voraussetzungen für solche grenzüberschreitende Umwandlungen auf Gemeinschaftsebene wurden die entsprechenden Bestimmungen der Fusionsrichtlinie jedoch erst durch das SEStEG umgesetzt.

Aufgrund der jüngeren Rechtsprechung des EuGH und Entwicklungen im Gesellschaftsrecht auf Gemeinschaftsebene ließ sich hieran nicht länger festhalten. So besteht mit der SE-Verordnung seit dem 8. Oktober 2004 unmittelbar die Möglichkeit, eine SE ua. durch grenzüberschreitende Verschmelzung zu gründen. Daneben ermöglicht die Verschmelzungsrichtlinie 2005/56/EG vom 26. Oktober 2005¹⁸ künftig die grenzüberschreitende Verschmelzung von Kapitalgesellschaften aus verschiedenen EU-Mitgliedstaaten, und auch nach der Rechtsprechung des EuGH müssen die Mitgliedstaaten

---

[13] BMF-Schreiben vom 24. 12. 1999, BStBl. I S. 1076, Tz. 2.6.1, 2.6.4.
[14] Bei kalenderjahrgleichem Wirtschaftsjahr; bei abweichendem Wirtschaftsjahr schon zuvor.
[15] *Blumenberg/Lechner*, BB-Special 8/2006, 25, 28.
[16] Der Ansatz der tatsächlichen (historischen) Anschaffungskosten entspricht der bisherigen Rechtsprechung und Verwaltungsauffassung. Vgl. *Schmidt/Weber-Grellet*, § 17 EStG Rn. 159. § 17 Abs. 2 Satz 3 EStG findet in den Fällen des § 6 Abs. 3 AStG (vorübergehende Beendigung der unbeschränkten Steuerpflicht im Inland) keine Anwendung (§ 17 Abs. 2 Satz 4 EStG).
[17] Vgl. § 1 UmwStG aF, der auf die Bestimmungen des handelsrechtlichen UmwG verweist, die wiederum nur für Rechtsträger mit Sitz im Inland gelten.
[18] ABl. EG Nr. L 310, S. 1.

Umwandlungen unter Beteiligung von Kapitalgesellschaften aus anderen EU-Mitgliedstaaten ermöglichen.[19]

12 Die Vorschriften des UmwStG gelten seit der Reform durch das SEStEG nicht nur für gesellschaftsrechtliche Vorgänge nach dem Umwandlungsgesetz, sondern auch für vergleichbare ausländische Vorgänge sowie für Umwandlungen nach Art. 17 der SE-VO und nach Art. 19 der SCE-VO (§ 1 Abs. 1 Nr. 1 UmwStG). Damit müssen die an einem Umwandlungsvorgang beteiligten Gesellschaften nach dem Recht eines EU-/EWR-Mitgliedstaates gegründet worden sein und in einem solchen Staat ihren statutarischen Sitz sowie ihre Geschäftsleitung haben. Steuerliche Spezialregelungen, die ausschließlich für die SE gelten, sind nicht erforderlich (auch wenn zB die Sitzverlegung derzeit de facto nur für Unternehmen in der Rechtsform der SE möglich ist). Die im Rahmen des Gesetzgebungsverfahrens zum SEStEG diskutierte globale Lösung unter Einbeziehung von Gesellschaften, die in einem Drittstaat ansässig sind, ist nicht Gesetz geworden.[20]

13 Entsprechend der allgemeinen Entstrickungsregelung im EStG wird das im Rahmen einer Umwandlung oder Einbringung übertragene Vermögen grundsätzlich mit dem gemeinen Wert (bisher galt der Teilwert als Obergrenze) angesetzt, dh. vorhandene stille Reserven werden aufgedeckt und besteuert. Dies gilt auch für selbst geschaffene immaterielle Wirtschaftsgüter, beispielsweise einen Geschäfts- oder Firmenwert, Marken oder Patente. Die Ausgleichspostenmethode des § 4g EStG findet auf Umwandlungsvorgänge keine Anwendung. Zur Vermeidung einer Gewinnrealisierung besteht jedoch im UmwStG die Möglichkeit, auf Antrag die bisherigen Buchwerte fortzuführen. Auf diese Weise kann die Übertragung des Vermögens unter den entsprechenden Voraussetzungen steuerneutral vollzogen werden. Auch der Ansatz des Vermögens mit einem Zwischenwert ist weiterhin möglich. Ein Ansatz des übernommenen Vermögens unterhalb des gemeinen Wertes setzt jedoch insbesondere voraus, dass das deutsche Besteuerungsrecht hinsichtlich des übertragenen Vermögens durch den Umwandlungs- oder Einbringungsvorgang nicht beschränkt wird.

14 Der (steuerliche) Ansatz des übertragenen Vermögens ist zukünftig nicht mehr an die Ansätze des Vermögens in der Handelsbilanz der beteiligten Rechtsträger gebunden; aufgrund der Europäisierung des UmwStG wurde der Maßgeblichkeitsgrundsatz insofern aufgegeben.[21]

15 Die Vorschriften über die steuerliche Rückbeziehung von Umwandlungsvorgängen bleiben grundsätzlich erhalten, sind aber zukünftig nicht anwendbar, soweit Einkünfte aufgrund abweichender Regelungen zur Rückbeziehung im Ausland der Besteuerung entzogen werden (§ 2 Abs. 3 UmwStG) oder es sich um einen Anteilstausch handelt (§ 21 UmwStG).[22] Die noch im Regierungsentwurf des SEStEG enthaltene besondere Missbrauchsvorschrift für Umwandlungsvorgänge (§ 26 UmwStG-E) ist letztlich nicht Gesetz geworden.[23]

---

[19] Vgl. EuGH vom 13. 12. 2005, Rs. C-411/03, *SEVIC Systems AG*, DB 2005, 2804.

[20] Ausnahmsweise ist das UmwStG für folgende Fälle mit Drittstaatenbezug anwendbar: Bei Anteilseignern in Drittstaaten in den Fällen des § 12 Abs. 2 Satz 2 KStG (§ 13 Abs. 2 Nr. 1 UmwStG); im Falle einer Einbringung nach § 20 UmwStG, wenn das deutsche Besteuerungsrecht nicht beeinträchtigt wird (§ 1 Abs. 4 Satz 1 Nr. 2 b UmwStG); bei Anteilstausch gem. § 21 UmwStG hinsichtlich von Beteiligungen an Drittstaaten (§ 1 Abs. 3 Nr. 5 UmwStG) sowie bei der Einbringung von Betriebsvermögen in Personengesellschaften gem. § 24 Abs. 1 UmwStG (§ 1 Abs. 4 Satz 2 UmwStG).

[21] Der Grundsatz der Maßgeblichkeit der Handelsbilanz für die steuerliche Behandlung von Umwandlungsvorgängen war in letzter Zeit ohnehin ins Wanken geraten. Vgl. *Trossen*, FR 2006, 617 ff.

[22] Vgl. *Schaflitzl/Widmayer*, BB-Special 8/2006, 36, 38 f.; *Benz/Rosenberg*, BB-Special 8/2006, 51, 61.

[23] Vgl. zu § 26 UmwStG-E *Werra/Teiche*, DB 2006, 1455, 1461; *Förster/Felchner*, DB 2006, 1072, 1075 f.; *Bödefeld*, BB-Special 8/2006, 77 ff.

IV. Besteuerung der Gründungsvorgänge

1. Gründungsvarianten

Die Gründung der SE kann grundsätzlich nur im Wege einer Umstrukturierung bereits bestehender Unternehmen erfolgen (numerus clausus der Gründungsformen für die SE). Das SE-Statut sieht vier Wege in die Rechtsform der SE vor:
– Die Verschmelzung zu einer SE, die entweder im Wege der Aufnahme oder durch Neugründung erfolgen kann (Art. 17 ff. SE-VO);
– die Gründung einer Holding-SE (Art. 32 ff. SE-VO);
– die Gründung einer Tochter-SE (Art. 35–36 SE-VO) und
– die Umwandlung (Formwechsel) einer bestehenden Aktiengesellschaft in eine SE (Art. 37 SE-VO).

2. Gründung durch Verschmelzung

a) Grundlagen. Eine SE kann durch Verschmelzung von mindestens zwei Aktiengesellschaften gegründet werden, die nach dem Recht eines Mitgliedstaates errichtet worden sind und ihren Sitz sowie ihre Hauptverwaltung in der Gemeinschaft haben, sofern mindestens zwei der beteiligten Gesellschaften dem Recht verschiedener Mitgliedstaaten unterliegen (Art. 2 Abs. 1 SE-VO). Die Verschmelzung erfolgt entweder durch Aufnahme oder durch Neugründung (Art. 17 Abs. 2 SE-VO).
– Bei der Verschmelzung durch Aufnahme geht das gesamte Aktiv- und Passivvermögen der übertragenden Gesellschaft auf die übernehmende Gesellschaft über, welche die Form der SE annimmt; die übertragende Gesellschaft erlischt und ihre Anteilseigner erhalten Anteile an der übernehmenden Gesellschaft (Art. 29 Abs. 1 SE-VO). Möglich ist auch die Verschmelzung einer Tochtergesellschaft auf eine Muttergesellschaft, die dadurch zur SE wird. Ist die Mutter zu 100% an der Tochter beteiligt, so scheidet die Gewährung von Anteilen an der übernehmenden Muttergesellschaft aus (Art. 31 Abs. 1 SE-VO).
– Bei der Verschmelzung durch Neugründung geht im Verschmelzungszeitpunkt das gesamte Aktiv- und Passivvermögen der zu verschmelzenden Gesellschaften auf eine neue SE über. Die sich verschmelzenden Gesellschaften erlöschen und ihre Anteilseigner werden Anteilseigner der neu gegründeten SE (Art. 29 Abs. 2 SE-VO).
Zum gesellschaftsrechtlichen Ablauf im Einzelnen s. 4. Abschnitt § 2 Rn. 21 ff.

Die grenzüberschreitende Verschmelzung von Kapitalgesellschaften war im deutschen Steuerrecht vor Inkrafttreten des SEStEG nicht gesondert geregelt; insbesondere fanden die bisherigen Regelungen des UmwStG keine Anwendung,[24] so dass auf die allgemeinen steuerrechtlichen Regelungen zurückzugreifen war. Vor allem die (Heraus-)Verschmelzung von inländischen auf ausländische Kapitalgesellschaften beinhaltete ein erhebliches Steuerrisiko der Gewinnrealisierung.[25] Durch das SEStEG wurde der Anwendungsbereich der Vorschriften über die steuerneutrale Verschmelzung von Kapitalgesellschaften von derzeit rein inländischen Vorgängen auf grenzüberschrei-

---

[24] Nach § 1 Abs. 1 Satz 1 UmwStG aF iVm. § 1 Abs. 1 UmwG galten die Regelungen des Umwandlungssteuergesetzes nur für die Verschmelzung von Rechtsträgern mit Sitz im Inland. Zudem begrenzte das Umwandlungssteuergesetz den Geltungsbereich der steuerlichen Verschmelzungsregelung auf unbeschränkt steuerpflichtige Körperschaften (§ 1 Abs. 5 UmwStG aF).

[25] Daneben bestanden erhebliche gesellschaftsrechtliche Restriktionen. Vgl. zur steuerrechtlichen Problematik, *Förster/Lange*, DB 2002, 288 ff.

tende Vorgänge innerhalb der EU und des EWR ausgedehnt. Hierunter fallen auch Verschmelzungen auf der Grundlage der SE-VO.[26]

19 Je nach Verschmelzungsrichtung ergeben sich im Zusammenhang mit der Gründungsverschmelzung einer SE unterschiedliche Steuerfragen. Nachfolgend werden drei Fallgruppen unterschieden:
– Die erste Fallgruppe betrifft die sog. Herausverschmelzung, bei der die übertragende Aktiengesellschaft in Deutschland ansässig ist und die übernehmende SE Sitz und Hauptverwaltung im EU-Ausland hat (s. Rn 20 ff.).
– Die zweite Fallgruppe betrifft die sog. Hineinverschmelzung, bei der die übertragende Aktiengesellschaft im Ausland, die übernehmende SE im Inland ansässig ist (s. Rn 30 ff.).
– Die dritte Fallgruppe betrifft sog. ausländische Verschmelzungen mit Inlandsbezug, bei denen zwar sowohl die übertragende Gesellschaft als auch die übernehmende SE im Ausland ansässig sind, jedoch ein Inlandsbezug dadurch besteht, dass inländisches Vermögen übergeht oder inländische Gesellschafter an den betroffenen Gesellschaften beteiligt sind. (s. Rn 40 ff.).

20 **b) Herausverschmelzung.** Infolge der (Heraus-)Verschmelzung einer inländischen Aktiengesellschaft auf eine im Ausland ansässige Aktiengesellschaft, die dadurch zur SE wird, geht die übertragende inländische Aktiengesellschaft unter und scheidet aus der unbeschränkten Steuerpflicht (§ 1 Abs. 1 Nr. 1 KStG) aus. Die erwerbende ausländische AG/SE, die weder Sitz noch Geschäftsleitung im Inland unterhält, ist mit ihren inländischen Einkünften, die einer inländischen Betriebsstätte zuzuordnen sind, beschränkt steuerpflichtig (§ 2 Nr. 1 KStG, § 49 Abs. 1 Nr. 2 Buchst. a EStG). Praktische Probleme entstehen aus steuerlicher Sicht vor allem, wenn im Zusammenhang mit der Verschmelzung inländisches Betriebsvermögen auf das ausländische Stammhaus übergeht.

21 **Beispiel**: Die deutsche D-AG soll auf die französische F-SA verschmolzen werden, die dadurch zur SE (F-SE) wird (Verschmelzung zur Aufnahme). An der D-AG mit Sitz und Hauptverwaltung in Deutschland sind in Deutschland ansässige Aktionäre beteiligt. Die deutschen Aktionäre erhalten für ihre Aktien an der D-AG Anteile an der F-SE. Durch die Verschmelzung geht das Vermögen der D-AG auf die F-SE über; die F-SE unterhält in Deutschland eine Betriebsstätte.

22 **aa) Besteuerung auf Gesellschaftsebene.** Für die Verschmelzung der D-AG auf die F-SA gelten die Regelungen der §§ 11–13 UmwStG (§ 1 Abs. 1 und 2 UmwStG). Die übertragende D-AG hat eine steuerliche Schlussbilanz zu erstellen, in welcher sie die auf die F-SE übergehenden Wirtschaftsgüter grundsätzlich mit dem gemeinen Wert anzusetzen hat (§ 11 Abs. 1 UmwStG). Zur Vermeidung eines (steuerpflichtigen) Übertragungsgewinns können die übergehenden Wirtschaftsgüter in der steuerlichen Schlussbilanz auf Antrag einheitlich mit dem Buchwert oder einem höheren Wert (höchstens aber mit dem gemeinen Wert) angesetzt werden, soweit die folgenden Voraussetzungen vorliegen: (i) es muss sichergestellt sein, dass die Wirtschaftsgüter später bei der übernehmenden Körperschaft der Besteuerung mit Körperschaftsteuer unterliegen, (ii) das Recht der Bundesrepublik Deutschland hinsichtlich der Besteuerung der übertragenen Wirtschaftsgüter bei der übernehmenden Körperschaft darf nicht beschränkt werden, und (iii) eine Gegenleistung darf nicht gewährt werden oder muss in Gesellschaftsrechten bestehen (§ 11 Abs. 2 UmwStG). Damit ist die Verschmelzung steuerneutral (Buchwertansatz) möglich, soweit die übertragenen Wirtschaftsgüter nach der Verschmelzung in der inländischen Betriebsstätte der F-SE verhaftet bleiben. Der Antrag ist spätestens bis zur erstmaligen Abgabe der steuerlichen Schlussbilanz bei dem für die Besteuerung der übertragenden Körperschaft zuständigen Finanzamt zu stellen (§ 11 Abs. 3 iVm. § 3 Abs. 2 Satz 2 UmwStG). Wie der Antrag genau zu stellen

---

[26] § 1 Abs. 1 Nr. 1 und Abs. 2 UmwStG. Zu Einzelheiten vgl. *Hahn*, GmbHR 2006, 617 ff.

§ 2 SEStEG

ist, sagt das Gesetz nicht. ME sollte er konkludent durch die Einreichung der steuerlichen Schlussbilanz erfolgen.

Der Begriff der „Beschränkung des deutschen Besteuerungsrechts" ist laut der Regierungsbegründung des SEStEG weit zu fassen.[27] **23**

Beispiel: Die D-AG unterhält eine Betriebsstätte in einem Nicht-DBA-Land, mit dem Deutschland die Doppelbesteuerung im Wege der Anrechnungsmethode beseitigt (§ 34c EStG, § 26 KStG). Wird jetzt die D-AG auf die F-SE verschmolzen und ist fortan die Betriebsstätte der F-SE zuzurechnen, so kommt es danach zu einer Beschränkung des deutschen Besteuerungsrechts (obwohl Deutschland schon zuvor die auf die Betriebsstätteneinkünfte entfallenden ausländischen Steuern anrechnen musste); die stillen Reserven der Betriebsstätte wären danach bei Verschmelzung in Deutschland zu versteuern.

Eine zentrale Frage im Zusammenhang mit der Verschmelzung ist, welche Wirtschaftsgüter bei der neu entstehenden inländischen Betriebsstätte verbleiben und welche Wirtschaftsgüter dem Stammhaus der übernehmenden SE zuzuordnen sind. Bei Zuordnung zum ausländischen Stammhaus dürfte es zu einem Verlust des inländischen Besteuerungsrechts kommen, so dass die Verschmelzung insoweit nicht steuerneutral möglich ist. Nach dem Betriebsstättenerlass können Wirtschaftsgüter entweder nur dem Stammhaus oder der Betriebsstätte zugeordnet werden; zudem wird eine „Zentralfunktion" des Stammhauses angenommen mit der Konsequenz, dass insbesondere Beteiligungen und dem Gesamtunternehmen dienende Finanzmittel regelmäßig dem Stammhaus zugerechnet werden sollen.[28] Ein Übergang von Beteiligungen würde für die übertragende Körperschaft zu einem ggf. zu 95 % steuerfreien Entstrickungsgewinn (§ 12 Abs. 1 KStG iVm. § 8b Abs. 2, 3 KStG) führen. Noch gravierender stellt sich das Problem im Hinblick auf immaterielle Wirtschaftsgüter, zB selbst geschaffene Patente, Marken und einen etwaigen Goodwill, deren stille Reserven voll zu versteuern wären. Die Möglichkeit einer zeitlich gestreckten Besteuerung nach § 4g EStG sieht das Gesetz nicht vor. **24**

Ein etwaiger Verlustvortrag der übertragenden D-AG geht – trotz der zivilrechtlich normierten Gesamtrechtsnachfolge – im Rahmen der Verschmelzung unter (Streichung des bisherigen § 12 Abs. 3 Satz 2 UmwStG aF). Der Wegfall des Verlustvortrags gilt sowohl für grenzüberschreitende Verschmelzungen wie für reine Inlandsverschmelzungen. Weist die übertragende Gesellschaft einen steuerlichen Verlustvortrag auf, sollte erwogen werden, diesen durch Ansatz des gemeinen Werts oder eines Zwischenwerts (und die damit bewirkte Aufdeckung stiller Reserven für zukünftig erhöhtes Abschreibungspotenzial) zu nutzen. Allerdings ist insoweit die Mindestbesteuerung nach § 10 d Abs. 2 EStG zu beachten. **25**

Das Ausscheiden aus der unbeschränkten Steuerpflicht infolge der Verschmelzung führt grundsätzlich zur vollständigen und sofortigen Realisierung einer etwaigen Körperschaftsteuererhöhung (EK 02) um den Betrag, der sich ergeben würde, wenn das im Zeitpunkt des Wegzugs vorhandene Vermögen (abzüglich des dem steuerlichen Einlagekonto gutzuschreibenden Betrags) als für eine Ausschüttung verwendet gelten würde (§ 40 Abs. 5 KStG).[29] Ist die übernehmende Körperschaft in einem anderen Mitgliedstaat der EU unbeschränkt steuerpflichtig und nicht von der Körperschaftsteuer befreit, kann die festgesetzte Körperschaftsteuer bis zum Ablauf des nächsten auf die Bekanntgabe der Körperschaftsteuerfestsetzung folgenden Jahres zinslos gestundet werden. Voraussetzung hierfür ist, dass die übernehmende ausländische Körperschaft bis zum 31. Mai des nachfolgenden Jahres nachweist, dass sie keine Ausschüttung des **26**

---

[27] BR-Drucks. 542/06 vom 11.8.2006, S. 60, 65.
[28] BMF-Schreiben vom 24. Dezember 1999, BStBl. I S. 1076, Tz. 2.4; aA *Kessler/Huck*, IStR 2006, 433, 438.
[29] Vgl. zur Behandlung des EK 02 bei Herausverschmelzung *Dötsch/Pung*, Der Konzern 2006, 258, 261.

EK 02 vorgenommen hat (§ 40 Abs. 6 KStG). Diese Stundung verlängert sich jeweils um ein Jahr, soweit der entsprechende Nachweis regelmäßig erbracht wird, letztmals bis zum Schluss des Wirtschaftsjahres, das nach dem 31. Dezember 2018 endet. Mit dieser Regelung soll eine Schlechterstellung der Verschmelzung über die Grenze gegenüber einer rein nationalen Verschmelzung vermieden werden. Ob bereits die Auferlegung der besonderen Nachweispflichten (die in Inlandsfällen nicht bestehen) europarechtlich unzulässig ist, soll hier dahingestellt bleiben.

27 Bis zum SEStEG wurde das aus dem früheren körperschaftsteuerlichen Anrechnungsverfahren stammende Körperschaftsteuerguthaben in Abhängigkeit von Gewinnausschüttungen ausgezahlt (§ 37 Abs. 1 bis 3 KStG). Nach der amtlichen Begründung zum SEStEG ist das bisherige System der Körperschaftsteuerminderung jedoch grenzüberschreitend nicht zu administrieren. Aus diesem Grunde wird das letztmalig auf den 31. Dezember 2006 ermittelte und festgestellte Körperschaftsteuerguthaben ab dem Jahr 2008 in 10 gleichen Jahresbeträgen unabhängig von tatsächlichen Ausschüttungen ausgezahlt (§ 37 Abs. 4 und 5 KStG). Anspruch auf die ratierliche Auszahlung des Körperschaftsteuerguthabens hat die Körperschaft; der Anspruch entsteht grundsätzlich mit Ablauf des 31. Dezember 2006 (§ 37 Abs. 5 Satz 2 KStG). Da im Rahmen der Verschmelzung die übernehmende Gesellschaft in die steuerliche Rechtsstellung der übertragenden Körperschaft eintritt, geht auch ein etwaiger Auszahlungsanspruch hinsichtlich des Körperschaftsteuerguthabens auf die Übernehmerin über (§ 12 Abs. 3 UmwStG).[30]

28 In der Vergangenheit wurde ein steuerliches Einlagekonto lediglich für unbeschränkt steuerpflichtige Körperschaften geführt (§ 27 Abs. 1 KStG). Leistungen von beschränkt steuerpflichtigen Körperschaften an ihre Anteilseigner wurden stets als steuerpflichtig behandelt, selbst wenn sie in der Rückzahlung von Kapitaleinlagen bestanden. Ab dem Veranlagungszeitraum 2006 können auch Körperschaften, die in einem anderen EU-Mitgliedstaat der unbeschränkten Steuerpflicht unterliegen, eine nicht steuerpflichtige Einlagenrückgewähr erbringen.[31] Voraussetzung hierfür ist ein Antrag, in dem die leistende ausländische Körperschaft die für die Berechnung der Einlagenrückgewähr erforderlichen Umstände darlegt und eine entsprechende Bescheinigung durch die zuständige inländische Finanzbehörde (§ 27 Abs. 8 KStG). Damit ist auch nach der Verschmelzung einer inländischen AG auf eine ausländische SE künftig eine steuerfreie Einlagenrückgewähr grundsätzlich möglich.

29 **bb) Besteuerung der Anteilseigner.** Nach § 13 Abs. 1 UmwStG gelten die Anteile an der übertragenden Körperschaft (D-AG) als zum gemeinen Wert veräußert und die Anteile an der übernehmenden Körperschaft (F-SE) als mit diesem Wert angeschafft. Sofern die Anteile steuerverhaftet sind, würde der Anteilstausch daher grundsätzlich eine steuerpflichtige Gewinnrealisierung auslösen.[32] Eine Besteuerung stünde allerdings im Widerspruch zu Art. 8 der Fusionsrichtlinie, wonach die Anschaffungskosten der bisherigen Anteile auf die neuen Anteile an der SE übergehen. Dementsprechend sieht § 13 Abs. 2 UmwStG vor, dass auf Antrag die erhaltenen Anteile an der F-SE mit dem Buchwert der Anteile an der übertragenden D-AG angesetzt werden können (bzw. mit den Anschaffungskosten, falls die Anteile an der D-AG nicht in einem Betriebsvermögen gehalten wurden).

30 **c) Hineinverschmelzung.** Die Verschmelzung einer Aktiengesellschaft mit Sitz und Hauptverwaltung im EU-Ausland auf eine deutsche (unbeschränkt steuerpflichtige) Aktiengesellschaft, die dadurch zur SE wird, ist unter dem Gesichtspunkt der Ge-

---

[30] Zur Bilanzierung des Ausgleichsanspruchs *Dötsch/Pung*, DB 2006, 2704, 2712.
[31] *Blumenberg/Lechner*, BB-Special 8/2006, 25, 33.
[32] Für im Privatvermögen gehaltene Anteile kann sich die Besteuerung nach §§ 17, 22 Nr. 2 iVm. § 23 Abs. 1 Satz 1 Nr. 2 EStG ergeben; für Kapitalgesellschaften als Anteilseigner gilt grundsätzlich eine Steuerbefreiung von de facto 95% nach § 8b Abs. 2 und 3 KStG.

winnrealisierung (aus Sicht des deutschen Steuerrechts) weniger problematisch als die Herausverschmelzung. Steuerfragen stellen sich bei der Hineinverschmelzung vor allem im Hinblick auf den Ansatz von Wirtschaftsgütern, die vom Ausland ins Inland überführt werden, und hinsichtlich der Besteuerung der an den Gesellschaften beteiligten Anteilseigner.

Beispiel: Die französische F-SA soll auf die deutsche D-AG verschmolzen werden, die dadurch zur SE (D-SE) wird. An der F-SA, die ihren Sitz und ihre Hauptverwaltung in Frankreich hat, sind in Frankreich und in Deutschland ansässige Aktionäre beteiligt, an der D-AG in Deutschland ansässige Aktionäre. Die F-SA unterhält in Deutschland eine Betriebsstätte, die über einen steuerlichen Verlustvortrag verfügt. Durch die Verschmelzung geht das Vermögen der F-SA auf die D-SE über; die D-SE unterhält anschließend eine Betriebsstätte in Frankreich. An der D-SE sind in Deutschland und in Frankreich ansässige Aktionäre beteiligt. 31

aa) Besteuerung auf Gesellschaftsebene. Für die Verschmelzung der F-SA auf die D-AG gelten die Vorschriften der §§ 11–13 UmwStG (§ 1 Abs. 1 und 2 UmwStG). Nach § 12 Abs. 1 UmwStG hat die D-SE die auf sie übergehenden Wirtschaftsgüter mit den Werten zu übernehmen, welche die F-SA in ihrer steuerlichen Schlussbilanz ansetzt. Fraglich ist allerdings, ob die F-SA überhaupt eine Schlussbilanz erstellt. Selbst wenn dies geschieht, dürfte es sich zunächst einmal um eine Bilanz nach französischem Recht handeln. Demgegenüber geht § 11 Abs. 1 UmwStG davon aus, dass die französische F-SA die übergehenden Wirtschaftsgüter in einer steuerlichen Schlussbilanz für deutsche Besteuerungszwecke grundsätzlich mit dem gemeinen Wert ansetzt, unter den Voraussetzungen des § 11 Abs. 2 UmwStG auf Antrag einheitlich mit dem Buchwert (oder einem Zwischenwert).[33] 32

Unproblematisch ist der Fall, soweit Vermögen der F-SA, welches bislang nicht in Deutschland steuerverhaftet war, auch nach der Verschmelzung in Frankreich verbleibt (also der französischen Betriebsstätte der D-SE zugeordnet wird). Insoweit sollte der Ansatz der Wirtschaftsgüter der S-SA aufgrund der im DBA-Frankreich vorgesehenen Freistellungsmethode für Betriebsstättengewinne aus deutscher Sicht grundsätzlich ohne Auswirkungen bleiben. Sollte sich ein Übertragungsgewinn ergeben, so wäre dieser allenfalls in Frankreich steuerpflichtig. Eine steuerliche Schlussbilanz der F-SA sollte aus deutscher Sicht nicht aufzustellen sein. 33

Soweit bislang in Frankreich befindliches Vermögen der F-SA ins Inland überführt wird, kommt es zur Begründung eines inländischen Besteuerungsrechts hinsichtlich eines Gewinns aus der Veräußerung dieses Vermögens. Insoweit hat die D-SE das auf sie übergehende Vermögen mit dem gemeinen Wert anzusetzen. Ob sich dies aus § 12 Abs. 1 iVm. § 11 Abs. 1 UmwStG ergibt oder – mangels steuerlicher Schlussbilanz der übertragenden F-SA – nach der allgemeinen Verstrickungsregelung des § 4 Abs. 1 Satz 7 zweiter Hs. iVm. § 6 Abs. 1 Nr. 5a EStG kann dahingestellt bleiben. Die Aufstockung löst im Inland keine Besteuerung aus, weil Deutschland hinsichtlich des Übertragungsgewinns kein Besteuerungsrecht zusteht. In diesem Zusammenhang wird zu klären sein, welche Wirtschaftsgüter der ehemaligen französischen F-SA dem deutschen Stammhaus der D-SE zuzuordnen sind. Dies gilt insbesondere für immaterielle Wirtschaftsgüter, wie einem etwaigen Geschäfts- oder Firmenwert (zur Zentralfunktion des Stammhauses lt. Betriebsstättenerlass s. Rn. 24). 34

Von besonderer Relevanz ist der Ansatz des der (ehemaligen) deutschen Betriebsstätte der F-SA zuzuordnenden Vermögens, welches im Rahmen der Verschmelzung auf die D-SE übergeht. Die Grundvoraussetzungen für einen Übergang zum Buchwert (insbesondere die Sicherstellung der inländischen Besteuerung und die Nicht-Be- 35

---

[33] Die Vorlage einer separaten Schlussbilanz nach deutschen Bilanzierungsgrundsätzen durch die ausländische übertragende Gesellschaft soll jedoch dann entbehrlich sein, wenn diese nicht für inländische Besteuerungszwecke benötigt wird (BR-Drucks. 542/06 vom 11.8.2006, S. 65).

schränkung des inländischen Besteuerungsrechts) sollten erfüllt sein. Zwar verlangt § 11 Abs. 2 UmwStG, dass das Ansatzwahlrecht „einheitlich" ausgeübt wird. Hierfür kann es aber nur auf die Wirtschaftsgüter der inländischen Betriebsstätte ankommen. Der Ansatz der Wirtschaftsgüter in einer etwaigen ausländischen Schlussbilanz wie auch der Umstand, dass ggf. ins Inland überführte Wirtschaftsgüter mit dem gemeinen Wert anzusetzen sind, sollte insoweit keine Rolle spielen. In dem im Beispiel genannten Sachverhalt stellt sich zudem das Problem, dass durch die Verschmelzung die Verluste der inländischen Betriebsstätte untergehen würden. Vor diesem Hintergrund ist zu überlegen, die der inländischen Betriebsstätte zuzuordnenden Wirtschaftsgüter in der Betriebsstätten-Schlussbilanz der F-SA nicht mit dem Buchwert, sondern einem geeigneten Zwischenwert anzusetzen.[34]

36 **bb) Besteuerung der Anteilseigner.** Für die im Inland ansässigen Aktionäre der D-AG hat die Verschmelzung keine Auswirkungen, da sie sich aus ihrer Sicht als reiner Rechtsformwechsel (AG in SE) darstellt, der – vergleichbar dem Formwechsel einer GmbH in eine AG oder umgekehrt – keine Besteuerung auslöst.

37 Für die in Frankreich ansässigen Anteilseigner der F-SA hat der Anteilstausch ebenfalls keine deutschen Steuerfolgen, weil Deutschland für Gewinne, welche ein in Frankreich ansässiger Aktionär aus der Übertragung von Anteilen an der F-SA erzielt, kein Besteuerungsrecht besitzt.

38 Anders – wenngleich nicht unbedingt im steuerlichen Ergebnis – sieht dies für die in Deutschland ansässigen Anteilseigner der F-SA aus. Nach § 13 Abs. 1 UmwStG gelten die Anteile an der F-SA als zum gemeinen Wert veräußert und die Anteile an der D-SE als zu diesem Wert angeschafft. Dies dürfte für alle Anteilseigner unproblematisch sein, deren Anteile nicht steuerverhaftet sind (also im Privatvermögen gehaltene Anteile außerhalb der Spekulationsfrist des § 23 EStG und unterhalb der Beteiligungsgrenze von 1% nach § 17 EStG). Für Anteilseigner, bei denen der Tausch einen steuerpflichtigen Veräußerungsgewinn auslösen würde, kann eine Besteuerung auf Antrag durch Fortführung der Buchwerte/Anschaffungskosten vermieden werden (§ 13 Abs. 2 UmwStG).

39 Wird eine Tochtergesellschaft in einem anderen EU/EWR-Mitgliedstaat auf ihre inländische Muttergesellschaft (SE) verschmolzen (Up-stream merger), so unterliegen 5% eines etwaigen Übernahmegewinns auf Ebene der übernehmenden SE als nichtabzugsfähige Betriebsausgabe der inländischen Besteuerung (§ 12 Abs. 2 Satz 1 UmwStG, § 8b Abs. 3 KStG). Hierin dürfte ein Verstoß gegen Art. 7 der Fusionsrichtlinie liegen.[35] Praktisch stellt sich zudem die Frage, wie ein Übernahmegewinn im Falle einer ausländischen Tochtergesellschaft zu ermitteln ist. Nach der Regelung des § 12 Abs. 2 UmwStG ergibt sich der Übernahmegewinn als Differenz aus dem Buchwert der Anteile an der übertragenden (Auslands-)Gesellschaft und dem Wert, mit dem die übergangenen Wirtschaftsgüter in der steuerlichen Schlussbilanz der übertragenden Gesellschaft angesetzt werden. Handelt es sich bei der übertragenden Körperschaft jedoch um eine ausländische Gesellschaft, so ist bereits fraglich, ob überhaupt eine Schlussbilanz nach deutschen Gewinnermittlungsvorschriften erstellt wird.[36] ME wäre es

---

[34] Wobei es dann wegen der Mindestbesteuerung (§ 10d Abs. 2 EStG) zu einer Liquiditätsbelastung kommen kann.

[35] So auch *Rödder/Schumacher*, DStR 2006, 1525, 1533. Die Mindestbeteiligungsquote der übernehmenden Gesellschaft an der übertragenden beträgt ab 1.1.2007 15% (Art. 7 Abs. 2 Satz 2 FusionsRL). Die vom Gesetzgeber vorgetragene Begründung, dass der Vorgang wirtschaftlich mit einer Anteilsveräußerung vergleichbar ist (BR-Drucks. 542/06 vom 11.8.2006, S. 65, 66) vermag nicht zu überzeugen.

[36] Demgegenüber geht die Gesetzesbegründung zum SEStEG davon aus, dass auch eine ausländische übertragende Gesellschaft eine Schlussbilanz für Zwecke des deutschen Umwandlungssteuerrechts aufzustellen hat. Vgl. BR-Drucks. 542/06 vom 11.8.2006, S. 65.

sachgerecht, eine Ermittlung des Übernahmegewinns auf Basis der Buchwerte der übertragenden Gesellschaft jedenfalls so weit zuzulassen, als an den übergehenden Wirtschaftsgütern deutsches Besteuerungsrecht weder bestanden hat noch begründet wird.

d) Ausländische Verschmelzung mit Inlandsbezug. Die Frage nach der steuerlichen Gewinnrealisierung stellt sich auch in den Fällen, in denen zwar weder der übertragende noch der übernehmende Rechtsträger im Inland ansässig ist, der übertragende Rechtsträger aber über inländisches Vermögen – insbesondere in einer inländischen Betriebsstätte – verfügt, welches im Rahmen der Verschmelzung übertragen wird. **40**

Beispiel: Die in den Niederlanden ansässige NL-NV verfügt über eine Betriebsstätte in Deutschland. Die NL-BV wird auf die in Belgien ansässige BEL-SA verschmolzen. Anschließend unterhält die BEL-SE in Deutschland eine Betriebsstätte. **41**

Auch für die im EU-Ausland stattfindende Verschmelzung kommen die Vorschriften der §§ 11–13 UmwStG zur Anwendung, da beide Gesellschaften nach den Rechtsvorschriften (je) eines EU-Mitgliedstaates gegründet sind und sich ihr jeweiliger Sitz und Ort der Geschäftsleitung innerhalb des Hoheitsgebiets dieser Staaten befindet (§ 1 Abs. 1 Nr. 1, Abs. 2 Nr. 1 UmwStG). Damit kann die NL-NV die der deutschen Betriebsstätte zuzuordnenden Wirtschaftsgüter, die auf die BEL-SE übertragen werden, unter den Voraussetzungen des § 11 Abs. 2 UmwStG[37] auf Antrag mit dem Buchwert (wahlweise einem höheren Wert, maximal dem gemeinen Wert) ansetzen und so einen steuerpflichtigen Übertragungsgewinn vermeiden.[38] Die übernehmende BEL-SE übernimmt die inländischen Wirtschaftsgüter mit den Buchwerten und tritt in die Rechtsstellung der NL-NV ein (§ 12 Abs. 1 Satz 1 und Abs. 3 iVm. § 4 Abs. 2 und 3 UmwStG). Für Wirtschaftsgüter, die als Folge der Verschmelzung nicht mehr einer inländischen Betriebsstätte zuzurechnen sind, ergeben sich die oben dargestellten Probleme. **42**

3. Gründung einer Holding-SE

a) Gesellschaftsrechtliche Grundlagen. Eine SE kann als Holding-SE gegründet werden, die ihren Sitz und ihre Hauptverwaltung in einem Mitgliedstaat der Gemeinschaft hat (Art. 2 Abs. 2, Art. 32 SE-VO). Die Gründung vollzieht sich durch Anteilstausch, indem die Gesellschafter der die Gründung anstrebenden Gesellschaften ihre Anteile (an einer AG oder GmbH) in eine SE einbringen und dafür Aktien an der SE erhalten (Art. 33 Abs. 1, 2 und 4 SE-VO). Eingebracht werden müssen mehr als 50% der Stimmrechte jeder die Gründung anstrebenden Gesellschaft (Art. 32 Abs. 2 Satz 4 SE-VO). **43**

Bei den die Gründung anstrebenden Gesellschaften muss es sich um Aktiengesellschaften oder Gesellschaften mit beschränkter Haftung im Sinne des Anhangs II der SE-VO handeln, die nach dem Recht eines Mitgliedstaates gegründet worden sind und ihren Sitz sowie ihre Hauptverwaltung in der Gemeinschaft haben, sofern mindestens zwei der Gesellschaften entweder (a) dem Recht verschiedener Mitgliedstaaten **44**

---

[37] Sicherstellung der Besteuerung mit Körperschaftsteuer bei der BEL-SE, keine Beschränkung des inländischen Besteuerungsrechts, keine Gegenleistung oder Gegenleistung in Gesellschaftsrechten.

[38] Bei Vermögensübertragungen zwischen Gesellschaften, die in Nicht-EU/EWR-Staaten ansässig sind, kommt es in Bezug auf Wirtschaftsgüter, die einer inländischen Betriebsstätte der übertragenden Gesellschaft zuzuordnen sind, nur dann nicht zur Aufdeckung stiller Reserven, wenn insbesondere die beteiligten ausländischen Körperschaften in demselben ausländischen (Nicht-EU/EWR-)Staat ansässig sind und der Übertragungsvorgang einer Verschmelzung nach § 2 UmwG entspricht (§ 12 Abs. 2 Satz 1 KStG).

unterliegen oder (b) seit mindestens zwei Jahren eine dem Recht eines anderen Mitgliedstaats unterliegende Tochtergesellschaft oder eine Zweigniederlassung in einem Mitgliedstaat haben (Art. 2 Abs. 2 SE-VO). Zum gesellschaftsrechtlichen Ablauf im Einzelnen s. 4. Abschnitt § 3 Rn. 5 ff.

45   **b) Anwendungsbereich des UmwStG.** Die Einbringung von Kapitalgesellschaftsanteilen in Kapitalgesellschaften (Anteilstausch) ist in § 21 UmwStG geregelt (ehemals § 20 Abs. 1 Satz 2 UmwStG aF). Die Anwendung des UmwStG setzt voraus, dass die erwerbende Gesellschaft (also die Holding-SE) in der EU bzw. dem EWR ansässig ist (§ 1 Abs. 4 Nr. 1 UmwStG). Diese Voraussetzung deckt sich mit den oben genannten Erfordernissen der SE-VO. Anders als noch im Regierungsentwurf zum SEStEG vorgesehen, können nach dem UmwStG (steuerneutral) auch Drittlandsbeteiligungen in eine inländische oder eine im EU-Ausland ansässige Holdinggesellschaft eingebracht werden (§ 1 Abs. 3 Nr. 5 UmwStG).[39]

46   **c) Ansatz der Anteile auf Ebene der übernehmenden Holding-SE.** Die Holding-SE hat die erhaltenen Anteile an den eingebrachten Gesellschaften grundsätzlich mit dem gemeinen Wert anzusetzen (§ 21 Abs. 1 Satz 1 UmwStG).

47   Nach § 21 Abs. 1 Satz 2 UmwStG können auf Antrag die Anteile jedoch mit dem Buchwert oder einem höheren Wert, maximal dem gemeinen Wert, angesetzt werden, wenn die erwerbende Holding-SE nach der Einbringung unmittelbar über die Mehrheit der Stimmrechte an den erworbenen Gesellschaften verfügt (nach Art. 32 Abs. 2 Satz 4 SE-VO müssen mehr als 50% jeder die Gründung anstrebenden Gesellschaft eingebracht werden).[40] In diesem Fall löst der Anteilstausch für den Einbringenden keine Gewinnrealisierung aus.

48   Die Möglichkeit einer zeitlichen Rückbeziehung der steuerlichen Anteilseinbringung (§ 20 Abs. 7, 8 UmwStG aF) wurde durch das SEStEG gestrichen.[41]

49   **d) Besteuerung des Einbringenden.** Wie schon nach bisheriger Rechtslage gilt auch künftig der Wert, mit dem die aufnehmende Gesellschaft (also die Holding-SE) die eingebrachten Anteile ansetzt, für den Einbringenden grundsätzlich als Veräußerungspreis der eingebrachten Anteile und gleichzeitig als Anschaffungskosten für die erhaltenen (SE-)Anteile (§ 21 Abs. 2 Satz 1 UmwStG). Das steuerliche Grundprinzip der Buchwertverknüpfung bleibt damit auch nach dem SEStEG grundsätzlich bestehen.[42]

50   Während das Prinzip der Bindung der aufnehmenden Gesellschaft an den Ansatz der eingebrachten Anteile beim Übertragenden in Inlandsfällen in der Regel unproblematisch funktioniert, hat es den steuerneutralen Tausch mit Anteilen an ausländischen Gesellschaften in der Vergangenheit regelmäßig verhindert.

51   **Beispiel**: Die inländischen Anteilseigner der D-AG wollen ihre Aktien an der D-AG steuerneutral in die im Vereinigten Königreich ansässige UK-SE einbringen. Die UK-SE behandelt den Anteilstausch als Anschaffungsvorgang und setzt die Aktien an der D-AG in ihrer Bilanz zum Verkehrswert an. Folge dieses Ansatzes war nach bisherigem Recht eine Gewinnrealisierung bei den Aktionären der D-AG (§ 23 Abs. 4 Satz 1 iVm. § 20 Abs. 4 Satz 1 UmwStG aF), deren Behandlung von der jeweiligen steuerlichen Situation des Aktionärs abhängt. Die sich aus der Buchwert-

---

[39] Vgl. UmwSt-Erlass Rn. 20.17 zur bisherigen Rechtslage. Die Einschränkung in § 1 Abs. 4 Satz 1 Nr. 3 UmwStG-E ist nicht Gesetz geworden.
[40] Der in § 21 Abs. 1 Satz 2 UmwStG-E (vgl. BT-Drucks. 16/2710, S. 18) geplante Ausschluss eines Ansatzwahlrechts bei Gewährung einer sonstigen Gegenleistung ist nicht Gesetz geworden.
[41] Vgl. Benz/Rosenberg, BB-Special 8/2006, 51, 61.
[42] Eine Ausnahme besteht beim Anteilstausch über die Grenze, vgl. § 21 Abs. 2 Satz 2 und 3 UmwStG.

verknüpfung über die Grenze ergebende Gewinnrealisierung verstieß offensichtlich gegen Europarecht und dürfte nicht haltbar gewesen sein.[43]

Nach dem SEStEG kann der Einbringende die erhaltenen Anteile auf Antrag unabhängig vom Ansatz bei der erwerbenden Gesellschaft mit dem Buchwert (oder einem Zwischenwert) ansetzen, soweit (a) das deutsche Besteuerungsrecht nicht ausgeschlossen oder beschränkt wird oder (b) der Gewinn aus dem Anteilstausch nach der Fusionsrichtlinie nicht besteuert werden darf (§ 21 Abs. 2 Satz 3 Nr. 2, 1. Hs. UmwStG). In den Fällen der Anwendung der Fusionsrichtlinie unterliegt der Gewinn aus einer späteren Veräußerung der erhaltenen Anteile jedoch ungeachtet der Bestimmungen eines DBA der inländischen Besteuerung (§ 21 Abs. 2 Satz 3 Nr. 2, 2. Hs. UmwStG, sog. Treaty Override).[44] **52**

Als Beispiel für eine Einschränkung des deutschen Besteuerungsrechts an den erhaltenen (SE-)Anteilen gegenüber dem Besteuerungsrecht an den eingebrachten Anteilen nennt die amtliche Begründung im SEStEG (Seite 74) den Fall, dass eine unbeschränkt steuerpflichtige natürliche Person im Rahmen des Anteilstauschs Aktien an einer österreichischen GmbH in eine tschechische s.r.o. gegen Gewährung neuer Anteile einbringt. Hinsichtlich eines Gewinns aus der Veräußerung der eingebrachten österreichischen Anteile stand bislang Deutschland das uneingeschränkte Besteuerungsrecht zu; hinsichtlich eines Gewinns aus der Veräußerung der erhaltenen Aktien ist das deutsche Besteuerungsrecht eingeschränkt, da nach dem DBA-Tschechien (Art. 23 Abs. 1 Buchst. b Nr. 3 iVm. Art. 13 Abs. 3) eine Anrechnungsverpflichtung besteht. Damit wäre grundsätzlich der gemeine Wert der einbrachten Anteile an der GmbH als Veräußerungspreis und Anschaffungskosten anzusetzen; weil aber die Fusionsrichtlinie zur Anwendung kommt, ist auf Antrag der Buchwert anzusetzen. Bei Veräußerung der Anteile an der tschechischen Gesellschaft erfolgt jedoch eine inländische Besteuerung ohne Anrechnung der tschechischen Steuer. **53**

e) Folgen einer Weiterveräußerung der Anteile durch die erwerbende SE. **54**
Spezielle Regelungen gelten für den Fall, dass die erwerbende Gesellschaft (Holding-SE) die erhaltenen Anteile später veräußert. Dabei wurde durch das SEStEG eine grundlegende konzeptionelle Änderung gegenüber der bisherigen Rechtslage eingeführt. Nach dem bisherigen Konzept trafen die Rechtsfolgen einer Veräußerung der erworbenen Anteile durch die SE (i) entweder die SE selbst, wenn es sich bei dieser um eine inländische Gesellschaft handelt, die die veräußerten Anteile unter dem Teilwert von einer Nichtkörperschaft erworben hat (voll steuerpflichtiger Veräußerungsgewinn nach § 8b Abs. 4 Satz 1 Nr. 2 KStG aF) oder (ii) den Einbringenden, wenn dieser Anteile an einer EU-Kapitalgesellschaft in eine ausländische EU-Kapitalgesellschaft (SE) eingebracht hat (Wegfall der rückwirkenden Steuerbefreiung des Anteilstauschs nach § 23 Abs. 4 iVm. § 26 Abs. 2 Satz 1 UmwStG aF).

Durch das SEStEG ist das Konzept der sog. einbringungsgeborenen Anteile weggefallen (Streichung von § 8b Abs. 4 KStG aF und § 26 UmwStG aF). Nunmehr führt die Veräußerung der erhaltenen Anteile durch die übernehmende Gesellschaft (SE) innerhalb einer Sperrfrist von sieben Jahren beim Einbringenden zur nachträglichen Besteuerung der in den Anteilen enthaltenen stillen Reserven, sofern es sich beim Einbringenden nicht um eine gem. § 8b Abs. 2 KStG begünstigte Körperschaft handelt (§ 22 Abs. 2 Satz 1 UmwStG). Der Einbringende erzielt dann in Höhe der stillen Re- **55**

---

[43] Vgl. hierzu Urteil des FG Baden-Württemberg vom 17. 2. 2005 (IStR 2005, 278), Revision beim BFH unter Az. I R 25/05 anhängig.

[44] Die spätere Besteuerung dürfte mit der Fusionsrichtlinie vereinbar sein, allerdings nur im Hinblick auf diejenigen stillen Reserven, die bis zum Zeitpunkt des Anteilstauschs entstanden sind (vgl. Art. 8 Abs. 6 der Richtlinie, wonach die Mitgliedstaaten nicht gehindert sind, den Gewinn aus einer späteren Veräußerung der erworbenen Anteile in gleicher Weise zu besteuern wie den Gewinn aus einer Veräußerung der vor dem Erwerb vorhandenen Anteile).

serven im Zeitpunkt der Anteilseinbringung einen Veräußerungsgewinn (sog. Einbringungsgewinn II), der dem Halbeinkünfteverfahren unterliegt. Dabei erfolgt ein Abbau des Einbringungsgewinns II um ein Siebtel pro abgelaufenem Zeitjahr seit dem Einbringungszeitpunkt. Der bei der erwerbenden Gesellschaft (SE) nach § 8b Abs. 2 KStG begünstigte Gewinn aus der Veräußerung der eingebrachten Anteile verringert sich entsprechend, soweit der Einbringende die auf den Einbringungsgewinn entfallende Steuer entrichtet hat (Erhöhung der Anschaffungskosten der eingebrachten Anteile nach § 23 Abs. 2 Satz 3 UmwStG).[45]

4. Gründung einer Tochter-SE

56 **a) Gesellschaftsrechtliche Grundlagen.** Gesellschaften iSd. Art. 48 Abs. 2 EG-Vertrag und juristische Personen des öffentlichen oder privaten Rechts, die nach dem Recht eines Mitgliedstaats gegründet worden sind und ihren Sitz sowie ihre Hauptverwaltung in der Gemeinschaft haben, können eine Tochter-SE durch Zeichnung ihrer Aktien gründen (Art. 2 Abs. 3, 35 SE-VO). Die Gründung kann mittels Bar- oder Sachgründung erfolgen. Als Gründer kommen durch den Verweis auf Art. 48 Abs. 2 EG-Vertrag auch Personengesellschaften (nicht aber natürliche Personen) in Betracht. Die gründenden Gesellschaften müssen entweder dem Recht unterschiedlicher Mitgliedstaaten unterliegen oder seit mindestens zwei Jahren eine dem Recht eines anderen Mitgliedstaates unterliegende Tochtergesellschaft oder eine Zweigniederlassung in einem anderen Mitgliedstaat haben. Darüber hinaus kann eine bereits existierende SE eine Tochter-SE gründen (Art. 3 Abs. 2 SE-VO). Zum gesellschaftsrechtlichen Ablauf im Einzelnen s. 4. Abschnitt § 4 Rn. 5 ff.

57 **b) Einbringungsgegenstände und beteiligte Rechtsträger.** Die Gründung einer Tochter-SE im Wege der Bareinlage ist steuerlich unproblematisch. Bei der Gründung im Wege der Sacheinlage ergeben sich dagegen Fragen der steuerlichen Gewinnrealisierung, da die Sacheinlage gegen Gewährung von Gesellschaftsrechten für Steuerzwecke als tauschähnlicher Vorgang behandelt wird, der außerhalb des Anwendungsbereichs des UmwStG zur Realisierung der stillen Reserven im übertragenen Vermögen führt.

58 Eine steuerneutrale Sacheinlage in eine SE setzt – entsprechend den allgemeinen Regelungen zur Einbringung von Unternehmensteilen – voraus, dass es sich bei dem Einbringungsgegenstand um einen Betrieb, Teilbetrieb oder Mitunternehmeranteil handelt und der Einbringende dafür neue Anteile an der aufnehmenden Gesellschaft (SE) erhält (§ 20 Abs. 1 UmwStG).[46] Vor Inkrafttreten des SEStEG konnten in EU-Fällen nur Betriebe/Teilbetriebe, nicht aber auch Mitunternehmeranteile steuerneutral eingebracht werden (§ 23 Abs. 1 UmwStG aF).

59 Zudem musste die übernehmende Kapitalgesellschaft bislang unbeschränkt körperschaftsteuerpflichtig sein (§ 20 Abs. 1 UmwStG aF) oder es sich um die Einbringung in eine EU-Kapitalgesellschaft durch eine EU-Kapitalgesellschaft (§ 23 UmwStG aF) handeln. Nach dem SEStEG kommen als beteiligte Rechtsträger alle EU-/EWR-Gesellschaften oder in der EU oder im EWR ansässige natürliche Personen in Betracht (§ 20 Abs. 1 UmwStG); bei Personengesellschaften gilt eine gesellschafterbezogene Betrachtungsweise (§ 1 Abs. 3, 4 Satz 1 Nr. 2 a aa UmwStG).[47]

---

[45] Formelle Voraussetzung ist ein Nachweis der tatsächlichen Steuerentrichtung durch das für den Einbringenden zuständige Finanzamt (§ 23 Abs. 2 Satz 3, 1, § 22 Abs. 5 UmwStG).

[46] Eine offene Frage ist in diesem Zusammenhang das Verhältnis zwischen der Definition des Begriffs „Teilbetrieb" im nationalen Steuerrecht und der Definition durch die Fusionsrichtlinie (Art. 2 Buchst. i). Zu den möglichen Unterschieden vgl. Dötsch/Patt/Pung/Jost/Patt, § 23 UmwStG Rn. 11; *Thömmes*, FS Widmann, 2000, S. 583, 595 ff.

[47] Für eine umfassende Übersicht zu den Möglichkeiten der Einbringung in Kapitalgesellschaften in EU/EWR-Staaten vgl. *Benz/Rosenberg*, BB-Special 8/2006, 51, 54.

c) **Bewertung der Sacheinlage und Besteuerung des Einbringenden.** Die 60 übernehmende Gesellschaft (SE) hat das eingebrachte Betriebsvermögen grundsätzlich mit dem gemeinen Wert anzusetzen (§ 20 Abs. 2 Satz 1 UmwStG). Auf Antrag kann das eingebrachte Betriebsvermögen aber auch einheitlich mit dem Buchwert oder einem höheren Wert, höchstens jedoch mit dem gemeinen Wert angesetzt werden (§ 20 Abs. 2 Satz 1, 2. Hs. UmwStG), soweit (kumulativ) sichergestellt ist, dass (i) das Betriebsvermögen später bei der übernehmenden Körperschaft (zB einer SE-Aktiengesellschaft) der Besteuerung mit Körperschaftsteuer unterliegt, (ii) das übernommene Betriebsvermögen kein negatives Kapital ausweist, (iii) das inländische Besteuerungsrecht nicht eingeschränkt wird.[48]

Der Wert, mit dem die übernehmende Gesellschaft das eingebrachte Betriebsver- 61 mögen ansetzt, gilt für den Einbringenden als Veräußerungspreis und als Anschaffungskosten der Gesellschaftsanteile (§ 20 Abs. 3 UmwStG). Soweit das eingebrachte Betriebsvermögen einbringungsgeborene Anteile iSd. § 21 UmwStG aF enthält, gelten auch die erhaltenen Anteile als einbringungsgeboren iSd. § 21 Abs. 1 UmwStG aF.[49]

In Fällen der Verstrickung bisher nicht der deutschen Besteuerung unterliegenden 62 Betriebsvermögens sind nach der allgemeinen Regelung des § 6 Abs. 1 Nr. 5a EStG die der deutschen Besteuerung unterliegenden Wirtschaftsgüter mit dem gemeinen Wert anzusetzen. Der Wertansatz im Inland ist nicht von der Besteuerung im Ausland abhängig.

d) **Folgen der Veräußerung durch den Einbringenden/Anteilseigner nach** 63 **der Einbringung.** Vor Inkrafttreten des SEStEG führte die Veräußerung der erhaltenen Anteile (an der übernehmenden Tochtergesellschaft) innerhalb einer Frist von sieben Jahren nach dem Einbringungsvorgang zu einer vollen Versteuerung des Veräußerungsgewinns (kein Halbeinkünfteverfahren und keine Steuerbefreiung nach § 8b KStG in den Fällen der Einbringung in eine inländische Kapitalgesellschaft)[50] bzw. zur rückwirkenden Versteuerung eines Einbringungsgewinns durch die einbringende EU-Kapitalgesellschaft (in den Fällen der Einbringung einer inländischen Betriebsstätte durch eine beschränkt steuerpflichtige EU-Kapitalgesellschaft).[51]

Dieses Konzept der sog. einbringungsgeborenen Anteile ist durch das SEStEG abge- 64 schafft worden. Vorgesehen ist nunmehr die nachträgliche Besteuerung des Einbringungsvorgangs, wenn bei einer Sacheinlage unter dem gemeinen Wert die erhaltenen Anteile an der Tochtergesellschaft innerhalb von einer Frist von sieben Jahren nach dem Einbringungszeitpunkt iSv. § 20 Abs. 6 UmwStG veräußert werden (§ 22 Abs. 1 UmwStG). Im Einzelnen gilt Folgendes:

aa) Die im Zeitpunkt der Einbringung vorhandenen stillen Reserven unterliegen 65 künftig beim Einbringenden einer nachträglichen Besteuerung soweit – dh. nur anteilig – der Einbringende die erhaltenen Anteile innerhalb der Sperrfrist von sieben Jahren veräußert. Im Veräußerungsfall sind somit die im Einbringungszeitpunkt vorhandenen stillen Reserven zu ermitteln. Der im Zeitpunkt der Veräußerung der Anteile rückwirkend[52] zu versteuernde Gewinn (Einbringungsgewinn I) reduziert sich für jedes seit dem Einbringungszeitpunkt abgelaufene Zeitjahr um

---

[48] Anders als noch im Regierungsentwurf (§ 20 Abs. 2 Nr. 3 UmwStG-E) geplant, kommt es nicht zu einer verhältnismäßigen Aufstockung (Aufdeckung stiller Reserven), soweit sonstige Gegenleistungen von der übernehmenden Körperschaft gewährt werden, die den Buchwert des eingebrachten Betriebsvermögens nicht übersteigen (§ 20 Abs. 2 Satz 4 UmwStG).
[49] Für Einzelheiten vgl. *Dötsch/Pung*, DB 2006, 2763, 2764.
[50] § 21 UmwStG aF, § 3 Nr. 40 Sätze 3 und 4 EStG aF, § 8b Abs. 4 Satz 1 KStG aF.
[51] § 26 Abs. 2 Satz 2 UmwStG aF für EU-Einbringungen nach § 23 Abs. 2 UmwStG aF.
[52] Die Veräußerung der erhaltenen Anteile gilt als rückwirkendes Ereignis iSv. § 175 Abs. 1 Satz 1 Nr. 2 AO (§ 20 Abs. 1 Satz 2 UmwStG).

ein Siebtel.[53] Der Einbringungsgewinn I gilt als Veräußerungsgewinn iSv. § 16 EStG (ist also voll steuerpflichtig) und als nachträgliche Anschaffungskosten der erhaltenen (veräußerten) Anteile. Auf diese Weise mindert sich der Gewinn aus der Veräußerung der Anteile bzw. kann ein Verlust entstehen oder sich erhöhen. Ist der Einbringende im Zeitpunkt der Veräußerung der Anteile an der Tochtergesellschaft (oder eines gleichgestellten schädlichen Ereignisses) nicht unbeschränkt steuerpflichtig, so führt die Behandlung der Anteilsveräußerung als rückwirkendes Ereignis (§ 175 Abs. 1 Satz 1 Nr. 2 AO) dazu, dass der Einbringungsgewinn gleichwohl steuerpflichtig ist.

66 bb) Der Gewinn aus der Veräußerung der neuen Anteile durch den Einbringenden unterliegt – unter Berücksichtigung der um den Einbringungsgewinn I erhöhten Anschaffungskosten – der Besteuerung nach dem Halbeinkünfteverfahren (§ 3 Nr. 40 EStG, § 8b Abs. 2 KStG).[54]

67 cc) Wertänderungen der Anteile innerhalb der Sperrfrist wirken sich auf den zu versteuernden Einbringungsgewinn I damit nicht aus, während diese bislang bei einbringungsgeborenen Anteilen (voll) erfasst wurden. Dies ist im Falle von Wertsteigerungen der Anteile vorteilhaft, bei Wertminderungen kann es nachteilig sein (wenn die Wertminderung mehr als ein Siebtel je abgelaufenes Jahr beträgt).[55]

68 dd) Zur Verhinderung von Umgehungen stellt § 22 Abs. 1 Satz 6 UmwStG verschiedene Vorgänge der Veräußerung der Anteile durch den Einbringenden oder seinen Rechtsnachfolger gleich: Die wichtigsten sind die unmittelbare oder mittelbare unentgeltliche Anteilsübertragung auf eine Kapitalgesellschaft oder Genossenschaft; die entgeltliche Übertragung der erhaltenen Anteile (sofern dies nicht wiederum durch einen Vorgang iSv. § 20 UmwStG oder § 21 UmwStG oder auf Grund eines vergleichbaren ausländischen Vorgangs begünstigt zu Buchwerten erfolgt); die Auflösung und Abwicklung der Kapitalgesellschaft, an der die Anteile bestehen oder eine Kapitalherabsetzung bei derselben; der Anteilstausch, der nicht zum Buchwert vorgenommen wird; Ketteneinbringungen der erhaltenen Anteile, die nicht zum Buchwert erfolgen; und Wegzugsfälle.

69 ee) Zur Sicherstellung der Besteuerung hat der Einbringende innerhalb der siebenjährigen Sperrfrist jährlich nachzuweisen, wem die erhaltenen Anteile und die auf diesen Anteilen beruhenden Anteile zuzurechnen sind. Wird der Nachweis nicht erbracht, kommt es zur Besteuerung des Einbringungsgewinns I (§ 22 Abs. 3 UmwStG).

5. Formwechsel

70 Eine inländische Aktiengesellschaft kann formwechselnd in eine SE umgewandelt werden, wenn sie nach dem Recht eines Mitgliedstaates gegründet worden ist, ihren Sitz sowie ihre Hauptverwaltung in der Gemeinschaft hat und sie seit mindestens zwei Jahren eine dem Recht eines anderen Mitgliedstaats unterliegende Tochtergesellschaft hat (Art. 2 Abs. 4 iVm. Art. 37 SE-VO). Zum gesellschaftsrechtlichen Ablauf im Einzelnen s. 4. Abschnitt § 5 Rn. 7 ff.

71 Für den Fall des Formwechsels einer deutschen AG in eine SE enthält das deutsche Steuerrecht auch nach dem SEStEG keine Regelung. Dies ist auch nicht erforderlich,

---

[53] Dem liegt die Überlegung zu Grunde, dass die Missbrauchsvermutung iSv. Art. 11 der Fusionsrichtlinie mit zunehmendem Abstand zum Einbringungszeitpunkt abnimmt; der Gesetzgeber will damit insbesondere der Rechtsprechung des EuGH Rechnung tragen, wonach typisierende Missbrauchsvorschriften generell unzulässig sind; vgl. EuGH vom 17. 7. 1997, Rs. C-28/95, *Leur Bloem*, IStR 1997, 539.
[54] Die bisherige Regelung für EU-Fälle, wonach die Veräußerung zu einer rückwirkenden Besteuerung der Einbringung führt (§ 23 Abs. 2 UmwStG), wird gestrichen.
[55] *Rödder/Schumacher*, DStR 2006, 1525, 1538.

da das Steuerrecht beim Formwechsel den identitätswahrenden Charakter der handelsrechtlichen Umwandlung nachvollzieht. Steuerliche Auswirkungen ergeben sich weder für die formgewechselte Gesellschaft noch für ihre Anteilseigner.[56]

V. Sitzverlegung

1. Gesellschaftsrechtliche Grundlagen

Die SE kann nach der direkt anwendbaren SE-VO (Art. 8 iVm. Art. 7 SE-VO) ihren Sitz ohne Verlust der Rechtspersönlichkeit (identitätswahrend) in einen anderen Mitgliedstaat verlegen; die Verlegung führt weder zur Auflösung der SE noch zur Gründung einer neuen juristischen Person.[57] Voraussetzung ist lediglich, dass sich der Sitz der Hauptverwaltung und der Satzungssitz im gleichen Mitgliedstaat befinden.[58] Zum gesellschaftsrechtlichen Ablauf im Einzelnen s. 7. Abschnitt Rn. 20 ff.

2. Steuerliche Behandlung der Sitzverlegung

Die Sitzverlegung einer SE (ohne Übertragung von Vermögen auf einen übernehmenden Rechtsträger) fällt nicht in den Anwendungsbereich des UmwStG. Vielmehr sind die allgemeinen Regelungen des EStG und KStG über die Entstrickung („Wegzug") bzw. Verstrickung („Zuzug") anzuwenden.

a) Wegzug. aa) Besteuerung auf Gesellschaftsebene. Verlegt die SE ihren Sitz von Deutschland in einen anderen Mitgliedstaat und wird dadurch das inländische Besteuerungsrecht hinsichtlich des Gewinns aus der Veräußerung oder der Nutzung eines Wirtschaftsguts ausgeschlossen oder beschränkt, so gilt dies als Veräußerung oder Überlassung des Wirtschaftsguts zum gemeinen Wert (§ 12 Abs. 1 KStG). Zu einer Sofortbesteuerung der im Vermögen der SE enthaltenen stillen Reserven kommt es nach der allgemeinen Entstrickungsregelung damit dann nicht, wenn die Wirtschaftsgüter der sitzverlegenden SE in einer inländischen Betriebsstätte steuerverhaftet bleiben. Die Möglichkeit einer zeitlich auf fünf Jahre gestreckten Besteuerung nach der Ausgleichspostenmethode nach § 4g EStG besteht im Falle der Sitzverlegung ins Ausland nicht, weil die wegziehende Gesellschaft nicht der unbeschränkten Steuerpflicht unterliegt.

Besondere Probleme bereiten bei der Sitzverlegung – wie in den Verschmelzungsfällen – die Zuordnung der Wirtschaftsgüter zur entstehenden Betriebsstätte der wegziehenden SE. Nach dem Betriebsstättenerlass sind insbesondere Beteiligungen und immaterielle Wirtschaftsgüter dem Stammhaus zuzuordnen, würden also bei Sitzverlegung ins Ausland damit steuerlich zwangsläufig entstrickt.[59]

Verlegt die SE ihre Geschäftsleitung oder ihren Sitz und scheidet sie dadurch aus der unbeschränkten Steuerpflicht in einem Mitgliedstaat der EU bzw. eines EWR-Staats aus, gilt sie – wie bisher – als aufgelöst und die Liquidationsbesteuerung nach § 11 KStG ist entsprechend anzuwenden.

Auf die nach dem Wegzug beschränkt steuerpflichtige SE (§ 2 Nr. 1 KStG iVm. § 49 Abs. 1 Nr. 2a EStG) findet § 10d EStG Anwendung. Eventuell bei der SE vorhandene Verlustvorträge können mit künftigen Gewinnen der inländischen Betriebsstätte

---

[56] BMF vom 25.3.1998, Schreiben betr. Umwandlungssteuergesetz 1995, BStBl. I S. 128, Rn. 01.05 zum Formwechsel Körperschaft auf Körperschaft.
[57] Zu den gesellschaftsrechtlichen Gestaltungsmöglichkeiten einer grenzüberschreitenden Sitzverlegung und Umwandlung in der EU vgl. auch *Drinhausen/Gesell*, BB-Special 8/2006, 3 ff.
[58] Art. 7 SE-VO. Ist dies nicht der Fall, kann die SE gezwungen werden, Satzungs- und Verwaltungssitz in einem Mitgliedstaat zusammenzuführen (Art. 64 SE-VO).
[59] Betriebsstätten-Verwaltungsgrundsätze, (Fn. 9) Tz. 2.4.

verrechnet werden. Dies entspricht der Regelung in Art. 10c Abs. 2 der Richtlinie 2005/19/EG.

78 Verfügt die in einen anderen Mitgliedstaat wegziehende SE über Altbestände an EK 02, so sind diese beim Wegzug grundsätzlich sofort zu realisieren (§ 40 Abs. 5 KStG). Allerdings ist die auf das EK 02 festgesetzte Körperschaftsteuer – wie bei der Verschmelzung – bis zum Ablauf des nächsten auf die Bekanntgabe der Körperschaftsteuerfestsetzung folgenden Jahres zinslos zu stunden, soweit die SE bis zum 31. Mai des nachfolgenden Jahres nachweist, dass sie keine Ausschüttung des EK 02 vorgenommen hat (§ 40 Abs. 6 Satz 1 KStG). Diese Stundung verlängert sich jeweils um ein Jahr, soweit der entsprechende Nachweis regelmäßig erbracht wird, letztmals bis zum Schluss des Wirtschaftsjahres, das nach dem 31. Dezember 2018 endet (§ 40 Abs. 6 Satz 2 KStG).

79 **bb) Besteuerung der Anteilseigner.** Zu einer Besteuerung auf Ebene des Anteilseigners kann es nach den besonderen Entstrickungsregelungen in § 17 Abs. 5 Satz 1 und 2 EStG und § 4 Abs. 1 Satz 3 bis 4 EStG sowie § 12 Abs. 1 KStG nur kommen, wenn durch den Wegzug der SE das deutsche Besteuerungsrecht hinsichtlich eines Gewinns aus der Veräußerung der Anteile beschränkt oder ausgeschlossen wird. In der Mehrzahl der praktischen Fälle trifft dies nicht zu, weil die meisten der von Deutschland geschlossenen DBA das Besteuerungsrecht im Hinblick auf die Veräußerung von Anteilen an Kapitalgesellschaften ausschließlich dem Ansässigkeitsstaat des Anteilseigners zuweisen. Selbst in den Fällen, in denen eine Beschränkung des deutschen Besteuerungsrechts eintritt, ist zur Vermeidung eines Verstoßes gegen die Fusionsrichtlinie geregelt worden, dass nur der Gewinn aus einer späteren Veräußerung der Anteile, ungeachtet der Bestimmungen eines DBA in der gleichen Art und Weise zu besteuern ist, wie die Veräußerung der Anteile zu besteuern gewesen wäre, wenn keine Sitzverlegung stattgefunden hätte (§ 15 Abs. 1a Satz 1 EStG, § 17 Abs. 5 Satz 3 EStG, § 12 Abs. 1 2. Hs. KStG).

80 **Beispiel**: Ein in Frankreich ansässiger Anteilseigner ist zu 10% an der inländischen D-SE beteiligt. Die D-SE verlegt Sitz und Geschäftsleitung nach Frankreich. Anschließend veräußert der Anteilseigner seine Anteile an der SE. Der in Frankreich ansässige Anteilseigner war zwar nach § 49 Abs. 1 Nr. 2 Buchst. e iVm. § 17 EStG mit einem Veräußerungsgewinn in Deutschland beschränkt steuerpflichtig. Wegen Art. 7 Abs. 1 DBA-Frankreich darf allerdings nur Frankreich als Wohnsitzstaat den Veräußerungsgewinn besteuern. Wenn jetzt § 17 Abs. 5 Satz 3 EStG anordnet, dass der „Gewinn aus einer späteren Veräußerung der Anteile ... ungeachtet der Bestimmungen eines Abkommens zur Vermeidung der Doppelbesteuerung in der gleichen Art und Weise zu besteuern [ist], wie die Veräußerung dieser Anteile zu besteuern gewesen wäre, wenn keine Sitzverlegung stattgefunden hätte", kann dies nur so zu verstehen sein, dass Art. 7 Abs. 1 DBA-Frankreich anwendbar sein soll. Deutschland hat kein Besteuerungsrecht, da auch ohne Sitzverlegung kein Besteuerungsrecht bestand. Die Sitzverlegung soll keine Besteuerungsrechte begründen, es soll vielmehr nur gewährleistet sein, dass durch eine Sitzverlegung kein inländisches Besteuerungssubstrat verloren geht.

81 In Ausnahmefällen kann die Sitzverlegung der SE zum Verlust von deutschen Besteuerungsrechten führen.

Beispiel: Der in Deutschland unbeschränkt steuerpflichtige A hält 100% der Anteile an der D-SE (im Privatvermögen gehaltene Beteiligung gem. § 17 EStG). Die SE verlegt ihren Sitz nach Tschechien. Die Sitzverlegung führt zu einer Beschränkung des deutschen Besteuerungsrechts hinsichtlich des Gewinns aus der Veräußerung der SE-Anteile, da Art. 23 Abs. 1 Buchst. b Nr. 3 iVm. 13 Abs. 3 DBA-Tschechien eine Verpflichtung zur Anrechnung der tschechischen Steuer vorsieht. Damit wäre durch die Sitzverlegung grundsätzlich eine Veräußerung der SE-Anteile zum gemeinen Wert zu fingieren (§ 17 Abs. 5 Satz 1 EStG). Da dies aber der Fusionsrichtlinie widersprechen würde, ordnet § 17 Abs. 5 Satz 2 und 3 EStG an, dass erst bei Veräußerung der SE-Anteile eine inländische Besteuerung ohne Anrechnung der tschechischen Steuer vorzunehmen ist. Das gleiche Ergebnis ergibt sich, wenn A die Anteile in einem Betriebsvermögen halten würde (§ 15 Abs. 1a EStG).

b) Zuzug. Die sich bei Zuzug einer SE nach Deutschland stellenden Steuerfragen 82
entsprechen denen bei Hineinverschmelzung einer SE (s. Rn. 33 ff.). Soweit ins Inland
überführtes Vermögen einer zuziehenden SE bislang nicht in Deutschland steuerverhaftet war, ist dieses nach der allgemeinen Verstrickungsregelung des § 4 Abs. 1 Satz 7
EStG grundsätzlich wie eine Einlage zu behandeln, die nach § 6 Abs. 1 Nr. 5a EStG
mit dem gemeinen Wert anzusetzen ist.[60] Auch hier kommt der Zuordnung der Wirtschaftsgüter zwischen einer im ausländischen Wegzugsstaat verbleibenden Betriebsstätte und dem deutschen Stammhaus besondere Bedeutung zu.

Fraglich ist, ob beim Zuzug einer SE ins Inland ein im ausländischen Wegzugsstaat 83
vorhandener steuerlicher Verlustvortrag zumindest für den Fall anzusetzen ist, dass im
ausländischen Wegzugsstaat keine Betriebsstätte der SE verbleibt. Durch die Streichung
des § 12 Abs. 3 Satz 2 UmwStG aF wird dies nicht verhindert, da es nicht zu einem
Vermögensübergang auf einen anderen Rechtsträger kommt.[61] Andererseits ist keine
Vorschrift erkennbar, nach welcher ein ausländischer Verlustvortrag im Inland erstmals
festgestellt wird. Die Fusionsrichtlinie 2005/19/EG trifft zu der Frage keine Aussage;
die Regelung des Art. 10c Abs. 2 richtet sich nur an den Mitgliedstaat, aus dessen Hoheitsgebiet die SE wegzieht, nicht aber an den Zuzugsstaat.

Nach dem Zuzug einer SE stellt sich die Frage nach der Ermittlung des steuerlichen 84
Einlagekontos. Das SEStEG sieht hierfür in § 27 Abs. 2 Satz 3 KStG vor, dass bei
Eintritt in die unbeschränkte Steuerpflicht der Bestand der nicht in das Nennkapital
geleisteten Einlagen auf den Zeitpunkt des Eintritts in die Steuerpflicht gesondert festzustellen ist. Damit sind die im Ausland geleisteten Einlagen bei der Ermittlung des
Einlagekontos zu berücksichtigen.

---

[60] Vgl. ausführlich *Stadler/Elser*, BB-Special 8/2006, 18, 23.
[61] *Dötsch/Pung*, DB 2006, 2704, 2717.

10. Abschnitt. Rechnungslegung

Übersicht

	Rn.
I. Besonderheiten gegenüber der Rechnungslegung, Abschlussprüfung und Offenlegung einer deutschen Aktiengesellschaft	1, 2
II. Gesetzliche Regelungstechnik	3
III. Finanzberichterstattungsprozess einer deutschen SE	4–13
1. Dualistisches Modell	4
2. Monistisches Modell	5–13
a) Aufstellung des Jahresabschlusses	6
b) Führung der Handelsbücher und Risikomanagement	7
c) Überprüfung des Jahresabschlusses durch den Verwaltungsrat	8–10
d) Feststellung des Jahresabschlusses	11, 12
e) Haftung	13
IV. Offenlegungspflichten der deutschen Zweigniederlassung einer ausländischen SE	14
V. Rechnungslegungsaspekte bei der Verschmelzung zu einer deutschen SE	15–24
1. Vorbereitung der beschließenden Hauptversammlungen der beteiligten Rechtsträger	16–18
2. Schlussbilanz der übertragenden Aktiengesellschaft	19
3. Bilanzierung bei der übernehmenden deutschen SE	20–24
VI. Rechnungslegungsaspekte bei der Gründung einer deutschen Holding-SE	25, 26
VII. Rechnungslegungsaspekte bei der Gründung einer deutschen Tochter-SE	27–30
VIII. Rechnungslegungsaspekte beim Formwechsel	31
IX. Rechnungslegungsaspekte bei der Sitzverlegung einer SE	32, 33
1. Zuzug der SE nach Deutschland	32
2. Wegzug der SE aus Deutschland	33

I. Besonderheiten gegenüber der Rechnungslegung, Abschlussprüfung und Offenlegung einer deutschen Aktiengesellschaft

Die SE-VO trifft bis auf zwei Regelungen, die auf das Sitzstaatrecht der SE verweisen, keine eigenständigen Vorschriften zur Rechnungslegung, Abschlussprüfung und Offenlegung. Auf eigenständige Regelungen ist durch den europäischen Gesetzgeber sowohl für die Fälle bereits bestehender SE als auch für solche der (grenzüberschreitenden) Gründung bewusst verzichtet worden. Vielmehr lässt er es ausreichen, dass SE den bereits bestehenden EU-Regelungen zur Harmonisierung der Rechnungslegung, Abschlussprüfung und Offenlegung[1] unterliegen, die insbesondere auf eine möglichst breite Anwendung der internationalen Rechnungslegungsstandards (IAS/IFRS) abzielen.[2] Da auch der deutsche Gesetzgeber im Rahmen des Gesetzes zur Einführung der Europäischen Gesellschaft (SEAG) keine besonderen Regelungen zur Rechnungslegung, Abschlussprüfung und Offenlegung getroffen hat, sind auf eine SE mit Sitz in Deutschland grundsätzlich **die bestehenden Regelungen zur Rechnungslegung, Abschlussprüfung und Offenlegung einer deutschen Aktiengesellschaft anzuwenden**. 1

Fragen zur Anwendung dieser nationalen Regelungen auf die SE bestehen daher auch nur in wenigen Fällen. 2

---

[1] Mitteilung der Europäischen Kommission: „Rechnungslegungsstrategie der EU: Künftiges Vorgehen", KOM (2000) 359 vom 13. 6. 2000.

[2] Vgl. *Van Hulle*, WPg 2003, 976 ff.

– Im monistischen Modell bestehen Besonderheiten hinsichtlich der Zuständigkeit für die Aufstellung des Jahres- und Konzernabschlusses und die (Letzt-)Verantwortlichkeit für dieselben (s. 10. Abschnitt Rn. 6).
– Bei **grenzüberschreitenden Verschmelzungen** bestehen unabhängig vom gewählten Verwaltungsmodell aufgrund der grenzüberschreitenden Komponente Unklarheiten im Hinblick auf die Vorbereitung der über die Verschmelzung beschließenden Hauptversammlungen (vorzulegende Rechnungslegungsunterlagen), die Aufstellung der Schlussbilanz des übertragenden Rechtsträgers (Notwendigkeit bzw. Frage des anzuwendenden Rechtes) sowie die Übernahme des Vermögens des übertragenden Rechtsträgers in die Bilanz der übernehmenden deutschen SE (Ansatz- und Bewertungsfragen).

II. Gesetzliche Regelungstechnik

3   Die SE-Verordnung enthält lediglich in zwei Artikeln (Art. 61 und 62 SE-VO) spezifische Bestimmungen für die Rechnungslegung einer SE. Art. 61 SE-VO legt grundsätzlich fest, dass hinsichtlich der Aufstellung eines Jahres- oder Konzernabschlusses einschließlich des dazugehörigen Lageberichtes sowie deren Prüfung und Offenlegung die Vorschriften des Sitzstaates der jeweiligen SE Anwendung finden. Der ergänzende Art. 62 der SE-VO befasst sich in Abs. 1 mit der speziellen Kategorie der Kredit- und Finanzinstitute und verweist auf die im Zusammenhang mit der Bankbilanzrichtlinie[3] erlassenen Vorschriften des jeweiligen Sitzstaates der SE. In gleicher Weise wird in Abs. 2 für die Versicherungsunternehmen auf die im Zusammenhang mit der Versicherungsbilanzrichtlinie[4] erlassenen Vorschriften des Sitzstaates der SE verwiesen.

III. Finanzberichterstattungsprozess einer deutschen SE

1. Dualistisches Modell

4   Im dualistischen Modell kommt es zu keinerlei Problemen bei der Frage, wer den Jahresabschluss aufzustellen, zu prüfen und festzustellen hat. Insoweit kommt es zu einer Anwendung der aktienrechtlichen Regelungen in Deutschland.

2. Monistisches Modell

5   Im monistischen Modell sind demgegenüber aufgrund der anderen Aufteilung der Funktionen Anpassungen erforderlich.

6   **a) Aufstellung des Jahresabschlusses.** Im Rahmen des monistischen Modells lässt sich aus § 47 Abs. 1 SE-VO entnehmen, dass die geschäftsführenden Direktoren den Jahresabschluss und Lagebericht sowie den Konzernjahresabschluss und -lagebericht aufzustellen haben. Nach dieser Vorschrift haben die geschäftsführenden Direktoren den Jahresabschluss und den Lagebericht unmittelbar nach ihrer Aufstellung dem Verwaltungsrat zuzuleiten und zugleich einen Vorschlag für die Verwendung des Bilanzgewinns vorzulegen, wobei diese Verpflichtung ebenfalls hinsichtlich eines nach § 290

---

[3] Richtlinie 2000/12/EG des Europäischen Parlaments und des Rates vom 20. März 2000 über die Aufnahme und Ausübung der Tätigkeit der Kreditinstitute, ABl. L 126 vom 26. 5. 2000, S. 1.
[4] Richtlinie 91/674/EWG des Rates vom 19. Dezember 1991 über den Jahresabschluss und den konsolidierten Abschluss von Versicherungsunternehmen, ABl. L 374 vom 31.12.1991, S. 7.

III. Finanzberichterstattungsprozess einer deutschen SE

HGB aufzustellenden Konzernabschlusses und -lageberichtes gilt.[5] Die Verantwortlichkeit der geschäftsführenden Direktoren beschränkt sich auf den **technischen Vorgang der Aufstellung**. Dieser beinhaltet zunächst nicht die Verantwortung für die laufende Verbuchung von Geschäftsvorfällen oder die Organisation eines geeigneten internen Kontrollsystems zur korrekten Erfassung der Geschäftsvorfälle. Vielmehr obliegen diese Aufgaben dem Verwaltungsrat (s. 10. Abschnitt Rn. 7).

b) Führung der Handelsbücher und Risikomanagement. Nach § 22 Abs. 3 SEAG hat der Verwaltungsrat für eine ordnungsmäßige Buchführung und insbesondere auch für die Einrichtung eines Risikomanagementsystems zur Früherkennung von bestandsgefährdenden Risiken zu sorgen. Insofern trifft den Verwaltungsrat insgesamt eine Organisationsverantwortung. Dabei ist eine Delegation dieser beiden Aufgaben auf einen Ausschuss des Verwaltungsrates nicht zulässig (§ 34 Abs. 4 SEAG). Dennoch sollte die tatsächliche Durchführung dieser Aufgaben auf einen oder mehrere geschäftsführende Direktoren oder nachgelagerte Führungsebenen übertragbar sein. Dabei obliegt den Verwaltungsratsmitgliedern eine **besondere Überwachungspflicht**, die es jedem Verwaltungsratsmitglied gebietet, bei Vorliegen von Anzeichen, dass diese Aufgaben nicht ordnungsgemäß durch die geschäftsführenden Direktoren oder nachgelagerte Führungsebenen durchgeführt werden, entsprechende Gegenmaßnahmen zu ergreifen.[6]

c) Überprüfung des Jahresabschlusses durch den Verwaltungsrat. Der Aufstellung durch die geschäftsführenden Direktoren folgt die **Abschlussprüfung** gemäß §§ 316ff. HGB, die eine Voraussetzung für die Feststellung des Jahresabschlusses bzw. Billigung des Konzernabschlusses ist (§ 316 Abs. 2 HGB). In der Folge hat der **gesamte Verwaltungsrat** die vorgelegten Jahresabschlüsse und Lageberichte sowie Konzernabschlüsse und -lageberichte zu prüfen (§ 47 Abs. 3 SEAG iVm. § 171 Abs. 1 und 2 AktG). In diesem Zusammenhang sind jedem Mitglied des Verwaltungsrates die Vorlagen (Jahresabschlüsse, Konzernabschlüsse und dazugehörige Lageberichte) sowie die Prüfungsberichte des Abschlussprüfers auszuhändigen, um ihnen die Möglichkeit zu geben, hiervon Kenntnis zu erlangen (§ 47 Abs. 2 SEAG). Sofern die SE einen Bilanzausschuss (Audit Committee) eingerichtet hat, gilt dies im gleichen Maße auch für dessen Mitglieder.

Die **Prüfung der aufgestellten und vom Abschlussprüfer geprüften Jahresabschlüsse durch den gesamten Verwaltungsrat** ist dabei nicht unproblematisch, da die Gefahr eines Interessenkonflikts besteht: Zunächst können die für die Aufstellung verantwortlichen geschäftsführenden Direktoren Teil des Verwaltungsrates sein, so dass bei einer Mitgliedschaft der geschäftsführenden Direktoren im Verwaltungsrat deren Interessenkollision offenkundig wäre. Der Verwaltungsrat insgesamt ist zudem verantwortlich für die dem technischen Vorgang der Aufstellung vorgelagerte Buchführung und das Risikomanagementsystem und könnte darüber hinaus bei der Aufstellung aufgrund der fehlenden Eigenverantwortlichkeit der geschäftsführenden Direktoren auch in die Bilanzpolitik der SE eingreifen. Insofern scheint die vom deutschen Gesetzgeber angestrebte Funktionstrennung nicht erreicht worden zu sein, da Interessenkonflikte letztlich bei allen Mitgliedern des Verwaltungsrates nicht ausgeschlossen werden können.

Eine mögliche Lösung zur Vermeidung von Interessenkonflikten könnte in der Einrichtung von **Audit Committees** liegen, die mit fachlich kompetenten und unabhängigen nicht-geschäftsführenden Direktoren besetzt sind und die Aufgabe des gesamten

---

[5] So auch ausdrücklich in der Gesetzesbegründung zu § 47, vgl. BT-Drucks. 15/3405, S. 39 reSp., abgedruckt in *Neye*, S. 150.

[6] Zur Unterscheidung von Leitung und Geschäftsführung und den hieraus resultierenden Pflichten der Unternehmensleitung vgl. MünchHdbGesR-IV/*Hoffmann-Becking*, § 19 Rn. 16.

Verwaltungsrates zur Prüfung zumindest vorbereitend übernehmen könnten.[7] Eine Delegation der Beschlussfassung über die Feststellung ist durch § 34 SEAG nicht ausdrücklich ausgeschlossen. Da aber die Prüfungspflicht nach § 47 Abs. 3 SEAG nicht delegierbar ist, ist daraus zu schließen, dass die Feststellung als solche, die wesentlich auf dem Ergebnis der Prüfung basiert, im Sinne von § 171 AktG ebenfalls nur durch den gesamten Verwaltungsrat erfolgen kann. Dies gilt auch für die Billigung des Konzernabschlusses.

11   **d) Feststellung des Jahresabschlusses.** Die **Feststellung des Jahresabschlusses** erfolgt im Regelfall im Wege der Billigung durch den Verwaltungsrat. Die Beschlussfassung des Verwaltungsrates hierzu richtet sich nach den allgemeinen Bestimmungen der §§ 34 und 35 SEAG. Alternativ kann der Verwaltungsrat auch beschließen, die Feststellung der Hauptversammlung zu überlassen (§ 47 Abs. 6 SEAG). Bei einer Feststellung durch die Hauptversammlung sind die Bestimmungen der § 173 Abs. 2 und 3 AktG gemäß § 47 Abs. 6 SEAG anzuwenden, die die Einstellung in Gewinnrücklagen und die Notwendigkeit einer Nachtragsprüfung sowie eines Bestätigungsvermerkes für die von der Hauptversammlung vorgenommenen Änderungen betreffen.

12   Die vom Verwaltungsrat getroffenen Beschlüsse zur Feststellung bzw. Billigung sind in den **Bericht des Verwaltungsrates an die Hauptversammlung** aufzunehmen. Die Hauptversammlung ist zwecks Entgegennahme des festgestellten bzw. gebilligten Abschlusses und Lageberichtes durch den Verwaltungsrat gemäß § 48 Abs. 1 SEAG unverzüglich einzuberufen. Dies gilt ausdrücklich auch für die Beschlussfassung über die Verwendung des Bilanzgewinns und die Entgegennahme eines vom Verwaltungsrat gebilligten Konzernabschlusses und -lageberichtes.

13   **e) Haftung.** Die Haftung der geschäftsführenden Direktoren und des Verwaltungsrats für die Aufstellung bzw. Feststellung des Jahresabschlusses sowie die ordnungsmäßige Organisation richtet sich nach den allgemeinen Grundsätzen des § 93 AktG. Im Einzelnen ist dabei wie folgt zwischen den **Aufgaben der geschäftsführenden Direktoren und denjenigen des Verwaltungsrats zu unterscheiden.** Die geschäftsführenden Direktoren haften nach § 93 iVm. § 40 Abs. 8 SEAG bei einer nicht ordnungsgemäßen Aufstellung des Jahresabschlusses, wobei aufgrund der Möglichkeit, dass die geschäftsführenden Direktoren eine Weisung des Verwaltungsrats befolgt haben, bspw. auch im Rahmen von bilanzpolitischen Entscheidungen, zu differenzieren ist: War der Beschluss des Verwaltungsrats, auf dem die Weisung beruht, nichtig, weil sie gegen Gesetz oder die Satzung verstoßen hat, darf der geschäftsführende Direktor diesen Beschluss trotz der Weisung des Verwaltungsrats nicht befolgen, kommt er ihm nach, haftet er nach § 93 AktG. Etwas anderes kann insoweit nur gelten, wenn es am Verschulden des geschäftsführenden Direktors fehlt. Handelt es sich um eine rechtmäßige Weisung, so hat sie der geschäftsführende Direktor zu befolgen; Haftungsansprüche sind insoweit von vornherein ausgeschlossen. Im Hinblick auf für die Gesellschaft nachteilige aber rechtmäßige Weisungen ist auf die Ausführungen unter 5. Abschnitt § 3 Rn. 55 zu verweisen. Die Mitglieder des Verwaltungsrats sind nach § 93 AktG iVm. § 39 SEAG verantwortlich, wenn sie eine rechtswidrige Weisung an den geschäftsführenden Direktor weitergegeben haben und dieser der Weisung nachgekommen ist. Zudem können sie wegen ihrer Gesamtverantwortung in die Haftung kommen. Denn auch wenn die Zuständigkeit für die Aufstellung des Jahres- und Konzernabschlusses ausschließlich den geschäftsführenden Direktoren zugewiesen ist, ist zu berücksichtigen, dass dem Verwaltungsrat eine Leitungsfunktion hinsichtlich der gesamten Unter-

---

[7] *Hoffmann-Becking* sieht die Kontrollfunktion im Board-Modell nur durch die Einrichtung von Ausschüssen des Boards, zB Audit Committees, erfüllt; dem gesamten Verwaltungsrat billigt er jedoch keine Kontrollfunktion zu; vgl. MünchHdbGesR-IV/*Hoffmann-Becking*, § 19 Rn. 4.

nehmensausrichtung (iSv. § 76 AktG) zukommt und die Feststellung des Jahresabschlusses durch den Verwaltungsrat als ein Ausdruck der besonderen Pflicht zur Überwachung der Aufstellung des Jahresabschlusses gesehen werden kann.[8] Die Verantwortung für die Aufstellung des Jahresabschlusses verbleibt also auch beim gesamten Verwaltungsrat. Zudem können die Mitglieder des Verwaltungsrats nach § 93 AktG verantwortlich sein, soweit es zu Mängeln bei der Organisation der Buchführung oder der Einrichtung und Überwachung des Risikomanagementsystems kommt; insoweit gelten die gleichen Grundsätze wie im Aktiengesetz. Gleiches gilt für die Haftung im Rahmen der Prüfung und Feststellung des Jahresabschlusses.

IV. Offenlegungspflichten der deutschen Zweigniederlassung einer ausländischen SE

§ 325a HGB iVm. Art. 61 SE-VO findet auch auf eine deutsche Zweigniederlassung einer SE mit Sitz in einem anderen Mitgliedstaat Anwendung. Die **ständigen Vertreter** der deutschen SE-Zweigniederlassung (§ 13e Abs. 2 Nr. 3 HGB) sind dafür verantwortlich, dass die Rechnungslegungsunterlagen der Hauptniederlassung, die nach dem für die Hauptniederlassung geltenden Recht erstellt, geprüft und offengelegt worden sind, auch nach den einschlägigen Vorschriften des HGB (§§ 325, 328, 329 Abs. 1 HGB) in Deutschland offengelegt werden.

V. Rechnungslegungsaspekte bei der Verschmelzung zu einer deutschen SE

Bei der grenzüberschreitenden Verschmelzung unter Beteiligung einer aufnehmenden Gesellschaft mit Sitz in Deutschland oder durch Gründung einer neuen SE mit Sitz in Deutschland sind in verschiedenen Stadien Besonderheiten, die sich aus dem grenzüberschreitenden Charakter der Transaktion herleiten, zu beachten.

1. Vorbereitung der beschließenden Hauptversammlungen der beteiligten Rechtsträger

Welche Rechnungslegungsunterlagen der Hauptversammlung bei der Beschlussfassung über die Verschmelzung vorliegen müssen, ergibt sich mangels Regelung in der SE-Verordnung aus dem jeweils zur Anwendung kommenden nationalen Recht. Im Hinblick auf die Hauptversammlung einer deutschen Aktiengesellschaft, die über die Zustimmung des Verschmelzungsplanes entscheiden soll, sind nach § 63 UmwG die **Jahresabschlüsse und Lageberichte** der beteiligten Rechtsträger der letzten drei Geschäftsjahre sowie ggf. eine Zwischenbilanz für das laufende Geschäftsjahr vorzulegen. Letzteres gilt nur, sofern bereits sechs Monate seit Ablauf des letzten Geschäftsjahres überschritten sind. Diese Informationsanforderungen sind auch bei Hauptversammlungen von Rechtsträgern mit Sitz in anderen EU-Mitgliedstaaten von Bedeutung. Denn nach **Art. 11 der Dritten gesellschaftsrechtlichen EU-Richtlinie**,[9] der auch von anderen nationalen Gesetzgebern in dessen Recht umzusetzen war, sind die anderen an der Verschmelzung beteiligten Aktiengesellschaften, die ihren Sitz in einem anderen EU-Mitgliedstaat haben, ebenfalls gehalten, die letzten drei Jahresabschlüsse und

---

[8] Zur Unterscheidung von Leitung und Geschäftsführung und den hieraus resultierenden Pflichten der Unternehmensleitung vgl. MünchHdbGes-IV/*Hoffmann-Becking*, § 19 Rn. 16.

[9] Dritte Richtlinie 78/855/EWG des Rates vom 9.10.1978 gemäß Art. 54 Abs. 3 Buchst. g des Vertrages betreffend die Verschmelzung von Aktiengesellschaften, ABl. EU Nr. L 295 vom 20.10.1978, S. 0036 – 0043.

Lageberichte der beteiligten Rechtsträger sowie ggf. eine Zwischenbilanz zur Verfügung zu stellen.

17 Für die genannten Rechnungslegungsinformationen ist es ausreichend, dass sie nach den **Rechnungslegungsvorschriften des Sitzstaates** des jeweiligen Unternehmens aufgestellt worden sind. Nicht erforderlich ist eine Anpassung dieser Abschlüsse an einen gemeinsamen Rechnungslegungsrahmen, um eine vollständige Vergleichbarkeit der Finanzinformationen zu erlangen. Vielmehr ist bereits ein Mindestmaß an Vergleichbarkeit durch die vorhandene Harmonisierung im Rahmen der EU-Rechnungslegungsrichtlinien gegeben. Sofern ein IFRS-Einzelabschluss durch die betroffenen Unternehmen erstellt wurde, dürfte die Vergleichbarkeit in der Regel gegeben sein. Gleiches gilt auch hinsichtlich der Aufstellung der **Zwischenbilanz**. Auch hier sollten die in den bisherigen Jahresabschlüssen angewandten Bilanzierungsgrundsätze weiter fortgeführt werden. Der Zwischenabschluss kann ohne Vornahme einer Inventur aus dem zuletzt aufgestellten Jahresabschluss fortentwickelt werden.

18 Bei Vorlage von Rechnungslegungsunterlagen an die Aktionäre der beschließenden Hauptversammlung der deutschen aufnehmenden Gesellschaft sollten die Dokumente der übertragenden ausländischen Gesellschaft zwecks ausreichender Verständlichkeit in die deutsche **Sprache** übersetzt werden. Ob dies für die Hauptversammlung des übertragenden ausländischen Rechtsträgers notwendig ist, ergibt sich aus den jeweiligen nationalen Regelungen.

2. Schlussbilanz der übertragenden Aktiengesellschaft

19 Eine übertragende Aktiengesellschaft mit Sitz in Deutschland hat nach § 17 Abs. 2 UmwG eine **Schlussbilanz** zu dem Stichtag aufzustellen, der unmittelbar vor dem Verschmelzungsstichtag liegt.[10] Bei der Verschmelzung durch Gründung einer neuen SE mit Sitz in Deutschland nach Art. 17 Abs. 2 lit. b SE-VO wird aber mindestens ein übertragender Rechtsträger seinen Sitz in einem anderen Mitgliedstaat der EU haben. Möglich erscheint dies auch bei einer Verschmelzung nach Art. 17 Abs. 2 lit. a SE-VO unter Beteiligung eines aufnehmenden Rechtsträgers mit Sitz in Deutschland, wenn neben einem ausländischen Rechtsträger auch ein deutscher eingebracht wird. Soweit in diesen Fällen das jeweilige nationale Recht einen anderen Stichtag für die Erstellung der Schlussbilanz vorsieht als § 17 Abs. 2 UmwG, erscheint es angebracht, für den übertragenden ausländischen Rechtsträger eine Schlussbilanz zu einem Stichtag unmittelbar vor dem Verschmelzungsstichtag aufzustellen. Praktische Gründe, die hierfür sprechen, sind eine zutreffende **Vermögens- und Erfolgszuordnung** zwischen übertragendem und übernehmendem Rechtsträger sowie die Schaffung einer geeigneten Ausgangsgrundlage für die Einbuchung von Vermögensgegenständen und Schulden beim übernehmenden Rechtsträger. Die einzubringenden Vermögensgegenstände und Verbindlichkeiten sind in der Schlussbilanz dem **Going-Concern-Grundsatz** folgend zu ihren fortgeführten Anschaffungs- oder Herstellungskosten zu bewerten. Daher kann insoweit grundsätzlich der letzte Jahresabschluss herangezogen werden. Zu sehen ist aber, dass die Aufstellung einer Schlussbilanz eines deutschen übertragenden Rechtsträgers einen begründeten Ausnahmefall iSv. § 252 Abs. 2 HGB zur **Durchbrechung der Bewertungsstetigkeit**[11] darstellen kann, mit der Folge, dass die Bewertungsmethoden an diejenigen der übernehmenden deutschen SE angepasst werden

---

[10] Sofern bis zur Eintragung der Verschmelzung noch ein weiterer Jahresabschlussstichtag liegen sollte, zu dem ein Jahresabschluss des übertragenden Rechtsträgers aufzustellen ist, so sind die allgemeinen Grundsätze des IDW HFA 2/1997: Zweifelsfragen der Rechnungslegung bei Verschmelzungen, Abschnitt 2, hinsichtlich der Vermögens- und Erfolgszuordnung zwischen Abschluss des Verschmelzungsvertrages und Eintragung der Verschmelzung anwendbar.

[11] IDW HFA 2/1997: Zweifelsfragen der Rechnungslegung bei Verschmelzungen, Abschnitt 112.

V. Rechnungslegungsaspekte bei Verschmelzung zu einer deutschen SE

können. Sofern für einen ausländischen übertragenden Rechtsträger keine entgegenstehenden rechtlichen Vorschriften des Sitzstaates bestehen, kann auch im Rahmen einer **freiwillig aufgestellten Schlussbilanz** des ausländischen Rechtsträgers hinsichtlich des Ansatzes, der Bewertung und des Ausweises der Vermögensgegenstände und Schulden bereits eine Anpassung an die Bilanzierungs- und Bewertungsmethoden der übernehmenden deutschen SE erfolgen. Nach § 17 Abs. 2 S. 2 UmwG ist die Schlussbilanz eines deutschen übertragenden Rechtsträgers nach §§ 316 ff. HGB zu prüfen.[12] Für einen ausländischen übertragenden Rechtsträger bestimmt sich die Notwendigkeit einer **Abschlussprüfung** nach den im Sitzstaat geltenden nationalen Vorschriften.

3. Bilanzierung bei der übernehmenden deutschen SE

Die **aufnehmende SE** hat den durch die Verschmelzung erfolgenden Vermögensübergang als einen **laufenden Geschäftsvorfall** in ihrer Buchführung zu erfassen. Die Erfassung erfolgt zum Zeitpunkt des wirtschaftlichen Übergangs, idR dem Verschmelzungsstichtag. Ausgangsgrundlage hierfür ist die Schlussbilanz des übertragenden Rechtsträgers. Die aufnehmende SE hat nach § 24 UmwG ein Wahlrecht, das sowohl bei der Verschmelzung durch Aufnahme als auch durch Neugründung Anwendung findet: Die SE kann die übernommenen Vermögensgegenstände und Schulden entweder mit den Buchwerten aus der Schlussbilanz der übertragenden Gesellschaft (**Buchwertfortführung**) oder mit den Zeitwerten zum Übergangszeitpunkt ansetzen (**Zeitwertansatz**). Bei der Verschmelzung durch Aufnahme sind die übernommenen Vermögensgegenstände und Schulden des übertragenden (ausländischen) Rechtsträgers aktivierungsfähig, soweit die **Voraussetzungen des § 246 Abs. 1 HGB** erfüllt sind. Das Aktivierungsverbot für selbst erstellte immaterielle Vermögensgegenstände des § 248 Abs. 2 HGB gilt nicht. Aktivierte Bilanzierungshilfen (zB vergleichbar zu Ingangsetzungsaufwendungen nach § 269 HGB) können, da sie keine Vermögensgegenstände sind, nicht aktiviert werden.[13]

Bei der Verschmelzung im Wege der **Neugründung** hat die zu gründende SE spätestens bei der Eintragung ins Handelsregister nach § 242 Abs. 1 HGB eine **Eröffnungsbilanz** aufzustellen. Hierbei sind alle Geschäftsvorfälle seit dem Verschmelzungsstichtag erfolgswirksam zu erfassen, da sie auf Rechnung der neu gegründeten SE erfolgen. Zumindest das Inventar der Vermögensgegenstände und Schulden kann aus einer Schlussbilanz des übertragenden Rechtsträgers entnommen werden.

Bei dem ausländischen übertragenden Rechtsträger ist jedoch darauf zu achten, dass die deutschen Ansatzvorschriften des § 246 Abs. 1 HGB jeweils erfüllt werden. Bei der Wahl des **Zeitwertansatzes gemäß § 24 UmwG**, dh. einem Wertansatz des übernommenen Vermögens zu Anschaffungskosten iSv. § 255 Abs. 1 HGB, ist danach zu unterscheiden, ob eine Verschmelzung mit oder ohne Kapitalerhöhung erfolgt. Bei einer **Kapitalerhöhung** stellt sich der Vermögensübergang als eine Sacheinlage[14] dar, für deren Bewertung die allgemeinen Grundsätze gelten. Für die Bestimmung der Anschaffungskosten sind drei Fälle[15] zu unterscheiden, wobei bare Zuzahlungen zusätzlich zu berücksichtigen sind:

---

[12] Zu den Besonderheiten dieser Abschlussprüfungen, vgl. IDW HFA 2/1997: Zweifelsfragen bei Verschmelzungen, Abschnitt 113.

[13] IDW HFA 2/1997: Zweifelsfragen der Rechnungslegung bei Verschmelzungen, Abschnitt 3211.

[14] IDW HFA 2/1997: Zweifelsfragen der Rechnungslegung bei Verschmelzungen, Abschnitt 32211.

[15] IDW HFA 2/1997: Zweifelsfragen der Rechnungslegung bei Verschmelzungen, Abschnitt 32211.

1. Bei gleichzeitiger Festsetzung eines Agios sind die Anschaffungskosten durch den **Ausgabebetrag** bestimmt.
2. Soll die Differenz zwischen dem Zeitwert des übernommenen Vermögens und der Nominalkapitalerhöhung in die Kapitalrücklage eingestellt werden, so bestimmen die **Nominalkapitalerhöhung zuzüglich der Rücklagenerhöhung** die Anschaffungskosten.
3. Bei ausschließlicher Festlegung der Nominalkapitalerhöhung im Beschluss der Hauptversammlung ist durch Auslegung zu ermitteln, ob ein **Agio bis zur Höhe des Zeitwertes der Sacheinlage** in die Kapitalrücklage eingestellt werden kann; entsprechend der Höhe der Berücksichtigung bestimmen sich auch die Anschaffungskosten.

23 Bei **fehlender Kapitalerhöhung** sind Anteile der übernehmenden SE an dem übertragenden Rechtsträger sowie eigene Anteile des übertragenden Rechtsträgers zur Durchführung der Verschmelzung heranzuziehen. Zu den eigenen Anteilen des übertragenden Rechtsträgers gehören auch die aufgrund § 7 SEAG erworbenen Anteile von abzufindenden Aktionären. Diese Anteile gehen unter und bilden die Bemessungsgrundlage für die Anschaffungskosten, wobei **der Buchwert, der Zeitwert oder ein Zwischenwert** der untergehenden Anteile wahlweise herangezogen werden kann.[16]

24 Die so bestimmten Anschaffungskosten sind nach einem **sachgerechten Verfahren** auf die anzusetzenden Vermögensgegenstände, Schulden und Rechnungsabgrenzungsposten **zu verteilen**, wobei die Zeitwerte bei Vermögensgegenständen nicht überschritten und bei Schulden nicht unterschritten werden dürfen. Das Verteilungsverfahren ist im Anhang nach § 284 Abs. 2 Nr. 1 HGB zu erläutern. Die einzelnen Vermögensgegenstände sind auch im Anlagenspiegel als Zugang zu zeigen. Übersteigen die Anschaffungskosten die Zeitwerte der übernommenen Vermögensgegenstände abzüglich der Zeitwerte der Schulden, so kann der **Differenzbetrag** als Geschäfts- oder Firmenwert aktiviert oder sofort als Aufwand verrechnet werden.[17] Bei Aktivierung des Geschäfts- und Firmenwertes muss dessen Werthaltigkeit gegeben sein. Bei der Alternative der **Buchwertfortführung nach § 24 UmwG** ist die aufnehmende SE grundsätzlich an die Bilanzierungsentscheidungen aus der Schlussbilanz des übertragenden Rechtsträgers gebunden. Bei dem übertragenden ausländischen Rechtsträger besteht hierbei jedoch die Notwendigkeit, die Ansatz-, Bewertungs- und Ausweisentscheidungen der Vergangenheit auf ihre **Konformität mit deutschen Bilanzierungsregelungen** zu überprüfen und, soweit notwendig, entsprechende Anpassungen der bilanziellen Buchwerte für die Vergangenheit vorzunehmen. Insoweit unterliegt ein übertragender ausländischer Rechtsträger nicht dem Gebot der Ansatz- und Bewertungsstetigkeit (§ 252 Abs. 1 Nr. 6 HGB).[18] Der aus den Anpassungen an die deutschen Bilanzierungsregelungen entstehende Unterschiedsbetrag ist mit den **Kapitalrücklagen zu verrechnen**. Dies ist sachgerecht, da dieser Unterschiedsbetrag aus Vorperioden resultiert. Die Behandlung entstehender **Unterschiedsbeträge** zwischen dem (an die deutschen Bilanzierungsregelungen angepassten) Buchwert des übernommenen Vermögens und der Gegenleistung der übernehmenden SE richtet sich danach, ob im Zuge der Verschmelzung eine Kapitalerhöhung stattfindet oder nicht.[19] Übersteigt im

---
[16] IDW HFA 2/1997: Zweifelsfragen der Rechnungslegung bei Verschmelzungen, Abschnitt 32212 mit weiterführenden Ausführungen.
[17] IDW HFA 2/1997: Zweifelsfragen der Rechnungslegung bei Verschmelzungen, Abschnitt 3222.
[18] Zur Frage der generellen Durchbrechung der Bewertungsstetigkeit sowie zum Ausweis der Zugänge im Anlagenspiegel vgl. HFA 2/1997: Zweifelsfragen der Rechnungslegung bei Verschmelzungen, Abschnitt 33.
[19] IDW HFA 2/1997: Zweifelsfragen der Rechnungslegung bei Verschmelzungen, Abschnitt 33.

Falle der Kapitalerhöhung das Reinvermögen zu Buchwerten den Ausgabebetrag, so ist der übersteigende Betrag den Kapitalrücklagen gemäß § 272 Abs. 2 Nr. 1 HGB zuzuführen. Ergibt sich bei einer Verschmelzung ohne Kapitalerhöhung ein Unterschiedsbetrag zwischen den (an die deutschen Bilanzierungsregelungen angepassten) Buchwerten des Reinvermögens und dem Buchwert der Anteile der übernehmenden SE an dem übertragenden Rechtsträger und dessen eigenen Anteilen, so stellt die Differenz einen **Verschmelzungsgewinn oder -verlust** dar, der erfolgswirksam in der Gewinn- und Verlustrechnung zu verrechnen ist.

VI. Rechnungslegungsaspekte bei der Gründung einer deutschen Holding-SE

Im Fall der Gründung einer Holding-SE findet auf Ebene der Gesellschafter der bisher eigenständigen Kapitalgesellschaften mit Sitz in Deutschland ein Tausch der Anteile der ehemals eigenständigen Gesellschaften gegen die Anteile an der neu gegründeten Holding-SE mit Sitz in Deutschland statt. Dieser Vorgang des Anteilstausches hat **keine unmittelbaren Konsequenzen** auf die Bilanzierung der ehemals eigenständigen Gesellschaften. Die neu gegründete Holding-SE muss spätestens zum Tag ihrer Handelsregistereintragung eine **Eröffnungsbilanz** aufstellen (§ 242 Abs. 1 HGB). Dabei sind die von den Gesellschaftern der ehemals eigenständigen Aktiengesellschaften eingebrachten Anteile anzusetzen. Die Bewertung erfolgt zumindest mit dem Nennbetrag der eingebrachten Anteile und kann bis zum Verkehrswert der eingebrachten Anteile reichen. 25

Die Schaffung einer übergeordneten Holding-SE kann die Entstehung einer **Konzernrechnungslegungspflicht** bei der Holding-SE auslösen, sofern durch die Schaffung der übergeordneten Holding-SE ein Mutter-Tochter-Verhältnis iSv. § 290 HGB entsteht. Im Gegenzug können die einzelnen Tochter-Aktiengesellschaften durch die Aufstellung eines befreienden Konzernabschlusses durch die Holding-SE von der Pflicht zur Aufstellung eines eigenständigen (Teil-)Konzernabschlusses befreit werden. Der Konzernabschluss der Holding-SE muss entweder nach HGB-Vorschriften oder nach § 315a HGB nach IFRS aufgestellt werden. Bei einer Börsennotierung ist er nach § 315a Abs. 1 HGB nach IFRS aufzustellen. 26

VII. Rechnungslegungsaspekte bei der Gründung einer deutschen Tochter-SE

Bei Gründung einer Tochter-SE müssen die gründenden Aktiengesellschaften die Anteile mit ihren effektiven Anschaffungskosten bilanzieren. Der Vorgang erfolgt **erfolgsneutral**. Der Ausweis hängt von der Absicht zur Nutzung der Anteile ab. Die Tochter-SE selbst hat spätestens am Tag ihrer Handelsregistereintragung eine **Eröffnungsbilanz** aufzustellen (§ 242 Abs. 1 HGB). Auf die Eröffnungsbilanz sind die für den Jahresabschluss geltenden Vorschriften entsprechend heranzuziehen, soweit sie sich auf die Bilanz beziehen (§ 242 Abs. 1 S. 2 HGB). Für die Eröffnungsbilanz der SE sind die **allgemeinen Vorschriften** (§§ 243 bis 245 HGB) zu beachten. Darüber hinaus gelten die Ansatz- und Bewertungsvorschriften (§§ 246 bis 256 HGB), die insbesondere für Sacheinlagen von Bedeutung sind. Weiterhin sind für die SE als Kapitalgesellschaft die ergänzenden Vorschriften der §§ 264 ff. HGB maßgeblich. Für Kreditinstitute und Versicherungsunternehmen in der Rechtsform der SE gelten weiterhin die einschlägigen Vorschriften. 27

Bei einer **Sachgründung** haben die Gründer der Tochter-SE nach § 27 AktG iVm. Art. 15 Abs. 1 SE-VO den Wert der Sacheinlage in der Satzung festzulegen. Auch ist der 28

Nennbetrag bzw. bei Stückaktien die Zahl der für die Sacheinlage zu gewährenden Aktien in der Satzung festzulegen. Im Rahmen der Gründungsprüfung wird überprüft, ob der Verkehrs- oder Zeitwert der Sacheinlage tatsächlich den in der Satzung festgelegten Wert erreicht. Für ausländische Vermögenswerte und Schulden sind grundsätzlich deutsche Bewertungsmethoden heranzuziehen, da es sich um die Gründung einer deutschen SE handelt. Dabei ist nach der Sichtweise der neu gegründeten SE vorzugehen. Bei der Wertermittlung einzelner Vermögensgegenstände sind die in Deutschland allgemein gültigen Grundsätze und Verfahren zur Ermittlung des Verkehrs- oder Zeitwertes anzuwenden. Bezüglich der Bewertung ganzer Unternehmen kann auf die Unternehmensbewertungsgrundsätze des Instituts der Wirtschaftprüfer e.V., IDW S1, zurückgegriffen werden. Diese **Bewertung der Sacheinlagen** nach deutschen Grundsätzen bestimmt die Anschaffungskosten der zukünftigen Bilanzierung der SE. Ist der Zeitwert der Sacheinlage höher als der geringste bzw. höhere Ausgabebetrag, bestehen verschiedene Möglichkeiten:

– Bewertung der Sacheinlage mit dem Betrag, der dem geringsten Ausgabebetrag der zu gewährenden Anteile bzw. dem höheren Ausgabebetrag entspricht, dh. keine Kapitalrücklage in Höhe der Differenz zum Zeitwert;
– Bewertung der Sacheinlage mit einem höheren Zeitwert; der den Nennbetrag übersteigende Teil wird in die Kapitalrücklage eingestellt.

29   Bei der **Einbringung eines gesamten Unternehmens** ist eine sachgerechte Verteilung des Unternehmenswertes auf einzelne Vermögensgegenstände und Schulden vorzunehmen. Für Vermögensgegenstände bedeutet dies maximale Bewertung zum Zeit- oder Verkehrswert, bei Schulden die Dotierung mit mindestens dem Zeit- oder Verkehrswert. Ein übersteigender Betrag stellt den Geschäfts- oder Firmenwert dar.

30   Die Gründung einer Tochter-SE kann ggf. eine **Konzernrechnungslegungspflicht** der gründenden Aktiengesellschaften begründen. Für die deutsche Obergesellschaft gilt dies, soweit ein Mutter-Tochter-Verhältnis iSv. § 290 HGB hergestellt wird. Die konkrete Einbeziehung in einen neu aufzustellenden oder bereits vorher aufzustellenden Konzernabschluss richtet sich nach der Einflussnahme auf die Tochter-SE; es kommt eine Einbeziehung in den Konzernabschluss der Obergesellschaften im Rahmen der Vollkonsolidierung, der Quotenkonsolidierung, der „At equity"-Bewertung sowie als Beteiligung in Betracht.

VIII. Rechnungslegungsaspekte beim Formwechsel

31   Bei einem Formwechsel einer AG ergeben sich grundsätzlich keine Besonderheiten hinsichtlich der Bilanzierung, da der Formwechsel nicht zu einer grenzüberschreitenden Sitzverlegung führen darf.[20] Daher ändert sich der Jahresabschluss der umzuwandelnden deutschen Aktiengesellschaft nicht. Da die deutsche SE rechtsidentisch mit ihrer Vorgängergesellschaft, der deutschen Aktiengesellschaft, ist, ergeben sich aufgrund des **Going-Concern-Grundsatzes** keine Konsequenzen, da auch hier die deutschen Rechnungslegungsregeln für Kapitalgesellschaften gelten. Aufgrund der Rechtsidentität gilt beispielsweise auch hinsichtlich eines aufzustellenden Konzernabschlusses die Möglichkeit der Ausnutzung der Übergangsfrist für die Anwendung von US-GAAP weiter, sofern die entsprechenden Voraussetzungen bei der Vorgängergesellschaft bereits vorgelegen haben. Beim Formwechsel könnte jedoch die **Struktur des Eigenkapitals** zu beachten sein, sofern sich aus dem Formwechsel hier uU Umgruppierungen im Ausweis des Eigenkapitals der SE ergeben sollten.[21]

---

[20] S. 4. Abschnitt § 5 Rn. 51.
[21] IDW HFA 1/1996: Zweifelsfragen bei Formwechsel.

IX. Rechnungslegungsaspekte bei der Sitzverlegung einer SE

1. Zuzug der SE nach Deutschland

Die Rechnungslegungspflicht einer über Art. 8 SE-VO nach Deutschland verlagerten SE beginnt **spätestens mit der Eintragung** im deutschen Handelsregister. Zu diesem Zeitpunkt hat die SE spätestens eine Eröffnungsbilanz gemäß § 242 HGB aufzustellen.[22] Diese Eröffnungsbilanz umfasst alle der SE wirtschaftlich zugehörigen Vermögensgegenstände und Schulden. Bei der Aufstellung der Eröffnungsbilanz ist zu beachten, dass diese auf **deutsche Bilanzierungs- und Bewertungsmethoden** umzustellen ist. Daher ist die bisherige, nach den Rechnungslegungsregelungen des Wegzugstaates aufgestellte Bilanz in einer Weise umzustellen, dass die fortgeführten Buchwerte an deutsche Bilanzierungsmethoden angepasst werden. Dabei sind gegebenenfalls Anpassungen hinsichtlich des Ansatzes, der Bewertung und des Ausweises der Vermögensgegenstände notwendig. Der hiermit verbundene praktische Aufwand wird insofern erleichtert, als die geltenden EU-Rechnungslegungsrichtlinien bereits eine Mindestharmonisierung der Rechnungslegung zum Einzelabschluss herbeigeführt haben. Da der Grundsatz der Buchwertfortführung gilt, ist eine Zeitwertbewertung der Vermögensgegenstände und Schulden ausgeschlossen. Aufgrund der rechtlichen Identität ist beispielsweise auch **kein Ansatz von selbst geschaffenen immateriellen Vermögensgegenständen** möglich (§ 248 Abs. 2 HGB). Aus den Umstellungen auf die deutschen Bilanzierungs- und Bewertungsregelungen kann sich ein **Unterschiedsbetrag** ergeben. Dieser Unterschiedsbetrag soll mit den Kapitalrücklagen iSv. § 272 Abs. 2 HGB verrechnet werden. Dies erscheint sachgerecht, da hier Ansatz- oder Bewertungsanpassungen im Hinblick auf Vorperioden vorgenommen werden. Ein gegebenenfalls zu erstellender IFRS-Konzernabschluss unterliegt grundsätzlich keinen Änderungen. Neu könnten hier lediglich zusätzlich zu machende Angaben nach § 315a HGB sein (zB ein deutscher Konzernlagebericht). Ein HGB-Konzernabschluss erfordert, wie auch beim HGB-Einzelabschluss, **Anpassungen des ausländischen Konzernabschlusses** an den deutschen Bilanzierungs- und Bewertungsrahmen. Da es sich bei dem Konzern um eine rechtsidentische Unternehmensgruppe handelt, erscheint eine erneute Erstkonsolidierung nicht angebracht. Sich ergebende Unterschiedsbeträge sind ebenfalls mit den Konzernkapitalrücklagen zu verrechnen.

2. Wegzug der SE aus Deutschland

In gleicher Weise wie eine SE unter Wahrung ihrer Rechtsidentität nach Deutschland zuziehen kann, ist es ihr auch möglich, ihren Sitz von Deutschland in einen anderen EU-Mitgliedstaat zu verlagern. Die **Rechnungslegungspflicht** einer aus Deutschland wegziehenden SE endet nicht erst mit der Löschung im deutschen Handelsregister, sondern bereits mit der Eintragung im Handelsregister des Zuzugstaates, da ab diesem Zeitpunkt die SE dem Recht des neuen Sitzstaates unterliegt (Art. 8 Abs. 10 SE-VO).[23] Eine wegziehende SE kann freiwillig eine **Schlussbilanz** auf Grundlage der HGB-Vorschriften aufstellen. Es sind jedoch ggf. steuerliche Erfordernisse zu beachten (s. 9. Abschnitt § 1 Rn. 43). Da die SE nicht aufgelöst wird, ist die Schlussbilanz auf der Grundlage des Prinzips der Unternehmensfortführung (Going Concern) aufzustellen. Eine **Eröffnungsbilanz** für den Zuzugstaat ist nach den Bestimmungen des Zuzugstaates aufzustellen. Auch die Behandlung von Umstellungsdifferenzen richtet sich nach dessen Bestimmungen.

---

[22] So auch *Wenz*, S. 77 ff.
[23] So auch *Wenz*, S. 77 ff.

11. Abschnitt. Auflösung, Abwicklung und Insolvenz

Übersicht

		Rn.
I.	Abweichungen vom nationalen Recht	1
II.	Verweisungstechnik	2
III.	Auflösungsgründe	3–5
IV.	Abwicklung	6–13
	1. Anwendbares Recht	6
	2. Aufgabenverteilung	7–10
	a) Abwickler	7, 8
	b) Aufsichtsrat/Verwaltungsrat	9
	c) Hauptversammlung	10
	3. Anmeldung zum Handelsregister	11
	4. Fortsetzung	12
	5. Nachtragsliquidation	13
V.	Insolvenz	14, 15
VI.	Auflösungsbesteuerung	16

I. Abweichungen vom nationalen Recht

Die Auflösung, Abwicklung und Insolvenz einer SE unterscheidet sich im Ergebnis **1** nur unwesentlich von derjenigen einer nationalen AG. Soweit die Auflösungsgründe betroffen sind, tritt zu den aktienrechtlichen Gründen das Auseinanderfallen von Sitz und Hauptverwaltung hinzu (s. Rn. 3). Im Hinblick auf die Abwicklung der SE kommen im dualistischen Modell ausnahmslos die aktienrechtlichen Regelungen zur Anwendung. Im monistischen Modell gestaltet sich die Anwendung der aktienrechtlichen Abwicklungsvorschriften schwieriger, da es an einer passenden Überleitungsvorschrift fehlt. Der **Satzungsgestaltung** kommt daher in diesem Bereich besondere Bedeutung zu (s. Rn. 6). In der Insolvenz der SE kommen die auf eine Aktiengesellschaft anwendbaren Regelungen (AktG, FGG, InsO, EuInsVO) zur Anwendung. Insoweit sind lediglich im Rahmen des monistischen Modells einige durch das SEAG vorgegebene Anpassungen erforderlich (s. Rn. 14). Zudem ist die Löschung der SE im Europäischen Amsblatt zu veröffentlichen (s. Rn. 15).

II. Verweisungstechnik

Art. 63 SE-VO verweist hinsichtlich der **Auflösung, Liquidation, Zahlungsun-** **2** **fähigkeit, Zahlungseinstellung** und ähnlicher Verfahren auf das für die AG anwendbare Recht des Sitzstaates. Art. 63 SE-VO als verdrängende Spezialvorschrift gegenüber Art. 9 Abs. 1 lit. c SE-VO beinhaltet insoweit eine Verweisung, die die Regelungen des internationalen Privatrechts mit einbezieht (s. 8. Abschnitt Rn. 2).[1] Den Verweisungsumfang grenzt Art. 63 SE-VO mit den Begriffen Auflösung, Liquidation, Zahlungsunfähigkeit, Zahlungseinstellung und ähnliche Verfahren ein. Diese Begriffe sind nicht im nationalen Sinne auszulegen, sondern geben lediglich Zweck und Ziel

---

[1] Vgl. insoweit *Schwarz*, Art. 63 Rn. 7, der das Internationale Privatrecht über Art. 10 SE-VO einbeziehen will; s. auch *Teichmann*, S. 303, 306; aA für eine Sachnormverweisung *Casper*, FS Ulmer, 2003, S. 51, 54; *Wagner*, NZG 2002, 985, 988; *Brandt*, S. 29; *Schwarz*, S. 573; *Habersack*, ZGR 2003, 724, 727 f.

der nationalen Verfahren, die auf die SE zur Anwendung kommen sollen, vor.[2] Für SE mit Sitz in Deutschland gelten daher die Verfahren der Auflösung, der Nichtigerklärung (Auflösung iSd. SE-VO), der Abwicklung (Liquidation iSd. SE-VO) und das Insolvenzverfahren (Zahlungsunfähigkeit, Zahlungseinstellung und ähnliche Verfahren iSd. SE-VO) wie sie durch das AktG, das FGG, die EuInsVO und die InsO vorgesehen sind.

III. Auflösungsgründe

3 Bei den Auflösungsgründen ist zwischen denjenigen, die sich aus der SE-Verordnung und denjenigen, die sich aufgrund der Verweisung aus dem Aktiengesetz ergeben, zu unterscheiden. Nach Art. 64 SE-VO iVm. § 52 SEAG ist die SE aufzulösen, wenn sich der **Sitz** der SE nicht in der Gemeinschaft bzw. in dem Mitgliedstaat, in dem ihre Hauptverwaltung ist, befindet (**Auseinanderfallen von Sitz und Hauptverwaltung**, Art. 7 SE-VO; s. 7. Abschnitt Rn. 7). Demgegenüber stellt die nachträgliche Aufgabe der **Mehrstaatlichkeit** keinen Auflösungsgrund dar.[3] Auch kommt es nicht zur Auflösung der SE bei einem **Fehler der Gründungskontrolle** nach Art. 25, 26 SE-VO; der nationale Gesetzgeber hat von dieser in Art. 30 SE-VO enthaltenen Ermächtigung keinen Gebrauch gemacht.[4] Indessen kann es nach den auf SE zur Anwendung gelangenden Regelungen des Aktiengesetzes zur Auflösung der SE durch **Hauptversammlungsbeschluss** nach Maßgabe des § 262 Abs. 1 Nr. 2 AktG kommen. Die Beschlussfassung richtet sich entsprechend Art. 63 Hs. 2 SE-VO nach nationalem Recht und damit nicht nach Art. 57 und 59 SE-VO.[5] Erforderlich für die Fassung eines Auflösungsbeschlusses ist die Dreiviertelkapitalmehrheit (§ 262 Abs. 1 Nr. 2 AktG) sowie die einfache Mehrheit der Stimmen (§ 133 AktG).

4 Zudem kommt eine Auflösung in Betracht durch **Zeitablauf** (§ 262 Abs. 1 Nr. 1 AktG), die rechtskräftige **Feststellung eines Satzungsmangels** nach § 144a FGG (§ 262 Abs. 1 Nr. 5 AktG, s. 2. Abschnitt Rn. 13 ff.), die **insolvenzrechtlichen** Gründe des § 262 Abs. 1 Nr. 3 bis 5 AktG (Insolvenzverfahrenseröffnung, Ablehnung der Insolvenzeröffnung mangels Masse sowie die Löschung der Gesellschaft wegen Vermögenslosigkeit nach durchgeführtem Insolvenzverfahren) sowie „aus anderen Gründen", wobei zu letzteren bspw. die Auflösung aus Gründen des Gemeinwohls zählt (§ 396 Abs. 1 AktG). Zur Anwendung auf SE gelangen auch die Auflösungsgründe aufgrund von nationalen **Sondergesetzen**, beispielsweise die Auflösung nach §§ 35, 38 KWG, § 87 VAG oder § 3 Abs. 1 S. 1, §§ 2, 17 Nr. 1 VereinsG. Inwieweit die **Nichtigerklärung** (§§ 275 ff. AktG) auf SE mit Sitz in Deutschland zur Anwendung gelangt, hängt im Ergebnis von der betroffenen Gründungsform ab. Bei der Verschmelzung kommt die Klage auf Nichtigkeit nicht in Betracht, da Art. 30 SE-VO insoweit Sperrwirkung entfaltet. Auf die anderen Gründungsformen sind die §§ 275 ff. AktG anwendbar.[6]

5 Mit der Auflösung wird die Abwicklung (Liquidation) eingeleitet. Welche Rechtsfolge der Eintritt des Auflösungsgrundes hat, wann die SE vollbeendet ist und wann sie zu löschen ist, ergibt sich aus den jeweils anwendbaren nationalen Rechtsvorschriften.

---

[2] *Schwarz*, Art. 63 Rn. 7, 9.
[3] *Schwarz*, Art. 63 Rn. 18; *Mahi*, S. 117.
[4] *Schwarz*, Art. 63 Rn. 22; *Roitsch*, Diss. Würzburg 2006, Teil II B. I. 3 (im Erscheinen).
[5] *Schwarz*, Art. 63 Rn. 15 f.; aA *Roitsch*, Diss. Würzburg 2006, Teil II B. VII. 1.
[6] *Schwarz*, Art. 63 Rn. 23.

IV. Abwicklung

1. Anwendbares Recht

Die Abwicklung (Liquidation) der SE richtet sich für SE mit Sitz in Deutschland nach dem Aktiengesetz (Art. 63 SE-VO). Im Hinblick auf das **Abwicklungsverfahren** sind die §§ 264 ff. AktG auf die SE anwendbar, was sich bei der dualistisch strukturierten SE als unproblematisch darstellt: Die Mitglieder des Leitungsorgans haben die Abwicklung zu besorgen (§ 265 Abs. 1 AktG) und das Aufsichtsorgan hat sie zu überwachen (§ 268 Abs. 2 AktG). Nicht geklärt durch das SEAG ist indessen, wie bei der monistisch strukturierten SE zu verfahren ist, da es keine spezifischen Regelungen zur Anpassung der aktienrechtlichen Rechte und Pflichte auf das monistische Modell enthält. Vielmehr hält es lediglich die allgemeine „Auffangregel" des § 22 Abs. 6 SEAG vor, wonach die Mitglieder des Verwaltungsrats die Pflichten des Vorstandes und Aufsichtsrats zu übernehmen haben (§ 22 Abs. 6 SEAG).[7] Diese Regelung ist indessen nicht passend. Zunächst lässt sie offen, wie mit den in der werbenden AG vorhandenen geschäftsführenden Direktoren in der Liquidation zu verfahren ist, insbesondere, ob sie im Amt bleiben. Zudem überträgt sie die Rechte und Pflichten des Vorstandes auf den Verwaltungsrat als Gesamtorgan und nicht auf die einzelnen Mitglieder desselben, wie dies erforderlich wäre, wenn die Aufgaben des § 264 AktG durch die Verwaltungsratsmitglieder wahrgenommen werden sollten. Es besteht daher eine **Regelungslücke** im SEAG, die dadurch zu schließen ist, dass das ansonsten im SEAG niedergelegte Prinzip der Anpassung der aktienrechtlichen Regelungen an das monistische System mit seiner typischen Aufgabenverteilung angewendet wird.[8] Bei einer solchen entsprechenden Aufteilung sind die **geschäftsführenden Direktoren** als **Abwickler** einzustufen,[9] da ihnen die Aufgaben, die den Vorstandmitgliedern als Abwicklern nach dem Aktiengesetz obliegen (nämlich die Abwicklung der laufenden Geschäfte, die Vertretung der Gesellschaft, die Aufstellung von Bilanzen und Jahresabschlüssen und die Anmeldung beim Handelsregister) in entsprechender Weise bei der werbenden SE zukommen (s. 5. Abschnitt § 3 Rn. 18 ff., 39 f.). Im Hinblick auf die Aufgabenzuweisung an den **Verwaltungsrat** wird unter Heranziehung von § 22 Abs. 6 SEAG vertreten, dass die Mitglieder des Verwaltungsrats neben den geschäftsführenden Mitgliedern in einer Doppelfunktion zu ihrem Amt als Verwaltungsorganmitglied Abwickler sein sollen, wobei von ihrer Tätigkeit aufgrund der Regelungen des SEAG wiederum die Abwicklung der laufenden Geschäfte, die Vertretung, die Bilanz- und Jahresabschlussaufstellung sowie die Anmeldungen zum Handelsregister ausgenommen sein sollen.[10] Vorzugswürdig erscheint es, die Verwaltungsratsmitglieder nicht als Abwickler einzusetzen und dem Verwaltungsrat lediglich die Aufgabe der Überwachung der Abwickler (§ 268 Abs. 2 AktG) und die Leitung der Gesellschaft (§ 22 Abs. 1 SEAG) nebst dem Weisungsrecht gegenüber den geschäftsführenden Direktoren (Abwicklern) zukommen zu lassen. Hierfür sprechen die übliche Aufteilung des monistischen Modells sowie der Umstand, dass § 22 Abs. 6 SEAG und sein Prinzip (Übertragung aller Rechte und Pflichten auf den Verwaltungsrat) nicht, wie bereits dargelegt, auf den Abwicklungsfall passt. In der Praxis sollte jedenfalls vorbeugend durch eine Regelung in der **Satzung** (§ 265 Abs. 2 AktG), die die geschäftsführenden Direktoren als alleinige Abwickler einsetzt und vorsorglich den Mitgliedern des Verwaltungsrats die Abwicklereigenschaft aberkennt, möglichen Unklarheiten vorgebeugt werden; nach Beginn des Abwick-

---

[7] S. Janott/Frodermann/Frege/Klawa, § 12 Rn. 51.
[8] So auch *Schwarz*, Art. 63 Rn. 32.
[9] So auch *Schwarz* Art. 63 Rn. 36.
[10] *Schwarz*, Art. 63 Rn. 35 ff.

lungsverfahrens auftretende Unklarheiten in der Person der Abwickler können über § 265 Abs. 2 AktG noch mittels eines **Hauptversammlungsbeschlusses** gelöst werden.

2. Aufgabenverteilung

7 a) **Abwickler.** Bei der dualistisch strukturierten SE sind die Mitglieder des Leitungsorgans Abwickler. Im Rahmen des monistischen Modells kommt diese Aufgabe in entsprechender Anpassung der Auflösungsvorschriften an das monistische Modell den geschäftsführenden Direktoren zu (streitig, s. Rn. 6), die als Abwickler im Amt bleiben. Im Hinblick auf die Bestellung von Abwicklern gilt § 265 Abs. 2 bis 4 AktG. Die besondere Antragsberechtigung der qualifizierten Minderheit nach § 265 Abs. 3 S. 1 AktG sowie die Grenzwerte gelten auch für die SE.[11]

8 Die Abwickler sind nach § 268 AktG zur Abwicklung der **laufenden Geschäfte** berufen und **vertreten** die abzuwickelnde SE (§ 269 Abs. 1 AktG iVm. § 41 Abs. 1 SEAG). Für die Vertretungsbefugnis gilt § 269 AktG.[12] Die Abwickler haben den **Gläubigeraufruf** nach § 267 durchzuführen. Der Gläubigeraufruf wird im Handelsregister eingetragen; für die Eintragung im Amtsblatt der EG gibt es keine Rechtsgrundlage.[13] Zudem haben sie nach § 270 AktG die **Eröffnungsbilanz**, die laufenden **Jahresabschlüsse**, den **Lagebericht** und nach § 273 AktG die **Schlussrechnung** aufzustellen. Im monistischen Modell haben die abwickelnden Geschäftsführer den **Weisungen** des Verwaltungsrats zu folgen (§ 44 Abs. 2 SEAG). Zur Anmeldung s. Rn. 6. Die Abwickler **haften** nach § 93 AktG (§ 264 Abs. 3 AktG, § 40 Abs. 8 SEAG). Für die **Vergütung** gilt § 40 Abs. 7 SEAG, §§ 264 Abs. 3, 265 Abs. 5 S.2 AktG.

9 b) **Aufsichtsrat/Verwaltungsrat.** Im dualistischen Modell bleibt das Aufsichtsorgan bei der Abwicklung – wie im Aktiengesetz – im Amt. Er hat die Abwickler zu überwachen (§ 268 Abs. 2 S. 2 AktG) und über zustimmungspflichtige Geschäfte zu entscheiden.[14] Es bestehen insoweit keine Abweichungen vom Aktiengesetz. Auch im monistischen Modell bleibt der Verwaltungsrat im Amt; im Hinblick auf Fragen der Zusammensetzung und die Zahl der Mitglieder finden die §§ 23 ff. SEAG Anwendung.[15] Der Verwaltungsrat hat die Abwickler zu **überwachen** (im Einzelnen streitig, s. Rn. 6). Er hat ggf. erforderliche Zustimmungsbeschlüsse zu fassen. Leitungsaufgaben, die dem Verwaltungsrat grundsätzlich zustehen, kann er über das ihm zustehende Weisungsrecht nach § 44 Abs. 2 SEAG gegenüber den abwickelnden geschäftsführenden Direktoren durchsetzen. Im Hinblick auf die **Haftung** und die **Vergütung** gelten die allgemeinen Regelungen (s. 5. Abschnitt § 2 Rn. 40, § 3 Rn. 53 f.).

10 c) **Hauptversammlung.** Für die Hauptversammlung der sich in Abwicklung befindlichen SE gelten die §§ 264 ff. AktG. Die SE-Hauptversammlung hat über die Feststellung der **Eröffnungsbilanz** und des **Jahresabschlusses** sowie über die **Entlastung** der Abwickler und der Mitglieder des Aufsichts- bzw. Verwaltungsrats zu entscheiden. Zudem kann sie durch Beschluss andere Abwickler bestellen und abberufen (§ 265 Abs. 2, 5 AktG) und die **Fortsetzung** der Gesellschaft nach § 274 AktG beschließen. Die Beschlussfassung richtet sich entsprechend Art. 63 Hs. 2 SE-VO nach nationalem Recht und damit nicht nach Art. 57 und 59 SE-VO.[16]

---

[11] *Schwarz*, Art. 63 Rn. 29; *Roitsch*, Diss. Würzburg 2006, Teil III C. I. 1. c).
[12] *Schwarz*, Art. 63 Rn. 38.
[13] So *Schwarz*, Art. 63 Rn. 39; aA *Roitsch*, Diss. Würzburg 2006, Teil III D. I. 3.
[14] *Hüffer*, AktG, § 268 Rn. 6.
[15] *Schwarz*, Art. 63 Rn. 43.
[16] *Schwarz*, Art. 63 Rn. 15 f.

3. Anmeldung zum Handelsregister

Im dualistischen Modell sind die **ersten Abwickler** (zum Begriff s. Rn. 6) sowie ihre Vertretungsbefugnis durch das Leitungsorgan zur Eintragung in das Handelsregister anzumelden (§ 266 Abs. 1 AktG). Im monistischen Modell, das keine ausdrückliche und ausreichende Anpassungsregel in diesem Zusammenhang enthält (s. Rn. 6), obliegt die Pflicht zur Anmeldung in entsprechender Anwendung der Aufteilungsregelungen des monistischen Systems den geschäftsführenden Direktoren als Abwickler, da Anmeldeverpflichtungen zum Handelregister ihnen auch ansonsten nach § 40 Abs. 4 S. 2 und § 46 SEAG obliegen.[17] Die Abwickler (zum Begriff s. Rn. 6) haben zudem jeden **Wechsel** in ihren Reihen und im Hinblick auf ihre **Vertretungsbefugnis** anzumelden (§ 266 Abs. 1 AktG). Sie haben ihre **Namensunterschrift** zur Aufbewahrung beim Gericht einzureichen, wenn sie dies nicht bereits vorher als Mitglied des Leitungsorgans oder als geschäftsführender Direktor getan haben (§ 266 Abs. 5 AktG). Die übrigen Regelungen des § 266 Abs. 2 bis 4 AktG kommen ohne Abweichungen auf SE zur Anwendung. Nach Beendigung der Abwicklung und Legung der Schlussrechnung haben die Abwickler den **Schluss der Abwicklung** in das **Handelsregister** eintragen zu lassen (§ 273 Abs. 1 AktG). Die Löschung der SE ist nach Art. 14 SE-VO zu Informationszwecken im **Amtsblatt der EU** zu veröffentlichen.

4. Fortsetzung

Für die Fortsetzung einer aufgelösten SE gilt § 274 AktG (Art. 63 SE-VO). Die Fortsetzung ist von den Abwicklern (zum Begriff s. Rn. 6) zum Handelregister anzumelden (s. Rn. 6).[18] Für den Beschluss bedarf es der **Dreiviertelkapitalmehrheit** (§ 274 Abs. 1 AktG, Art. 63 Hs. 2 SE-VO). Die Abwickler erhalten mit der Fortsetzung ihre alte Stellung zurück.[19]

5. Nachtragsliquidation

Bei einer Nachtragsliquidation hat das Gericht auf Antrag eines Beteiligten die bisherigen Abwickler (s. Rn. 6) neu zu bestellen oder andere Abwickler zu berufen (§ 273 Abs. 3 AktG, Art. 63 SE-VO).

V. Insolvenz

Die SE ist **insolvenzrechtsfähig**, wobei sich die mit der Insolvenz zusammenhängenden Fragen für SE mit Sitz in Deutschland nach der Insolvenzordnung richten (s. Rn. 2). Im Fall von grenzüberschreitenden Fällen kommt es zudem zur Anwendung der EuInsVO. **Insolvenzreife** besteht, wenn die SE zahlungsunfähig oder überschuldet ist (§§ 16 ff. InsO). Für den **Eigenantrag** genügt, wie durch das Aktiengesetz vorgesehen ist, auch die drohende Zahlungsunfähigkeit (§ 18 InsO). Nach § 92 Abs. 2 AktG muss in diesem Fall bei SE mit dualistischem System das **Leitungsorgan** ohne schuldhaftes Zögern, spätestens aber binnen dreier Wochen, die Eröffnung des Insolvenzverfahrens beantragen. Die **Insolvenzanmeldungspflicht** trifft jedes Mitglied des Leitungsorgans. Bei SE mit monistischem System trifft diese Aufgabe den **Verwaltungsrat** (§ 22 Abs. 5 S. 2 SEAG); auch im Rahmen dieses Organs ist jedes Organ-

---

[17] *Schwarz*, Art. 63 Rn. 48.
[18] Zu den Fortsetzungsfällen siehe eingehend *Roitsch*, Diss. Würzburg 2006, Teil III G. II.; s. auch *Brandt*, S. 145.
[19] *Schwarz*, Art. 63 Rn. 50; aA *Roitsch*, Diss. Würzburg 2006, G/*Hüffer*, § 274 Rn. 35.

mitglied antragsbefugt nach § 15 Abs. 1 InsO.[20] Zudem obliegt dem Leitungsorgan bzw. dem Verwaltungsrat die Pflicht, unverzüglich die Hauptversammlung einzuberufen und ihr dies anzuzeigen, wenn sich bei der Aufstellung der Jahresbilanz oder einer Zwischenbilanz ergibt oder es bei pflichtgemäßem Ermessen anzunehmen ist, dass ein Verlust in der Hälfte des Grundkapitals besteht (§ 92 Abs. 1 AktG, § 22 Abs. 5 S. 1 SEAG). Im monistischen Modell hat der geschäftsführende Direktor zudem, wenn die Gesellschaft **zahlungsunfähig** wird oder sich eine **Überschuldung** der Gesellschaft ergibt (§ 40 Abs. 3 S. 2 SEAG), dem Vorsitzenden des Verwaltungsrats hierüber zu berichten. Ist Zahlungsunfähigkeit eingetreten oder hat sich eine Überschuldung ergeben, tritt das **Zahlungsverbot** des § 92 Abs. 3 AktG ein; im dualistischen Modell trifft diese Verpflichtung das Leitungsorgan, im monistischen Modell den Verwaltungsrat (§ 22 Abs. 5 S. 2 SEAG). Letzterer hat die geschäftsführenden Direktoren, die die täglichen Geschäfte und Zahlungen abwickeln, zur Einstellung der Zahlungen anzuweisen.[21] Wurden entgegen dem Zahlungsverbot Zahlungen geleistet, gilt im Hinblick auf die Mitglieder des Leitungsorgans bzw. Verwaltungsrats § 93 Abs. 3 Nr. 6 AktG. Soweit sich die geschäftsführenden Dierktoren über die Anweisung hinwegsetzen, haften sie nach § 93 AktG iVm. § 49 Abs. 8 SEAG.

15 Im Hinblick auf die Offenlegung der Beendigung der SE gelten die nationalen Regelungen ohne Abänderung: Nach § 30 InsO ist die Geschäftsstelle des Insolvenzgerichts für die Bekanntmachung zuständig; der Abschluss des Insolvenzverfahrens ist nach § 200 Abs. 2 oder § 215 InsO offenzulegen. Bei einer Auflösung infolge Insolvenz ergeben sich weitere Bekanntmachungspflichten aus § 23 InsO (Bekanntmachung der Verfügungsbeschränkung), § 252 InsO (Beschluss über Insolvenzplan) und § 273 InsO (Anordnung der Eigenverwaltung oder deren Aufhebung). Die Löschung der SE ist außerdem nach Art. 14 SE-VO zu Informationszwecken im **Amtsblatt der EU** zu veröffentlichen.

VI. Auflösungsbesteuerung

16 Die Besteuerung der SE bei der Auflösung richtet sich nach nationalem Recht (s. 9. Abschnitt § 2 Rn. 2).

---

[20] *Schwarz*, Art. 63 Rn. 64; *Roitsch*, Diss. Würzburg 2006, Teil IV F. I. 3. b).
[21] *Schwarz*, Art. 63 Rn. 70.

Sachverzeichnis

Abberufung von Arbeitnehmervertretern im Aufsichts- oder Verwaltungsrat 6 236 ff.
Abbruch der Verhandlungen 6 75 ff.
– im Falle der Umwandlung 6 79
– Niederschrifterfordernis bei 6 78
– Rechtsfolgen bei 6 76; 78
Abhängigkeitsbericht 8 25
– Prüfung 8 25
Abschlussprüfer
– Bestellung 5 § 4 17
– erster 4 § 4 12
– Widerruf der Wahl 5 § 4 31
Abschlussprüfung 10 1
Abwickler 11 6
– Aufgaben 11 6, 8
– Bestellung 11 7
– Entlastung 11 10
– erster 11 11
– Haftung 11 8
– Vergütung 11 8
– Vertretungsmacht 11 8, 11
Abwicklung der Gesellschaft *(s. auch Liquidation)*
– Abwicklungsverfahren 11 6
– SE 11 1, 6
Acquisition SE 1 40 ff.
– Beteiligung der Arbeitnehmer 1 47
– Europäische Corporate Culture 1 48
– Europäische Corporate Identity 1 48
– Europäischer Goodwill 1 48
– Organisationsstruktur, statutarische 1 43 ff.
– System der Unternehmensleitung 1 47
– Up-stream merger 1 41
– Verschmelzung, grenzüberschreitende 1 43
– Zusammenschluss, grenzüberschreitender 1 23
Agio 10 22
Aktionärsklage 5 § 4 74 *(s. auch Gesellschafterklage)*
Allianz AG, *s. Praxisbeispiele*
Anfechtung
– Hauptversammlungsbeschlüsse 5 § 4 74
– der Wahl eines Arbeitnehmervertreters aus dem Inland im Aufsichts- oder Verwaltungsorgan 6 238
Anhörung
– Begriff 6 8
– als Gegenstand einer Vereinbarung über Arbeitnehmerbeteiligung 6 140
– des SE-Betriebsrats kraft Gesetzes 6 163, 177 ff.
– erneute 6 183
– über außergewöhnliche Umstände 6 181 ff.
Ansatz- und Bewertungsstetigkeit 10 24
Anschaffungskosten 10 22
Anwendbares Recht 3 5 ff.
– bestehende SE 3 7 ff.
– Gründung der SE 3 6
Arbeitnehmer
– Begriff 6 28
– inländischer Gesellschaften im BVG 6 131
– leitende Angestellte als 6 28
– Vertretung im BVG 6 57
– Vertretungsorgan der (SE-Betriebsrat) 6 4, 164
Arbeitnehmerbeteiligung 2 8, 18; 5 § 4 8; 4 § 4 2, 10, 4 § 6 2
– Auffangregelung, *s. dort*
– Besonderes Verhandlungsgremium, *s. dort*
– Formen
 – besonderes Vertretungsorgan der Arbeitnehmer, *s. SE-Betriebsrat*
 – der Unterrichtung, *s. dort*
 – der Anhörung, *s. dort*
 – der Mitbestimmung, *s. dort*
– Optionslösung für den Gründungsfall der Verschmelzung 6 224 ff.
– Vereinbarung über, *s. dort*
– Verhandlungsverfahren, *s. dort*
Arbeitnehmervertreter
– im Aufsichts- oder Verwaltungsrat 6 142, 201 ff.
 – Abberufung 6 236 ff.
 – Anfechtung der Wahl eines Arbeitnehmervertreters aus dem Inland im Aufsichts- oder Verwaltungsrat, *s. dort*
 – Bestellung durch die Hauptversammlung bei Mitbestimmung kraft Gesetzes 6 234
 – Schutz der 6 51, 235
 – Verschwiegenheitspflicht der 6 243
– Information durch den SE-Betriebsrat kraft Gesetzes 6 185 ff.
– Wahlgremium zur Bestimmung der inländischen 6 112 ff.
Arbeitnehmervertretung 6 14
– Begriff 6 14
Arbeitnehmerzahlen
– Änderungen bei laufenden Verhandlungen 6 35 ff., 85
– Maßgeblichkeit 6 29
– mitbestimmungsrelevante Schwellenwerte 6 62 ff., 216 ff.
Arbeitsdirektor 6 239

Sachverzeichnis

halbfett = Abschnitt und §

At equity-Bewertung 10 30
Audit Committee 10 8
Auffangregelung
- als Gegenstand einer Vereinbarung über Arbeitnehmerbeteiligung **6** 144
- bei Fehlen eines Beschlusses des BVG bei Mitbestimmungskonkurrenzen **6** 220
- bei Fehlen einer Regelung für Sitzverteilung durch SE-Betriebsrat **6** 232
- SE-Betriebsrat kraft Gesetzes, *s. dort*
- zur Unterrichtung und Anhörung, *s. SE-Betriebsrat kraft Gesetzes*
- zur Mitbestimmung, *s. dort*
- „Spanische Klausel" bei Verschmelzungs-SE **6** 224 ff.

Auflösung der Gesellschaft
- Auflösungsbeschluss **5** § 4 20; **11** 3
- Besteuerung **11** 16
- Gründe **11** 3
- SE **2** 14; **11** 1

Aufsichtsorgan 2 8; **5** § 2 19 ff.
- Abberufung **5** § 2 25
- Abberufung von Leitungsorganmitgliedern **5** § 2 8, 14
- Abstellung als Leitungsorganmitglied **5** § 2 27
- Amtszeit **5** § 2 24
- Anzahl der Mitglieder **5** § 2 20
- Aufgaben **5** § 2 1, 19, 28
- bei der Abwicklung **11** 9
- Beschlussfassung **5** § 2 26, 36 ff.
- Bestellung **5** § 2 20 ff.
- Bestellung des Leitungsorgans **5** § 2 8
- Bestellung durch Satzung **5** § 2 22
- Einberufung der Hauptversammlung **5** § 4 48
- Entsendung **5** § 2 21
- Entsendungsrecht **5** § 4 9
- erstes Aufsichtsorgan **4** § 4 12; **5** § 2 22; **5** § 4 9
- Haftung (strafrechtlich) **5** § 2 41
- Haftung (zivilrechtlich) **5** § 2 40
- Information durch Leitungsorgan **5** § 2 29 ff.
- innere Organisation **5** § 2 26 f.
- Mitbestimmung der Arbeitnehmer **5** § 2 23, 26, 36, 38
- persönliche Voraussetzungen **5** § 2 21
- Überwachung der Geschäftsführung **5** § 2 1, 19
- Vertretung der SE **5** § 2 28
- Vorsitzender **5** § 2 26 f.
- Vorsitzender, Stellvertreter **5** § 2 26
- Vorsitzender, Zweitstimme **5** § 2 26, 36, 38
- Zusammensetzung **5** § 2 20 ff., 27
- zustimmungsbedürftige Geschäfte **5** § 2 34 f.

Aufsichtsorganmitglied
- Abberufung **5** § 4 27
- Bestellung **5** § 4 9
- Entlastung **5** § 4 16
- Vergütung **5** § 4 29

Aufsichtsrat der SE, *s. Aufsichtsorgan*
Ausgliederung 4 § 4 10; **4** § 6 1, 6, 8, 9
(*s. auch Spaltung*)
- Ausgliederungsbericht **4** § 6 8
- Ausgliederungsvertrag **4** § 6 8
- Handelsregistereintragung **4** § 6 8

Ausgründung einer Tochter-SE durch Mutter-SE 6 109, 110
Auskunftsanspruch des BVG 6 45
Auskunftsrecht
- Aktionär **5** § 4 61

Auslegung 3 14 ff.
- Auslegung nationalen Rechts **3** 14
- Auslegung Satzung der SE **3** 15
- Auslegung SE-VO **3** 14

außergewöhnliche Umstände 6 181
außenstehende Organisationen 6 53

Bankbilanzrichtlinie 10 3
Bargründung 4 § 4 10; **4** § 6 1, 6, 9
Beendigung der Gesellschaft, *s. Auflösung*
Behandlung, steuerliche, *s. Cross Border SE; European Group SE; Joint Venture SE; Merger SE; Reengineering SE; Reorganisation SE*
Beherrschungsvertrag 8 7
- Abfindung **8** 9, 20
- Ausgleich **8** 9, 20
- grenzüberschreitender **8** 31
- Organhaftung **8** 10, 18
- Sicherheitsleistung **8** 9, 20
- Verlustausgleich **8** 9, 20
- Weisungen **8** 7, 10, 11, 13, 17, 31

Bericht des Verwaltungsrates an die Hauptversammlung 10 12
Beschluss
- Sonderbeschlüsse **5** § 4 73

Beschlussfassung
- im Besonderen Verhandlungsgremium **6** 57 ff.
  - bei Minderung der Mitbestimmungsrechte **6** 60 ff.
  - Niederschrifterfordernis **6** 69; 78
- bei Umwandlungs-SE **6** 79

Besonderes Verhandlungsgremium (BVG)
- Abbruch von Verhandlungen **6** 75 ff.
  - im Falle der Umwandlung **6** 79
  - Niederschrifterfordernis **6** 78
  - Rechtsfolgen **6** 76, 78
- als Verhandlungspartner **6** 4
- Änderungen der Arbeitnehmerzahlen bei laufenden Verhandlungen **6** 35
- Arbeitnehmer inländischer Gesellschaften **6** 131
- nichtleitende Arbeitnehmer **6** 131

- leitende Angestellte **6** 131
- Arbeitnehmerzahlen, *s. dort*
- Aufforderung zur Bildung der Arbeitnehmerbeteiligung **6** 24
- Aufgabe der Arbeitnehmerbeteiligung **6** 4
- Auskunftsanspruch des **6** 45
- Berücksichtigung des Geschlechterverhältnisses **6** 131
- Beschluss bei Mitbestimmungskonkurrenzen **6** 219
- Beschlussfassung **6** 57 ff.
  - bei Abbruch oder Nichtaufnahme von Verhandlungen **6** 75 ff.
  - Niederschrifterfordernis **6** 78
  - bei Minderung der Mitbestimmungsrechte **6** 60 ff.
  - bei Umwandlung **6** 79
- Binnenverfassung des **6** 40 ff.
- Einsetzung des **6** 37, 73
- einvernehmliche Festlegung der Verhandlungsmodalitäten **6** 42
- Errichtungs- und Tätigkeitsschutz **6** 235
- Ersatzmitglieder im **6** 131
- Folgen ergebnisloser Verhandlungen **6** 73
- Frist für die Wahl oder Bestellung der Mitglieder **6** 74
- Fristversäumung bzgl. Konstituierung **6** 74
- Geschäftsordnung **6** 40 ff.
- Gewerkschaftsvertreter **6** 131
- Grundsatz der vertrauensvollen Zusammenarbeit **6** 43, 187 ff.
- Höchstmitgliederzahl **6** 30
- Information über die Mitglieder **6** 138 ff.
- innere Organisation **6** 40 ff.
- konstituierende Sitzung **6** 37 ff.
- Kosten **6** 70 ff.
  - für Sachverständige **6** 72
  - Umfang der Kostentragungspflicht **6** 72
- leitende Angestellte **6** 131
  - als Arbeitnehmer **6** 28
  - als Mitglieder im BVG **6** 131
  - Sitzgarantie **6** 131
- Minderung der Mitbestimmungsrechte **6** 64 ff.
- Mindestgröße **6** 30
- Neuverhandlungen **6** 80 ff.
  - nach Abbruch oder Nichtaufnahme von Verhandlungen **6** 80 ff.
  - bei Strukturänderungen **6** 83 ff.
- Nichtaufnahme von Verhandlungen **6** 75 ff.
  - im Falle der Umwandlung **6** 79
  - Niederschrifterfordernis **6** 78
  - Rechtsfolgen **6** 76; 78
- Niederschrifterfordernis für Beschlüsse **6** 69, 78
- persönliche Voraussetzungen der auf das Inland entfallenden Mitglieder **6** 131
- Sachverständige **6** 52
- Kosten **6** 72
- Schutz der Mitglieder **6** 51
- Sitzgarantie der Gewerkschaftsvertreter **6** 131
- Sitzgarantie der leitenden Angestellten **6** 131
- stellvertretender Vorsitzender **6** 40
- Strukturänderungen *s. dort*
- Unterrichtung außenstehender Organisationen **6** 53
- Vereinbarung
  - Anforderungen an die Arbeitnehmerbeteiligung **6** 153 ff.
  - Berücksichtigung struktureller Veränderungen bereits in der Vereinbarung **6** 84, 145
- Verschwiegenheitpflicht der Mitglieder **6** 48 ff.
- Verteilung der auf das Inland entfallenden Sitze **6** 131 ff.
  - Verteilung der Mitglieder des BVG auf inländische Gesellschaften **6** 131
  - Verfahren bei weniger Sitzen im BVG als inländische Gesellschaften an der SE-Gründung beteiligt sind **6** 132
  - Verfahren bei mehr Sitzen im BVG als inländische Gesellschaften an der SE-Gründung beteiligt sind **6** 133
  - Verfahren bei ausschließlich inländischen Betrieben **6** 135
  - Verfahren bei ausschließlich inländischen betroffenen Betrieben **6** 134
- Vertreter von geeigneten außenstehenden Organisationen **6** 53
- Vertretung der Arbeitnehmer **6** 27 ff.
- Vorsitzender des BVG **6** 40 ff.
  - Wahl **6** 40
  - Aufgaben **6** 41
- Wahl der Mitglieder **6** 128 ff.
- Wahlgremium **6** 112 ff.
- weitere Sitzungen **6** 44
- Zusammenarbeit zwischen Leitungen und Arbeitnehmerbeteiligung **6** 43
- Zusammensetzung **6** 26 ff.
  - Änderung **6** 35 ff., 85
  - Informationspflicht der Leitungen **6** 139
- zusätzliche Mitglieder im BVG bei Verschmelzungs-SE **6** 31 ff.

Besonderes Vertretungsorgan der Arbeitnehmer, *s.* SE-Betriebsrat

Besteuerung
- Auflösung **11** 16
- Sacheinlage **4 § 4** 17

Beteiligung
- Anhörung, *s. dort*
- Begriff **6** 11
- der Arbeitnehmer, *s. dort*
- Mitbestimmung, *s. dort*

Sachverzeichnis

halbfett = Abschnitt und §

- sonstige **6** 11
- Unterrichtung, *s. dort*

Beteiligung der Arbeitnehmer 1 20 *(s. auch Acquisition SE; Arbeitnehmerbeteiligung; Cross Border SE; European Group SE; Joint Venture SE; Merger SE; Reengineering SE; Reorganisation SE; Zielsetzungen)*

Beteiligungsrechte
- Begriff **6** 12
- Sicherung **6** 3

Betriebsrat 6 14, 114 ff.
- Europäischer **6** 4, 14, 78, 82, 164, 176
- Gesamt- **6** 14, 114 ff.
- Konzern- **6** 14, 114
- SE-Betriebsrat *s. dort*

Betriebsverfassungsrecht
- im Verhältnis zum SEBG **6** 78
- Fortbestehen nationaler betrieblicher Arbeitnehmervertretungsstrukturen **6** 34

Bewertung
- Sacheinlage **4** § **4** 2, 17

Bezugsrecht
- Ausschluss **2** 2

Bilanz *(s. auch Jahresabschluss)*
- Liquidationseröffnungsbilanz **11** 8, 10

Bilanzgewinn, *s. Gewinn*

Bilanzierungshilfen 10 20

Bilanzpolitik 10 9

Binnenverfassung
- des BVG **6** 40
- des SE-Betriebsrats **6** 167 ff.

Board-Modell, *s. monistisches System*

Brenner Basis Tunnel BBT SE, *s. Praxisbeispiele*

Buchwert 10 23

Buchwertfortführung 10 20, 24

Chairman of the Board 5 § **1** 2
Chief Executive Officer 5 § **1** 2
Corporate Governance, *s. System der Unternehmensleitung*

Cross Border SE 1 73 ff.
- Behandlung, steuerliche **1** 75
- Beteiligung der Arbeitnehmer **1** 74
- Sitzverlegung, grenzüberschreitende **1** 23, 73 f.
- Steuerplanung, internationale **1** 76
- System der Unternehmensleitung **1** 74
- Wegzugsstaat **1** 73
- Zuzugsstaat **1** 73

Dauer der Verhandlungen 6 73, 74
- Fristbeginn **6** 73
- Höchstdauer **6** 73

Diskriminierungsverbot 6 242

Doppelbesteuerungsabkommen 9 § **1** 1 ff.

Dualistisches System 5 § **1** 1; **5** § **2**
- anwendbares Recht **5** § **2** 1

- Aufsichtsorgan **5** § **2** 19 ff. *(s. auch Aufsichtsorgan)*
- Geschäftsführung **5** § **2** 1, 2, 19 *(s. auch Leitungsorgan Geschäftsführung)*
- Grundstruktur **5** § **2** 1
- Informationsfluss **5** § **2** 29 ff.
- Leitungsorgan **5** § **2** 2 ff. *(s. auch Leitungsorgan)*
- Organe **5** § **2** 1
- Überwachung der Geschäftsführung **5** § **2** 1, 19 *(s. auch Aufsichtsorgan Überwachung)*
- Unterschiede zum monistischen System **5** § **1** 1; **5** § **3** 2

Durchbrechung der Bewertungsstetigkeit 10 19

Eingliederung 8 28
- Anmeldung **8** 29
- Beendigung **8** 29
- grenzüberschreitende **8** 34
- Organhaftung **8** 28, 29
- Prüfung **8** 28
- Weisungen **8** 28, 29

Einkommensteuer 9 § **1** 37

Einlage 2 2; **4** § **4** 12 *(s. auch Sacheinlage)*

Einsetzung des BVG 6 37, 73

Elcoteq, *s. Praxisbeispiele*

Entgeltfortzahlung der SE-Betriebsratsmitglieder bei Fortbildung 6 197

Entlastung
- Einzelentlastung **5** § **4** 16
- Gesamtentlastung **5** § **4** 16

Entstrickungstatbestand
Steuerlicher Ausgleichsposten (§ 4g EStG) 9 § **2** 7 ff.
- Überführung von Wirtschaftsgütern **9** § **2** 4 ff.

Eröffnungsbilanz 10 21, 25

Errichtungs- und Tätigkeitsschutz 6 51, 194 ff., 235

Ersatzmitglieder im BVG 6 131

EU-Rechnungslegungsrichtlinien 10 32

Europäische Corporate Culture 1 21 *(s. auch Acquisition SE; Merger SE; Reengineering SE; Reorganisation SE; Zielsetzungen)*

Europäische Corporate Identity 1 21 *(s. auch Acquisition SE; Merger SE; Reengineering SE; Reorganisation SE; Zielsetzungen)*

Europäische Genossenschaft (Societas Cooperativa Europaea – SCE) 9 § **1** 15

Europäischer Betriebsrat 6 4, 14, 78, 82, 164, 176

Europäischer Corporate Goodwill 1 21 *(s. auch Acquisition SE; Merger SE; Reengineering SE; Reorganisation SE; Zielsetzungen)*

Europäisches Betriebsräte-Gesetz im Verhältnis zum SEBG 6 78

mager = Rn.

Sachverzeichnis

European Group SE 1 63 ff.
– Behandlung, steuerliche **1** 67
– Beteiligung der Arbeitnehmer **1** 65
– Organisationsstruktur, statutarische **1** 64
– Prinzip der Satzungsstrenge **1** 66
– Reorganisation und Reengineering **1** 23
– System der Unternehmensleitung **1** 65
– Umwandlung, grenzüberschreitende **1** 64
– Zusammenschluss, grenzüberschreitender **1** 23
European Holding SE, s. Reorganisation SE
European Single Entity SE, s. Reorganisation SE
Existenzvernichtungshaftung 8 23, 27

Faktischer Konzern, s. faktische Unternehmensverbindungen
faktische Unternehmensverbindungen 8 22
– Abhängigkeitsbericht **8** 25
– existenzvernichtender Eingriff **8** 23 (s. auch Existenzvernichtungshaftung)
– grenzüberschreitende **8** 33
– Haftung des herrschenden Unternehmens **8** 23
– Konzernleitung **8** 24
– Nachteilsausgleich **8** 23, 24
– Organhaftung **8** 23, 26
– Weisungen **8** 23
fehlerhafte Gesellschaft 2 13
Feststellung des Jahresabschlusses 10 11
Financial merger, s. Merger SE
Firma 2 4
Flexibilität, grenzüberschreitende **1** 4 ff.
formeller Geheimnisbegriff 6 48, 243
Formkaufmann 2 4
Formwechsel 4 § 5
– Abschlussprüferbestellung **4** § 5 36
– Abweichungen zu Formwechsel nach UmwG **4** § 5 2 f.
– Amtskontinuität **4** § 5 36
– Anmeldung zur Eintragung **4** § 5 40
– anwendbares Recht **4** § 5 4 f.
– Aufsichtsorgan der SE **4** § 5 36
– Aufsichtsrat der AG **4** § 5 36
– Austrittsrecht gegen Barabfindung **4** § 5 13, 47 ff.
– Barabfindungsangebot **4** § 5 13, 47 ff.
– bedingtes Kapital **4** § 5 43
– Bekanntmachung der Eintragung **4** § 5 42
– Bekanntmachung des Umwandlungsplans, s. Umwandlungsplan; Bekanntmachung
– Bescheinigung über Nettovermögenswerte, s. Werthaltigkeitsbescheinigung
– Beteiligung der Arbeitnehmer **4** § 5 24, 41
– Beteiligungsfähige Rechtsträger **4** § 5 7 ff.
– Betriebsrat **4** § 5 21
– Eintragung **4** § 5 2, 6, 39 ff.

– genehmigtes Kapital **4** § 5 43
– Gründungsbericht **4** § 5 31, 44 ff.
– Gründungsphasen **4** § 5 6
– Gründungsprüfung **4** § 5 3, 31, 44 ff.
– Gründungsprüfungsbericht **4** § 5 3, 31, 44 ff.
– Hauptversammlung, Einberufung **4** § 5 32 f.
– Hauptversammlung, Vorbereitung **4** § 5 10 ff.
– Hauptversammlungsbeschluss **4** § 5 2, 6, 34 ff.
– Identität des Rechtsträgers **4** § 5 2, 43
– Kapitalaufbringung **4** § 5 46
– Negativerklärung **4** § 5 40
– Offenlegung der Eintragung **4** § 5 42
– Offenlegung des Umwandlungsplans, s. Umwandlungsplan; Offenlegung
– Satzung der SE **4** § 5 15, 35, 43
– Sitzverlegung **4** § 5 1, 51
– steuerliche Folgen **9** § 2 68 f.
– Umwandlungsbericht **4** § 5 16, 25 ff. (s. auch Umwandlungsbericht)
– Umwandlungsplan **4** § 5 10 ff. (s. auch Umwandlungsplan)
– Verbesserung des Beteiligungsverhältnisses **4** § 5 50
– Verwaltungsrat der SE **4** § 5 36
– Wirksamkeit **4** § 5 43
– Wirkungen **4** § 5 43
Formwechselbeschluss 4 § 5 2, 6, 34 ff.
– Anfechtbarkeit **4** § 5 38
– Form **4** § 5 34
Fortbildung der Mitglieder des SE-Betriebsrats kraft Gesetzes 6 197
Fortsetzung der Gesellschaft SE 11 12
Freizeitausgleich für Schulungszeiten 6 197
Frist für die Wahl oder Bestellung der Mitglieder des BVG 6 74
Full merger, s. Merger SE

Gelatine Urteil **4** § 4 14; **4** § 6 9; **5** § 4 2, 37, 74; **8** 14
Geltungsbereich der Vereinbarung über Arbeitnehmerbeteiligung 6 140
Gemeinsame Tochter-SE 4 § 4 (s. auch Tochter-SE)
– Gründung
  – ad-hoc-Meldepflicht **4** § 4 20
  – Anmeldung zum Handelsregister **4** § 4 18
  – eingeschränkte Mehrstaatigkeit **4** § 4 9
  – Gründungsbericht **4** § 4 12
  – Gründungsgesellschaften **4** § 4 5, 14
  – Gründungsplan **4** § 4 11
  – Gründungsprotokoll **4** § 4 12
  – Gründungsprüfung **4** § 4 12
  – Gründungsverfahren **4** § 4 1, 10

341

Sachverzeichnis   halbfett = Abschnitt und §

– Handelsregistereintragung 4 § 4 19
– Satzung 4 § 4 2, 12
General Motors Europe, *s. Praxisbeispiele*
Genussrechte 5 § 4 18
Geschäftsführende Direktoren 5 § 1 2; 5 § 3 3
– Abberufung 5 § 1 2; 5 § 3 3, 25, 34, 35
– Amtszeit 5 § 3 34
– Anstellungsvertrag 5 § 3 36
– Aufgaben 5 § 3 18 ff.
– Berichtspflichten 5 § 3 19 f., 41 ff.
– Beschlussfassung 5 § 3 52
– Bestellung 5 § 3 30 ff.
– Bezüge 5 § 3 36
– Entlastung 5 § 3 56
– Gesamtvertretung 5 § 3 40
– Geschäftsführung 5 § 3 17, 18, 22 f., 28, 32
– Geschäftsordnung 5 § 3 37
– Haftung im Konzern *s. Haftung*
– Haftung (strafrechtlich) 5 § 3 57
– Haftung (zivilrechtlich) 5 § 3 55
– Hauptversammlung 5 § 3 27 ff.
– innere Ordnung 5 § 3 37 f.
– Personenidentität mit Verwaltungsrat 5 § 3 30 f., 43
– Pflichtverletzung 5 § 3 55
– rechtswidrige Weisung 5 § 3 55
– Sprecher 5 § 3 37
– Vertretung der SE 5 § 3 17, 39 f.
– Verwaltungsrat, Verhältnis zu 5 § 1 2; 5 § 3 22 ff.
– Vorsitzender 5 § 3 37 f.
– Weisungsgebundenheit 5 § 1 2; 5 § 3 3, 23, 27 ff., 55
– Zusammensetzung 5 § 1 2; 5 § 3 30 ff., 43
– Zustimmungsbedürftige Geschäfte 5 § 3 39 ff.
Geschäftsführender Ausschuss des SE-Betriebsrats kraft Gesetzes 6 168
– Kosten 6 196
– Unterstützung durch Sachverständige 6 196
Geschäftsführung in der SE, *s. Monistisches System Geschäftsführung bzw. Dualistisches System Geschäftsführung*
Geschäfts- und Firmenwert 10 29
Gesellschafterklage
– Aktionärsklage 5 § 4 74
Gewerbesteuer 9 § 1 57
Gewerkschaftsvertreter im BVG, *s. Besonderes Verhandlungsgremium*
Gewinn
– Verwendung, *s. Gewinnverwendung*
Gewinnabführungsvertrag 8 21
– grenzüberschreitender 8 32
– Organschaft 8 32
Gewinnschuldverschreibung, *s. Schuldverschreibung*

Gewinnverwendung
– Beschluss 5 § 4 15
– Rücklagen 5 § 4 15
Gleichbehandlungsgrundsatz 5 § 4 61
Going-Concern-Grundsatz 10 19, 31
Gründung
– Bargründung 4 § 4 10; 4 § 6 1, 6, 9
– Einpersonengründung 4 § 6 1, 5
– durch Formwechsel *s. Formwechsel*
– Fortbestehen nationaler Arbeitnehmervertretungsstrukturen bei 6 34
– gemeinsame Tochter-SE 4 § 4 (*s. auch gemeinsame Tochter-SE*)
– grenzüberschreitende, *s. Zielsetzungen*
– Handelsregistereintragung 2 16, 19
– Mängel 2 14
– Nachgründung 5 § 4 23
– Sachgründung 4 § 4 10; 4 § 6 1, 6, 9
– Tochter-SE 4 § 6 (*s. auch Tochter-SE*)
Gründung Holding-SE, *s. Holdinggründung*
Gründungsplan (Holding-SE)
– Auslegung für Anteilseigner 4 § 3 15
– Bekanntmachung 4 § 3 12
– Beurkundung 4 § 3 11
– Erstellung 4 § 3 6
– Form 4 § 3 11
– Inhalt 4 § 3 4, 6 ff., 10, 56
– Offenlegung 4 § 3 12
– Prüfung des 4 § 3 4, 13 f., 15
– Satzung der SE 4 § 3 10 f. (*s. auch Holdinggründung Satzung der SE*)
Grundsatz
– der Verhandlungsfreiheit 6 140
– der vertrauensvollen Zusammenarbeit 6 43

Haftung 10 13
– im Konzern 8 23
– geschäftsführender Direktor 8 10, 18, 23, 26, 5 § 3 55 ff.
– Mitglieder des Aufsichtsorgans 8 18, 26, 5 § 2 40 f.
– Mitglieder des Leitungsorgans 8 10, 18, 23, 26, 5 § 2 39, 41
– Mitglieder der Verwaltungsrats 8 10, 11, 19, 23, 26, 5 § 3 53 f., 57
Handelndenhaftung in der Vor-SE 4 § 1 12 ff.
Handelsregisteranmeldungen in der monistischen SE 5 § 3 21
Hauptversammlung 5 § 4
– Ablauf 5 § 4 2, 40, 61
– außerordentliche 5 § 4 39, 41
– bei der Abwicklung 11 10
– Beschluss 5 § 4 62 (*s. auch Beschluss*)
– Beschlussmehrheiten 5 § 4 2, 62
– Einberufung 5 § 4 45; 11 14
– erste 5 § 4 41
– Leitung 5 § 4 61

mager = Rn.

- Letztentscheidungsrecht 5 § 4 28
- ordentliche 5 § 4 38, 41, 46
- Ort 5 § 4 42
- Sprache 5 § 4 44
- Tagesordnung 5 § 4 57
- Teilnahmerecht 5 § 4 61
- Zuständigkeit 5 § 4 2, 3

Hauptverwaltung der Gesellschaft 4 § 4 8; 11 3

Höchststimmrecht 5 § 4 68, 70

Holdinggründung 4 § 3
- 50%-Schwelle 4 § 3 4, 9, 55
- Anfechtung 4 § 3 19, 45
- Anmeldung zur Eintragung 4 § 3 30 ff., 35
- Anteilseignerversammlung, Beschlussfassung 4 § 3 16 ff.
- Anteilseignerversammlung, Einberufung 4 § 3 15
- Anteilseignerversammlung, Vorbereitung 4 § 3 6 ff.
- Anteilseinbringung 4 § 3 2, 4, 9, 20 ff., 30, 34, 41
- Anteilstausch 4 § 3 2, 23, 36 (s. auch Holdinggründung Umtauschverhältnis)
- anwendbares Recht 4 § 3 3
- Austrittsrecht gegen Barabfindung 4 § 3 8, 49 ff., 66 f.
- Barabfindungsangebot 4 § 3 8, 49 ff., 66 f.
- Barzuzahlung 4 § 3 27, 43 ff.
- Bekanntmachung des Gründungsplans, s. Gründungsplan (Holding-SE) Bekanntmachung
- Beteiligung der Arbeitnehmer 4 § 3 10, 18, 20
- Beteiligungsfähige Rechtsträger 4 § 3 5
- Drei-Monats-Frist, s. Holdinggründung Einbringungsfrist
- Einbringung der Anteile 4 § 3 2, 4, 9, 20 ff., 30, 34, 41
- Einbringungsfrist 4 § 3 4, 20 f., 25, 37
- Einbringungsfrist, Verlängerung 4 § 3 25
- Ein-Monats-Frist, s. Holdinggründung Nachfrist
- Eintragung 4 § 3 4, 18, 30 ff., 45, 55, 67
- Erwerb eigener Aktien 4 § 3 8, 57 ff.
- Freigabeverfahren 4 § 3 33, 45
- GmbH 4 § 3 5, 8, 15, 17, 22, 51
- Grundkapital der SE 4 § 3 11, 25, 35 f.
- Gründungsbericht 4 § 3 7 (s. auch Holdinggründungsbericht)
- Gründungsbericht nach AktG 4 § 3 30 ff.
- Gründungsphasen 4 § 3 4
- Gründungsplan 4 § 3 6 ff. (s. auch Gründungsplan (Holding-SE))
- Gründungsprüfung nach AktG 4 § 3 30 ff.
- Gründungsprüfungsbericht, s. Gründungsplan (Holding-SE) Prüfung des
- Konzernbildung 4 § 3 8, 39 f., 41 f., 51, 63, 65

Sachverzeichnis

- Mehrheit bei Beschlussfassung 4 § 3 17
- Minderheitenschutz 4 § 3 8, 49 ff., 54, 63
- Minderheitsgesellschafter 4 § 3 8, 39, 40, 49 ff., 54, 63
- Mindestprozentsatz 4 § 3 4, 9, 11, 21, 24 f., 30, 34 ff., 55, 61
- Mitteilungsfrist, s. Holdinggründung Einbringungsfrist
- Nachfrist 4 § 3 25, 34 f.
- Negativerklärung 4 § 3 33, 45
- Offenlegung der Erreichung des Mindestprozentsatzes 4 § 3 34
- Offenlegung des Gründungsberichts 4 § 3 12
- Offenlegung des Gründungsplans 4 § 3 12
- Prüfung 4 § 3 4, 13 f.
- Prüfungsbericht 4 § 3 13, 15
- Rechtsfolgen für Gründungsgesellschaften 4 § 3 39 f.
- Sachverständiger 4 § 3 4, 13 f.
- Satzung der SE 4 § 3 11, 34 ff.
- Spruchverfahren 4 § 3 29, 44 ff.
- Spruchverfahren, internationale Zuständigkeit 4 § 3 46 ff.
- Spruchverfahren, Zustimmung ausländischer Gesellschaften 4 § 3 44
- Squeeze-out 4 § 3 40
- Treuhänder bei Anteilseinbringung 4 § 3 23
- Umtauschverhältnis 4 § 3 10, 11, 13, 26 ff., 43 ff.
- Umtauschverhältnis, Verbesserung 4 § 3 26, 43 ff.
- Versammlung der Anteilseigner 4 § 3 16 ff., 41 ff. (s. auch Holdinggründung; Anteilseignerversammlung)
- Voraussetzungen 4 § 3 5
- Vorbehalt bzgl. Arbeitnehmerbeteiligung 4 § 3 18, 20
- Widerspruch 4 § 3 8, 50, 56, 59
- Wirkungen der Eintragung 4 § 3 37 f.
- WpÜG, Anwendbarkeit 4 § 3 63 ff.
- Zaunkönigsregel, s. Holdinggründung; Nachfrist

Holdinggründungsbericht 4 § 3 7
- Auslegung für Anteilseigner 4 § 3 15
- Bekanntmachung 4 § 3 12
- Inhalt 4 § 3 7
- Offenlegung 4 § 3 12

Holding-SE 4 § 4 14; 5 § 4 11 (s. auch European Holding SE; Zielsetzungen)
- Anwendungsbereich UmwStG 9 § 2 44
- Anteilsbewertung bei übernehmender Holding-SE 9 § 2 45 f.
- Besteuerung des Einbringenden 9 § 2 48 ff.
- keine Rückbeziehung der Anteilseinbringung 9 § 2 47

343

Sachverzeichnis
halbfett = Abschnitt und §

- Weiterveräußerung der erhaltenen Anteile 9 § 2 52 f.
  - Einbringungsgewinn I bei Veräußerung durch Einbringenden 9 § 2 63 f.
  - Haltefristen 9 § 2 62
  - Nachweispflichten 9 § 2 67

Holzmüller Urteil 4 § 4 14; 4 § 6 9; 5 § 4 2, 37, 74; 8 14

IFRS 10 1
Informationspflicht der Leitungen 6 14 ff.
- Adressat der Information 6 14, 21
- bei Änderungen in der Zusammensetzung des BVG 6 35
- hinsichtlich Ort und Tag der Sitzungen mit dem SE-Betriebsrat kraft Gesetzes 6 180
- Inhalt der Informationen 6 14 ff.
- Rechtsfolgen bei Pflichtverletzung 6 20, 180
- Streitigkeiten 6 20
- über personelle Zusammensetzung des BVG 6 138 ff.
- über Planung der SE-Gründung 6 14
- Zeitpunkt der Information 6 19, 22

Informations- und Anhörungsrechte des SE-Betriebsrats 6 177 ff., 181 ff.
innere Organisation
- des BVG 6 40 ff.
- des SE-Betriebsrats 6 167 ff.

Insolvenz
- SE 11 1, 14

Insolvenzantragspflicht
- in der monistischen SE 5 § 3 19
- Leitungsorganmitglied 11 14
- Verwaltungsrat 11 14

Jahresabschluss
- Aufstellung in der monistischen SE 5 § 3 21, 32
- Feststellung in der monistischen SE 5 § 3 32
- Feststellung 5 § 4 32; 11 10
- Lagebericht 11 8

Joint Venture SE 1 49 ff.; 4 § 4 1
- Behandlung, steuerliche 1 52
- Beteiligung der Arbeitnehmer 1 51
- Organisationsstruktur, statutarisch 1 51
- Prinzip der Satzungsstrenge 1 52
- Zusammenschluss, grenzüberschreitender 1 23

Kapitalrücklagen 10 24
Körperschaftsteuer
- Abspaltung 9 § 1 11
- Betriebsstätte 9 § 1 1 ff.
- Betriebsverlegung 9 § 1 38
- Buchwertverknüpfung 9 § 1 1

- Einheitliche konsolidierte Bemessungsgrundlage 9 § 1 59
- Formwechselnde Umwandlung 9 § 1 29
- Fusionsrichtlinie 9 § 1 6 ff.
- Gewinnausschüttung 9 § 1 10
- Holding-SE 9 § 1 24
- Kapitalverkehrsrichtlinie 9 § 1 § 3
- Konzernbesteuerung 9 § 1 49
- Mindestbeteiligung 9 § 1 1
- Mutter-Tochter-Richtlinie 9 § 1 53
- Pilotprojekt 9 § 1 60 ff.
- Quellensteuern 9 § 1 53
- Richtlinie zur Behandlung von Zins- und Lizenzgebührzahlungen 9 § 1 55
- Schiedskonvention 9 § 1 52
- Sitzlandbesteuerung („Home State Taxation") 9 § 1 59
- Sitzverlegung 9 § 1 35 ff.
- Spaltung 9 § 1 11
- Stille Reserven 9 § 1 1 ff.
- Tochter-SE 9 § 1 25
- Veräußerungsgewinne 9 § 1 1 ff.
- Veräußerungssperre 9 § 1 1 ff.
- Verlustausgleich 9 § 1 49
- Verlustvorträge 9 § 1 27
- Verrechnungspreise 9 § 1 51
- Verschmelzungsgründung 9 § 1 1 ff.
- Wegzugsbesteuerung 9 § 1 37

konstituierende Sitzung
- des BVG 6 37 ff.
- des SE-Betriebsrats 6 167

Konzern
- faktischer, *s. faktische Unternehmensverbindungen*
- qualifiziert faktischer, *s. qualifiziert faktischer Konzern*
- Vertragskonzern, *s. dort*

Konzernrecht 8
- Anwendung der konzernrechtlichen Regelungen auf die SE 8 2
- Besonderheiten gegenüber dem Konzernrecht nationalen Rechts 8 1

Konzernrechnungslegungspflicht 10 26
Konzernzurechnung zur Mitbestimmungssicherung 6 62 ff., 216 ff.
Kosten
- des BVG 6 70 ff.
  - für Sachverständige 6 72
- des geschäftsführenden Ausschusses des SE-Betriebsrats kraft Gesetzes 6 196
  - für Sachverständige 6 196
- des SE-Betriebsrats kraft Gesetzes 6 196 ff.
  - für Sachverständige 6 196

Lagebericht 11 8
Laufende Besteuerung 9 § 2 2
leitende Angestellte
- als Arbeitnehmer 6 28

mager = Rn.

Sachverzeichnis

- als Mitglieder im BVG **6** 131
- Sitzgarantie **6** 131

Leitung
- Begriff **6** 2, 4
- Einschränkung der Informationspflicht **6** 47
- Pflicht
  - zur Einladung zur konstituierenden Sitzung des BVG **6** 37
  - zur Information der örtlichen Betriebs- und Unternehmensleitung **6** 139
  - zur Information über die Entwicklung der Geschäftslage **6** 177
  - zur Information über das Gründungsvorhaben der SE und des Verlaufs des Verfahrens **6** 45
  - zur Prüfung der Zusammensetzung des SE-Betriebsrats **6** 172 ff.
  - zur Unterrichtung über Planung der SE-Gründung **6** 14

Leitungsorgan 2 8; **5** § 2 2 ff.
- Abberufung **5** § 2 8, 14
- Abstellung eines Aufsichtsorganmitglieds **5** § 2 27
- Amtszeit **5** § 2 10 ff.
- Anzahl der Mitglieder **5** § 2 3 f.
- Aufgaben **5** § 2 2, 17 f.
- Berichtspflichten **5** § 2 29 ff.
- Beschlussfassung **5** § 2 36 ff.
- Bestellung **5** § 2 8
- Bestellung durch Gericht **5** § 2 9
- Einberufung der Hauptversammlung **5** § 4 48
- Geschäftsführer für laufende Geschäfte **5** § 2 18
- Geschäftsführung **5** § 2 1, 2, 34
- Geschäftsordnung **5** § 2 16
- Haftung im Konzern s. *Haftung*
- Haftung (strafrechtlich) **5** § 2 41
- Haftung (zivilrechtlich) **5** § 2 39
- innere Organisation **5** § 2 15 f.
- juristische Person als Mitglied **5** § 2 5
- Mitbestimmung der Arbeitnehmer **5** § 2 4
- persönliche Voraussetzungen **5** § 2 5 ff.
- Sprecher **5** § 2 15
- Überwachung durch Aufsichtsorgan **5** § 2 1, 19
- Vertretung der SE **5** § 2 17 f.
- Vorsitzender **5** § 2 15
- Wiederbestellung **5** § 2 12
- Zusammensetzung **5** § 2 2 ff., 27
- Zustimmungsbedürftige Geschäfte **5** § 2 34 f.
- Zweitstimmrecht **5** § 2 15

Leitungsorganmitglied
- Bestellung **5** § 4 10
- Entlastung **5** § 4 16
- Entzug des Vertrauens **5** § 4 25
- Haftung **8** 10

Liquidation (s. auch Abwicklung)
- Eröffnungsbilanz **11** 8, 10
- Jahresabschluss **11** 8, 10
- Lagebericht **11** 8
- Nachtragsliquidation **11** 13
- Schlussrechnung **11** 8
- SE **11** 2

Liquidator, s. *Abwickler*

Mehrstaatlichkeit 4 § 6 4; **11** 3
- eingeschränkte **4** § 4 9

Mehrstimmrecht 5 § 4 68, 70

Merger SE 1 24 ff.
- Behandlung, steuerliche **1** 34
- Beteiligung der Arbeitnehmer **1** 32
- Europäische Corporate Culture **1** 33
- Europäische Corporate Identity **1** 33
- Europäischer Goodwill **1** 33
- Financial merger **1** 24
- Full merger **1** 24
- Organisationsstruktur, statutarische **1** 28 ff.
- Side-stream merger **1** 37
- Steuerplanung, internationale **1** 39
- System der Unternehmensleitung **1** 32
- Up-stream merger **1** 36
- Verschmelzung, grenzüberschreitende **1** 35 ff.
- Zusammenschluss, grenzüberschreitender **1** 23

Minderung der Mitbestimmungsrechte 6 64 ff.

Mindestinhalt der Vereinbarung, s. *Vereinbarung*

Missbrauch der SE 6 251 ff.
- Begriff **6** 251 ff.
- bei Renationalisierung der SE **6** 258
- bloße Sitzverlegung **6** 254
- Sanktionen bei **6** 259
- Verhältnis zu Strukturänderungen **6** 252
- Widerlegbare Vermutung **6** 251

Missbrauchsverbot 6 251, 259

Mitbestimmung
- als Gegenstand einer Vereinbarung über Arbeitnehmerbeteiligung **6** 142 ff.
- Arbeitsdirektor **6** 239 ff.
- Begriff **6** 6, 9
- Diskriminierungsverbot **6** 242
- im monistischen System **6** 206 ff.
- Konzernzurechnung zur Sicherung der Arbeitnehmerbeteiligung **6** 62, 216 ff.
- kraft Gesetzes **6** 201 ff.
  - Abberufung von Arbeitnehmervertretern im Aufsichts- oder Verwaltungsrat der SE **6** 236 ff.
  - Anfechtung der Wahl eines Arbeitnehmervertreters aus dem Inland im Aufsichts- oder Verwaltungsrat der SE, s. *dort*

345

Sachverzeichnis halbfett = Abschnitt und §

- Anteil der Arbeitnehmervertreter
  6 204 ff.
  - bei Holding-SE **6** 212
  - bei Tochter-SE **6** 212
  - bei der Umwandlungs-SE **6** 221 ff.
  - bei Verschmelzungs-SE **6** 212, 224
- Beschluss des BVG bei Mitbestimmungskonkurrenzen **6** 219
- Mitbestimmungskonkurrenzen
  - Auffangregeln bei Fehlen eines Beschlusses des BVG bei **6** 220
  - Beschluss des BVG **6** 219
  - Arbeitnehmerbeteiligung **6** 4
- Schutz der Arbeitnehmervertreter **6** 235
- Schwellenwerte (mitbestimmungsrelevante) **6** 60, 212
- Schutz der Anteilseignerseite **6** 208, 210
- Sicherung der Mitbestimmung durch Konzernzurechnung **6** 216
- „Spanische Klausel" bei Verschmelzungs-SE **6** 224 ff.
- Tendenzunternehmen *s. dort*
- Umfang **6** 212 ff.
  - Anteil der Arbeitnehmervertreter **6** 204 ff.
  - Schutz der Anteilseignerseite **6** 208, 210
- Verschwiegenheitspflicht der Arbeitnehmervertreter **6** 243
- Verteilung der Sitze im Aufsichts- oder Verwaltungsorgan der SE durch SE-Betriebsrat **6** 226 ff.
  - Auffangregelung bei Fehlen einer Regelung für Sitzverteilung für die auf das Ausland entfallenden Sitze **6** 232
  - Bestellung durch die Hauptversammlung **6** 234
  - Mitteilungspflicht über Wahlergebnis **6** 233
- Verbot der Benachteiligung oder Begünstigung **6** 235
- Verzicht auf die Mitbestimmung in der Vereinbarung **6** 150 ff.
- Voraussetzungen für Anwendbarkeit der Auffangregelung zur **6** 202 ff.
- Wahl der auf das Inland entfallenden Vertreter im Aufsichts- oder Verwaltungsrat der SE durch Wahlgremium **6** 233
- weiteres Mitglied nach dem Montanmodell **6** 241
- Minderung der **6** 64 ff.
- Montanmitbestimmung **6** 241

Mitbestimmung (nationale) im Verhältnis zum SEBG 6 78, 223

mitbestimmungsrelevante Schwellenwerte 6 60, 212

Mitgliedschaft
- Mitgliedschaftspflichten **2** 3
- Mitgliedschaftsrechte **2** 3

Mitgliedstaatenprinzip 6 27

Mitteilungspflichten
- des SE-Betriebsrat bei Teilnahme an Fortbildung **6** 197
- der Leitungen bei SE-Gründung **6** 14 ff.

Mobilität, grenzüberschreitende **1** 4 ff.

Monistisches System 5 § 1 1 f.; **5** § 3
- anwendbares Recht **5** § 3 1
- geschäftsführende Direktoren **5** § 3 18 ff. *(s. auch Geschäftsführende Direktoren)*
- Geschäftsführung **5** § 1 2; **5** § 3 2, 32, 37 *(s. auch Verwaltungsrat Geschäftsführung; Verwaltungsrat Geschäftsleitung; Geschäftsführende Direktoren Geschäftsführung)*
- Geschäftsführung, Satzungsregelungen **5** § 3 37, 45 ff.
- Grundstruktur **5** § 3 1 ff.
- Informationsfluss **5** § 3 19 f., 41 ff.
- Mitbestimmung im **6** 206 ff.
- Organe **5** § 1 1 f.; **5** § 3 2 f.
- Satzung, Gestaltungsfreiheit **5** § 1 2
- Überwachung der Geschäftsführung **5** § 1 1 f.; **5** § 3 2, 5, 16, 22, 32, 43
- Unterschiede zum dualistischen System **5** § 1 1; **5** § 3 2
- Verwaltungsrat **5** § 1 1 f.; **5** § 3 4 ff. *(s. auch Verwaltungsrat)*
- Vorteile **5** § 1 2

Montanmitbestimmung 6 241

Nachfolgende Strukturänderungen, *s. Strukturänderung*

Nachgründung 5 § 4 23

Nachtragsliquidation 11 13

Nationales Recht
- Anwendung auf bestehende SE **3** 7
- Anwendung bei Gründung der SE **3** 6
- subsidiäre Geltung **3** 5, 7

Nettovermögenswerte, Bescheinigung der, *s. Werthaltigkeitsbescheinigung*

Neuverhandlungen
- als Mindestinhalt einer Vereinbarung über Arbeitnehmerbeteiligung **6** 84; 145
- Beschluss des SE-Betriebsrats kraft Gesetzes zur Aufnahme **6** 174 ff.
- nach Abbruch oder Nichtaufnahme von Verhandlungen **6** 80 ff.
- Scheitern **6** 82
- bei Strukturänderungen **6** 86
- Scheitern **6** 88

Nichtaufnahme oder Abbruch der Verhandlungen 6 75 ff.
- im Falle der Umwandlung **6** 79
- Niederschrifterfordernis **6** 78

mager = Rn. **Sachverzeichnis**

- Rechtsfolgen **6** 76, 78
- für Beschlüsse des BVG **6** 69
Nichtigkeit
- Hauptversammlungsbeschlüsse **5** § 4 74
Nichtigkeitsklage 2 14
Nichtverhandlungs- bzw. Negativbeschluss 6 76
Niederlassungsfreiheit 9 § 1 40
Niederschrifterfordernis
- Nichtaufnahme oder Abbruch der Verhandlungen **6** 78
Nordea Bank Gruppe, s. Praxisbeispiele
Normenhierarchie 3 5 ff.

Offenbarung eines Betriebs- oder Geschäftsgeheimnisses 6 48, 50
Offenlegung 10 1
Optionslösung für den Gründungsfall der Verschmelzung 6 224 ff.
Organisationsstruktur, statutarische **1** 19
(s. auch Acquisition SE; European Group SE; Joint Venture SE; Merger SE; Reorganisation SE; Zielsetzungen)
Organschaft 8 32

Praxisbeispiele
- Allianz AG **1** 36
- Brenner Basis Tunnel BBT SE **1** 50
- Elcoteq **1** 71
- General Motors Europe **1** 61
- Nordea Bank Gruppe **1** 36
- Strabag AG **1** 71
Prinzip der Satzungsstrenge, s. European Group SE; Joint Venture SE
Prüfungsberichte des Abschlussprüfers 10 8

qualifiziert faktischer Konzern 8 27
Quotenkonsolidierung 10 30

Rechnungslegung 10 1
Rechnungslegungspflicht 10 33
Rechtspersönlichkeit 2 1
Rechtsquellen der SE 3 1 ff.
Reengineering SE 1 68 ff.
- Behandlung, steuerliche **1** 72
- Beteiligung der Arbeitnehmer **1** 69
- Europäische Corporate Culture **1** 70
- Europäische Corporate Identity **1** 70
- Europäischer Goodwill **1** 70
- Reorganisation und Reengineering **1** 23
- System der Unternehmensleitung **1** 69
- Umwandlung, grenzüberschreitende **1** 68
- Zusammenschluss, grenzüberschreitender **1** 23
Renationalisierung der SE 6 258
Reorganisation SE 1 53 ff.
- Behandlung, steuerliche **1** 62

- Beteiligung der Arbeitnehmer **1** 60
- Europäische Corporate Culture **1** 59
- Europäische Corporate Identity **1** 59
- Europäischer Goodwill **1** 59
- European Holding SE **1** 54
- European Single Entity SE 54
- Organisationsstruktur, statutarische **1** 56 ff.
- Reorganisation und Reengineering **1** 23
  (s. auch European Group SE; Reengineering SE; Reorganisation SE)
- System der Unternehmensleitung **1** 60
- Zusammenschluss, grenzüberschreitender **1** 23
Richtlinie
- über die Einsetzung eines Europäischen Betriebsrats **6** 2, 4, 78, 82
- zur Ergänzung des Statuts der Europäischen Gesellschaft hinsichtlich der Beteiligung der Arbeitnehmer (SE-Richtlinie) **6** 1
Richtlinie zur Beteiligung der Arbeitnehmer, s. SE-ErgRiL
Risikomanagementsystem 10 7
Rückumwandlung der SE, s. Renationalisierung der SE

Sacheinlage (s. auch Sachgründung)
- Besteuerung **4** § 4 17
- Bewertung **4** § 4 2, 17
- verdeckte **2** 2
sachgerechte Verteilung des Unternehmenswertes 10 29
Sachgründung 4 § 4 10; **4** § 6 1, 6, 9
Sachverständige
- im BVG **6** 52
- Kosten **6** 72
- im SE-Betriebsrat kraft Gesetzes **6** 196
- Kosten **6** 196
Satzung 2 6; **4** § 4 2, 12; **4** § 6 2, 7; **11** 6
- fakultative Satzungsregelungen **2** 11
- notwendiger Satzungsinhalt **2** 8
- Satzungsautonomie **2** 7
- Satzungsmängel **2** 13
Satzungsänderungen 2 6; **5** § 4 5
- Mehrheitserfordernisse **5** § 4 68
- Zuständigkeit **5** § 4 5
Satzungsstrenge 5 § 4 36
Schlussbilanz 10 19
Schuldverschreibung
- Gewinnschuldverschreibung **5** § 4 18
- Wandelschuldverschreibung **5** § 4 18
Schutz der Anteilseignerseite bei der Mitbestimmung kraft Gesetzes 6 209 f.
Schutz der Arbeitnehmervertreter 6 208, 210
Schwellenwerte, mitbestimmungsrelevante 6 60, 212

347

Sachverzeichnis

halbfett = Abschnitt und §

SE (Societas Europaea)
- Handelsgesellschaft **2** 1
- juristische Person **2** 1
- Missbrauch **6** 251 ff.
- ohne grenzüberschreitende Unterrichtung und Anhörung **6** 147
- Optionslösung für den Gründungsfall der Verschmelzung **6** 224 ff.
- Renationalisierung **6** 258
- strukturelle Änderungen **6** 83 ff.
- Verhältnis zum nationalen Recht **6** 78, 223
- Verhandlungsverfahren **6** 13 ff.
- Verzicht auf Mitbestimmung **6** 150 ff.

SEAG 3 4, 9

SE-Beteiligungsgesetz (SEBG) 3 4
- Anhörung, *s. dort*
- Arbeitnehmerbeteiligung, *s. dort*
- Arbeitnehmervertretung, *s. dort*
- Arbeitnehmerzahlen, *s. dort*
- Auffangregelung **6** 162 ff., 201 ff.
- Besonderes Verhandlungsgremium, *s. dort*
- Beteiligung der Arbeitnehmer kraft Vereinbarung **6** 140 ff.
- Beteiligung der Arbeitnehmer kraft Gesetzes **6** 162 ff., 201 ff.
- Errichtungs- und Tätigkeitsschutz **6** 51, 194 ff., 235
- Geheimhaltung **6** 48 ff., 243
- Geltung nationalen Rechts **6** 78, 223
- Grundsatz der vertrauensvollen Zusammenarbeit **6** 43, 187 ff.
- Informationspflicht der Leitungen **6** 14 ff.
  - Adressat der Information **6** 14; 21
  - Inhalt der Informationen **6** 14 ff.
  - Zeitpunkt der Information **6** 19, 22
- leitende Angestellte, *s. dort*
- Leitung, *s. dort*
- Missbrauchverbot, *s. dort*
- Mitbestimmung, *s. dort*
- Schutz der Arbeitnehmervertreter **6** 51, 235
- SE-Betriebsrat, *s. dort*
- Sprecherausschuss, *s. dort*
- Unterrichtung, *s. dort*
- Verhältnis der SEBG-Regelungen
  - zu nationalen Regelungen über die Unternehmensmitbestimmung **6** 78, 223
  - zu nationalen Regelungen über die Beteiligungsrechte der Arbeitnehmer im Betrieb **6** 78
  - zu den Regelungen des Europäischen Betriebsräte-Gesetzes (EBRG) **6** 78, 164
- Verhandlungsverfahren **6** 13 ff.
  - Dauer **6** 73 ff.
  - Fristbeginn **6** 73
- Vorher-Nachher-Betrachtung **6** 3, 65, 83, 89, 162, 202, 211, 222 (*s. auch dort*)
- Wahlgremium, *s. dort*

SE-Betriebsrat
- als Besonderes Vertretungsorgan der Arbeitnehmer **6** 4, 164
- als Dauereinrichtung **6** 166
- aufgrund einer Vereinbarung **6** 140
- Begriff **6** 4
- inländische Mitglieder **6** 165
- kraft Gesetzes **6** 163 ff.
  - Abberufung **6** 166
  - Anhörung **6** 177 ff., 181 ff.
  - Beschluss zur Aufnahme von Neuverhandlungen **6** 174
  - Beschlussfähigkeit **6** 169
  - Beschlussfassung **6** 170
  - Binnenverfassung Informierung der nationalen Arbeitnehmervertreter durch **6** 167 ff.
  - Dauer der Mitgliedschaft **6** 166
  - Entgeltfortzahlung bei Fortbildung **6** 197
  - Errichtung **6** 165
  - Errichtungs- und Tätigkeitsschutz **6** 194 ff.
  - Fortbildung durch Teilnahme an Schulungs- und Bildungsveranstaltungen **6** 197
  - Freizeitausgleich für Schulungszeiten **6** 197
  - Geltung bei Scheitern der Verhandlungen infolge struktureller Änderungen **6** 88, 163
  - geschäftsführender Ausschuss **6** 168
  - Geschäftsordnung **6** 169
  - keine Einrichtung bei Nichtaufnahme oder Abbruch der Verhandlungen durch BVG **6** 76
  - konstituierende Sitzung **6** 167
  - Kosten der Einsetzung und Tätigkeit **6** 196 ff.
  - Prüfungspflicht der Leitungen hinsichtlich Zusammensetzung **6** 172
  - Mitteilungspflichten bei Teilnahme an Fortbildung **6** 197
  - Nicht-Öffentlichkeit der Sitzungen **6** 171
  - Sachverständige **6** 196
  - Schutz der Mitglieder **6** 193 ff.
  - Stellvertreter **6** 167
  - Tagung in Abwesenheit der Leitung **6** 171
  - Unterrichtung und Anhörung **6** 177 ff.
  - Unterrichtung der nationalen Arbeitnehmervertreter **6** 185 ff.
  - außergewöhnliche Umstände und Unterrichtungs- und Anhörungsrecht **6** 181 ff.
  - Verschwiegenheitspflicht **6** 190
  - Verteilung der Sitze im Aufsichts- oder Verwaltungsorgan der SE durch **6** 228 ff.

mager = Rn.

– Auffangregelung bei Fehlen einer Regelung für Sitzverteilung für die auf das Ausland entfallenden Sitze **6** 232
– Bestellung durch die Hauptversammlung **6** 234
– vertrauensvolle Zusammenarbeit mit der Leitung der SE **6** 187 ff.
– Voraussetzung für Errichtung **6** 163, 164
– Vorsitzender **6** 167
– Zuständigkeiten **6** 176 ff.
– Vertretungsorgan der Arbeitnehmer **6** 4, 164

SEEG 3 4
SE-ErgRiL 3 1, 3, 4
Selbst geschaffene immaterielle Vermögensgegenstände 10 32
SE-VO
– Anwendbarkeit nationalen Rechts **3** 5 ff.
– Ausführungsgesetze **3** 9 f. (s. auch SEAG)
– Ermächtigungsnormen **3** 5, 9
– Regelungsbereiche **3** 2
– Regelungslücke **3** 5
– Sachnormverweisung **3** 11 ff.
– Satzungsregelungen der SE **3** 7 ff.
– Spezialitätsprinzip **3** 5
– unmittelbare Geltung **3** 1

Side-stream merger, s. *Merger SE*
Sitz 7 4 (s. auch *Verschmelzung, Sitzverlegung*)
– Hauptverwaltung **7** 7
– Internationales Gesellschaftsrecht **7** 5
– Satzungssitz **7** 6
– Sitztheorie **7** 5

Sitz der Gesellschaft 2 5; **4** § 4 8; **5** § 4 42; **11** 3
Sitzverlegung 5 § 4 11; **7** 1 (s. auch *Cross Border SE; Zielsetzungen*)
– Arbeitnehmer **7** 17 ff., 33
– Barabfindung **7** 44
– Eintragung **7** 43
– Formwechsel **7** 14, 28
– Gläubigerschutz **7** 47 ff.
– grenzüberschreitende **1** 20
– Hauptverwaltung **7** 10
– Minderheitsaktionäre **7** 44 ff.
– Niederlassungsfreiheit **7** 54
– Planung **7** 21
– Rechtmäßigkeitskontrolle **7** 37 ff.
– Rechtsgrundlage **7** 12
– Satzungssitz **7** 9
– Sitz **7** 4 ff.
– Statutenwechsel **7** 16
– Verlegungsbericht **7** 27 ff.
– Verlegungsbeschluss **7** 15, 35 f.
– Verlegungsplan **7** 23 ff.
– Wegzugsbesteuerung auf Anteilseignerebene **9** § 2 77 ff.

Sachverzeichnis

– Wegzugsbesteuerung auf Gesellschafterebene **9** § 2 72 ff.
– Zuzugsbesteuerung **9** § 2 80 ff.

Sonderprüfer
– Bestellung **5** § 4 19

Sonderprüfung 5 § 4 34

Spaltung
– Ausgliederung **4** § 4 10; **4** § 6 6

„Spanische Klausel" bei Verschmelzungs-SE 6 224 ff.

Sprecherausschuss 6 14, 21, 236
ständiger Vertreter 10 14
Steuerplanung, internationale **1** 22 (s. auch *Cross Border SE; Merger SE*)

Stimmrecht
– Aktionär **5** § 4 61, 70
– Ausschluss **5** § 4 71
– Höchststimmrecht **5** § 4 68, 70
– Mehrstimmrecht **5** § 4 68, 70

Stimmrechtslose Vorzugsaktien 5 § 4 70
Stimmrechtsvertretung 5 § 4 61

Stimmverbot
– Aktionär **5** § 4 61

Strabag AG, s. *Praxisbeispiele*
Strukturänderungen
– als Gegenstand der Vereinbarung über Arbeitnehmerbeteiligung **6** 84, 145
– Anwendung der Auffangregelung bei Scheitern der Neuverhandlungen **6** 88
– Änderung in der Zusammensetzung des BVG **6** 35, 85
– Begriff **6** 89 ff.
– Berücksichtigung bereits in der Vereinbarung **6** 145, 84
– Neuverhandlungen **6** 86 ff.
– Verhältnis zum Missbrauch **6** 89
– während der Tätigkeitsdauer des BVG **6** 35, 85

strukturelle Änderungen, s. *Strukturänderungen*

System
– dualistisches, s. *System der Unternehmensleitung*
– monistisches, s. *System der Unternehmensleitung*

System der Unternehmensleitung 1 20 (s. auch *Acquisition SE; Cross Border SE; European Group SE; Merger SE; Reengineering SE; Reorganisation SE; Zielsetzungen*)

Tätigkeits- und Errichtungsschutz 6 51, 194 ff., 235
Tendenzschutz in der SE 6 245
Tendenzunternehmen 6 244 ff.
– Begriff **6** 244
– Einschränkung bei Unterrichtung und Anhörung **6** 249 ff.
– Milderung der wirtschaftlichen Nachteile **6** 250
– Mitbestimmung **6** 246 ff.

Sachverzeichnis

halbfett = Abschnitt und §

Tochter-SE
- Ausgründung durch Mutter-SE **6** 109 ff.
- Besteuerung bei Bareinlage **9** § 2 55
- Besteuerung einer Anteilsveräußerung durch Einbringenden **9** § 2 61 ff.
- gemeinsame **4** § 4 *(s. auch gemeinsame Tochter-SE)*
- Gründung
  - Einpersonengründung **4** § 6 1, 5
  - Gründungsplan **4** § 6 7
  - Gründungsverfahren **4** § 6 3 6
  - Mehrstaatigkeit **4** § 6 4
- Mitbestimmung kraft Gesetz **6** 212
- Satzung **4** § 6 2, 7
- Voraussetzung einer steuerneutralen Sacheinlage **9** § 2 56 ff.

Überschuldung
- SE **11** 14

Umwandlung 5 11 *(s. auch Verschmelzung)*
- grenzüberschreitende, *s. European Group SE; Reengineering SE; Zielsetzungen*

Umwandlungsbericht 4 § 5 16, 25 ff.
- Auslegung für Aktionäre **4** § 5 33
- Erstellung **4** § 5 25
- Inhalt **4** § 5 26
- Offenlegung **4** § 5 16, 25
- Verzichtbarkeit **4** § 5 27

Umwandlungsplan 4 § 5 10 ff.
- Auslegung für Aktionäre **4** § 5 33
- Bekanntmachung **4** § 5 23
- Beurkundung **4** § 5 17 ff.
- Form **4** § 5 17 ff.
- Inhalt **4** § 5 11 ff.
- Offenlegung **4** § 5 22 ff.
- Prüfung des **4** § 5 30
- Satzung der SE **4** § 5 15
- Zuleitung an Betriebsrat **4** § 5 21

Umwandlungs-SE
- Beschlussfassung des BVG **6** 79
- Mitbestimmung **6** 221 ff.
- Nichtaufnahme oder Abbruch der Verhandlungen **6** 79
- Vereinbarung **6** 148 ff.

Unternehmensmitbestimmung, *s. Mitbestimmung*

Unternehmensverträge
- Abschluss **8** 5
- Berichte **8** 6
- Beherrschungsvertrag **8** 7 *(s. auch Beherrschungsvertrag)*
- Gewinnabführungsvertrag **8** 21 *(s. auch Gewinnabführungsvertrag)*
- Handelsregistereintragung **8** 6
- Zustimmungsbeschlüsse **8** 5

Unterrichtung
- als Gegenstand einer Vereinbarung über Arbeitnehmerbeteiligung **6** 140, 141

- außenstehender Organisationen durch das BVG **6** 53
- Begriff **6** 7
- der nationalen Arbeitnehmervertreter durch den SE-Betriebsrat **6** 185 ff.
- des SE-Betriebsrats kraft Gesetzes **6** 177, 181
- Gegenstände **6** 178, 179
- über außergewöhnliche Umstände **6** 181 ff.

Unterrichtungspflicht der Leitungen, *s. Informationspflicht der Leitungen*

Unterschiedsbeträge 10 24

Up-stream merger, *s. Merger SE; Acquisition SE*

Urwahl, *s. Wahlgremium*

Verbot
- der Behinderung, Beeinflussung oder Störung in Bezug auf die Wahl und die Tätigkeit
  - der Arbeitnehmervertreter im Aufsichtsrat oder Verwaltungsrat **6** 235
  - der Mitglieder des Besonderen Verhandlungsgremiums **6** 51
  - der Mitglieder des SE-Betriebsrats **6** 194, 195
- der Benachteiligung oder Begünstigung
  - der Arbeitnehmervertreter im Aufsichtsrat oder Verwaltungsrat **6** 235
  - der Mitglieder des Besonderen Verhandlungsgremiums **6** 51
  - der Mitglieder des SE-Betriebsrats **6** 194, 195
- Diskriminierungs- **6** 242

Verdeckte Gewinnausschüttung 2 2
Verdeckte Sacheinlage 2 2

Vereinbarung über Arbeitnehmerbeteiligung
- Anforderungen **6** 153 ff.
- Berücksichtigung struktureller Veränderungen bereits in der Vereinbarung **6** 84, 145
- Einschränkung der Verhandlungsfreiheit **6** 147, 148
- Form **6** 152 ff.
- Grundsatz der Verhandlungsfreiheit **6** 140
- Inhalt
  - Geltungsbereich der Vereinbarung **6** 140
  - Unterrichtung und Anhörung **6** 140, 141, 147
  - Laufzeit der Vereinbarung **6** 140
  - Mitbestimmung der Arbeitnehmer **6** 142, 144
  - Strukturänderungen **6** 145
  - Zeitpunkt des Inkrafttretens **6** 140
- Leitungsverfassung als Gegenstand der Vereinbarung **6** 146
- über Anwendbarkeit der Auffangregelung als Verhandlungsergebnis **6** 143

mager = Rn.

Sachverzeichnis

- im Umwandlungsfall **6** 148 ff.
- Rechtsnatur **6** 157 ff.
- verhandelte Mitbestimmung **6** 142, 144

Vergleich
- Ansprüche aus Gründungshaftung **5** § 4 22
- Schadensersatzansprüche gegen Mitglieder der Leitungsorgans, Verwaltungsrats und gegen geschäftsführende Direktoren **5** § 4 22

Verhandlungen, *s. Verhandlungsverfahren*
Verhandlungspartner 6 2
Verhandlungsverfahren 6 13 ff.
- Abbruch oder Nichtaufnahme von Verhandlungen **6** 75 ff.
  - im Falle der Umwandlung **6** 79
  - Rechtsfolgen **6** 76, 78
- Aufnahme von Verhandlungen **6** 13
- bei Gründung einer SE durch eine SE **6** 109 ff.
- Dauer **6** 73, 74
  - Fristbeginn **6** 73
  - Höchstdauer **6** 73
- einvernehmliche Festlegung der Verhandlungsmodalitäten **6** 42
- Folgen ergebnisloser Verhandlungen **6** 163, 202
- Grundsatz der vertrauensvollen Zusammenarbeit **6** 43
- Missbrauch, *s. dort*
- Nichtaufnahme oder Abbruch der Verhandlungen, *s. dort*
- Wiederaufnahme von Verhandlungen **6** 80 ff., 86 ff., 174 ff.

Verhandlungsvorrang 6 2
Verkehrswert 10 25
Vermögens- und Erfolgszuordnung 10 19
Verschmelzung 2 14; **4** § 2 1; **4** § 4 12; **5** § 4 11; **11** 4
- Aktienübertragung **4** § 2 36
- Anfechtungsklage **4** § 2 63
- Arbeitnehmer **4** § 2 6, 42, 58 ff.
- Ausgleichsleistung **4** § 2 35
- Barabfindung **4** § 2 83 ff.
- Barabfindungsangebot **4** § 2 44
- Besteuerung bei Herausverschmelzung **9** § 2 20
- Besteuerung bei Hineinverschmelzung **9** § 2 30
- Beteiligte Gesellschaften **4** § 2 21 ff.
- Betriebsrat **4** § 2 48
- Beurkundung **4** § 2 47
- Eintragung **4** § 2 67
- Firmenrecht **4** § 2 33
- Formen **4** § 2 3
- Gläubigerschutz **4** § 2 86 ff.
- grenzüberschreitende (s. *Acquisition SE; Merger SE: Zielsetzungen*)
- Grundprinzipien **4** § 2 4

- Gründungsphasen **4** § 2 15 ff.
- Hauptversammlungsbeschluss **4** § 2 61 ff.
- Hauptverwaltung **4** § 2 27
- Konzernverschmelzungen **4** § 2 52 f.
- Mitbestimmung kraft Gesetzes bei **6** 212
- Niederlassungsfreiheit **4** § 2 84, 89
- Offenlegung **4** § 2 55 f.
- Optionslösung bei Gründung einer SE **6** 224 ff.
- Rechtmäßigkeitsprüfung **4** § 2 65 f.
- Rechtswahlklausel **4** § 2 46
- Regelungstechnik **4** § 2 11 ff.
- Richtlinie zur grenzüberschreitenden Verschmelzung **4** § 2 10
- Satzung **4** § 2 41
- Schwellenwerte **6** 212
- Sitz **4** § 2 33
- Sitztheorie **4** § 2 25
- Sitzverlegung **4** § 2 34
- Sonderrechte **4** § 2 39
- Sondervorteile **4** § 2 40
- Spruchverfahren **4** § 2 63, 75 ff.
- Stichtag **4** § 2 35, 37 f.
- Umtauschverhältnis **4** § 2 35, 75 ff.
- Unternehmensbewertung **4** § 2 68 ff.
- Verfahren **4** § 2 3
- Verschmelzungsbericht **4** § 2 49 ff.
- Verschmelzungsplan **4** § 2 29 ff.
- Verschmelzungsprüfung **4** § 2 54
- zusätzliche Mitglieder **6** 31 ff.

Verschmelzungsgewinn oder -verlust 10 24

Verschwiegenheitspflichten
- der Arbeitnehmervertreter im Aufsichtsrat oder Verwaltungsrat der SE **6** 243
- der Mitglieder des BVG **6** 48 ff.
- des SE-Betriebsrats **6** 190 ff.

Versicherungsbilanzrichtlinie 10 3
Verstrickung 9 § 2 3, 9
Verteilung der auf das Inland entfallenden Sitze des BVG *s. Besonderes Verhandlungsgremium*
Vertragskonzern 8 4 *(s. auch Beherrschungsvertrag; Gewinnabführungsvertrag)*
Vertrauensschutz 2 14
vertrauensvolle Zusammenarbeit
- zwischen BVG und Leitungen **6** 43
- zwischen SE-Betriebsrat und Leitung der SE **6** 187 ff.

Vertretung der SE
- dualistische SE **5** § 2 17 f., 28
- monistische SE **5** § 3 17, 36, 39 f.

Vertretungsorgan der Arbeitnehmer, *s. SE-Betriebsrat*
Verwaltungsorgan 5 § 1 1 f. *(s. auch Verwaltungsrat)*
Verwaltungsrat 2 8; **5** § 1 1 f.; **5** § 3 4 ff.
- Abberufung **5** § 3 13

351

Sachverzeichnis

halbfett = Abschnitt und §

- Abberufung geschäftsführender Direktoren **5 § 1** 2; **5 § 3** 3, 16, 25
- Amtszeit **5 § 3** 11
- Anzahl der Mitglieder **5 § 3** 9
- Aufgaben **5 § 3** 4 ff., 26
- Ausschüsse **5 § 3** 16
- bei der Abwicklung **11** 9
- Beschlussfassung **5 § 3** 48 ff.
- Bestellung **5 § 3** 8 ff.
- Bestellung durch Gericht **5 § 3** 10
- Bestellung durch Satzung **5 § 3** 8
- Bestellung geschäftsführender Direktoren **5 § 1** 2; **5 § 3** 16, 28, 30 ff.
- Einberufung der Hauptversammlung **5 § 4** 48
- Ein-Personen-Verwaltungsrat **5 § 3** 31
- Entlastung **5 § 3** 54
- Entsendungsrecht **5 § 4** 9
- erster Verwaltungsrat **4 § 4** 12; **5 § 4** 9; **5 § 3** 8
- geschäftsführende Direktoren, Verhältnis zu **5 § 1** 2; **5 § 3** 17, 22 ff.
- Geschäftsführung **5 § 1** 2; **5 § 3** 4 ff., 16, 28, 45
- Geschäftsleitung **5 § 1** 1 f.; **5 § 3** 5, 23, 26, 32
- Geschäftsordnung **5 § 1** 2; **5 § 3** 15
- Geschäftsverteilung **5 § 3** 24
- Haftung (strafrechtlich) **5 § 3** 57
- Haftung (zivilrechtlich) **5 § 3** 53
- Hauptversammlung **5 § 3** 29
- Information durch geschäftsführende Direktoren **5 § 3** 19 f., 41 ff.
- innere Ordnung **5 § 3** 14 ff.
- Jahresabschluss, Feststellung **5 § 3** 16, 32
- juristische Person als Mitglied **5 § 3** 12
- Leitungsverantwortung **5 § 3** 5
- Mitbestimmung der Arbeitnehmer **5 § 1** 2; **5 § 3** 8 f.
- Personenidentität mit geschäftsführenden Direktoren **5 § 3** 30 f., 43
- persönliche Voraussetzungen **5 § 3** 12
- Pflichtverletzung **5 § 3** 53
- rechtswidrige Weisung **5 § 3** 55
- Sprecher **5 § 3** 14
- Stimmverbot **5 § 3** 24, 51
- Überwachung **5 § 3** 2, 5, 16, 22, 32, 43
- Vertretung der SE **5 § 3** 17, 36
- Vorsitzender **5 § 3** 14 f. *(s. auch Verwaltungsratsvorsitzender)*
- Weisungsbefugnis **5 § 1** 2; **5 § 3** 3, 23 f., 28
- Zusammensetzung **5 § 1** 2; **5 § 3** 8 ff.
- Zustimmungsbedürftige Geschäfte **5 § 3** 45 ff.

Verwaltungsratsmitglied
- Abberufung **5 § 4** 27
- Entlastung **5 § 4** 16
- erster **5 § 4** 9
- Haftung **8** 11
- Vergütung **5 § 4** 29

Verwaltungsratsvorsitzender 5 § 3 14 f., 51
- Amtszeit **5 § 3** 11
- Stellvertreter **5 § 3** 15
- Wahl **5 § 3** 14
- Zweitstimmrecht **5 § 3** 51

Verwaltungsstruktur der SE, Wahlrecht 5 § 1 1

Verzicht
- auf Ansprüche aus Gründungshaftung **5 § 4** 22
- auf Schadensersatzansprüche gegen Mitglieder der Leitungsorgans, Verwaltungsrats und gegen geschäftsführende Direktoren **5 § 4** 22

Vollkonsolidierung 10 30

Vorher-Nachher-Betrachtung 6 3, 65, 83, 89, 162 *(s. auch SE-Beteiligungsgesetz)*

Vorrang für Verhandlungen 6 2

Vorschlag für die Verwendung des Bilanzgewinns 10 6

Vor-SE 2 1
- Handelndenhaftung **4 § 4** 12

Vorstand der SE, *s. Leitungsorgan*

Wahl
- der Mitglieder des BVG, *s. Besonderes Verhandlungsgremium*
- der auf das Inland entfallenden Vertreter im Aufsichts- oder Verwaltungsrat der SE durch Wahlgremium **6** 112 ff.

Wahlanfechtung, *s. Anfechtung*

Wahlgremium
- Beschlussfähigkeit **6** 127
- Bestimmung der inländischen Mitglieder des BVG **6** 112
- Bestimmung der inländischen Mitglieder des SE-Betriebsrats **6** 165
- Bestimmung der inländischen Mitglieder des Aufsichts- oder Verwaltungsrats **6** 233
- Delegiertenwahl **6** 119
- Einberufung **6** 125 ff.
- Einladung der Mitglieder **6** 125
- Höchstmitgliederzahl des Wahlgremiums **6** 125
- Mitglieder des
  - bei Beteiligung mehrerer inländischer Gesellschaften und Betriebe an der SE **6** 118 ff.
  - bei Beteiligung eines inländischen Konzerns an der SE-Gründung **6** 114 ff.
  - bei Beteiligung einer inländischen Gesellschaft an der SE-Gründung **6** 116
  - wenn inländischer Betrieb von der SE-Gründung betroffen **6** 117
- Stimmverteilung auf die Mitglieder **6** 128 ff.
- Streitigkeiten **6** 131

mager = Rn.

Sachverzeichnis

- Urwahl
  - der Mitglieder des Wahlgremiums bei Fehlen einer Arbeitnehmervertretung **6** 120
  - der Mitglieder des Wahlgremiums bei Beteiligung mehrerer inländischer Gesellschaften und Betriebe an der SE **6** 119
- Vorschlagsrecht bei der Wahl der auf Deutschland entfallenden Arbeitnehmervertreter im Aufsichts- oder Verwaltungsorgan der SE **6** 234
- Wahl der auf das Inland entfallenden Vertreter im Aufsichts- oder Verwaltungsrat der SE **6** 233
- Wahl der inländischen Mitglieder des BVG **6** 112
- Zusammensetzung **6** 114 ff.

Wandelschuldverschreibung, *s. Schuldverschreibung*

Wegzugsstaat, *s. Cross Border SE*

Weisungen
- bei Beherrschungsverträgen **8** 7, 10, 13, 17, 31
- bei Eingliederung **8** 28, 29
- bei faktischen Unternehmensverbindungen **8** 23

weiteres Mitglied nach dem Montanmodell 6 241

Werthaltigkeitsbescheinigung 4 § 5 28 ff.
- Inhalt **4 § 5** 28
- Prüfer **4 § 5** 28
- Sachverständiger **4 § 5** 28
- Unabhängigkeit des Sachverständigen **4 § 5** 29

Wiederaufnahme von Verhandlungen, *s. Neuverhandlungen*

Zahlungsunfähigkeit
- SE **11** 2, 14

Zeitwert 10 § 5 23

Zeitwertansatz 10 § 5 20, 22

Zielsetzungen 1 12 ff.
- Beteiligung der Arbeitnehmer **1** 13
- Europäische Corporate Culture **1** 13
- Europäische Corporate Identity **1** 13
- Europäischer Corporate Goodwill **1** 13
- Gründung, grenzüberschreitende **1** 13
- Holding SE **1** 13
- Organisationsstruktur, statutarische **1** 13
- Sitzverlegung, grenzüberschreitende **1** 13
- System der Unternehmensleitung **1** 13
- Umwandlung, grenzüberschreitende **1** 13
- Verschmelzung, grenzüberschreitende **1** 13

Zielsystem, *s. Zielsetzungen*

Zusammenschluss, grenzüberschreitender, *s. Acquisition SE; European Group SE; Joint Venture SE; Merger SE; Reengineering SE; Reorganisation SE*

Zusammensetzung
- des BVG, *s. Besonderes Verhandlungsgremium*
- des Wahlgremiums, *s. dort*

zusätzliche Mitglieder im BVG bei Verschmelzungs-SE 6 31 ff.

Zuständigkeiten des SE-Betriebsrats, *s. SE-Betriebsrat*

Zustimmungsbedürftige Geschäfte
- dualistische SE **5 § 2** 34 f.
- monistische SE **5 § 3** 45 ff.

Zuzugsstaat, *s. Cross Border SE*

Zwischenbilanz 10 § 5 16

Zwischenwert 10 § 5 23